AF372165

CÓMO APRENDEN LOS SERES HUMANOS

Una aproximación psicopedagógica

EDICIONES UNIVERSIDAD CATÓLICA DE CHILE
Vicerrectoría de Comunicaciones
Av. Libertador Bernardo O'Higgins 390, Santiago, Chile

editorialedicionesuc@uc.cl
www.ediciones.uc.cl

CÓMO APRENDEN LOS SERES HUMANOS
Una aproximación psicopedagógica
Jaime Bermeosolo Bertrán

© Inscripción Nº 146.756
  Derechos reservados
  Segunda edición: Enero 2019
  ISBN: 978-956-14-2369-5

Diseño: versión | producciones gráficas ltda.

CIP - Pontificia Universidad Católica de Chile

Bermeosolo Bertrán, Jaime Alberto.
Cómo aprenden los seres humanos: una aproximación psicopedagógica /
Jaime Bermeosolo Bertrán.

1. Psicopedagogía.
I. t.

2013   370.15 +DDC22   RCAA2

CÓMO APRENDEN
LOS SERES HUMANOS

Una aproximación psicopedagógica

Jaime Bermeosolo Bertrán

EDICIONES UC

*A Luisa Graciela, con quien comparto estos caminos de la vida,
co-protagonista en tantos aprendizajes…*

TABLA DE CONTENIDOS

Capítulo 3.
Condicionamiento operante o instrumental

Capítulo 4.
Imitación e identificación

Capítulo 5.
Mecanismos cognitivos de aprendizaje
Primera parte

Capítulo 6.
Mecanismos cognitivos de aprendizaje
Segunda parte

Capítulo 7.
Mecanismos cognitivos de aprendizaje
Tercera parte

Capítulo 8.
Mecanismos cognitivos de aprendizaje
Cuarta parte

Capítulo 9.
Algunos alcances sobre la enseñanza

Capítulo 10.
Aprendizaje y participación de todos los alumnos

Capítulo 11.
El aporte de las teorías a la educación

Capítulo 12.
Visión de conjunto del desarrollo psicológico

Introducción

"Para que el espíritu adquiera sagacidad, debe ejercitarse en investigar las mismas cosas que ya han sido descubiertas por otros, y en recorrer con método aun los más insignificantes artificios de los hombres, pero sobre todo aquellos que explican el orden o lo suponen".

R. Descartes. Reglas para la dirección del espíritu
(*Regulae ad directionem ingenii*). Regla X.

Este manual introductorio está destinado especialmente a educadores y estudiantes de pedagogía, como apoyo a los cursos que se imparten normalmente en psicología del aprendizaje. Puede ser de utilidad también para alumnos de otras carreras que incluyan unidades de psicología en su plan de formación y para todas aquellas personas que quieran tener un conocimiento más acabado acerca del aprendizaje humano. La perspectiva que se adopta es la de la psicología educativa o psicopedagogía y se centra en una temática esencial para todo pedagogo: **cómo aprenden las personas**. No cubre, por tanto, otros temas que suelen considerar los cursos de psicología educativa. Constituye una completa revisión y puesta al día del manual que a partir del 2005 fue publicado en la colección Textos Universitarios de la Editorial de la Universidad Católica de Chile bajo el título *Cómo aprenden los seres humanos: mecanismos psicológicos del aprendizaje*. Se mantienen inalterables gran parte de los contenidos, ya que siguen vigentes y dan al texto su sello característico.

El aprendizaje explica buena parte no solo de lo que sabemos, sino también de lo que somos como seres humanos y de cómo actuamos en sociedad. Da cuenta de conductas y rasgos de personalidad adaptados y positivos, como también de rasgos y comportamientos desajustados, neuróticos o que entorpecen las relaciones interpersonales. De ahí la importancia que revisten estos temas para el educador. Su dominio le permitirá estar en condiciones de contribuir de manera más efectiva no solo al progreso académico de sus alumnos, sino también —y aquí estriba lo más importante— a su crecimiento personal. En ello radica la esencia de la noble tarea que la sociedad le ha encomendado y que cada vez plantea mayores desafíos.

Los cuatro mecanismos de aprendizaje que se describen en el texto, familiares a todo psicólogo, recogen el aporte de las más importantes corrientes psicológicas que se han ocupado del tema. Se trata de "cosas que ya han sido descubiertas por otros" y corresponden a puntos de vista incluso discrepantes entre sí en algunos aspectos, pero que en su conjunto contribuyen a una mejor comprensión de ese ser misterioso y complejo que somos y nos ayudan a "recorrer con método, aun los más insignificantes artificios de los hombres", sobre todo "aquellos que explican el orden o lo suponen". Si algún mérito le cabe al autor es el de integrar tales mecanismos en una visión de conjunto y armónica, que resulte esclarecedora para nuestra comprensión del aprendizaje humano. El libro es fruto de sus apuntes de clase en los cursos de psicología del aprendizaje dictados a alumnos de pregrado en diferentes universidades, y de su experiencia como psicólogo en la atención de niños y jóvenes con dificultades en el aprendizaje o en su ajuste personal y social.

Los últimos años se han puesto de moda en el país, en especial a nivel de educación superior, los diseños curriculares basados en "competencias". La noción se comenzó a utilizar las décadas finales del siglo pasado en países avanzados como parte de la evaluación objetiva de los aprendizajes. Con dicho enfoque se pretende que los egresados estén en condiciones de movilizar un conjunto de recursos (*saber*, *saber hacer* y *saber ser*) para resolver los problemas y desafíos que encontrarán en su vida profesional. El término *competencia* pretende implicar más que lo que se ha entendido por *conocimientos, habilidades, destrezas*. Quien es *competente* está en condiciones de comprender el problema o desafío y de actuar racionalmente –pero también ética y responsablemente– para resolverlo. Muchos estudiantes, se dice, egresan con conocimientos que no saben aplicar o que no responden a lo que realmente se necesita para actuar de manera apropiada frente a situaciones complejas. También se critica el desempeño de profesionales que se destacan en conocimientos y destrezas, pero se demuestran incompetentes éticamente, son deficientes en habilidades sociales o carecen de "inteligencia social".

La psicología y psicopedagogía del aprendizaje entregan una perspectiva privilegiada para entender estas cuestiones a la luz de lo que implica el "crecimiento" como seres humanos. El currículo *basado en competencias* pretende remplazar al basado en "contenidos" en el que, sin embargo, se han formado generaciones de estudiantes y profesionales especialistas en variadas áreas del saber. Muchos de ellos, realmente *competentes*, lo que muestra que sus planes de formación entregaron algo más que contenidos, o que ellos mismos han sabido sacar partido de sus experiencias más allá de las aulas de formación. Estas páginas entregan algunos elementos que contribuyen a esclarecer el punto y que van en la dirección de una formación integral, con experiencias de aprendizaje enriquecedoras –trascendiendo los *contenidos*– que beneficien a *todos* los alumnos.

El presente texto es complementario con el de *Psicología del Lenguaje* del autor, de este mismo sello editorial (2012 y 2016). De hecho, aquí se dedica muy poco espacio a las cuestiones de lenguaje que tienen que ver con el aprendizaje, ya que allí se tratan con mayor profundidad. Lo mismo ocurre con el tema del aprendizaje en ese otro manual. Se completa la serie de textos de estudio del autor con el de *Psicopedagogía de la Diversidad en el aula: desafío a las barreras en el aprendizaje y la participación*, publicado por Alfaomega Grupo Editor, México (2015), que se ocupa de todos aquellos temas que escapan a los procesos de aprendizaje y desarrollo que caracterizan el comportamiento "normal" y que se traducen a veces en necesidades educativas especiales o necesidades específicas de apoyo educativo, exigiendo "trabajo colaborativo" entre el profesor de aula regular y otros profesionales.

El lector encontrará aquí un sólido cuerpo de conocimientos acumulados en el área, a la luz de los cuales podrá también analizar y evaluar las tendencias, recetas y soluciones *nuevas* que, cada tanto, se ponen de moda en educación.

Esta nueva edición incluye al final un apartado completo dedicado al desarrollo psicológico en el marco de la psicología evolutiva. En los planes de formación de educadores de varias instituciones se suelen tratar de manera conjunta, en uno o más cursos, los temas referidos al *aprendizaje* y el *desarrollo*. En este manual, hemos considerado útil y esclarecedor –con propósitos didácticos– centrarnos fundamentalmente en el tema del aprendizaje y sus complejidades. El nuevo apartado ofrece, de todos modos, una visión de conjunto del desarrollo psicológico y sus etapas, integrando el aporte del aprendizaje y sus mecanismos.

El autor espera que el libro sea de real utilidad para maestros, estudiantes de pedagogía y personas interesadas en el área, aunque deja en claro que la psicología constituye tan solo una de las dimensiones desde las cuales se puede analizar al ser humano. Una visión comprehensiva obliga a echar mano también de otras disciplinas. La relevancia de la perspectiva psicológica, sin embargo, y específicamente de la psicología educativa o psicopedagogía, es lo que justifica este texto.

Capítulo 1

LOS CONCEPTOS BÁSICOS

Temas del capítulo

Desarrollo, maduración, madurez y aprendizaje • La perspectiva de la psicología educativa o psicopedagogía • Tipos de aprendizaje • Cómo se aprende: mecanismos de aprendizaje • Etapas en el aprendizaje y procesos psicológicos involucrados • Leyes y variables

DESARROLLO, MADURACIÓN, MADUREZ Y APRENDIZAJE

El **desarrollo** psicológico, esa serie de **transformaciones del ser humano en el tiempo**, que la psicología evolutiva caracteriza como *universales, esenciales, cualitativas* e *irreversibles*[1] –a diferencia de otras transformaciones o cambios que no reúnen tales rasgos– es el resultado de la **interacción** de dos grandes grupos de factores:

- Los que se relacionan con la **maduración** y

- Los que tienen que ver con el **aprendizaje**.

La **maduración**, fenómeno básicamente biológico, tiene que ver con la **actualización de las potencialidades transmitidas por la herencia**. Alude, por tanto,

---

1 **Universales**, porque se entiende que dichas transformaciones son comunes a todos los individuos de la especie; **esenciales**, ya que corresponden a aspectos sustantivos, no accidentales del sujeto; **cualitativas**, porque se trata de propiedades y características que no pueden entenderse en términos estrictamente cuantitativos, como el crecimiento físico; **irreversibles**, porque, lograda una etapa a través de las transformaciones, ya no se vuelve atrás (a excepción de regresiones patológicas).
Evolucionar de una forma de pensamiento *preoperacional* a *operacional*, en la terminología piagetiana, corresponde a una transformación del desarrollo. Cambiar de peinado o hacerse la cirugía estética, no cumplen con los rasgos que caracterizan las transformaciones del desarrollo.

a la serie de procesos orgánicos y cambios estructurales que van ocurriendo en el organismo desde la gestación, determinados biológicamente y, en tal sentido, autónomos y relativamente independientes de la experiencia o la ejercitación. Pueden ser actualizados y facilitados (o entorpecidos) pero no generados desde el medio ambiente.

El **aprendizaje** se aprecia en los **cambios de conducta, relativamente permanentes** (por tanto, no se trata de cambios irreversibles, pero tampoco fácilmente reversibles), que son consecuencia de la **práctica** o de las **experiencias de la persona.**

Se entiende por *conducta*, para efectos del presente manual, *cualquier actividad del ser vivo*, por lo que se incluyen tanto los comportamientos observables externos, así como una serie de eventos internos (o *procesos mentales:* pensamientos, imágenes, estados de ánimo, etc.) que se pueden expresar eventualmente en conductas externas.

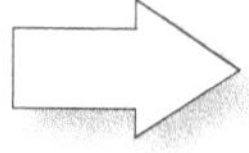

Es un sentido más lato que la manera conductista de entender el término, referida a aquellas actividades de un organismo que pueden ser observadas por otro organismo o por el instrumental del experimentador, postura a la que obedece originalmente la definición.

La *práctica*, las *experiencias*, aluden a conductas anteriores del mismo aprendiz en determinados contextos o situaciones. Ello explica que también se defina el **aprendizaje** como los cambios relativamente permanentes en la conducta *en función de conductas anteriores*. Todo aprendizaje es una forma de comportamiento adquirido, relativamente permanente, que puede ser modificado, dando origen a nuevo aprendizaje.

En atención al sentido restringido en el uso conductista del término **conducta**, algunos teóricos de otras orientaciones prefieren centrar los cambios que supone el aprendizaje en eventos psicológicos internos, no observables directamente: *reestructuraciones cognitivas, cambios en el significado de las experiencias, cambios en la comprensión*, etc., los que pueden, eventualmente, manifestarse en el exterior[2].

---

2 En relación al término **conducta**, hacemos nuestras las magistrales palabras de Lersch en su *Estructura de la personalidad*:

"...es la vivencia no un efecto causal mecanicista del mundo exterior, sino una conducta activa, una conversación, un diálogo entre el ser vivo y el mundo exterior. En este sentido, **son una conducta, no solo nuestras acciones, sino también nuestras vivencias impulsivas y nuestros sentimientos, nuestras percepciones y los procesos de representación y de pensamiento.** Comprendida así –pero solo así– puede definirse a la psicología como **ciencia de la conducta**" (Lersch, 1966).

> El **aprendizaje**, estrictamente hablando, no es directamente observable: se infiere de lo que puede observarse en la conducta externa. El **cambio** en la conducta externa es lo que proporciona información acerca del aprendizaje.

En este sentido, es útil la distinción entre **aprendizaje** y **ejecución** (o actuación). Si bien no se puede medir el aprendizaje cuando no hay conducta observable o ejecución, *la ausencia de ejecución no indica necesariamente ausencia de aprendizaje*. Un alumno, a causa de un "bloqueo", puede no dar cuenta en un examen oral de sus reales conocimientos. (Tendría, en este caso, que **aprender**, además, a enfrentar las situaciones de exámenes orales).

El cambio de *conducta* o el "cambio en la *capacidad de comportarse*", como apunta Schunk (1997), es un criterio importante para definir el aprendizaje. La persona se vuelve capaz de hacer algo distinto de lo que hacía antes.

La **maduración**, ciertamente produce cambios conductuales al provocar alteraciones en la estructura y funciones corporales, de origen genético. Piénsese en los cambios que se relacionan con los diferentes períodos del desarrollo, por ejemplo, con la pubertad. Pese a que dichos cambios pueden estar influidos por el aprendizaje, **obedecen a factores causales diferentes** (por ejemplo, fenómenos hormonales), los que son, en gran parte, independientes de la experiencia.

Algunos autores prefieren hablar de "cambios relativamente permanentes en la *potencialidad* de la conducta" (ya que no siempre el aprendizaje se manifiesta externamente, como acabamos de hacer notar) y que "ocurren como consecuencia de la *práctica reforzada*", es decir, no de la práctica por sí sola. Se recomienda revisar, a este respecto, el clásico análisis de Kimble (1971), quien, además, establece una útil distinción entre definiciones "teóricas" y "operacionales" del aprendizaje.

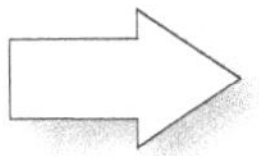

De estas cuestiones se ocupan en detalle los abundantes tratados existentes sobre *psicología del aprendizaje*, así como los de *psicología evolutiva* o *del desarrollo* lo hacen en lo que concierne al concepto de desarrollo, sus leyes y términos relacionados.

En síntesis, el concepto de **maduración** recoge y representa el peso de las variables biológicas en el desarrollo psicológico; el de **aprendizaje**, la influencia de las experiencias y factores externos.

Es preciso no confundir, por otra parte, los conceptos de *maduración* y *madurez*. La **madurez**, que supone un determinado nivel de logros en el desarrollo, es consecuencia *tanto de la maduración como del aprendizaje*, es decir, la madurez implica maduración (como también, aprendizaje). Un niño, una persona están *maduros*, cuando han alcanzado un grado tal de desarrollo que les permite enfrentar de manera competente determinadas tareas o exigencias. En la etapa preescolar o en el período escolar hay niños más maduros que otros, lo que ocurre en todas las etapas de la vida.

La *madurez escolar*, la *madurez emocional*, la *aptitud académica* y otros conocidos ejemplos de *madurez*, son el fruto de decisivas experiencias de aprendizaje, unidas a las condiciones que genera una adecuada maduración. El concepto de **crecimiento** también es muy usado en estos contextos. En sentido estricto, alude al *aumento cuantitativo* de alguna característica o variable. En sentido metafórico se usa como sinónimo de desarrollo (en el que lo cualitativo prima por sobre lo puramente cuantitativo): se habla, así, del *crecimiento del ser humano*, el *crecimiento espiritual*, etc. No es infrecuente encontrar que algunos autores utilizan el término crecimiento para referirse a lo que aquí ha sido definido como *maduración* y, en la literatura médica, suele aparecer *desarrollo* como equivalente a *maduración*.

Maduración y *aprendizaje* constituyen una intrincada díada en interacción que da cuenta de los fenómenos del desarrollo. No resulta fácil muchas veces identificar cuál de los dos factores pesa más en un determinado logro, característica, hábito o rasgo humano. Con propósitos didácticos se trata de analizar cada uno de ellos aisladamente, dejando en suspenso la acción del otro, lo que resulta indudablemente artificial para la gran mayoría de las situaciones. La **fig. 1.1** pretende graficar cómo el desarrollo es el resultado de la interacción de ambos grupos de factores.

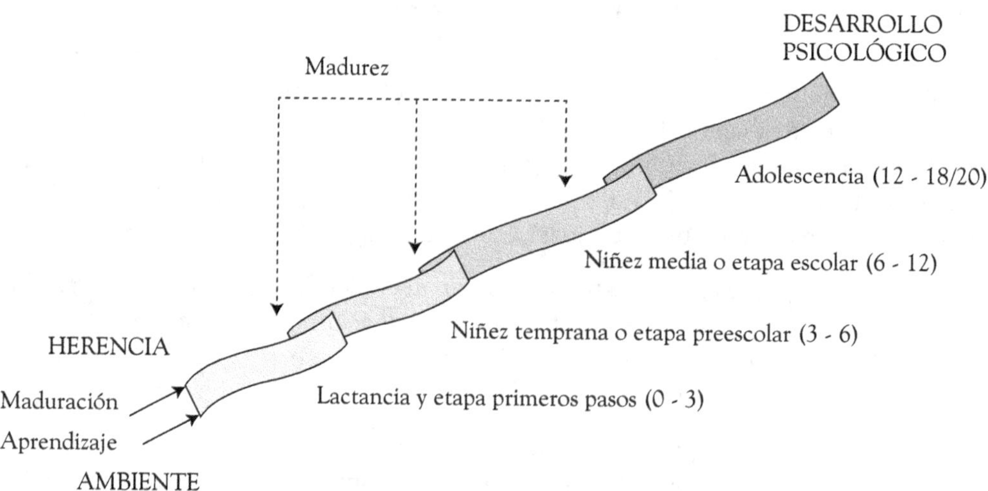

Figura 1.1

Relaciones entre los conceptos básicos examinados en el texto.
Se muestran las etapas que típicamente describen los manuales de psicología evolutiva.

La psicología ha tratado de identificar el peso relativo que pueden tener en determinadas características o logros las díadas *maduración-aprendizaje*, *herencia-*

ambiente, natura-nurtura, lo innato-lo adquirido[3]. No se trata de pares de términos sinónimos, aunque muy relacionados entre sí. Estudios muy rigurosos realizados en gemelos monocigóticos, gemelos dicigóticos o en sujetos con diferentes grados de parentesco, han tratado de identificar la influencia de cada uno de los dos factores. En el complejo "tejido" o entramado del desarrollo, se pueden identificar dos "hebras" que, en estrecha interdependencia, explican los fenómenos que dan pie a las diferentes etapas de la vida, lo que pretende ilustrar la **fig. 1.1**.

Santrock (2002) observa cómo los procesos biológicos, cognitivos y socioemocionales, interactúan para producir los períodos del desarrollo: *infancia, niñez temprana, niñez media, adolescencia*, etc. Todo esto cobra gran importancia al momento de evaluar los progresos de un niño[4], ya que, por muy positivas que puedan ser las pautas de crianza y experiencias de aprendizaje, un *trastorno del desarrollo* (generalizado o específico), u otras condiciones, pueden retrasar o alterar los patrones madurativos normales, con lo cual dichas experiencias no dan los frutos que se esperaría de ellas. Desde el punto de vista educativo, podrá tratarse de niños "con necesidades educativas especiales", planteando mayores desafíos a padres y educadores[5].

Este libro tiene por objeto entregar una descripción breve de los **mecanismos básicos a través de los cuales el ser humano aprende**. Se centra, por tanto, en solo una de las dos grandes vertientes que explican el desarrollo psicológico. Destinado de manera especial a profesores y estudiantes de pedagogía, se enmarca fundamentalmente en la **perspectiva de la psicología educativa o psicopedagogía**, sin que ello signifique no incluir aportes de algunas áreas de la psicología ajenas al ámbito de la psicopedagogía, pero de importancia para determinados temas.

LA PERSPECTIVA DE LA PSICOLOGÍA EDUCATIVA O PSICOPEDAGOGÍA

La **psicología educativa** o **psicopedagogía** delimita el ámbito interdisciplinario que recoge los aportes científicos, tanto de la *psicología*, como de la *pedagogía*. De ahí los nombres con que se la conoce y que aluden a ambas disciplinas: *psicología pedagógica,*

---

3   *Natura - Nurtura*: términos latinos, muy utilizados en la psicología anglosajona como nature - nurture. El primero corresponde a la constitución y características congénitas del sujeto (incluye más que lo puramente hereditario). *Nurtura* alude a todo lo adquirido, ya sea a través de las pautas de crianza, como las demás experiencias que se pueden traducir en aprendizajes.

4   Continuando con el procedimiento adoptado en los otros manuales del autor y, contra lo que se acostumbra hoy, se utilizarán a lo largo del texto las formas 'no marcadas', **niño, alumno, hombre, profesor**, etc. para hacer referencia a niños y niñas, alumnos y alumnas, hombres y mujeres, profesoras y profesores, etc. Si es el caso, se especificará que se hace referencia a "niñas", "niños varones", etc. En sus rasgos esenciales, en su calidad de seres humanos, hombres y mujeres son idénticos.

5   El autor se refiere en detalle a estas cuestiones en el manual *Psicopedagogía de la diversidad en el aula. Desafío a las barreras en el aprendizaje y la participación*. Alfaomega Grupo Editor, México, 2010. 2ª ed. 2015.

psicopedagogía, psicología educativa o de la educación. Importantes tópicos de los que se ocupa la psicología y que tienen interés para la educación (aprendizaje, desarrollo, evaluación, cognición, motivación, diferencias individuales...) definen sub-áreas de esta interdisciplina. Así es como se puede hablar, por ejemplo, de *psicopedagogía del aprendizaje* o *psicología educativa del aprendizaje.* En países del continente europeo, se ha utilizado preferentemente el término de psicopedagogía, mientras que en el mundo anglosajón se ha privilegiado el de *psicología educativa.*

Psicopedagogía ha sido definida en sentido amplio como:

El estudio de las relaciones entre las aptitudes o las disposiciones psicológicas del niño y la actividad pedagógica, para determinar:

1. las condiciones psicológicas del éxito en el terreno pedagógico o escolar, y

2. las transformaciones del psiquismo por medio de la acción pedagógica[6].

En Chile, como ocurre en algunos otros países latinoamericanos, el concepto de *psicopedagogía* se suele identificar con una de sus sub-áreas: la que tiene que ver con educación especial o las necesidades educativas especiales. En este sentido, numerosas universidades imparten carreras de pregrado o postgrados en *psicopedagogía.* Ver **fig. 1.2.** Se trata, en realidad, de un sentido restringido del concepto. En tal caso, sería conveniente "apellidarlo" con la especificación que corresponda: psicopedagogía de las dificultades del aprendizaje, de las necesidades educativas especiales... Denominaciones como *psicopedagogía correctiva, psicopedagogía terapéutica* y otras similares son muy antiguas y han marcado el intento de delimitar un área específica dentro del contexto amplio de la psicopedagogía o psicología educacional.

Para Ausubel y colaboradores (1983), la función de la psicología educativa en la educación de los profesores

> se basa en la premisa de que existen principios generales del aprendizaje significativo en la sala de clases que se pueden derivar de una teoría razonable acerca de tal aprendizaje: **estos principios pueden ser validados empíricamente y comunicados con eficacia a los aspirantes a profesores**.

Dentro del contexto amplio de la psicopedagogía o psicología educativa, la *psicopedagogía del aprendizaje* o *psicología educativa del aprendizaje* se centra en el estudio de las variables psicológicas más directamente relacionadas con los procesos de enseñanza-aprendizaje.

---

6 Foulquié, 1976.

En el Diccionario de la Lengua de la Real Academia Española aparece definida como la "rama de la psicología que se ocupa de los fenómenos de orden psicológico para llegar a una formulación más adecuada de los métodos didácticos y pedagógicos".

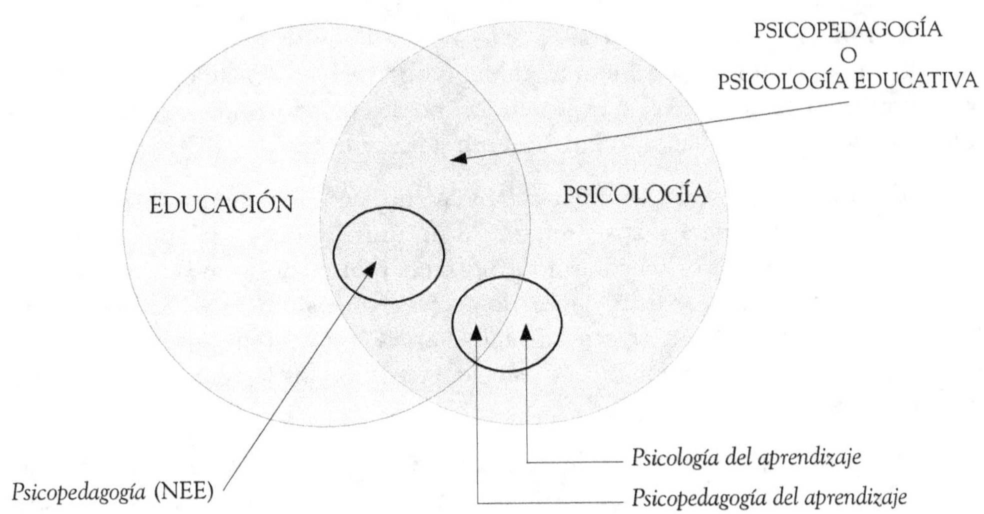

Figura 1.2

La **psicopedagogía** o **psicología educativa**, disciplina que se genera a partir de intereses comunes entre la educación o pedagogía y la psicología. (La pedagogía es la ciencia que se ocupa de la educación y la enseñanza). *Psicopedagogía* se utiliza también en un sentido restringido: asociada a NEE y dificultades de aprendizaje. Véase la diferencia entre *Psicología del aprendizaje* (de interés para los psicólogos) y *Psicopedagogía del aprendizaje* (de interés para educadores) con elementos en común, aunque con énfasis diferentes según la perspectiva adoptada.

Si bien muchos autores han centrado su atención y esfuerzos en los procedimientos que garantizan la eficiente adquisición (o *construcción*) de conocimientos por parte de los alumnos en el aprendizaje académico, en el desarrollo de las destrezas intelectuales y de las aptitudes metacognitivas, en este libro consideramos al ser humano en toda su complejidad **como persona que aprende**. Por tanto, junto a la dimensión **cognitivo-intelectual**, que enfatiza normalmente la psicología educativa, queremos hacer ver que los mecanismos de aprendizaje que se describirán juegan un rol decisivo **también en lo que dice relación con el desarrollo de los aspectos emocionales, sociales y trascendentes de la persona**, debiendo ser tenidos en cuenta por el educador al considerar el aprendizaje de actitudes, valores y todo aquello que se relaciona con el crecimiento humano pleno.

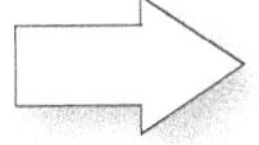 El educador no es un pasante de materias o simple instructor. Es un formador de personas o un *facilitador* de dicha formación.

TIPOS DE APRENDIZAJE

A más de alguien puede llamar la atención que en este libro se describan **cuatro** maneras básicas de aprender y no una o doce, o más... La verdad es que, en psicología, no hay consenso en cuanto al número de procedimientos –**claramente identifica-**

bles y diferenciables entre sí– a través de los que se aprende, es decir, a través de los que se logran **cambios de conducta** (conductas observables y cambios internos) que son el **resultado de la práctica o experiencia** –no de la maduración u otras variables biológicas– y que son, además, **relativamente permanentes**[7].

Desde el punto de vista de la parsimonia científica[8], estiman los estudiosos de estas materias, resultaría atractivo referirse a un único proceso de aprendizaje, en contraposición a múltiples mecanismos. Sin embargo, como lo avalan numerosos estudiosos de la materia, se hace necesario aceptar **varios** procesos independientes –los que se justifican a la luz de criterios muy variados– hasta que los avances en la neuropsicología, la neurociencia o, la psicología misma, los legitimen, descarten o reformulen.

En todo caso, hablar de **tipos de aprendizaje** suele inducir a confusión, ya que hay diferentes maneras de entender o de referirse a tales tipos. Entre ellas (**fig. 1.3**),

- Tipos de aprendizaje entendidos como *mecanismos* a través de los cuales se aprende: **cómo** se aprende (por condicionamiento clásico, operante, etc.). Una de las acepciones de la palabra *mecanismo* en los diccionarios de la lengua es "modo de suceder o desarrollarse algo".

- Tipos de aprendizaje en el sentido de **qué** se aprende, como *contenidos* de aprendizaje o la "materia prima" que se procesa: se puede pensar, por ejemplo, en contenidos verbales y no verbales y, dentro de ellos, delimitar categorías más finas. Esto resulta claro al considerar las asignaturas del currículo escolar, que tienen que ver con diferentes áreas del saber y cuyos *contenidos* no son indiferentes para el tipo de procesamiento que debe efectuar el aprendiz.

- Tipos de aprendizaje como *resultados* del proceso de aprender, es decir, **qué** se logra. Es el sentido en que Gagne (1977) describe tipos de "capacidades aprendidas": *Información verbal, destrezas intelectuales, estrategias cognitivas, destrezas motoras, actitudes.*

En este texto, se hablará de **tipos de aprendizaje** fundamentalmente en el primer sentido: como *mecanismos* que explican **cómo aprende el ser humano**. El título del libro expresa esta idea. La elección pudiera impresionar como algo forzada y arbitraria, en atención a la íntima relación que se da entre los tres criterios, que se

---

7 Se les define como "relativamente **permanentes**" para diferenciarlos de aquellos cambios de conducta que obedecen a factores tales como la fatiga, el uso de substancias estimulantes o tranquilizantes, adaptación sensorial (por ejm., la adaptación olfatoria), etc., que producen solo **cambios transitorios**, mientras dura el efecto del factor en cuestión. Por otra parte, el **olvido** explica que se hable de cambios **relativamente** permanentes: los cambios adquiridos a través del aprendizaje pueden perderse.

8 La **parsimonia** es la capacidad de una teoría de explicar algo mediante el menor número posible de suposiciones o conceptos.

traslapan en varios sentidos. Sin embargo, aparte de dar una perspectiva unificadora y un "hilo conductor" al trabajo al revisar uno a uno los cuatro mecanismos, explica por qué hay una serie de temas que aparecen en los tratados de psicología educativa, de gran relevancia y que en este manual no han sido tocados. Parte de esos temas el autor los desarrolla en sus otros manuales. Algunas clasificaciones, de hecho, no distinguen entre los criterios antes mencionados. Es el caso del conocido *modelo de aprendizaje acumulativo* de Gagne, que incluye ocho tipos de aprendizaje, secuenciados con propósitos de facilitar la instrucción[9].

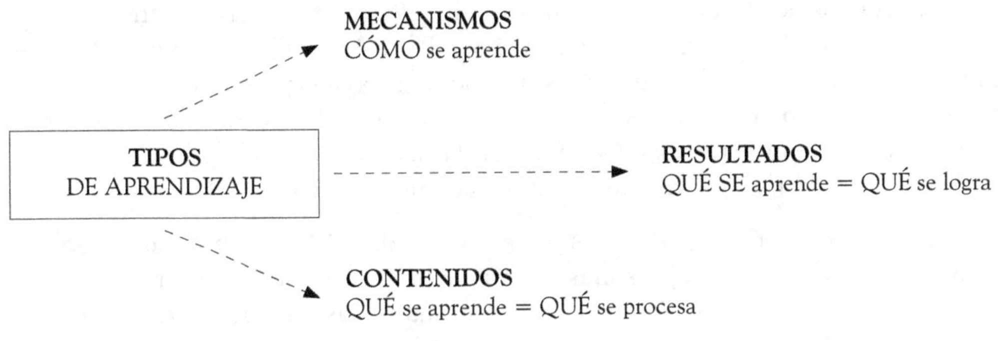

Figura 1.3

Diferentes maneras en que se puede hablar de "tipos" de aprendizaje.

CÓMO SE APRENDE: MECANISMOS DE APRENDIZAJE

Entendiendo que cualquier clasificación adolece de defectos e insuficiencias, en el presente trabajo se describen **cuatro** grandes *mecanismos* (o categorías de mecanismos) a través de los cuales pueden explicarse suficientemente bien los cambios que obedecen al aprendizaje[10]. Es difícil imaginar alguno de tales cambios que escape a la acción de uno o más de estos *mecanismos* y, por otra parte, se trata de procesos claramente diferenciables entre sí, utilizados y destacados por diferentes posturas teóricas dentro de la psicología.

Si se examinan listados aparentemente más completos, propuestos por otros autores, se hará evidente que dos o más de los procedimientos enumerados corresponden a subtipos de una de las categorías propuestas en este manual[11].

---

9 El **modelo acumulativo de Gagne** incluye (en una secuencia en que los anteriores son pre-requisitos de los que siguen): **1**= Aprendizaje de señales. **2**= Conexiones simples E-R. **3**= Cadenas E-R. **4**= Asociaciones verbales. **5**= Discriminaciones múltiples. **6**= Conceptos. **7**= Principios y leyes. **8**= Solución de problemas.

10 En un trabajo anterior (Bermeosolo, 1980) el autor utilizó estos cuatro mecanismos para dar cuenta de un aspecto del desarrollo psicolingüístico: el desarrollo semántico.

11 Los tres últimos tipos del modelo acumulativo de Gagne corresponden a "mecanismos cognitivos". El tipo 1 corresponde al condicionamiento clásico. Los restantes, quedan incluidos aquí, gruesamente, dentro del condicionamiento operante. Este autor no considera en su sistema la imitación, a la cual se le da gran importancia en este manual.

Los mecanismos de aprendizaje que se describirán son los siguientes:

1. CONDICIONAMIENTO CLÁSICO O PAVLOVIANO
2. CONDICIONAMIENTO OPERANTE O INSTRUMENTAL
3. IMITACIÓN E IDENTIFICACIÓN
4. MECANISMOS COGNITIVOS DE APRENDIZAJE

Los teóricos del aprendizaje, según su particular punto de vista, han tendido a privilegiar alguno(s) de estos mecanismos por sobre otro(s). Los conductistas más radicales han puesto a la base de sus explicaciones sobre el aprendizaje uno o los dos tipos de condicionamiento. Los teóricos cognitivistas se han centrado en mecanismos cognitivos como la *comprensión* y el *insight*. Los teóricos del aprendizaje social, por su parte, han dado enorme relevancia a la imitación, etc.

Creemos que **cada uno de ellos juega un rol decisivo en las adquisiciones y cambios que afectan a las personas**. Ciertamente –a causa de la naturaleza misma del mecanismo– su acción no puede ser la misma en las diferentes áreas o dimensiones del psiquismo: emociones, conducta social, cognición, psicomotricidad... Si bien se hará en el manual un análisis por separado de cada mecanismo, la verdad es que –como se podrá apreciar más adelante– para muchas adquisiciones operan en conjunto.

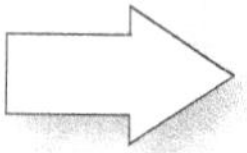

Consideramos que el conocimiento de estas 4 amplias categorías de instancias generadoras de aprendizaje puede ser de gran utilidad para todas aquellas personas que tienen responsabilidad en el desarrollo psicológico de los niños, comenzando por sus padres y, por supuesto, los educadores:

Los mismos mecanismos que están a la base del aprendizaje de las conductas adaptativas, comportamientos pro-sociales, conocimientos en las más variadas áreas del saber, actitudes, valores, etc., dan cuenta también del aprendizaje de conductas desajustadas, neuróticas o altamente negativas. Por otra parte, así como estas conductas se aprenden, también se pueden "desaprender" a partir de los mismos mecanismos.

El conocimiento de **cómo se aprende** aclara una parte importante de la dinámica que está a la base del desarrollo, y ello ayuda poderosamente en una toma de decisiones más acertada en relación a la acción pedagógica y/o terapéutica, que se deba eventualmente emprender.

ETAPAS EN EL APRENDIZAJE Y PROCESOS PSICOLÓGICOS INVOLUCRADOS

Antes de describir cada uno de los procedimientos a través de los cuales los seres humanos aprenden, se hace necesario identificar las **etapas** o **fases** que caracterizan el fenómeno del aprendizaje. No siempre resulta fácil determinar en qué momento o período de tiempo ocurre exactamente la adquisición de la nueva conducta, capacidad, habilidad o reacción emocional frente a alguna situación-estímulo. Algunas adquisiciones son prácticamente instantáneas, otras pueden tomar años; depende de qué es lo que se está considerando como la "conducta aprendida": puede tratarse, por ejemplo, de una pequeña lista de palabras en un idioma extranjero, como del idioma en sí...

Ya se advirtió que **el aprendizaje no es una variable directamente observable**. Se infiere de la conducta o ejecución, que sí se puede observar y, tal vez, medir. **El constatar que frente a una determinada situación-estímulo la persona responde o se comporta, ahora, de una manera diferente y relativamente estable**, puede informar acerca de un posible aprendizaje por parte de esa persona.

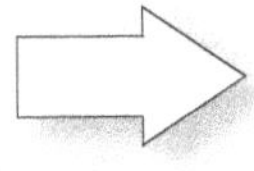

En situaciones de instrucción, programas de modificación de conductas, etc., resulta importante identificar los diferentes momentos por los que va pasando el aprendiz al adquirir nuevos conocimientos, actitudes, formas de reaccionar o comportarse.

La identificación de etapas posibilita un mejor arreglo de la situación de aprendizaje-enseñanza (lo que ocurre también en situaciones psicoterapéuticas). Ello permite planificar mejor e implementar las estrategias de manera más adecuada, oportuna y, finalmente, evaluar con mayor acierto y precisión. Todo lo anterior justifica el precisar etapas o fases como las que ilustra la **fig. 1.4**. En general, los autores tienden a señalar, al menos, tres grandes momentos: 1. **Adquisición** (*acquisition*) - 2. **Almacenamiento** (*storage*) - 3. **Recuperación** (*retrieval*).

En este manual se subdivide la primera de estas etapas en un momento de **aprehensión** y otro de **adquisición**, ya que cada uno de ellos puede identificarse claramente a la luz de los procesos involucrados –*percepción, atención, codificación*– los que cobran especial importancia en los **mecanismos cognitivos** en el aprendizaje. También los **niveles de funcionamiento de la memoria**, en acción en los diferentes tipos de aprendizaje, juegan un rol que no puede dejar de describirse con algún detalle al tratar tales mecanismos. Ahí se examinará más a fondo la **fig. 1.4**.

El gráfico da especial relevancia al factor **motivación**, decisivo para apreciar el curso que sigue una determinada experiencia de aprendizaje. Resulta difícil entender a cabalidad una conducta (una reacción emocional, un hábito inadecuado, un "acto fallido", etc.) si no sabemos qué la suscita o a qué apunta. Si bien se trata de una variable intercurrente, no directamente observable, **la motivación es fundamental para explicar la variabilidad de la conduct**a en los seres humanos.

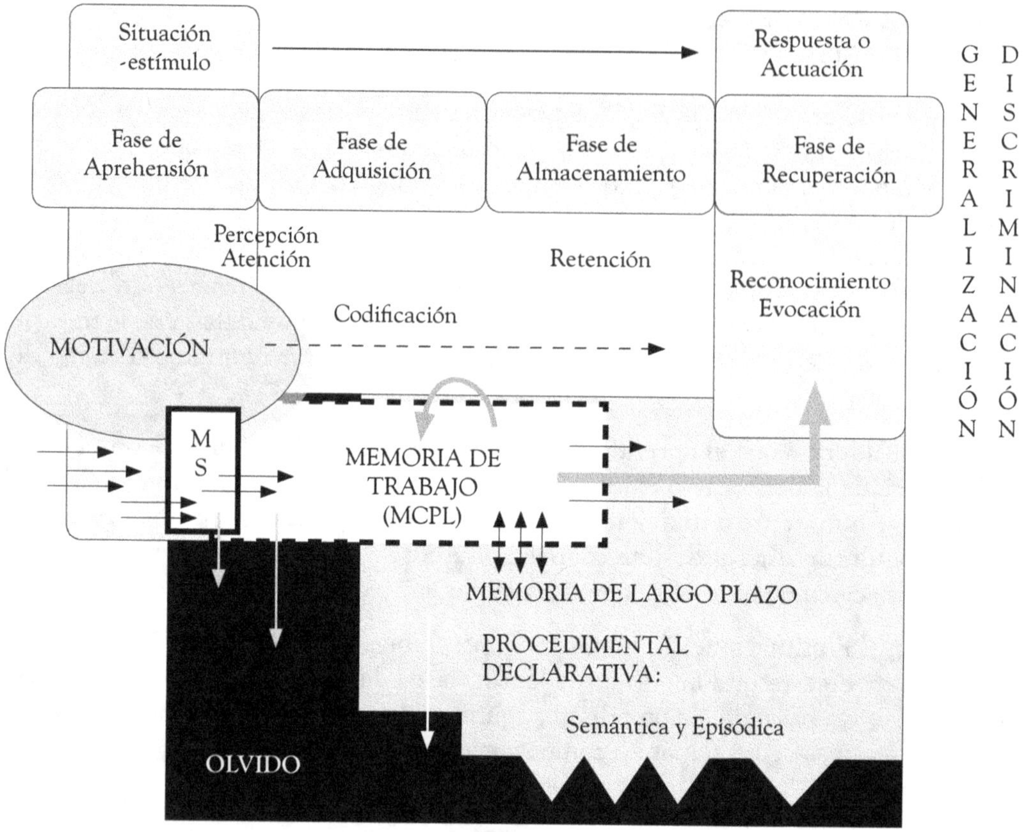

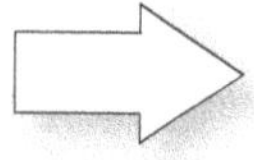

Figura 1.4

Etapas en el aprendizaje, fenómenos relacionados y niveles de funcionamiento de la memoria humana. MS = memoria sensorial, MCPL = memoria de corto plazo.

El concepto tiene que ver con la dinámica que se da en la persona en la regulación de las conductas que apuntan a la **satisfacción de sus necesidades** (a diferentes niveles) o **con las cuales persigue determinadas metas.**

Los profesores se sorprenden, a veces, porque un alumno no responde a sus preocupaciones como ellos quisieran... y les cabe sorprenderse más aún, al constatar que, por haber tocado un misterioso *resorte* motivacional, el comportamiento e interés de un niño cambia repentinamente, transformándose, de descuidado y negligente, en responsable y entusiasta. La utilización de la **necesidad de logro** y otros motivos positivos del estudiante, el ayudarlo a fijarse metas realistas, el proporcionar *feedback* informativo de manera oportuna, el proponer tareas y desafíos al nivel adecuado de dificultad, el evitar procedimientos que crean stress temporal o ansiedad crónica etc., forman parte del amplio **repertorio de recursos que deben ser tenidos en cuenta por todo educador en el ámbito de la motivación.**

La figura hace referencia también a dos fenómenos que se dan en cualquier tipo de aprendizaje:

- **generalización** y

- **discriminación**.

> Si la generalización es una reacción a **semejanzas**, la discriminación es una reacción a **diferencias**.

- La primera explica nuestra habilidad para reaccionar de forma adecuada a estímulos o situaciones nuevas, en tanto son semejantes a estímulos o situaciones familiares, aprendidas previamente.

- La segunda nos ayuda a distinguir cuáles estímulos o situaciones-estímulo corresponden a las de la categoría frente a la cual debemos reaccionar de una manera determinada y cuáles no.

Generalización-discriminación son procesos complementarios: la calidad de un aprendizaje se hace evidente cuando el aprendiz generaliza y discrimina[12] adecuadamente, a partir de situaciones previamente aprendidas. Estos fenómenos están a la base de la *transferencia* en el aprendizaje, ya que todos los esfuerzos educativos pretenden que lo aprendido en una situación pueda transferirse a situaciones nuevas: por ejemplo, que lo aprendido en el colegio, sea de utilidad en la vida real, y que aquello aprendido previamente en un área determinada, facilite aprendizajes posteriores y más avanzados dentro de esa (y quizá otras) área (s). En los *mecanismos* que pasan a explicarse en los capítulos que siguen se ahondará en estos conceptos.

Para Santrock (2002) "el aprendizaje **es el foco central de la psicología de la educación**. Cuando a la gente se le pregunta para qué están las escuelas, una respuesta común es: para ayudar a los niños a aprender". En este manual, dedicado casi por completo al **aprendizaje**, dedicaremos algunos apartados al final a la **enseñanza**; es decir, nos ocuparemos también de cómo se puede ayudar a los niños (y alumnos, en general) a aprender de manera más eficiente.

Terminamos este capítulo con algunos conceptos que nos ayuden a entender mejor la noción de **aprendizaje** y con algunas ideas que contribuyan a que el lector comprenda la importancia de la psicología del aprendizaje en el ámbito educativo.

---

12 *Discriminar* en psicología quiere decir *distinguir, diferenciar*. En sociología es *excluir, segregar* o, como se dice en el diccionario de la RAE: *Dar trato de inferioridad a una persona o colectividad por motivos raciales, religiosos, políticos, etc.*

LEYES Y VARIABLES

En psicología y en psicopedagogía del aprendizaje, como en toda ciencia, es importante descubrir **leyes**. No es suficiente recolectar datos y más datos, ni construir un enorme listado de situaciones y ejemplos de cambios de conducta que suponen aprendizaje. Resultaría poco práctico para explicar y predecir acontecimientos. A fin de ordenar, dar sentido y sintetizar esa enorme masa de información, es preciso descubrir las *leyes* y regularidades que están a la base. Las *leyes científicas*, por tanto, implican **abstracción**: no son descripciones de hechos particulares. Hill (1980), explicando esto en términos muy fáciles de comprender, dice que una **ley** es *un enunciado acerca de las condiciones bajo las cuales ocurren cosas*. El autor ilustra el punto, haciendo referencia a las predicciones del meteorólogo aficionado "quien cuenta con una ley válida, si bien no completamente exacta, para predecir el tiempo" y que corresponde en alguna medida a nuestro pronóstico: *Norte claro, sur oscuro: aguacero seguro.*

En este caso:

- *Norte claro, sur oscuro:* **condiciones** bajo las cuales ocurren ciertas cosas.

- *Aguacero seguro* (=lluvia): **las cosas que ocurren** bajo esas condiciones.

Un ejemplo de ley científica, citada también por Hill, remite a una regularidad descubierta por los físicos y que se expresa en estos términos: *El período*[13] *de un péndulo es proporcional a la raíz cuadrada de su longitud.* A todos nos resulta familiar el hecho de que los péndulos pequeños oscilan rápidamente; los largos lo hacen lentamente. También aquí se sigue el mismo esquema: *Ciertos fenómenos dependen o están estrechamente relacionados con determinadas condiciones.*

- *El período de un péndulo:* **las cosas que ocurren** bajo determinadas condiciones.

- *Raíz cuadrada de la longitud:* **condiciones** bajo las cuales ocurren ciertas cosas.

De acuerdo a esto, se puede afirmar que **una ley enuncia una relación entre variables**:

- **Variable dependiente** es aquella sobre la cual se hace la predicción (o **las cosas que ocurren** si se dan ciertas condiciones). En el ejemplo anterior: *aguacero seguro*, en tanto el cielo esté de determinada manera. En el caso del péndulo, *el período*.

- **Variable independiente**, la que se utiliza para hacer la predicción (o **las condiciones** bajo las cuales ocurren determinadas cosas). En el ejemplo del meteorólogo: *norte claro, sur oscuro*. En el caso del péndulo, una relación matemática que tiene que ver con su *longitud*.

---

13 **Período** es un espacio de tiempo. En física es el intervalo que debe transcurrir para que un sistema vibratorio vuelva a recobrar el mismo estado.

Los adultos con frecuencia hacen predicciones acerca del comportamiento de los niños: han encontrado regularidades que les permiten aseverar que, si se dan determinadas circunstancias, tal o cual niño se comportará de esta u otra manera. Así ocurre cuando se acusa a los abuelos de "malcriar" a sus nietos. En el **aprendizaje**, fenómeno del cual nos ocupamos en este texto y cuya definición ya adelantamos,

- **la variable dependiente** es el **cambio de conducta** o ejecución;

- **la variable independiente**, es decir, aquello a que atribuimos (o con lo cual relacionamos más directamente) ese cambio, puede ser alguna característica
  - de quien aprende,
  - de la situación,
  - de la tarea,
  - del procedimiento o metodología utilizada,
  - etc.

Por ejemplo, se podría predecir una mejora en el rendimiento de un grupo de alumnos en una clase de idioma extranjero (es decir, un *cambio de conducta*: **variable dependiente**) al utilizar el profesor una nueva metodología de enseñanza (**variable independiente**). Por cierto, ello exigiría un diseño tal de la experiencia que le permitiera **con seguridad verificar que el efecto obtenido se debe a la nueva metodología y no a otras variables**. Si utiliza la metodología nueva solo con los alumnos más aventajados y, con el resto del curso usa la tradicional, los resultados habría que atribuirlos, más bien, a la capacidad o el CI de los alumnos y no al nuevo procedimiento en cuestión.

Si se habla en educación de *enseñanza eficaz* o de *maestros efectivos* (tema que revisaremos en el capítulo 9) se está haciendo directa alusión a posibles **variables independientes** (en este caso, la calidad de la enseñanza o la de los maestros) a las que podrían atribuirse cambios de conducta deseables (en el rendimiento académico: **variable dependiente**).

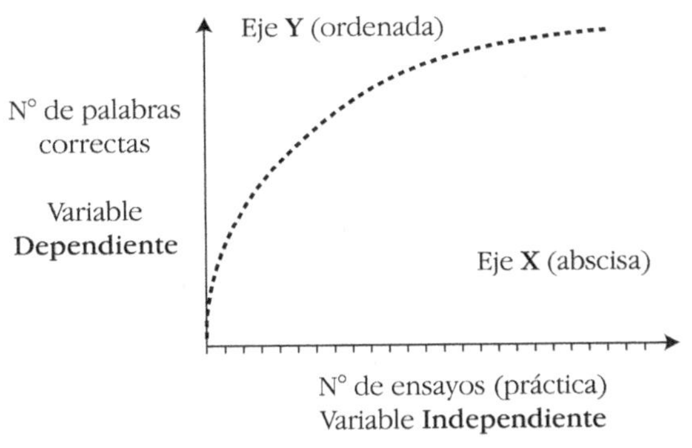

Figura 1.5

Relación entre el número de ensayos de aprendizaje y cantidad de palabras aprendidas correctamente.

La **fig. 1.5** ilustra una típica "curva de aprendizaje", es decir, una representación gráfica, utilizando las coordenadas cartesianas, donde el eje de las **X** corresponde a la variable **independiente** y el de las **Y** a la **dependiente**. En el ejemplo, relacionado *con la adquisición de vocabulario*, la cantidad de palabras correctas aprendidas aumenta con el número de ensayos o intentos de aprendizaje.

Si se midiera, en este mismo ejemplo, el **aprendizaje** a través de la **disminución de los errores** (el alumno comete cada vez menos errores en el vocabulario que está aprendiendo), la curva aparecería invertida. Algo parecido a lo que muestra la **fig. 1.6**. Como explica Coolican (1997), se supone que las variables independientes afectan las variables dependientes, en especial cuando se controlan en experimentos. En el ejemplo que ilustran las **figuras 1.5** y **1.6**:

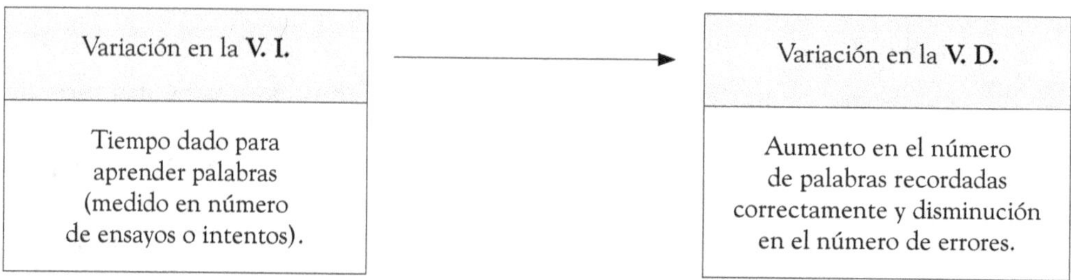

Este mismo autor explica que **variable** es... **cualquier cosa que varíe** o, **todo evento que cambia de valor**: estatura, actitudes, inteligencia, ansiedad, extraversión, sexo, partido político, etc. Los textos de metodología de la investigación definen *variable* como *una propiedad que puede variar (adquirir diversos valores) y cuya variación es susceptible de medirse*. (Hernández, Fernández, Baptista, 1991).

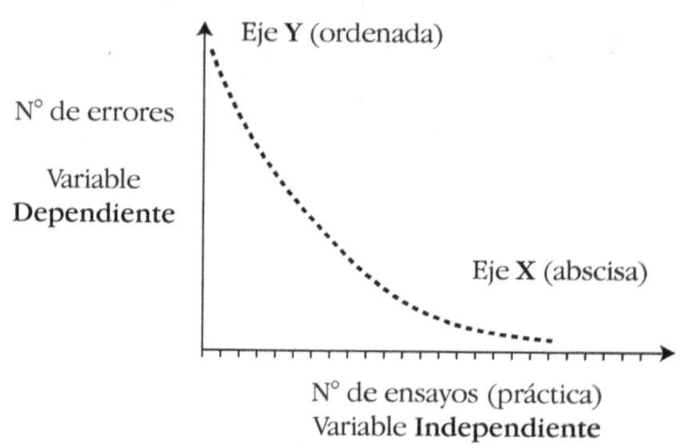

Figura 1.6
Relación entre los ensayos o intentos de aprendizaje y el número de errores.

A fin de evitar ambigüedades o apreciaciones subjetivas, en psicología se hace necesario **definir operacionalmente** las variables:

> Una **definición operacional** de una variable *x* nos da la **serie de actividades requeridas para medir** *x*.

Si se quisiera probar la hipótesis: *los niños castigados en forma física son más agresivos*, sería necesario operacionalizar las variables *castigo físico* y *agresividad* o *agresión*. A modo de ejemplo:

Castigo físico:

- Número de veces por semana que los padres castigan físicamente a sus hijos.
- Resultados de un cuestionario a los padres sobre sus actitudes hacia el castigo físico.
- etc.

Agresión:

- Número de veces que el niño inicia una conducta desordenada observable en el patio o la sala de clases, que afecta los derechos de otros.
- Número de juguetes violentos solicitados por el niño en las cartas al Viejo Pascuero,
- etc.

No debe olvidarse, como ya se adelantó, que el *aprendizaje* no es una variable observable directamente: **se infiere de lo que se advierte en la conducta.** El observador puede ser testigo de los ensayos de práctica del aprendiz, de sus sesiones de entrenamiento, de sus períodos de estudio, de las experiencias a que se ve sometido, etc. y, por otra parte, de los resultados de todo lo anterior evidenciables en los **cambios de conducta** o ejecución (a través de los cuales puede inferir modificaciones cognoscitivas o psicológicas internas). Esto se puede visualizar como lo ilustra la **fig. 1.7.**

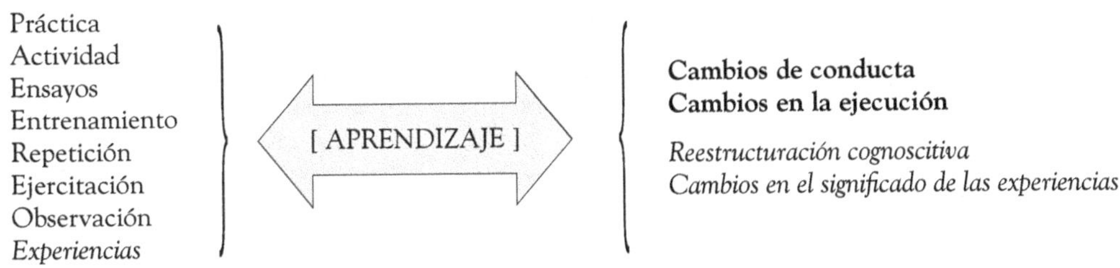

Figura 1.7

El *aprendizaje* propiamente tal no es directamente observable. Sí lo son los cambios de conducta o ejecución, y las experiencias a que se ve sometido el aprendiz, sus ejercicios, ensayos, etc.

Sin embargo, conviene advertir que no siempre resulta fácil identificar las variables que parecen dar cuenta de los resultados, o variables *independientes*. Es posible también **que una variable distinta a la independiente esté produciendo el efecto**. A fin de ahondar en lo concerniente a variables *extrañas, confusas* o *tipos de errores*, remitimos al lector a los textos de metodología de investigación en ciencias sociales, donde se analiza a fondo en qué consiste plantear un problema de investigación, los tipos de investigación (exploratoria, descriptiva, correlacional...) diseños experimentales y no experimentales de investigación, etc. Las variables, asimismo, admiten clasificaciones que exigen procedimientos pertinentes de análisis: cualitativas (nominales, ordinales) y cuantitativas (de intervalo y de razón).

A MODO DE ENTRETENCIÓN

1. Tratando de identificar **VI** y **VD**, decida cuál de estas afirmaciones de Coolican (1997) es más coherente:

    A. *El modo de aprendizaje depende del número de ítemes que se recuerdan.*

    B. *El número de ítemes que se recuerdan depende del modo de aprendizaje.*

2. Con ejemplos del mismo autor, identifique **VI** y **VD**:
    - En las actitudes pueden influir los mensajes de la propaganda.
    - La hora del día afecta los lapsos de atención.
    - La ejecución mejora con la práctica.
    - El deterioro de la memoria puede ser consecuencia del estrés.
    - Al sonreír es más probable que se reciban sonrisas.
    - El lenguaje mejora en niños cuyos papás proporcionan una rica estimulación visual y auditiva.

3. Un par de liceos municipalizados (fiscales) obtienen muy buenos resultados en mediciones nacionales de ingreso a la universidad, equiparables a los de los mejores establecimientos particulares pagados. Sin embargo, no se trata de establecimientos "inclusivos" que acogen a todos los alumnos de su comuna: son altamente selectivos y solo matriculan alumnos con promedios de notas de excelencia en sus escuelas de origen, pertenecientes a diferentes comunas. Discurra acerca de las posibles variables que explican su éxito y la justificación de este tipo de establecimientos.

4. Relacione entre sí los conceptos de *madurez* y *maduración*.

Capítulo 2

CONDICIONAMIENTO CLÁSICO O PAVLOVIANO

Temas del capítulo

Descripción y procedimientos básicos • Aprendizaje de señales • Condicionamiento apetitivo y de aversión • Relaciones temporales entre los estímulos • Medidas de la fuerza de la respuesta aprendida • Generalización y discriminación en condicionamiento clásico • Condicionamiento en seres humanos: respuestas emocionales • El segundo sistema de señales: condicionamiento semántico y verbal • Eliminación de respuestas condicionadas inadecuadas • Biofeedback • Condicionamiento y conciencia.

DESCRIPCIÓN Y PROCEDIMIENTOS BÁSICOS

Este importante mecanismo de aprendizaje fue descrito originalmente por el fisiólogo e investigador ruso Iván Petrovich Pavlov[1], premio Nobel en 1904, por lo que se le conoce también como *condicionamiento pavloviano*. Su teoría del *reflejo condicio-*

---

1 La autobiografía de Pavlov muestra, junto a sus grandes dotes de hombre de ciencia, su dimensión profundamente humana. Al referirse al lugar donde cursó sus estudios secundarios hace esta curiosa observación: "... Uno podía seguir sus propias inclinaciones intelectuales... podía retrasarse en una asignatura determinada y destacar en otra, sin que ello nos crease problemas, ni nos viésemos amenazados de expulsión; por el contrario, servía para atraer la atención sobre el alumno y daba lugar a especulaciones sobre el talento y las capacidades del estudiante en cuestión".

Concluye su autobiografía con estas hermosas palabras: "Soñé con encontrar la felicidad en el trabajo intelectual, en la ciencia y la encontré. Deseé tener en la vida una compañera bondadosa y la encontré en mi esposa, Sara Vasilievna, de soltera Karchevskaya, que pacientemente soportó todas las estrecheces de nuestra existencia hasta obtener la cátedra. Ella ha alentado siempre mis aspiraciones científicas y se ha entregado tan de lleno a la familia como lo he hecho yo al laboratorio. He renunciado a los intereses materiales de la vida con sus artificios y modos no siempre irreprochables, y no siento motivos para lamentarlo; por el contrario, constituye ahora motivo de satisfacción".

"Por encima de todo, me siento profundamente agradecido a mis padres. Ellos me hicieron llevar una vida sencilla y sin presunciones e hicieron posible mis estudios superiores" (En Sahakian, 1980).

nado (o *condicional*) constituyó una enorme contribución, no solo en el campo de la fisiología, sino también de la psicología.

Se trata de un tipo de aprendizaje que ocurre cuando una **señal** o estímulo nuevo o *neutro* (EN: *estímulo neutro*) se asocia con una **señal** o estímulo (EI: *estímulo incondicionado o incondicional*) que tiene la propiedad de provocar una respuesta refleja (RI: *respuesta incondicionada*), con lo cual –bajo ciertas condiciones– **el EN adquiere la propiedad** de provocar también una respuesta similar a la incondicionada: la respuesta condicionada (RC: *respuesta condicionada*). De ser *estímulo neutro* o indiferente, se transforma en EC= **estímulo condicionado**. La **fig. 2.1** ilustra estos conceptos.

Pavlov, entre otros experimentos, hacía sonar una *campanilla* (EN) cada vez que introducía un *trozo de carne* (EI) en la boca de un perro: repitiendo esto diariamente, observó que el perro comenzaba a producir *saliva* (RC) cada vez que escuchaba el sonido de la campanilla, incluso en ausencia del trozo de carne. La carne es un estímulo que, en forma natural, no aprendida, provoca la salivación (RI). La campanilla, en cambio, es un estímulo neutro o indiferente para estos efectos, salvo que se haya asociado repetidamente con el estímulo natural (o EI).

El procedimiento por el cual el estímulo inicialmente *neutro* se transforma en *estímulo condicionado* es, precisamente, el *condicionamiento*. La **figura 2.1** ilustra en 3 etapas lo descrito. En la tercera etapa, ya no se hace necesaria la presencia del EI *estímulo incondicionado*: en otras palabras, ha habido aprendizaje de **una nueva conexión**.

Es decir, el condicionamiento clásico o pavloviano consiste en la formación de una **asociación** que no existía previamente, entre un **estímulo** (inicialmente *neutro*, después *condicionado*) y una **respuesta** (*condicionada* o aprendida), a través de la presentación repetida del estímulo *neutro* con un estímulo *incondicionado* (aquél que, en forma natural, no aprendida, provoca la respuesta)[2].

Pavlov se encontraba realizando estudios muy cuidadosos acerca de la fisiología de la digestión en animales, cuando descubrió que, una vez que los perros se habían familiarizado con la situación experimental, podían comenzar a salivar o producir jugos gástricos (que recogía con complicadas sondas), tan pronto lo sentían dirigiéndose al laboratorio, antes de la entrega del alimento: denominó a estas reacciones anticipadas *secreciones psíquicas*. En otras palabras, los perros ya se habían "condicionado", de acuerdo a lo que se describió más arriba. Esto lo llevó a sistematizar el proceso seleccionando estímulos arbitrarios y completamente nuevos (como los

---

2 Las respuestas incondicionada y condicionada, ambas de la misma naturaleza (salivación, secreción gástrica, reflejo palpebral, concomitantes fisiológicos de la emoción, etc.) no son exactamente iguales: cuantitativamente y en velocidad de reacción, las respuestas al estímulo incondicionado aventajan a las que se dan frente al estímulo aprendido. Ello explica por qué se representan por separado en el gráfico.

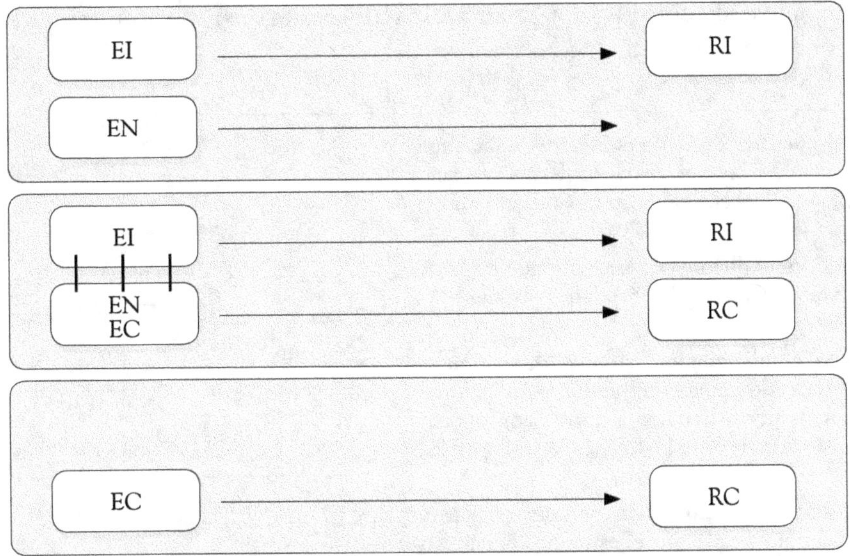

Figura 2.1

Tres momentos en el condicionamiento pavloviano. **EN**= estímulo neutro. **EI**= estímulo incondicionado. **RI**= respuesta incondicionada. **EC**= estímulo condicionado. **RC**= respuesta condicionada. En el proceso de *condicionamiento*, el EN se transforma en EC.

sonidos de un diapasón, una campanilla, etc.), para asociarlos con un proceso reflejo ya existente.

Facilitó su experiencia, sometiendo a los animales a una operación relativamente simple, con la que ponía al descubierto el canal de una glándula salivar, lo que le permitía medir las respuestas por el número de gotas de saliva. Antes del condicionamiento propiamente tal debía cerciorarse de que el estímulo seleccionado (por ejemplo, el sonido del diapasón) no provocaba salivación. Terminado el proceso descrito más arriba, encontró que mientras más veces se había aparejado el sonido con el alimento, el animal producía mayor cantidad de saliva ante el E.C.

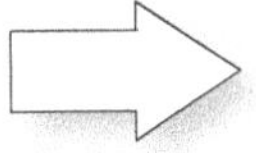 Cualquier persona experimenta respuestas condicionadas semejantes a las de las experiencias de Pavlov: escuchar, por ejemplo, el sonido de un timbre eléctrico o una campana asociado a la hora de la colación o el almuerzo en el colegio o lugar de trabajo, provoca reacciones aprendidas de secreciones preparatorias para la digestión.

Según la teoría de Pavlov, las **unidades básicas de la conducta** son los *reflejos*, respuestas automáticas inducidas por señales o estímulos. Pueden ser *innatos* (como los incondicionados, de los que el ser humano tiene un amplio repertorio) o *aprendidos* (como los condicionados); *simples* (como la salivación) o *complejos* (como los instintos, a los que consideraba cadenas de reflejos simples); pueden frenar o suscitar acciones (*inhibitorios o desinhibitorios*)[3].

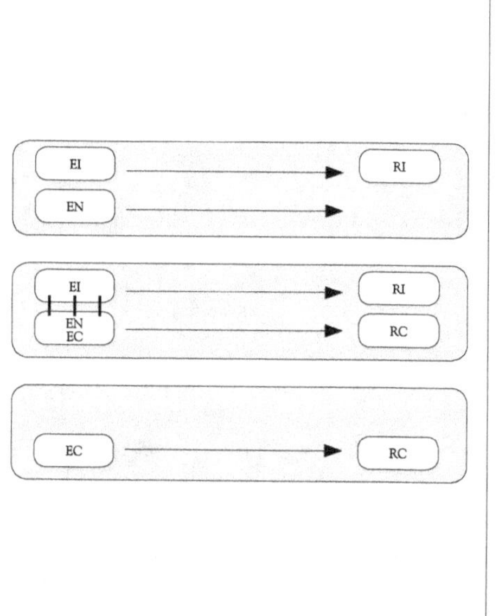

Estímulo neutro: estímulo indiferente inicialmente para el tipo de respuesta que se llega a condicionar o que no tiene ninguna conexión natural con ella.

Estímulo incondicionado: estímulo que en forma natural, no aprendida, desencadena o produce una respuesta refleja.

Estímulo condicionado: estímulo originalmente neutro para determinada respuesta, pero que llega a producirla por haber sido asociado con un estímulo que naturalmente la desencadena, llegando a actuar como una señal de este.

Respuesta incondicionada: respuesta refleja, no aprendida, provocada por el estímulo incondicionado: se trata de una reacción innata.

Respuesta condicionada: reacción al estímulo condicionado (inicialmente neutro), a causa de su asociación con el E.I.: supone una conexión aprendida.

Figura 2.2

Los conceptos básicos.

Un **reflejo** es, en esencia, una respuesta relativamente simple a un estímulo específico, que ocurre de manera automática frente a él: tal como la respuesta pupilar a la luz, el estornudo, la succión en bebés, la transpiración, etc. El reflejo comprende el estímulo específico y la respuesta, si bien tiende a identificarse con la respuesta. Una condición básica para que ocurra aprendizaje por condicionamiento clásico es la existencia previa de un reflejo o sistema de reflejos naturales (como sucede, por ejemplo, con los concomitantes fisiológicos de la emoción), a los que se conecta el estímulo neutro que logra gatillarlos[4]. Los **conceptos básicos** para este tipo de aprendizaje, se resumen en la **fig. 2.2**.

---

3 Se acostumbra distinguir entre *reflejos* e *instintos*. El reflejo es una pauta hereditaria de comportamiento común a toda una especie pero, a diferencia del instinto, es de carácter local —no compromete a todo el organismo sino a una pequeña parte de este— y no asegura la supervivencia del individuo.

4 En condiciones experimentales deben cumplirse otros **requisitos** para el adecuado control de la experiencia: el animal debe habituarse a la situación del experimento, ya que tiene que permanecer inmóvil. Debe trabajarse en ambientes "a prueba de sonidos" u otros estímulos distractores o potencialmente condicionables. El orden en que se presentan el EC y EI es también importante: el primero debe preceder o aparecer simultáneamente con el segundo.

APRENDIZAJE DE SEÑALES

A este tipo de condicionamiento también se le conoce como aprendizaje **señal** o **de señales**. Pavlov mismo había ya utilizado esta denominación. Esto se debe a que, de hecho, el *estímulo condicionado* opera como una **señal** de la posible presencia del estímulo incondicionado. Recuérdese el ejemplo anterior del timbre eléctrico asociado a la hora de la colación. El diagrama de la **fig. 2.3** aclara esta idea:

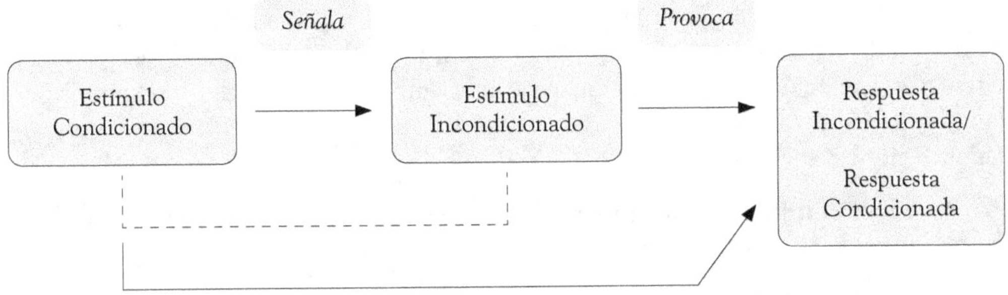

Figura 2.3

Aprendizaje **señal** o **de señales** (condicionamiento clásico). El **EC**, inicialmente neutro, se constituye en una señal para la inminente aparición del **EI**.

Más adelante explicaremos cómo Pavlov distinguió entre un *primer* y *segundo* sistema de *señales*. Sin embargo, antes de referirnos a lo más importante de este capítulo, el condicionamiento en los seres humanos, se hace necesario revisar otros conceptos dentro de la teoría:

- Condicionamiento *apetitivo* y *aversivo* (o de aversión).
- Relaciones temporales entre los estímulos.
- Medidas de la fuerza de la respuesta aprendida.
- *Generalización* y *discriminación* en condicionamiento clásico.

CONDICIONAMIENTO APETITIVO Y DE AVERSIÓN

El experimento de Pavlov descrito constituye un caso de **condicionamiento apetitivo**: se trata de estímulos con una connotación positiva para el organismo, que satisfacen necesidades y son deseados. Pero también se pueden utilizar estímulos dañinos como estímulos incondicionados o estímulos que provocan rechazo, lo que da origen a un **condicionamiento de aversión**. Vladimir Bechterev[5], contemporá-

---

5 **Bechterev**, neurólogo ruso. Trabajó con Wundt en Leipzig y conoció a Charcot en París, interesado en sus experiencias con enfermos de histeria. Se dedicó a investigar la psicología de la actividad nerviosa y los refle-

neo de Pavlov, asoció un sonido (y otros estímulos) con un golpe eléctrico en una pata del perro. El sonido (E.C.) posteriormente provocaba la flexión de la pata en el animal, junto a otras reacciones de desagrado. Los condicionamientos por aversión son muy frecuentes en los seres humanos, como en el caso de las fobias.

RELACIONES TEMPORALES ENTRE LOS ESTÍMULOS

La psicología experimental ha probado diferentes formas de disponer la presentación del EC y del EI, las que afectan al tipo y forma del condicionamiento. El esquema de la **fig. 2.4** muestra algunas de ellas, las que se diferencian entre sí, en cuanto a la relación temporal de aparición de ambos estímulos. La línea gruesa en la figura representa la presencia y duración relativa de los estímulos en cada una de las situaciones:

- En el **condicionamiento simultáneo**, el EC es presentado exactamente al mismo tiempo que el EI

- En el **condicionamiento de retardo o de demora**, el EC se presenta antes del EI y dura, por lo menos, hasta el comienzo de este último.

- En el **condicionamiento de huella**, el EC aparece y desaparece, antes de que se presente el EI, quedando un intervalo vacío entre ambos.

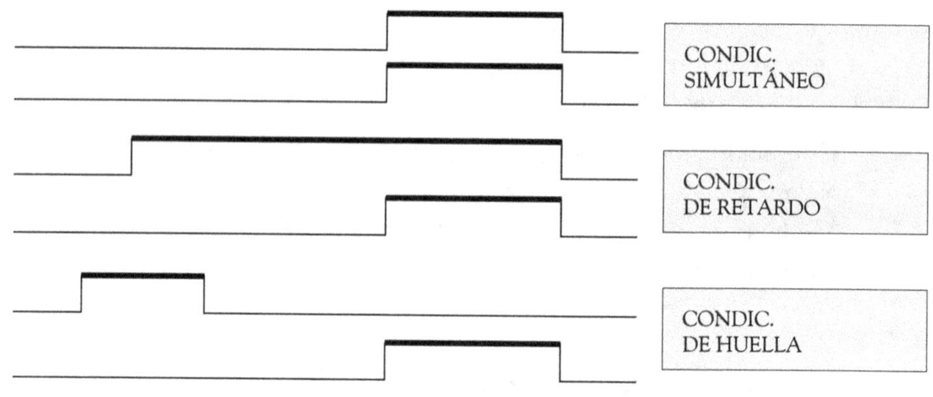

Figura 2.4

Relaciones temporales entre EC (estímulo *condicionado*) y EI (estímulo *incondicionado*). La línea gruesa marca la presencia de cada estímulo.

jos condicionados. Contribuyó a la fundación de la Sociedad Rusa de Psicología Normal y Patológica y a la creación de la *Revista de Psiquiatría, Neuropatología y Psicología experimental*. En el año 1907 fundó el *Instituto Psiconeurológico* de San Petersburgo. Algunos historiadores dicen que Stalin, a quien diagnosticó una paranoia, lo habría mandado a asesinar.

Se ha encontrado que el aprendizaje más fácil se obtiene cuando el EC no es simultáneo, sino que antecede al EI en una pequeña fracción de tiempo (de medio segundo a escasos segundos). Esto se da en situaciones de laboratorio altamente controladas. En la vida diaria hay demasiadas variables que entran en juego; entre otras, la innata *condicionabilidad* de las personas. No siempre resulta fácil identificar en qué momento se ha hecho presente uno de los estímulos en relación al otro. En todo caso, el gráfico ilustra el hecho de que –como ocurre en el laboratorio– en la vida de los organismos pueden darse diferentes posibilidades de relación entre los estímulos que llevan a condicionamiento o aprendizaje.

MEDIDAS DE LA FUERZA DE LA RESPUESTA APRENDIDA

La psicología experimental ha desarrollado diferentes procedimientos para verificar la calidad del condicionamiento (o calidad del aprendizaje) que se está llevando a cabo, es decir, la fuerza de la nueva conexión o *fuerza de la respuesta*. Entre ellos:

- La AMPLITUD de la respuesta condicionada, que puede medirse, por ejemplo, por medio de la cantidad de gotas de saliva, el grado de desplazamiento muscular, la indicación de un instrumento de medición conectado a algún concomitante fisiológico de una respuesta emocional (como la respuesta galvánica de la piel).

- La LATENCIA de la respuesta condicionada: el tiempo que toma en aparecer dicha respuesta frente al EC (es decir, la prontitud o demora en la reacción)[6].

- El NÚMERO DE ENSAYOS (o asociaciones EC-EI) requeridos para establecer la conexión. A muchos ensayos requeridos, el condicionamiento es más difícil.

- La PROBABILIDAD de la respuesta condicionada: % de ensayos en que aparece una respuesta condicionada claramente detectable cuando se presenta el EC. Si el % es alto, la conexión se está estableciendo con fuerza y rapidez.

El lector puede hacer una analogía de estas medidas del aprendizaje por condicionamiento con la calidad o *fuerza de la respuesta* en los aprendizajes académicos. En los mecanismos cognitivos del aprendizaje tocaremos el punto.

---

6 *Latencia* es el tiempo que transcurre entre un estímulo y la respuesta que produce. Por ejemplo, el lapso entre el momento en que se contrae una enfermedad y la aparición de los primeros síntomas. *Latente* quiere decir oculto, escondido o aparentemente inactivo. (Diccionario de la RAE).

GENERALIZACIÓN Y DISCRIMINACIÓN EN CONDICIONAMIENTO CLÁSICO

Cada presentación asociada **EC-EI** se considera un ensayo (**Fig. 2.5**) El período durante el cual el organismo está aprendiendo la nueva conexión es el período o *fase de adquisición*. Algunos condicionamientos requieren de muchos ensayos, en otros casos basta uno solo. Si el **EC** se comienza a presentar sistemáticamente **sin el EI** (por ejemplo, la señal luminosa o sonora no es seguida por el alimento en el ejemplo pavloviano), es decir, no hay "refuerzo", la magnitud de la respuesta condicionada de salivación gradualmente tiende a disminuir, hasta desaparecer. En esto consisten los ensayos de **extinción**. En otras palabras, la respuesta aprendida "se olvida". La psicología ha postulado diferentes teorías para explicar este olvido aparente.

El hecho de que la *extinción* no logra destruir realmente la respuesta condicionada, la que después de un cierto período de reposo tiende a reaparecer frente a la sola presentación del EC, fenómeno conocido como *recuperación espontánea*, apoya la postura de que la extinción, más que "borrar" la respuesta, implica un proceso activo de **interferencia o inhibición**. La **figura 2.5** ilustra estos fenómenos. Serán necesarios nuevos *ensayos de extinción* para hacer desaparecer la respuesta (a los que podría seguir una nueva recuperación espontánea). Otros fenómenos importantes –que se dan en cualquier tipo de aprendizaje, por lo tanto también en el condicionamiento clásico– son la *generalización* y la *discriminación*, de los que ya se habló anteriormente.

Pavlov se refiere a la **generalización** en estos términos:

> ... el proceso de excitación nerviosa se irradia a otras células que cubren un área más o menos extensa. Este hecho explica la razón de que cuando un reflejo condicionado ha sido adquirido, por ejemplo, sobre la base de un tono determinado, todos los demás tonos e, incluso, otros sonidos, producen la misma respuesta condicionada" ... " esta actividad nerviosa superior se llama generalización de los estímulos condicionados.

También describe cómo se puede obtener experimentalmente la **discriminación**, fenómeno que explica en términos de *inhibición diferencial*:

> ... condicionamos un tono, acompañándolo y reforzándolo continuamente con el reflejo incondicionado; pero, a la vez, introducimos otros tonos al azar sin refuerzo: estos pierden progresivamente sus efectos... "Por ejemplo, un tono de 500 vibraciones por segundo producirá un efecto determinado, mientras que uno de 498 no lo hará, es decir, han sido diferenciados". (*El reflejo condicionado*, citado en Sahakian, 1980).

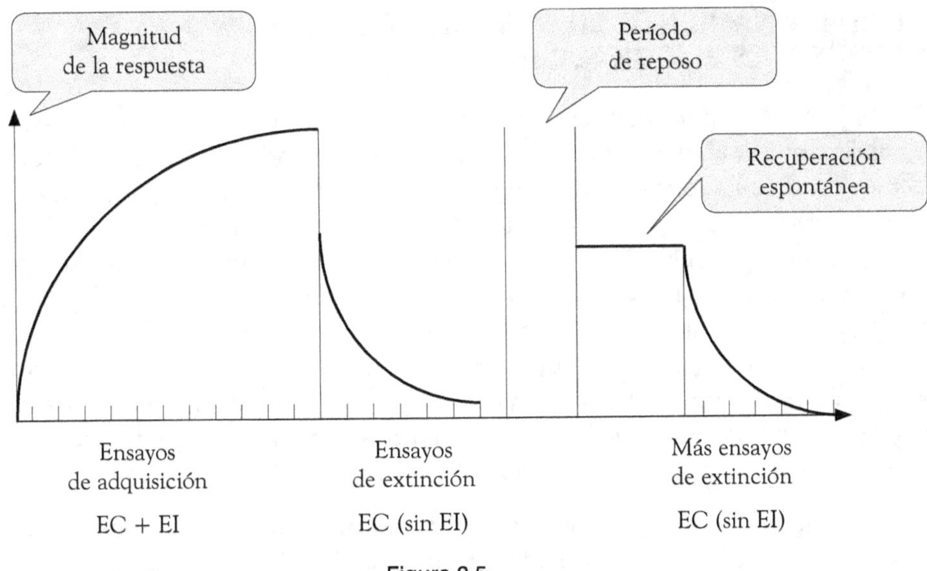

Figura 2.5

Adquisición, extinción y *recuperación espontánea* de la respuesta condicionada. (Basado en Hilgard, Atkinson, & Atkinson,1971).

El fenómeno se ilustra en la **figura 2.6**, donde puede observarse la diferencia en magnitud o amplitud de la respuesta entre un EC reforzado y otro no. En este tipo de experiencias ha quedado demostrado que el organismo inicialmente responde también a los tonos *no reforzados* (o no acompañados del EI) –lo que se explica por **generalización**– y paulatinamente **aprende a discriminar** entre tonos reforzados y no reforzados. Esto tiene importancia, como se verá, para lo que ocurre también con las personas.

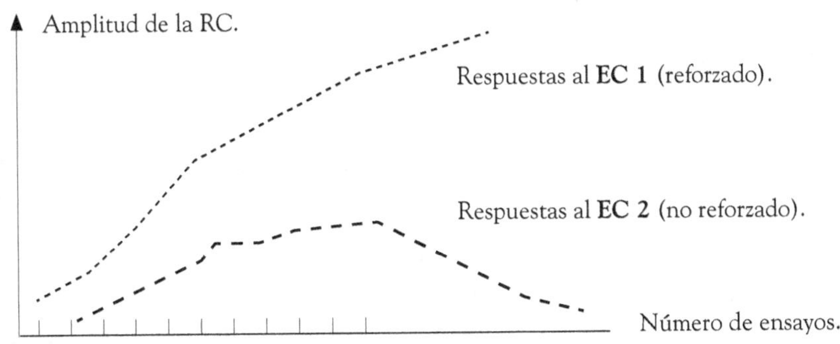

Figura 2.6

Entrenamiento en discriminación:

- El **EC 1** es sistemáticamente reforzado (se acompaña del EI).
- El **EC 2** no es reforzado (se presenta solo), con lo que se produce extinción.
- Las respuestas iniciales al EC 2 se deben a la generalización de las reacciones al EC1

CONDICIONAMIENTO EN SERES HUMANOS: RESPUESTAS EMOCIONALES

¿Tiene alguna importancia el condicionamiento clásico para las personas, aparte de aprendizajes relativamente simples como los ya citados? Ciertamente, todos nos hemos condicionado más de alguna vez en la vida de manera muy parecida a lo que ocurre en los experimentos pavlovianos realizados con animales, como el caso del timbre eléctrico asociado a la colación o respuestas preparatorias para la digestión, mientras esperamos la cena y escuchamos que ponen los platos en la mesa. Este nivel de condicionamiento, de estímulos condicionados e incondicionados común a hombres y animales, constituye, según el mismo Pavlov, el **primer sistema de señales**. Sin embargo, *el hombre, gracias al lenguaje y al condicionamiento verbal y semántico, utiliza, además, un **segundo sistema de señales**.* Más adelante advertiremos la importancia de este nivel de condicionamiento.

Las palabras, las expresiones lingüísticas, pueden ser estímulos condicionados. Pavlov se refiere a este *segundo sistema de señales* de esta manera:

> ... podemos considerar el lenguaje como un segundo grupo de señales, de forma especial los estímulos kinestésicos que parten de los órganos del lenguaje y llegan al córtex. Representan una abstracción de la realidad, haciendo posible la formación de generalizaciones, y **constituye lo que es específicamente humano, la capacidad intelectual superior... origen de la ciencia**.

Blackham y Silberman (1973) han explicado que, como el condicionamiento clásico provoca reacciones mediadas por el *sistema nervioso autónomo*, se ven implicadas **respuestas involuntarias** en las que intervienen la musculatura lisa y glándulas. Ocurren así cambios del ritmo cardíaco, de la presión arterial, de las funciones gástrico-intestinales, en la secreción suprarrenal, transpiración, conductividad eléctrica de la piel, salivación:

> Como muchas de esas reacciones están íntimamente vinculadas con la experiencia de estados emocionales, angustia, temor, etc., es claro que **el condicionamiento clásico puede influir en muchos aspectos de nuestra conducta emocional**.

El caso *Alberto*, en que intervino el mismo Watson, *padre del conductismo*, constituye un ejemplo clásico de aprendizaje de una reacción de miedo condicionada. Al pequeño Alberto, de 9 meses, se le mostró una rata blanca, inofensiva, que despertó la curiosidad del niño, pero, en ningún caso, temor. Posteriormente se asoció la presentación del animalito con un ruido muy fuerte (golpe de martillo en una barra de acero), que asustó e hizo llorar al niño. Bastaron menos de diez presentaciones conjuntas estruendo-animalito, para que el niño se sobresaltara cada vez que se le mostraba el ratón, ya sin el ruido que lo había acompañado[7].

Los temores de Alberto se **generalizaron**, además, a objetos similares a la piel blanca y suave de la rata de laboratorio. La **fig. 2.7** corresponde a la figura mostrada anteriormente, aplicada ahora al caso *Alberto*. La importancia que tiene este tipo de aprendizaje en seres humanos radica, precisamente, en el rol que desempeña en la adquisición de nuevas conexiones E-R en el **ámbito emocional**. Muchas reacciones, que forman parte del repertorio de respuestas emocionales de la especie humana (respuestas incondicionadas de sobresalto, temor, etc.), logran conectarse a situaciones-estímulo previamente "neutras" para ese tipo de reacciones (es decir, de por sí inofensivas), a causa de su emparejamiento o asociación –muchas veces fortuita– con estímulos que en forma natural desencadenan tales respuestas. **Algunos temores y respuestas fóbicas pueden haber seguido este patrón de aprendizaje**

El "pinchazo" de la aguja en el brazo del niño al ser vacunado (EI, para la RI de ansiedad y dolor), asociado a estímulos neutros para este tipo de reacciones, como el color blanco del delantal de la enfermera, el "olor a hospital"… hará que tales estímulos neutros provoquen más adelante, en niños fácilmente condicionables, fuertes respuestas de ansiedad y temor. El delantal blanco, el "olor a hospital", pasan a ser EC.

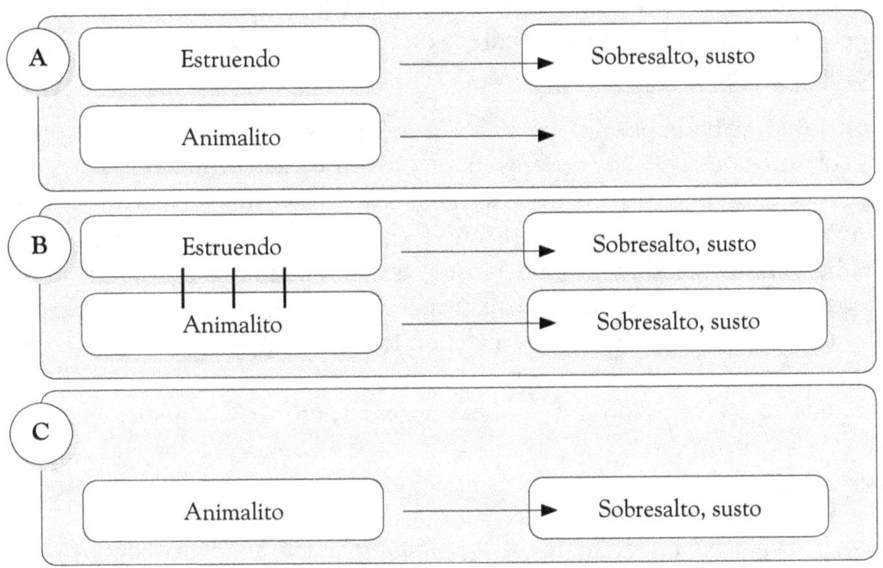

Figura 2.7

Los elementos de la figura 2.1, ejemplificados en una situación de condicionamiento de una reacción emocional de miedo y sobresalto.

---

7 Razones éticas elementales aconsejan no replicar esta experiencia. La vida real se encarga de crear, lamentablemente, situaciones muy trágicas de condicionamientos de aversión en niños y personas de todas las edades.

Los niños muy pequeños, con su curiosidad natural, exploran su medio y se llevan a la boca todo lo que les llama la atención. Si un niño es sorprendido tratando de atrapar un "chanchito" de tierra o una pequeña araña, los gritos y demostraciones de horror de su mamá, pueden condicionarlo a sentir un gran temor en lo sucesivo a las arañas o a algunos insectos. Experiencias de separación o de abandono, a veces casuales y relativamente breves, han generado en niños una intensa *angustia de separación*. Vivencias sexuales tempranas traumatizantes, experiencias de abuso, violación, pueden generar una gran inadaptación en la esfera de su comportamiento sexual. El fracaso escolar u otras experiencias negativas en la escuela, pueden condicionar un gran rechazo por esta, generalizándose a todo lo que se relaciona con ella: profesores, libros, materias de estudio, etc. Un niño tartamudo, de quien se burlan, puede desarrollar un temor incontrolable a hablar en situaciones sociales o *logofobia*. Desastres naturales, guerras, etc., son un verdadero "caldo de cultivo" de condicionamientos por aversión, crisis de pánico, trastornos por estrés postraumático, etc. Todas estas situaciones crean una gran inadaptación en las actividades de la vida diaria, condicionadas clásicamente. Estudios que se han realizado, por ejemplo, sobre el funcionamiento de la *memoria de trabajo* –concepto que analizaremos en detalle al hablar de los mecanismos cognitivos del aprendizaje– en personas con trastorno por estrés postraumático, comparándolas con sujetos normales, han evidenciado un rendimiento muy disminuido de las personas con estrés, comparadas con el grupo control, incluso en tareas de laboratorio, en especial aquellas con mayor carga emocional[8].

La psicología experimental llevó a cabo a mediados del siglo pasado una serie de estudios con animales, que hoy serían seriamente criticados. Kimble (1971) da cuenta de varios de ellos, entre los cuales, los trabajos de Masserman en los años cuarenta sobre *neurosis experimental en gatos*. Entrenó a gatos a manejar un *switch* que les permitía recibir comida mediante un mecanismo de suministración automática. Entonces, al momento de comer, se les aplicaba una ráfaga violenta de aire en la cara o un golpe de corriente en las patas. Esto creaba en los animales situaciones de conflicto, con mucho miedo a las señales de alimentación y reacciones neuróticas de diferente tipo, asociadas a pulso rápido e irregular, temblores, etc. Los animales no sabían a qué atenerse. Se da un estado de perturbación a consecuencia de los procedimientos de condicionamiento que exigen discriminaciones demasiado difíciles o imposibles. Kimble lleva a cabo un análisis crítico de estas experiencias, con referencia también a los aportes de la teoría psicoanalítica. Al hablar del origen de la **ansiedad** apunta:

> **La ansiedad es un inevitable producto lateral de la socialización**. En la infancia, el niño no tiene manera de saber cuál conducta recompensa y cuál castiga la sociedad, y responde según sus necesidades egoístas. Algunas

---

8 Susanne Schweizer, Tim Dalgleish: Emotional working memory capacity in posttraumatic stress disorder (PTSD). *Behavior Research and Therapy*, Volume 49, Issue 8, 498-504 (August 2011). Versión on-line.

de estas constituyen tabúes sociales y los padres las castigan. Obviamente, desde el punto de vista del niño, lo que hay que hacer para ajustarse es inhibir la conducta inaceptable y, por consiguiente, evitar el castigo...

...Sin embargo, **al niño le es imposible efectuar discriminaciones precisas** y desarrollar respuestas perfectamente calculadas que le permitan evitar el castigo, pues mucho depende del humor inconsistente y las percepciones insensibles de los padres y otras personas que controlan la vida del niño. Algunas veces se alientan determinadas acciones (por ejemplo, el juego violento); otras, se castigan.

Al tratar el *condicionamiento operante* el próximo capítulo volveremos sobre el punto. No solo se condicionan clásicamente respuestas de temor o de aversión y desagrado, sino también respuestas **agradables** y **placenteras**. El niño pequeño (o ya, no tan pequeño) que no puede desprenderse de un *pañal*[9] determinado, un muñeco, un oso de peluche, una almohadita, etc., es muy posible que se haya condicionado clásicamente: el pañal, la almohada, etc. pasaron a ser EC de sentimientos de tranquilidad y protección (RC), ya que, cuando su madre lo alimentaba –en una situación de agrado, protección y seguridad (EI)– tenía el pañal (u otro de los objetos mencionados) bien aferrado, a su alcance.

Este tipo de condicionamiento puede explicar, al menos en parte, nuestras reacciones frente a las personas. No sabemos siempre por qué alguien "nos cae bien" o "nos cae mal". Es posible que detectemos en él o ella rasgos –a veces muy sutiles, otras veces muy obvios (desde el color de los ojos, tono de voz, gestos, manera de dar la mano o relacionarse con los demás, actitudes, etc.)– que nos evocan a otras personas que hemos conocido antes y con las cuales hemos experimentado vivencias muy positivas o muy desagradables. No se olvide, a este respecto, el fenómeno de la generalización. Todo esto nos lleva a tener que adoptar una actitud muy realista al enfrentar un grupo nuevo de personas, como ocurre con un conferencista, un instructor o cualquier profesor que enfrenta un curso por primera vez: es posible que buena parte de la concurrencia lo reciba con agrado. Sin embargo, más de alguien lo hará con sentimientos de rechazo, a causa de experiencias previas con personas que comparten rasgos en común con ese profesor, instructor o conferencista.

EL SEGUNDO SISTEMA DE SEÑALES: CONDICIONAMIENTO SEMÁNTICO Y VERBAL

Al **lenguaje, segundo sistema de señales** para Pavlov (ya que permite asignar nombres y describir el *primer sistema*, el de los estímulos condicionados e incondiciona-

---

9   Sabanilla absorbente (para la orina) o pedazo de tela en que se envolvía a los niños pequeños.

dos no lingüísticos), también se extiende la acción de este importante mecanismo de aprendizaje. Estudios realizados en psicología experimental en el campo del *condicionamiento semántico*, explican por qué las palabras –entre ellas nombres de personas– nos "suenan" de una determinada manera: positiva, negativa o indiferente.

Esto se relaciona con el significado *connotativo*, y no con el denotativo. Este último es el significado conceptual, el que aparece en los diccionarios. El *connotativo* tiene que ver con las vivencias emocionales que desencadena el término en cuestión. A una joven le puede resultar especialmente atractivo el nombre *Ignacio*, ya que le recuerda a su primer amor. Este tipo de significado ha sido medido a través de la técnica del *diferencial semántico*, ideada por el psicólogo neoconductista C. Osgood.

En el diferencial semántico, se le pide al sujeto ubicar palabras o conceptos en *escalas bipolares* (de 7 tramos) de acuerdo a tres dimensiones o factores connotativos, obtenidos a través de análisis factorial, que dan el *espacio semántico* (**fig. 2.8**): **evaluación** (la palabra o concepto se evalúa como *bueno* o *malo*; *correcto* o *incorrecto*...); **potencia** (el concepto se evalúa como *fuerte* o *débil*; *duro* o *blando*...), y **actividad** (como *activo* o *pasivo*; *rápido* o *lento*...). En algunas partes se ha utilizado, incluso, para medir la percepción que tiene la gente de los políticos o figuras importantes de la vida nacional, es decir, cómo "les suenan" o cómo "les caen".

Para el niño que ha escuchado la palabra *¡malo!* (o alguna expresión ofensiva y denigrante), asociada a castigo físico, por haber hecho algo considerado "malo", dicha palabra llegará a tener una connotación muy especial. En efecto, pasará a ser EC de una RC de desagrado o temor, asociada (tal vez, repetidas veces) a golpizas (EI). Términos tales como *inteligente*, *simpático*, *encantador*, etc., en cambio, se asocian a situaciones diametralmente diferentes, por lo que se han condicionado a reacciones positivas y favorables.

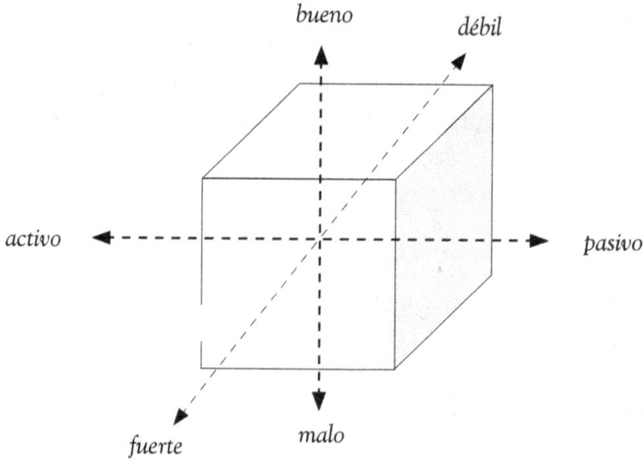

Figura 2.8

Espacio semántico que se genera a partir de las tres dimensiones o factores que miden el significado: **evaluación, potencia y actividad**.

ELIMINACIÓN DE RESPUESTAS CONDICIONADAS INADECUADAS

La **extinción**, se explicó, se obtiene experimentalmente presentando el estímulo condicionado **sin** el estímulo incondicionado (que actúa como reforzador): si esto se repite sistemáticamente, la respuesta condicionada tiende a desaparecer. (Es decir, el EC no provoca ya la RC).

Este procedimiento, que opera bien en casos de condicionamiento simples (como las respuestas de salivación condicionada), no es aplicable fácilmente a las reacciones humanas de ansiedad o temor, como las fobias –condicionadas a variados estímulos o situaciones-estímulo– que implican una serie de concomitantes fisiológicos y un sólido registro en las memorias procedimentales.

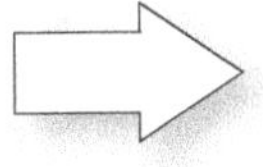

Fobia escolar, miedo a la oscuridad, bloqueos en pruebas y exámenes, temor a enfrentar situaciones sociales o a personas, disfunciones sexuales, etc., ejemplifican algunos de los condicionamientos adversos que crean serios problemas en la vida.

Watson, convencido de que tanto la conducta normal como la anormal eran aprendidas, quiso extinguir el miedo del pequeño Alberto. Sin embargo, ya era demasiado tarde: su madre (con toda razón) dejó de llevarlo a la clínica. Una de las colaboradoras de Watson, M. C. Jones, concretó la idea. Condicionó a un niño pequeño a tenerle miedo a un conejo blanco, siguiendo los mismos procedimientos antes descritos. Como era de esperar, la presencia del animalito se le hizo intolerable al niño una vez que se condicionó.

A fin de enseñarle a superar su temor, comenzó a poner el conejo en la misma habitación en que estaba comiendo el niño, pero a una considerable distancia para no sobresaltarlo. En sucesivos ensayos lo fue aproximando, permitiéndole habituarse gradualmente a su presencia y cercanía, mientras se le daban comidas especialmente apetitosas. Finalmente, el niño logró tocar al conejo, no dando muestras de temor. Según Jones, este procedimiento había eliminado el miedo **debido al condicionamiento de una respuesta emocional inhibidora del miedo** (Klein, 1994). El procedimiento es una forma de **contra-condicionamiento**, que consiste esencialmente en que una señal (en este caso, el conejo o su imagen) adquiere un significado nuevo para el organismo y pierde su significado anterior.

La experiencia realizada por la señorita Jones es un ejemplo de *inhibición recíproca* (concepto original de Pavlov), forma de contra-condicionamiento, en que un estímulo condicionado de temor se condiciona a una respuesta de relajación.

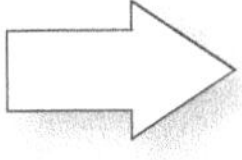

A la base de la *inhibición recíproca* está la hipótesis de que, si se produce **una respuesta incompatible con la ansiedad** (por ejemplo, un estado de relajación), **en presencia de estímulos evocadores de ansiedad, se debilitará el vínculo** entre estos y la RC de ansiedad.

Años después de la experiencia de Jones, **J. Wolpe** (1958) desarrolló una técnica terapéutica muy utilizada por los psicólogos para la eliminación de las fobias y otras respuestas inadecuadas, basada en la *inhibición recíproca*, conocida como **desensibilización sistemática**.

La técnica incluye cuatro componentes importantes:

1. La elaboración de una **jerarquía de ansiedad**, que es una escala con ítemes que se refieren a la temática inductora de temor. Se especifican situaciones que el sujeto deberá enfrentar (imaginándolas o en la realidad) en que está presente el estímulo temido, a diferentes niveles de intensidad. Desde situaciones inofensivas hasta las más difíciles de enfrentar.

2. Entrenamiento del paciente en estado de **relajación** (por lo general, a través de los ejercicios musculares de *tensión-relajación* desarrollados por Jacobson).

3. **Contra-condicionamiento** o asociación del estado de relajación con los ítemes de la jerarquía inductores de ansiedad, comenzando por los más leves (el paciente imagina la situaciones descritas por los ítemes o se aproxima gradualmente *in vivo* al objeto temido).

4. **Evaluación** de la capacidad del paciente para enfrentar el objeto o situación temidos.

Es un procedimiento basado en el condicionamiento clásico como mecanismo de aprendizaje: se ayuda a la persona a **vencer sus temores**, que escapan al control de la voluntad, por estar mediados autonómicamente. El mismo paciente está muchas veces plenamente convencido de lo irracional de su temor, pero no logra librarse de él. A través de *contra-condicionamiento*, aprende a reaccionar con una respuesta diferente frente al estímulo inductor de ansiedad. En la bibliografía que aparece al final de este manual, se puede ahondar en lo relativo a la *desensibilización sistemática* y otras aplicaciones del condicionamiento clásico, como la *terapia de aversión*, la *extinción forzada* o *inundación*, procedimientos que utilizan los psicólogos clínicos. El acceso inmediato *on-line* a revistas especializadas y reconocidas internacionalmente, como *Behavior Research and Therapy*, citada más atrás, permitirá al lector formarse una visión muy completa de lo que ocurre hoy en esta materia.

En situaciones de la vida diaria, en el manejo que pueden hacer padres y profesores en el ámbito de la conducta emocional, encuentra una importante aplicación la *inhibición recíproca*. El **principio de reducción del temor**, explicado con numerosos ejemplos por J. y H. Krumboltz en su influyente libro *Cómo cambiar la conducta del niño*, orienta en ese sentido:

> *Para ayudar a un niño a superar su temor a una situación particular, hay que aumentar en forma gradual su contacto con la situación temida, al tiempo que se hace lo necesario para que se sienta cómodo, tranquilo, seguro o recompensado.*

Aquellos niños o jóvenes a los que les cuesta enfrentar al curso cuando se ven obligados a presentar trabajos en grupo, o que se sienten incómodos si tienen que leer en voz alta, etc., representan típicos casos en la vida escolar en que el profesor puede graduar el enfrentamiento a la situación temida, diseñando con ingenio los pasos a seguir. El lector puede imaginar maneras de hacerlo, teniendo presente que no funcionan la pura persuasión ni argumentos lógicos.

Por otra parte, hay casos que hacen aconsejable todo lo contrario: que el niño **aprenda a temer** situaciones que pueden entrañar un serio peligro. Esto lo resumen con el **principio de evitación**:

> *Para enseñar a un niño a evitar ciertas situaciones, es necesario presentarle en forma simultánea la situación que deben evitar (o alguna representación de ella) y una situación aversiva (o su representación).*

Al revisar el **condicionamiento operante** en el capítulo que sigue, se considerarán aspectos del paradigma de la **evitación** que aclaran el sentido de este principio. Las contribuciones más importantes en el campo de la *modificación conductual* se basan en dicho mecanismo de aprendizaje.

La inclusión del *condicionamiento* en este manual, ignorado (o rechazado) por aquellos educadores que se adscriben al "paradigma cognitivista", **se justifica** más que suficientemente, como ya en parte ha sido demostrado, por su vigencia en la vida de las personas. La constante interacción con otros, las rutinas a que nos vemos sometidos, la acción de los medios de comunicación –a través de la publicidad– **nos están condicionando** sin que seamos, muchas veces, conscientes de ello.

Conocer cómo operan ambos tipos de condicionamiento nos puede ayudar, no solo a asumir una actitud más crítica y menos pasiva frente a las influencias externas, sino también a utilizarlos como herramientas útiles para fomentar conductas y actitudes esperables en los educandos y contribuir a la eliminación de comportamientos inadecuados y reacciones emocionales desfavorables.

BIOFEEDBACK

Se ha afirmado hasta aquí que el condicionamiento clásico opera a nivel de lo **involuntario** por su estrecha relación con el sistema nervioso autónomo. Hay un fenómeno interesante de mencionar, que tiene que ver con la pregunta siguiente: ¿Puede el sistema nervioso autónomo, que regula lo involuntario, aprender a través de técnicas que previamente habían sido reservadas para el sistema nervioso central, que regula lo voluntario? La respuesta es sí. Ello se consigue a través del *biofeedback*. Este se basa en un conjunto de procedimientos experimentales en los que se utiliza instrumental externo para proporcionar al organismo información inmediata sobre el estado de condiciones biológicas, con el propósito de hacer esta información aprovechable al individuo:

- Se usan procedimientos electrónicos que informan acerca de la tensión muscular, temperatura de la piel, actividad de las ondas cerebrales, presión sanguínea, ritmo cardíaco, etc.

- Las reacciones o estados emocionales están asociados a determinados fenómenos fisiológicos que escapan al control voluntario: por ejemplo, estrés asociado a cambios en la conductividad eléctrica de la piel. El aparato electrónico informa, en este caso, de los estados de tensión-relajación según la posición de la aguja o el dato numérico en pantalla. El sujeto, al relajarse voluntariamente, modifica esa posición o dato, lo que resulta auto-reforzador.

- Respuestas autonómicas —como características del EEG (ritmos), ritmo cardíaco, presión arterial— pueden ser modificadas por sistemas de refuerzo (condicionamiento operante). Las expectativas del sujeto, en todo caso, afectan la respuesta.

En la actualidad el *biofeedback* se aplica en sintomatología psicosomática, en rehabilitación neuro-muscular y algunos problemas nerviosos.

CONDICIONAMIENTO Y CONCIENCIA

Los investigadores del condicionamiento han comprobado que en los seres humanos normales no hay pruebas de condicionamiento —ni clásico, ni operante— que se dé totalmente **al margen de la conciencia**. Explican Leahey y Harris (1988) que en algunos círculos conductistas esta conclusión produjo rechazo, pero la investigación posterior la ha confirmado.

Muchas experiencias se han llevado a cabo en el área del condicionamiento autonómico de respuestas de conductividad eléctrica de la piel (como la "respuesta galvánica de la piel" GSR a estímulos incondicionados consistentes en descargas eléctricas). Si una persona está asustada o excitada, transpira, con lo cual cambia la capacidad de la piel para conducir la electricidad. (Los *detectores de mentiras* utilizan fenómenos como este para obtener información que aporta el organismo, asociada a la tensión de mentir). Los investigadores utilizan la electricidad como EI para la respuesta de la piel y la suelen asociar a un determinado tono (EC). En experimentos muy complejos y con control de numerosas variables, se pudo constatar, por medio de cuestionarios post experimentales, que solo los sujetos que fueron conscientes de la contingencia EC-EI mostraron signos de condicionamiento.

Una vez adquiridas las respuestas condicionadas de miedo, pueden llevarse a cabo sin conciencia, bajo condiciones en las cuales el EC está fuera del foco de atención. A esto se refieren Leahey y Harris diciendo que en las personas "la adquisición de una RC es un proceso controlado, mientras que su ejecución es automática". Un ejemplo ilustrativo de los autores corresponde a un informe del *Health Journal* que llevaba por título "Puede ser que el médico le haga saltar la presión arterial". A causa de los peligros asociados a la hipertensión, los médicos la controlan rutinariamente en las visitas a su consulta:

> Cuando la gente va a la consulta del médico está asustada. Para algunas personas el miedo es tan grande que induce un aumento de la presión arterial de varios puntos. En un estudio se consideraron los pacientes hospitalizados cuya presión arterial era continuamente controlada, y se encontró que siempre que un médico entraba a la habitación, la presión arterial aumentaba en forma sustancial.
>
> Incluso algunos médicos padecen este problema, y se toman su propia presión fuera de la consulta. Es posible que hasta el treinta por ciento de los pacientes diagnosticados con hipertensión padezca, de hecho, esta hipertensión de "delantal blanco", más que una presión elevada genuinamente crónica. Es bastante posible que la hipertensión de "delantal blanco" esté causada por condicionamiento pavloviano, una respuesta aprendida como los perros de Pavlov, según Sheldon Sheps, director de la división de hipertensión de la Clínica Mayo. Las visitas a la consulta del médico (un potencial EC) predicen dolor o malas noticias (un EI) con bastante seguridad, de modo que vienen a producir miedo como una RC. El miedo compromete el sistema nervioso simpático, que eleva la frecuencia cardíaca y genera hormonas que estrechan los vasos sanguíneos, induciendo lecturas de presión arterial elevada.

A MODO DE ENTRETENCIÓN

A. Marque la alternativa **correcta** o la que **mejor** completa la idea del enunciado:

1. En el experimento de Pavlov, el perro aprende a reaccionar con saliva y jugos gástricos cuando se enciende la luz, aún cuando la carne no aparece a continuación. Dicha luz ha pasado a ser:

   a   Estímulo condicionado
   b   Estímulo incondicionado
   c   Respuesta condicionada
   d   Respuesta incondicionada

2. La *respuesta incondicionada* en el ejemplo anterior es:

   a   La reacción gástrica y de salivación frente a la luz
   b   La reacción gástrica y de salivación frente a la carne
   c   La presentación de la carne que provoca la reacción gástrica y la salivación
   d   El estímulo luminoso que aparece segundos antes de la carne y frente al cual aprende a reaccionar el organismo con secreciones glandulares

3. Cuando algo es aprendido en una situación y luego es aplicado a *una situación nueva* y *diferente*, pero que comparte rasgos en común con la situación original, ha ocurrido el fenómeno de la:

   a   Discriminación
   b   Generalización
   c   Recuperación espontánea
   d   Acomodación

4. Para el niño que ha experimentado dolor por la inyección de la enfermera, el *delantal blanco* de médicos o enfermeras puede transformarse en

   a   Estímulo incondicionado de ansiedad y dolor
   b   Estímulo condicionado de ansiedad
   c   Respuesta incondicionada de ansiedad y dolor
   d   Respuesta condicionada de ansiedad

5. Las leyes enuncian relaciones entre variables. Aquella *sobre la cual hacemos la predicción* (a partir de lo que sabemos de la relación) es la variable:

   a   Interviniente o intercurrente
   b   Predecible
   c   Independiente
   d   Dependiente

6. En el *aprendizaje*, la variable dependiente es:

   a   El procedimiento utilizado para aprender
   b   Alguna característica del aprendiz (por ejemplo, su C.I.)
   c   Alguna característica de la situación de aprendizaje
   d   El cambio en la ejecución o cambio de conducta

7. Las *leyes* se traducen por lo general en enunciados acerca de las condiciones bajo las cuales ocurren cosas. Cuando la gente dice: *Norte claro, sur oscuro: aguacero seguro*, la primera parte del enunciado (*Norte claro, sur oscuro*) corresponde a:

   a   La variable independiente
   b   La variable dependiente
   c   Una ley relativa a un determinado fenómeno atmosférico
   d   La variable acerca de la cual se hace la predicción

8. A la base de la *inhibición recíproca* está la hipótesis de que, si se produce una respuesta incompatible con la ansiedad (como la de relajación) en presencia de estímulos evocadores de ansiedad:

   a   Se debilitará el vínculo entre ellos y las respuesta de ansiedad
   b   Se fortalecerá tal vínculo
   c   Se generalizarán fácilmente las respuestas de ansiedad a otros estímulos
   d   Los síntomas serán sustituidos por otros menos desadaptativos

B. Matías se pone muy nervioso al hablar frente al curso. Esto incide en una baja autoestima, pese a ser un estudiante con "buenas notas". Se trata de lograr que enfrente con soltura esta situación que lo tiene tan agobiado, es decir que pueda enfrentar el hecho de hablar en público con relajación y no con ansiedad.

Diseñe un procedimiento que ayude a Matías a superar esta "tranca".

C. Discuta con su grupo de trabajo acerca del sentido que tiene estudiar el condicionamiento clásico para entender la conducta humana.

Respuestas a las alternativas: 1a, 2b, 3b, 4b, 5d, 6d, 7a, 8a.

Capítulo 3

CONDICIONAMIENTO OPERANTE O INSTRUMENTAL

Temas del capítulo

Premios y castigos en la regulación de la conducta humana • Descripción y procedimientos básicos • Tipos operacionales. Refuerzo y reforzadores • Las cuatro situaciones básicas con seres humanos • Condicionamiento en interacciones humanas. Castigo versus control positivo • Programas de refuerzo y modificación conductual: tres situaciones • Etapas a seguir en un programa de modificación de conductas • Condicionamiento y dignidad de la persona • Condicionamiento y desarrollo del lenguaje

PREMIOS Y CASTIGOS EN LA REGULACIÓN DE LA CONDUCTA HUMANA

Los **premios** y los **castigos** en el control de la conducta, como procedimientos al servicio de la socialización, la enseñanza y el aprendizaje, son tan antiguos como la humanidad misma. Es de sobra sabido que las **consecuencias** de lo que hacemos contribuye a que aprendamos a regular nuestro proceder. Por lo general, tendemos a evitar las consecuencias desagradables y adversas, y realizamos aquello que nos reporta beneficios y resultados positivos. Esto también lo tenemos presente al regular las conductas de otros.

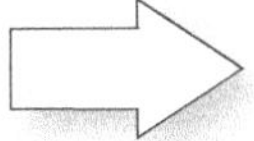

No obstante, a través del uso de castigos o recompensas no necesariamente se consiguen los resultados esperados. Es mérito de los teóricos del aprendizaje el haber **sistematizado** y **racionalizado** el uso de tales procedimientos al servicio de un desarrollo personal más adaptado y satisfactorio, contribuyendo tanto a la adquisición de conductas altamente esperables y positivas como a la eliminación de conductas desajustadas o negativas.

El mecanismo de aprendizaje que pasamos a ver ahora ha jugado un papel central en este sentido, constituyendo una herramienta muy valiosa al servicio de la **modificación conductual**. Uno de los atractivos de la psicología conductista reside justamente aquí y su vigencia queda de manifiesto hoy día en el uso de procedimientos "cognitivo-conductuales" en el campo de la psicoterapia.

DESCRIPCIÓN Y PROCEDIMIENTOS BÁSICOS

Los experimentos de Edward Lee Thorndike[1] a comienzos de siglo XX, efectuados con gatos que debían escapar de una complicada caja-problema para conseguir el alimento que estaba afuera, demostraron cómo los animales, que inicialmente operaban por **ensayo y error**, al tocar los mecanismos de apertura en forma accidental, **aprendían la conexión** decisiva, **mejorando su actuación en ocasiones posteriores**. En palabras del propio Thorndike:

> El gato, que araña toda la caja en su lucha impulsiva, probablemente arañará la cuerda, el asa o el botón y abrirá la puerta. Y, poco a poco, todos los demás impulsos infructuosos serán desechados **y el impulso particular que conduce al acto fructífero será adoptado por el placer resultante**, hasta que, después de muchas pruebas, el gato, al ser introducido en la caja, **inmediatamente** arañará el botón o asa en una forma definida.

Thorndike dedujo que los actos son eliminados o fijados **en función de sus consecuencias**: los que conducen a un "estado de cosas satisfactorio" son aprendidos; los que llevan a un "estado de cosas insatisfactorio" son eliminados. El aprendizaje supone, entonces, la **eliminación** gradual de ciertas respuestas y la **adquisición** gradual de otras. Sin embargo, es al psicólogo **B. Frederic Skinner**[2], su riguroso tra-

---

1   Este autor (1874-1949), inspirado en el asociacionismo británico, y con una gran cantidad de experimentos realizados con animales, desarrolló una psicología asociacionista **E-R**. En 1903 publicó la primera versión de su *Educational Psychology*, revisada en 1910. Otra de sus obras es *Animal Intelligence* (1911), donde define con precisión sus clásicas leyes del **efecto** y del **ejercicio** que ejercieron gran influencia en la psicología educacional de la época y sirvieron de base a Skinner. En la Universidad de Harvard tuvo como maestro a William James. Watson se basó en buena parte en la obra de Thorndike y en la de Pavlov.

2   Su primera descripción del *condicionamiento operante* se encuentra en una serie de artículos aparecidos en la década del 30, que culminan con *The behavior of organisms*. La versión más clara y definitiva, con proyecciones a los fenómenos psicológicos en general, está en *Science and human behavior* ("Ciencia y conducta humana", Editorial Fontanella, 1970), publicado en 1953.
Entre los numerosos reconocimientos a su trabajo y distinciones recibidas, en 1968 el presidente de Estados Unidos le concedió el Premio Nacional de Ciencia **"por sus fundamentales e imaginativas contribuciones al estudio de la conducta, las cuales han tenido una profunda influencia sobre toda la psicología y los campos con ella relacionados."**
Skinner nació en 1904 y murió en 1990. Su tesis de doctorado en Harvard versó sobre los reflejos condicionados. Su último trabajo fue: *Can psychology be a science of mind?* American Psychologist, 45, 1206-1210, 1990. En esta misma revista, perteneciente a la Asociación Psicológica de USA –en cuya convención del año 90 hizo un discurso como invitado, ocho días antes de su muerte– se le dedicó un número especial en 1992.

bajo experimental, abundantes publicaciones y polémicos puntos de vista, a quien se debe la mejor sistematización, divulgación y aplicaciones del condicionamiento operante o instrumental. Skinner desarrolló una psicología básicamente descriptiva, centrado en el estudio de **estímulos** y **respuestas**, prescindiendo –según afirmaba– de cualquier marco teórico. Se trata de una teoría esencialmente E-R. Distinguió entre condicionamiento **operante** y **respondiente** (o *clásico*) el que –a su juicio, comparado con el operante– se reduce a una parte mínima de la conducta total del organismo. Cada tipo de condicionamiento se ocupa de conductas diferentes: **respondientes** (o evocadas) y **operantes** (o emitidas):

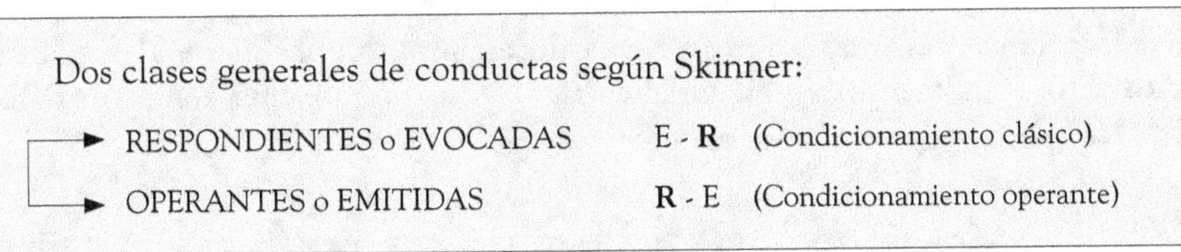

Planteó que las **leyes** generales del aprendizaje **son las mismas para todos los organismos**, cualquiera sea su especie. Las dos clases generales de comportamiento humano y animal, el **respondiente** y el **operante**, implican una **relación E-R** diferente y **procedimientos de control** disímiles, lo que se muestra en la **fig. 3.1**: la comprensión cabal de la tabla se logrará al término de la revisión de este tipo de aprendizaje.

La noción básica o **principio fundamental** del condicionamiento operante es

Las **consecuencias** de las conductas que realiza una persona

– aumentan,
– disminuyen o
– mantienen constante

la probabilidad de que dicha persona vuelva a realizar tales conductas.

Es muy esperable que si alguien hace algo que le proporciona satisfacción o alguna consecuencia grata, vuelva a hacerlo en el futuro. En caso contrario, si las consecuencias son desagradables o frustrantes, evitará realizar tal acción. Experimentalmente –en condiciones de laboratorio– la situación se plantea de tal modo que el organismo, por ejemplo un ratón en la Skinner box (caja diseñada por el autor para llevar a cabo sus experiencias),

- no obtiene un **premio o recompensa**, o

- no logra librarse de una situación de **castigo**, a menos que *ejecute* (o *se* *abstenga de ejecutar*, según corresponda) una determinada respuesta o conducta:

- En la 1ª situación (condicionamiento *apetitivo*), el ratón, sin comer por algún tiempo, **obtiene comida** solo si logra **apretar una palanca** (o tirar de una cuerda) que se encuentra en la *caja skinneriana.*

- En la 2ª situación (condicionamiento de *aversión*), el animalito **puede escapar de una situación de castigo** (el piso de la jaula suavemente electrificado) solo si logra **saltar** al compartimiento contiguo.

En ambos casos se llega a establecer una *conexión* entre una **respuesta** (presionar la palanca o saltar) y un determinado **estímulo-consecuencia** gratificante o satisfactorio (alimento o escape del castigo)[3]. Se trata de una conexión **R-E** (ver **fig. 3.1**).

	RESPONDIENTE (clásico)	OPERANTE
Relación fundamental	E - R E condicionado - R condicionada	R - E Respuesta - E consecuencia
Origen y control de la respuesta (o conducta)	Provocada por el ESTÍMULO (automáticamente)	Emitida por el ORGANISMO activamente
Sistema nervioso	Autonómico	Central
Respuestas	Viscerales	Esqueléticas
Control de la voluntad	No (*)	Sí
Refuerzo	Consiste en la presentación del EI muy próxima en el tiempo al EC	Consiste en la obtención (o eliminación) de estímulos-consecuencia positivos (negativos)

Figura 3.1

Comparación entre conductas respondientes y operantes. Adaptada a partir de varios autores. De las **respondientes** se ocupa el condicionamiento *pavloviano*; de las **operantes**, el *skinneriano*.

(*) La excepción la constituyen las experiencias realizadas con procedimientos *biofeedback*.

---

3   A diferencia de lo que ocurre en las experiencias de condicionamiento clásico, en que el organismo reacciona en forma más bien pasiva a la experiencia con respuestas condicionadas reflejas o involuntarias, en este tipo de aprendizaje debe "operar" activamente en su medio.

Precisamente, se le llama condicionamiento **operante** ya que debe emitir conductas, operando o actuando sobre el medio, a fin de satisfacer alguna necesidad.

Se le denomina también **instrumental**, ya que la nueva conexión aprendida es un instrumento para satisfacer tal necesidad. El perro de Pavlov está inmóvil, atado, en la situación experimental y reacciona pasivamente con secreciones involuntarias. El ratón de Skinner debe moverse activamente en la jaula y "operar" para satisfacer su necesidad de comida o agua.

A estas situaciones experimentales se puede agregar una **clave** o **estímulo discriminativo** (una luz, un sonido…) que señala al organismo la oportunidad para ejecutar o, también, para omitir la respuesta. Por ejemplo, el ratón puede aprender que **solo** conseguirá alimento si presiona la palanca **cuando la luz está encendida** (estímulo discriminativo). Puede aprender, asimismo, después de algunas experiencias ingratas, a evitar el castigo si salta al compartimiento contiguo **no bien se enciende la luz** (estímulo discriminativo) que se ha asociado previamente con aquel.

Los **tres** elementos fundamentales que han sido descritos en el condicionamiento **instrumental** u operante[4] son, entonces: Estímulo **discriminativo** (E^D); **Respuesta** (**R**), y Estímulo consecuencia o **reforzador** (E^R). Constituyen la conocida **contingencia de tres tiempos** (o de tres términos): (1) un **estímulo discriminativo** da la ocasión para emitir (2) una **respuesta** que es seguida por (3) un **estímulo reforzador**:

$$E^D \text{ --- } R \text{ --- } E^R$$

Nótese que los elementos más importantes, siempre presentes, son la **R** y el E^R (conexión R-E), ya que el E^D es opcional. A diferencia del condicionamiento clásico, en que la conexión que se logra es del tipo **E-R** (estímulo condicionado-respuesta condicionada), acá es **R-E** (respuesta-estímulo consecuencia). Las conductas o respuestas que aprendemos a través de este tipo de aprendizaje, dependen fundamentalmente del tipo de **consecuencias** que las siguen o que se consiguen en el medio, como ya quedó explicitado en el **principio básico** del condicionamiento operante.

TIPOS OPERACIONALES. REFUERZO Y REFORZADORES

La combinación de los tres elementos anteriores, en dos modalidades cada uno, llevó a los psicólogos experimentales a definir variaciones de los tipos básicos de condicionamiento apetitivo y de aversión. Las modalidades son:

1. **Presencia** o **no** de clave o estímulo discriminativo: E^D / __

2. **Ejecución** u **omisión** de una determinada respuesta: **R** / **Я**

3. **Premios** o **castigos** como estímulos-consecuencia: E^{R+} / E^{R-}

---

4   Si bien en este texto se usan prácticamente como sinónimos los términos "operante" e "instrumental", técnicamente no lo son, como lo aclara Klein (1994). Cuando el ambiente limita las posibilidades de reforzamiento, los investigadores hablan de condicionamiento "instrumental". El condicionamiento "operante", en cambio, implica situaciones en las que no hay limitación alguna en la cantidad de reforzamiento que puede obtenerse: el organismo puede controlar la frecuencia de la respuesta y, por lo tanto, determinar el monto de reforzamiento obtenido.

Siguiendo a Deese y Hulse (1967) presentamos en la tabla de la **fig. 3.2** los **8 tipos básicos** del condicionamiento instrumental, como una manera de ilustrar parte de la complejidad de los trabajos de laboratorio en el área. Para una adecuada interpretación de la tabla, que resume los tipos básicos de entrenamiento de animales en laboratorio y que dio pie para identificar los subtipos del aprendizaje instrumental humano, es necesario considerar los elementos de la *contingencia de tres términos* en dos modalidades:

1. **Presencia** o **no** de un estímulo **discriminativo**. Es un estímulo que señala al organismo si habrá reforzamiento o no. Puede ser un estímulo visual (una luz), auditivo (un sonido) [5], que indica al organismo que, si ejecuta la respuesta, recibirá recompensa. Si no está presente, aunque ejecute tal respuesta, no la recibirá.

2. El plan experimental puede llevar al organismo a **ejecutar** o **inhibir** alguna respuesta específica: se le exige hacer algo activamente o abstenerse: por ejemplo, apretar la palanca (si ello va asociado a premio) o no hacerlo (si ello va asociado a castigo). Nótese que, abstenerse de responder, constituye también una respuesta, pero inhibitoria o de autocontrol (Я).

3. El plan incluye procedimientos que implican, por tanto, **premio** o **castigo**. Las consecuencias son del tipo E^{R+} o del tipo E^{R-}

TIPO OPERACIONAL Entrenamiento de:	Clave discriminatoria:	La repuesta debe ser:	Reforzamiento basado en:
1. Recompensa	No	Ejecutada	Premio
2. Discriminación	Sí	Ejecutada	Premio
3. Escape	No	Ejecutada	Castigo
4. Evitación	Sí	Ejecutada	Castigo
5. Omisión	No	Inhibida	Premio
6. Castigo	No	Inhibida	Castigo
7. Omisión discriminada	Sí	Inhibida	Premio
8. Castigo discriminado	Sí	Inhibida	Castigo

Figura 3.2

Los 8 tipos del condicionamiento operante en experiencias de laboratorio. (Deese y Hulse, 1967).

---

5 No hay que confundir los **estímulos discriminativos** con los **EC** del condicionamiento pavloviano, ya que las respuestas (u operantes) no están mediadas por el sistema nervioso autónomo, sino por el SNC. No se trata de respuestas reflejas, involuntarias. Esto no quita que el ratón, aparte de apretar la palanca o saltar, pueda tener, **al mismo tiempo**, respuestas condicionadas clásicamente (secreciones glandulares, por ejemplo) frente a esos estímulos.

Reforzamiento o **refuerzo** (*reinforcement*) es un término genérico para referirse al procedimiento general de utilización de premios o castigos con el fin de afianzar determinados comportamientos. Los tipos particulares de castigos o premios utilizados se conocen como **reforzadores** o **estímulos reforzadores** (*reinforcers*), que pueden ser positivos o negativos. Son los estímulos-consecuencias [E^{R+} / E^{R-}].

Un chocolate o una felicitación pueden operar, en el caso de seres humanos –por ejemplo, de un niño– como estímulos **reforzadores** de determinada conducta, si contribuyen a que tal conducta se afiance. El hecho de dárselos, al haber ejecutado la conducta cuando corresponde, constituye el **refuerzo** o **reforzamiento**[6].

Los **8** tipos operacionales, conocidos también como "planes experimentales del condicionamiento operante", al ser referidos a los seres humanos también sirven para identificar (dejando de lado la rigurosidad de las condiciones en que se llevan a cabo los experimentos de laboratorio) situaciones muy típicas de aprendizaje. A los niños, por ejemplo, se les **premia** o **castiga**, a veces, **bajo determinadas condiciones** que operan como claves o estímulos discriminativos, tanto si **realizan ciertas conductas** esperables, como si se **abstienen de ejecutar** otras que se consideran inadecuadas. Más adelante veremos con mayor detalle algunas de estas situaciones.

Los estímulos **reforzadores** han sido objeto de múltiples clasificaciones:

- **Primarios**, con valor natural o innato reforzante, y **secundarios**, con valor reforzante adquirido por su asociación previa con reforzadores primarios.

- **Tangibles** o concretos, versus **simbólicos** o *tokens*. Estos últimos, como las fichas, estrellitas o diferentes símbolos que utilizan los educadores, representan a los concretos.

- **No sociales** versus **sociales**. Entre estos últimos se cuentan las felicitaciones, abrazos, besos, las muestras de aprecio, el prestar atención, etc.

- **Generalizados** versus **no generalizados**. Los primeros siempre funcionan como reforzadores, sin depender de una estado de privación o necesidad de parte del organismo para tener valor reforzante (el dinero, el prestar atención...). Los no generalizados, como el alimento, el agua..., operan como reforzadores en tanto el organismo experimenta hambre, sed u otra necesidad.

---

6 En sentido estricto se debiera decir: *Al niño le aplico o doy un* **reforzador** (no, un refuerzo). El hecho de aplicar el reforzador constituye el **refuerzo** (o reforzamiento). La confusión reside en el hecho de que en las versiones al español no se ha distinguido entre *reinforcer* y *reinforcement*, ambos traducidos como *refuerzo*.

LAS CUATRO SITUACIONES BÁSICAS CON SERES HUMANOS

Más sencilla y práctica para analizar las situaciones con seres humanos en el condicionamiento instrumental es la tabla de doble entrada (**fig. 3.3**) original de Rachlin (1970), que ilustra los cuatro contextos básicos en este tipo de aprendizaje. Una determinada **conducta o respuesta** puede tener como **consecuencia** que *le sigan* o que *desaparezcan*, por su acción (ver encabezamientos de columnas), **estímulos**, ya sea **positivos** o **negativos** (ver encabezamientos de filas).

	El estímulo-consecuencia es aplicado o recibido	El estímulo-consecuencia es removido u omitido
Estímulo-consecuencia **reforzador positivo** (agradable) E^{R+}	REFUERZO POSITIVO (o recompensa)	CASTIGO (por omisión de recompensa)
Estímulo-consecuencia **reforzador negativo** (nocivo, desagradable) E^{R-}	CASTIGO (por aplicación de estímulo nocivo)	REFUERZO NEGATIVO (escape o evitación)

$\square$ = En estos dos contextos o situaciones aumenta a futuro la probabilidad de ocurrencia de la conducta

Figura 3.3

Las 4 situaciones o contextos básicos del condicionamiento operante. (Adaptado de Rachlin, 1970).

Si la conducta en cuestión es seguida por un **estímulo reforzador positivo** (o un agente externo aplica tal estímulo al ocurrir dicha conducta), tendremos una situación de **refuerzo positivo** (o de recompensa o premio) y es muy posible que a futuro **aumente la probabilidad de ocurrencia de dicha conducta**. El bebé que logra decir *papá* y es celebrado por toda la familia con regocijo; el niño que "hizo sus tareas" y es premiado, permitiéndosele ver su programa favorito de TV u obteniendo buenas calificaciones; la secretaria que recibe felicitaciones (y un eventual aumento de sueldo) por su trabajo... constituyen típicos casos de **refuerzo positivo**.

La situación corresponde al *entrenamiento de recompensa* de Deese & Hulse (**fig. 3.2**). Cualquier procedimiento de *ensayo y error* en que el sujeto recibe reforzadores positivos [E^{R+}] al realizar la respuesta correcta, corresponde a esta situación experimental. (Como los gatos de Thorndike en la caja-problema). Si el sujeto recibe los reforzadores positivos al ejecutar la respuesta correcta **solamente cuando está presente un estímulo o clave discriminativa** y no, en otras ocasiones, tendremos el *entrenamiento de discriminación*.

Si por medio de una conducta se logra **eliminar** un estímulo reforzador negativo [E^{R-}], se da la situación de **refuerzo negativo**: también en este caso **aumenta** la probabilidad de ocurrencia de la conducta posteriormente. Por eso, constituye un caso de **refuerzo**. Es preciso atender bien a la denominación conductista, ya que, en términos del léxico ordinario, pareciera un contrasentido hablar de refuerzo **negativo**. Las **conductas** que ha llevado a cabo una persona para librarse del frío, del ruido, del dolor de muelas, de una persona desagradable, de la ansiedad o de cualquier situación incómoda..., es decir [E^{R-}], es altamente probable que **las vuelva a ejecutar** cuando reaparezcan circunstancias similares. Este modelo de aprendizaje explica el hecho de que algunas personas aprenden a librarse de la ansiedad a través de conductas inadecuadas como el consumo excesivo de alcohol.

Se distingue (**fig. 3.3**) entre conductas de **escape** (como el caso de quien se libra del dolor de cabeza gracias a un analgésico) y de **evitación** (como el caso del escolar que hace la *cimarra*, evitando alguna situación poco grata que lo espera en el colegio). En este caso, a diferencia del escape, se puede identificar un estímulo o clave discriminativa que señala al organismo la oportunidad de ejecutar la conducta, evitando el castigo (el niño sabe que ese día le va a tocar ir al pizarrón o tendrá que leer en voz alta frente al curso, lo que lo incomoda). En el escape —sin clave discriminativa— el sujeto se logra librar del castigo o de la situación desagradable, pero, habiendo ya sufrido sus efectos. Estas situaciones corresponden, en la tabla de Deese & Hulse (**fig. 3.2**), al *entrenamiento de escape* y *entrenamiento de evitación*: la respuesta del organismo es instrumental para terminar un estímulo aversivo (*escape*) o para evitar su aparición (*evitación*). Estímulos aversivos [E^{R-}] en los experimentos de laboratorio con animales eran ráfagas de viento, descargas eléctricas moderadas, sonidos fuertes, etc.

Las otras dos ventanas de la **fig. 3.3** representan las dos formas básicas que asume el **castigo**. Este consiste:

- En la obtención de estímulos reforzadores negativos a causa de ejecución de una determinada conducta: **castigo por aplicación** de estímulo nocivo [E^{R-}] o,

- En la eliminación o pérdida de estímulos reforzadores positivos, como consecuencia también de alguna conducta: **castigo por omisión** de recompensa [E^{R+}].

La persona a quien se le aplica una multa por haber cometido alguna infracción ejemplifica la primera situación. Asimismo, el castigo físico, las burlas, humillaciones, el maltrato o las "malas notas" corresponden a ejemplos de castigo por aplicación de estímulo aversivo. La pérdida de privilegios o recompensas, asociada a alguna conducta que se ha considerado inadecuada, ilustra el otro tipo de castigo. Si el sujeto se abstiene de realizar tal conducta, no perdería eventualmente tales privilegios o recompensas. Los papás, frecuentemente, utilizan este tipo de castigo cuando privan a sus hijos de un regalo prometido, un paseo, alguna diversión, etc., por haber incurrido en alguna conducta, a su juicio, incorrecta[7].

Los *entrenamiento de castigo y de omisión* que incluyen el uso de estímulos **discriminativos** (que señalan al organismo la oportunidad de responder o no hacerlo) completan los tipos operacionales de la clasificación de Deese & Hulse (**fig. 3.2**), dando lugar a los entrenamientos de *omisión discriminada* y *castigo discriminado*. En situaciones humanas, ello queda ilustrado cuando el adulto promete (= E^D) un premio al niño *si se abstiene de hacer algo inadecuado*, o lo amenaza (= E^D) con un castigo, *si no realiza una conducta esperable* o "no cumple con su deber".

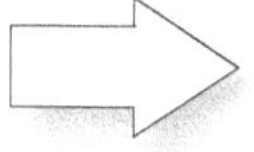

Sin embargo, a diferencia de las experiencias de laboratorio en que los estímulos discriminativos van *sistemáticamente asociados* a determinadas consecuencias, las personas suelen ser muy inconsistentes tanto en sus promesas como en las amenazas. En todo caso, los niños rápidamente discriminan entre los adultos consistentes (que cumplen con lo prometido) y los que se quedan solo en promesas y amenazas, sacando buen partido de ello...

Como puede apreciarse en la **fig. 3.3**, tanto la situación de refuerzo positivo como la de refuerzo negativo, **aumentan a futuro la probabilidad de ocurrencia de la respuesta**. En casos muy frecuentes de interacción humana (madre-hijo, profesor-alumno, etc.), suelen ocurrir **ambas situaciones al mismo tiempo**, potenciándose mutuamente: Un niño pequeño aprende a obtener de su madre golosinas cada vez que llegan al supermercado, por medio de rabietas, berrinches y pataletas. La golosina, **de hecho**, pasa a ser el estímulo reforzador positivo *para la conducta de pataleta*: se trata de una situación de **refuerzo positivo**. La otra cara de la medalla consiste en que la madre se libra de ese estímulo nocivo o aversivo constituido por los berrinches de su hijo, comprándole lo que quiere: se trata simplemente de una

---

7 En la tabla de los ocho tipos operacionales, el *entrenamiento de castigo* se da cuando la respuesta del animalito de laboratorio produce o tiene como consecuencia un estímulo aversivo. Se trata de una situación, según Tarpy (1980), semejante al entrenamiento de recompensa, excepto en que la consecuencia es negativa. El castigo tiene por objeto inhibir o suprimir la respuesta respecto a la cual ha sido contingente el estímulo aversivo. El *entrenamiento de omisión* (que corresponde a la variedad de castigo "por omisión de recompensa" de la tabla de Rachlin) se define como una situación en la que la respuesta impide la presentación de un estímulo reforzador positivo. En términos conductistas, *el reforzamiento positivo es contingente a no responder*. Como se afirmaba anteriormente, si el sujeto se abstiene de responder (no ejecuta la respuesta inadecuada), no pierde los privilegios o estímulos reforzadores positivos. En caso contrario, al ejecutar la conducta inadecuada, pierde el estímulo reforzador positivo: la situación del alumno al que, por conversar en clases entorpeciendo la labor del profesor, se le priva del "recreo".

conducta de escape (que a futuro se transformará en *evitación*, no bien haya ingresado al supermercado), en una típica situación de **refuerzo negativo**.

Es importante reconocer cómo se dan estos fenómenos en la interacción humana (y es mérito de la psicología conductista haber identificado muchos de ellos de manera rigurosa) ya que más frecuentemente de lo que quisiéramos los adultos no somos conscientes de cómo **reforzamos comportamientos** –incluso rasgos de personalidad– **desadaptados**. La profesora que se acerca a conversar con una niña muy tímida de su curso, cada vez que la ve sola y aislada en el patio, **está reforzando sin quererlo su conducta de aislamiento**. El *prestar atención* es un reforzador muy poderoso y *generalizado*. Sería preferible que la *ignorara* en esas situaciones y le prestara toda su atención, tomándola muy en cuenta, al ver en ella intentos de acercarse a los demás y de participar socialmente. Deberá, por cierto, fomentar situaciones en que ello pueda ocurrir. La **fig. 3.4** trae un **glosario** en que se definen o delimitan brevemente los conceptos más importantes utilizados hasta aquí, sobre el condicionamiento operante.

1 Reforzador ("refuerzo")	Todo estímulo, hecho, situación, etc. que fortalece el aprendizaje o intensifica la tendencia a comportarse de una manera determinada.
2 Reforzador positivo	Estímulo o consecuencia que acrecienta la probabilidad de que el organismo repita las conductas que lo precedieron. En otras palabras, se trata de un estímulo que, al ser aplicado tras una conducta, aumenta la probabilidad de ocurrencia de tal conducta. Puede tratarse de objetos concretos, símbolos que los representan (tokens), reforzadores sociales: caricias, besos, muestras de aprobación, de afecto, etc.
3 Reforzador negativo	Estímulo cuya supresión acrecienta la probabilidad de que el organismo repita las conductas previas a esa supresión. En otras palabras, es un estímulo que, al ser suprimido, aumenta la probabilidad de ocurrencia de la conducta que provocó la supresión. A aquellos estímulos que los organismos evitan o que producen rechazo, se les conoce también como estímulos *aversivos*: provocan aversión.
4 Refuerzo positivo	Presentación de reforzadores positivos después de la ejecución de alguna conducta.
5 Refuerzo negativo	Terminación de hechos adversos o eliminación de reforzadores negativos mediante la ejecución de determinadas conductas: escape y evitación.

6 Castigo (por aplicación)	Aplicación de un estímulo aversivo, contingente con la ocurrencia de una determinada conducta.
	En términos conductistas: situación que tiene por efecto la supresión de la conducta respecto de la cual es contingente el estímulo reforzador negativo.
7 Castigo (por omisión)	Eliminación de un estímulo reforzador positivo, contingente con la ocurrencia de una determinada conducta.
	En terminología conductista: situación que tiene por objeto la eliminación de la conducta respecto de la cual es contingente la supresión del estímulo reforzador positivo.
8 Contingencia	Relación entre dos hechos en la cual, si ocurre uno de ellos, ocurrirá el otro.
	Concepto muy usado por los teóricos del condicionamiento operante para describir las relaciones conducta-reforzador o conducta-consecuencias.

Figura 3.4

Los conceptos básicos.

Los **teóricos del refuerzo**, como se les conoce a quienes postulan a la base de sus explicaciones en psicología los principios del condicionamiento operante, suelen distinguir entre reforzadores **primarios** (llamados también *incondicionados*) y **secundarios** (*condicionados* o *aprendidos*):

- Un reforzador **primario** es un estímulo con valor natural o innato reforzante, es decir, que no depende de asociaciones anteriores con otros estímulos reforzadores. Por ejemplo, el alimento, el agua, el sexo, el descanso.

- Un reforzador **secundario** es el que deriva su valor reforzante de su asociación previa con reforzadores primarios. Gran parte de los objetos o circunstancias de la vida diaria son *reforzadores secundarios*, contribuyen a la mantención de conductas: un refrigerador conserva el alimento; un sofá garantiza el descanso.

Los reforzadores *secundarios* regulan diferentes áreas del comportamiento humano desde muy temprano, entre ellas, el desarrollo del lenguaje: el niño reproduce *vocalizaciones* y más tarde palabras, porque el hecho de oírlas tiene para él valor de reforzador secundario. Ha escuchado a la madre palabras y sonidos asociados a la hora de la comida, situación en que está expuesto a reforzadores primarios: protección, agua, alimento. (Ver más adelante teoría de Mowrer). Gran parte de las actividades humanas están reguladas por *reforzadores secundarios* y *estímulos discriminativos* que los anuncian, estableciéndose entre ellos conexiones y cadenas de conductas. Al término de tales cadenas, algún tipo de reforzador primario da sentido a los patrones de comportamiento complejos. Por ejemplo, seguir una carrera y, finalmente, ejercer una profesión, están marcados por complejas cadenas E^D - R - E^R. Con ello se asegura la disponibilidad ulterior de estímulos reforzadores primarios.

CONDICIONAMIENTO EN INTERACCIONES HUMANAS. CASTIGO VERSUS CONTROL POSITIVO

No es necesario llevar a cabo un análisis demasiado riguroso para constatar cómo las personas *se condicionan entre sí* y que las consecuencias de las interacciones con otros definen o "marcan", de alguna manera, los futuros contactos. En general, logramos relaciones de mayor amistad con quienes nos prestan atención, nos estimulan, celebran o felicitan. Castigos, rechazos, ofensas, así como premios, recompensas, favores, etc., son hechos de todos los días y afectan de manera decisiva las interacciones posteriores. Pueden estar al servicio de los más variados propósitos, muchas veces, al de intereses mezquinos, como ocurre con el soborno[8].

Tal como se señalaba al comienzo, un aporte importante de los *teóricos del aprendizaje* consiste en el haber sistematizado y racionalizado el uso de premios, castigos y consecuencias de las conductas **al servicio de un desarrollo personal y social adaptado y satisfactorio.** Todos los conceptos revisados anteriormente cobran sentido dentro de este propósito, entregando valiosas herramientas también a educadores y padres. Sí es importante tener presente –como se hará evidente en los capítulos que siguen– que el **condicionamiento no debe ser entendido como una teoría general de la conducta que explica todo aprendizaje humano** (como lo estiman los conductistas ortodoxos). Pero tampoco se puede llegar a desconocer su valor explicativo en un rango muy amplio de aprendizajes.

El uso de los principios del condicionamiento en el control de la conducta, fomentando el cambio de conductas desadaptadas y neuróticas para promover el desarrollo y mantención de otras altamente deseables, ha significado un valioso aporte, no solo en psicoterapia, sino también en educación.

Otro mérito de los teóricos del refuerzo es que, como norma general, han privilegiado el **control positivo** –basado en el uso del refuerzo positivo para afianzar conductas y desarrollar la motivación para ejercitarlas– por sobre el **punitivo**, que se basa en el uso del castigo y que es mucho más frecuente en el control social de

---

8　*Sobornar*, de acuerdo a los diccionarios de la lengua, es *corromper a uno con dádivas*. Nada más ajeno al sentido que tienen los *reforzadores* en el condicionamiento operante, en sus aplicaciones psicológicas y psicopedagógicas. Aquí se promueve el desarrollo integral del sujeto, su crecimiento personal y social, y no, conductas torcidas o desviadas.

las conductas. Skinner se refiere detalladamente a este punto en *Ciencia y conducta humana*. Critica los efectos del castigo y sus "desafortunados subproductos". Afirma, entre otras cosas:

> La técnica de control más común en el mundo moderno es el **castigo**. La norma es bien conocida: si alguien no se comporta como uno desea, se le golpea; si un niño se porta mal, se le zurra; si la gente de un país no se comporta como debiera, se la bombardea. Los sistemas jurídicos y policíacos se basan en castigos tales como multas, torturas físicas, encarcelamientos o trabajos forzados....
>
> En líneas generales, **el castigo, al contrario del refuerzo positivo, ocasiona perturbaciones desfavorables tanto al organismo castigado, como a la instancia que castiga**. Los estímulos aversivos que se precisan generan emociones las cuales incluyen predisposiciones a evadirse o tomar represalias y angustia que crea conflictos. Durante miles de años el hombre se ha preguntado si el método no podría mejorarse o si no existe un sistema mejor (Skinner, 1969).

Ackerman (1979), en la línea de Skinner, explica en su manual de aplicación de las técnicas de condicionamiento operante en la escuela, que el **castigo**, a diferencia del refuerzo positivo,

- No es constructivo.
- No es permanente en sus efectos (salvo en el daño que produce).
- No enseña a las personas a comportarse.
- Provoca cólera, frustración, reacciones agresivas.
- Los lugares en los que se usa se convierten en sitios tristes.
- Las personas que recurren a un excesivo uso del castigo terminan siendo personas tensas y desagradables.

Otra consecuencia negativa de los sistemas punitivos de control de la conducta es el modelaje de conductas agresivas: la persona que castiga está proporcionando un modelo de conductas agresivas, en especial cuando se trata de castigos físicos, burlas y amenazas. (Arón y Sarquis, 1978). El padre agresivo enseña a sus hijos que la manera de conseguir las cosas, o solucionar los problemas, es con los golpes. Por el contrario, el **refuerzo positivo**, a juicio de Ackerman y otros estudiosos de la materia,

- Es constructivo.
- Señala claramente cuál es la conducta esperable.
- Crea conductas que perduran y que se generalizan a nuevas situaciones.
- Es eficaz.
- Hace que los profesores y los alumnos se sientan bien.

- Favorece un clima escolar y familiar acogedor.

Lo anterior no quiere decir que el castigo deba desterrarse absolutamente en el control de la conducta: en ciertos casos se hace necesario y, bien utilizado, puede ser muy efectivo, sin las consecuencias anteriormente señaladas. Lo que sí se quiere enfatizar es que **no** debe constituir **el** procedimiento o **el más importante** al momento de modificar comportamientos.

PROGRAMAS DE REFUERZO Y MODIFICACIÓN CONDUCTUAL: TRES SITUACIONES

Este punto destaca el valor de los principios y procedimientos del condicionamiento operante para fomentar cambios de conducta, es decir, para **mantener** o **incrementar** respuestas consideradas como importantes y esperables, o para **eliminar** comportamientos desajustados o disruptivos.

Los gráficos que siguen (**fig. 3.5**) ilustran tres situaciones típicas que enfrentan quienes quieren valerse de los recursos que proporciona el condicionamiento instrumental al servicio de la modificación conductual. Cada uno de los gráficos puede interpretarse como la visión de la pantalla de un monitor –de hecho, muestran típicas *curvas de aprendizaje*– que informa sobre el estado de determinadas conductas en el "repertorio conductual" del sujeto.

Para cada una de las tres situaciones, bajo los gráficos A2-B2-C2 se nombran los procedimientos más característicos que suelen utilizarse y que aparece descritos con detalle en los trabajos especializados y textos dedicados al tema. Conocidos manuales sobre estas materias –algunos de ellos están en la bibliografía– traen ejemplos de las más variadas situaciones de modificación conductual. El profesor, la educadora de párvulos, los padres de familia, pueden regular el comportamiento de los niños, mejorando la interacción (a veces, muy deteriorada), al encontrar de manera creativa el programa que más se acomoda a cada caso y siendo sistemáticos en su aplicación. Más adelante se describe cada uno de los procedimientos que se nombran en la **fig. 3.5**.

- La situación **A1** informa que el sujeto (un niño, adolescente...) **no posee** en su repertorio una conducta altamente esperable. Por ejemplo, el niño que en el jardín infantil no habla a causa de un posible *mutismo electivo*; el escolar que no demuestra hábitos elementales de orden o limpieza; el adolescente que, a causa de su timidez e inhibición, no es capaz de iniciar una conversación con un adulto o que no participa en actividades sociales, etc.

La situación **A2** ilustra lo que se pretende lograr si los procedimientos elegidos (*imitación* o *moldeamiento*) son efectivos: la conducta esperable paulatinamente se integra al repertorio conductual hasta consolidarse.

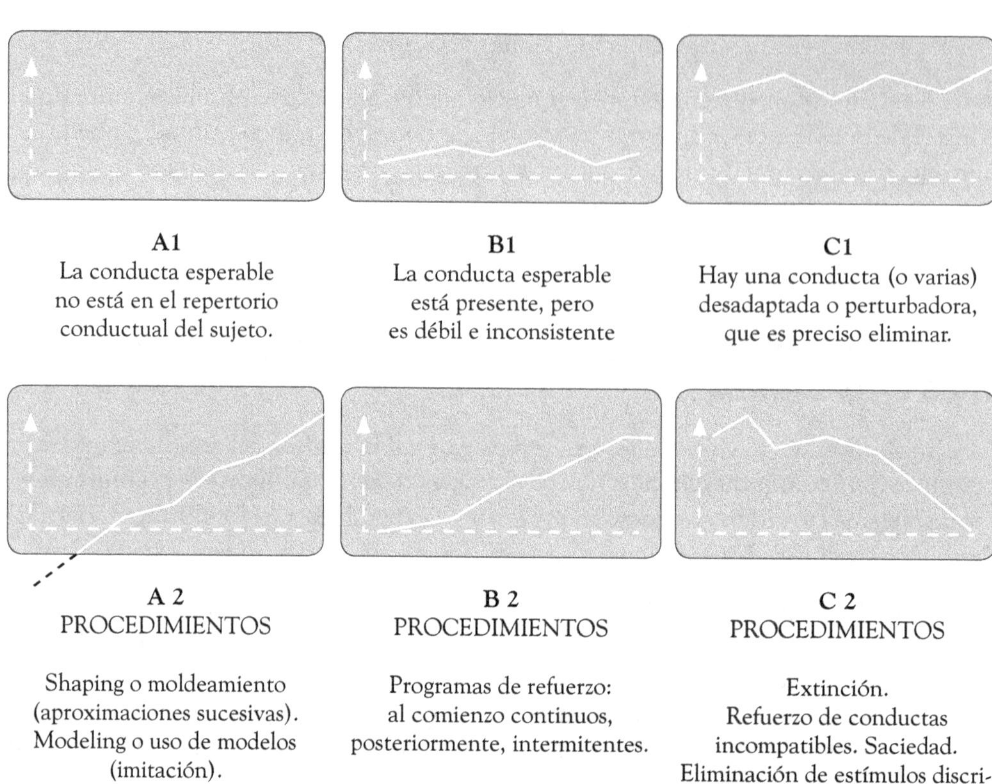

Figura 3.5

Tres situaciones básicas para los programas de modificación de conductas. Cada "pantalla del monitor" representa la situación de una determinada conducta **antes** (**A1** - **B1 y C1**) y **después** de la aplicación de los procedimientos (**A2** - **B2** y **C2**). Las representaciones corresponden a típicas *curvas de aprendizaje*.

- La situación B1 ilustra los numerosos casos en que la conducta de alguna manera está presente, pero es débil e inconsistente: aquel niño que no termina siempre sus tareas; el que no es constante en lo relativo a hábitos de estudios; el que no controla esfínteres de manera estable; el poco colaborador; el que suele llegar atrasado; el niño desordenado en sus cuadernos, etc.

  B2 informa lo que se pretende lograr con una buena aplicación de un plan de *programas de refuerzo*.

- Las situaciones **C1** y **C2** dan cuenta del *antes* y del *después* del tratamiento en los casos en que se quiere hacer cesar **conductas inadecuadas** presentes con gran intensidad en el repertorio del niño: las conductas agresivas, la impulsividad, la indisciplina en clases, los "berrinches" y todo tipo de conductas socialmente perturbadoras.

ETAPAS A SEGUIR EN UN PROGRAMA DE MODIFICACIÓN DE CONDUCTAS

Quienes tienen experiencia en programas de modificación de conductas recomiendan respetar ciertos pasos (trátese de la situación A, B o C):

1. **Definir en forma clara y precisa** (en lo posible de manera operacional) **la conducta que se quiere fomentar o la que se quiere eliminar.** Referirse a una conducta como *portarse bien* o *portarse mal* es demasiado vago, ya que ambos patrones de comportamiento incluyen aspectos más específicos. Es preferible elegir uno o dos componentes del *portarse bien* (o del portarse mal), fijando prioridades y trabajar con ellos. Hay que especificar bien la conducta esperable o la conducta anómala. Solo así se podrá lograr que el niño, por ejemplo, prepare la mochila con sus libros y materiales para el colegio la noche anterior (y no a última hora, por la mañana); que dedique todas las tardes una hora a estudiar; que mantenga ordenado su escritorio; que no se pare constantemente en clase; que anote sus tareas en la libreta de comunicaciones; que se levante y arregle a tiempo para ir al colegio; que trate con respeto a sus compañeros y profesores; que cuide su presentación personal; que elimine conductas agresivas o que perjudican seriamente a otros, etc.

2. **Determinar los posibles reforzadores de acuerdo a la edad y características del niño o joven.** Libros como los de Krumboltz & Krumboltz; Ackerman; Blackham & Silberman, Arón & Sarquis, etc. (ver Bibliografía), aportan ideas importantes al respecto y traen una gran cantidad de ejemplos útiles para los contextos escolar y familiar.

3. **Dedicar un período de tiempo a una cuidadosa observación de la conducta,** llevando un registro, para determinar su *línea base* o *nivel operante.* Aquellas conductas que no existen en el repertorio conductual del niño, se dice que tienen un *nivel operante* 0 (cero). La *línea base* 1 se establece antes de la aplicación del programa. La *línea base* 2 es una medición que se puede hacer después de la administración de contingencias, la que se ha suspendido por un tiempo, para verificar sus efectos.

4. **Aplicar el programa,** según corresponda. (Situación A, B o C). No hay que olvidar que conviene concentrarse en una conducta cada vez, trátese de aquellas que se quiera desarrollar y consolidar, como de las que sea preciso eliminar. A los niños pequeños, el llevar un registro de las "estrellitas" o reforzadores simbólicos que se ganan cada vez, canjeables más adelante por reforzadores reales, les resulta muy atractivo y lo ven como algo entretenido. En la situación escolar se puede organizar el plan en un *contrato de contingencia o contrato conductual*: se trata de un acuerdo oral o escrito, entre maestro y el alumno, que especifica el trabajo que este debe cumplir para obtener reforzadores.

5. **Evaluar,** comparando el registro inicial de comportamiento o línea base con el actual y establecer, si es el caso, los ajustes necesarios.

Schunk (1997) recomienda la siguiente secuencia para situaciones en que la conducta deseada no está presente en el repertorio conductual del niño; es decir, tiene *nivel operante 0*, y hay que utilizar el procedimiento conocido como *shaping*[9] o *moldeamiento* (fig. 3.5 situación A1-A2):

1) Identificar lo que el alumno puede hacer ahora (conducta inicial), que se relacione con la conducta esperable.

2) Señalar la conducta (terminal) deseada.

3) Identificar los posibles reforzadores en el entorno del alumno.

4) Separar la conducta terminal en pequeñas etapas para dominarlas una tras otra.

5) Llevar al alumno desde la conducta inicial a la terminal, reforzando sucesivamente cada aproximación a esta última.

Los diferentes procedimientos o técnicas de modificación conductual nombradas en la **fig. 3.5**, en las tres situaciones básicas **A, B** y **C**, se describen brevemente a continuación:

- **Moldeamiento:** método de *aproximaciones sucesivas* que consiste en implementar una conducta nueva a partir de conductas ya existentes que, de alguna manera, se relacionan con ella. Se refuerzan gradualmente aquellas respuestas que más se parecen a la conducta final. En el niño que se aísla constantemente, habrá que comenzar por reforzar cualquier conato o intento de aproximación a los demás: esto deberá hacerse de manera sistemática, favoreciendo las instancias de encuentro y reforzando posteriormente solo aquellas conductas que más se aproximan a una buena integración y participación. Algunas conductas complejas conviene desarticularlas en varios segmentos más simples o sub-tareas, que se refuerzan independientemente hasta que se consolidan, integrándose más tarde en la secuencia total. A esto se le llama *encadenamiento*.

- **Modelado** (*modeling*) o aprendizaje mediante modelos es decir, a través de la observación de experiencias ajenas. Se le llama también *aprendizaje vicario*. Se verá con detalle en el capítulo que sigue, como el 3er mecanismo de aprendizaje: "imitación e identificación". Muchas conductas de *nivel operante 0* se aprenden simplemente observando a quienes las poseen y la manera como las ejecutan.

---

9 *Shaping, de shape* (inglés) = *forma, dar forma, plasmar, moldear*

- Los **programas de refuerzo** son especificaciones o reglas relativas a la aplicación de los reforzadores: en qué circunstancias y de acuerdo a qué criterios deben otorgarse. Skinner y los neo-skinnerianos han definido y probado diferentes programas. Básicamente se dividen en *continuos*, en los que el reforzador se aplica cada vez que aparece la conducta, e *intermitentes* o *parciales*: no se refuerza la conducta cada vez que aparece; se hace solo en determinadas ocasiones. Según se utilice como criterio el *tiempo* o el *número de respuestas* emitidas, los intermitentes se subdividen en programas de *intervalo* o *de razón*. Cada uno de ellos, a su vez, puede ser *fijo* o *variable* [10]. Con una conducta inestable habrá que comenzar con un programa de refuerzo *continuo*, pasando posteriormente a programas *parciales*, que son los más efectivos para la conservación de conductas.

- La **extinción** consiste en suspender los reforzadores, es decir, suprimir las consecuencias que mantienen en acción conductas desadaptadas. Se ha visto que el solo hecho de "prestar atención" es un reforzador poderosísimo de conductas. Como ya se explicó, el niño que se aísla, si recibe toda la atención del profesor o de la educadora cada vez que está solo, continuará con su patrón de aislamiento. Muchas veces basta con "ignorarlo" en esos casos. Será importante tomarlo muy en cuenta si da muestras de conductas alternativas, de participación e integración con los demás.

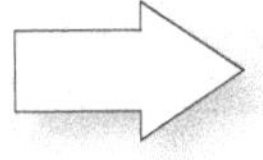 Los niños aprenden desde pequeños a "manejar" a los adultos, ya que consiguen fácilmente atención con comportamientos inadecuados.

Ciertamente, no siempre es aconsejable *ignorar* lo que hace un niño. Si un párvulo agrede a sus compañeros del jardín infantil con un palo o a mordiscos, la educadora no puede mostrarse indiferente (*Lo estoy 'ignorando' para extinguir su mal comportamiento*). Es difícil, en ocasiones identificar con claridad qué es lo que está manteniendo o reforzando una determinada manera de comportarse. Hay que tratar, por tanto, de eliminar el refuerzo que proviene de otras fuentes. Pueden ser los mismos compañeros de curso quienes celebran "las gracias" del alumno "chacotero" o irrespetuoso.

- El **reforzamiento de conductas incompatibles o alternativas** es otro método de suprimir conductas, sin necesidad de utilizar reforzadores *punitivos*, que generan rechazo. Consiste en reforzar positivamente conductas opuestas o diferentes a la indeseable: por ejemplo, los momentos de atención en niños que se distraen con facilidad; las conductas pro-sociales en los niños agresivos; los minutos que pueden permanecer sentados en su escritorio, etc.

---

10 Nótese que los adultos también funcionan con *programas de refuerzo*. El recibir el sueldo regularmente a fin de mes corresponde a un **programa de intervalo fijo**. Si a la persona se le remunera según cantidad de tareas realizadas, se trata de un programa de **razón** (que puede ser fijo o variable).

- La **saciedad** se basa en la utilización del propio reforzador, pero otorgado en exceso: el sujeto recibe tantos reforzadores, que llega a perder su motivación por obtenerlos. Es sabido que a quien constantemente se le prohíben cosas, las persigue con mayor interés por el "sabor de lo prohibido". Dejarlo enteramente libre al respecto, acaba con esa especie de obsesión por lo que se le niega. En ciertos casos, la mejor receta es dejar que la conducta siga su curso: el niño realiza la acción indeseable hasta que se cansa de ella.

- La **eliminación de estímulos discriminativos** exige identificar los estímulos o situaciones que desencadenan la conducta indeseable. Se arreglan las cosas de tal manera que el niño no se vea expuesto a tales estímulos. A un niño muy conversador en clases, bastará con separarlo de ese compañero que lo incita a estar constantemente distraído desatendiendo sus deberes. Evitar que un niño muy agresivo trabaje junto a otro igualmente o más agresivo que él. Para Guthrie, influyente teórico del aprendizaje en la psicología norteamericana –su *Psychology of learning* tuvo varias ediciones– la regla más sencilla para *romper un hábito inadecuado* (aplicable en varios de los procedimientos hasta aquí expuestos) era: *encontrar los estímulos que inician la acción y ejercitar otras respuestas frente a ellos.*

- Acerca del **castigo** ya se habló anteriormente. En casos muy calificados deberá ser usado, en una de sus dos modalidades, procurando sea proporcional a la transgresión y próximo en el tiempo a su ocurrencia. No debe ser humillante, ni fruto del descontrol de quien castiga. Algunas conductas anómalas y perturbadoras no pueden ser ignoradas ya que afectan seriamente a otros. El *costo de respuesta o castigo negativo* consiste en privar al niño de algún reforzador que tiene a mano y que es posible retirar: puede perder fichas o *tokens* que ha ido ganando, intercambiables por reforzadores concretos o privilegios, al no cumplir con determinado compromiso.

- El **refuerzo negativo**, con un niño que se comporta indebidamente, consiste en organizar las cosas de tal modo que pueda salir de una situación levemente punitiva o incómoda, con solo mejorar su conducta.

Como puede apreciarse, el condicionamiento operante entrega una serie de herramientas para la adquisición de conductas adaptadas y la eliminación de las inadecuadas. ¿No se atenta contra la dignidad de niños y jóvenes al seguir estas prácticas y recomendaciones tan obsoletas del conductismo?

CONDICIONAMIENTO Y DIGNIDAD DE LA PERSONA

Skinner escribió extensamente acerca de la aplicación de sus ideas al campo educativo. En *La tecnología de la enseñanza* (1968) afirmó: *la enseñanza es un simple arreglo de las contingencias de refuerzo*, lo que, a la luz de otras posturas, puede parecer una sobre simplificación. Sin embargo, sus convicciones se concretaron en significativas contribuciones: la traducción de los principios del condicionamiento operante a las *máquinas de enseñanza* (no existía la tecnología actual al servicio de la enseñanza), la *instrucción programada* y recomendaciones para la docencia en general. La **docencia** se hace más efectiva, a su juicio, cuando

- Los maestros presentan el material en pasos pequeños.

- Los alumnos responden de manera activa, ejecutando acciones, en vez de escuchar pasivamente.

- Frente a las respuestas, los maestros dan confirmación inmediata de los resultados (refuerzo o retroalimentación).

- Los alumnos avanzan por el material a su propio ritmo,

Estos principios se respetan, tanto en las antiguas máquinas de enseñanza, como en los textos de instrucción programada (los hay lineales y ramificados), incluyendo programas actuales de software educativo. Otro aspecto importante en esta postura teórica consiste en la **determinación precisa de objetivos conductuales**, que especifican detalladamente lo que el alumno deberá ir haciendo en cada sub-etapa y bajo qué condiciones, junto a los criterios de evaluación de los logros.

Para los conductistas, la conducta compleja es el resultado de la combinación de elementos simples: los aprendizajes nuevos se basan en la ejercitación y encadenamiento de conductas ya existentes en el repertorio del sujeto, el que debe operar de manera activa en el medio (se aprende "haciendo") y, en variados contextos, facilitándose, así, la generalización y la discriminación. Sin embargo, han sido muy criticados, porque, al centrarse en las conductas observables y estímulos que se les relacionan (enfoque "periférico-asociacionista"), no asignan el rol central que les cabe a los *fenómenos mentales* como agentes causantes del comportamiento. Además, a juicio de sus detractores, porque no ponen énfasis en el aspecto creativo, original de la mente humana y en la iniciativa del sujeto en su aprender, haciendo de él un ser relativamente pasivo, reactivo al arreglo de la situación y a las contingencias de refuerzo. En el caso del niño, es el adulto (el profesor, los papás...) quien programa los refuerzos y organiza la situación estímulo. En el caso del paciente, el terapeuta. Estas críticas se pusieron de manifiesto, cada vez de manera más contundente, a medida que el *paradigma cognitivista* fue cobrando fuerza en el campo de la psicología, desde la década de los 60, lo que también ha ocurrido en la psicología educativa.

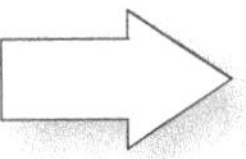 Al final de este manual se comparan las grandes familias de teorías del aprendizaje, contrastando las **teorías E-R** (estímulo-respuesta) con los enfoques **cognitivistas** y **humanistas**.

Las críticas al conductismo, desde dentro y fuera de la psicología, destacan esa suerte de *manipulación* de que sería objeto el ser humano por medio del condicionamiento, lo que atenta contra su libertad y dignidad. El mismo Skinner en *Más allá*

de la libertad y la dignidad (traducción en Fontanella, 1973) se refiere al tema, por lo que se recomienda revisar sus argumentos.

Desde el punto de vista de la psicología educativa y de la psicoterapia, los aportes del conductismo han sido, sin duda, relevantes. Si no son vistos como los de una teoría que pretende dar cuenta de todos los hechos del aprendizaje y la conducta humana, tiene reservado un lugar importante para explicar una parcela significativa de fenómenos relativos al aprendizaje. Es cierto que puede hacerse un mal uso de las contingencias del refuerzo, pero no es lo que propone la teoría. Por el contrario, los procedimientos y técnicas que se derivan de ella están destinados a cumplir una función muy importante en el desarrollo de conductas sanas, esperables y pro-sociales, en especial cuando otros procedimientos –con los cuales no son incompatibles– no pueden ser tan efectivos: piénsese en el caso de niños muy pequeños, de personas con severo déficit intelectual o con trastornos generalizados del desarrollo, condiciones en que la persuasión, la argumentación y las buenas razones, por sí solas, resultan poco eficaces. En muchos casos, dentro del amplio rango de lo que se considera conducta "normal", las técnicas del refuerzo pueden ser un complemento muy efectivo al uso de procedimientos relacionados con los mecanismos **cognitivos** del aprendizaje. En el campo de la psicoterapia, queda claramente de manifiesto por la amplia utilización que encuentran las terapias **cognitivo-conductuales** en la actualidad (Sarason y Sarason, 1996).

Lo decisivo es entender que dentro de la teoría se espera que los *reforzadores extrínsecos* cedan lugar al *autorrefuerzo*, el que depende del propio sujeto. En otras palabras, que *motivaciones intrínsecas* sean las que, a fin de cuentas, mantengan las nuevas conductas adquiridas, por las ventajas que estas reportan. No se pretende violar, de este modo, la dignidad de la persona ni su autodeterminación: **la utilización de reforzadores extrínsecos marca tan solo una etapa** en el recorrido que lleva a un desarrollo personal más armónico e integral.

CONDICIONAMIENTO Y DESARROLLO DEL LENGUAJE

Los conductistas han destacado la importancia del condicionamiento también en la adquisición y el desarrollo de *conductas complejas*, como ocurre con el *lenguaje*. Han hecho notar cómo los **padres** del niño pequeño (u otros adultos que hacen sus veces) **van reforzando, de manera diferencial, sus primeras vocalizaciones,** de modo que paulatinamente el niño va emitiendo con más frecuencia los sonidos asociados a su comunidad lingüística, descartando los otros. En otras palabras, se va *moldeando* (*shaping*) el habla mediante un proceso de aproximaciones sucesivas y refuerzo diferencial

Por otra parte, como se explicó anteriormente, las vocalizaciones mismas de la madre, asociadas con reforzadores primarios, como el alimento, el contacto y los cuidados, adquieren características de reforzadores secundarios, siendo el lenguaje (sonidos, palabras, prosodia, etc.) especialmente atractivo para el niño. El refuerzo directo de los padres, más el *autorrefuerzo* que supone al niño emitir sonidos que le resultan atractivos, van facilitando una gradual adquisición de sonidos, sílabas (etapa del balbuceo) y, más adelante, de palabras y otras estructuras mayores. En este proceso, la *imitación*, mecanismo que será examinado a continuación, también tiene un papel decisivo. En nuestro libro de psicología del lenguaje (Bermeosolo 2016) se ahonda en estas cuestiones y se hace referencia también a la importancia del habla de la madre (conocida en psicolingüística como *motherese*) dirigida al niño. Allí, también, se describen con más detalle otros aportes de Skinner en el área, las críticas de que ha sido objeto, y diferentes enfoques teóricos relativos a la adquisición y uso del lenguaje. Para Skinner, la *conducta verbal* (así denomina al *lenguaje*) tiene la peculiaridad de no actuar directamente sobre el medio y los objetos: puede hacerlo, sin embargo, "por mediación de otras personas". (Por ejemplo: *¿Me puedes pasar la sal?*). Como el *habla* es una conducta motora instrumental, su paradigma apropiado es el del **condicionamiento operante**. En las conductas operantes verbales, el refuerzo depende de la conducta de un "oyente". Su original *análisis funcional del comportamiento verbal*, desarrollado con detalle en su obra *Verbal Behavior* –publicada en 1957– describe diferentes tipos de "operantes verbales", que se generan en determinados contextos y responden a necesidades precisas, dando pie al complejo comportamiento verbal del adulto.

Mowrer[11], de quien ya se hizo mención, extendió los principios del refuerzo y condicionamiento –en el contexto de la **imitación**– a la **adquisición del lenguaje**. Desarrolló la teoría que denominó del *autismo de la adquisición del lenguaje*. En términos de Hörmann (1973), el niño *(re-)produce una palabra a causa de la satisfacción autista indirecta que le proporciona oír ese sonido*. Basado en experiencias de aprendizaje con animales, en este caso específico papagayos, dice Mowrer que estas aves para poder imitar una palabra escuchada, *tienen que haberla oído repetidas veces en una situación favorable* que opera como reforzador **primario**, por ejemplo, mientras se les está alimentando. La *palabra*, por asociarse a tal situación, adquiere características de reforzador **secundario**: al emitir después el papagayo sonidos semejantes a esa palabra, es decir al imitarla, su audición actúa automáticamente como recompensa (o como reforzador secundario).

El aprendizaje imitativo del habla se realizaría en el niño pequeño, de acuerdo al autor, según los mismos principios: **el niño reproduce una palabra o vocalizaciones, ya que el hecho de oírlas tiene valor de recompensa o reforzador secundario.** Se trata de palabras o vocalizaciones escuchadas a la madre al momento

---

11 **Orval Hobart Mowrer** nació en 1907 y enseñó psicología en universidades tan importantes como Princeton, Yale y Harvard. Fue presidente de la Asociación Americana de Psicología. A su postura conductista integró elementos de otras teorías. Entre sus obras más conocidas, *Learning theory and personality dynamics* (1950). *Learning theory and the symbolic processes* (1960). Su teoría de los *dos factores* (el condicionamiento reflejo de Pavlov-Bechterev y la ley del efecto de Thorndike) resultó ser muy influyente.

de alimentarlo, situación favorable en que estaba expuesto a un estímulo primario agradable (el alimento). Explica Hörmann, al tocar este punto:

> Las primeras combinaciones sonoras parecidas a palabras las produce el niño, porque ha oído esos sonidos en situaciones de alimentación o de descanso y, en consecuencia, le suenan bien... Desde un punto de vista teleológico, mediante la imitación de los sonidos oídos el niño quiere representar a la madre, es decir, a la que le proporciona estados agradables.

Hörmann, sin embargo, critica la teoría del *autismo* de Mowrer, ya que, entre otras limitaciones, se centra solo en los componentes emocionales del aprendizaje del lenguaje. No obstante, se trata de una teoría que da importancia a la **imitación**, tema que pasamos a ver en el capítulo que sigue. Mowrer fue una figura importante en la psicología de EEUU, destacándose en el campo de las emociones, en la motivación y en psicoterapia. Algunos lo han visto como precursor de nociones que adquirieron un enorme desarrollo posterior, como la de inteligencia emocional.

A MODO DE ENTRETENCIÓN

A. Marque la alternativa **correcta** o la que **mejor** completa la idea del enunciado:

1. Cuando se aprende a reaccionar de manera diferente ante estímulos muy parecidos, que se confundían, pero en los cuales se logra identificar rasgos sutiles que marcan diferencias, ha ocurrido el fenómeno de la:

   a   Discriminación
   b   Generalización
   c   Recuperación espontánea
   d   Acomodación

2. La conducta del niño que *llora* insistentemente, logrando atraer así la atención de la mamá, puede considerarse:

   a   Conducta respondiente
   b   Conducta operante o instrumental
   c   Reflejo condicionado
   d   Estímulo incondicionado

3. La cocinera *llora* al picar cebolla para las empanadas dieciocheras. Tal "llorar" puede considerarse:

   a   Conducta respondiente
   b   Conducta operante o instrumental
   c   Reflejo condicionado
   d   Estímulo incondicionado

4. *Responder al teléfono, sobresaltándose* al mismo tiempo por lo que significa ese llamado, pueden entenderse como conductas:

   a De tipo operante
   b De tipo respondiente
   c De evitación
   d a y b

5. Aquellos reforzadores que corresponden a cosas y objetos concretos, corpóreos, suelen ser denominados:

   a Reforzadores intrínsecos
   b Reforzadores generalizados
   c Reforzadores tangibles
   d Reforzadores positivos

6. La satisfacción por el progreso personal, el logro de las metas propuestas, la curiosidad satisfecha, etc., actúan como:

   a Reforzadores secundarios
   b Refuerzo social
   c Reforzadores intrínsecos
   d Reforzadores extrínsecos

7. Para *hacer cesar conductas inadecuadas* se pueden usar varios procedimientos. Una de las siguientes alternativas *no* corresponde a ellos:

   a Extinción
   b Saciedad
   c Refuerzo de la alternativa incompatible
   d Refuerzo intermitente de la conducta inadecuada

8. El *refuerzo* (reforzamiento) *negativo*:

   a Consiste en el aumento de la probabilidad de ocurrencia de una conducta o respuesta, ya que esta contribuye a la eliminación de un estímulo aversivo
   b Es sinónimo de castigo
   c Al igual que el refuerzo (reforzamiento) positivo, aumenta la posibilidad futura de conductas
   d a y c

9. En condicionamiento operante, la *luz* o el *zumbido* que se asocian a la palanca cuya presión proporciona el alimento (o la *voz de la madre* que se asocia a la alimentación del bebé), adquieren propiedades reforzadoras. Constituirían ejemplos de:

   a Reforzadores incondicionados
   b Reforzadores primarios
   c Reforzadores secundarios
   d Reforzadores generalizados

10. Un concepto muy usado por los teóricos del condicionamiento operante para describir las relaciones conducta-reforzador o conducta-consecuencias, que *implica la relación entre dos hechos en la cual, si ocurre uno de ellos, ocurrirá el otro*, es el de:

    a   Contingencia
    b   Reforzador
    c   Consecuencia
    d   Reforzamiento

11. La terminación de hechos adversos o eliminación de reforzadores negativos mediante la ejecución de determinadas conductas (en otras palabras, *escape* y *evitación*) corresponde a esa forma básica de condicionamiento operante que se denomina:

    a   Refuerzo negativo
    b   Reforzador negativo
    c   Castigo por aplicación
    d   Castigo por omisión

12. Las conductas que ha llevado a cabo una persona para librarse del frío, del ruido, del dolor de muelas, de una persona desagradable, de la ansiedad o de cualquier situación incómoda, es altamente probable que las vuelva a ejecutar cuando reaparezcan circunstancias similares. Tales conductas se mantienen siguiendo el subtipo de condicionamiento operante denominado:

    a   Refuerzo positivo
    b   Refuerzo negativo
    c   Entrenamiento de omisión discriminada
    d   Entrenamiento de castigo discriminado

B.   Compare *castigo por aplicación de estímulo aversivo con refuerzo negativo*.

C.   Basándose en el texto, discuta y reflexione con su grupo de trabajo en torno a las siguientes preguntas:

1.   ¿Es ético recurrir al condicionamiento en el contexto escolar?

2.   ¿No es mejor utilizar el razonamiento y la persuasión para conseguir cambios de conducta en el alumno?

3.   ¿El uso de recompensas (premios, dinero…) no es simplemente *soborno*?

D.   Verifique la diferencia entre *modelamiento* o *modelado (modeling)* y *moldeamiento (shaping)*.

Respuestas a las alternativas: 1a, 2b, 3a, 4d, 5c, 6c, 7d, 8d, 9c, 10a, 11a, 12b

Capítulo 4

IMITACIÓN
E IDENTIFICACIÓN

Temas del capítulo

Conceptos introductorios • Algunos enfoques teóricos sobre la imitación: simbolismo y conciencia moral • Identificación y mecanismos de defensa del yo • Enfoque *socio-comportamental* o del *aprendizaje social* • Efectos del aprendizaje por observación • Subprocesos del *modeling* • Algunas variables significativas • Los gestos que acompañan la instrucción • Aprendizaje social y conductas delictivas • Modelos y medios de comunicación

CONCEPTOS INTRODUCTORIOS

Es un hecho de sobra conocido que unidades significativas del comportamiento –y también características de personalidad– **se aprenden imitando y observando a otros.** La niña pequeña que asume actitudes, realiza gestos y repite expresiones que ha escuchado a su madre, incluidas las inflexiones de la voz, es una clara demostración del peso de mecanismos de este tipo en el aprendizaje humano. Resulta esperable que tales reproducciones de rasgos distintivos maternos hayan sido, además, acogidas con interés y reforzadas por la propia madre (condicionamiento operante), creándose así condiciones para una sólida identificación con ella[1].

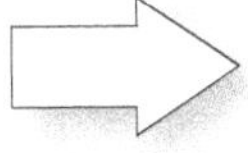 El viejo aforismo "las palabras mueven, pero los ejemplos arrastran", sintetiza el sentir popular acerca de la ventaja que tiene el saber demostrar con el ejemplo y compromiso personal aquello

---

1   Para Spitz, "la adquisición de patrones de acción, el dominio de la **imitación** y el funcionamiento de la **identificación**, son recursos que permiten al niño lograr una **autonomía creciente de su madre.** La imitación de los actos de la madre, capacita al hijo para proporcionarse él mismo todo lo que su madre le había proporcionado antes". (René Spitz: *El primer año de vida del niño.* F. de Cultura Económica, 1969).

que se quiere enseñar, en vez de limitarse a dar buenos consejos o sabias recomendaciones.

Al mecanismo de aprendizaje que pasamos a describir a continuación, que juega un papel decisivo en la formación de la personalidad y la conducta –tanto sana, como inadaptada– se le conoce bajo diversas denominaciones:

- Aprendizaje por observación.

- Imitación, identificación.

- Aprendizaje por medio de modelos.

- Modelamiento o modelado (*modeling*) [2].

- Aprendizaje vicario.

- Aprendizaje de conductas de réplica, emulación o de emparejamiento (*matching responses*).

- Aprendizaje social.

No se trata de términos simplemente intercambiables ya que cada uno de ellos destaca un aspecto especial o determinada característica del fenómeno, cumpliendo una función particular dentro de alguna teoría. Sin embargo, todos se refieren, en esencia, al mismo mecanismo de aprendizaje. La denominación *aprendizaje vicario*, utilizada en psicología social, puede llamar la atención. *Vicario*, según los diccionarios de la lengua, "dícese de la persona que sustituye o representa a una superior". *Vicarius* (del latín) viene de *vicis*, que quiere decir *vez*, *alternativa*. Vicario es quien hace las veces de otro o se constituye en su alternativa. La imitación supone, de alguna manera, ponerse en lugar de otro. De ahí la elección del término para etiquetar la noción. La idea importante aquí es que las personas pueden aprovechar las experiencias de otros y, según eso, regular la propia acción.

Desde un punto de vista estrictamente operacional, algunos autores definieron la **imitación** como la ocurrencia de respuestas o conductas de emulación con el modelo presente y, la **identificación**, como la ocurrencia de ese tipo de respuestas en ausencia del modelo. En general, la psicología experimental ha privilegiado el uso del término **imitación**, en cambio, la de la personalidad, el de **identificación**.

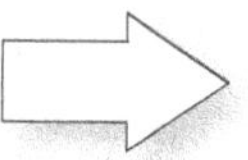

La imitación-identificación o aprendizaje por observación, que básicamente consiste en la **reproducción de conductas o patrones de conductas de un modelo**, ha jugado un papel importante dentro de la teoría psicológica. A su acción se atribuye una parte significativa de la adquisición de conductas complejas por parte del niño, del joven y el adulto, con un alcance que escapa al de

---

2 No confundir con *shaping*, procedimiento del condicionamiento operante, traducido normalmente como *moldeamiento* (a veces, modelamiento, de ahí la confusión), relacionado con *modelar* o *plasmar* y no con modelos.

los 2 mecanismos ya discutidos en este manual, el condicionamiento clásico y el operante.

El tema es complejo ya que obedece a marcos teóricos diferentes y hasta contrastantes. Hay consenso en que la **identificación,** a diferencia de la imitación, supone una relación más duradera y profunda entre el modelo y quien se identifica con él, teniendo presente que ciertos modelos ejercen más influencia que otros. Se trata de un fenómeno más penetrante o de mayor alcance que la **imitación,** ya que, más allá de la reproducción de conductas, incluye procesos de emulación tan complejos como la adopción de creencias, valores, actitudes y hasta el estilo de vida del modelo. La figura **4.1** muestra el continuo entre ambos fenómenos.

Algunos psicólogos no consideran la imitación como un modo especial de aprendizaje, sino como un "tipo de conducta que puede reflejar diferentes formas de aprendizaje" (Allport, 1968). Las formas más **elementales** o mecánicas de la imitación podrían explicarse dentro del paradigma del condicionamiento, como lo han hecho los conductistas. La reproducción deliberada, en cambio, de conductas **complejas** –que supone cierta comprensión para retenerlas simbólicamente con el propósito de resolver problemas o encarar situaciones nuevas, de la manera exitosa como lo hacen o como lo han hecho otras personas– se incluiría en lo que en este manual describimos como "mecanismos cognitivos" de aprendizaje.

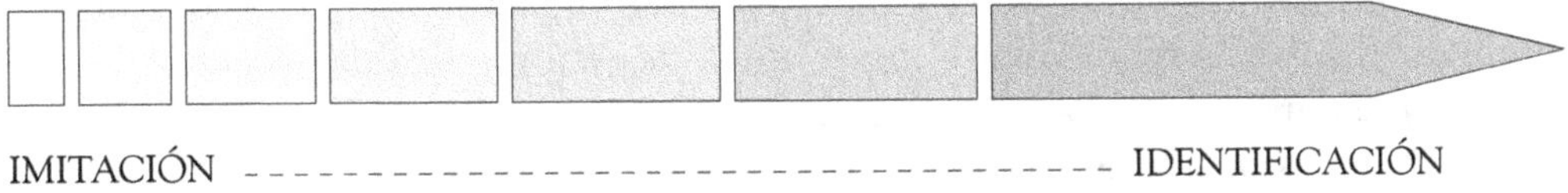

Figura 4.1

El *continuo* **imitación-identificación**: la identificación constituye un fenómeno más penetrante y duradero, incluyendo procesos muy complejos.

Teniendo presente que estos tipos de aprendizaje operan normalmente en forma simultánea y que la descripción que se hace de ellos como entidades independientes cumple propósitos didácticos, el conjunto *imitación-identificación* o *aprendizaje por observación,* reúne rasgos tan peculiares y desempeña un papel tan importante al servicio del aprendizaje y desarrollo personal y social –como ha sido reconocido en todas las sociedades y culturas– que **se legitima ampliamente como una forma diferente de aprender.** La adquisición tan rápida de muchas conductas nuevas por parte del niño (o del adulto), difícilmente podría explicarse por *moldeamiento,* procedimiento alternativo a la imitación para el aprendizaje de conductas no existentes en el repertorio conductual, basado en condicionamiento operante (ver **fig. 3.5**), y que demanda tiempo, ya que ocurre por aproximaciones sucesivas y refuerzo diferencial. Con su sabiduría peculiar, ya había apuntado Lersch (1966) en su *Estructura de la personalidad:*

Del papel que desempeña la **imitación** en el desarrollo anímico se deduce hasta qué punto **es importante para el hombre estar-con-otro**. En gran parte, el hombre adulto se desarrolla hasta llegar a la riqueza de sus actos y conducta, siguiendo el hilo director constituido por lo que ve en sus congéneres.

Esta última década las neurociencias han destacado el rol de las *neuronas especulares* o *neuronas espejo*, denominación dada a cierto tipo de neuronas que se activan cuando un animal o persona desarrolla la misma actividad que está observando ejecutar por otro individuo de su especie. De alguna manera *reflejan* la acción de otro, de ahí su importancia en el aprendizaje de nuevas habilidades por imitación, entre ellas, el lenguaje. Habían sido observadas en primates y luego se encontraron en humanos. Se estima que desempeñan un importante rol dentro de las capacidades cognitivas ligadas a la vida social, incluida la empatía. El sistema espejo parece ser decisivo en la comprensión de las acciones de otras personas, como sus intenciones, por lo que se cree que sus disfunciones podrían ser la causa subyacente de desórdenes como el autismo[3].

Este tercer mecanismo de aprendizaje es **social** por esencia, ya que requiere de la presencia real o simbólica de otros, lo que no ocurre necesariamente con los discutidos anteriormente. Una persona puede condicionarse o auto-reforzarse en ausencia de otros. La imitación o aprendizaje *social* exige la presencia directa o alguna suerte de representación del otro. Esto se ve claramente en el campo de la enseñanza, cuando los maestros ejecutan ellos mismos lo que pretenden que reproduzcan sus alumnos, confiando en el valor e importancia de esta manera de aprender. En algunos casos, en que los desafíos son mayores, utilizan lo que Bandura (1977) ha denominado **modelamiento participativo**: maestro y alumno comienzan realizando la tarea juntos. A medida que el estudiante se va sintiendo seguro y competente, el maestro reduce paulatinamente su asistencia.

En el complejo (y difícil) proceso de **socialización**, uno de los ámbitos en que se puede apreciar el peso y valor de este mecanismo, los niños se identifican con figuras significativas, en buena parte inconscientemente, cumpliendo la imitación un papel básico en la adquisición de **roles** sociales y en el ajuste de la conducta a **normas** que regulan la convivencia y las relaciones interpersonales.

> A la **imitación-identificación** se le adjudica un papel fundamental en la **socialización**: en la adquisición de roles sociales, normas, valores y hábitos.

---

3 El lector no iniciado puede comenzar su estudio de estas materias en http://es.wikipedia.org/wiki/Neuronaespecular. Podrá posteriormente profundizar en el tema en las publicaciones científicas especializadas.

Socialización es el proceso de adquisición y desarrollo de hábitos, habilidades, valores y normas compartidos por los miembros de una sociedad determinada. Lazarus (*Personality*, 1971) describió dos mecanismos básicos al servicio de la socialización del niño: el aprendizaje a través del *refuerzo* y la *identificación*. En la **identificación**, muestra un continuo que va desde el polo más débil –la condescendencia o sumisión– al polo o extremo fuerte, la internalización:

- En la **condescendencia** se copian actitudes y asumen, aparentemente, valores de otro para obtener una reacción favorable de él (Puede constituir un *mecanismo de defensa*).

- En la **internalización** se hacen propios los valores y actitudes de otra persona, aceptándose su influencia por una motivación intrínseca.

La **fig. 4.2** pretende ilustrar este continuo. La importancia que se da a la imitación en la sociedad queda claramente demostrada en el uso insistente que se hace de ella en los **medios de comunicación** en campañas publicitarias de variada naturaleza, donde se proponen modelos con diferentes propósitos. Más adelante tocaremos el punto.

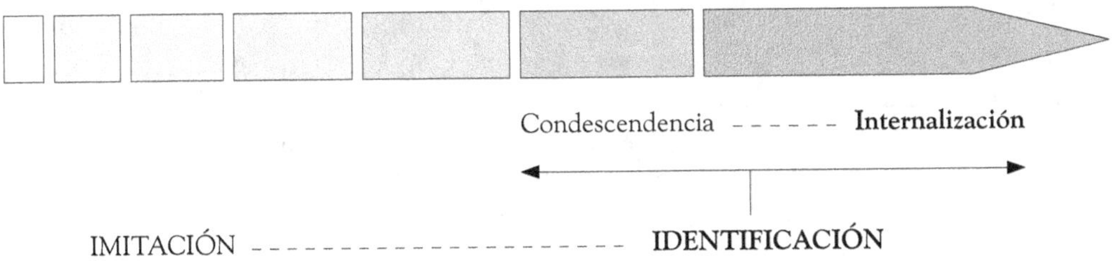

Figura 4.2

El *continuo* condescendencia-internalización que se da en la identificación. La condescendencia puede ser en algunos casos un *mecanismo de defensa*.

La imitación ocurre desde **muy temprano** en el desarrollo humano: bebés de escasos meses, antes del año, "hablan" por teléfono, dirigen el control remoto hacia el televisor, "se peinan", etc. La **imitación diferida** (en terminología de Piaget, la reproducción de un comportamiento observado al cabo de un tiempo, al evocar el bebé una representación de ese comportamiento) se ha visto que se da más temprano de lo que el propio Piaget creía, los 18 meses: *Se han encontrado bebés que presentan "imitación invisible" diferida a las seis semanas de edad* (Papalia, Olds y Feldman, 2001). La *imitación invisible* es la que realiza el niño con partes de su cuerpo que no puede ver (por ejemplo, con la boca) e *imitación visible*, la que realiza con partes de su cuerpo que puede ver (las manos, los pies). Piaget sostuvo que la *invisible* se desarrolla alrededor del 9º mes, después de la *visible*. Papalia y asociadas dan cuenta de bebés dando muestras de *imitación invisible* mucho antes de lo documentado por Piaget. Recuérdese lo comentado anteriormente sobre las *neuronas espejo*.

Las primeras concepciones teóricas propiamente psicológicas acerca de la imitación de fines del siglo 19 y comienzos del 20 consideraban que se trata de un fenómeno de **naturaleza instintiva**, de una propensión innata a imitar. Los hallazgos acerca del condicionamiento clásico, junto al descrédito en que cayó la *teoría del instinto*, contribuyeron a su explicación en términos asociativos, dentro del paradigma *pavloviano*. La importancia que comenzaron a tener posteriormente los principios del *refuerzo*, dio pie a interpretarla, en el modelo de aprendizaje skinneriano, como una conducta aprendida, pero sin dársele mayor importancia en la teoría conductista. Skinner escribió:

> Por lo que sabemos, la conducta imitativa no surge a causa de ningún mecanismo reflejo inherente... **La imitación se desarrolla en la historia del individuo,** como resultado de refuerzos discriminativos que muestran la acostumbrada contingencia en tres tiempos. La estimulación visual de alguien que mueve la mano es la ocasión para que, al mover una mano, probablemente reciba refuerzo. El estímulo auditivo *papá'* es la ocasión para que la complicada respuesta verbal que produce un modelo auditivo similar sea reforzada por el padre complacido [4].

Entre las muchas figuras psicológicas que el conductismo desterró de la arena científica, comenta Pinillos (1979), *se cuenta la imitación.* Con la relativa excepción de obras como *Aprendizaje social e imitación* de Miller y Dollard [5] en la década de los cuarenta, la imitación fue más bien ignorada o entendida en términos de condicionamiento. Con dicha obra, a juicio de Bandura y Walters (1979), el concepto se integró en el marco de la teoría de la conducta y el fenómeno de la *conducta de imitación* se planteó como problema importante para ser tratado por los teóricos del aprendizaje. No obstante, comentan estos influyentes investigadores en el área,

> En términos generales, el reto que presentaban Miller y Dollard apenas despertó respuesta entre los teóricos del aprendizaje que, con la excepción de Mowrer, tratan la imitación sumariamente o descuidan por completo el problema.

Para **Mowrer** (1960), quien aplicó al análisis del fenómeno su teoría *bifactorial* del aprendizaje, la identificación y mimetismo emocional con el modelo debían ser entendidos en términos de *condicionamiento clásico*; las respuestas instrumentales ejecutadas al imitar, en cambio, se explicaban en términos de *condicionamiento ope-*

---

4 **Skinner**, B.F. *Ciencia y conducta humana* (Fontanella, 1969, pág. 131).
   Contingencia de tres tiempos: [estímulo discriminativo] – [respuesta] – [estímulo reforzador o consecuencial]. $E^D \cdots R \cdots E^R$

5 Tanto **Neal Miller** como **John Dollard** tuvieron formación psicoanalítica en Europa. De ahí su interés en el tema. En USA tradujeron la teoría freudiana a una terminología conductista en la línea de Hull, según Swenson (1984). Consideraban que **gran parte de la conducta humana se aprendía observando a otros**, más que por medio del ensayo o error (condicionamiento operante).

rante. Lo discutido en la primera parte de este manual acerca de tales mecanismos proporciona los elementos necesarios para entender la postura de Mowrer. Contrariamente a lo que pensaban los más importantes teóricos de su época, es decir, que todo aprendizaje era asunto de contigüidad (del tipo pavloviano) o, que todo aprendizaje se basaba en el refuerzo (al estilo de la ley del efecto de Thorndike), Mowrer propuso que existen dos factores o procesos distintos de aprendizaje: contigüidad y refuerzo. Su teoría la fue modificando a lo largo del tiempo, evolucionando a posiciones más cognitivistas.

ALGUNOS ENFOQUES TEÓRICOS SOBRE LA IMITACIÓN: SIMBOLISMO Y CONCIENCIA MORAL

Varios autores en psicología que se han ocupado de la imitación han sabido destacar –de manera ingeniosa– aspectos novedosos en que dicho mecanismo juega un papel muy particular dentro de sus respectivas teorías. Nos referiremos solo a dos, por la notable influencia que han ejercido incluso más allá de las fronteras de la psicología: **Piaget** y **Freud**.

La obra de **Piaget** constituye una base fundacional en las corrientes cognitivas. En consecuencia, las cuestiones centrales de su trabajo las mencionaremos al describir los *mecanismos cognitivos de aprendizaje*. Aquí hacemos referencia solo al punto de la imitación.

> En la teoría piagetiana la imitación es vista como uno de los pilares básicos en la **formación del símbolo**. *Símbolo* es aquello que está en lugar de otra cosa, que la re-presenta.

Quien imita **re-produce** una determinada acción del modelo, es decir, hace algo que remite a otra cosa, a la que representa. Con la **imitación**, así como ocurre con el **juego** (en que también se *re-presenta*), el niño está activamente echando las bases de su simbolismo interno. Al comparar Piaget el **juego** y la **imitación** dentro de su sistema, hace notar cómo en el primero prima el proceso de "asimilación" por sobre el de "acomodación", mientras que en la segunda ocurre lo contrario. De hecho, el niño pequeño tiene que *acomodarse* a las características que ofrece el modelo, ya que no siempre posee los esquemas que le permiten una reproducción fácil. En otros términos, para Piaget la imitación está al servicio del desarrollo de la **función semiótica**, es decir, todo aquello que dice relación con el uso de signos y símbolos, tanto en la comunicación como en la representación de la realidad y la acción del pensamiento.

En su obra *El nacimiento de la inteligencia en el niño* comenzó a utilizar en la notación de su sistema semiótico los aportes de la escuela de Saussure, padre de la lingüística contemporánea. Distinguió entre **significante** y **significado** en todo proceso de significación, desde las etapas más tempranas.

Para **Freud** la identificación es un mecanismo esencial y aparece en su sistema con diferentes denominaciones, entre ellas, *introyección, incorporación,* cumpliendo roles específicos. A diferencia de la teoría anterior, Freud destaca la dimensión dinámico-afectiva y los procesos inconscientes que la distinguen.

> En la teoría freudiana, el **Superyó** (o **conciencia moral**), deriva de los padres por identificación.

El **Superyó** se desarrolla a partir de las experiencias del **Yo** con la realidad social y con las reglas establecidas por los padres. La relación con estos es especialmente importante en la etapa preescolar, ya que en ella queda estructurada su naturaleza fundamental, a juicio de los teóricos freudianos. Las pautas de crianza, la actitud hacia las normas, su respeto o violación, sanciones y prohibiciones, etc., configuran elementos importantes para dicha estructuración.

Siendo los padres las figuras más relevantes y, al mismo tiempo, fuentes primarias, tanto de gratificaciones como de prohibiciones, las actitudes del niño hacia ellos resultan ser ambivalentes, con una mezcla de deseos de agradar y de protestar o rebelarse. En esta dinámica, el **tipo de modelos** a que está expuesto el niño no es indiferente para el desarrollo de la conciencia moral: se trata de una variable fundamental.

A fin de que el lector no familiarizado con la teoría freudiana pueda lograr una mejor comprensión de estas afirmaciones, haremos algunos alcances de sus aspectos más conocidos. Aparece por lo general explicada en tratados de psicología de la personalidad y psicoterapia, no en los libros de psicología del aprendizaje[6].

La teoría desarrollada por **Freud** a partir de las experiencias clínicas con sus pacientes, se conoce como **psicoanálisis**. Se identifica principalmente con los pro-

---

6   **Sigmund Freud** (1856-1939) neurólogo austríaco, estudió medicina en Viena. Según relata Bonin (1993), al comienzo Freud trató los padecimientos "nerviosos" con electroterapia e hipnosis. Su gran amigo Joseph Breuer, médico y filósofo, también de origen judío, le informó de su paciente "Anna O.", seudónimo de una escritora muy activa, quien enfermó a los 21 años, sufriendo parálisis transitorias, trastornos de la vista e insensibilidades, alteraciones del estado de ánimo, etc... Fue curada por Breuer a través de un método catártico, "cura por el habla", pudiendo descargar sus sentimientos y afectos reprimidos, relacionados con problemas con su padre. Esta experiencia clínica fue clave para Freud, quien comenzó a articular activamente un sistema teórico y psicoterapéutico de insospechada influencia. Sus obras son muy numerosas y ocupan varios tomos. Su hija **Anna Freud** (1895-1982), la menor de seis hermanas, es considerada la fundadora del análisis infantil. Se formó con su padre y fue su secretaria, colaboradora científica, representante en congresos y enfermera. Escribió *El yo y los mecanismos de defensa,* de enorme influencia en la tradición psicoanalítica.

cedimientos de terapia que utilizaba y, hoy en día, engloba una gran cantidad de variaciones de la terapia freudiana básica. Se le caracteriza también como psicología **profunda** y psicología **dinámica**.

Iturrate[7] explica que **psicoanálisis** debe entenderse de varias maneras:

- Como un **método terapéutico** desarrollado inicialmente por Freud para el tratamiento de las enfermedades mentales. Empleó para ello procedimientos puramente psicológicos que consisten, en última instancia, en ayudar al enfermo a revivir sus problemas psíquicos, para que él mismo pudiera darles una solución saludable y realista.

- Como un **método de investigación del inconsciente**, que permite penetrar en el campo de los fenómenos psíquicos que escapan al examen de la propia conciencia. Con este propósito se utilizan especialmente las técnicas de la interpretación de los sueños, de los actos fallidos y de la asociación libre.

- Como una **teoría psicológica**, es decir, como una determinada concepción de psiquismo humano. La vida psíquica se entiende de una manera dinámica, que se desenvuelve gracias al juego de energías que, en mutua interacción, explican la conducta humana.

Freud concibió la personalidad humana como una totalidad dinámica organizada en 3 subsistemas o instancias: el **Yo**, el **Ello** y el **Superyó**. Conforme a la concepción psicoanalítica, explica Iturrate, la vida psíquica del hombre se explica gracias a la interacción con que estas tres instancias –influyéndose mutuamente, condicionándose y aun modificándose– organizan y estructuran como un todo la realidad de nuestro psiquismo: Cuando no funcionan armoniosamente, cuando las funciones de uno de estos sistemas dificultan o impiden la eficacia del otro, la persona, interiormente desajustada, vive insatisfecha consigo misma y perturbada y no es capaz de lograr adaptarse o acomodarse a la realidad de una manera eficaz.

De manera metafórica, solo a fin de hacer gráficamente más accesible la concepción psicoanalítica, Ello, Yo y Superyó se representan como tres regiones topográficas. La **fig. 4.3**, basada en Bonin (1993), relaciona las tres **instancias** psíquicas con los **niveles** de funcionamiento psíquico relativos a la conciencia: consciente, preconsciente, e inconsciente (o subconsciente). La ilustración puede, equivocadamente, llevar a pensar que las 3 instancias constituyen entidades físicas. Se trata, en realidad, de aspectos del funcionamiento de la personalidad.

---

7 Iturrate, M. *Psicoanálisis y personalidad. Un ensayo de síntesis humana.* Cía. Gral. Fabril Editora. Buenos Aires, 1962.

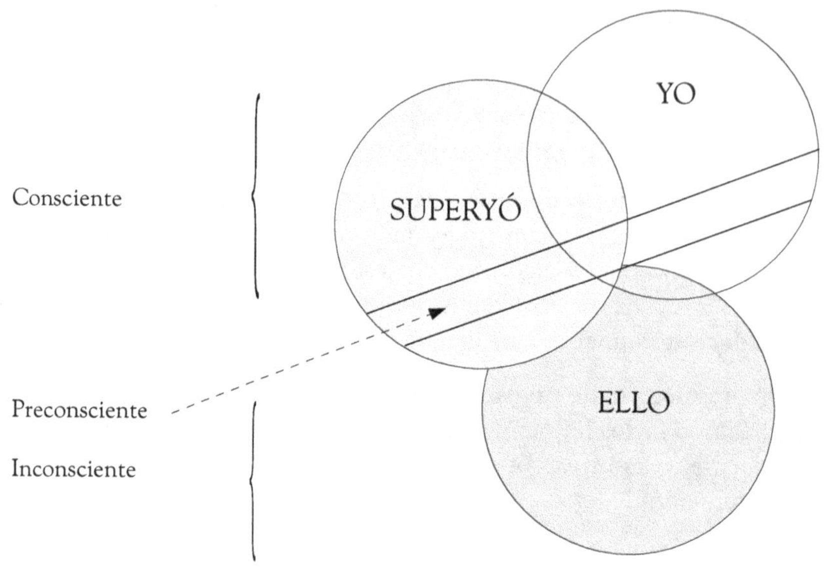

Figura 4.3

Las tres instancias psíquicas freudianas y los niveles del psiquismo relativos a la conciencia.

Consciente, preconsciente e **inconsciente** fueron concebidos en un comienzo por Freud como los subsistemas estructurales, constituyentes de la personalidad. Más adelante los incluyó solo como cualidades de los fenómenos psíquicos o niveles del psiquismo, pasando a ser **Yo, Ello** y **Superyó** los constituyentes.

- La cualidad de ser **consciente** coincide con la noción de conciencia de los filósofos, psicólogos, y del habla cotidiana. Se aplica a todo aquello de que nos ocupamos, percibimos y atendemos en un momento dado. Sentimos, pensamos y actuamos con conocimiento de lo que hacemos.

- **Preconscientes** son aquellos hechos actualmente inconscientes, pero que fácilmente se pueden traer a la conciencia.

- La cualidad de ser **inconsciente** que corresponde a un fenómeno dado, consiste en que dicho fenómeno no es actualmente percibido por el Yo, aunque hay razones suficientes para creer que existe efectivamente en el psiquismo.

Obsérvese en la figura **4.3** que el Yo y el Superyó, a diferencia del Ello, funcionan en las tres dimensiones o niveles. El "material" mental puede pasar y regresar fácilmente entre los niveles consciente y preconsciente de la mente. Una vez en el inconsciente, la persona no puede tener acceso al mismo, porque existe una suerte de "barrera" mental que impide la recuperación. La **fig. 4.4** –adaptada de Carver y Scheier (1997)– ilustra esta idea, y corresponde a la manera más aceptada dentro de la tradición psicoanalítica de concebir las relaciones entre los tres niveles.

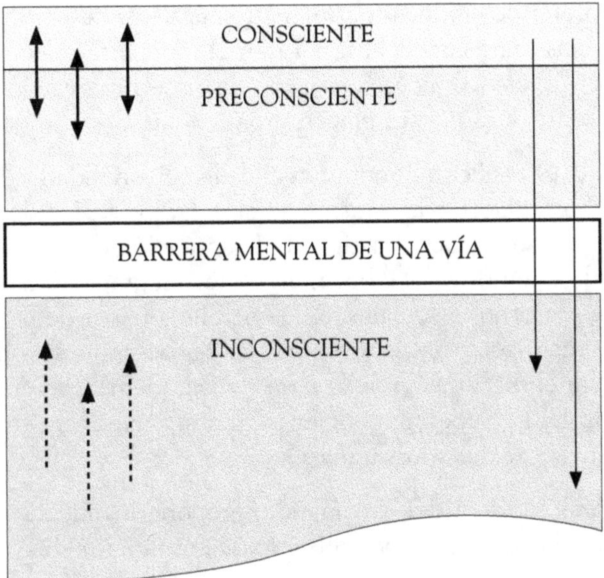

Figura 4.4

Niveles de funcionamiento mental en la teoría freudiana.

Los componentes del psiquismo, siguiendo básicamente a Feldman (1998), Iturrate (1962) y Carver & Scheier (1997), pueden ser descritos en estos términos:

- El **ELLO** es el componente original de la personalidad, la parte más primitiva, presente ya al nacer. Contiene los aspectos heredados e instintivos. Es la parte más "animal" de nuestra vida psíquica, que se manifiesta a nuestra experiencia interna solo indirectamente, en forma de impulsos y tendencias que se nos imponen y que escapan muchas veces a nuestro dominio. El Ello se rige por el *principio del placer*: la idea de que todas las necesidades deben ser satisfechas de inmediato. Freud lo describió así:

    La parte más oscura e inaccesible de nuestra personalidad; lo poco que de él sabemos lo hemos averiguado mediante el estudio de la elaboración onírica y de la producción de síntomas neuróticos... Nos aproximamos al Ello por medio de comparaciones, designándolo como un caos o como una caldera plena de hirvientes estímulos.

- El **YO** corresponde al mundo de los fenómenos de los que nos sentimos verdaderamente autores: el Yo percibe, recuerda, aprende y es el agente o ejecutor en nuestra personalidad. Como el Ello no puede manejar con eficacia la realidad objetiva, se desarrolla este segundo conjunto de funciones psíquicas, que se rige por el *principio de la realidad*: la idea de que no solo debemos considerar las necesidades y urgencias que provienen del interior, sino también, las condiciones del mundo externo.

El Yo no pretende bloquear permanentemente los deseos del Ello: busca que sus urgencias sean satisfechas, pero en el momento adecuado y de manera realista. El Yo, como ejecutor, es capaz de discernir entre lo conveniente y lo inconveniente, aunque sea placentero.

- El **SUPERYÓ** es el componente final de la personalidad y el último en desarrollarse. Su función, como instancia moral, es la de legislar, juzgar y valorar éticamente, premiando o castigando la actuación del Yo. Representa lo que se debe y lo que no se debe hacer en sociedad, gracias a la incorporación de los valores paternos y sociales. Se desarrolla a partir de las experiencias del Yo con la realidad social, entre ellas, las reglas impuestas por los padres. A su base está el mecanismo de la *introyección*, identificación con los padres y su normativa. El Superyó, conciencia moral, manda y prohíbe. Consta, en consecuencia, de dos subsistemas:

  - **Yo-ideal** (o **ideal del Yo**) manda, propone los ideales positivos, lo que hay que hacer, motiva a realizar lo que es moralmente correcto;

  - **Censor** (o **conciencia**) prohíbe, impide realizar acciones que infringen la moral y castiga con sentimientos de culpa cuando se realizan acciones prohibidas

Bonin (1993), aclarando que resultaría prácticamente imposible describir la **terapia psicoanalítica** en pocas palabras, sintetiza algunos de sus elementos esenciales en estos términos:

En el tratamiento se da por sentado que los trastornos actuales tienen su origen en la infancia temprana. Hay que sacar a la luz ese origen; se trabaja sobre el trastorno original, y la comprensión adquirida a través de la experiencia ayuda a superar el trastorno pasado. El paciente se resiste al trabajo de develación: tiene miedo; por ejemplo, teme perder un equilibrio relativo con el que se ha encariñado. La tarea del analista consiste en reconocer e interpretar esta **resistencia**; luego deberá interpretar la **transferencia**. Se llama así a la repetición de experiencias y vivencias infantiles con cierta persona, que se representan nuevamente, por ejemplo, con el analista, a quien el paciente asigna de manera inconsciente el papel de esa persona. Por último, se interpreta el **deseo** que está en el fondo del trastorno: este deseo ha sido negado y, según la teoría, los síntomas del trastorno son un arreglo intermedio para su satisfacción. La resistencia, la transferencia y el deseo son inconscientes; **el tratamiento analítico deberá hacerlos conscientes**.

Lo común es que el paciente esté recostado en un diván; el analista se sienta detrás de él, escucha, interviene pocas veces con observaciones e intenta comprender, con base en los conocimientos empíricos de su propio inconsciente, adquiridos en su propio análisis didáctico.

Freud también se ocupó de describir cómo se desarrolla la personalidad a lo largo de la niñez, en una conocida serie de etapas (*oral, anal, fálica, período de latencia, genital*) que se relacionan con alguna función biológica importante, la que se constituye en centro de placer en ese período determinado. Los tratados de psicología evolutiva se ocupan de estas cuestiones. La importancia de la secuencia reside en que las vivencias, gratas o ingratas, experimentadas en ellas se relacionarían más tarde con características de la personalidad adulta[8]. Si bien sus ideas sobre la naturaleza y el número de pulsiones o instintos fueron cambiando con el desarrollo de su teoría, distinguía al final dos instintos básicos: *eros* o instintos de vida y *tanatos*, instintos de muerte o de destrucción.

Después de estos alcances sobre la teoría psicoanalítica, al lector le resultará más comprensible la afirmación inicial de que, según Freud, "el **Superyó** (o conciencia moral) deriva de los padres por **identificación**". Una forma de identificación muy enfatizada en la teoría se relaciona con la necesidad de neutralizar la amenaza de figuras poderosas, como los propios padres, y se le ha denominado **identificación con el agresor**: se adoptan los atributos y características del modelo agresivo, con el fin de reducir el miedo al ataque[9]. También en esta teoría, se hace referencia explícita a la **identificación** como **mecanismo de defensa del yo**. Tales mecanismos (hay varios) son recursos, generados desde la dimensión **inconsciente del yo** (ver **fig. 4.5**) con los que este enfrenta las frustraciones y ansiedad o angustia consiguiente. El yo puede tratar de dominar el peligro adoptando métodos realistas y maduros, o puede aliviar la angustia –explica Hall (1992)– utilizando métodos que nieguen, falsifiquen o deformen la realidad. Muchos ejemplos ilustran la **identificación** como mecanismo defensivo: un muchacho frustrado por su carencia de aptitudes físicas, se deleita con los triunfos del equipo o del deportista con que se siente identificado. Hablar, vestirse, etc., como modelos exitosos –como los de las series televisivas– puede constituir una defensa inconsciente para algunos adolescentes frente a la frustración que le producen su inseguridad, conflictos no resueltos, limitaciones, y ansiedad consiguiente.

---

8   Una excelente síntesis sobre el desarrollo del instinto sexual y de la personalidad en el contexto de la teoría freudiana puede encontrarse en **Hall, Calvin** *Compendio de la psicología freudiana*, Paidós, Buenos Aires, 1992.

9   En la teoría psicosexual freudiana, el niño reprime sus inclinaciones sexuales (edípicas) hacia su madre y su hostilidad hacia el padre-competidor para evitar el peligro de castración. Al hacer esto, internaliza los valores paternos, haciéndose como él. Explica Lazarus (*Personality*, Prentice-Hall, 1971) que este proceso de *identificación defensiva con el agresor* (el padre del mismo sexo) es la base principal en la formación del Superyó o conciencia moral en esta teoría.

Cita también a Bettelheim (*The informed heart*, Free Press of Glencoe, N.Y.,1960) quien da impactantes ejemplos de "identificación con el agresor", en los campos de concentración nazi en la segunda guerra mundial (de algunos prisioneros con sus crueles guardianes).

Bandura (1979) da otras explicaciones para este tipo de identificación, entre ellas, la de querer **asemejarse a las personas que controlan los recursos, es decir, en términos de poder social** (y no de defensa).

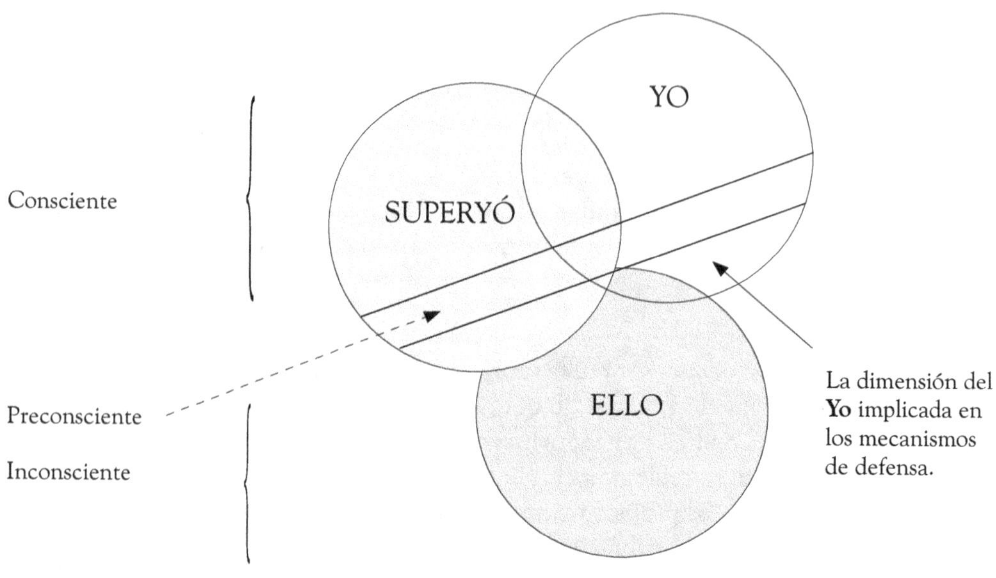

Figura 4.5

Se destaca la dimensión del Yo (el Inconsciente) implicada en los mecanismos de defensa.

IDENTIFICACIÓN Y MECANISMOS DE DEFENSA DEL YO

Completamos esta sección dedicada a Freud, con un listado de los **mecanismos de defensa**, basado en la revisión de varios autores. Constituye uno de los aportes más valorados de la teoría psicoanalítica a la ciencia psicológica y a las ciencias humanas en general[10]. Junto a la descripción de cada uno, entre los que se encuentra la *identificación*, se anota un ejemplo típico de cómo opera en la vida de las personas. No se olvide que se trata de recursos defensivos inconscientes.

El lector puede evocar otros ejemplos fruto de su experiencia personal o que resulten de lo que le ha tocado observar en las personas con que se relaciona frecuentemente.

---

10 En nuestro manual *Psicopedagogía de la diversidad en el aula* (Alfaomega, México, 2015) tratamos con mayor detalle cuestiones relativas al psicoanálisis.

MECANISMO DE DEFENSA	DESCRIPCIÓN	EJEMPLO
REPRESIÓN	El más importante. Es casi sinónimo de "defensa". La persona sumerge en el inconsciente los impulsos o pensamientos inaceptables. Es un tipo de olvido.	Una mujer es incapaz de recordar que fue violada. Podemos reprimir un hecho que afecta seriamente a otros, en que nos comportamos de manera irresponsable.
FORMACIÓN REACTIVA	Se hace énfasis en lo opuesto al impulso indeseable. El motivo verdadero, si se llegara a hacer consciente, parecería inadmisible.	La niña pequeña maneja su hostilidad hacia el nuevo hermanito con exageradas muestras de afecto. Lo mismo hacen muchos adultos entre sí.
PROYECCIÓN	Atribuimos nuestros sentimientos e inclinaciones indeseables a otros. Culpamos a los demás de nuestros propios impulsos inaceptables.	La persona siente una gran hostilidad hacia los extranjeros: son ellos "en realidad" los hostiles y agresivos. Los otros son los egoístas, los tacaños, etc.
RACIONALIZACIÓN	Se da una explicación, justificación (o excusa) "racional" para una conducta que obedece a motivos inadmisibles.	Un padre agresivo justifica la golpiza a su hijo explicando que lo hace "por su bien". Estudiantes "en toma" de su liceo destruyen el laboratorio de computación y destrozan el mobiliario: "es que nosotros creemos en la educación de calidad".
DESPLAZAMIENTO	La expresión de sentimientos y pensamientos indeseables se dirige a una persona u objeto menos temible que quien realmente los genera. Es el típico "desquitarse con el perro".	Una persona que aborrece a su jefe (o profesor) y no puede desquitarse con él, llega a la casa y riñe con su mujer (o su hermana menor) o termina pateando al perro o la puerta.
REGRESIÓN	El sujeto se comporta como si estuviera en una etapa anterior, más inmadura del desarrollo. Se utiliza una forma más primitiva e infantil de afrontamiento ante el estrés.	El niño que comienza a "hacerse pipí", a chuparse el dedo o a hablar como bebé, ante el nacimiento de su hermanito. La directora tiene "un berrinche" cuando una profesora comete un error.
NEGACIÓN	Abrumada por una realidad amenazadora, la persona inconscientemente se niega a reconocerla o aceptarla.	La mujer se niega a creer que su hijo murió y actúa como si estuviera vivo. El adolescente que se comporta como si no

	Según Anna Freud, sirve para apartar los estímulos externos desagradables.	fueran una realidad sus fracasos en el ámbito académico o social.
IDENTIFICACIÓN	Como mecanismo de defensa, consiste en enfrentar la propia inseguridad o frustraciones, sintiéndose como alguien exitoso o importante. Una forma que toma, es la "identificación con el agresor".	Actuar, vestirse o sentirse como el héroe de la teleserie. El joven debilucho o sin aptitudes físicas, se identifica con "el matador" del fútbol o un top-ten del tenis. El empleado que se identifica con los intereses de su jefe, al que detesta.
FANTASÍA	Relacionado con algunos de los anteriores, consiste en "soñar despierto" o fantasear constantemente, como única manera de resolver los conflictos, sin enfrentarlos, huyendo de ellos[11].	El joven que se imagina que es el abogado más famoso del mundo..., pero no estudia. La niña que sueña cautivará a su "príncipe azul"..., pero está siempre encerrada en su casa.
FIJACIÓN	"Quedarse" en una etapa de desarrollo psicosexual, por indulgencia excesiva o privación extrema. En sentido más amplio, no avanzar o dar el paso siguiente por temor a los riesgos. La angustia de abandonar lo viejo y familiar para enfrentar lo novedoso.	El temor y angustia de separación de muchos niños el primer día de clase o ingreso al jardín. El hombre que no concreta sus planes de matrimonio por temor a quedar definitivamente comprometido, perdiendo su libertad.
INTELECTUALIZACIÓN	Consiste en analizar la amenaza en términos fríos, analíticos y desapegados. Permite disociar los pensamientos de los sentimientos involucrados, protegiéndose así de la ansiedad.	Un hombre se siente sexualmente atraído por una compañera de trabajo: analiza de manera "indiferente", "fría", "distante", las cualidades que la hacen atractiva o en qué consiste la belleza, desde la perspectiva de un "experto".

Junto a estos mecanismos, que pueden llegar a ser maneras muy neuróticas de manejar el estrés y la angustia consiguiente –y que llevan, a la base, una suerte de autoengaño– la teoría ha descrito también maneras adaptadas de enfrentar los problemas. Forman parte del funcionamiento humano normal. Entre ellas, la *sublimación* y la *compensación*:

---

11 Obsérvese que la fantasía cumple una importante función al servicio del psiquismo y está a la base de la creatividad. Aquí su rol es escapista, desadaptativo, como mecanismo de defensa.

- **Sublimación**: en principio, satisfacción de los deseos sexuales mediante una actividad no sexual. En general, desviación de impulsos del Ello hacia conductas aprobadas por la sociedad. Es una forma aceptable de desplazamiento.

- **Compensación**: Muy relacionado con el anterior, subsanamos o remediamos deficiencias o "puntos flacos" con actividades o el desarrollo de rasgos alternativos compensatorios

Puede apreciarse que tanto **Piaget** como **Freud** han hecho hincapié en aristas novedosas del fenómeno de la imitación-identificación. Por cierto, el tratamiento demasiado elemental de lo expuesto no da cuenta de la complejidad de sus respectivas teorías, pero insinúa la relevancia del tercer mecanismo de aprendizaje implicado en el aprendizaje y desarrollo humano.

El enfoque teórico más conocido e influyente en psicología del aprendizaje en relación al tema de la imitación, avalado por una sólida base empírica, es el de **Albert Bandura**, del Departamento de Psicología de la Universidad de Stanford. Fue presidente de la American Psychological Association. Experto, además, en temas de "autoeficacia". Su alumno tesista, Richard Walters, quien falleció en un accidente, colaboró en sus primeras investigaciones [12]. Su teoría es conocida con diferentes denominaciones: teoría del *aprendizaje social, socio-cognoscitiva o socio-comportamental.*

ENFOQUE SOCIO-COMPORTAMENTAL O DEL APRENDIZAJE SOCIAL

Bandura, Walters y otros miembros de ese equipo comenzaron a llevar a cabo en la década de los años sesenta una gran cantidad de estudios e investigaciones acerca de la imitación o aprendizaje por observación, contrastando sus explicaciones con las teorías psicodinámicas (el psicoanálisis) y otros puntos de vista. Asignaron a este tipo de aprendizaje un rol fundamental en psicología.

Su enfoque **socio-comportamental** o del **aprendizaje social** se basa en aspectos importantes en la teoría conductista o 'del aprendizaje', a la que hicieron significativas contribuciones en el área de la modificación de conductas. A causa de la relevancia que dieron a elementos **mediadores internos** como condición *sine qua non* y punto de partida para entender los fenómenos relativos al *modeling*, tratadistas en el tema, como Sahakian (1980), suelen incluirlos dentro de la corriente cognitivista.

---

12 "En la época en que Richard Walters y yo empezamos nuestras investigaciones sobre aprendizaje social, la Psychological Association, ante la posibilidad de destinar a tales estudios una de sus subvenciones a la investigación, manifestó que **el modeling era un tema que carecía de importancia.** Nos dolió sobremanera aquella actitud y nos pareció paradójico que un vehículo usado de forma rutinaria por todo el mundo para transmitir, modificar y regular la conducta humana y sin el cual poca gente sobreviviría al curso azaroso de la socialización, no ocupara un lugar destacado en el Gran Consejo de la Ciencia Psicológica".
Bandura, A. *Teoría del modelado: tradiciones, tendencias y discusiones.* Citado en Sahakian (1980).

Su postura puede ser vista como "puente" entre conductismo y cognitivismo. Estos investigadores se han destacado por el gran énfasis puesto en los **aspectos sociales del aprendizaje**. Aclaran ellos mismos:

> Se hará evidente al lector que diferimos de las teorías psicodinámicas tradicionales tanto en nuestra elección de conceptos explicativos como en la de los procedimientos que recomendamos para modificar la conducta. Aunque nuestros conceptos son más cercanos a los que emplean las explicaciones previas del desarrollo de la personalidad en términos de teoría del aprendizaje, **nuestra acentuación de los aspectos sociales del aprendizaje constituye, creemos, una aportación sustancial a los enfoques usuales del aprendizaje**[13].

En lo que concierne a la imitación e identificación, complementan la postura asociacionista con elementos mediacionales **cognitivos imaginativos** y **verbales**. Resulta difícil, a su juicio, entender el aprendizaje por observación sin destacar el rol que juegan las imágenes y el lenguaje verbal en la retención y producción de patrones de conducta imitada[14]. Precisan sobre el punto:

> En otras palabras, junto al **control de estímulos** (los condicionados clásicamente y los estímulos discriminativos operantes) y al **control de las consecuencias** (estímulos reforzadores), se da el **control simbólico** (imágenes y signos lingüísticos).

Una de las funciones más importante del aprendizaje por modelos, destacan estos teóricos, es **trasmitir información al observador** –o a quien imita– respecto a **cómo pueden ser sintetizadas u organizadas las respuestas en nuevos patrones**. Incluso, el observador puede detectar y reproducir una pauta de conducta totalmente nueva para él, que no figuraba en su repertorio. Ello implica **retener** simbólicamente la conducta observada y **re-producirla** posteriormente. Permite, a su vez, **prever** las consecuencias a largo plazo de tales conductas.

Según Sahakian (1980), el aprendizaje social o 'teoría del modelado' resalta de modo especial los papeles que en el funcionamiento psicológico representan los procesos **vicario, simbólico** y **autorregulador**:

---

13   Bandura y Walters, 1979, pág. 56.

14   La obra tal vez más importante de Bandura, muy conocida por los psicólogos, es *Principles of behavior modification*, Holt, Rinehart & Winston, 1969. Su último capítulo se refiere a la importancia del simbolismo interno en la modificación de conductas. En la bibliografía al final de este libro aparecen otros trabajos de este autor. Parte importante de esta obra era de lectura obligada en el curso de psicoterapia que dictaba el notable psicólogo chileno **Sergio Yulis** en la Escuela de Psicología PUC, de la cual fue su Director. Falleció muy joven, en 1980, durante una operación en Canadá, cuando se aprestaba a volver a Chile después de varios años de ausencia. Representaba la orientación conductista y de la psicología experimental, así como **Hernán Larraín**, S.J., otra destacada figura de la psicología chilena, fallecido en 1974, representó la tradición psicoanalítica y las corrientes humanistas. Hernán Larraín fue también Director de la Escuela de Psicología de la Pontificia Universidad Católica de Chile. El autor de estas páginas debe mucho a estos sabios maestros.

> Prácticamente, **cualquier fenómeno de aprendizaje** procedente de experiencias directas puede darse de forma **vicaria** mediante la observación de la conducta de otras personas y de sus consecuencias para el observador... Un individuo puede adquirir patrones complejos de respuesta, **mediante la simple observación** de las actuaciones de modelos apropiados...

> Mientras muchas teorías de aprendizaje describen el aprendizaje y los cambios de conducta, en términos de procesos de asociaciones, es decir, juntando una y otra vez los estímulos a las respuestas, Bandura demuestra con sus investigaciones que los cambios de conducta producidos mediante condicionamiento instrumental y clásico **están mediatizados,** en gran medida, **por elementos cognoscitivos**... En muchos casos, **un sistema de auto-estimulación simbólica se interpone entre los estímulos externos y las respuestas**.

Bandura mismo (1980) reitera:

> El aprendizaje por observación tiene que ver, ante todo, con los procesos según los cuales **los observadores integran los elementos de la respuesta en nuevos patrones de conducta a nivel simbólico** y en la base de información transmitida mediante estímulos de modelado.

Todas las formas de conducta social, según esta teoría, deben explicarse no solo en términos de las situaciones-estímulo antecedentes y sus consecuencias, sino también en términos de la elaboración **simbólica interna.** Entre ellas, las características conductuales de los modelos que ha tenido el niño; las contingencias de refuerzo en su aprendizaje pasado; los métodos de entrenamiento utilizados para el desarrollo de su conducta social. Se asigna, por tanto, "un papel importantísimo" a los **mediadores de carácter representacional.** La contigüidad de estímulos es una "condición necesaria, pero no suficiente" para entender este tipo de aprendizaje (Bandura, 1980). Para el autor, la imitación o aprendizaje social juega un papel importante tanto en la adquisición de la conducta **adaptada** como de la **desviada.**

Al observar la conducta de los demás y las consecuencias de sus respuestas, el observador puede aprender respuestas nuevas o variar las características de las jerarquías de respuestas previas, **sin ejecutar por sí mismo ninguna respuesta manifiesta ni recibir ningún refuerzo directo.** Haciendo notar el peso o preponderancia del aprendizaje por observación, destacan cómo en muchas lenguas la palabra *mostrar* es la misma palabra que *enseñar*. Para muchos hablantes del español –no en Chile– *enséñamelo* es sinónimo de *muéstramelo*. Por esto hablan en términos de refuerzo **sustitutivo** o **vicario** y explican así ((Bandura y Walters, 1971) su influencia en el aprendizaje: "La observación de las **consecuencias gratificadoras** o **adversas** de las conductas de un modelo **puede afectar sustancialmente** la medida en que el observador se va a comprometer en la conducta identificatoria". El lector puede apreciar la importancia de esta constatación para la psicología educativa.

EFECTOS DEL APRENDIZAJE POR OBSERVACIÓN

Se distinguen **tres posibles efectos** de la exposición a modelos, según estos autores, de acuerdo a los datos obtenidos en sus estudios de campo y experimentación en laboratorio:

1. EFECTO DE MODELADO: el observador adquiere respuestas totalmente nuevas, que no estaban en su repertorio. En otros términos, el niño, el estudiante, el adulto… adquieren nuevas conductas por imitación. Este es el efecto que más le cuesta explicar a teorías que no dan cabida al simbolismo interno y que reducen la imitación a condicionamiento. Se aprenden tanto conductas adaptadas, pro-sociales, como desadaptadas, antisociales.

2. EFECTO INHIBITORIO O DESINHIBITORIO: el observador ajusta los límites de su propia conducta de acuerdo a lo que observa en el modelo. Aquí se trata de conductas que ya están en el repertorio del sujeto, pero que se ven normalmente inhibidas por no ser aceptadas socialmente o que han sido castigadas con anterioridad. Los niños que observan que un compañero es castigado o se ve recompensado por su conducta agresiva, tienden a disminuir o a incrementar su agresividad, de acuerdo a lo que ocurre con el modelo, ya que ello afecta también los niveles de tolerancia de la situación. En relación a este efecto, los autores utilizaron su teoría para explicar fenómenos como la delincuencia juvenil y diferentes formas de agresión[15].

3. EFECTO FACILITADOR-DESENCADENADOR: el observador ejecuta una conducta, que está en su repertorio, pero lo hace porque vio ejecutarla por el modelo. Es decir, se inicia un determinado comportamiento por los indicios que dio el modelo. Aquí se trata de conductas neutras, aceptables o, incluso, aprobadas desde el punto de vista social, las que se ven fomentadas o desencadenadas por el ejemplo que da el modelo. Al ver que algunos de sus compañeros están activamente participando en una campaña de ayuda social, un niño, a quien no se le había ocurrido hacerlo, se involucra también en ella.

   Muchas conductas que ejecutan las personas obedecen a este efecto desencadenador o facilitador de respuestas: se llevan a cabo, simplemente, porque se ve que otras personas las ejecutan. Desde algo tan simple, como solicitar el mismo plato que pidió un comensal en el restorán, hasta involucrarse en campañas de ayuda que favorecen a personas altamente necesitadas. Buena parte de la publicidad utilizada en los medios de comunicación masiva apela a este efecto: incluyen, por supuesto, modelos con determinadas características o rasgos, que los hacen atractivos, motivadores, favoreciendo la identificación con ellos.

---

15 Bandura A. & Walters R. *Adolescent aggression.* Ronald Press, 1959.
   Bandura, A. *Aggression: a social learning analysis.* Englewood Cliffs, Prentice-Hall, 1973.

En el capítulo que dedican Bandura y Walters al **papel de la imitación** en su libro *Aprendizaje social y desarrollo de la personalidad,* ilustran cada uno de estos efectos con ejemplos derivados de sus investigaciones. Muchos de sus diseños han contemplado la exhibición a niños y niñas de películas con diferentes tipos de modelos (masculinos y femeninos; agresivos y hostiles o no agresivos, etc.). Tales modelos pueden ser recompensados, castigados o no tener consecuencias especiales por su comportamiento. Los niños han tenido que enfrentar después situaciones relativamente frustrantes, en las que se puede observar, **de acuerdo a la manera como las enfrentan o resuelven,** los efectos de los modelos (y las consecuencias de sus conductas) a que estuvieron expuestos. Se trata de los aspectos más divulgados de la teoría.

Afirman los investigadores que como la mayoría de los jóvenes pasan mucho tiempo expuestos a modelos simbólicos visuales, en especial a través de la TV, tales modelos "juegan un **papel fundamental** en la conformación de la conducta y la modificación de las normas sociales, con lo que **ejercen gran influjo** sobre la conducta de los niños y adolescentes" y que "las instrucciones de los padres a los hijos sobre cómo comportarse **influyen quizá mucho menos** en su conducta social que los medios de comunicación audiovisual de masas, a menos que los padres exhiban, como modelos, una conducta en consonancia con las instrucciones que dan".

Destacan que la influencia de la conducta del modelo sobre el observador depende, en parte, de las **consecuencias de sus respuestas.** El hecho de no observar consecuencias punitivas o de escarmiento, proporcionales a la transgresión, en sujetos que cometen actos delincuenciales, incita, no solo a los mismos violadores, sino también a potenciales imitadores, a cometer también actos vandálicos o que violan seriamente los derechos de las otras personas.

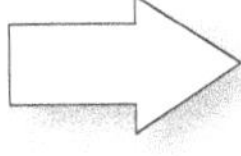

En el país nos ha tocado ver en manifestaciones estudiantiles, junto a quienes reclaman en forma digna y responsable, alumnos secundarios y universitarios que ocultan su rostro cometiendo actos vandálicos y desatinados, sin que reciban, a través de consecuencias adversas, señales claras de que así no se debe actuar.

En el condicionamiento operante, se destacó que las personas aprenden a través de las **consecuencias de sus acciones** y muchas veces de forma vicaria.

Las cualidades y otras características de los modelos influyen claramente en una potencial imitación-identificación:

Los niños que observan cómo se recompensa a un modelo agresivo muestran más agresión imitativa que los niños que ven a un modelo castigado por su agresión. De igual forma, las consecuencias de premio o castigo para un modelo que viola una prohibición, determinan hasta qué punto se imitará su transgresión...

> **Se imita con más facilidad a los modelos gratificantes, con prestigio o competentes, a los que poseen un estatus alto y a los que controlan los medios de gratificación**, que a los faltos de estas cualidades.

Los modelos utilizados en **publicidad** para inducir a los consumidores a adquirir determinados productos suelen ser personas atractivas física y psicológicamente, exitosas, y con consecuencias gratificantes asociadas a la utilización del producto que exhiben: cierto tipo de champú o desodorante, algún yogurt o bebida *light*, etc. Lo mismo ocurría hace años para promover marcas de cigarrillos o bebidas alcohólicas: el lector puede constatar cómo ha cambiado el tratamiento publicitario de estos productos. Son importantes también las **características de los observadores** mismos para determinar hasta qué punto se comprometerán a imitar: "por ejemplo, el grado en que se les ha recompensado o castigado por la docilidad de su conducta".

Los autores encontraron que "los **padres de niños inhibidos** eran, en general, **más inhibidos y controlados en su conducta que los padres de los niños agresivos**, que eran relativamente expresivos y a veces impulsivos". Las conductas de **dependencia y retraimiento**, así como las conductas **agresivas**, las **pautas de respuestas antisociales** e incluso la **ansiedad sexual**[16] de los padres, inciden, a través del mecanismo de la imitación, en las características de personalidad, actitudes y conductas de los hijos.

Otro punto de interés dice relación con las **distorsiones del modelo**. Por ejemplo, en la familia la madre puede presentar al padre (o viceversa) como modelo "bajo una luz falsa": como persona de éxito, estatus, etc., cuando, en realidad, no lo es; o, por el contrario, uno de ellos desvaloriza deliberadamente el éxito o estatus social del otro. Esto puede producir **pautas desviadas de respuesta**, ya que **contradicciones** de este tipo se dan en muchas familias. Según los autores: *Más tarde, los niños descubren que, en términos generales, los adultos no se comportan de una forma tan adaptada y socialmente positiva como se les había hecho creer.*

SUBPROCESOS DEL MODELING

Comenta Sahakian (1980) que, según la teoría de Bandura, los fenómenos de modelado implican **cuatro subprocesos** estrechamente relacionados. La adecuada reproducción de las conductas del modelo, en especial si son complejas, exige un cierto nivel de participación de cada uno de ellos. Son variables importantes a ser tenidas en cuenta por los educadores, por ejemplo, en las situaciones didácticas:

---

16 El capítulo que se está comentando incluye interesantes observaciones que comparan las oportunidades de **imitación de la conducta sexual** en la sociedad norteamericana de esos años con otras culturas.
La observación directa de conductas sexuales actualmente en TV –antes solo insinuadas– ha marcado un cambio estos últimos años, cuyas consecuencias son objeto de estudio. El acceso fácil a la web, por otra parte, y la llamada *ciberpornografía* son temas que preocupan a padres y educadores.

1. PROCESOS DE ATENCIÓN: la simple exposición al modelo –o "contigüidad del estímulo"– no garantiza el aprendizaje por imitación. *Puede suceder que un observador no adquiera una conducta de réplica a nivel de registro sensorial por no prestar atención, reconocer o diferenciar las características distintivas de las respuestas del modelo.* El profesor deberá considerar esta variable al momento de evaluar el desempeño de sus alumnos cuando deban adquirir por imitación una determinada destreza: artística, deportiva, lingüística, utilización de una fórmula, manejo de un instrumento en el laboratorio. Si el alumno no atiende suficientemente a la complejidad de la conducta que está observando, no estará en condiciones de reproducirla. *La contigüidad del estímulo debe ser acompañada de observación discriminativa, a fin de lograr un aprendizaje.*

2. PROCESOS DE RETENCIÓN: a fin de reproducir los hechos modelados sin la presencia del modelo el imitador debe retener simbólicamente lo que asimiló mediante la observación. Entre las variables que destaca el autor, están las "operaciones de repetición": el nivel de aprendizaje por observación puede mejorar considerablemente con la práctica o repetición manifiesta de las secuencias de respuesta, o con la *repetición encubierta* cuando la primera no es posible.

   Más importantes son aún los "códigos simbólicos" para facilitar la retención a largo plazo, es decir, las imágenes (o sistema de representación *imaginal*) y las claves verbales (o código lingüístico). Tanto las imágenes como la codificación verbal de los hechos observados son poderosas herramientas al servicio del aprendizaje y la retención en el ser humano. Bandura da cuenta de algunas experiencias que llevó a cabo que demuestran cómo el uso de claves verbales (verbalizaciones o breves descripciones de las secuencias de conductas a imitar) o el uso de imágenes visuales, favorecen la observación y posterior recuperación de complejas series de conductas aprendidas por observación. Cuando el lenguaje permite, entonces, codificar la conducta o pautas de conducta del modelo –lo que ocurre frecuentemente en situaciones humanas de modeling– el aprendizaje puede ser más rápido y duradero. Todo esto adquiere enorme importancia en las situaciones didácticas, debiendo ser tenido muy en cuenta por educadores y psicopedagogos.

3. PROCESOS DE REPRODUCCIÓN MOTORA: las representaciones simbólicas juegan un rol fundamental para este tipo de aprendizaje, como se señaló en el punto inmediatamente anterior. Pero, tanto el ritmo como el nivel de aprendizaje por observación, según el autor, dependen –a nivel de ejecución motriz– de la disponibilidad de componentes necesarios para las respuestas. *En muchos casos, los patrones de respuesta modelada han sido adquiridos y retenidos en forma de representaciones; sin embargo, no pueden ser reproducidos debido a limitaciones de orden físico.* La reproducción de destrezas motoras complejas, que exigen altos niveles de coordinación y para las cuales el imitador no está especialmente dotado, no resultan fáciles. Imitar a un tenista "top-ten", a un cantante de moda o a un hablante nativo de

otra lengua, supone especiales desafíos para el imitador en cada una de esas áreas, en las que difícilmente puede utilizar con la solvencia requerida los "procesos de reproducción motora". Otro aspecto fundamental a ser tenido en cuenta en las situaciones didácticas.

4. PROCESOS MOTIVACIONALES Y DE REFUERZO: a los requisitos anteriores se deben agregar incentivos positivos para que el aprendizaje por observación pueda ocurrir con más facilidad. Con las sanciones negativas, como ya se adelantó, ocurre lo contrario. A diferencia de las teorías convencionales sobre el refuerzo, que se han centrado en el control de las conductas a través de sus consecuencias externas, *según la teoría del aprendizaje social, la conducta no se mantiene solo mediante los resultados que se experimentan directamente y que proceden de fuentes externas, sino también mediante refuerzo vicario y mediante autorrefuerzo.*

Los 4 procesos descritos son importantes al momento de evaluar el aprendizaje por observación, ya que interactúan entre sí y se potencian mutuamente. Si uno de ellos falla (atención, codificación, reproducción motriz o motivación), el aprendizaje no se dará de la manera esperada. En el marco de las demandas de aprendizaje y "desempeño complejo" que se plantean actualmente, y que se concretan en nociones como *competencias* y *estándares* –tanto en la formación de los docentes como en su desempeño profesional en el aula– el aprendizaje por observación adquiere una decisiva importancia. Puede apreciarse, de acuerdo a lo revisado hasta aquí, que no es suficiente que el maestro *modele* determinadas habilidades para que el alumno sin más las adquiera.

ALGUNAS VARIABLES SIGNIFICATIVAS

La simple presencia de otros no garantiza necesariamente la imitación, pese a que, tanto en la escuela como en la familia, con frecuencia maestros y padres proponen como modelos a niños o jóvenes más aventajados, ordenados, estudiosos, etc. Para muchos potenciales imitadores –que justamente no se distinguen en esos encomiables aspectos– esa insistente referencia a hermanos o niños "modelos" resulta las más de las veces contraproducente. Es posible que no se identifiquen con ellos, pero acaso lo hagan con otros que no gozan, precisamente, de la simpatía o aprobación de padres y profesores...

Como lo han hecho notar Bandura y equipo, pero también otros estudiosos de la conducta humana, es preciso atender a tres grupos de factores que concentran variables significativas que inciden en el aprendizaje por observación:

1. CARACTERÍSTICAS DEL MODELO. Entre las variables más decisivas se cuentan: prestigio, competencia, experiencia, status, edad, sexo, amabilidad y, en general, rasgos de personalidad valorados socialmente. Los niños tienden a identificarse mejor con padres afectuosos (reforzadores), lo que

atrae aún más sus cuidados, afectos y atención. Ello, a su vez, acentúa los procesos identificatorios. Los niños que no se identifican con sus padres, en cambio, en rasgos considerados como valiosos, tienden a reducir su afecto y atención, dándose un distanciamiento. El padre y la madre (o quienes cumplen tales roles) son figuras importantes de identificación de sexo o género[17] para niños y niñas, respectivamente. En todo caso, en los rasgos que definen lo "masculino" y "femenino" hay un peso significativo de variables culturales. Para características no ligadas a un determinado sexo (sentido del humor, entusiasmo, actitud al trabajo, hobbies...) los niños se identifican indistintamente con uno u otro de los progenitores. Aparte de los padres y otros adultos significativos para los niños, hay importantes fenómenos de identificación con hermanos, pares, etc. Son conocidos también los fenómenos relativos a identificación grupal, ideológica, cultural, racial, acerca de los cuales se puede profundizar en los tratados de psicología social.

Para el observador tienen más peso e influencia los modelos reales que los simbólicos y, entre estos, los más semejantes o próximos, pero que reúnen características positivas. El niño se identificará mejor con otros niños que ve en TV, que con dibujos animados.

2. CARACTERÍSTICAS DEL OBSERVADOR. Sexo, edad, características de personalidad (necesidad de dependencia, motivo de logro, sociabilidad o retraimiento, dominancia o sumisión, conformismo, estabilidad emocional o inestabilidad) son todas variables —en este caso, características del observador— que inciden en la imitación e identificación. Las diferencias individuales han sido importantes para ver la reacción de las personas frente a los medios: la "audiencia" no es una masa homogénea víctima de la publicidad y del poder de los medios, como pensaron algunos. Cada persona tiene características que la hacen diferente a otra, por lo tanto, su conducta podrá ser

---

17 En su informe del 19 de mayo de 2004, la **Real Academia Española** señala que en español no existe la tradición de uso de la palabra **género** como sinónimo de **sexo**. Para la RAE las palabras tienen **género** (y no sexo), mientras que los seres vivos tienen **sexo** (y no género).
La palabra género tiene, en español, los sentidos generales de "conjunto de seres establecido en función de características comunes" y "clase o tipo". Ejemplo: *Hemos clasificado sus obras por géneros; Ese género de vida puede ser pernicioso para la salud*. En gramática significa "propiedad de los sustantivos y de algunos pronombres por la cual se clasifican en masculinos, femeninos y, en algunas lenguas, también en neutros".
En inglés se documenta desde antiguo el uso traslaticio de **gender** (también usado como género gramatical) como sinónimo de **sex**, "sin duda nacido del empeño puritano de evitar ese vocablo". Con el auge de los estudios feministas, en los años sesenta del siglo XX se comenzó a utilizar en el mundo anglosajón el término **gender** con el sentido de sexo de un ser humano, desde el punto de vista específico de las diferencias sociales y culturales, en oposición a las biológicas, existentes entre hombres y mujeres. Es muy importante, apunta la RAE, tener en cuenta que **en la tradición cultural española** la palabra "sexo" **no reduce su sentido al aspecto meramente biológico**.
En concreto, la RAE propone que el proyecto que el Gobierno de España iba a presentar a la fecha como "Ley integral contra la violencia de género", debiera llevar por nombre: "Ley integral contra la violencia doméstica o **por razón de sexo**".

diferente, dependiendo de su personalidad. Resulta interesante la siguiente observación de Bandura (1977):

> Las personas de temperamento sumiso, las que se excitan emocionalmente, carecen de seguridad en sí mismas o creen que se parecen al modelo en algunos atributos, son especialmente inclinadas a imitar a modelos que triunfan.

3. RESULTADOS DE LA CONDUCTA A IMITAR. La influencia del modelo depende, en buena parte, de las consecuencias de sus conductas, por eso se tiende a imitar a personas exitosas, competentes, etc. Las campañas publicitarias y los comerciales destinados a desincentivar conductas negativas (consumo de drogas, conducción bajo los efectos del alcohol, etc.), destacan las consecuencias desastrosas de tales prácticas. Por el contrario, el uso de tal o cual champú, desodorante, perfume, yogur dietético, bebida, etc., van asociados a atractivo personal y éxito en todo orden de cosas: salud, belleza, seguridad, atracción sobre el otro sexo.

Importantes aspectos del desarrollo –incluidos sus problemas o desajustes– como los concernientes al juicio y conducta moral, motivación de logro, conducta sexual, manejo de la agresión, rasgos de apego, dependencia o independencia, etc. pueden ser vistos a la luz del **aprendizaje social,** en el que cobran especial relevancia los modelos a que ha estado o está expuesto el sujeto. Llama la atención que revisados todos los últimos números de la Revista *Psyké* de la Escuela de Psicología de la PUC, hasta el 2013, no había ningún trabajo que se centrara en la temática de la imitación e identificación.

LOS GESTOS QUE ACOMPAÑAN LA INSTRUCCIÓN

Se ha constatado que cuando el profesor acompaña con **gestos** las instrucciones orales, resulta más efectiva la enseñanza. A esto obedece que con frecuencia sean utilizados en los contextos didácticos. Los niños se benefician ampliamente cuando se usan adecuada y oportunamente, ya que les ayudan a comprender mejor la información trasmitida. El impacto puede ser aún mayor si el maestro anima a sus alumnos a acompañar lo que aprenden con sus propios gestos.

En tareas de imitación, los niños típicamente aprenden a reproducir las conductas ejecutadas por el modelo: conductas sin algún objetivo manifiesto, pero también conductas que cumplen objetivos bien determinados, de las que puede sacarse un buen partido. El Programa de Investigación en Educación PIE de la Universidad de Chile organizó el 2007 el Simposio Internacional *Educación Temprana y Desarrollo Cerebral.* Entre los diversos temas expuestos por especialistas en el marco de los avances en ciencias cognitivas y neurociencias y sus aplicaciones a la educación, se incluyó un trabajo sobre el punto. Susan Goldin-Meadow, Universidad de Chicago, EEUU, en la ponencia *Usando las manos para enseñar y aprender*, explicó que se instruyó a niños de tercero y cuarto básico, entre otras tareas, en equivalencias matemáticas, con gestos o sin ellos. Un profesor de matemática puede hacer uso de una serie de gestos que acompañan la solución correcta de un problema. En uno del tipo $7 + 6 + 3 = \_\_\_ + 3$, frente al espacio en blanco el gesto de "agrupamiento" $7+6$ al ir señalando los diferentes elementos, ayuda a la tarea si el niño entiende la idea. No basta que los niños reproduzcan los gestos: tienen que entender qué representan. Si entienden el significado trasmitido por el gesto, reproducirlo por iniciativa propia facilitará el propio aprendizaje y la solución de problemas.

La hipótesis que quiso poner a prueba la investigadora es que los gestos, más allá de reflejar el conocimiento y la comprensión, juegan también un rol importante en la creación de nuevo conocimiento. En una situación experimental muy bien controlada, los niños fueron asignados aleatoriamente a diferentes grupos: (a) Instrucción oral sola. (b) Instrucción oral, instando a los niños a imitar oralmente. (c) Instrucción oral + gestos, sin estimular la imitación. (d) Instrucción oral + gestos, estimulando imitar oralmente. (e) Instrucción oral + gestos, estimulando la imitación oral y gestual. Se comprobaron las hipótesis de trabajo. Resultó **significativamente más probable** que a los niños a los que se les enseñaron estrategias para resolver problemas **acompañadas de gestos**, reprodujeran esas estrategias con sus propios gestos con éxito en la resolución no solo durante el mismo período de instrucción, sino también en la situación de post-test[18].

APRENDIZAJE SOCIAL Y CONDUCTAS DELICTIVAS

El tema de la **delincuencia juvenil** ha ocupado el interés de sociólogos, educadores, médicos, psicólogos, etc., cada uno con su particular y valiosa perspectiva. Por cierto, no sido ajeno a los teóricos del *modeling*. Clarizio y McCoy (1981) afirmaban a este respecto que

> La **teoría del aprendizaje social** difiere de las teorías psicológicas tradicionales en que no se considera que el individuo esté impulsado por fuerzas psicológicas internas ni que esté impotente ante las circunstancias externas. En lugar de ello, **las actividades delictivas, como otras formas de conducta social, se consideran según una interacción continua y recíproca entre la conducta y las circunstancias que la controlan**.

Lo anterior lo aclaran precisando que, si bien el ambiente influye en la conducta de la persona, también la persona tiene influencia sobre el ambiente. Siguiendo fundamentalmente a Bandura[19], consideran cruciales estos puntos en relación al tema:

---

18 Wagner Cook, S. & Goldin-Meadow, S. The role of gesture in learning: Do children use their hands to change their minds? University of Chicago. *Journal of Cognition and Development*, 7 (2), 211-232. 2006.
19 Bandura A. & Walters R. *Adolescent aggression*. Ronald Press, 1959.
Bandura, A. *Aggression: a social learning analysis*. Englewood Cliffs, Prentice-Hall, 1973.

- Las conductas delictivas se aprenden mediante la **experiencia directa** y mediante la **observación de la conducta** de otros. Aquí se aplican los mismos principios analizados anteriormente, acerca de los factores que influyen en el *modeling*.

- Las conductas delictivas se ven reguladas y mantenidas por:

Estímulos ambientales, tales como factores temporales, sociales y de situación, que indican que las condiciones son apropiadas para violar alguna ley.

Instigaciones verbales o la **observación** de los actos de otros cometiendo los delitos.

Retroalimentación: por las consecuencias reforzadoras de las propias acciones. Los autores aluden a tres tipos de consecuencias de refuerzo:

1. Las del grupo: *Le diste una buena paliza.*

2. Autorrecompensa: *Me sentí muy bien al darle una paliza a ese grandote.*

3. Recompensas vicarias: *Me siento muy excitado al ver que asaltan a ese compadre.*

Los investigadores dicen que la delincuencia florece "**cuando se valoran las conductas de violación de normas, existen modelos de delincuentes que han tenido éxito y se recompensan las acciones delictivas**".

- El **control cognoscitivo** es básico para comprender comportamiento. La conducta delictiva no es predecible exclusivamente a partir de fuentes externas de información (estímulos discriminativos y reforzadores). Hay que tratar de conocer las **fantasías**, **creencias** y **actitudes** instigadoras de conductas antisociales.

Los teóricos del aprendizaje social están a favor de una serie de procedimientos para tratar la conducta delictiva. Aparte del **modelado** (promoviendo el contacto con quienes no se comportan de manera delictiva), están a favor de:

- La reducción de las condiciones sociales adversas que fomentan la delincuencia[20].

- La educación y el desarrollo de competencias que habiliten realmente a enfrentar los desafíos.

- El uso de recompensas alternativas sanas, ofreciendo mejores oportunidades.

---

20 Chile es el país con mayor desigualdad social de las 34 naciones miembros de la Organización para la Cooperación y el Desarrollo Económico (OCDE), según el informe presentado por la agrupación internacional (diciembre de 2011). El segundo en la lista de inequidad social es México, donde la diferencia de ingresos entre ricos y pobres es de 26 veces. En Chile, los ingresos del 10% más rico de la población superan 27 veces al 10% más pobre. Afortunadamente, se han hecho los últimos años serios esfuerzos por disminuir esta brecha tan inaceptable.

Se trata de puntos que llaman a la reflexión –y a una intensa labor pedagógica– al apreciar la alta incidencia de delincuencia que se observa en nuestro país. Por cierto, hay variables que escapan ampliamente a lo que puede hacer la escuela.

MODELOS Y MEDIOS DE COMUNICACIÓN

Finalmente, y como conclusión acerca de la importancia del aprendizaje por observación, derivada de todo lo expuesto anteriormente, resulta de interés hacer ver cómo el uso y abuso que se hace del *modeling* y de técnicas basadas en el *condicionamiento* en los medios de comunicación, en especial en televisión, plantea un serio desafío a padres y educadores. Desde la perspectiva del aporte positivo que pueden hacer al desarrollo personal y social –en lo que dice relación con este mecanismo de aprendizaje a través de campañas de ayuda social y de fomento de actitudes positivas– constituyen una **valiosa herramienta** al servicio de valores y principios que deben iluminar y regular la vida en sociedad.

En atención a la cantidad de horas que dedican muchos niños a un medio que les resulta tan atractivo, a la influencia que ejerce en ellos, y a que no siempre se proponen modelos positivos, pro-sociales y que contribuyan al crecimiento personal, se hace necesaria una participación más activa de padres y maestros, para que sus hijos o alumnos asuman una **actitud crítica, madura y menos condescendiente** frente a los que se les entrega. Entre los reproches de que han sido objeto algunos comerciales:

- Perpetúan determinados estereotipos en relación al rol del hombre y la mujer en la sociedad: esta última asociada a labores domésticas y condiciones de dependencia; aquél, a cargos directivos, liderazgo y mayor independencia.

- Trasmiten veladamente prejuicios étnicos relativos a lo que es la belleza, el status y roles sociales.

- Hacen creer que la felicidad, el éxito personal y social (como la aceptación grupal para los adolescentes) dependen de determinadas marcas de ropa, artefactos o modelos de automóviles.

- Dan a entender de que el valor como persona se mide por lo que se posee, etc.

Tomar conciencia de aspectos como los recién mencionados, asumiendo una **actitud crítica, no conformista** frente a ellos, enseña al niño (y a personas mayores) a no dejarse llevar pasivamente por lo que se ofrece de manera tan atractiva. Por otra parte, el **modelamiento de la agresión** y el problema de la violencia en los medios de comunicación es un tema particularmente delicado, a juicio de Carver y Scheier (1997), dada la elevada tasa de violencia que se presenta en la televisión y en las películas[21]. Entre otros efectos,

---

21   Los autores citan una estimación hecha ya en 1982 por el Instituto de USA de Salud Mental: al llegar a la edad

> La observación de la violencia que es permitida, condonada o incluso recompensada por los demás, promueve la creencia de que **la agresión es una forma apropiada de resolver los conflictos o desacuerdos**. El reforzamiento vicario incrementa así la probabilidad de que los observadores utilicen esas tácticas en sus propias acciones.

Los autores analizan la justificación de que los "malos" en la TV y en las historias fílmicas son castigados por sus fechorías. En primer lugar, dicen, el castigo se suele presentar al final de la historia, *después de que la agresión ya ha recibido una gran cantidad de reforzamiento a corto plazo*. Segundo, las acciones de los "buenos" son *tan agresivas como las de los malos, y esas acciones son muy reforzadas*. Así, independientemente de si el "malo" es castigado, se da un claro mensaje de que **la agresión es una buena forma de resolver problemas**.

Otro fenómeno importante del que dan cuenta es el hecho de que **la exposición repetida a la violencia desensibiliza a los observadores de las implicaciones del sufrimiento human**o. *La conmoción y la molestia que la mayoría de la gente asociaría con los actos de extrema violencia se extinguen gracias a las presentaciones repetidas de los estímulos violentos*[22]. En apoyo de esta hipótesis citan varios estudios que tienden a confirmarla, demostrando que ver violencia en TV hace a las personas menos sensibles a la violencia en la vida real. El proceso tiene consecuencias potenciales a largo plazo que son profundamente preocupantes, explican Carver y Scheier, y concluyen que

> Conforme se van extinguiendo las respuestas emocionales de la gente a la violencia, **ser víctimas (o victimarios) llega a verse como una parte normal de la vida**. Resulta difícil estudiar en toda su amplitud los efectos de semejante proceso, pero son lo bastante penetrantes como para que constituyan una amenaza real para la sociedad[23].

Otro dato de interés a ser tenido en cuenta en especial por publicistas y auspiciadores, es que la violencia en TV **perjudica la memoria de los mensajes trasmitidos**

---

escolar promedio, los niños ya habían visto 18.000 asesinatos; en 1992, la estimación era de ¡33.000, para la edad de 16 años!

En Chile actualmente la programación de canales por cable trae una desproporcionada cantidad de series y películas violentas.

22 En su trabajo, Carver y Scheier hacen referencia a las palabras del jefe de policía de la ciudad de Washington en 1991, citadas por un famoso columnista:

Cuando hablo con los jóvenes que han participado en actos de violencia, me parece evidente que no sienten remordimiento... ni piensan que lo que hicieron sea moralmente malo.

23 En el país, hemos sido testigos de los extremos a que pueden llegar la violencia, la crueldad y las violaciones a los derechos más elementales de las personas. Por otra parte, informaciones recientes aparecidas en la prensa los últimos años dan cuenta de que, en promedio, la edad de quienes caen en la delincuencia es mucho menor que en la década anterior. También hemos sido impactados estos últimos años por asesinatos cometidos por menores de edad y en algunos de los cuales las víctimas han sido, a su vez, niños y jóvenes. Se han dado a conocer también numerosos hechos de violencia en los mismos establecimientos educacionales.

por los comerciales. Un estudio llevado a cabo en la Iowa State University por B. Bushman, figura de renombre en USA por sus trabajos acerca de los efectos de la violencia en los medios, reveló que, contrariamente a lo que se piensa, el **recuerdo de los comerciales en TV es mucho menor** en los programas con contenido violento y en los con contenido sexual. El estudio se llevó a cabo con 324 hombres y mujeres de edades comprendidas entre 18 y 54 años, quienes fueron distribuidos aleatoriamente en grupos que debían observar programas, ya sea de contenido violento, de contenido sexual explícito o contenido "neutro". Inmediatamente después de vistos, y también 24 horas más tarde, se les preguntó a los participantes acerca de las marcas y artículos publicitados. Los resultados mostraron mejores logros en memoria (39% de ventaja) en las personas que vieron los comerciales dentro de los programas neutros. A la pregunta, ¿venden, realmente, el sexo y la violencia?, Bushman responde que los programas de TV libres de sexo y violencia constituyen una mejor apuesta para publicistas y empresarios[24]. Lo anterior da cuenta de lo absorbentes que pueden resultar para muchos tele-espectadores programas con contenidos de naturaleza violenta y sexual.

A MODO DE ENTRETENCIÓN

A. Marque la alternativa **correcta** o **la que mejor** completa la idea del enunciado:

1. Cuando se aprende a reaccionar de manera diferente ante estímulos muy parecidos, que se confundían, pero en los cuales se logra identificar rasgos sutiles que marcan diferencias, ha ocurrido el fenómeno de la

   a   Discriminación
   b   Generalización
   c   Recuperación espontánea
   d   Acomodación

2. La observación de las consecuencias gratificadoras o negativas de la conducta de un modelo, puede afectar sustancialmente la medida en que el observador se va a comprometer imitándolo. Esto es lo esencial en

   a   Condicionamiento pavloviano
   b   Aprendizaje o refuerzo "vicario"
   c   Modelamiento (shaping)
   d   Refuerzo negativo

---

24 Se recomienda visitar http://www.pax.tv/researchfindings/ para saber algo más acerca de este estudio y de artículos sobre la materia del psicólogo **Brad Bushman**, o también visitar el sitio: http://www.iastate.edu/news/releases/

3. Piaget al referirse a la imitación destaca su importancia:

    a   En el desarrollo de la función simbólica
    b   En la estructuración del Superyó
    c   Como mecanismo de defensa del Yo
    d   a, b y c

4. Condiciones importantes en el aprendizaje por observación , aparte de las variables motivacionales y de refuerzo, son:

    a   Los procesos atencionales y de retención
    b   Los procesos de inferencia deductiva
    c   Los procesos de reproducción motora
    d   a y c

5. La reproducción de conductas, actitudes y , aparentemente, los valores de otro, a fin de obtener una reacción favorable suya, corresponde a:

    a   Identificación por internalización
    b   Identificación proyectiva
    c   Identificación por condescendencia
    d   Identificación por incorporación

6. Para Bandura y equipo, en el aprendizaje por observación –junto al control de los estímulos y al control de las consecuencias– se da también, jugando un rol decisivo:

    a   El control emocional
    b   El control simbólico (basado en imágenes y signos lingüísticos)
    c   El control de la voluntad
    d   a, b y c

7. Aparte de las características del modelo y de las características del observador, en lo que dice relación con el éxito en el modeling, juegan un papel decisivo, según el enfoque socio-comportamental:

    a   Las consecuencias que ha tenido para el modelo la conducta que se pretende imitar
    b   La "lógica interna" de dicha conducta
    c   La valoración social del "buen ejemplo"
    d   b y c

8. Las conductas delictivas, de acuerdo a la teoría del aprendizaje social, se aprenden mediante la experiencia directa y también mediante la observación de las conductas de otros. Tales conductas se ven reguladas y mantenidas por:

    a   Estímulos ambientales (temporales, sociales, situacionales...) e instigaciones verbales
    b   Las consecuencias reforzadoras de las propias acciones (retro-alimentación)
    c   El control cognoscitivo (fantasías, creencias...)
    d   a, b y c

9. Bandura interpreta el fenómeno psicoanalítico de "identificación con el agresor" como una adopción, por parte del imitador, de las características del modelo agresivo:

   a   Con el fin de reducir el miedo al ataque, congraciándose con él
   b   En términos de poder social: asemejándose a quien controla los recursos
   c   Como un simple condicionamiento regulado por las consecuencias
   d   Cumpliendo el rol más decisivo en la estructuración del Superyó

10. Mecanismo de defensa que consiste en analizar la amenaza en términos fríos, analíticos y desapegados. Permite disociar los pensamientos de los sentimientos involucrados, protegiéndose así de la ansiedad. Se trata de la:

   a   Racionalización
   b   Formación reactiva
   c   Intelectualización
   d   Desplazamiento

B. En Chile, los ingresos del 10% más rico de la población llegaron a superar 27 veces al 10% más pobre. Reflexione sobre cómo el país debe implementar las medidas que ayudan a revertir esta situación:

1. La reducción de las condiciones sociales adversas que fomentan la delincuencia.

2. La educación y el desarrollo de competencias que habiliten realmente a enfrentar los desafíos.

3. El uso de recompensas alternativas sanas, ofreciendo mejores oportunidades.

Respuestas a las alternativas: 1a, 2b, 3a, 4d, 5c, 6b, 7a, 8d, 9b, 10 c.

Capítulo 5

MECANISMOS COGNITIVOS DE APRENDIZAJE

Primera Parte

Temas del capítulo

Mecanismos cognitivos y aprendizaje • Cognición • Cognición y psicología cognitiva • Etapas o aspectos de la cognición • Conocimiento intelectual, pensamiento e inteligencia • Lenguaje y cognición • Los afectos y las funciones intelectuales • El ciclo perceptual o del conocimiento • Asimilación y acomodación • Etapas en el aprendizaje y niveles de la memoria

La **razón**, mediante la cual nos diferenciamos de los brutos,
por medio de la cual podemos **conjeturar, argumentar, rebatir, discutir,
conducir a término** y **formular conclusiones**, es –por cierto– común a todos,
diferente por preparación, pero igual en cuanto facultad de aprender.

(Cicerón. *De Legibus*, I, 10,30.
En Abbagnano, N. *Diccionario de Filosofía*).

MECANISMOS COGNITIVOS Y APRENDIZAJE

Las personas no solo aprenden condicionándose o imitando las conductas de otros, como hemos visto hasta aquí. Si bien, cuando se utilizan mecanismos de esa naturaleza suelen intervenir también fenómenos de índole cognitiva –se acaba de ver en la imitación– en algunas ocasiones esta intervención no es tan explícita. De hecho, alguien puede aprender algo nuevo sin percatarse siquiera de haberse condicionado o de estar reproduciendo patrones de conducta observados en otras personas. A causa de esto, los mecanismos ya examinados posibilitan ser utilizados con facilidad como medios de manipulación o control de las personas, al servicio de variados propósitos. En los que pasamos a describir a continuación, en cambio, en que el sujeto internamente debe asumir un rol más activo en su aprender, juegan un papel decisivo fenómenos tales como la percepción consciente, las imágenes mentales o representaciones y, de manera muy especial, el pensamiento en sus diferentes formas y manifestaciones.

Esto no quiere decir que las personas puedan estar libres de todo tipo de manipulación cuando utilizan la razón o ponen en juego sus mecanismos cognitivos: la psicología social, el análisis crítico del discurso llevado a cabo por lingüistas, la sociología, etc., han documentado ampliamente cómo el lenguaje oral y escrito, el acceso preferencial al discurso público a través de los medios de comunicación, etc., pueden ser poderosos medios de poder y de control ideológico constituyéndose en herramientas de persuasión y manipulación, justificándose aparentemente en argumentos que apelan, justamente, a los mecanismos cognitivos. Sin embargo, estos mismos mecanismos proporcionan los medios para evaluar críticamente tales influencias. Recuérdese que en este manual la palabra *mecanismo*, que admite varias acepciones en los diccionarios de la lengua, se entiende como *proceso, sucesión de fases, o modo de suceder o desarrollarse algo*. El sentido original del término,"conjunto de las partes de una máquina en su disposición adecuada" o "estructura de un cuerpo natural o artificial, y combinación de sus partes constitutivas", según el diccionario de la RAE, debe entenderse aquí de manera metafórica.

Cuando se habla de *insight* (traducido a veces como *invisión*) o **discernimiento repentino, comprensión, razonamiento, re-estructuración cognoscitiva, cambio conceptual, toma de conciencia, captación de relaciones significativas, pensamiento reflexivo, pensamiento de calidad, aprendizaje profundo, aprendizaje significativo, aprendizaje auto–regulado, aprendizaje inteligente, construcción del conocimiento, metacognición, resolución de problemas, toma de decisiones,** etc., se está haciendo referencia a fenómenos o experiencias en que se expresan los mecanismos cognitivos de aprendizaje, o que constituyen modalidades de los mismos. A través de ellos el aprendiz puede no solo conocer, ordenar y manejar la realidad, sino también tomar control de su propio aprendizaje y de sí mismo, lo que marca una diferencia sustantiva con los mecanismos estudiados hasta aquí y establece una distancia enorme entre seres humanos y animales.

La razón, de la que habla Cicerón[1] en la cita que encabeza este apartado, "facultad de aprender", "común a todos", aunque "diferente por preparación", es el término que acostumbran utilizar los filósofos, junto a entendimiento, para referirse

---

1 **Marco Tulio Cicerón** (106 a. C. - 43 a. C.) jurista, político, filósofo, escritor y orador romano. Es considerado uno de los más grandes retóricos y estilistas de la prosa en latín. Reconocido como uno de los más importantes protagonistas de la historia de Roma. Responsable de la introducción de las escuelas filosóficas griegas en la literatura romana, así como de la creación de un vocabulario filosófico en latín. Gran orador y reputado abogado, Cicerón centró toda su atención en su carrera política. Hoy en día es recordado por sus escritos de carácter humanista, filosófico y político.
El lector puede encontrar una minuciosa información de su vida y obras en http://es.wikipedia.org/wiki/Marco_Tulio_Cicerón

a la actividad intelectual como un todo, en contraste con el conocimiento o aprehensión de la realidad puramente sensorial. Incluye todas aquellas actividades o funciones en que se expresa el pensamiento –apoyado en muchas de sus manifestaciones en el lenguaje– en oposición normalmente a lo instintivo y emocional.

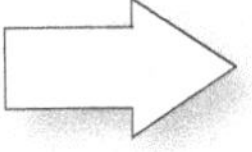

Desde el punto de vista de la psicopedagogía y de la educación –en un mundo cada vez más complejo y que a un ritmo creciente plantea mayores desafíos– el desarrollo de habilidades de **pensamiento crítico** y **reflexivo,** de la capacidad para **redefinir conceptos** y **relaciones,** de **sensibilidad, apertura hacia los problemas** y de **audacia para enfrentarlos,** con una búsqueda de **soluciones originales,** dice relación con el uso efectivo de los mecanismos cognitivos de aprendizaje.

COGNICIÓN

Cognición corresponde a la etimología latina de los términos *conocimiento* y *conocer*. De acuerdo a los diccionarios de la lengua, conocer es captar o tener la idea de una cosa, llegar a saber su naturaleza, cualidades y relaciones mediante las facultades mentales[2]. Entre sus sinónimos se apuntan: entender, comprender, saber, advertir, enterarse, averiguar...[3]

Psicológicamente, conocer supone un correlato interno o representación mental de aquello que se conoce: la *presencia* –de alguna manera– del "objeto" conocido en quien conoce. Puede tratarse del mismo sujeto que se conoce a sí mismo. Los *mecanismos cognitivos* operan, en consecuencia, en la esfera del conocimiento, cumpliendo como tales el rol más importante en el aprendizaje específicamente humano, en sus más variadas expresiones. Neisser (1976), figura pionera en el campo de la psicología cognitiva, afirmó:

> Cualquier cosa que conozcamos acerca de la realidad tiene que ser mediada no solo por los órganos de los sentidos, sino por un complejo de sistemas que interpretan y reinterpretan la información sensorial.

Incluye este autor en el término cognición todos los procesos mediante los cuales el *input* sensorial es transformado, elaborado, almacenado, recobrado o

---

2 Para la RAE: **Cognición** (del latín *cognitio*) = **conocimiento** (acción y efecto de conocer).

3 Algunas taxonomías establecen importantes diferencias entre conceptos como los recién señalados, en un ordenamiento de menor a mayor complejidad (por ejemplo, **conocer** y **comprender**). Sin embargo, tratándose de términos polisémicos y que forman parte del léxico ordinario, suelen inducir a confusión. A veces se les trata como sinónimos y otras como conceptos marcadamente disímiles. En este capítulo se utiliza 'conocer' **en un sentido genérico y comprensivo,** abarcando los demás términos que se le relacionan. Más adelante, volveremos sobre el tema.

utilizado..."Tales términos como sensación, percepción, formación de imágenes, recuerdo, solución de problemas, entre otros, se refieren a etapas o aspectos hipotéticos de la cognición". Para este influyente investigador de la psicología cognitiva, fenómenos como *ver*, *escuchar* y *recordar* son actos de construcción que pueden hacer más o menos uso de la información del estímulo "dependiendo de las circunstancias".

> Las personas reconstruyen activamente sus experiencias: no son simplemente máquinas copiadoras de datos entregados por los sentidos.

En los procesos constructivos, Neisser (1976b) distingue 2 etapas, evidentes en la percepción:

- La primera es *pre-atentiva*, rápida, en bruto, totalista y en paralelo: procesos que se desarrollan previamente a la elaboración consciente de la información recibida.

- La segunda, *deliberada*, atenta, detallada y secuencial: fase donde el individuo decide a qué estímulo dirigirse concretamente

Por ejemplo, la percepción y comprensión del lenguaje oral suponen una fase pre-atentiva, relativamente pasiva, durante la cual se van identificando tentativamente algunas unidades (a diversos niveles de complejidad), y un proceso activo que construye palabras y oraciones a partir de ellas[4]. Algo semejante ocurre al leer y al realizar diferentes tareas de naturaleza perceptual y comprensiva, y de recuperación de la información. Por la importancia que tiene para lo que sigue de este capítulo, en especial en relación al aprendizaje académico, resulta de interés destacar que no todas las personas *construyen* de la misma manera lo que ven, escuchan o recuerdan. Ello obedece a que intervienen –como se hará ver– numerosas variables. Entre ellas, las motivaciones, expectativas, conocimientos previos y hasta los prejuicios del sujeto.

Una misma persona no se comporta de la misma manera frente a todos los datos de entrada (o *input*). Sus procesos constructivos dependen de lo que hace mentalmente con ellos, o sea, de la calidad del procesamiento aplicado, lo que incidirá en la etapa "reconstructiva" de evocación o recuperación posterior. Como aclaraba

---

4 Estos dos niveles o etapas del funcionamiento de la atención se ponen especialmente de manifiesto en el *cocktail party effect* en que las personas en un cóctel son capaces de focalizarse en la conversación con uno o pocos amigos, siendo capaces preatentivamente de percibir conversaciones alrededor: si escuchan su nombre u otro dato especialmente relevante, focalizan rápidamente su atención selectiva en esa dirección.

Jenkins (1978), el recuerdo no es solo función de lo que el mundo exterior presenta. "Es también función de lo que se hace con los acontecimientos a medida que se los experimenta"... "La memoria se ve afectada en forma diferencial según cómo se use la maquinaria mental". De ello nos ocuparemos al tratar el tema de la memoria, en atención a su importancia en los contextos psicopedagógicos. La fig. 5.1 es una simulación de eventuales procesos reconstructivos de un grupo de sujetos que tienen que recordar una serie de figuras vistas un par de semanas antes, junto a otras situaciones-estímulo.

Todo lo anterior destaca el rol activo del sujeto en el uso de mecanismos de aprendizaje y de adaptación a la realidad, como los que se describen en este capítulo. Hay importantes diferencias individuales –y circunstanciales, para un mismo individuo– en su utilización.

Figura 5.1

Eventuales *procesos reconstructivos* de los sujetos o recuerdo de los datos de entrada algún tiempo después de vistos.

COGNICIÓN Y PSICOLOGÍA COGNITIVA

Las teorías cognoscitivas, a diferencia de los teorías conductistas –que han privilegiado el rol del condicionamiento y la asociación– ponen todo su énfasis en los fenómenos mentales como agentes causales de la conducta (de Vega, 1984) y en las reestructuraciones cognoscitivas.

Resultaría difícil hablar con propiedad de "mecanismos cognitivos del aprendizaje" sin hacer una breve referencia a las aproximaciones cognitivas en psicología, algunas de las cuales, sin ser nuevas, han cobrado gran importancia estas últimas décadas, con un claro compromiso en la psicología educativa. En numerosos manuales sobre la materia se puede encontrar una detallada descripción de enfoques tales como la teoría del *aprendizaje significativo* de Ausubel; la teoría *psicogenética* de Piaget (en principio, se trata de una teoría del desarrollo); la teoría *socio-histórica* de Vigotsky; las teorías de *procesamiento de la información*, etc. Como este no es un manual de teorías del aprendizaje, aquí se entrega una visión general del fenómeno en la perspectiva de la psicología educativa integrando los aportes de diferentes enfoques, aunque haciendo mención explícita de alguno de ellos si el punto que se está tratando lo exige. En el último capítulo se contrastan de manera muy gruesa las grandes orientaciones.

Conviene advertir que los términos *cognitivo* y *cognoscitivo*, sinónimos, pueden inducir a confusión, lo que se pone de manifiesto en el uso habitual en los contextos pedagógicos. Aluden tanto a un enfoque particular de hacer psicología, antagónico al enfoque "estímulo-respuesta" o conductista, como a contenidos de estudio y de análisis psicológico, es decir, los "procesos cognoscitivos". La tabla de doble entrada, fig. 5.2, pretende aclarar los dos sentidos en que se utiliza la denominación psicología "cognitiva": [1] como enfoque (cognitivista) y [2] como contenido (estudio de los procesos cognoscitivos):

(1) Psicología *cognitiva*: **enfoque peculiar** para estudiar los procesos cognoscitivos, los procesos afectivos y otros procesos psicológicos.

(2) Psicología *cognitiva* o *cognoscitiva*: estudio de los **procesos o fenómenos cognoscitivos** (percepción, pensamiento, lenguaje...)

Es cierto que los *cognitivistas* han dado especial relevancia a los contenidos *cognoscitivos*. Sin embargo, resulta legítimo que un conductista (o mejor, un neoconductista) –con su perspectiva particular– se ocupe de fenómenos cognoscitivos (como el *significado* en el lenguaje) y que un cognitivista se interese –con su enfoque y dentro de su sistema– en contenidos no primariamente cognoscitivos, como las emociones, sentimientos y motivos. Beloff (1973) ya sostenía que la "psicología cognitiva" no puede ser definida solamente desde el punto de vista del contenido, es decir, ligada con cuestiones referentes a *conocer*, en oposición a las relativas a *sentir* o *querer* (emociones, sentimientos, estados de ánimo, etc.) [5]. La psicología cognitiva representa un enfoque peculiar para abordar dichos contenidos.

Ocurre, explica este autor, que todos los procesos cognitivos fueron abordados por el conductismo durante mucho tiempo en forma estrictamente asociacionista, minimizando el rol de los mecanismos mediadores centrales en la organización de la conducta y viendo el cerebro como una especie de "tablero eléctrico" destinado simplemente a las conexiones estímulo respuesta. Una teoría cognitiva, en cambio, necesariamente postula un mecanismo cognitivo general como punto de partida y

---

5   Estos temas se pueden profundizar en los tratados de **psicología general**, que abordan los fenómenos psicológicos desde la perspectiva del comportamiento del adulto normal.

CONTENIDOS ↓	TEORÍAS o enfoques		
	Cognitivas	E-R	Otras
Cognoscitivos (o cognitivos)			
Afectivos			
Otros			

Figura 5.2

Dos maneras en que se utiliza el término "psicología cognitiva o cognoscitiva": como **contenido** de estudio y como **enfoque** para llevar a cabo dicho estudio.

foco de interés en la cadena de eventos que lleva del estímulo a la conducta. La 5.3 ilustra estas ideas. La psicología cognitiva se ha ocupado especialmente de los eventos que contribuyen al conocimiento de la realidad, a su comprensión, a cómo las personas categorizan y organizan los fenómenos descubiertos en ella y, finalmente, a la solución de los problemas y desafíos que la misma realidad plantea.

Teóricos no cognitivistas, como es el caso de los teóricos E-R o conductistas, consideran que es posible hacer psicología simplemente a partir de la observación (y control) del *comportamiento* (respuestas o conductas) del sujeto y de los *estímulos* que se les relacionan. Su análisis se centra en lo externo, lo periférico, lo observable. Los elementos básicos para el análisis son, como lo verificamos al tratar el condicionamiento, *estímulos* (E), *respuestas* (R) e interacción entre ellos. El enfoque cognitivista[6] en psicología ha representado la antítesis de este enfoque "asociacionista-periférico".

La oposición del modelo del condicionamiento (o conductista) y el modelo cognitivo tiene sus raíces en la bifurcación de la filosofía europea en las escuelas *empiristas* y *racionalistas*. A juicio de Allport (1968), existe una diferencia básica en los supuestos filosóficos concernientes a la naturaleza de la vida mental en ambas orientaciones, predominando la tradición de Locke en Inglaterra y Estados Unidos, y la de Leibniz y Kant en el continente europeo, pese a los importantes intercambios teóricos entre estas zonas geográficas. La tradición de Locke, afirma Allport, sostie-

---

6   Los cognitivistas o cognoscitivistas también fueron conocidos como "psicólogos del campo" (= el campo cognoscitivo, psicológico o "espacio vital"). El desarrollo más acabado de esta noción corresponde inicialmente a K. Lewin.

ne que la mente del hombre es por naturaleza tabula rasa (sesgo ambientalista); la mente hace lo que se le hace hacer (reactividad); sus componentes son básicamente discretos (elementos simples) y su organización, cuestión de vínculos que sueldan esas partes aisladas (asociacionismo)... Para las posiciones de Leibniz y Kant, dominantes en el continente europeo, el intelecto era algo siempre activo por iniciativa propia (no meramente reactivo). Además, el funcionamiento interno y espontáneo de la mente era tan importante como su contenido y producciones. A la capacidad y disposiciones innatas se adjudicaba una gran importancia.

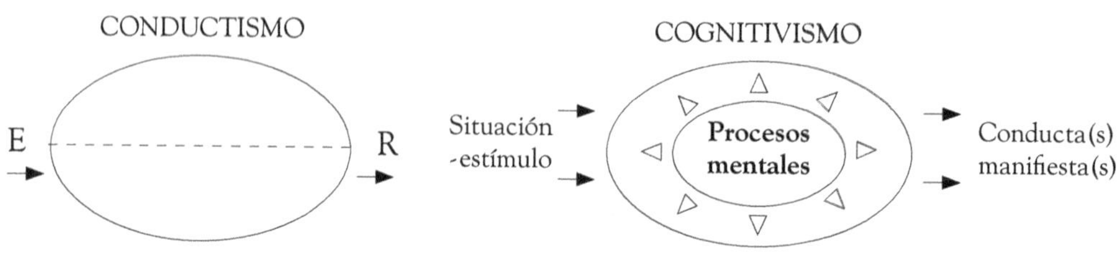

Figura 5.3

Contraste entre conductismo y cognitivismo en su manera de "hacer psicología". Ver el texto. Una comparación más acabada de las teorías aparece al final del libro.

Beloff (1973), haciendo especial referencia a la Gestalt, afirma que es la escuela que en la época entre las dos guerras vino a representar el enfoque cognitivo en la psicología. Tuvo dos orientaciones: la primera, de la que deriva su nombre, estaba preocupada por enfatizar la naturaleza holística de los procesos mentales. La segunda, que ha sido con mayor razón precursora de la corriente teórica cognitiva, ha enfatizado el aspecto creativo de la mente en los procesos cognitivos. La primera reemplazó el modelo "tablero" del cerebro y de la mente por el modelo de la teoría del campo. La segunda giró en torno a conceptos como *insight* y reestructuración. En algunos casos, ambas corrientes se han manifestado en el trabajo del mismo autor[7].

En el campo de la psicología del aprendizaje por muchos años dominó la tradición asociacionista y del condicionamiento. Desde fines de los 60, siglo XX, comenzó a imponerse en variados ámbitos académicos el paradigma cognitivista, a causa de las numerosas críticas que se hicieron a la teoría conductista. Entre ellas, su insuficiencia para dar cuenta del comportamiento humano complejo y la concepción de ciencia en que se fundamentaba. Al final del manual se contrastan ambos enfoques en el apartado referido a las teorías del aprendizaje y su aporte en la educación.

---

7 Beloff cita los casos de **W. Köhler** y **M. Wertheimer**. Ambos en sus investigaciones sobre percepción se ocupan de la cuestión **holística**. Pero Köhler, en sus famosos estudios sobre solución de problemas en los monos (*The mentality of apes*, 1917, revisado en 1956; *Learning by insight*, en Am. Psychologist, 14, 727-34, 1959) y Wertheimer, cuando discute las implicaciones educacionales de los principios gestálticos (*Productive thinking*, Harper & Row, N.Y. 1959), dan relevancia al aspecto **creativo** del funcionamiento mental.

A juicio de Baldwin (1971) el supuesto básico de una teoría cognitiva es que los estímulos (en los que se concentra el conductismo) son recibidos y procesados para extraer la información que contienen. Esta información es, de alguna manera, integrada a una representación cognitiva del ambiente, en el cual el individuo mismo se encuentra representado. El punto crucial es que la información así recibida, coordinada e integrada, provee el estímulo efectivo para incitar y guiar la propia conducta, dirigida hacia una meta. Un análisis de este tipo, como resulta evidente, no puede reducirse al puro examen de *estímulos, respuestas* observables y sus *concatenaciones*: lo que hace el sujeto internamente con esos estímulos –que se manifiesta, en parte, en las conductas observables– es lo que atrae el interés de los cognitivistas.

La psicología cognitiva, afirma Farnham-Diggory (1980):

> Se basa en la teoría de que poseemos la capacidad de hacer que nuestras experiencias tengan sentido. Tomamos información y la organizamos. A menudo la retenemos y recurrimos a referencias ya procesadas para ayudarnos a manejar la nueva información.

La cita representa la corriente más influyente del cognitivismo moderno, que se expresa en los modelos de *procesamiento de la información*. Su nacimiento se relaciona con la llegada de los ordenadores, después de la segunda guerra mundial, y ciencias asociadas: la cibernética, la teoría de la información y comunicación, la teoría de la decisión estadística, la teoría del juego, etc. (Beloff, 1973). Es corriente en el contexto educacional referirse al aprendiz como un procesador de información. La metáfora *mente-computador* ha resultado atractiva, aunque no siempre su uso se fundamenta en un conocimiento que refleje el verdadero sentido (y las limitaciones) que tiene en psicología. Algunos enfoques más recientes han puesto de moda la metáfora *mente-cerebro*, de la mano del desarrollo de las neurociencias.

ETAPAS O ASPECTOS DE LA COGNICIÓN

Desde los datos aportados por los sentidos[8] o datos de entrada (*input*), pasando

---

8 Forgus, en el capítulo acerca de la "naturaleza de la percepción como proceso de extracción de información" (en *Percepción, proceso básico en el desarrollo cognoscitivo*. Trillas, 1976) distingue entre:
Exteroceptores o **sentidos distales**: visión, audición.
Propioceptores o **sentidos próximos**: gusto, olfato, sentidos cutáneos (del tacto, calor, frío, dolor).
Interoceptores o **sentidos profundos**:
• Cenestésico, que transduce los cambios en la posición del cuerpo, movimientos de los músculos y tendones;
• Estático o vestibular, que transduce cambios en el equilibrio;
• Orgánico, que transduce cambios relativos al mantenimiento de la regulación de funciones orgánicas, como la alimentación, la sed, el sexo
Nota. *Transducción*: transformación de un tipo de señal en otro distinto. *Cenestesia*: Sensación general de la existencia y del estado del propio cuerpo, independiente de los sentidos externos, y resultante de la síntesis de las sensaciones, simultáneas y sin localizar, de los diferentes órganos y singularmente los abdominales y torácicos.

por todas las instancias internas de re-traducción, elaboración y almacenamiento, para su eventual utilización posterior (*output*), la psicología ha descrito una serie de etapas que corresponden a diferentes momentos del procesamiento. Tales etapas y procesos que ocurren en ellas, interdependientes, se remontan al pensamiento de los filósofos griegos. La fig. 5.4 trata de graficar, de manera acaso demasiado simple, los principales aspectos o etapas hipotéticas de la cognición, distinguiendo entre: conocimiento sensorial, que poseen también los animales, y conocimiento o aprehensión intelectual, específicamente humana.

La cognición al servicio del aprendizaje, implicada en las transformaciones cognoscitivas o en los cambios en el significado de las experiencias, también se estructura a base de las etapas y procesos que muestra el gráfico. Cada una de estas etapas y procesos se explican a partir de las etapas y procesos anteriores en la secuencia. Por ejemplo, de la calidad de los juicios y conceptos depende el razonamiento, el tipo de inferencias. Los conceptos, a su vez, resultan más o menos nítidos y precisos, según la mayor o menor riqueza de imágenes y experiencias perceptuales que haya tenido el sujeto. Un alumno que no tenga claridad en algunos conceptos importantes de la materia que está tratando su profesor, difícilmente podrá entender la lógica subyacente a esos contenidos y "comprender la materia".

Los eventos o fenómenos implicados en el **procesamiento de la información**, es decir en las transformaciones que ocurren entre el **input** (o los datos de entrada) y el **output** (o datos de salida), señalados en la **fig. 5.4**, son los siguientes:

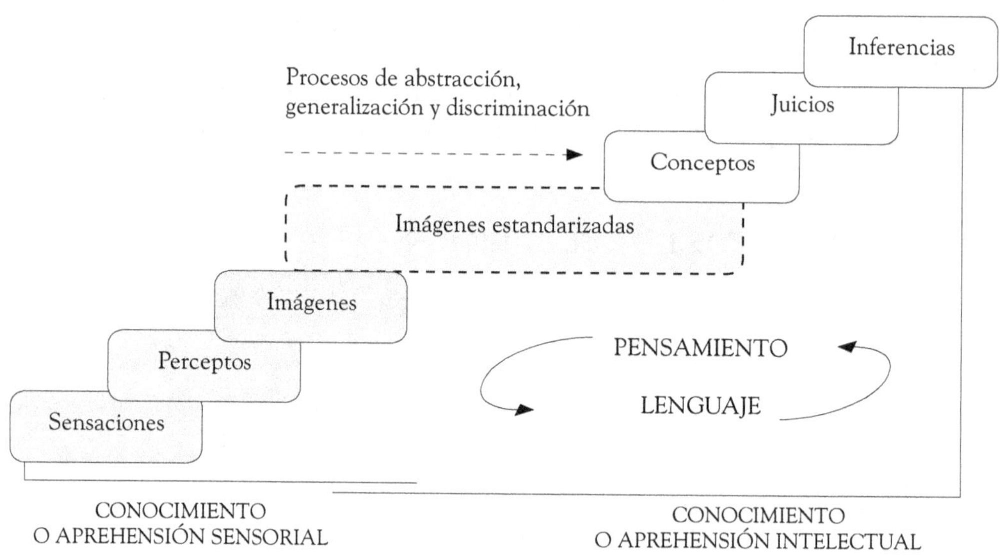

Figura 5.4

Etapas de la cognición o de la aprehensión de la realidad. La figura hace referencia también a la afirmación de Piaget: "Entre lenguaje y pensamiento existe un círculo genético tal, que uno de ambos términos se apoya necesariamente en el otro, en una formación solidaria y en una perpetua acción recíproca".

SENSACIÓN:

Se trata de un fenómeno fundamentalmente biológico. *Sensación* es un término controvertido y con múltiples acepciones, especialmente en el pensamiento filosófico, pero también en psicología. En este contexto hace referencia al impacto de los **estímulos externos e internos** en los **receptores sensoriales** y a la primera etapa de reconocimiento por el **cerebro**, básicamente *pre-atentiva*, y se correlaciona con la *memoria sensorial* de los modelos de procesamiento de la información. En su análisis fenomenológico, Lersch (1966) describe las sensaciones como los "contenidos más sencillos e indivisibles de la percepción...y proceden de influjos del mundo exterior que designamos como estímulos".

Si alguien dice: *Tengo la sensación de algo raro está pasando...Tengo la sensación de que ya no me quieres...* o cosas parecidas, está usando el término en un sentido mucho más amplio que el que tiene en este contexto, ya que dicha *sensación* incluye percepciones, imágenes y alguna forma de pensamiento, posiblemente intuitivo. También corresponde a un significado diferente, frecuente en los medios de comunicación, y que alude más bien a reacciones de naturaleza emocional, la referencia a una noticia destinada a impactar y que se transforma en la *"sensación* del año". *Sensacional* ("Dicho de una persona, de una cosa, de un suceso o de algo similar: que llama poderosamente la atención") y *sensacionalismo* ("Tendencia a producir sensación, emoción o impresión, con noticias, sucesos, etc.) tienen que ver con este sentido[9].

Desde sus comienzos, la psicología científica se ocupó de las modalidades sensoriales, tanto de información interna como externa (visuales, cenestésicas, olfativas, térmicas, etc.). Cada receptor sensorial es sensible a cierto tipo de energía, y la transforma en impulsos nerviosos (lo que se conoce como **transducción**). Los tratados de psicología dedican una parte significativa de sus contenidos al estudio de estos fenómenos.

PERCEPCIÓN:

Corresponde a un fenómeno ya claramente psicológico, en un plano de elaboración superior por parte del cerebro. Basada en el análisis que este hace de las sensaciones, **la percepción consiste en el proceso de *darse cuenta* o reconocer objetos, cualidades, acontecimientos, relaciones,** etc. Se trata, por tanto, de un **proceso de organización de la información recibida por vía sensorial y de su interpretación**

9　El Diccionario de la RAE admite varias acepciones. La primera de ellas es la que mejor se relaciona con el sentido que se le da en este apartado:

1. f. Impresión que las cosas producen por medio de los sentidos.

2. f. Efecto de sorpresa, generalmente agradable, producido por algo en un grupo de personas. *Su nuevo peinado causó sensación.*

3. f. Corazonada o presentimiento de que algo va a suceder. *Tengo la sensación de que nos va a tocar la lotería.*

a partir de la experiencia, con el que se da sentido a la realidad. Los fenómenos de "constancia" perceptual (forma, tamaño, color, sonidos del habla...) demuestran el **rol estructurador** del sujeto que percibe. Aclara Lersch:

> En nuestra percepción, las diversas sensaciones aisladas nos son dadas como cualidades de objetos, seres y acontecimientos, formando parte de unidades mayores y más complejas, dotadas de significación... Las sensaciones son condición necesaria, pero no suficiente, de la percepción.

El correlato interno del fenómeno de la percepción es el **percepto** o *representación sensible* de un objeto actualmente presente para el receptor sensorial. Construimos perceptos o representaciones internas de los objetos que vemos, tocamos o escuchamos. Experiencias perceptuales en ausencia de la estimulación sensorial pertinente corresponden a **alucinaciones**. Las **ilusiones** perceptivas, por otra parte, son percepciones no adecuadas a los estímulos reales. Las de Müller-Lyer, Ponzo, Samder, etc., que suelen aparecer en los tratados de psicología general en el capítulo dedicado a la percepción, son algunas de estas curiosas percepciones inexactas.

El ser humano atiende diferencialmente a la información que le llega, focalizando su atención en parte de ella e interpretándola a la luz de la información que ya posee, actividad que se centra en la "memoria de trabajo", con participación simultánea de la memoria de largo plazo, materia de la que nos ocuparemos más adelante. La psicología ha descrito diferentes "leyes" de la percepción (figura-fondo, cierre, pregnancia, proximidad, semejanza, etc.), descritas e ilustradas en muchos los textos de psicología. Hay discrepancias importantes entre corriente *innatistas* y *empiristas* en lo relativo a la génesis y acción de los mecanismos directamente responsables de la percepción. El término *percepción* no deja de ser equívoco: se utiliza muchas veces en un sentido muy amplio, casi equivalente a "cognición", llegando a ser sinónimo prácticamente de pensamiento [10].

IMAGEN o REPRESENTACIÓN:

Es una **reproducción mental de los rasgos fundamentales de los perceptos** y constituye un "material" importante para los recuerdos, evocaciones y también para el pensamiento. Muchas de nuestras imágenes corresponden a objetos reales y dicen relación con las modalidades sensoriales (visuales, táctiles, olfativas, auditivas, etc.): por ejemplo, la imagen del perro que tengo en la casa (que no lo estoy viendo, tocando o escuchando, ya que en ese caso se trataría de perceptos o experiencia perceptual). Constantemente evocamos imágenes de personas, de situaciones, de melodías, de lugares, etc., que no están en este momento estimulando directamente

---

10 Por ejemplo, para De Bono, autor del Programa CoRT, **enseñar a pensar** no consiste en enseñar lógica, sino en **enseñar a percibir bien**. *Percibir* para este autor, en consecuencia, trasciende ampliamente la significación que se le da al término en este capítulo. (Ver Schwebel, 1983).

nuestros receptores sensoriales. Las imágenes constituyen un componente básico de nuestros recuerdos.

El ser humano, por otra parte, tiene una enorme capacidad de **crear imágenes**, por tanto puede **imaginar** objetos o situaciones no existentes, lo que hace normalmente a partir de lo ya conocido. Esta capacidad está a la base de la **imaginación** y de la **creatividad**. A causa de esto, la definición de **imagen** debe ampliarse. Lersch lo hace en estos términos: "todo contenido de conciencia que tiene su significado intencional referido a un objeto real o ideal, existente o no, presente o no".

Estos últimos años las imágenes mentales han entrado en el campo de la neuropsicología, en especial en rehabilitación de personas que presentan deterioro de las funciones mnésicas como consecuencia del daño cerebral: el entrenamiento en la creación de las imágenes mentales puede mejorar tales capacidades. El lector encontrará en la web abundante información sobre el punto.

IMAGEN o REPRESENTACIÓN ESTANDARIZADA:

Imagen que **representa el tránsito del conocimiento sensorial a la aprehensión intelectual**. Corresponde a un nivel de mayor abstracción en relación a las **imágenes** recién examinadas, que son representaciones particulares y sensibles de los objetos (reales o ideales). Las imágenes estandarizadas no alcanzan a estar al nivel de abstracción de los conceptos propiamente tales. Para llegar a formarse *conceptos*, **representaciones abstractas y generales de los objetos,** es preciso detectar los rasgos o propiedades esenciales que los identifican, dejando de lado cualquier matiz particular. Entre la **imagen** de un perro determinado y el **concepto** de *perro*, así como entre las imágenes de actos concretos de generosidad y los conceptos de *entrega* o *abnegación*, hay un camino más o menos largo que incluye complejos procesos de generalización, discriminación y abstracción. Los tramos de este "camino", que va **de lo concreto-particular a lo universal**, están marcados por las imágenes estandarizadas.

Lersch las denomina representaciones *esquematizadas, estandarizadas* o *generalizadas*. Afirma que constituyen el "trazo de unión" entre la actualización representativa (la evocación de las cosas mediante imágenes) y la aprehensión intelectual mediante **conceptos.**

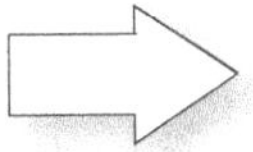

En sentido estricto, muchos de nuestros *conceptos* corresponden más bien a *imágenes generalizadas* ya que no están en el plano de abstracción y universalidad de los conceptos propiamente tales.

CONCEPTO O *IDEA*:

Concepto es una **representación intelectual abstracta** de algo, sin afirmar o negar nada (ya que se transformaría en "juicio"): *perro, niño, escuela, blancura, educación, reversibilidad...* A diferencia de la representación sensorial o **imagen**, que es

particular, el **concepto** es **universal** ya que incluye todos los elementos de su categoría. El concepto de *silla*, más amplio que la **imagen** de una determinada silla (la de mi escritorio), reúne los **rasgos esenciales** que son comunes a todas las sillas. No es esencial, por ejemplo, para el concepto de *silla* el tener 4 patas, pero sí, tratarse de una superficie para sentarse, donde cabe una persona, con respaldo y con apoyo en el suelo. El diccionario de la RAE la define como "asiento con respaldo, por lo general con cuatro patas, y en que solo cabe una persona".

La filosofía, la lógica, la psicología, la psicolingüística se han ocupado con interés en el estudio, clasificación y génesis de los conceptos por la importancia que tienen para el pensamiento y en el dominio del lenguaje. Explica Lersch:

> Los conceptos constituyen los **fundamentos** y el **material** de la *aprehensión intelectual*: sin los conceptos no son posibles los juicios ni las deducciones.

Para este autor, la formación de conceptos es un **aislar y abstraer rasgos esenciales generales** a partir de lo dado objetivamente en la percepción y de lo actualizado en la representación.

Para cada área del saber hay una compleja red de conceptos que la identifican, fundamentan y permiten su crecimiento y expansión. En psicología educativa y en educación, los diferentes teóricos han dado enorme importancia en sus respectivos sistemas a la adecuada **formación y comprensión de conceptos por parte de los alumnos:** estos muchas veces tiene serios problemas en la comprensión de las materias de estudio, así como en comprensión de lectura, ya que no dominan los conceptos requeridos. Sin conocer a cabalidad cada uno de los conceptos que comprende un principio o una ley –(como el principio de Pascal: *La presión ejercida por un fluido incompresible y en equilibrio dentro de un recipiente de paredes indeformables se transmite con igual intensidad en todas las direcciones y en todos los puntos del fluido)*– difícilmente se comprenderá la ley. Nótese que no todos los conceptos se dan en un mismo plano de abstracción. Compárense *mesa* y *versatilidad*; *recipiente* e *intensidad*. Ello ha obligado a los especialistas en educación a secuenciar los pasos instruccionales para facilitar a los alumnos el avance en una determinada materia, desde lo más tangible, concreto y contextualizado, a lo más abstracto y genérico.

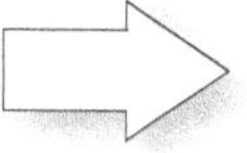 El término *concepto* admite muchos significados en los diccionarios de la lengua. Las personas muchas veces lo entienden como opinión, parecer o idea que se tiene sobre algo: *¿qué concepto tienes de mí?*

JUICIO:

Es una **relación** entre **conceptos, afirmando** o **negando algo**[11]. En otras palabras, en los juicios se establece una relación de afirmación o negación entre ideas: *El hombre es racional; el avión llegó atrasado; este equipo no es tan malo.* Los filósofos describen los *juicios* como operaciones o procedimientos del entendimiento que consisten en comparar dos ideas para conocer y determinar sus relaciones. Lersch explica que constituyen la **aprehensión intelectual de las relaciones entre los conceptos.** Son totalidades configuradas, *gestálticas,* de conceptos en las que establecemos una relación entre lo expresado en ellos...

> **Juicio y concepto van indisolublemente unidos:** el concepto es tanto resultado de un juicio, como elemento para fundamentar otros nuevos.

Los **juicios** se expresan en **proposiciones**, que pueden ser **simples** –subdividiéndose en **universales:** *El hombre es mortal* o *todo hombre es mortal;* **particulares:** *Algún hombre es sabio;* e **individuales:** *Valentina es psicopedagoga–* y también **compuestas:** copulativas, disyuntivas, condicionales... La *oración gramatical* para filósofos y lógicos constituye la expresión de un juicio o de un pensamiento. Algunos semanticistas la han descrito como una proposición con sentido completo. Para los lingüistas la oración, aparte de ser una unidad de entonación, es una unidad dotada de significación, relativamente completa e independiente, que se concreta en un conjunto de palabras organizadas gramaticalmente en dos grupos: sujeto + predicado.

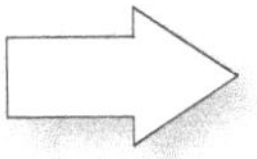

Buena parte de las dificultades de los estudiantes en la comprensión de sus materias de estudio estriba en que **no poseen alguno o varios** de los *conceptos* que permiten entender los *juicios* o afirmaciones que hace el profesor o que aparecen en los textos de estudio. Por cierto, no podrá darse "aprendizaje significativo" y tales estudiantes no estarán en condiciones de *razonar* o *racioci-*

11　El término *JUICIO* admite numerosas acepciones. Entre ellas (Diccionario RAE):
　　1. m. Facultad del alma, por la que el hombre puede distinguir el bien del mal y lo verdadero de lo falso.
　　2. m. Estado de sana razón opuesto a locura o delirio. *Está en su juicio. Está fuera de juicio.*
　　3. m. Opinión, parecer o dictamen.
　　4. m. Seso, asiento y cordura. *Hombre de juicio.*
　　5. m. Pronóstico que los astrólogos hacían de los sucesos del año.
　　6. m. Der. Conocimiento de una causa en la cual el juez ha de pronunciar la sentencia.
　　7. m. Fil. Operación del entendimiento, que consiste en comparar dos ideas para conocer y determinar sus relaciones.
　　8. m. Rel. El que Dios hace del alma en el instante en que se separa del cuerpo.
　　La acepción N° 7 es la que corresponde a lo que se explica en el texto.

nar adecuadamente sobre ese tema o comprender a cabalidad los *razonamientos* del profesor. *Raciocinar* según el diccionario de la RAE es *usar la razón para conocer y juzgar.*

RACIOCINIO:

Es una **relación entre juicios, obteniendo de esa relación una conclusión.** En términos de la lógica aristotélica, el **razonamiento** es el acto por el que el entendimiento, a **partir del conocimiento de alguna verdad, procede al conocimiento de otra verdad** mediante algún término medio conocido:

El hombre es mortal.

Sócrates es hombre.

→ *Sócrates es mortal.*

La lógica, teoría formal de la inferencia, enseña a razonar correctamente. Más que una parte de la filosofía, constituye un saber introductorio a cualquier ciencia. (Arroyo y otros, 1989). La lógica se deriva de la función discursiva de la inteligencia humana. Todos tenemos una *lógica natural* o capacidad de inferir, la que utilizamos constantemente en la vida diaria. La lógica científica ha derivado una serie de reglas para razonar correctamente, constituyéndose en un apoyo para la actividad discursiva natural frente a las cuestiones más difíciles. Se ha configurado, de esta manera, una ciencia normativa que establece las leyes del recto pensar, las "que no dependen de la experiencia, sino que constituyen principios ideales o normas". (Arroyo y otros, 1989)

La **inferencia** consiste en **sacar una proposición, de alguna manera desconocida, de otra o de otras previamente conocidas.**

- Cuando la inferencia se hace partiendo de proposiciones universales para llegar a una conclusión igual o menos universal, se llama inferencia **deductiva.**

- Cuando la inferencia o razonamiento se hace partiendo de proposiciones sensibles y particulares a otras inteligibles y más universales, se habla de inferencia **inductiva.**

Ejemplo de inferencia deductiva:

- *Todo animal respira.*
- Este mamífero es animal.
- Luego, este mamífero respira.

En la deducción, partiendo de premisas universales, se obtienen consecuencias igual o menos universales.

Ejemplo de inferencia inductiva:

> - *Las plantas y los animales son seres vivos.*
> - Las plantas y los animales mueren.
> - Luego, los seres vivos mueren.

En esta operación lógica discursiva, de la suficiente observación de casos particulares, se llega a una verdad general.

La **lógica** es una ciencia *formal* ya que se ocupa de las leyes del razonamiento válido, sin considerar la naturaleza de los objetos sobre los que razona: se ocupa de la forma de los razonamientos y no de la materia a la que estos se refieren. La lógica moderna se caracteriza por una gran desarrollo de la formalización, pareciéndose a la matemática, por lo que se la conoce también como "lógica matemática". (Arroyo y otros, 1989). A este respecto, señalan Tugendhat y Wolf (1997) que "la lógica se encuentra hoy más cerca de las matemáticas que de la filosofía, así se la vea como esencial para la filosofía"[12].

CONOCIMIENTO INTELECTUAL, PENSAMIENTO E INTELIGENCIA

El conocimiento o aprehensión intelectual, que algunos autores denominan *comprensión, comprehensión o cognición* en sentido restringido –para distinguirlo de la simple aprehensión o conocimiento sensorial, centrado en la percepción y la imagen–, permite la conceptualización y la captación de significados. Se hace posible gracias al pensamiento y el lenguaje (ver **fig. 5.4**).

No todos los estudiosos entienden estos términos de la misma manera. Ausubel al hablar de la cognición y percepción en el aprendizaje verbal significativo, afirma:

> La percepción precede a la cognición. El producto del proceso perceptual no es el significado proposicional mismo, sino el contenido de conciencia que sigue a la interpretación preliminar de la entrada sensorial (visual o auditiva)... Este contenido de conciencia perceptual es intermediario, tanto temporalmente, como en función de la complejidad del proceso, entre la sensación original y el suministro real de significados[13].

---

12 **Tugendhat E. & Wolf U.**, en su *Propedéutica lógico-semántica* (Anthropos Editorial, Barcelona, 1997) dicen que "esto ha tenido como consecuencia que los cursos de lógica constituyan para la mayoría de los estudiantes de filosofía y de ciencias humanas y sociales un cuerpo extraño, una tarea aparte, poco relacionada con el resto de sus estudios". El libro que ellos escriben pretende, en consecuencia, llenar el vacío o abismo que se ha creado entre la lógica moderna, de un lado, y la filosofía y su historia, del otro.

13 Ausubel y otros, 1983, p. 6.

De acuerdo a como hemos definido *cognición* en este capítulo, la percepción constituye una etapa o proceso ella y no solo un fenómeno que la precede. *Comprensión* también se puede entender de varias maneras. Una de ellas (en inglés *understanding*), corresponde al acto o la capacidad de comprender y tiene que ver con el sentido general de *aprehensión intelectual* de que se está hablando aquí. La otra (en inglés *comprehension*), entendida como "comprensión de un concepto o idea", por oposición a su "extensión", alude a los atributos que posee el concepto y que no pueden quitársele sin destruirlo. La extensión del concepto hace referencia a todos los sujetos a que se aplica [14]. De esto nos ocupamos con detalle en nuestro libro dedicado a la psicología del lenguaje.

Pensamiento admite diversas acepciones, como lo acreditan los diccionarios de la lengua y también los de filosofía y psicología. Abbagnano [15] incluye los siguientes significados del término:

1. Cualquier actividad mental o espiritual.

2. La actividad del entendimiento o de la razón en cuanto es diferente a la de los sentidos y de la voluntad.

3. La actividad discursiva.

4. La actividad intuitiva.

El primer sentido, utilizado por Descartes, es demasiado amplio: hay actividades mentales no cognitivas, que no incluiríamos, por lo tanto, dentro del concepto de pensamiento. El segundo significado alude a la actividad del entendimiento en general, en cuanto es distinta del conocimiento sensorial y de la voluntad. Resulta coincidente con la distinción que hacemos en este capítulo entre conocimiento intelectual y sensorial. En lo que concierne a la *voluntad*, Lersch (1966) la describió como el *proceso anímico humano por el cual se determina qué impulso debe ser realizado, persiguiendo determinada meta, venciendo las resistencias a su realización.* En otras palabras, es la adopción consciente del individuo de una determinada línea de acción con el propósito de conseguir un fin. Supone, por tanto, la acción del pensamiento (el acto voluntario exige razonamiento previo y decisión posterior) y la energía de las tendencias, controladas por el yo consciente. En psicología es un concepto muy ligado al de "motivación".

Este segundo sentido que trae Abbagnano es también suficientemente amplio ya que incluye los otros dos que le siguen —3 y 4— relativos a las actividades discursiva e intuitiva. Para Platón, lo explica el mismo autor, el conocimiento intelectivo general

---

14 **Comprehensión**, siguiendo a Dilthey, es el método de las ciencias del espíritu, por el cual se aprehende el sentido de los hechos u objetos espirituales o culturales, y que es muy diferente a los procedimientos "explicativos" de las ciencias de la naturaleza (En su "Introducción a las ciencias del espíritu").

15 Abbagnano, *Diccionario de Filosofía*. F.C.E. 1966.

(*nóesis*) comprendía el pensamiento discursivo (*diánoia*) y el pensamientro intuitivo (*noús*).

El Diccionario de la RAE trae las siguientes acepciones del término **pensamiento**: 1. Potencia o facultad de pensar. 2. Acción y efecto de pensar. 3. Idea inicial o capital de una obra cualquiera. 4. Cada una de las ideas o sentencias notables de un escrito. 5. Conjunto de ideas propias de una persona o colectividad. 6. Sospecha, malicia, recelo. 7. Planta herbácea anual, de la familia de las violáceas. Obviamente, las dos primeras se relacionan directamente con el tema que estamos tratando. **Pensar** (del latín *pensāre*, pesar, calcular, pensar) es definido como: 1. Imaginar, considerar o discurrir. 2. Reflexionar, examinar con cuidado algo para formar dictamen. 3. Intentar o formar ánimo de hacer algo.

> En psicología, en sentido amplio, pensamiento hace referencia a procesos cognitivos caracterizados por el uso de símbolos (en especial, abstractos, como los conceptos y sus rótulos lingüísticos) para representar los objetos, sucesos y relaciones.

El pensamiento no duplica la realidad, la representa. Precisa a este respecto Huttenlocher (1978):

> Para que los elementos u operaciones de un esquema de símbolos representen los elementos u operaciones de otra área, el primero debe proyectarse sistemáticamente sobre la segunda. No es necesaria la semejanza entre los elementos u operaciones entre las dos áreas, siempre que haya relaciones sistemáticas entre ello.

Piénsese en lo arbitrario del signo lingüístico (la palabra) en relación a lo representado. Pese a ello, se establecen relaciones sistemáticas. Parte importante de nuestra actividad pensante se apoya en el lenguaje verbal.

> En sentido estricto, en su dimensión activa, pensamiento alude a todo tipo de actividad o manipulación intelectual que se da en forma ya sea intuitiva o discursiva y que se expresa en la formulación de juicios, el *insight*, la comprensión, la solución de problemas, la toma de decisiones, la planificación, la orientación de la acción, etc.

El intelecto humano conoce y enfrenta la realidad a través del pensamiento de dos maneras básicas:

1. De modo **intuitivo**: el "entendimiento" capta **directamente** las cosas, sin necesidad de razonar paso a paso.

2. De modo **discursivo**: la "razón" avanza, **paso a paso**, para llegar a una conclusión.

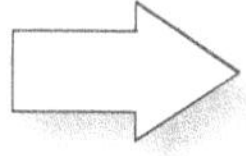

Obsérvese que, si bien **entendimiento** y **razón** se usan prácticamente como términos sinónimos, el primero de ellos, por su etimología [16], hace referencia con más precisión a la actividad intelectual **intuitiva**, mientras que, el segundo, a la **discursiva**.

Es preciso no confundir **conocimiento (o actividad) intelectual** con **inteligencia**. Esta última es, de hecho, una *estimación* de aquél. El **conocimiento intelectual permite la aprehensión de la esencia de las cosas, la captación de los significados**, gracias a la acción del pensamiento y el lenguaje. (Ver **fig. 5.4**)

Trascendiendo la experiencia puramente sensible y concreta, el "entendimiento" nos permite abstraer, generalizar, discriminar y formar conceptos. Estos constituyen, como se afirmó, la "materia" de los juicios e inferencias, es decir, de la posibilidad de proceder de premisas a conclusiones. Esta **actividad encubierta** que implica diferentes operaciones y la manipulación mental de símbolos en vez de una actuación directa sobre la realidad –y que conocemos como "pensar"– posibilita aprehender los datos de la realidad, organizarlos, darles sentido, relacionarlos entre sí y resolver problemas.

La **inteligencia**, por otra parte, es un **constructo**, basado en mediciones, que corresponde al **nivel general de desempeño cognoscitivo**, como explican Ausubel y colaboradores (1983). En otros términos, es el **nivel (cuantitativo) del desempeño o actividad intelectual a una edad determinada**. En palabras del propio Ausubel, la inteligencia constituye

> **un constructo de medición que pretende cuantificar capacidades intelectuales como el razonamiento, la resolución de problemas, la comprensión verbal y la captación funcional de conceptos** y expresa la puntuación compuesta en función de la aptitud escolar general.

La inteligencia es, entonces, una **estimación del funcionamiento intelectual**. En esencia, del pensamiento y el lenguaje. A mejor funcionamiento de la actividad intelectual, mayor inteligencia.

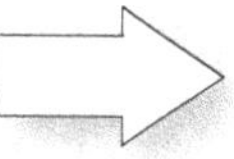

En los tests de inteligencia se le exige al sujeto *pensar* y expresar lo pensado muchas veces a través del lenguaje verbal. De acuerdo a determinados criterios que aparecen estipulados en dichas pruebas, las actividades mentales y sus correspondientes manifestaciones conductuales son evaluadas como más o menos "inteligentes".

---

16 *Intus legere* = leer dentro o interiormente.

La tabla que muestra la **fig. 5.5** presenta una clasificación del CI basada en la prueba de inteligencia de Wechsler. Se atribuye a William Stern la creación del concepto de CI (en inglés IQ) o cociente intelectual. *Cociente* es el resultado de la división de un número por otro: el CI es la relación entre la edad mental (EM) y la edad cronológica (EC) de un sujeto. La fórmula que arroja las puntuaciones del cociente intelectual es: CI = EM / EC x 100. Si un niño tiene 10 años de edad y en las pruebas obtiene resultados correspondientes a una edad mental de 10 años, tendrá un **CI= 100** (10/10 x 100) que equivale al rendimiento normal promedio. Si la edad mental está por sobre la edad cronológica, el CI del niño estará por sobre el promedio y se le considerará más inteligente. Si ocurre lo contrario (edad cronológica mayor que edad mental), su CI estará por debajo del promedio.

Se observa sin embargo que **lo que se mide directamente no es la capacidad sino la ejecución.** La cuestión más importante y pertinente, afirma Ausubel, es la "de si es posible inferir válidamente la capacidad de la ejecución o si esta suministra una buena muestra de la capacidad"[17]. En general, no ha resultado fácil definir *inteligencia*. Esto ya lo hacía notar Allport (1968), quien señalaba que

la mayoría de los escritores la definen como el **potencial innato** que hay en una persona para **realizar juicios apropiados, aprovecharse de la experiencia y afrontar adecuadamente nuevos problemas y condiciones de vida**.

Inteligencia	CI	% población según distribución normal
Brillante	≥ 130	2,2 %
Sobresaliente	120-130	6,7 %
Normal superior	110-120	16,1 %
Normal promedio	90-110	50,0 %
Normal lento	80-90	16,1 %
Límite	70-80	6,7 %
Deficiente	≤ 70	2,2 %

Figura 5.5

Clasificación del CI basada en Wechsler. Se indica el % de la población que corresponde a cada tramo. En cada uno de ellos se redondearon los puntajes para simplificar la tabla (120-129 aparece como 120-130; 80-89, como 80-90, etc.). Los CI **70** y **130** corresponden en la curva normal a 2 desviaciones estándar bajo y sobre el promedio, respectivamente.

---

17 Según Gardner, que ha identificado varios **tipos de inteligencia,** los tests de inteligencia tradicionales solo miden las dos primeras: la **lingüística** y la **lógico-matemática**. Las otras son: la espacial, la musical, la cinestésico-corporal, la interpersonal y la intrapersonal. En *Frames of mind: the theory of multiple intelligences*. Basic Books, N.Y., 1985.

A la luz de lo dicho anteriormente, correspondería esto a una estimación del potencial innato de funcionamiento intelectual. Allport, que reconocía la legitimidad de describir tanto inteligencias **especiales**, como una inteligencia **general**, destacó hace varias décadas el **peso de variables ambientales**, como la acción familiar, la estimulación del medio, las recompensas, etc., en la **modificabilidad** del nivel de funcionamiento mental: "No está determinada exclusivamente por la textura del tejido nervioso central: **motivos y rasgos alteran el producto**". Rasgos tales como **independencia** y **espíritu de iniciativa**, entre otros, caracterizaban a niños que **aumentaron** su inteligencia, según estudios que revisa el autor.

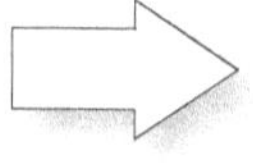

Tanto la temática de las **inteligencias especiales** como lo concerniente a la **modificabilidad cognitiva** han tenido un gran desarrollo desde las últimas décadas del siglo pasado, ocupando parte importante de las preocupaciones de la psicología cognitiva y de la psicología educativa.

Una visión crítica y actualizada de la conceptualización acerca de la inteligencia en psicología a lo largo del siglo XX –útil para los lectores que quieran ahondar en este punto– entregan en su libro Rosas, Boetto y Jordán (1999), investigadores de la Escuela de Psicología de la Universidad Católica de Chile. Los autores revisan una serie de problemas, tanto acerca de la definición[18] como de la medición y los determinantes (herencia versus ambiente) de la inteligencia. Analizan, además, la postura de los teóricos más influyentes en el área[19]. La edición más reciente incluye investigaciones realizadas sobre inteligencia en Latinoamérica.

Conviene advertir que algunos autores analizan los conceptos que hemos estado revisando en este apartado en una perspectiva algo diferente: Piaget, en *Problemas de psicología genética*, precisa:

El **pensamiento es la inteligencia interiorizada** y se apoya no ya sobre la acción directa, sino sobre un simbolismo, sobre la evocación simbólica por el lenguaje, por las imágenes mentales, etc., que permiten representar lo que la inteligencia sensorio-motriz, por el contrario, va a captar directamente.

Nickerson y colaboradores (1990) explican que la **inteligencia** se relaciona con la *potencia bruta* del equipamiento mental y concluyen:

---

18 Algunas las definiciones de **inteligencia** que se han ofrecido a lo largo de la historia y que Rosas et al. citan mencionando a sus respectivos autores son: *La capacidad de combinar y separar. La capacidad de pensamiento abstracto. ¡Lo que miden los tests de inteligencia!*

19 Los teóricos analizados son: **1. Factorialistas clásicos:** Spearman, Thurstone y Vernon. **2. Neofactorialistas:** Guilford y Jäger; **3. Enfoques contemporáneos:** la teoría de las múltiples inteligencias de Gardner; la teoría triárquica de Sternberg; la inteligencia emocional y sus procesos neurobiológicos de Goleman y Damasio.

La potencia bruta es una cosa y el hábil empleo de ella (el **pensamiento**) algo muy diferente... Nos gustaría considerar la capacidad de **pensamiento** como un asunto, en parte, de **estrategia idónea**. Si lo hacemos así, no hay nada que se contradiga con la idea de **una persona de mucha inteligencia que no ha aprendido estrategias idóneas,** debido acaso a una educación inadecuada.

De Bono (1994) hace una distinción semejante: "La **inteligencia** es un potencial. El **pensamiento** es la destreza con la que utilizamos ese potencial".

LENGUAJE Y COGNICIÓN

Después de esta breve referencia al **pensamiento** y a la **inteligencia** en relación al *conocimiento intelectual*, haremos algunas consideraciones respecto de otro de los conceptos cardinales: el **lenguaje**. Si se observa nuevamente la **fig. 5.4** se puede ver que en ella hemos querido destacar que el lenguaje –"en una perpetua acción recíproca con el pensamiento", en términos de Piaget–[20] cumple también una labor fundamental en el funcionamiento cognitivo humano. Buena parte de lo que en la cita inicial de Cicerón en este capítulo se considera posible gracias a la **razón** –*rebatir, argumentar, discutir, formular conclusiones*, etc.– encuentra su medio de expresión, articulación y comunicación en el lenguaje.

El término *lenguaje* se suele utilizar tanto para referirse a la **facultad** o **capacidad** del ser humano de comunicarse y de representar la realidad mediante signos, como a los **sistemas de signos** en sí que sirven a tales propósitos. *Lenguaje*, que muchas veces se identifica con lo lingüístico o los signos verbales o palabras, en sentido lato hace referencia a *todo sistema de comunicación* entre seres vivos: hay lenguajes **verbales** (las *lenguas*, exclusivamente humanas) y **no verbales**.

Explicaba el notable semiotista Thomas A. Sebeok (1996) que "los signos verbales han emergido únicamente en el género *Homo*":

> Dicho de otra manera, únicamente los homínidos poseen dos repertorios de signos: el zoosemiótico **no verbal** y el antroposemiótico **verbal**... Por lo que se refiere a la ontogenia de la semiosis en nuestra especie, queda claro que los **múltiples sistemas de signos no verbales** están 'instalados' en la conducta de todos los neonatos normales. Estas dotes semióticas iniciales permiten a los niños sobrevivir, adquirir y componer un conocimiento activo de su mundo, antes de la adquisición de los **signos verbales**.

---

20 "Entre lenguaje y pensamiento existe un círculo genético tal, que uno de ambos términos se apoya necesariamente en el otro, en una formación solidaria y en una perpetua acción recíproca". Piaget, J. "El lenguaje y el pensamiento desde el punto de vista genético". En *Seis estudios de psicología*. Edit. Labor, S.A. Barcelona, 1991.

Los dos repertorios –el primero, cronológicamente hablando, y el mucho más joven– **se entrelazan y permanecen entrelazados** profundamente como complementarios y suplementarios a lo largo de la vida de todos los individuos humanos.

La **semiótica**, ciencia que se ocupa de los signos y de los sistemas de signos, incluye tanto a la *lingüística* –ciencia de los signos verbales– como a los sistemas no verbales: *kinésica, proxémica* y otros[21]. El *conocimiento intelectual*, que permite la captación y ordenación racional del mundo, es posible gracias a la acción del *pensamiento* y, este, por su naturaleza simbólica y conceptual, se potencia –en muchas de sus manifestaciones– por el *lenguaje*, en especial el verbal, que es el más elaborado. **No todo pensamiento es lingüístico.** De hecho, la velocidad del pensamiento aventaja notablemente a la de su expresión en términos verbales. Sin embargo, si se quiere comunicar lo pensado a otros es menester *lingüistificarlo* y/o codificarlo por medio de recursos no verbales (como gestos, actitudes corporales, expresiones faciales, etc.).

Es conocida la nota de Einstein a un amigo (en Sebeok, 1996):

> Las palabras o la lengua, escrita o hablada, **no parecen desempeñar ningún papel en mi mecanismo de pensamiento**. Las entidades físicas que parecen servir como elementos en el pensamiento son signos seguros e imágenes más o menos claras que pueden ser reproducidas y combinadas voluntariamente.

Destaca Sebeok que Einstein "trabajó durante mucho tiempo y duramente –solo en un estadio secundario– para convertir esta creación (su modelo del universo) en *palabras convencionales* y *otros signos*, de manera que pudiera ser comunicado a los demás". De hecho, nos resulta muy difícil a veces *lingüistificar* nuestras ideas para comunicarlas. En ese caso los recursos no verbales aparecen como más efectivos. Piénsese, por ejemplo, cómo explicarle a alguien qué es una "escalera de caracol" o cómo se movía el avión en una travesía que dejó recuerdos poco gratos.

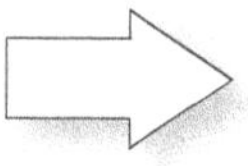 No solo es necesario el lenguaje para la comunicación del pensamiento. También lo es para la **codificación, categorización** y **recuperación** de la información. Pensamiento y lenguaje son interdependientes, se retroalimentan y, en la perspectiva de la psicología educativa, susceptibles de mejoramiento.

Las relaciones entre *pensamiento* y *lenguaje*, que escapan ampliamente a los alcances de este manual, ocupan uno o más capítulos en todos los libros de psicolin-

---

21   Para una introducción sencilla a estos conceptos, recomendamos revisar nuestra *Psicología del Lenguaje* (2012, 2016). Existe actualmente una enorme cantidad de bibliografía sobre estas materias. Es el caso de advertir que no todos los estudiosos entienden de la misma manera las relaciones entre *semiótica* y *lingüística*.

güística y de psicología cognitiva. Las implicaciones sociolingüísticas, psicológicas, filosóficas, culturales, sociales de las diferentes posturas, han sido (y son) temas de gran controversia –muchas veces de prejuicios– pero también de valoración de la diversidad cuando esta se entiende como riqueza y no como obstáculo,

Los lingüistas distinguen en el *lenguaje verbal* (que denominan 'el lenguaje') el plano de la **lengua** (la estructura o el sistema subyacente) y el plano del **habla**, que es la realización o puesta en acción de la lengua al servicio de la comunicación. El lenguaje verbal es muy rico en sus posibilidades de rotulación, descripción, ordenación y comunicación de hechos y sus relaciones. Sin embargo, si se requiere mayor precisión, más coherencia y rigor, el hombre ha acuñado *lenguajes científicos* como medio de expresión en las diferentes áreas del saber. La máxima precisión en la formulación de juicios e inferencias, se logra con los lenguajes lógico-matemáticos.

Los profesores están llamados a estimular el desarrollo conceptual y del pensamiento en general promoviendo en sus alumnos el uso de una terminología más precisa, planteando preguntas críticas que obliguen a *pensar*, haciendo que ellos también las formulen de manera apropiada, desafiándolos a que expliquen y fundamenten sus razonamientos o interpretaciones, o las interpretaciones de otras personas, etc. Estos son algunos de los recursos que enfatizan los ya numerosos *programas de modificabilidad cognitiva* y de *desarrollo del pensamiento*. Todo ello influye en que el **conocimiento** (o aprehensión) **intelectual**, posible gracias al **pensamiento** y el **lenguaje** (o los lenguajes) –pero basado también de manera decisiva en el *conocimiento sensorial*– pueda lograr un nivel más elevado en su aproximación a la realidad: de relativamente simple y concreto, a elaborado y abstracto

¿Qué ocurre con la **dimensión afectiva, emocional** y con las **motivaciones** en todo esto? De lo expuesto hasta aquí sobre "mecanismos cognitivos", pareciera ser que estos operan de forma totalmente independiente de otras dimensiones de la personalidad.

LOS AFECTOS Y LAS FUNCIONES INTELECTUALES

La breve referencia que se hizo al concepto de **motivación** en las primeras páginas de este manual insinúa la estrecha y necesaria (aunque no siempre clara) relación entre necesidades, afectos y cogniciones. El presente capítulo, centrado en los *mecanismos cognitivos* del aprendizaje, puede llevar a pensar que la vida afectiva y emocional constituye un tema separado, que carece de importancia para los aspectos que se están revisando. No es así, como se podrá de apreciar más adelante.

Ausubel y colaboradores (1983), quienes ponen el mayor énfasis en las variables de naturaleza cognoscitiva, afirman que las **características motivacionales y de personalidad** del grupo y del profesor son tan importantes en el aprendizaje escolar "que **merecen nuestra más seria consideración** si deseamos elevar al máximo la influencia de la psicología educativa en el aprendizaje de la sala de clase". Y precisan, a este respecto:

> La **motivación**, aunque no es indispensable para el aprendizaje limitado y de corto plazo, es **absolutamente** necesaria **para el tipo sostenido de aprendizaje** que interviene en el dominio de una disciplina de estudio dada. Sus efectos son mediados principalmente por la intervención de variables como la concentración de la atención y la tolerancia aumentada a la frustración.

Los autores dedican un capítulo completo en su influyente *Psicología Educativa* a las variables antes mencionadas, el que lleva por título *Factores motivacionales del aprendizaje*, bibliografía obligada sobre la materia. Conocidos psicólogos cognitivistas, como es el caso de **Piaget**, han puesto tanto énfasis en las funciones intelectuales, que se les ha llegado a criticar por su aparente despreocupación por la dimensión afectiva-motivacional. Sin embargo, en *Seis estudios de Psicología* (Labor, 1991 pág. 49) el mismo Piaget aclara:

> ... existe, a partir del período preverbal, un estrecho paralelismo entre el desarrollo de la **afectividad** y el de las **funciones intelectuales**, puesto que **son dos aspectos indisociables de cada acción**: efectivamente, en cada conducta, los móviles y el dinamismo energético provienen de la afectividad, mientras que las técnicas y el ajustamiento de los medios utilizados constituyen el aspecto cognoscitivo (sensorio-motor o racional).
>
> **Por tanto no se produce nunca una acción totalmente intelectual** (los sentimientos intervienen, por ejemplo, incluso en la solución de un problema matemático: intereses, valores, impresiones de armonía, etc.) **ni tampoco actos puramente afectivos** (el amor supone una comprensión), sino que **siempre** y en **todas** las conductas relativas a los objetos, al igual que en las relativas a las personas, **ambos elementos intervienen, debido a que se suponen entre sí**.
>
> Existen únicamente espíritus que se interesan más en las personas que en las cosas o en las abstracciones, y otros a los que les ocurre lo contrario, lo que hace que los primeros parezcan más sentimentales y los segundos más adustos, pero se trata simplemente de otras conductas y otros sentimientos, y ambos utilizan necesariamente a la vez su **inteligencia** y su **afectividad**.

Se hace evidente en las autorizadas palabras de Piaget la **íntima relación** entre afectos y funciones intelectuales. Desde el punto de vista de la psicopedagogía del aprendizaje, ello no puede ser dejado de lado, a riesgo de sobre-simplificar el aprendizaje y la instrucción. El ser humano no solo aprende conexiones simples E-R: aprende desde los hábitos más elementales hasta complejos **valores de sentido** —en términos de Lersch— en los que se manifiesta el mundo como un sistema "en que al hombre, como ser espiritual, le corresponde un lugar y una misión que condicionan su actuación y reacciones". Una perspectiva unilateral, centrada solo en lo cognoscitivo y dejando de lado las otras dimensiones de la persona en interacción con los demás, resulta necesariamente incompleta.

EL CICLO PERCEPTUAL O DEL CONOCIMIENTO

La **fig. 5.4** puede entregar una visión distorsionada de lo que es el conocimiento y contacto con el mundo (interno y externo): pareciera dar a entender que se trata de un proceso **lineal**. Cumpliendo propósitos didácticos destaca solo la secuencia y jerarquización de los subprocesos implicados. Sin embargo –y lo descrito hasta aquí lo avala– la relación con el mundo circundante es dinámica, esencialmente interactiva, susceptible de acomodos y modificaciones. Se trata de una actividad continua de re-elaboración de la información. Se puede conceptualizar y graficar mejor como un **ciclo** (lo que han hecho diferentes autores, entre otros, Lersch) en el que se pone de manifiesto de manera más clara la interacción y sus resultados, los que afectan a su vez las interacciones siguientes. La **fig. 5.6**, adaptada de Neisser, ilustra estas ideas acerca de la **interacción cíclica** con el ambiente.

El inicio del ciclo se puede poner arbitrariamente en cualquier parte, dependiendo de qué se desea destacar o qué atrae nuestro interés en un momento determinado. Los **esquemas cognitivos** (estructuras cognoscitivas) acerca del ambiente –o del **objeto** en cuestión– dirigen y focalizan la exploración perceptual, la que está siempre guiada no solo por tales esquemas sino también por nuestros **mapas cognitivos** –más amplios e inclusivos que los esquemas particulares– que representan nuestro conocimiento acerca del mundo y sus posibilidades. Como ya se había adelantado, para Neisser la percepción y la cognición son **procesos constructivos:** "En **cada momento** el perceptor está **construyendo anticipaciones** de ciertos tipos de información, que le permiten aceptarlas en la medida que se van haciendo disponibles".

Este fenómeno se hace evidente en la lectura, pero también en nuestras interacciones cotidianas con el ambiente en todo orden de cosas. Si se trata de **percepción visual**, el sujeto suele explorar activamente la pauta o información visual –el **objeto**– moviendo los ojos o la cabeza y, si es el caso, el cuerpo (**locomoción y acción**) para asegurar una mejor visión.

Explica el autor:

> Estas exploraciones están dirigidas por los **esquemas anticipatorios**, que son **planes para la actividad perceptual** y, al mismo tiempo, **disposiciones** para determinados tipos de estructuras ópticas. **El resultado de la exploración –la información recogida– modifica el esquema original**. Así modificado, **dirige la exploración posterior** y queda dispuesto para más información.

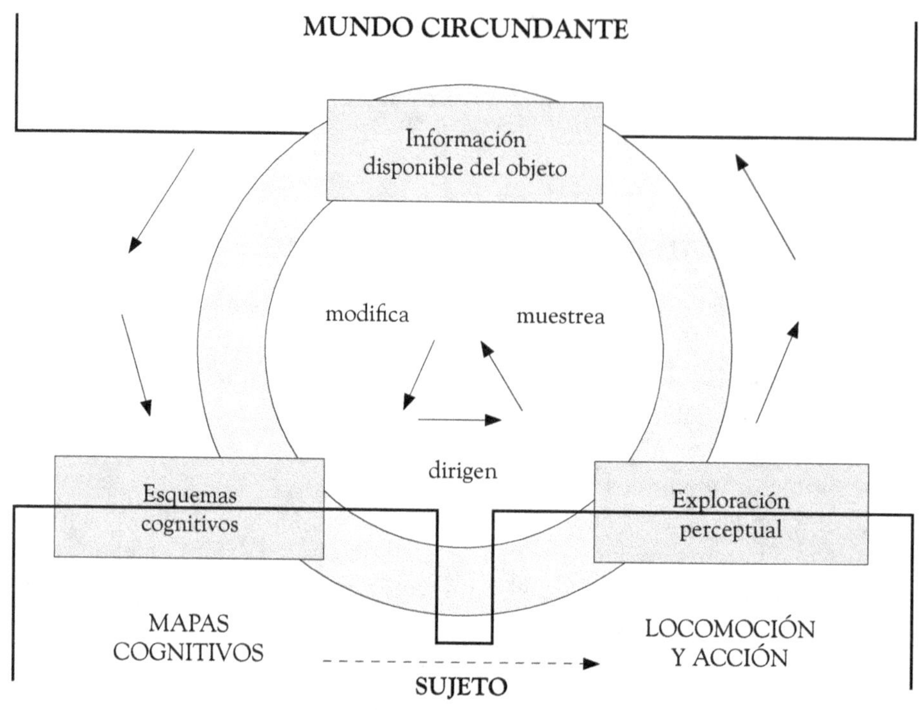

Figura 5.6

El **ciclo perceptual** y de interacción con la realidad.

Adaptado de Neisser. (*Cognition and reality*, 1976b).

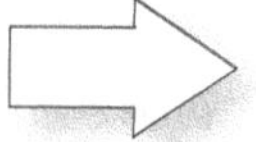 Como ocurre con la percepción visual, así también sucede con las demás modalidades perceptuales y, ciertamente, en todas las interacciones con el *mundo circundante* en que participan la percepción y el pensamiento: **lectura, escritura, percepción social, interacciones verbales y no verbales, aprendizaje en la sala de clases, experiencias directas con las cosas**, etc. Constantemente desarrollamos esquemas anticipatorios, confirmamos o rechazamos las *hipótesis* que nos habíamos formado, modificamos nuestros esquemas, etc.

De lo revisado hasta aquí puede inferirse que la exploración y el tratamiento de la información se llevan a cabo a diferentes niveles de abstracción y complejidad, lo que puede generar –y de hecho, genera– interpretaciones o "construcciones" idiosincrásicas y, por tanto, muy disímiles de un mismo fenómeno. A este respecto resulta esclarecedora la afirmación de la experta en percepción Eleanor Gibson, con quien también colaboró Neisser, citada por él (1976 b):

La diferencia entre un perceptor hábil y uno inhábil, no es que el primero agregue algo al estímulo, sino que **es capaz de obtener más información**

de él: puede detectar rasgos y una estructura de orden superior, para los cuales el perceptor ingenuo no es sensible.

Algunos programas de desarrollo del pensamiento o **modificabilidad cognitiva,** por ejemplo el de De Bono (ver más adelante), centran su acción justamente en el "aprender a percibir bien".

Los capítulos de Neisser en su libro de 1967 *Cognitive psychology* [22] dedicados a la percepción constituyen uno de los aportes más decisivos para el rumbo que tomaría la psicología cognitiva posteriormente.

ASIMILACIÓN Y ACOMODACIÓN

Otra aproximación 'cíclica' y no lineal en nuestro contacto con el mundo circundante se encuentra en la visión constructivista piagetiana, centrada en el desarrollo de la inteligencia y la génesis del conocimiento (ver **fig. 5.7**). Se identifica con lo que él denominó la "teoría de la asimilación" (que no debe confundirse con la teoría de Ausubel). Afirma Piaget en un libro dedicado a esclarecer su postura personal relativa a los orígenes y el funcionamiento de la inteligencia:

> Cabe concebir la inteligencia como el desarrollo de una **actividad** asimiladora cuyas **leyes funcionales** existen a partir de la vida orgánica y cuyas **estructuras** sucesivas, que le sirven de órganos, **se elaboran por interacción entre ella y el medio exterior**...[23]

---

22 **Ulric Gustav Neisser,** psicólogo estadounidense, nació en Alemania en 1928. Su familia se trasladó a USA en 1933. Falleció recientemente en febrero de 2012. Profesor e investigador en varias universidades, completó su carrera académica en Cornell. Es considerado una figura clave e insustituible de la historia de la psicología. Como otros investigadores de origen alemán, fue atraído inicialmente por la Gestalt, aunque empezó a realizar sus propias investigaciones estimando que la psicología gestáltica carecía del rigor metodológico de una ciencia seria. Esto lo llevó a echar las bases de la **psicología cognitiva,** que redimensiona el mentalismo de la psicología gestáltica con el rigor metodológico del conductismo. Su libro de 1967 *Cognitive psychology* es una de las obras fundacionales de este nuevo enfoque. En él se combinan por primera vez y de manera ingeniosa las teorías del procesamiento de la información, la inteligencia artificial, la simulación de procesos cognitivos y la experimentación psicológica. Incluye una introducción crítica a los primeros aportes de la gramática generativa transformacional de Chomsky. Algunos lo han reconocido como el "padre de la psicología cognitiva", si bien hay otras destacadas figuras que han contribuido a dicho enfoque.
En *Cognition and reality*, publicado en 1976 (año en que se traduce al español *Cognitive Psychology*), criticó a los psicólogos cognitivos por fundamentar sus investigaciones en situaciones de laboratorio demasiado artificiales y con poca relevancia para la solución de problemas prácticos y la compresión de la conducta humana en su ambiente natural, lo que lo llevó a desarrollar un enfoque *cognitivo-ecológico*. Fue miembro de la National Academy of Sciences. Es uno de los investigadores que más se destacó con su teoría de la percepción y sus trabajos sobre la memoria en contextos naturales. Otras de sus obras son:
(1982) *Memory observed: remembering in natural contexts.*
(1987) *Concepts and conceptual development: ecological and intellectual factors in categorization.*
23 Piaget, J. *El nacimiento de la inteligencia en el niño.* Aguilar, Madrid, 1969.

Piaget da gran importancia a la **experiencia,** pero, a diferencia del empirismo, fundamento filosófico del conductismo, otorga más peso a **la actividad del sujeto que la hace posible.** La experiencia no se impone por sí misma, "como si se imprimiese directamente sobre el organismo": el sujeto no asume un rol pasivo, tiene que darle sentido, organizarla. Solo así se le puede considerar propiamente 'experiencia'. No considera la inteligencia como ya estructurada desde un comienzo o con estructuras preformadas, como lo hacen otros puntos de vista que critica (el innatismo; la concepción de la gestalt): "La inteligencia **se elabora por sí misma**" en una "**construcción gradual** de órganos que obedecen a las mismas leyes funcionales". Esta teoría no explica el desarrollo de la actividad intelectual por *tanteo* al azar, sino por una *búsqueda dirigida,* la que se justifica en la "continuidad de la actividad asimiladora" que se manifiesta "desde la organización refleja inicial hasta las complejas estructuras de la inteligencia deductiva". Las **leyes funcionales** a que alude Piaget, *asimilación* y *acomodación*, "invariantes" a lo largo del desarrollo, operan en un constante mutuo ajuste, en un proceso de *equilibración* que supone equilibrios y desequilibrios. Son características de todos los sistemas biológicos[24].

La idea básica es, entonces, que las **funciones** permanecen invariables mientras las **estructuras** cambian. Estos cambios están a la base del desarrollo cuyos períodos y estadios, caracterizados minuciosamente por Piaget, aparecen descritos en los manuales de psicología evolutiva.

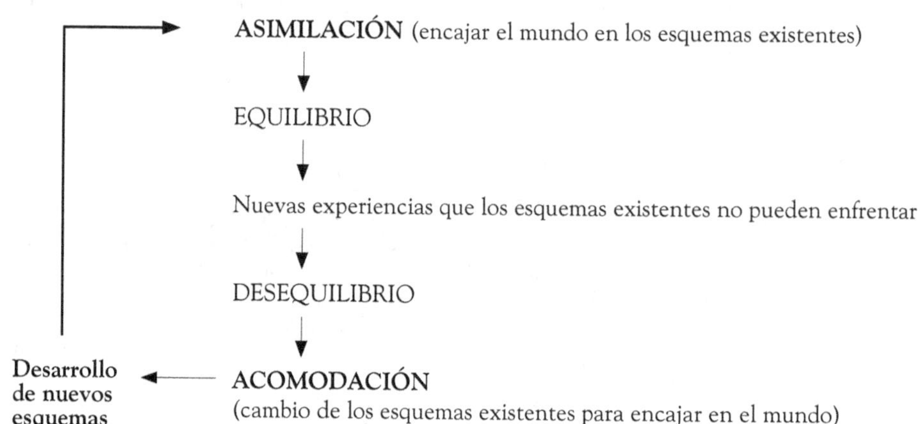

Figura 5.7

Relación entre asimilación, equilibrio, desequilibrio y acomodación en el desarrollo de esquemas (de Gross, 1998).

---

24 Hay dos funciones aún más básicas que describe la teoría: **organización** y **adaptación**. Las dos caras de la adaptación, biológica y psicológica, son la **asimilación** y la **acomodación**.

La dinámica que ocurre se ilustra en la **fig. 5.7**, adaptada de Gross (1998). Hay 'asimilación' siempre que un organismo utiliza algo de su ambiente y lo incorpora a sus **esquemas**. Al no contar con los esquemas adecuados para asimilar lo que ofrece el ambiente, el sujeto debe 'acomodarse'. Como ya se explicó, cuando el niño **imita**, la acomodación supera a la asimilación; cuando **juega**, la asimilación supera a la acomodación. En las situaciones didácticas, los alumnos que no están en condiciones de *asimilar* lo que explica el profesor, deberán *acomodarse* desarrollando nuevos esquemas o mejorando los que ya poseen.

Afirman Deaño y Delval[25] que los resultados de la investigación piagetiana muestran que el desarrollo intelectual –y el desarrollo psicológico en general– es el producto de la conjunción de factores externos e internos que pueden reducirse a los 4 siguientes: la **maduración**, la **influencia del medio físico** (la acción del sujeto sobre los objetos), la **transmisión social** (incluido el lenguaje) y la **equilibración**. "Solo la combinación de estos cuatro factores, cuyas interrelaciones son muy complejas, hace posible el desarrollo".

Los educadores que se declaran 'constructivistas', se ciñen a consideraciones, como las que se han examinado de Piaget acerca del desarrollo intelectual y el desarrollo general, y valoran la importancia de variables como las mencionadas. Están atentos a detectar y describir las *construcciones* que hace el niño –descubridor activo frente al mundo– enfatizando su rol creador y estructurante, difícil de entenderse en términos de copia o reproducción de lo que presenta el ambiente, ni tampoco en términos de simple maduración de variables innatas o preformadas. Reconocedores de la importancia de la **experiencia**, concuerdan en que ambientes apropiados –física y socialmente– ofrecen mejores oportunidades a las "construcciones" del niño, planteando mayores desafíos. Ven el rol del adulto (padre, profesor...) más como el de un *facilitador* o *mediador* de la iniciativa del niño frente al mundo (físico y social) que el de un "enseñante" que asume la responsabilidad de seleccionar y entregar lo que debe "aprenderse". Esta postura se encuentra entrelazada con elementos de la teoría de Vigotsky.

Consideran al niño como un ser activo en la construcción de sus esquemas de conocimiento. Estiman, sin embargo, que cuando se trata del proceso de enseñanza/ aprendizaje, el facilitador **debe proporcionar los elementos necesarios** para que el aprendiz pueda superar los desequilibrios que enfrenta, lo que solo ocurrirá una vez que tome conciencia de ellos.

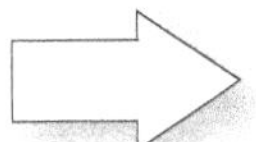 Estrictamente hablando, la perspectiva constructivista de Piaget está enmarcada en un contexto *epistemológico*[26]. Constituye

---

25 Deaño, A. y Delval, J. Piaget y la psicología del pensamiento. En *Estudios sobre lógica y psicología*. Alianza Editorial, Madrid, 1972.
26 *Epistemología* (o *gnoseología*): teoría del conocimiento.

una explicación original de cómo se genera el conocimiento y los instrumentos de que este se vale. Para Delval (1997)[27] "no es una teoría pedagógica" y, en consecuencia, "no prescribe nada acerca de cómo o qué debe enseñarse". Aclara, sin embargo, que puede ser muy útil al profesor en el sentido de que "le conviene saber qué es lo que pasa en la mente del alumno, qué dificultades puede encontrar en función de su desarrollo cognitivo y cómo es previsible que incorpore nuevos conocimientos a partir de las representaciones de la realidad que ha formado".

ETAPAS EN EL APRENDIZAJE Y NIVELES DE LA MEMORIA

A la luz de todo lo visto hasta este momento concerniente a la cognición humana, el gráfico que aparece al comienzo de este manual –y que se reproduce en la **fig. 5.8**– acerca de las **etapas en el aprendizaje**, puede tener una "lectura" diferente, una mejor "percepción" o se puede "construir" una interpretación más elaborada de lo que pretende representar. Basado en el modelo de procesamiento de la información, inspirado en la analogía mente-computador, destaca algunos de los eventos internos que ocurren entre el *input* y el *output*, con la participación de los subsistemas de registro de la información o memoria. El gráfico está especialmente "pensado" en la perspectiva de la psicología educativa y en referencia al aprendizaje académico. Por lo tanto, está destinado a considerar qué ocurre cuando el estudiante pone en juego sus procesos cognitivos o "maquinaria mental" –en términos de Jenkins– para procesar la información escolar o académica.

A fin de facilitar la correspondencia del modelo con otros muy conocidos –como los de tipo *multialmacén* de Atkinson y Shiffrin que aparecen en numerosos tratados de psicología del aprendizaje– se conservan las denominaciones de memoria sensorial (MS), memoria de corto plazo (MCPl) y memoria de largo plazo (MLPl), pese a que en este texto se inscribirá la memoria de corto plazo dentro del concepto más amplio y complejo de **memoria de trabajo** u **operativa**, que supone, a su vez, varios sub-componentes. La importancia de este componente es que, aparte del rol que tradicionalmente se le ha asignado, de almacenar información **a corto plazo**, se le considerará (siguiendo a Baddeley, 1986, y a otros investigadores) como directamente implicado en el **procesamiento activo de la información** y de la **focalización de la atención**. Se hace necesario también tener presente que algunos autores (Schwebel, 1983) distinguen dos aspectos primordiales en la cognición:

- **cómo** se llega a conocer (**proceso** del conocimiento) y
- **qué** se llega a conocer (**productos** del conocimiento).

---

27 Delval, J. *Hoy todos son constructivistas.* En *Cuadernos de Pedagogía*, Madrid, abril, 1997.

Un modelo como el diagramado en la **fig. 5.8**, destinado a destacar las **etapas** del procesamiento de la información en el aprendizaje, considera ambos aspectos ya que los procesos se ven necesariamente afectados por la naturaleza de lo que se aprende, lo que se traduce en determinados productos o "resultados" del aprendizaje.

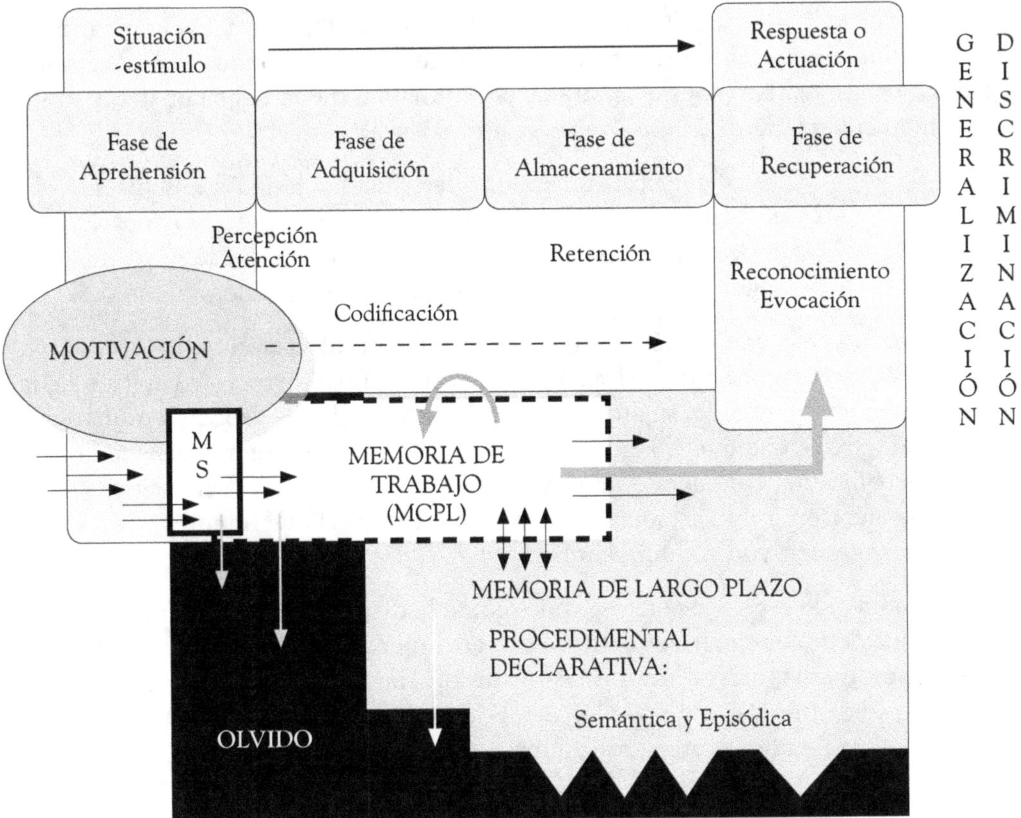

Figura 5.8

Etapas en el aprendizaje y niveles de funcionamiento de la memoria.

Los "mecanismos cognitivos del aprendizaje", entendidos como la acción de la aprehensión o conocimiento intelectual al servicio de los cambios de conducta o cambios en el significado de las experiencias, y cuyo eje central es el pensamiento (en sus múltiples manifestaciones) potenciado por el lenguaje, incluidos los sistemas de almacenamiento de la información, inciden directamente en el *desarrollo cognoscitivo* del aprendiz y, por cierto, en su desarrollo general.

Por "**desarrollo cognoscitivo**" Schwebel entiende:

El **proceso activo del individuo** para **construir** los **métodos y contenidos del pensamiento humano** a través de **interacciones** –socialmente concebidas– con los entornos **físico** y **social**, incluidos especialmente los **sistemas de símbolos** creados socialmente, tales como el lenguaje, la escritura y los sistemas de numeración, que surgen a lo largo del curso de la historia y varían (tanto en forma como en función) de una sociedad a otra".

Desde el punto de vista de la psicología educativa, el maestro debe cumplir el rol de *facilitador* del desarrollo cognoscitivo del alumno, en especial al familiarizarlo con esas dimensiones del conocimiento en que se ha especializado en su formación pedagógica. Sin embargo, es el aprendiz, el estudiante, quien debe **construir** su saber siendo el verdadero responsable de su aprendizaje.

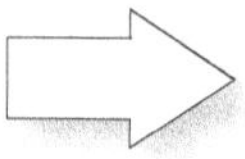

Esto, que constituye una suerte de "muletilla" en el discurso de los educadores y un lugar común en los proyectos educativos de todos los establecimientos, parece estar lejos de la realidad en algunas aulas y fuera del alcance de demasiados aprendices.

La **fig. 5.8** destaca también la intervención de la **motivación** en los aprendizajes. Es el caso de recordar que, si bien nos estamos ocupando en este capítulo de la dimensión cognoscitiva del sujeto, **esta es inseparable de los aspectos motivacionales y afectivos.** Citamos a Piaget quien afirmaba que en ninguna fase de la vida podemos hallar una conducta o un estado que sean puramente cognoscitivos y carezcan de afección, ni un estado puramente afectivo en el que no intervenga algún elemento cognoscitivo (Ver también Schwebel, 1983).

Es reconocido el peso de factores tales como la **disposición** del aprendiz frente a la tarea que debe acometer, sus **actitudes** y **sentimientos**, en que se sienta **intrínsecamente motivado**, etc. Se trata de variables que marcan diferencias significativas entre los estudiantes y que no pueden dejar de ser tenidas en cuenta al momento de examinar cada una de las etapas del aprendizaje y niveles de memoria.

> Los motivos y afectos inciden en la percepción, en la focalización de la atención, en la calidad del pensamiento, en el almacenamiento y recuperación de la información.

Describiremos cada una de las etapas que se reseñan en la **fig. 5.8**, –con los procesos asociados– pero desde la óptica de la participación de los subsistemas de memoria implicados y que se les relacionan, vale decir:

1.   MEMORIA SENSORIAL

2.   MEMORIA DE CORTO PLAZO - DE TRABAJO

3.   MEMORIA DE LARGO PLAZO

Estos subsistemas de memoria **operan simultáneamente** al servicio de la tarea que el aprendiz está llevando a cabo en su interacción con la realidad, si bien se les presenta en una secuencia al hacer referencia al procesamiento de los datos de entrada. Los "modelos de input o multialmacén" ponen énfasis en el flujo de la información y sus transformaciones, lo que es graficado en los textos de psicología con compartimentos de memoria bien demarcados e independientes, aunque nuestra relación con el mundo o con la tarea que estamos acometiendo se inscribe mucho mejor en una concepción cíclica –y no lineal– de interacción constante, que incluye los ajustes del sujeto, de acuerdo a la percepción de su propia actuación (retroalimentación). En la **fig. 5.8** la memoria de corto plazo-de trabajo se traslapa o coincide en parte con las otras dos, como una manera de simbolizar su acción conjunta y no puramente secuencial.

Aprendizaje y **memoria** son en cierto sentido 2 caras de una misma moneda: **no ocurre aprendizaje sin participación de la memoria.** Los conocimientos y experiencias almacenados, por otra parte, suponen aprendizaje.

En el contexto del aula, los profesores insisten en que no deben aprenderse las cosas *de memoria*; que *el aprendizaje unido a la comprensión* es más efectivo. Tienen razón, pero es preciso no confundir *memoria* –el **proceso mental activo que permite retener o registrar las experiencias** y, cuando corresponde, **recuperarlas**– con *memorización*, es decir, el uso superficial, mecánico-asociativo y no significativo que se hace de ella, conocido como *aprendizaje memorístico* o al *pie de la letra*, al que aluden los maestros. Por otra parte, es cierto que algunas cosas deben aprenderse *de memoria*: ello reúne una serie de ventajas, como se explicará oportunamente.

Un aprendiz *buen procesador* (o procesador *profundo*) de información hace un uso eficiente tanto de sus posibilidades de **almacenamiento** como de **recuperación** de información. El modelo de *procesamiento de la información*, a juicio de Henson y Eller (2000):

> Se sustenta en el tratamiento e interpretación de los datos sensoriales y **en la conversión de tales datos a una forma que luego pueda recordarse**. La interpretación de la entrada sensorial incluye la determinación de si va a recordarse o no, su relación con el conocimiento previo y su almacenamiento posterior en una forma en la cual pueda recuperarse.

El modelo ha ido evolucionando considerablemente durante las décadas en que ha estado vigente, desde los años 60 del siglo pasado, en que el concepto de *información* fue definido matemáticamente y se desarrolló la analogía mente-computador, **hasta las versiones actuales, con énfasis en las funciones cerebrales y la analogía mente-cerebro.** Examinemos a continuación, por separado, cada uno de los niveles de la memoria.

A MODO DE ENTRETENCIÓN

- Marque la alternativa **correcta** o la que **mejor** completa la idea del enunciado:

   1. Los términos cognitivo y cognoscitivo resultan ambiguos en psicología, ya que aluden tanto a

      a   Contenidos de estudio e investigación: los fenómenos cognoscitivos por contraposición a fenómenos afectivos, instintivos...

      b   Enfoque o manera de hacer psicología, poniendo énfasis en los procesos mentales como agentes causales de la conducta

      c   Enfoque o manera de hacer psicología, poniendo énfasis en la conducta observable y estímulos que se le relacionan

      d   **a y b**

   2. Un concepto (o "idea") es:

      a   Una representación particular o reproducción mental sensorial de los rasgos básicos de un objeto determinado

      b   Una representación universal, intelectual, de una categoría de objetos

      c   El "ladrillo" básico del conocimiento o aprehensión sensorial

      d   Equivalente a una imagen estandarizada

   3. El fenómeno de "darse cuenta" o reconocer objetos, cualidades, hechos..., que supone un proceso de **organización de la información recibida por vía sensorial y su interpretación a partir de la experiencia**, se denomina

      a   Sensación
      b   Imaginación
      c   Percepción
      d   Discriminación

   4. La captación intelectual de una **relación entre conceptos**, afirmando o negando algo, se denomina

      a   Inferencia deductiva
      b   Inferencia inductiva
      c   Juicio
      d   Razonamiento intuitivo

   5. El ejemplo: <Todo animal respira – Este mamífero es animal – Luego: este mamífero respira>, constituye un caso de

      a   Inferencia deductiva
      b   Inferencia inductiva
      c   Juicio
      d   Razonamiento intuitivo

6. Al nivel **general de desempeño cognoscitivo** –o estimación de la capacidad intelectual (poniendo énfasis algunos autores en el "potencial innato")– se le conoce como

   a   Pensamiento
   b   Conocimiento intelectual
   c   Inteligencia
   d   Entendimiento

7. El autor que dijo: "Por tanto no se produce nunca una acción totalmente intelectual (los sentimientos intervienen, por ejemplo, incluso en la solución de un problema matemático), ni tampoco actos puramente afectivos (el amor supone una comprensión), sino **que siempre y en todas las conductas** relativas a los objetos, al igual que en las relativas a las personas, **ambos elementos intervienen, debido a que se suponen entre sí...**", es

   a   Piaget
   b   Bandura
   c   Skinner
   d   Freud

• El texto que sigue, parte de la genial descripción de Pablo Neruda del *bosque chileno*, incluye una serie de **conceptos** basados en ricas **imágenes** visuales, espaciales, auditivas, táctiles, olfativas… Identifique algunos que le llamen la atención, en especial a partir de la manera como el poeta los adjetiva o califica:

> …Bajo los volcanes, junto a los ventisqueros, entre los grandes lagos, el fragante, el silencioso, el enmarañado bosque chileno… Se hunden los pies en el follaje muerto, crepitó una rama quebradiza, los gigantescos raulíes levantan su encrespada estatura, un pájaro de la selva fría cruza, aletea, se detiene en los sombríos ramajes. Y luego desde su escondite suena como un oboe… Me entra por las narices hasta el alma el aroma salvaje del laurel, el aroma oscuro del boldo… El ciprés de las guaitecas intercepta mi paso… Es un mundo vertical: una nación de pájaros, una muchedumbre de hojas…

Respuestas correctas: 1d, 2b, 3c, 4c, 5a, 6c, 7a.

Capítulo 6

MECANISMOS COGNITIVOS DE APRENDIZAJE

Segunda Parte

Temas del capítulo

Niveles de funcionamiento de la memoria humana • Memoria sensorial • Memoria de corto plazo / operativa o de trabajo • Funciones y subsistemas de la memoria operativa o de trabajo • Memoria de largo plazo • Funciones y subsistemas de la memoria de largo plazo • Memorias procedimental y declarativa • Memorias semántica y episódica • Lenguaje y memoria • Modelos de memoria semántica

NIVELES DE FUNCIONAMIENTO DE LA MEMORIA HUMANA

La **memoria** suele ser estudiada como una función del cerebro, pero también –y es lo que nos interesa en este manual– como una actividad de la mente que permite codificar, almacenar y recuperar la información del pasado, así como sustentar el tratamiento de la información momento a momento. Los biólogos explican que surge como resultado de conexiones sinápticas repetitivas entre las neuronas creando redes neuronales, junto a otros complejos procesos de la dinámica cerebral. La memoria humana permite retener experiencias y, en términos del alcance temporal, se suelen distinguir varios niveles. El hipocampo es una de las partes del cerebro directamente relacionada con la memoria y aprendizaje. En la enfermedad de Alzheimer se ven afectadas las neuronas del hipocampo lo que causa que la persona vaya perdiendo memoria con los efectos de todos conocidos. La memoria o los recuerdos son la expresión de que ha ocurrido un aprendizaje por lo cual resulta difícil estudiar por separado ambos procesos. En este capítulo describiremos 3 niveles de funcionamiento de la memoria: memoria **sensorial**, memoria de **trabajo y corto plazo**, memoria de **largo plazo**, dentro de la cual algunos distinguen un sub-nivel de mediano plazo.

Baddeley (1999) al preguntarse ¿qué es la memoria?, reflexiona:

> El uso de un único término pudiera indicar que la memoria es un sistema unitario, aunque complejo, tal como el corazón o el hígado. Como resultará obvio, **no es un sistema, sino muchos**. Los sistemas varían en duración de almacenamiento desde fracciones de segundo hasta una vida entera, y en capacidad de almacenamiento desde diminutos almacenes momentáneos al sistema de memoria a largo plazo, que parece exceder largamente en capacidad y flexibilidad al mayor ordenador disponible.
>
> Una forma de obtener cierta apreciación de la importancia de la memoria es estudiar la difícil situación de pacientes cuya memoria ha resultado dañada a consecuencia de una lesión cerebral.

El autor se explaya sobre esta última reflexión citando casos de personas que, siendo totalmente normales y competentes en muchos aspectos, quedaron con limitaciones muy severas en su vida adaptativa, aunque con curiosas disociaciones, al verse afectada su memoria por un daño cerebral irreversible.

MEMORIA SENSORIAL

Relacionada con el fenómeno de la **sensación** descrito en el capítulo anterior, se trata de un subsistema de registro de **brevísima duración**. Las estimaciones en laboratorios de psicología experimental se hacen en milisegundos, con una duración máxima de medio a no más de 4 segundos. Es **específica** para cada modalidad sensorial (*icónica* para la visión, *ecoica* para la audición, etc...) y de nivel **pre-atentivo** desde el punto de vista de la elaboración psicológica. Permite la **detección preliminar** y el **almacenamiento temporal de rasgos** mientras se van detectando los rasgos siguientes, lo que está a la base de la percepción o **síntesis perceptual,** es decir, el reconocimiento del estímulo u objeto, en que ya participa la memoria de trabajo.

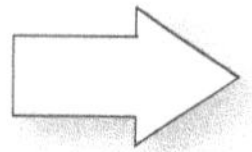

El **registro sensorial** constituye el paso obligado de la estimulación medio-ambiental para su posterior tratamiento e interpretación, marcando la primera etapa del *conocimiento o aprehensión sensorial*. El primer contacto con la información medioambiental se da a través de los receptores sensoriales.

Desde el punto de vista pedagógico, en consecuencia, los maestros deben poner acento —en especial con los niños pequeños— en **actividades que implican la participación de los sentidos**. Mientras más enriquecedoras sean las oportunidades propuestas, mejor base tendrán los procesos posteriores que se relacionan con la construcción del conocimiento.

Del verdadero "bombardeo" a que están siendo sometidos los receptores senso-riales, simbolizado por las flechas a la izquierda del diagrama (**fig. 5.8**) del capítulo anterior, se atiende solo a parte de esta información, perdiéndose la demás, tarea en que participa la memoria de trabajo y corto plazo. El lector puede, por ejemplo, atender a **otros aspectos** de lo que está procesando en este momento y que había desatendido –pese a estar, de algún modo, expuesto a ellos– como el tipo de letra y la diagramación de la página, o la calidad del papel con que está hecho este manual.

Como ya se explicó en una nota del capítulo anterior, Forgus (1976), en el ca-pítulo que dedica en su obra a la "naturaleza de la percepción como proceso de extracción de información", distingue entre:

- **Exteroceptores** o sentidos distales: visión, audición.

- **Propioceptores** o sentidos próximos: gusto, olfato, sentidos cutáneos (del tacto, calor, frío, dolor).

- **Interoceptores** o sentidos profundos:

    - *Cinestésico*, que transduce los cambios en la posición del cuerpo, movi-mientos de los músculos y tendones;

    - *Estático o vestibular*, que transduce cambios en el equilibrio;

    - *Orgánico*, que transduce cambios relativos al mantenimiento de la regu-lación de funciones orgánicas, como la alimentación, la sed, el sexo.

Transducción quiere decir transformación de un tipo de señal en otro distinto. En psicología, la gran mayoría de estudios acerca de las memorias sensoriales se ha realizado en las áreas de la visión y audición. Sus aportes son importantes en el aná-lisis de procesos subyacentes, de manera especial en neuropsicología cognitiva del lenguaje y de la lectura. Un libro clásico que ahondó inicialmente en estos procesos y que llegó a ser decisivo para los estudios posteriores fue la *Psicología cognoscitiva* de Neisser, como se hizo ver.

MEMORIA DE CORTO PLAZO / OPERATIVA O DE TRABAJO

Conocida inicialmente como memoria **inmediata**, de corto alcance, de corto tér-mino, o memoria **primaria** (para distinguirla de la secundaria o de largo plazo), fue descrita como **almacén de capacidad limitada**: 7 $\pm$ 2 ítemes o "chunks", de acuerdo al influyente trabajo de G. Miller de 1956: *El mágico número 7 más menos 2*. El hecho de que las personas pueden recordar por algunos instantes siete u ocho dígitos, aproximadamente, **apenas escuchados o leídos**, ha sido considerado como una medida de su capacidad. Las tareas relativas a la repetición de sílabas, dígitos, etc., incluidas en los tests de inteligencia –y que deben aprenderse en un solo en-sayo– corresponden a estimaciones de este nivel de memoria. Los trozos (*chunks*) corresponden a cualquier unidad familiar de información, basada en el aprendizaje previo (sílabas, números, palabras, frases...). Pueden recordarse más de 7 u 8 dígitos, si se reagrupan entre sí (pasando a constituir *chunks* más complejos). A medida que aumenta el tamaño del trozo o bloque (por ejemplo, en vez de 7 palabras de una sílaba, 7 palabras de tres sílabas...) se recuerdan menos bloques (unos 5), ya que resulta más difícil "ensayar" o repetirse tales unidades. Como se verá, esto se relaciona con la capacidad del **bucle articulatorio** (voz interna), un subsistema de la memoria de trabajo.

Se atribuye al psicólogo William James, fines del siglo antepasado, la distinción entre memoria *primaria* y memoria *secundaria* (corto y largo plazo, respectivamente). Esta distinción estará a la base del influyente modelo *multialmacén* de Atkinson y Shiffrin de la década de los sesenta del siglo pasado. (Ver **fig. 6.1**) Sin embargo, hay consenso en que

> Hermann Ebbinghaus fue el pionero en el estudio experimental de la memoria al haber descubierto en sí mismo y descrito fenómenos tales como las curvas de aprendizaje y del olvido, utilizando sílabas sin sentido (CVC) para dicho propósito.

Ebbinghaus[1] realizó sus experiencias en Alemania a fines del siglo XIX. Su *curva del olvido* aparece en todos los tratados o capítulos sobre psicología del aprendizaje humano. Según Ellis (1979), el investigador se refirió a su propia habilidad para repetir 7 ú 8 sílabas sin sentido después de una pura lectura de ellas, considerando que ello era... *una medida de las ideas de este tipo que puedo aprehender en un solo acto consciente unitario.* A esta amplitud de la memoria la denominó el filósofo inglés Jacobs en 1887 *prehensión*, que describió como *el poder de la mente para absorber cierto material*, explicando que *es obvio que no podemos asimilar, sin previamente absorber.* Ellis afirma que estos trabajos motivaron en esa misma época a Galton a publicar un informe acerca del "reducido lapso de memoria" en las personas infradotadas, lo que influyó decisivamente en la inclusión de su evaluación en psicometría en los tests de CI.

---

1   Hermann Ebbinghauss (1850-1909). Psicólogo alemán. El primero en estudiar científicamente la memoria. En Bonn se inició en historia y filosofía, posteriormente en Halle y Berlín. Sus estudios fueron interrumpidos por la guerra franco-prusiana, durante la cual sirvió en el ejército. En 1873 obtuvo su título en filosofía en la Universidad de Bonn con una tesis sobre la filosofía del inconsciente. Contribuyó a la idea de que los métodos de análisis cuantitativos podían ser aplicados a los procesos mentales superiores. En 1880 fue nombrado docente en la Universidad de Berlín. En 1885, publicó *Sobre la memoria*. El libro contiene lo relativo al olvido en función del tiempo, relación también conocida como curva del olvido. En 1902 publicó sus *Fundamentos de psicología*, obra muy influyente en Alemania.
    Más información se puede encontrar en Boring, E.G. Historia de la psicología experimental. Ed. Trillas, 1999, México, y en Baddeley, A. *Memoria humana. Teoría y Práctica.* Ed. Mc. Graw Hill, 1999, Madrid.

Con el impacto de la **teoría de la información** en psicología en los años 50 y 60 del siglo XX se retomaron estas ideas, ya que durante el auge del conductismo no se había seguido investigando sobre fenómenos *asociados a la introspección*. Se comenzó a considerar la amplitud mnémica[2] como reflejo de un **canal de capacidad limitada**, desarrollándose diferentes modelos de memoria, entre ellos el *multialmacén* de Atkinson & Shiffrin. Otros investigadores de renombre en el área son Broadbent y Miller.

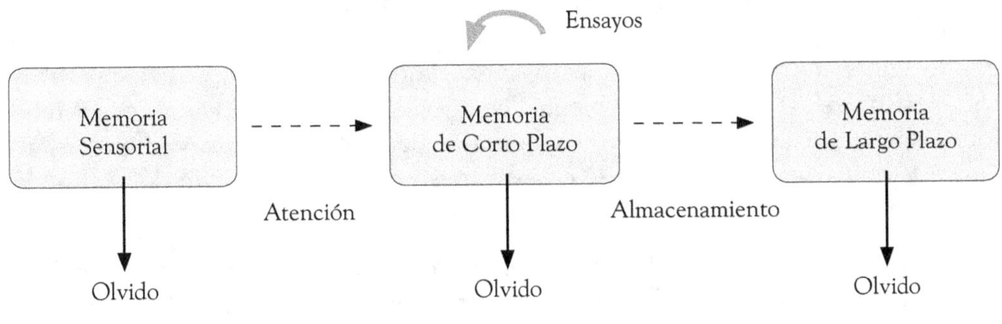

Figura 6.1

Modelo de memoria *multialmacén* de Atkinson y Shiffrin en su versión inicial.

En la **fig. 5.8**, se puede observar que las actividades relacionadas con la *memoria de trabajo / corto plazo* en el aprendizaje marcan el tránsito de la información desde la fase de **aprehensión** de los datos aportados por los receptores sensoriales [posibilitando el registro temporal para su interpretación por medio de la **percepción**, que implica, a su vez, la focalización de la **atención**] a la fase de **adquisición** o transferencia de la información a la memoria de largo plazo. En los seres humanos tal transferencia se logra, por lo general, con la participación de procesos cognitivos de orden superior (pensamiento y lenguaje) que posibilitan la **codificación** de la información –en sistemas simbólicos de diferente naturaleza– en el almacén de largo plazo, **con la participación simultánea de la información ya almacenada** en este sistema de memoria, que permite reconocer y darle sentido a la información de entrada.

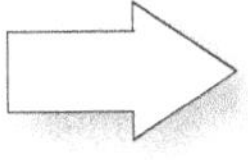

La focalización de la atención en los datos que se procesan, o su procesamiento puramente preatentivo y periférico, marcarán la diferencia entre un aprendizaje *intencional* e *incidental*. Este último corresponde a aquello que el sujeto detecta y aprende, sin haberse propuesto deliberadamente aprender[3].

---

2 De *mneme*, del griego = memoria.

3 Del punto nos ocupamos con algún detalle en nuestro libro *Psicología del Lenguaje* al tratar el problema del *aprendizaje implícito*.

Es el caso de recordar que el fenómeno de la **percepción**, que participa en la etapa inicial de reconocimiento y de asignación de sentido a la información de entrada, está dirigida por **esquemas** y **mapas cognitivos (fig. 5.6**: el *ciclo perceptual*), que guían los procesos constructivos que se llevan a cabo.

Buena parte de aquello que se registra transitoriamente en la memoria corto plazo se olvida (ver fig. 5.8), a excepción de lo que se logra codificar almacenándose en los sistemas de largo plazo. El repaso o ensayos de repetición –simbolizado en estos modelos con la flecha curva invertida ↶) sobre el almacén de corto plazo– permiten mantener activa cierta información, evitando que se olvide, hasta el momento en que se utilice o se logre codificar en la memoria de largo alcance. El ejemplo más característico en los libros de psicología –muchos de ellos más antiguos que los teléfonos celulares e inalámbricos– es el del número de teléfono visto en el directorio (o guía telefónica) –que la persona se repite varias veces antes de digitarlo– evitando así su olvido.

La concepción tradicional de **memoria de corto plazo** como sistema de **registro relativamente pasivo de información**, durante algunos segundos, de los modelos *multialmacén* (en tareas de repetición de dígitos, de sílabas sin sentido o de recuerdo de números telefónicos que deben marcarse inmediatamente) se ha complementado posteriormente con la consideración de que **ese mismo componente** de memoria juega un papel muy importante en el **procesamiento activo de la información**, lo que ha llevado a preferir la denominación de **memoria de trabajo u operativa**. En este componente de la memoria **se concentra la actividad consciente de la persona de momento a momento**, gracias al rol de la atención en el procesamiento de la tarea, por lo cual algunos tratadistas lo identificaron inicialmente como [**memoria de corto plazo** (en sentido tradicional) **+ atención**]. La memoria operativa o de trabajo es el "escenario" de nuestra actividad psicológica consciente, como se ha afirmado metafóricamente. Según Baddeley (1999):

> Memoria operativa es el término utilizado para describir la alianza entre los sistemas de memoria temporal que desempeñan un papel decisivo en muchas tareas cognitivas tales como razonamiento, aprendizaje y comprensión. En general, la memoria operativa cuenta con sistemas diferentes de los implicados en la memoria a largo plazo: los pacientes amnésicos profundos pueden tener una memoria operativa intacta, mientras que los pacientes con la memoria operativa dañada pueden mostrar una memoria a largo plazo normal.

Por otra parte, se considera actualmente que este sistema de memoria participa no solo en tareas de **input**, es decir en el almacenamiento temporal y procesamiento de información de entrada (como en los modelos *multialmacén*), sino también en tareas de **output**, o salida, por ejemplo, en la programación del habla en la *lingüistificación* del pensamiento. En psicolingüística se han estudiado, entre los numerosos aspectos relativos a la codificación de ideas en términos de habla y escritura, los *lapsus linguae* y otros errores, que han aportado datos muy interesantes acerca de la **programación del lenguaje** y el **almacenamiento temporal** y **secuenciado** de las porciones de lo que está en proceso de lingüistificación, y que se concreta en determinadas construcciones sintácticas y morfo-fonológicas al momento de su expresión oral. Fenómenos de esta naturaleza hacen ver la necesidad de postular la existencia de subsistemas de almacenamiento temporal.

También el **lapso ojo-voz** en **lectura en voz alta** en que la fijación de la mirada en la línea impresa va muy por delante de lo que la persona está articulando vocalmente en un momento determinado, confirma la necesidad de algún subsistema de almacenamiento temporal, y que aquí se relaciona con los sub-sistemas de la memoria operativa.

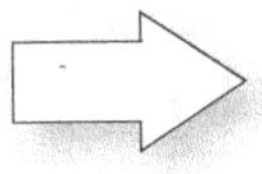 Cualquier actividad de la vida diaria, como conversar (que supone registrar lo que está diciendo el interlocutor mientras se programa o ejecuta la propia intervención), leer, escuchar una narración, escribir, realizar cálculos mentales... justifica la **necesidad de una memoria de trabajo** –y de subsistemas que la integren– diferente a la memoria de largo alcance.

Tratándose de tareas de diferente naturaleza, se hace menester visualizar *almacenes* para cada tipo de información: auditiva, visual, espacial... La **fig. 6.2** puede interpretarse como una visión "en aumento" del sector correspondiente a la memoria de corto plazo o de trabajo de la **fig. 5.8**. Este "acercamiento" permite detectar los **subsistemas** que la integran y que cumplen funciones como las insinuadas en párrafos anteriores. Se trata simplemente de una "metáfora gráfica", aunque inspirada en el modelo de Baddeley y colaboradores, ya sea directamente en sus escritos (en especial, Baddeley 1986 y 1999)[4] o en el análisis de su trabajo realizado por otros autores (entre ellos, Eysenk M.,1988).

---

4 **Alan Baddeley**, psicólogo inglés, nació en 1934. Se graduó en psicología en el University College de Londres in 1956 y obtuvo un M.A. en el Departamento de Psicología de la Universidad de Princeton USA in 1957. Realizó investigaciones inicialmente con insectos, pero por una serie de obstáculos de carácter práctico evolucionó, afortunadamente, a la psicología cognitiva humana. Conocido por su influyente modelo sobre la memoria de trabajo, que desarrolló inicialmente con Graham Hitch, y por varios tests neuropsicológicos derivados de su investigación clínica con pacientes con daño cerebral. Ph. D. por la Universidad de Cambridge in 1962. Galardonado, además, con un doctorado honoris causa por la Universidad de Essex en 1999. Profesor de psicología en la Universidad de York durante muchos años. En 1996 fue nombrado *Foreign Honorary Member* por la American Academy of Arts and Sciences. Ha sido admirador y crítico del trabajo de **Ulrik Neisser** (ver capítulo anterior), al que conoció personalmente y a quien sus amigos llamaban *Dick*. Las palabras que le dedicó con ocasión de su fallecimiento en febrero de 2012 comenzaban así:
Like many people, my initial knowledge of Dick came through his classic text **Cognitive Psychology**. *It provided a beautifully clear account of the exciting work of the 1960s in the newly developed information-processing paradigm,* ***and indeed named the field.***

> La noción de *memoria de trabajo*, relacionada con la capacidad para simultáneamente **almacenar** y **procesar** información de momento a momento en nuestro funcionamiento psicológico, ha llegado a ser las últimas décadas un constructo útil para entender y dar sentido a numerosos hechos relacionados con aspectos muy importantes de la conducta humana y algunos de sus desajustes.

Hoy en día, investigadores sobre la materia (por ejemplo, Alloway, Rajendran y Archibald, 2009) utilizan tanto las denominaciones de *memoria de trabajo*, como de *memoria de corto plazo*. Hablan de *memoria de trabajo* si se trata de actividades de **procesamiento o manipulación** de la información, en las que el *ejecutivo central* juega un rol importante. En cambio, de *memoria de corto plazo* si se trata de actividades de **almacenamiento inmediato**, en las que juegan un rol importante los diferentes subcomponentes de la memoria de trabajo. A modo de ejemplo, la prueba de *repetición de dígitos* en los test de CI es una tarea de *memoria de corto plazo* si se deben decir en el mismo orden en que fueron escuchados. El tener que repetirlos en sentido inverso (de atrás hacia adelante) es una tarea de *memoria de trabajo*.

FUNCIONES Y SUBSISTEMAS DE LA MEMORIA OPERATIVA O DE TRABAJO

Baddeley y colaboradores (Hitch, Salame, Lewis, Wilson, etc.) han descrito **4 subsistemas en la memoria de trabajo** y piensan que podrían identificarse otros. La manera como aparecen en el dibujo no es original de los autores. Se trata una adaptación libre que pretende simplemente integrar los subsistemas por ellos descritos al diagrama más amplio de la **fig. 5.8**. Los tamaños relativos y ubicaciones tan solo simbolizan que se trata de un sistema, es decir, una unidad mayor, que incluye subsistemas jerarquizados e interdependientes. Los tamaños y las ubicaciones son totalmente arbitrarios y cumplen un propósito puramente didáctico.

Para probar su modelo desarrollaron una metodología especial que en sus aspectos esenciales consiste en pedirle a los sujetos que ejecuten **al mismo tiempo** dos tareas diferentes (*concurrent or interference tasks*). Como cada subcomponente tiene una capacidad limitada, la lógica subyacente es que si las dos tareas hacen uso del mismo o de los mismos subcomponentes, la ejecución de una o ambas tareas será peor cuando se ejecutan juntas que cuando se ejecutan por separado. Si, por el contrario, cada tarea hace uso de un subsistema diferente, será posible ejecutarlas tan bien juntas como por separado. Los **subsistemas** que integran la memoria operativa, según Baddeley y equipo, son:

• EL EJECUTIVO CENTRAL

El más versátil de los subcomponentes, ya que **participa en todas las tareas que demandan actividad cognitiva**, correspondiendo, básicamente, a la **asignación de recursos atencionales** a dichas tareas. Se le llama así porque, además de la asignación de la atención a los diferentes tipos de input, **dirige la actividad de los otros subcomponentes**. Ha sido descrito como "un sistema esencialmente atencional"[5], muy flexible, debido a que procesa información de cualquier modalidad sensorial y de diferentes maneras.

En tareas automatizadas su participación es mínima, lo que explica que el ser humano pueda realizar dos o más actividades complejas al mismo tiempo, aunque atendiendo preferentemente a una de ellas, ya que se trata de un subsistema de "capacidad limitada": una mujer puede estar viendo su teleserie favorita al tiempo que teje: si hay un problema con el tejido, desatiende por algunos instantes a la serie. La persona que al manejar va conversando, deja de hacerlo en un cruce peligroso o cuando la situación que enfrenta es riesgosa.

Se suele identificar la expresión *recursos atencionales* con *recursos cognitivos*, ya que **atender** supone focalizar la exploración perceptual y/o la actividad pensante en una tarea determinada, abstrayéndose de los estímulos distractores. El lector hábil centra su atención de momento a momento en el **significado** de lo que lee: la **decodificación** está totalmente automatizada. El principiante, en cambio, ocupa los recursos del ejecutivo central en el desciframiento o decodificación, lo que obviamente obstaculiza la comprensión.

Hay controversia en cuanto a la ubicación del ejecutivo central, el subsistema de más jerarquía, **en** la memoria de trabajo. Representa simplemente **la acción de los procesos cognitivos superiores en tareas que demandan atención** y que deben hacer uso de registros temporales, poniéndose énfasis en las "limitaciones de procesamiento". Baddeley (1999) explica que se inspiró en el SAS (Sistema Atencional Supervisor) de Norman y Shallice, componente de un modelo que idearon en los años 80 para representar el flujo de control de la información. Estaban interesados en la compleja cuestión de "como se controlan la actividades y porqué este control falla a veces provocando errores que varían entre la ingestión inadvertida y trivial de un bombón cuando no se pretendía y la desastrosa pérdida del control en una planta de energía nuclear"[6].

---

5 Baddeley, A. The concept of working memory: a view of its current state and probable future development. *Cognition,* 10, 17-23, 1981.

6 El trabajo de Norman y Shallice publicado a fines de los 80 llevaba por título: *Attention to action: Willed and automatic control of behavior.* Formó parte de una recopilación de trabajos sobre *Consciousnes and self-regulation* editada por R. Davidson, G. Swarts y D. Shapiro, Vol. 4, Plenum Press, 1986.

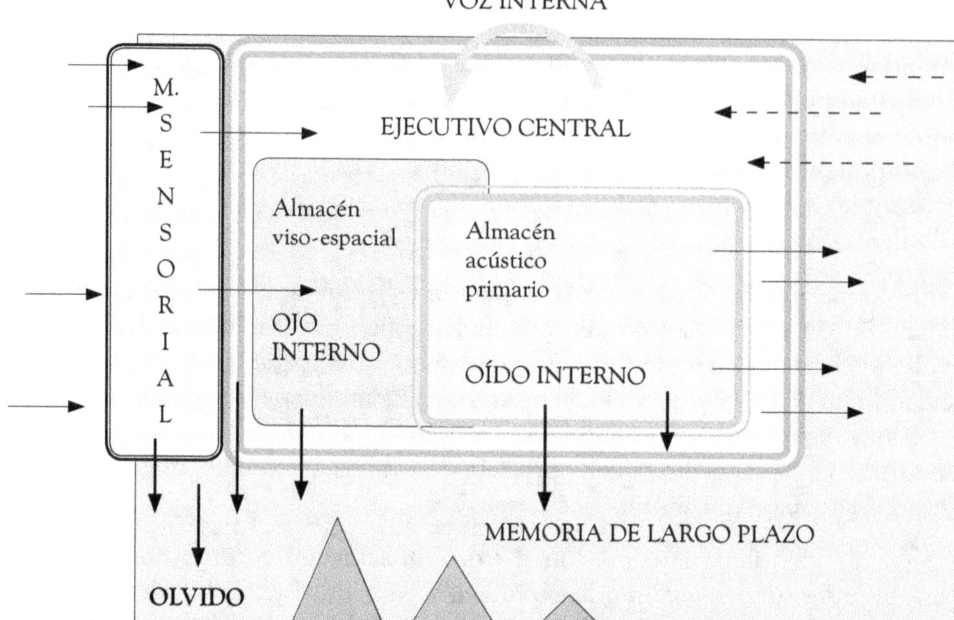

Figura 6.2

Subsistemas de la memoria de trabajo:
- **EJECUTIVO CENTRAL** (sistema atencional),
- **Bucle articulatorio** (voz interna),
- **Almacén acústico primario** (oído interno),
- **Almacén viso-espacial** o *"bloc de bosquejos viso-espacial"* (ojo interno).

Precisa Baddeley que Norman y Shallice "no se basaron en experimentos de laboratorio rígidos y altamente controlados, sino en la observación cotidiana de lapsus mentales o de fallas en el control del comportamiento que presentan algunos pacientes neuropsicológicos". Se interesó en el modelo ya que no solo explicaba bien los datos obtenidos por sus autores: encajaba muy bien con sus propias observaciones en pacientes con déficit del lóbulo frontal.

• EL BUCLE ARTICULATORIO

Constituye el subsistema de *repaso subvocal* o *ensayo verbal* y calza con lo que en psicología experimental se ha identificado tradicionalmente como memoria inmediata o de corto plazo, por ejemplo, en las tareas de repetición de dígitos. Gran parte de la investigación psicológica relativa a *memoria de corto plazo*, entonces, ha estado referida fundamentalmente a este subcomponente. Se le representa como una flecha curva invertida ⌢) sobre la memoria de trabajo. En el modelo cumple también una función de almacenamiento de las palabras **que se van a decir** al hablar, es decir, participa en la **programación** del lenguaje verbal. (Ver también Snorre, 2013).

Organiza la información de manera **temporal** y **serial**, con una codificación de tipo **articulatoria**, ya que maneja la información como para ser dicha (con la riqueza de plano fonético), por lo que se le reconoce como la VOZ INTERNA. Su amplitud o capacidad corresponde a tantas palabras (o sílabas) cuantas se pueden articular en **2 segundos**: advertimos anteriormente que a medida que aumenta el tamaño del bloque o *chunk*, por ejemplo, en vez de 7 palabras de una sílaba, 7 palabras de tres sílabas..., se recuerdan menos bloques, ya que resulta más complejo "ensayar" o repetirse tales unidades. Obsérvese que en inglés, en la prueba de dígitos, todos son de una sílaba, a excepción de *seven*. En español solo cuatro son de una sílaba, los demás de dos.

La voz interna participa en la **sub-vocalización en la lectura en los lectores principiantes**, quienes deben "escucharse" para estar en condiciones de comprender. En lectores hábiles no participa el "bucle", que cumple solamente una función de **respaldo** frente a palabras o párrafos desconocidos o más complicados, los que el lector se ve obligado a sub-vocalizar a fin de reconocer y contrastar en su memoria de largo plazo. El "habla interna", por tanto, **no participa necesariamente** en la lectura. Los buenos lectores siguen la **ruta directa** desde la pauta visual al significado, con la posible participación del "almacén acústico primario" Entre sus experiencias, Baddeley presentaba 32 oraciones breves, por escrito, que hacían referencia al orden de dos letras (**A** y **B**), en 4 modalidades gramaticales diferentes (afirmaciones y negaciones, en voz activa y voz pasiva), durante solo 3 minutos[7]. Los sujetos debían responder rápidamente *verdadero* o *falso*, siendo los enunciados del tipo:

01	A precede a **B**	**AB**	V	F
02	**B** es precedida por **A**	**BA**	V	F
03	A no sigue a **B**	**BA**	V	F
04	**B** no es seguida por **A**	**AB**	V	F
05	A no precede a **B**	**AB**	V	F
06	etc.		V	F

Las oraciones eran presentadas bajo diferentes condiciones experimentales: sin *tarea concurrente* o con ella, y si este era el caso, la tarea era de distinto grado de complejidad. Por ejemplo, el sujeto debía decidir rápidamente **V** o **F** frente a los

---

7 Baddeley, A. A three-minute reasoning test based on grammatical transformations. *Psychonomic Science*, 10, 341-342.
En su Tesis de Grado (dirigida por el autor de este manual), **Bernardita Meza**, del Programa de Magíster en Educación Especial PUC, al aplicar un test similar al de Baddeley a una muestra de 345 alumnos de enseñanza media (187 de 1º y 158 de 4º, distribuidos en 5 primeros y 5 cuartos) de dos colegios particulares pagados, encontró –entre otros datos de interés– **diferencias estadísticas significativas** entre los alumnos de 1º y los de 4º, a favor de estos últimos. **No encontró diferencias por sexo** (194 varones y 151 niñas). El 4º medio que obtuvo los mejores puntajes en la prueba de Baddeley, resultó ser el que obtuvo los mejores resultados de su colegio en la PAA (equivalente a la actual PSU).

enunciados, mientras repetía en voz alta una palabra, o una serie numérica breve, o seis dígitos al azar. Podía utilizar, por tanto, el bucle articulatorio o fonológico –la voz interna– como apoyo a la tarea de razonamiento a través de la sub-vocalización, o bloquearlo con la tarea concurrente o de interferencia. La ejecución decreció según la **complejidad de la tarea de interferencia**, que competía con la de razonamiento verbal en demanda de los recursos atencionales, pero también influyó la **estructura gramatical**, siendo las afirmativas activas las más fáciles y las negativas pasivas las más difíciles (ya que exigen "transformaciones" más complejas, según el modelo gramatical chomskiano).

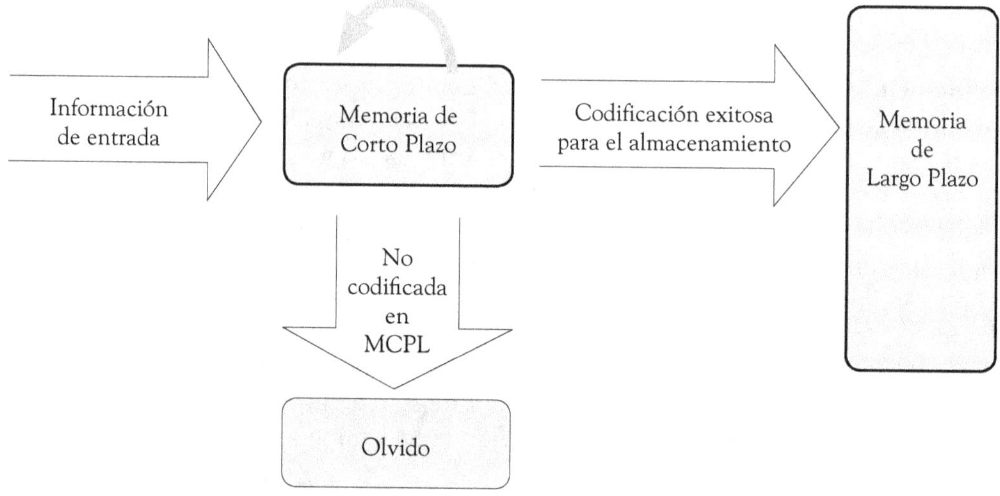

Figura 6.3

Modelo de memoria multialmacén que aparece en la influyente *Introduction to Psychology* de Hilgard, Atkinson y Atkinson (5ª ed.1971). Toda la información de entrada, explican los autores, llega a la MCPL donde puede mantenerse por medio de ensayos (flecha curva invertida arriba) o puede ser codificada exitosamente para el almacenamiento en la MLPI, o también olvidada.

Ya en los modelos *multialmacén* del tipo Atkinson & Shiffrin que aparecen en los manuales de psicología (ver **figs. 6.1** y **6.3**) está incluido este subsistema en tareas de **repaso** o **ensayo** que permiten mantener una determinada información en la memoria de corto plazo[8].

---

8   Corresponde también al **response buffer** del modelo LOGOGEN de Morton (Ellis, 1979). Precisando los alcances de Morton respecto de este almacén de corto plazo, afirma Ellis: "Mi propuesta particular es que **una y la misma entidad funcional** –el *almacén temporal de respuestas*– interviene tanto en el almacenamiento de secuencias de ítemes fonémicamente codificados durante los ejercicios de memoria de corto plazo, como en el almacenamiento de secuencias pre-planificadas del habla que está por producirse, durante la normal realización del habla". Cuando Ellis escribió esto, aún no integraba Baddeley a su modelo el "almacén acústico primario", el que puede reemplazar al "bucle articulatorio" en algunas tareas.
Ellis, A.W. Speech production and short term memory. En J. Morton & J. Marshall (eds.): *Psycholingüistics 2: structures and processes*. The MIT Press, 1979.

Las *estrategias de repaso* pueden también **contribuir a transferir información a la memoria de largo plazo**. Ello depende de la *calidad* de tales estrategias. Craik y Lockhart (1972), que se ocuparon de los **niveles de procesamiento en el aprendizaje**, haciendo una contribución que resultó ser muy decisiva en psicología, distinguieron entre:

- Ensayos de **repetición o mantención,** con los que se mantiene en la memoria el elemento o serie verbal, hasta que se satisface la necesidad inmediata que se tiene de él, olvidándose posteriormente, y

- Ensayos de **elaboración,** con los que se vincula el elemento, o serie, con significaciones pertinentes de la memoria de largo plazo.

La calidad de la elaboración marcará, a su vez, la diferencia entre un aprendizaje **memorístico** (con vinculaciones arbitrarias en la memoria de largo plazo) o un aprendizaje **significativo** (con vinculaciones de sentido). La distinción establecida por estos autores entre dos tipos de ensayos, que marcan dos niveles diferentes de procesamiento, ha dado pie posteriormente a hablar más bien de un "continuo" de actividades de procesamiento, que va desde un **nivel superficial** a otro **profundo** y que ha sido tenido en cuenta en diversas tipologías de **estilos de aprendizaje**. Un **procesamiento profundo** exige la participación no solo del "bucle articulatorio", sino también del **ejecutivo central**, con estrategias altamente elaboradas.

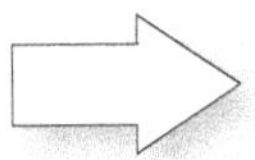 Muchas veces se observa a los estudiantes "repetirse y repetirse" la lección que están preparando, recitándola una y otra vez, sub-vocalizando o en voz alta... Lamentablemente, se trata, en algunos casos, de meros ensayos de "repetición" y no de "elaboración". Es decir, no logran transferir lo que procesan a sus sistemas de largo plazo estableciendo relaciones de sentido, o lo logran solo de manera memorística.

Para Craik y Lockhart, las *huellas* de la memoria son simplemente **resultado de la calidad de la utilización de procesos atencionales y cognitivos**. Baddeley (1999) sostiene que estos autores pueden ofrecer una explicación muy nítida del fracaso de los sujetos en el aprendizaje cuando los ítemes se presentan con frecuencia pero son procesados superficialmente. Aclara, sí, que la mera repetición puede transferir información a la memoria de largo plazo, aunque la calidad y duración de este tipo de aprendizaje no es comparable con aquel en el cual la información es codificada en un nivel profundo. Textualmente dice:

Cualquiera que sea su idoneidad como teoría global, el artículo de Craik y Lockart captó, sin duda dos generalizaciones importantes sobre la memoria humana: primero, que **el procesamiento semántico más rico y más profundo produce normalmente mejor aprendizaje** y, en segundo lugar, que **el repaso activo puede tener dos características generales**: el **mantenimiento** de la información durante un período de tiempo breve, o la **incorporación** de nueva información a la antigua, potenciando la segunda el aprendizaje mucho más que la primera.

Sobre el punto volveremos más adelante al contraponer el aprendizaje "significativo" al mecánico-asociativo o puramente "memorístico". Para Baddeley (1999), el bucle articulatorio o fonológico juega un papel muy importante (y aporta una serie de evidencias al respecto) en el **aprendizaje de la lectura**, en la **comprensión del lenguaje**, en el **aprendizaje fonológico a largo plazo** (el registro, por ejemplo, de palabras extranjeras en la memoria de largo plazo) y en la **adquisición del vocabulario**.

Los niños que presentan un **problema específico del desarrollo del lenguaje** o **para aprender a leer**, a pesar de una inteligencia normal y un entorno de apoyo, realizan pobremente tareas que conllevan manipulación fonológica o que exigen conocimiento fonológico: algunos ejemplos son juzgar si las palabras riman, o tomar una palabra y suprimir el primer fonema antes de repetirla.

Parte importante de la evidencia reunida por Baddeley y equipo corresponde también al estudio de personas que padecen un deterioro de la memoria de corto plazo debido a una lesión cerebral.

• El ALMACÉN DE CORTO PLAZO VISO-ESPACIAL

El *ojo interno* cumple funciones semejantes al bucle articulatorio, pero sirve para registrar información **visual** y **espacial**, por tanto, la codificación es diferente. El nombre en inglés podría traducirse como *apuntador, agenda* o *bloc de bosquejos viso-espacial*. Funciona en términos de **rasgos e imágenes visuales y representaciones espaciales**. También mantiene por breves instantes este tipo de información, con escasa o considerable participación del *ejecutivo central* según la naturaleza de lo que se procesa, permitiendo también el "repaso" o "ensayo" de los ítemes a recordar. Las experiencias realizadas en psicología experimental acerca de memoria inmediata en que lo que se tiene que recordar son, por ejemplo, **series de figuras visuales** *no verbalizables*, suponen la participación de este subcomponente. Nótese que si las figuras pueden nombrarse, es decir se les asocian palabras o rótulos lingüísticos, entra en acción también el bucle articulatorio.

En una **gran cantidad de tareas de la vida diaria** utilizamos este subsistema: al desplazarnos, bajar o subir peldaños, estacionar el auto (por ejemplo, retrocediendo), en los deportes..., en especial, cuando enfrentamos situaciones novedosas, es decir, no plenamente representadas en la memoria de largo plazo viso-espacial, y que exigen decisiones rápidas, las que se ven ayudadas por el registro inmediato de rasgos visuales y espaciales que están aportando la información del momento. En los ciegos de nacimiento, operan códigos **espaciales**, no visuales.

Baddeley (1999) hace ver que el *bloc de bosquejos viso-espacial* cumple un rol importante en la **orientación geográfica** y en la **planificación de las tareas espaciales**.

Está implicado también en el uso de *mnemotécnicas* basadas en **imágenes visuales,** aunque "no es responsable de la mayor facilidad de memorización de **palabras** altamente imaginables". Estas son más fáciles de recordar ya que pueden ser representadas de una forma más rica en el sistema de memoria semántica de largo plazo.

Sobre la cuestión de si el subsistema debiera considerarse preferiblemente visual o espacial, sus investigaciones sugieren componentes **visuales** y **espaciales diferentes** en las imágenes, con localizaciones anatómicas cerebrales distintas. Se da una relación importante entre componentes visuales y espaciales, pero son independientes[9].

• El ALMACÉN ACÚSTICO PRIMARIO

Las investigaciones de Baddeley y equipo hicieron ver la necesidad de distinguir entre la *voz interna*, que opera en términos articulatorios y un **almacén de tipo acústico,** no articulatorio, que cumple el rol de *oído interno*, el que integraron más tarde al modelo. Como ya se explicó, uno de los procedimientos utilizados por estos investigadores para probar el modelo e identificar sus componentes consiste en la técnica de la **tarea concurrente** o **de interferencia.** Como cada componente tiene una capacidad limitada de almacenamiento y procesamiento, **si dos tareas hacen uso del mismo componente** se verán deterioradas ambas. Si no es así, se podrán ejecutar razonablemente bien al mismo tiempo.

La participación del *oído interno* como subsistema diferente a la *voz interna* se puede apreciar, por ejemplo, en condiciones de **supresión articulatoria,** es decir, cuando se bloquea la participación del *bucle* en una tarea determinada, **impidiendo la sub-vocalización que respalda esa tarea,** lo que se logra repitiéndose o ensayando algo internamente o vocalizándolo: por ejemplo, diciendo una y otra vez *3-2-1* mientras se lee un párrafo.

El lector normal podrá, incluso en esas condiciones, "escuchar" internamente lo que está leyendo, percibir el "sonido" de las palabras y, además, captar bastante bien el significado. Podrá decidir también "en condiciones de supresión" cosas tales como si palabras presentadas visualmente riman entre sí, o si enunciados de diferente formato sintáctico son equivalentes. Indudablemente, si las tareas son muy complejas y reclaman la participación del "bucle", se verán deterioradas, en especial si este está bloqueado con el "ensayo" o repetición de secuencias demasiado exigentes.

El almacén acústico primario procesa la información inmediata que le concierne en términos de **rasgos auditivos** (tono, intensidad); la de tipo lingüístico, en térmi-

---

9 Los resultados los obtiene empleando datos de la ejecución en el aprendizaje y memoria con sujetos normales; también, procedentes del patrón de potenciales eléctricos evocados y del flujo sanguíneo cuando los sujetos realizan tareas verbales o con imágenes; y de estudios neuropsicológicos de pacientes con lesiones en las áreas correspondientes del cerebro. Su libro *Memoria humana: teoría y práctica* (edición revisada en inglés publicada en 1997; en español, 1999), es rico en detalles al respecto.

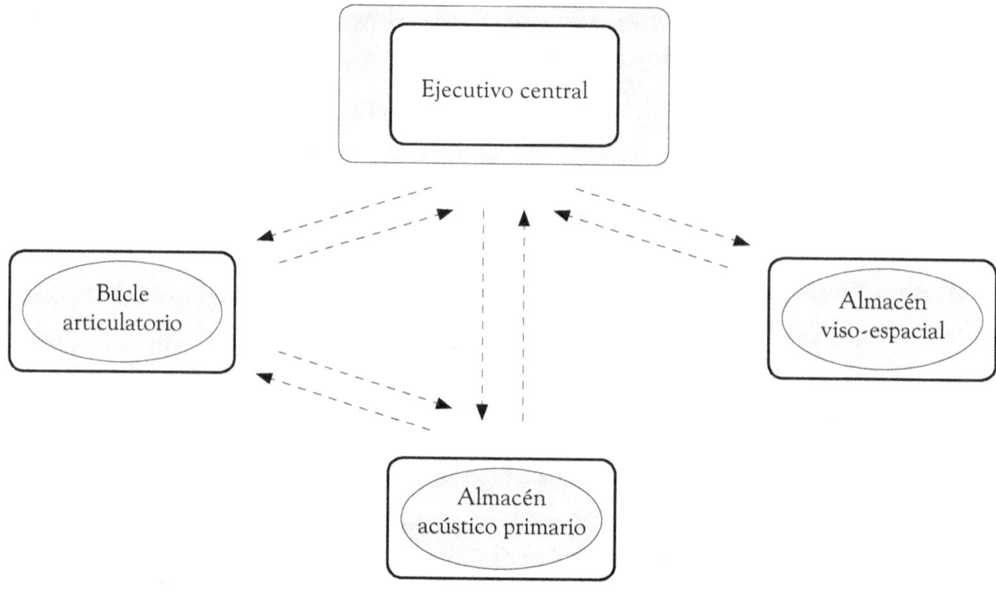

Figura 6.3

Relaciones entre los subsistemas de la memoria de trabajo, en la interpretación de Eysenck M. 1988.
Se ha simplificado su diagrama.

nos **fonémicos** (no fonético-articulatorios, como el *bucle* o *voz interna*). Los inputs auditivos tienen acceso directo a este subsistema; los visuales, de manera indirecta (Ver **fig. 6.3**). Parece estar implicado en el **proceso lector normal,** ya que, como se señaló en el párrafo anterior, el sujeto puede resolver una serie de tareas **verbales** presentadas visualmente, en condiciones de *supresión articulatoria*[10].

La presentación hecha hasta aquí del constructo **memoria de trabajo**, en ningún caso pretende ser completa. Se ha querido tan solo mostrar algunos de los complejos mecanismos que entran en juego en nuestro funcionamiento cognitivo, en tareas que dicen relación con el almacenamiento de información a corto plazo, ya sea de "entrada", como de "salida". Los aportes del modelo a la psicología cognitiva son valiosos. Las ventajas del concepto de **memoria de trabajo** por sobre el de memoria de corto plazo son evidentes, ya que, de un almacén pasivo y unitario, se ha llegado a un **sistema activo y flexible** que explica mejor el almacenamiento transitorio de los variados tipos de información que procesa el ser humano. Los subsistemas que la integran dan cuenta del tratamiento de importantes **modalidades** de información, pero **no las agotan.** Es posible que deban identificarse **otros subcomponentes** especializados en aquellos aspectos que escapan a la acción de los arriba descritos.

---

10 **Verbal** (= relativo a las palabras) equivale aquí a **lingüístico**, por oposición a lo "no verbal", pudiendo ser tanto **escrito**, como **oral**. En el lenguaje corriente se suele usar verbal como equivalente a *oral*.

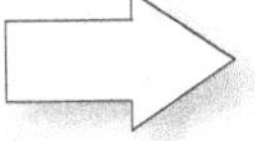

Los problemas de la vida diaria, incluidos los más simples, así como las tareas intelectualmente exigentes de tipo académico, los razonamientos de índole verbal y numérica (por ejemplo el cálculo mental), etc., exigen la participación del *ejecutivo central* y de los subsistemas que lo acompañan, que permiten almacenar transitoriamente datos que deben ocuparse oportunamente en función de la tarea total. Piénsese en la resolución mental de problemas aritméticos en que deben *reservarse* cantidades, datos..., incluso manteniendo mentalmente sus "ubicaciones" espaciales.

Sin embargo, el estudio de la memoria de trabajo **en ausencia** de lo que significa nuestro sistema de registro de información a **largo plazo**, que describiremos a continuación, **resulta incompleto e insuficiente**: su funcionamiento cabal no puede entenderse si no es a la luz de los conocimientos que poseemos acerca del mundo y de nosotros mismos, logrados especialmente gracias a la aprehensión intelectual o actividad cognoscitiva superior.

MEMORIA DE LARGO PLAZO

Ebbinghaus realizó los primeros trabajos científicos sobre el tema –de lo que informan todos los tratados de psicología del aprendizaje humano– y lo hizo estudiando su propia memoria. "Al investigar su memoria para la prosa, refiere Jenkins (1978), encontró que **el aprendizaje previo –las cosas que él ya sabía–** desempeñaba un papel importante. Esto lo llevó a crear listas de *sílabas sin sentido* para estudiar la *memoria pura*"...

El **aprendizaje previo** o **las cosas que ya sabemos** constituyen, precisamente, el foco de nuestro interés en este punto. Ya precisamos al hablar sobre la "memoria de trabajo" que los repasos o ensayos "de elaboración" son un importante recurso para **transferir información a la memoria de largo plazo**. Su efectividad depende –como sabemos– de los **conocimientos previos** y de cómo estos pueden ser relacionados con los nuevos datos de entrada. Esto reviste una enorme importancia para el **aprendizaje académico**, a tal punto que Ausubel, en el capítulo dedicado a la "estructura cognoscitiva y la transferencia" en su influyente tratado de *Psicología de la Educación* (Ausubel y colaboradores, 1983) sostiene:

> Si tuviese que reducir toda la psicología educativa a un solo principio, enunciaría este: **de todos los factores que influyen en el aprendizaje, el más importante consiste en lo que el alumno ya sabe**. Averígüese eso, y enséñese consecuentemente (pág. 151).

La memoria de largo plazo o de largo alcance, el tercer sistema de registro de información en los modelos *multialmacén*, corresponde, según la analogía mente-computador en que se basan tales modelos, a los datos o información más o menos permanente "grabados" en el disco duro, CDs, pendrives, etc., y a la acción de programas y rutinas que tratan tales datos, en que intervienen también los datos ya almacenados. Para el lego, "la memoria" se identifica prácticamente con lo que en psicología se describe como memoria de largo plazo y a nadie escapa que comprende, al menos, dos aspectos básicos:

1)　La retención, el registro o conservación de datos o hechos.

2)　La recuperación o evocación de tales datos o experiencias.

Estos dos aspectos los describe Abbagnano en su *Diccionario de Filosofía* como (1) la *retentiva*: conservación o persistencia de una determinada forma o de los conocimientos pasados; y (2) el *recuerdo* o *reminiscencia*: la posibilidad de reclamar, al necesitarlo, el conocimiento pasado y de hacerlo presente. Afirma que ya Platón había diferenciado entre ambos aspectos que denominó *conservación de sensación* y *reminiscencia*, terminología que adoptó también Aristóteles. Atendiendo a estas dos "caras" de la memoria, es que ha sido definida como

> **Proceso mental activo** que permite **retener o registrar las experiencias** y posteriormente **recuperarlas.**

La psicología es rica en metáforas y analogías para referirse a la información registrada a largo plazo, a su jerarquización e interrelaciones, así como al tratamiento a que es sometida. Se habla, por ejemplo, de **mapas** cognitivos y conceptuales, de **redes** de conocimiento, de **esquemas, guiones, estructuras**, de **diccionario** o **lexicón** interno, etc. De estos conceptos nos ocupamos con algún detalle en los apartados dedicados a la **representación del conocimiento** y **memoria semántica** en nuestra *Psicología del Lenguaje (2016).*

La aprehensión o conocimiento intelectual del mundo –que se basa en la aprehensión sensorial y en la acción– en interacción constante con él, se manifiesta tanto en la capacidad de **representar o almacenar los datos de la realidad**, como en la de **operar sobre ellos**. A este respecto, filósofos y psicólogos han distinguido entre un *saber* **qué** y un *saber* **cómo**, lo que ha llevado a postular diferentes tipos o modalidades de memorias a largo plazo. Gracias a esta actividad encubierta, que encuentra su máxima expresión en el pensamiento y el lenguaje, no necesitamos actuar directamente sobre la realidad, sino sobre sus representaciones o símbolos, lo que nos posibilita organizar internamente nuestro conocimiento de las cosas, planificar la acción, regularla y encauzarla. La acción misma en el mundo podrá ser, posteriormente, sometida a evaluación.

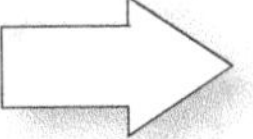

Todo esto supone sistemas de registro más o menos permanente que pueden abarcar desde hechos muy puntuales o triviales hasta nuestra visión general del mundo. Como lo expresaba Baddeley en la cita inicial de este capítulo: "Los sistemas varían en duración de almacenamiento desde fracciones de segundo hasta una vida entera, y en capacidad de almacenamiento desde diminutos almacenes momentáneos al sistema de memoria a largo plazo, que parece exceder largamente en capacidad y flexibilidad al mayor ordenador disponible."

FUNCIONES Y SUBSISTEMAS DE LA MEMORIA DE LARGO PLAZO

En psicología se han distinguido **tipos** o **modalidades de funcionamiento** de memoria a largo plazo. Tulving, que realizó estudios con Craik acerca de los niveles de procesamiento, popularizó la distinción entre memorias de largo plazo **semántica** y **episódica.** Por otra parte, investigadores del campo de la ciencia cognitiva y de la neuropsicología, como Alper, Squire[11], basados en la distinción de Anderson en su trabajo sobre la "arquitectura de la cognición" de comienzos de los 80 entre conocimiento *declarativo* y *procedimental* –correspondientes al "saber qué" y "saber cómo" anteriormente mencionados– han fundamentado los tipos de memoria de largo plazo **procedimental** y **declarativa.**

En el tratamiento del tema que llevan a cabo diversos autores, entre ellos Sprinthall, Sprinthall & Oja (1996), organizan estos subtipos de memoria como se muestra en **fig. 6.4.**

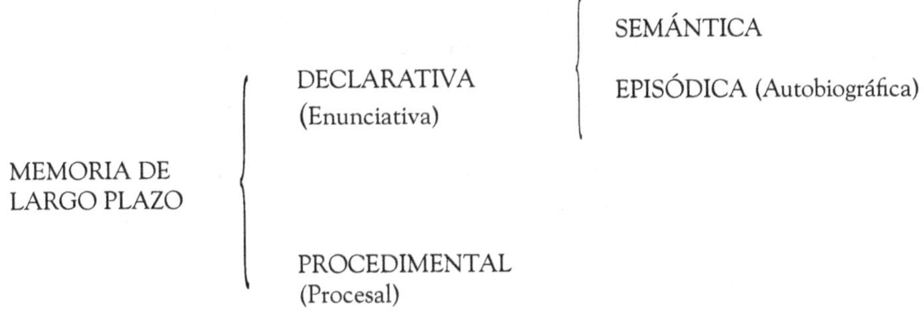

Figura 6.4

Subtipos o modalidades de funcionamiento de memoria de largo plazo.

---

11 Alper, J. Our dual memory. *Science*, 86, 44-49, 1986.
    Squire, L. Mechanisms of memory. *Science*, 232, 1612-19, 1986.
    Squire, L. *Memory and brain*. Oxford University Press, N.Y., 1987.

Los investigadores de las neurociencias explican que hay un conjunto de procesos cerebrales interrelacionados que permiten almacenar y recuperar **tipos específicos de información**. Se puede caracterizar el **modo de operación** del sistema a través de una serie de **propiedades** bien definidas, y cada sistema se puede **disociar** o **distinguir** de los otros sistemas. Conviene advertir que no existe pleno consenso en la delimitación que hacen ciertos autores de algunos de los términos que muestra la **fig. 6.4.**

MEMORIAS PROCEDIMENTAL Y DECLARATIVA

El concepto de **memoria procedimental** o procesal –relacionada habitualmente con el *saber cómo*– en el sentido original con que fue acuñado está restringido **a habilidades y destrezas con un fuerte componente motor** adquiridas a través de la **práctica reiterada** y también **condicionamiento**, tanto clásico como operante. La memoria procedimental representa, según Klein (1994),

> El **conocimiento** acerca de **cómo hacer las cosas**, tales como atarse los cordones de los zapatos o tocar el piano, que son almacenadas como resultado de las experiencias de condicionamiento instrumental"... "puede representar también **reacciones emocionales** ante eventos ambientales, como tener hambre al llegar al cine o miedo al atravesar un puente elevado... almacenadas como resultado del condicionamiento pavloviano.

La ejecución motriz de habilidades deportivas y rutinas de la vida diaria **automatizadas**, que no requieren de control consciente, están representadas en este tipo de memoria. Entendida en este sentido es como los estudios acerca del sustrato biológico de la memoria concluyen afirmando que "hay grandes diferencias en la bioquímica de los dos tipos de memoria a largo plazo: la procedimental y la declarativa"[12].

Este tipo de memoria está relacionado con el **aprendizaje** y **conocimiento implícitos**, términos que hacen referencia –como explica Baddeley (1999)– a que **no puede accederse a ellos con facilidad mediante la introspección y a que no es sencillo expresarlos con palabras**: suelen ser característicos de la adquisición de destrezas motoras como silbar, esquiar o montar en bicicleta. No se limitan, en todo caso, a las destrezas perceptivas y motoras: el aprendizaje del lenguaje es un buen ejemplo de ello. El niño utiliza desde temprano estructuras gramaticales cada vez

---

12 En este manual no se toca el tema relativo al sustrato biológico del aprendizaje. Hay libros especializados sobre él. En cuanto a "memoria y fisiología" ya aparecía una introducción concisa y útil desde la perspectiva de la psicología educativa en el libro de Sprinthall, Sprinthall & Oja (1996). También resultan muy valiosos los trabajos de Baddeley (1999) y de Anderson (2001). Sin embargo, con el impulso que han tomado las *neurociencias* en el ámbito educativo, los educadores tienen actualmente la oportunidad de participar en seminarios, cursos de perfeccionamiento y postítulos dedicados al área.

más complejas, lo que sorprende en relación a su capacidad de *insight*. Pese a ese notable talento, es incapaz de explicar las reglas subyacentes. Estas deberán enseñársele explícitamente a lo largo de su escolaridad, pudiendo eventualmente llegar a formar parte de su conocimiento declarativo. Memoria **procedimental** también hace referencia al almacenamiento a largo plazo de cualquier tipo de "saber cómo" o procedimientos en general, incluyendo aquellos relativamente intangibles que no se traducen en destrezas motoras evidentes, como las habilidades de naturaleza intelectual.

Memoria declarativa o enunciativa, por otra parte, se relaciona con el registro de hechos, datos o fenómenos, de muy variada naturaleza, **accesibles al conocimiento consciente** y que corresponden al "saber qué".

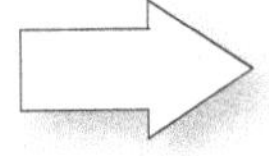

Si **atarse los zapatos** corresponde a una destreza aprendida a través de la práctica reiterada –por la cual está codificada en la *memoria procedimental* ya que se demuestra **saber cómo ejecutar** dicha habilidad– **hacerlo consciente** para **declararlo o referirlo** a otros, (**saber qué**), corresponde a información registrada en la *memoria declarativa*.

La memoria declarativa incluye, por tanto, información general, expresada en conceptos (verbales y no verbales), reglas, estrategias, etc., Sprinthall y colaboradores la definen como "el almacén en el que se guardan nombres, fechas, hechos, lugares, caras y experiencias pasadas". Comprende las memorias de largo plazo descritas por Tulving en los 70 y acerca de las cuales ha seguido investigando: memorias **semántica** y **episódica** (también conocida como "autobiográfica"). Se da una evidente superposición entre lo que algunos estudiosos describen como memoria *declarativa*, y otros como memoria *semántica*. Comparten muchas de las funciones que las caracterizan, ya que la semántica se incluye en la declarativa, si bien sus denominaciones hacen referencia a perspectivas diferentes que se quieren destacar. También la memoria episódica forma parte del amplio sistema de memoria declarativa (Ver **fig. 6.5**). La memoria declarativa es conocida también como **memoria explícita**: se trata de recuerdos o conocimientos de los que una persona se percata en forma consciente cuando se deben recuperar (Anderson, 2001).

> El desarrollo de muchas *destrezas* y *habilidades* supone el tránsito desde una codificación inicial de la tarea en términos *declarativos*, explícitos, hasta llegar a su codificación *procedimental*.

Anderson (1995) describe en detalle y con ejemplos muy interesantes la **procedimentalización** (*proceduralization*), **proceso a través del cual las personas cambian o se conectan desde el uso explícito del conocimiento declarativo a la aplicación directa del conocimiento procedimental**. Lo analiza en un capítulo dedicado a la naturaleza de la *pericia* (*expertise*). Hace ver cómo a través de una práctica extensiva podemos desarrollar altos niveles de pericia, que resultan de gran ayuda al tener que enfrentar problemas o desafíos en determinado dominio. De ahí la importancia de la práctica y la ejercitación.

En el desarrollo de las *habilidades* describe 3 estadios. El primero es el estadio *cognitivo*: el sujeto desarrolla una codificación declarativa de la habilidad que tiene que adquirir. Debe registrar en su memoria una serie de hechos y elementos relevantes para la tarea, como ocurre con quien está aprendiendo a manejar o quien debe resolver determinado tipo de problemas en geometría. El segundo estadio es el *asociativo*, en el cual la persona gradualmente va tomando conciencia de los errores en su comprensión y práctica inicial, y los va eliminando, generando al mismo tiempo reglas para enfrentar de mejor manera las dificultades que surgen. El tercer estadio es el *autónomo*: el procedimiento se ha ido haciendo más y más automatizado y rápido. Habilidades complejas (manejar un automóvil, jugar ajedrez, tocar un instrumento musical, decodificación lectora etc.) se desarrollan gradualmente en la dirección de hacerse cada vez más autónomas exigiendo menos recursos atencionales y de procesamiento. Anderson dedica un apartado especial en su capítulo a las relaciones *memoria de largo plazo* y *pericia*.

Distingue entre aprendizaje *táctico*, que tiene que ver con el proceso por el cual las personas aprenden reglas específicas para solucionar problemas específicos, y *estratégico*, que supone la **adquisición de una manera de organizar la propia habilidad de solución de problemas optimizándola para resolver de manera altamente apropiada los desafíos en ese dominio.** Explica Anderson cómo las personas que llegan a ser expertas en algún dominio desarrollan una notable habilidad para almacenar la información clave en su memoria de largo plazo y también para recuperarla.

MEMORIAS SEMÁNTICA Y EPISÓDICA

Cohen (1983) explica en su tratado de psicología cognitiva que la **memoria semántica** se ocupa de la **estructura del conocimiento,** de cómo este se almacena, de sus referencias cruzadas y de su clasificación. Le conciernen la organización del conocimiento cotidiano del mundo y la representación del significado. Y precisa:

> La memoria semántica **no es solo un diccionario interno** en el cual los términos lingüísticos se encuentran ordenados y definidos. **Los elementos son conceptos y, aunque la mayoría de los conceptos tienen etiquetas léxicas, no todos ellos son verbales**. Los conceptos se definen por sus propiedades y sus relaciones con otros conceptos... Los hechos o **proposiciones** están representados por conceptos unidos en relaciones determinadas y conjuntos de proposiciones, que se combinan para formar campos relacionados del conocimiento...

Aunque hay un centro común de conocimiento culturalmente compartido, **la memoria semántica es personal**, porque el conocimiento y la experiencia de cada individuo difieren. **No es una enciclopedia mental estática**, sino un **sistema de trabajo** en el cual **se incorporan constantemente nuevos datos, el conocimiento almacenado se pone al día y se reclasifica**, y se buscan, se localizan, se reúnen y se recuperan elementos determinados de información.

Para Sprinthall y colaboradores este tipo de memoria "contiene las palabras y su significado, información general, así como conceptos, reglas y estrategias para el aprendizaje". De acuerdo a lo revisado anteriormente en este manual, queda de manifiesto que **el tipo de procesamiento utilizado, la calidad de la actividad pensante aplicada, serán decisivos en la manera como se registre la información** y en el éxito que se tenga posteriormente en recuperarla.

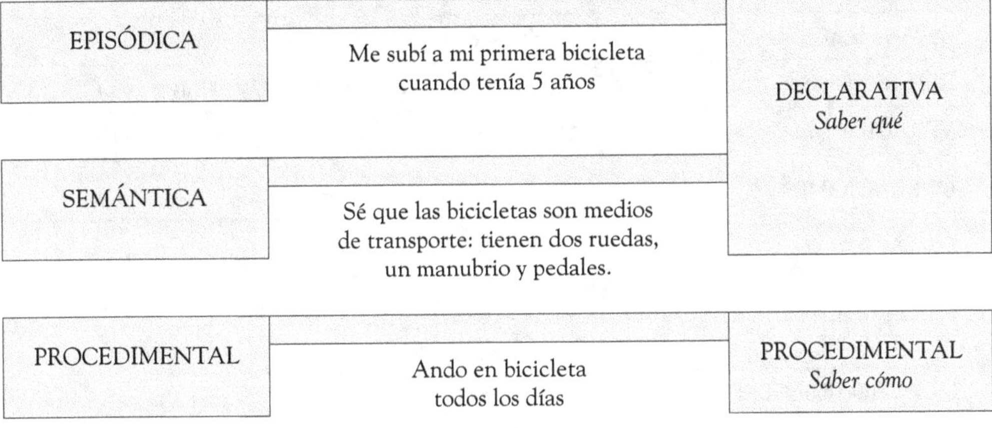

Figura 6.5

Diferentes tipos de memoria de largo plazo. (Adaptada de Gross, 1998).

La memoria **episódica**, a diferencia de la semántica que registra y organiza el conocimiento conceptualmente, organiza la información o los hechos **temporalmente**. (Ver **fig. 6.5**). Se trata de una modalidad de memoria que registra también los **acontecimientos pasados del sujeto y sus experiencias**, y en donde aquello que tiene una mayor carga emocional o una significación particular se graba con mayor persistencia. Se la conoce, en consecuencia, como memoria **autobiográfica**, si bien es preferible considerar lo autobiográfico como un aspecto de lo episódico: aquello que atañe directamente al sujeto.

No todos los psicólogos están de acuerdo en que memoria *semántica* y *episódica* constituyan dos sistemas de memoria independientes, pese a algunas pruebas en apoyo de tal distinción que parecerían bastante convincentes. Piensan más bien que hay **un sistema de memoria único** y que el contenido de la memoria en este sistema varía de **episodios altamente específicos al contexto** a **generalizaciones abstractas** (Klein 1994). De la tabla original de **Tulving** en que compara ambos tipos de memoria, citado en Klein, extractamos algunos rasgos y modificamos levemente otros. Obsérvese que los diferentes criterios de comparación **señalan más bien los extremos de una dimensión o énfasis en determinados procesos, y no categorías mutuamente excluyentes (fig. 6.6)**.

MEMORIA	EPISÓDICA ←————→ SEMÁNTICA	
INFORMACIÓN		
FUENTE PRINCIPAL:	Conocimiento sensorial	Conocimiento intelectual
UNIDADES:	Eventos, episodios	Relaciones, conceptos
ORGANIZACIÓN:	Temporal	Conceptual
REFERENCIA:	Yo	Universo
VERACIDAD:	Creencia personal	Consenso social
OPERACIONES		
REGISTRO:	Experiencial	Simbólico
AFECTO:	Importante	Menos importante
COMPRENSIÓN:	Menos importante	Importante
CAPACIDAD INFERENCIAL:	Limitada	Rica
SE INFORMA COMO:	Recuerdo	Conocimiento
PREGUNTAS:	¿Cuándo?, ¿dónde?	¿Qué?, ¿cómo?

Figura 6.6

Comparación entre memoria semántica y episódica. Basada en Klein (1994).
¿Dos sistemas diferentes o dos polos de un único sistema?

LENGUAJE Y MEMORIA

Anteriormente citamos a **Jenkins** quien afirmaba que **el recuerdo** no es solo función de lo que el mundo exterior presenta: es también función **de lo que se hace con los acontecimientos a medida que se los experimenta**. En otras palabras, de la manera en que se usa la *maquinaria mental* (Jenkins, 1978). El destacado psicolingüista hacía ver cómo la memoria no es un simple "dispositivo copiador": es **activa** y **muy flexible**, ya que puede comportarse como una *máquina muy simple*, pero también como una *máquina muy compleja*, dependiendo del uso que queremos hacer de ella. Este uso obedece, en buena parte, al aprovechamiento que se hace del **lenguaje** que –como se hizo ver– **potencia la acción del pensamiento**. Explica Jenkins que el lenguaje está estructurado compleja y jerárquicamente y que "las funciones de la memoria cambian con el nivel del lenguaje usado y con las exigencias de la situación".

> **El recuerdo** no es solo función de lo que el mundo exterior presenta, sino que es también función **de lo que se hace con los acontecimientos a medida que se los experimenta.**

La conocida **curva del olvido** de Ebbinghaus, que representa el promedio de aprendizaje –y olvido– de una gran cantidad de listas de sílabas sin sentido destinadas a medir la "memoria pura", muestra una gran pendiente las primeras 24 horas. **Las pérdidas de lo aprendido son muy grandes el primer día**; después, el descenso es más lento. Esto le pareció a Jenkins que estaba **en contradicción con el sentido común**: las cosas que nos parecen importantes en la vida no se olvidan tan repentinamente: la "pendiente" parece ser más bien suave desde el comienzo –si lo representamos en un gráfico– y, de hecho, hay cosas que simplemente no las olvidamos…

Con estas reflexiones, sometió a varios sujetos a experiencias parecidas a las de Ebbinghaus, es decir, al aprendizaje de listas de sílabas sin sentido (consonante-vocal-consonante). No servirían a este propósito, para hablantes del español, sílabas como *pan* o *sol*. En cambio, para la mayoría de la gente serían sílabas sin sentido *xiv*, *rej*, *ñac*… Encontró que **la primera lista aprendida la recordaban al día siguiente casi tan bien como recién aprendida**: 20% de pérdida, versus el 80% reportado por el investigador alemán… Eso se relacionaba, al parecer, con que "les había costado mucho aprenderla". A medida que los sujetos fueron practicando con más y más listas, las memorizaban cada vez más rápido y con mayor facilidad. En cambio, los puntajes de retención a las 24 horas comenzaron a empeorar, **hasta producirse una curva del olvido semejante a la de Ebbinghaus**… Esto lo interpretó Jenkins de este modo:

> Los sujetos aprenden a comportarse como **máquinas muy sencillas de aprendizaje**, que ejecutan la tarea inmediata de tal manera que tienen poca memoria a largo plazo.

> **Con la primera lista que aprende, el sujeto puede generalmente contarnos todo tipo de cosas que no vienen al caso.** Sabe cuántos ítemes había; sabe qué le hacían recordar las sílabas; qué estaba pensando mientras trataba de relacionar las sílabas entre sí. Nótese que esta actividad es **particularmente útil para el sujeto en el experimento**: está **sobrepotenciando** la tarea y la recuerda muy bien veinticuatro horas más tarde.

Al comparar esto con lo que ocurrió con la lista de sílabas nº 14 o la nº 20..., el contraste fue muy grande. El aprendizaje inmediato fue muy rápido, desenvolviéndose muy bien el sujeto en la tarea, pero ya **sin asociaciones de imágenes o relaciones significativas con palabras** que garantizaran un mejor recuerdo a largo plazo:

> El sujeto ha aprendido a comportarse como una máquina mucho menos complicada en esta tarea. **Ha disminuido la potencia que utiliza, pero ha aumentado su eficiencia en la tarea inmediata. Aprende, sí, más rápido cada día. Pero su retención a largo plazo se ha reducido mucho.**

Esto tiene gran interés desde el punto de vista de la psicología educativa en relación a los *niveles de procesamiento* a que nos habíamos referido anteriormente. Un procesador "profundo", sin duda, **potencia** mejor la tarea, entre otras cosas por un uso más rico de imágenes y de asociaciones, así como de recursos lingüísticos, garantizando un mejor recuerdo a largo plazo. Esto obedece también a que posee los **esquemas** y **conocimientos previos** que le permiten establecer relaciones de sentido duraderas. Por otra parte, la estrategia de estudio que caracteriza a los estudiantes deficientes, centrados en lo memorístico, es semejante al ¡aprendizaje de sílabas sin sentido!

También se da el caso de procesadores profundos que se comportan –según las circunstancias– como "máquinas sencillas": se trata de aquellos estudiantes en que prima el factor *achieving* descrito por Entwistle (que revisaremos el próximo capítulo en "estilos de aprendizaje"): motivados extrínsecamente por el afán de "sacar buenas notas", y atentos a las exigencias de la situación particular, usan un procesamiento profundo si el profesor exige comprensión, o simple memorización si el profesor exige un procesamiento puramente superficial.

Jenkins da cuenta en su trabajo de muchas experiencias muy bien controladas que confirman que hay **diferencias notables** en retención que obedecen al **tipo de procesamiento** a que son sometidos los ítemes lingüísticos a recordar. Si al sujeto se le instruye concentrarse en aspectos relativos al **significado** (cómo le "suena" la palabra o enunciado: si es agradable o desagradable; con qué adjetivo "pegaría" mejor; qué "le dice" a él, etc.) y no en cuestiones puramente formales (si es larga o corta; si tiene tales o cuáles letras, etc.), **su recuerdo será muy superior,** incluso respecto del aprendizaje **incidental**[13].

---

13 Aquello que el sujeto no se había propuesto aprender, o no tenía intención de aprender. Aprendizaje **incidental** se contrapone a aprendizaje **intencional**. Como explica muy bien Anderson (2001), "el sistema de memoria codifica las experiencias de una persona, tenga o no la intención de aprender".
Esto no se contrapone con lo que precisa este mismo autor en relación al **fracaso de la motivación para aprender,** la que debe considerarse desde dos puntos de vista:
- que las personas no pueden aprender aquello que les interesa, o
- que las personas no pueden evitar aprender cosas sin importancia.

 Tanto los trabajos de Jenkins como los de muchos otros investigadores demuestran la **superioridad de la codificación semántica** sobre aquellas más apegadas al formato sintáctico de lo que se aprende. Se tiende a recordar mejor la idea, el mensaje y no los términos exactos en que han sido trasmitidos. "Las funciones generales o abstractas de la memoria parecen ser más adecuadas y resistentes al olvido que lo específico y particular", sostiene Jenkins.

Esto no quiere decir que **no** se puedan retener los **datos específicos** y **particulares**: el éxito de ello depende, sin embargo, de la aprehensión de la estructura general de la que forman parte, de cómo se integran a ella, es decir, de los conocimientos previos del aprendiz y de la calidad de la actividad pensante aplicada. Quien domina la **estructura** de algo, con más facilidad puede recordar los datos particulares que se le asocian, materia de la que nos ocuparemos al hablar de estrategias de estudio. Resulta pertinente en este punto citar la consideración que hacen Baquero y Limón Luque (2001) cuando contrastan el aprendizaje puramente asociativo con formas de aprendizaje más elaboradas, como el aprendizaje *por re-estructuración*. Lo memorístico también puede ser útil: de hecho sirve de "ayuda memoria" en apoyo del aprendizaje significativo.

> La valoración positiva que solemos hacer en educación de los procesos de aprendizaje por comprensión, reestructuración o de tipo constructivo, **no debiera llevarnos a la errónea idea de que los aprendizajes por asociación resultan un mero obstáculo a evitar o un mal necesario**...
>
> Es comprensible la preocupación por fomentar aprendizajes significativos o por comprensión en los sujetos, cuando se sospecha de las prácticas escolares rutinarias por excesivamente verbalistas o memorísticas o que solo apuntan a la adquisición de habilidades elementales, confundiéndolas peligrosamente con procesos complejos. Pero esto no debe traer como consecuencia la ignorancia de la importancia y funcionalidad de ciertos procesos de aprendizaje elementales, producidos incluso por asociación.

MODELOS DE MEMORIA SEMÁNTICA

La memoria a largo plazo, en especial la memoria **semántica**, se ocupa de la "**organización del conocimiento cotidiano del mundo y la representación del significado**" (ver **fig. 6.5**), de acuerdo a lo afirmado por G. Cohen (1983). El **lenguaje**, y señaladamente el **verbal** por su estructura, funciones y alcances, contribuye de manera muy efectiva en el registro a largo plazo, como se afirmó en el apartado anterior. Esto resulta evidente en el aprendizaje académico y escolar. A mejor aprovechamiento de sus posibilidades, más eficiente resultará la organización y representación del conocimiento. Nótese que todos los **programas** destinados a "enseñar a pensar" –con mayor o menor énfasis– echan mano del **lenguaje** como un medio "sine qua non" de mejoramiento de la calidad de la aprehensión intelectual.

La psicología cognitiva –y ciencia cognitiva, en general– han aportado diferentes **modelos de memoria semántica**, que constituyen intentos de representar metafóricamente o de visualizar, de algún modo, cómo es la **organización interna** de **nuestros conocimientos** acerca del mundo. **Cohen** describe varios de ellos –cuya presentación detallada escapa al carácter introductorio del presente manual– y de los cuales hace una descripción y un análisis crítico, ya que corresponden al trabajo de diferentes teóricos. La autora analiza modelos:

- Espaciales
- De diccionario
- De red
- De conjuntos teóricos
- De búsqueda de marcadores

• MODELOS ESPACIALES

Basados en las técnicas de **análisis componencial**, que sirve para identificar los atributos, rasgos o dimensiones fundamentales de los elementos que pertenecen a un área semántica y que los relacionan entre sí. A partir del análisis, se ubican los elementos o conceptos en un **espacio** bi o tridimensional. Hay elementos que aparecen 'muy próximos' en este espacio mental y otros, 'muy alejados'. Se han utilizado, por ejemplo, con términos de parentesco; con nombres de colores; con el significado connotativo de las palabras, obtenido por medio del *diferencial semántico* de Osgood, etc. La analogía resulta de interés ya que hay relaciones de parentesco más "próximas" y otras más "alejadas" (*padre-hijo*; *tío-sobrino*…) Lo mismo ocurre con los colores, con palabras que pertenecen a determinados campos semánticos, etc.

• MODELOS DE DICCIONARIO

De especial interés para los lingüistas. Las palabras se definen por medio de listas de **rasgos** o **marcadores** semánticos (*animado-inanimado*; *humano-no humano*…), que aportan datos más ricos que los rasgos sintácticos (*masculino, singular*…). Incluyen reglas que establecen ciertas restricciones en la combinación de los elementos entre sí[14]. Nuestra memoria está, en parte, constituida por una suerte de **lexicón** o **diccionario mental**.

---

14 Modelos de memoria semántica los tratamos con mayor detalle en nuestra *Psicología del lenguaje* en el capítulo *Lenguaje y cognición*.

• MODELOS DE RED

La memoria parece estar constituida para ciertos efectos por **redes** internas jerarquizadas, como *diagramas arbóreos*. Incluyen **nodos**, unidades atómicas que simbolizan a los conceptos y **eslabones**, que representan las relaciones entre ellos. Los nodos de **clases** incluyen las características comunes para toda la clase (por ejemplo, *aves: tienen plumas, tienen alas...*) y los nodos de cada **ejemplar**, solo las características de este (*canario: amarillo, canta...*). De este tipo de modelos salen abundantes ejemplos en los manuales de psicología cognitiva (Ver **fig. 6.7**).

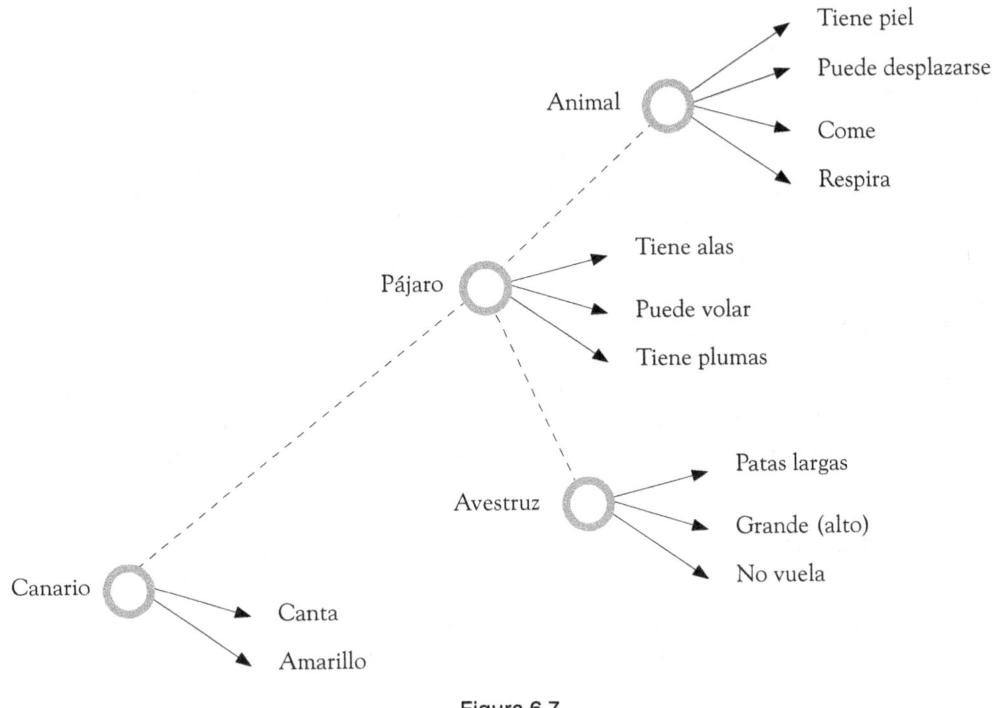

Figura 6.7

Diagrama arbóreo de los utilizados en los modelos de red.

• MODELOS DE CONJUNTOS TEÓRICOS

Especialmente diseñados para explicar cómo comprendemos y representamos relaciones lógicas del tipo **todos** *los canarios son pájaros;* **algunos** *pájaros son canarios,* **todos** *los murciélagos son quirópteros* [15], etc. Ver, **fig. 6.8**. Con frecuencia, y de ello se

---

15 **Quirópteros:** mamíferos, crepusculares o nocturnos, casi todos insectívoros, que vuelan con alas formadas por una extensa y delgada membrana o repliegue cutáneo.

ocupa el modelo, hay decisiones difíciles de tomar en cuanto al estatus y relaciones entre conceptos, lo que refleja nuestras representaciones muchas veces vagas, poco claras o, definitivamente, confusas. Ej.: *algunos murciélagos son aves*. La teoría piagetiana hizo valiosas contribuciones en el desarrollo de estas nociones en los niños.

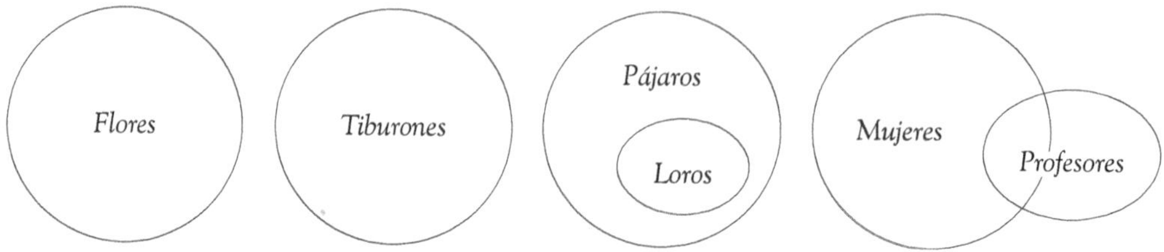

Figura 6.8

Diagramas de conjuntos y subconjuntos mentales que utilizamos para decidir
si son **V** o **F** afirmaciones del tipo:

Todas las flores son tiburones; Algunos pájaros son loros; Algunos loros son pájaros; Todos los profesores son mujeres; Algunas mujeres son profesoras, etc.

• MODELO DE BÚSQUEDA DE MARCADORES

Modelo que incluye tanto las características de diccionario, como de red. Contempla, además, relaciones de implicación, contradicción, intersección… con una serie de convenciones en lo relativo a su representación. Concluye Cohen su análisis haciendo ver que

> **Ninguno de los modelos** proporciona una explicación que abarque totalmente las estructuras semánticas ni el procesamiento semántico. Solo sugieren **algunas formas** mediante las cuales **partes limitadas** del sistema pueden manejar una **selección limitada** de tipos de material..

Siguiendo a Neisser (1976), se hace necesario aclarar que la información almacenada en la memoria "no consiste en ideas, imágenes o respuestas adormiladas". Como ya se afirmó, el recuerdo y el pensamiento son **procesos constructivos** Lo que almacenamos, a juicio de Neisser, no son los productos de actos cognoscitivos previos, sino las **huellas de esos actos previos de construcción**. Tales huellas no son "revividas" o "reactivadas", como suele decirse. Se utilizan, según este autor, como **información (o materia prima) para apoyar una nueva construcción**[16]. Esta

---

16   El capítulo de Neisser **"Aproximación cognoscitiva a la memoria y el pensamiento"** (en *Psicología Cognoscitiva*, Trillas, 1976), en que integra de manera genial su postura cognitivista con la psicología dinámica –a fin de entender los procesos mentales superiores– constituye una contribución excepcional para orientar el estudio (y una etapa más en la comprensión) de la mente humana.

postura resulta coincidente con la afirmación de Jenkins de que "la mente **aprende** lo que la mente **hace**".

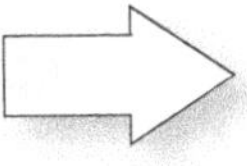 El tema de la memoria ocupa un capítulo importante no solo en psicología cognitiva. También en psicolingüística, neuropsicología, filosofía y varias otras ciencias. La importancia que tiene en psicología educativa le resultará evidente al lector a partir de lo ya examinado en estas páginas.

Volviendo a la **fig. 5.8** del capítulo anterior, después de esta presentación concisa de los subsistemas de la memoria humana, podemos observar que aparecen representadas en ella las fases de **almacenamiento** y de **recuperación**. Esta última coincide con el *output* en que se demuestra por medio de la **respuesta** o **actuación** si lo almacenado (lo aprendido) es posible de recuperar o utilizar. Veremos en el capítulo que sigue que hay diferentes maneras de dar cuenta de lo aprendido, pero también hay varias teorías que tratan de explicar por qué olvidamos.

A MODO DE ENTRETENCIÓN

A. Marque la alternativa **correcta** o **la que mejor** completa la idea del enunciado:

1. Cuando se aprende a reaccionar de manera diferente ante estímulos muy parecidos , que se confundían, pero en los cuales se logra identificar rasgos sutiles que marcan diferencias, ha ocurrido el fenómeno de la

   a   Discriminación
   b   Generalización
   c   Recuperación espontánea
   d   Acomodación

2. El hecho de que las personas pueden recordar por algunos instantes 7 u 8 dígitos, sílabas, o una cantidad limitada de "trozos" de información, apenas escuchados, suele ser una medida de la

   a   Memoria sensorial
   b   Memoria de corto plazo
   c   Memoria declarativa
   d   Memoria episódica

3. Ese **tipo de memoria de largo plazo** relacionada con el registro de habilidades o destrezas con un fuerte componente motor, adquiridas a través de la práctica reiterada o el condicionamiento, se denomina

   a   Memoria semántica
   b   Memoria episódica
   c   Memoria procedimental
   d   Memoria declarativa

4. La **memoria que se ocupa de la estructura del conocimiento**, de cómo este se almacena, de sus referencias cruzadas y de su clasificación, de la organización del conocimiento cotidiano del mundo y la representación del significado, es la

   a   Memoria semántica
   b   Memoria episódica
   c   Memoria procedimental
   d   Memoria de trabajo

5. Esa **forma de registro activo a largo plazo de tipo autobiográfico**, que privilegia los acontecimientos y experiencias del sujeto, en que lo que tiene mayor carga emocional o una significación particular se graba con mayor persistencia, rica para los afectos, pero "de capacidad inferencial limitada", es la

   a   Memoria semántica
   b   Memoria episódica
   c   Memoria procedimental
   d   Memoria declarativa

6. Según los autores, entre ellos, Jenkins,

   a   Las **funciones generales o abstractas** de la memoria parecen ser más adecuadas y resistentes al olvido que lo específico y particular
   b   Es muy difícil y no tiene sentido retener los **datos específicos y particulares**
   c   La memoria no se comporta como un simple **dispositivo copiador**: sí puede comportarse como una **máquina muy simple** o una **máquina compleja**, dependiendo del uso que queremos hacer de ella
   d   **a y c**

7. Los **modelos de memoria** descritos por Cohen (espaciales; de diccionario; de red; de conjuntos y de búsqueda de marcadores) constituyen intentos de explicar cómo está organizada y funciona la

   a   Memoria semántica
   b   Memoria episódica
   c   Memoria procedimental
   d   Memoria de trabajo

8. En relación a **pensamiento** y **lenguaje**, se puede afirmar que

   a   Son términos prácticamente sinónimos
   b   El lenguaje potencia la acción del pensamiento y se retroalimentan
   c   No puede haber pensamiento en ausencia de lenguaje verbal
   d   **a, b y c**

9. Jenkins afirma que **el recuerdo** no es solo función de lo que el mundo exterior presenta "sino que es también función de lo que se hace con los acontecimientos a medida que se los experimenta"... "la memoria se ve afectada en forma diferencial según cómo se use la maquinaria mental." Esto indica que

   a   La persona reconstruye activamente sus experiencias
   b   La memoria funciona como una excelente máquina fotocopiadora de lo que presenta el mundo exterior
   c   Los procesos reconstructivos pueden ser de diferente nivel o calidad
   d   **a y c**

10. El **más versátil de los subcomponentes** de la memoria de trabajo, ya que participa en todas las tareas que demandan actividad cognitiva, correspondiendo, básicamente, a la asignación de recursos atencionales a dichas tareas, es

   a   El ejecutivo central (sistema atencional)
   b   El bucle articulatorio (voz interna)
   c   El almacén acústico primario (oído interno)
   d   El almacén viso-espacial (ojo interno)

11. El **reconocimiento**, la **evocación** y el **reaprendizaje** son

   a   Las etapas en el procesamiento de la información
   b   Los mecanismos cognitivos del aprendizaje
   c   Medidas de la retención o tipos de recuperación de la información
   d   Las actividades básicas de la memoria sensorial

12. El subcomponente que participa en la sub-vocalización en la lectura en los lectores principiantes, quienes deben "escucharse" para estar en condiciones de comprender (En lectores hábiles prácticamente no participa: cumple solamente una función de respaldo frente a palabras o párrafos desconocidos o más complicados), es

   a   El ejecutivo central (sistema atencional)
   b   El bucle articulatorio (voz interna)
   c   El almacén acústico primario (oído interno)
   d   El almacén viso-espacial (ojo interno)

13. Uno de los subcomponentes procesa la información inmediata que le concierne en términos de rasgos auditivos (tono, intensidad); la de tipo ingüística, en términos fonémicos (no fonético-articulatorios). Los inputs auditivos tienen acceso directo a este subsistema; los visuales, de manera indirecta. Se trata de

   a   El ejecutivo central (sistema atencional)
   b   El bucle articulatorio (voz interna)
   c   El almacén acústico primario (oído interno)
   d   El almacén viso-espacial (ojo interno)

14. **Forgus**, en el capítulo acerca de la "naturaleza de la percepción como proceso de extracción de información" distingue entre **exteroceptores** o sentidos distales, **propioceptores** o sentidos próximos e **interoceptores** o sentidos profundos. Pertenecen a estos últimos

   a   El cinestésico, que transduce los cambios en la posición del cuerpo, y los movimientos de los músculos y tendones
   b   El estático o vestibular, que transduce cambios en el equilibrio
   c   El orgánico, que transduce cambios relativos al mantenimiento de la regulación de funciones orgánicas como la alimentación, la sed...
   d   **a, b y c**

15. El gusto, olfato y sentidos cutáneos (del tacto, calor, frío, dolor), los incluye Forgus dentro de

   a   Los propioceptores
   b   Los éxteroceptores
   c   Los interoceptores
   d   **a y d**

B.   Relacione entre sí los tipos de memoria de largo plazo **declarativa** y **semántica**.

C.   **Complete las celdas vacías** en la tabla que sigue.

EPISÓDICA	En la fiesta que hicieron en casa cuando cumplí 7 años, una tía me regaló un *skateboard*.	DECLARATIVA *Saber qué*
SEMÁNTICA		
PROCEDIMENTAL		PROCEDIMENTAL *Saber cómo*

Respuestas correctas: 1a, 2b, 3c, 4a, 5b, 6d, 7a, 8b, 9d, 10a, 11c, 12b, 13c, 14d, 15a.

Capítulo 7

MECANISMOS COGNITIVOS DE APRENDIZAJE

Tercera Parte

Temas del capítulo

Medidas de la retención de lo aprendido (o del aprendizaje) • Olvido y transferencia • Transferencia en el aprendizaje • Estilos cognitivos y de aprendizaje • Estilos cognitivos • Estilos de aprendizaje • Motivación de logro, atribución y locus de control • Variables decisivas en el aprendizaje académico

MEDIDAS DE LA RETENCIÓN DE LO APRENDIDO (O DEL APRENDIZAJE)

Hay tres maneras básicas utilizadas tradicionalmente en psicología para observar en la actuación o ejecución si algún contenido ha sido aprendido. Se las conoce como:

- Reconocimiento

- Evocación (o evocación activa)

- Reaprendizaje

Las tres suelen utilizarse como **medidas de la retención de lo aprendido**. En algunos libros de psicología se les denomina **tipos de recuerdo**. Las dos primeras –que se usan también en la evaluación del aprendizaje académico– nos resultan muy familiares, porque corresponden a los modos típicos de recuperar la información almacenada en nuestra experiencia directa de todos los días.

- El **reconocimiento**, que se mide normalmente en tests de "alternativas" (ya que hay una de ellas –la correcta– que se debe *re-conocer*), tiene que ver con ese sentimiento de familiaridad que experimentamos cuando algo previamente visto, leído, escuchado, tocado... lo encontramos nuevamente. *Reconocemos* personas, objetos, melodías, lugares, caras en una fotografía, contenidos estudiados previamente, etc. *Re-conocer* supone un conocimiento (o aprendizaje) anterior.

- La **evocación**, que se mide en las "pruebas de ensayo" o de respuesta abierta, consiste en recuperar (o "construir") activamente la información almacenada sin ayuda o claves externas. Esta es una medida más exigente de la memoria. Así como muchas veces no podemos evocar una melodía o recordar la cara de una persona –en cambio, las *reconocemos* con facilidad si la escuchamos o nos muestran una fotografía, respectivamente– resulta más fácil también responder una prueba de alternativas que una "tipo ensayo". Los procesos "constructivos" en ambas son diferentes. En el caso del reconocimiento, la memoria se ve ayudada por claves o pistas externas o la presencia explícita de lo que hay que recordar (o reconocer), lo que no ocurre en la evocación activa.

- La tercera manera de medir la memoria o retención de lo aprendido es el **reaprendizaje**, procedimiento muy utilizado por Ebbinghaus. Se basa en el hecho de que cuando tratamos de aprender algo que ya habíamos aprendido anteriormente, nos resulta más fácil y nos toma menos tiempo hacerlo. En los laboratorios de psicología se le conoce también como "método del ahorro", porque la segunda vez que el sujeto realiza la tarea de aprendizaje (por ejm. memorizar una lista de sílabas sin sentido), ahorra tiempo ya que necesita menos ensayos o menos tiempo para completarla. Si la primera vez, por ejemplo, necesitó doce minutos (o doce ensayos) y la segunda vez, tan solo tres, hay un 75% de "ahorro". Este ahorro hace referencia a lo "capitalizado" en la memoria.

La noción que lo sustenta está, de alguna manera, a la base de la planificación del currículo escolar, ya que hay contenidos o temas que reaparecen en cursos sucesivos –y deben, en consecuencia, *reaprenderse*– con un efecto facilitador del aprendizaje anterior. Otra evidencia de este fenómeno se da en el caso del estudiante que con antelación estudia la "materia" y el día antes de la prueba tan solo la "repasa" (es decir, la *reaprende*) demorando muy poco tiempo en hacerlo, a diferencia de aquél que "deja todo para el final".

Contenidos de estudio que damos por totalmente olvidados –y que nos llevó mucho tiempo en el colegio "digerir"– ahora los aprendemos con facilidad si retomamos uno de nuestros antiguos (y olvidados) cuadernos: ello demuestra que tenemos registrada más información de la que creemos. Es lo que ocurre con el estudiante universitario que retoma materias, por mucho tiempo dejadas de lado, a fin de preparar su examen de grado (Lo que muchas veces se ve obstaculizado por el "nerviosismo" inherente a dicha tarea).

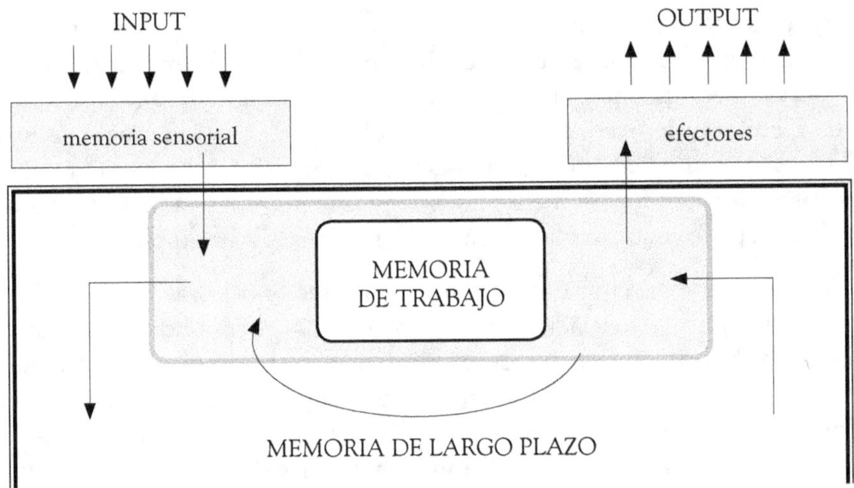

Figura 7.1

Memoria de trabajo y su participación **coordinada** con el registro a largo plazo,
tanto en tareas de *input* como de *output*.

La **fig. 7.1** pretende sintetizar lo visto hasta aquí en lo que concierne a la participación de los **subsistemas de memoria** en el procesamiento de la información, aunque de manera diferente a como acostumbra hacerse en los textos de psicología convencionales, donde se presentan los subsistemas de manera secuenciada. La **fig. 5.8** (capítulo 5), por ejemplo, que muestra las "etapas en el aprendizaje y niveles de memoria", está básicamente destinada a destacar la **serie de eventos que ocurren entre el *input* y el *output*** y, por tanto, no da cuenta explícita del uso que hacemos de la **memoria de trabajo** –en interacción constante con nuestros registros a largo plazo– también en la **fase de recuperación** de la información, ya que participa activamente en la **respuesta** o **actuación**. (Una flecha pretende simbolizar de alguna manera dicha participación).

La **fig. 7.1** aclara el punto, aunque se limita a mostrar solo los elementos esenciales, dejando de lado otros aspectos relevantes que han sido descritos en páginas anteriores o que se grafican en otras figuras. Tal como ya se ha hecho ver reiteradamente, concentramos en nuestra memoria de trabajo el **procesamiento activo de la información, momento a momento**, con la distribución de los recursos atencionales, de acuerdo a las demandas de la tarea y de la situación.

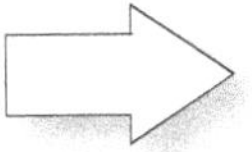 Junto al **ejecutivo central** –la acción del "yo" consciente– participan los **subsistemas especializados en el tratamiento a corto plazo** de los diferentes tipos de información (visual, auditiva, espacial...), tanto en tareas de entrada (*input*) como de salida (*output*), todo ello en interacción constante con la **información registrada a largo plazo**, que admite todas las modalidades anteriores más los registros de tipo verbal y proposicional abstracto.

Las señales físicas del *input* (simbolizadas en las flechas del lado izquierdo) son objeto de un análisis preliminar pre-atentivo en la etapa de **memoria sensorial**, tras la *transducción* efectuada por el receptor correspondiente, lo que da pie a los fenómenos de **reconocimiento perceptual**, asignación de recursos atencionales y demás eventos de elaboración superior que implica la aprehensión intelectual, tareas todas que se expresan en el procesamiento constante que involucra a la **memoria de trabajo** en interdependencia con la información registrada a **largo plazo**.

A su vez, nuestra acción en el mundo, nuestras respuestas o conductas (simbolizada por las flechas del lado derecho en **fig. 7.1**), expresadas en la acción de **efectores** en el habla, la escritura, desplazamientos musculares, etc. y dependientes de nuestros sistemas de control motor, también exigen la participación de la memoria de trabajo y de sus subsistemas –en interacción con el registro a largo plazo– para la elaboración psicológica de las tareas de salida. No se hace referencia en la figura al rol dinamizador que en todo esto juegan la motivación y los afectos, de lo que ya se habló anteriormente. Tampoco se detallan, porque no es el propósito de la ilustración, la gran cantidad de estructuras y procesos intermedios que participan entre el *input* y el *output*. Finalmente, se hace necesario recordar lo ya señalado en las primeras páginas de este manual dedicadas al aprendizaje por condicionamiento e imitación:

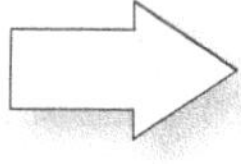

El aprendizaje implica un balance entre **generalización** (reacción a semejanzas) y **discriminación** (reacción a diferencias). Tales procesos están a la base de la **transferencia**, fenómeno que analizaremos a continuación Los procesos de generalización y discriminación, por ejemplo en la formación y uso de *conceptos*, son examinados con detalle en los tratados de psicolingüística y psicología cognitiva a la luz de diferentes teorías explicativas. Es de interés reconocer que también conductistas y neo-conductistas se ocuparon de la cuestión.

OLVIDO Y TRANSFERENCIA

Estos conceptos se tratan con detalle en libros de psicología del aprendizaje centrados en el rol de la memoria y temas vinculados[1], así como en los capítulos correspondientes de los manuales de psicología educativa (ver Bibliografía). En este apartado se hará una referencia breve. Es el caso de advertir que ninguna teoría disponible da cuenta cabal de todo tipo de olvidos, aunque cada una aporta algún elemento valioso a ser tenido en cuenta en el aprendizaje en general y en el académico en particular.

---

[1] El influyente libro de **John R. Anderson**, *Aprendizaje y memoria: un enfoque integral*, McGraw-Hill, México 2001. (Original inglés en J. Wiley & Sons, 1995) dedica los capítulos 7 y 8 a la **retención** y **recuperación** de los recuerdos.

Como es prácticamente imposible saber si algo realmente se ha "borrado" de la memoria[2], se puede definir el **olvido**, al menos desde un punto de vista práctico, como la **incapacidad de recuperar la información previamente almacenada**. Las explicaciones, hipótesis o "teorías" más conocidas de las causas del **olvido** son:

- **1.** Olvido por **desuso**, atrofia o *hipótesis del decaimiento*. Lo que no se utiliza o no se ejercita, se pierde. En este caso, los recuerdos se debilitan como función del paso del tiempo, haciéndose cada vez más difícil recuperarlos. Parece ser válida para determinados olvidos estudiantiles. Las memorias "procedimentales", hemos visto, son resistentes a este tipo de olvido: la persona que por muchos años no ha nadado o andado en bicicleta, recupera rápidamente la capacidad de hacerlo si las circunstancias lo exigen. No ocurre lo mismo con las memorias "declarativas". La repetición, los ensayos frecuentes o repasos contribuyen a evitar el desuso, ya que favorecen la *procedimentalización*.

- **2.** Olvidos **motivados** o "represiones". Explicación utilizada por las teorías psicodinámicas, como el psicoanálisis de Freud. Ciertos contenidos o experiencias se "reprimen" por estar en pugna con principios o valores significativos para el sujeto. Pueden reaparecer eventualmente como síntomas neuróticos... En una versión más amplia y aceptada, esta teoría hace ver que el olvido cumple una función importante al servicio de la **higiene mental**: es mejor olvidar las cosas desagradable, siempre que ello no afecte a otros.

- **3.** Olvido por **incapacidad de evocar**, asociado a la poca efectividad de las estrategias, tanto para registrar la información, como para recuperarla. Se conoce también como **hipótesis de las claves de recuperación**, ya que se pierden de vista claves que permitirían recobrar los recuerdos. Puede obedecer a una falta de estructuración del material a recordar, del uso de categorías y relaciones efectivas, etc. Según Anderson (2001), **gran parte de la falla de la memoria** puede atribuirse **a la pérdida de acceso a las claves** de recuperación adecuadas. Santrock (2002) se ha referido a esta teoría como "olvido dependiente de señales", ya que consiste en un fracaso en la recuperación causada por una falta de señales o claves **eficaces**. Explica cómo un estudiante falla en recuperar la información necesaria para un examen, aun cuando está seguro de que "sabe" dicha información. Da un ejemplo concreto:

---

2 Conocidas son las experiencias de **Penfield** (1958), neurofisiólogo, quien estimulando con microelectrodos zonas de la corteza temporal de pacientes sometidos a cirugía, pero conscientes, estos revivían, en forma cuasi-alucinatoria, muy vívida, experiencias de muchos años antes y que creían totalmente olvidadas. Explica Gross (1998) a este respecto que "parece ser que el SNC conserva un registro de la experiencia pasada y de percepciones de sorprendente detalle, que por lo general no está disponibles para la conciencia. Quizás estas percepciones, codificadas como recuerdos, formen la base para los sistemas preconsciente e inconsciente". La referencia en que se basa es Penfield, W. (ed.) *Neurological bases of behaviour*. Boston. Little Brown. 1958.

> Si usted está estudiando para una prueba de este curso y se le pregunta acerca de la distinción entre **evocar** y **reconocer** en el proceso de recuperación, usted recordará mejor la distinción si procesa la clave *rellene el espacio en blanco* y *opción múltiple*, respectivamente.

Las estrategias mnémicas o *mnemotecnias* para recordar, utilizadas desde la antigüedad, sirven para mejorar la recuperación de la información, valiéndose de señales sistemáticas asociadas a lo que hay que recordar, como el método de "la palabra gancho o palabra clave", el método de los "loci" (del latín, *lugares*, por ejemplo, las habitaciones de la propia casa con que se asocian porciones de la materia de estudio), las rimas, los acrósticos, etc.

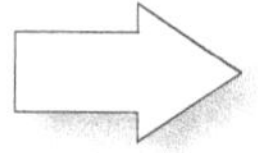

Muchos de los alumnos que aseguran sufrir "bloqueos" en pruebas y exámenes, en realidad son víctimas de un estudio defectuoso, memorístico, con alguna dosis de ansiedad e inseguridad, pero, sobre todo, **carencia de adecuadas estrategias de registro y recuperación de la información.**

- **4.** Olvido por **interferencia** o **inhibición**: esta teoría explica que buena parte de lo aprendido se olvida no por desuso u otras de las explicaciones recién expuestas, sino por el **efecto inhibidor de otros aprendizajes o recuerdos** (anteriores o posteriores). La pugna o competencia con esos otros recuerdos bloquea la recuperación de lo que se quiere evocar.

> Si lo aprendido antes en el tiempo (**A**), dificulta o entorpece lo aprendido posteriormente (**B**), se produce inhibición **pro**-activa (=>).
>
> Al contrario, si lo aprendido posteriormente (**B**), contribuye a la deformación u olvido parcial de lo aprendido antes (**A**), se da el fenómeno de la inhibición **retro**-activa (<=).

Ello es función, en gran parte, de la **similitud de las tareas o contenidos**. Una persona que estudió italiano y posteriormente francés, es posible que experimente confusiones entre ambas lenguas. Los estudiantes sufren los efectos inhibitorios retro y pro-activos entre materias o contenidos de estudio que son parecidos. La **proximidad en el tiempo** de contenidos semejantes –sin haberse dado lugar a la **consolidación** de los adquiridos primero– contribuye también a la interferencia.

Dentro de esta hipótesis se suelen incluir el olvido o deformación de los recuerdos por efecto de **leyes perceptuales** y/o **codificación lingüística**. Investigaciones de laboratorio de psicología experimental han documentado cómo se deforma, por ejemplo, el recuerdo de estímulos visuales, por efecto de las leyes que están a la base

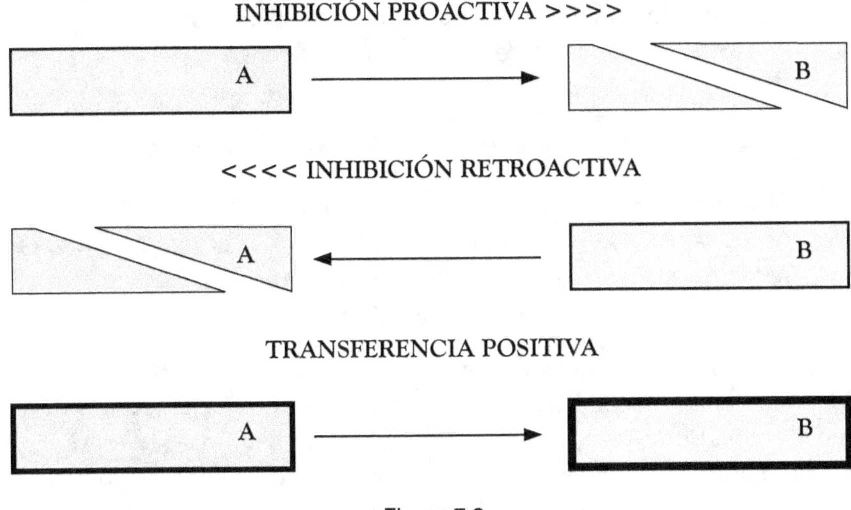

Figura 7.2

Inhibición proactiva (**A** distorsiona a **B**) y retroactiva (**B** deforma a **A**). Transferencia positiva.
(**A** facilita el aprendizaje de **B**).

de nuestro funcionamiento perceptual. Así, figuras asimétricas se pueden reproducir posteriormente como simétricas; figuras abiertas, como cerradas, etc., de acuerdo a las leyes de *simetría, cierre, buena forma,* explicadas por la teoría de la *Gestalt.* Por otra parte, figuras ambiguas a las cuales los sujetos asignan determinados rótulos lingüísticos, posteriormente, al evocarlas se transforman en algo parecido a lo sugerido por el rótulo. Si, por ejemplo, la figura que aparece entre paréntesis [⌂], un sujeto experimental la asocia a la palabra *casa* y otro a *uña,* se verá fuertemente afectada, al ser reproducida posteriormente, por la etiqueta lingüística a que se asoció, es decir, se asemejará a lo sugerido por la dicha palabra. Por cierto, en estas experiencias se trabaja con varias figuras ambiguas a la vez y la reproducción debe hacerse después de un período largo de tiempo. Es indudable que nuestros procesos **reconstructivos** se ven afectados por muchas variables que afectan o, tal vez, deforman la información original Así como "vemos lo que queremos ver", es posible que recordemos lo que tenemos que recordar de una manera concordante con nuestras expectativas, estilo cognitivo, creencias, etc.

La **transferencia positiva**, a su vez (**fig. 7.2**), consiste en el **efecto facilitador** del aprendizaje anterior (**A**) sobre el posterior (**B**). El currículo está organizado sobre esta noción: se supone que las asignaturas de nivel 1 facilitan el aprendizaje de las de nivel 2, y así sucesivamente. Los cursos más avanzados exigen como **prerrequisitos** los aprendizajes de cursos anteriores. Si ocurre lo contrario, es decir el aprendizaje anterior dificulta el posterior, se da **transferencia negativa** o **inhibición proactiva.**

Estrictamente hablando, para los expertos en estas materias no son sinónimos **transferencia negativa** e **inhibición proactiva**. Hay una sutil distinción.

- Cuando el aprendizaje del primer material **impide el aprendizaje** del segundo, se habla de **transferencia negativa**.

- Cuando el aprendizaje del primer material **acelera el olvido** del segundo, se habla de **interferencia o inhibición proactiva**.

Anderson (2001) da un ejemplo de la vida diaria: estacionar el auto. A algunas personas les cuesta recordar dónde lo estacionaron: ¿Es porque no aprendieron bien la nueva ubicación (**transferencia negativa**), o la olvidaron muy rápido (**interferencia proactiva**)?

También ocurren fenómenos de interferencia con las memorias y conocimientos procedimentales. A modo de ejemplo, los cambios en la ubicación de algunos signos en el teclado de computadores personales y máquinas de escribir pueden interferir la digitación automatizada de la persona acostumbrada a otra ubicación de tales signos. La "marcha atrás" se logra de manera diferente entre algunas marcas de automóviles: la persona puede equivocarse inicialmente al cambiar de auto. Pasar de un vehículo con cambios mecánicos a otro automático (o al revés) ocasiona inicialmente algunas interferencias. A causa de esto, los fabricantes mantienen constante la ubicación de aquellos componentes o piezas cuyo traslado podría traer consecuencias fatales (freno, acelerador...).

TRANSFERENCIA EN EL APRENDIZAJE

El tema de la **transferencia en el aprendizaje** ha sido siempre importante –y también polémico– en psicología educativa y en educación. Desde la antigüedad, en que prevaleció la teoría de la **disciplina formal**, se consideraba que la mente estaba formada por *facultades* que se podían "robustecer" con el ejercicio (el *juicio*, la *memoria...*). En la cita de Cicerón, al comienzo del capítulo 5, el connotado orador y político latino se refiere a la **razón**, como "común a todos, *diferente por preparación*, pero igual en cuanto *facultad* de aprender." El latín, el griego, la lógica, incluso la gramática, se enseñaron (también en Chile, en alguna época) con el propósito de **ejercitar la mente**, aparte de las otras ventajas que podía reportar su conocimiento. Se les consideraba materias que por su lógica interna favorecían la estimulación de los aspectos formales del razonamiento: con una mejor capacidad de razonamiento, la persona estaría en mejores condiciones, no solo para enfrentar tareas de tipo académico, sino también los problemas que plantea el diario vivir. Algunos programas actuales de "desarrollo del pensamiento", "filosofía para niños" o "enriquecimiento" del "instrumental" mental, están, de alguna manera, en esta línea de la disciplina formal, con una concepción muy amplia acerca de la transferencia.

Thorndike, a principios del siglo XX criticó la postura de la *disciplina formal* y estimó que no hay real transferencia si lo que se aprende antes no comparte **elementos o componentes idénticos** con lo que se debe aprender y utilizar posteriormente.

Consecuencia de esto: más importante que estudiar latín, es el enseñar y aprender contenidos y destrezas **idénticos** a los que se necesitan en la vida real (como las destrezas numéricas necesarias para comprar en una ferretería). Entre ambos extremos está la postura en defensa de que lo que se transfiere son los **principios en común** que comparten las tareas, la capacidad de **abstraer y generalizar las reglas y procedimientos** que, utilizados en una, facilitan los problemas que supone la otra.

> Lo que se transfiere son los **principios en común** que comparten las tareas, la capacidad de **abstraer y generalizar las reglas y procedimientos** que, utilizados en una, facilitan los problemas que supone la otra.

Esto significa **aprender a aprender** y, en realidad, se lo adjudican por igual todos los programas actuales de *modificabilidad cognitiva*. Los investigadores de la línea del *infusing thinking*[3], a diferencia de la tradición más estricta de la disciplina formal, consideran que **cualquier materia, bien aprendida** (y **bien enseñada**, es decir, fomentando un procesamiento profundo de la información por parte del alumno o la utilización de un "pensamiento de calidad") –y no necesariamente el latín, la lógica o programas especiales extracurriculares– **facilita los aprendizajes posteriores y la solución de problemas, ya que contribuye a mejorar ostensiblemente las destrezas intelectuales.**

Su manera de concebir la transferencia no es tan amplia como la de los teóricos afines a la disciplina formal: para tener buenos alumnos en matemática o ciencias sociales hay que enseñarles a pensar en matemática o en ciencias sociales y no ejercitarlos en lógica o tareas de discriminación perceptual, ajenas a los contenidos curriculares. Estos investigadores, partidarios de la iniciativa de **infundir pensamiento** –en especial el pensamiento crítico– en las actividades curriculares afirman que, tanto el aprendizaje de contenidos de estudio, como las habilidades de pensamiento, se ven mutuamente enriquecidos con su propuesta[4].

---

3 Un equipo del Departamento de Psicopedagogía de la Facultad de Educación de la PUC, liderado por la educadora **Josefina Beas**, comenzó hace varios años con el desarrollo de esta promisoria línea en el país, organizando, al mismo tiempo, encuentros nacionales sobre "Enfoques Cognitivos en Educación" con la participación de expertos extranjeros. Posteriormente Beas y equipo complementaron su modelo *infusing* con elementos del modelo de "dimensiones del pensamiento" de Marzano. En el vol. 15, 1994, de la Revista *Pensamiento Educativo* de la Facultad de Educación de la Pontificia Universidad Católica, la investigadora presentó un estado de avance sobre el tema del "pensamiento de buena calidad". Josefina Beas en colaboración con Josefina Santa Cruz, Paulina Thomsen y Soledad Utreras publicaron *Enseñar a pensar para aprender mejor*. Ediciones Universidad Católica de Chile. 2000. Desde hace varios años hasta la fecha realizan cursos e-learning con denominaciones tales como *Enseñar a Aprender Profundamente, Aprendizaje profundo en el aula: Nuevos avances*, etc. En el país hay diferentes programas de desarrollo del pensamiento en funcionamiento.

4 El lector puede profundizar en esta postura en lo que ofrecen actualmente asociaciones tales como la *Foun-*

Bruner, considerado uno de los autores más decisivos en psicología cognitiva, hace ya varias décadas hablando de la importancia de la aprehensión de la "estructura" de las materias de estudio o áreas del saber en *The Process of Education* (1960. En español, 1968), distinguía **dos maneras en que aprendizaje escolar es útil en el futuro**, lo que constituye una excelente síntesis y aclaración de lo tratado en este punto:

1. Por la **transferencia específica**, relacionada con la aplicabilidad específica de tareas que son muy similares a las aprendidas a ejecutar originalmente. Cobra especial importancia en el aprendizaje de destrezas.

2. Por la **transferencia no específica**, o **transferencia de principios** y **actitudes**, que es, según el autor, la que "debiera estar en el corazón del proceso educacional" y que hace más eficientes el desempeño y los aprendizajes posteriores, ya que implica tanto una ampliación como profundización del conocimiento –**en términos de las ideas más básicas y fundamentales de un área, a partir de su estructura**– pero todo ello unido a una **actitud de búsqueda**, de **inquietud por descubrir**, aventurando conjeturas, hipótesis y tratando de saber arreglárselas frente a un problema.

Henson y Eller (2000), en su manual de psicología educativa dedicado a la **enseñanza eficaz**, establecen una interesante relación entre las nociones de *esquema* y de *transferencia del aprendizaje*. Dicen que los **esquemas** son los contenidos de nuestra memoria que incluyen elementos de información relacionada, e influyen en la obtención de la nueva información. Tienen, por tanto, una relación muy estrecha con la **transferencia del aprendizaje**, que se refiere a la capacidad de los estudiantes para **aplicar una experiencia de aprendizaje a otra**. Esto lo ilustran con algunas situaciones conocidas. Por ejemplo, si los estudiantes han aprendido a sumar y a restar, "esta información básica debe proporcionarles los esquemas para el aprendizaje y solución de los futuros problemas de división y multiplicación". Concluyen afirmando que "la teoría de los esquemas propone que **cuanto más sepa un estudiante de un tema, más fácil le será aprender sobre este** y mayor será su **motivación** para hacerlo". Volveremos sobre el punto al focalizarnos en el aprendizaje académico y en la teoría de Ausubel[5].

---

dation for Critical Thinking www.criticalthinking.org Un programa anunciado para profesores en la **primavera 2013** lleva por título *How to infuse critical thinking into instruction*. Explican los responsables que el curso entrega una sólida concepción acerca del pensamiento crítico y sobre cómo *infundirlo* a lo largo de toda la instrucción. Promueve la comprensión de cómo enseñar habilidades críticas de pensamiento a los estudiantes por medio de cualquier materia o disciplina y en cualquier nivel de la enseñanza:
In this course, you will be introduced to the elements of reasoning, universal intellectual standards, and intellectual traits through readings, discussions and practical application activities. You will redesign lessons and strategies using the concepts and principles of critical thinking. You will practice strategies for Socratic discussions. **You will help students learn to consciously use critical thinking concepts and strategies in learning and in their lives.** *You will redesign and teach lessons you develop for your own classes and receive credit for doing so!*

5 Los manuales de psicología evolutiva entregan interesantes datos acerca del desarrollo temprano de la transferencia en los seres humanos. Papalia, Olds y Feldman (2005) lo hacen en relación a la *transferencia transmodal:*

ESTILOS COGNITIVOS Y ESTILOS DE APRENDIZAJE

Hablar de mecanismos *cognitivos* sin hacer referencia a las **diferencias individuales** entre quienes los utilizan obviaría un tema demasiado importante al momento de querer identificar las variables más significativas que afectan el **aprendizaje escolar y académico**, tema que revisaremos en las páginas que siguen. Clasificaremos dichas variables desde el punto de vista del sujeto (**quién** aprende), de la tarea (**qué** se aprende) y de los procedimientos y estrategias utilizados (**cómo** se aprende). Hay características distintivas en los aprendices, así como en la manera en que abordan sus tareas de aprendizaje, que se entrecruzan en lo que se ha definido como *estilos cognitivos y estilos de aprendizaje*. A nadie resulta novedoso que hay maneras marcadamente diferentes de **percibir y categorizar** la realidad, en parte explicadas por motivaciones, intereses y características de personalidad, dándose diferencias en el modo de *procesar información*, lo que se traduce en diferentes **maneras de aprender**. En páginas anteriores se hizo referencia, por ejemplo, a procesadores *profundos* y procesadores *superficiales* de información.

La bibliografía sobre estilos cognitivos y estilos de aprendizaje es muy abundante y de sobra conocida, con tipologías nuevas que se dan a conocer cada tanto. El autor de estas páginas hizo una completa revisión de la materia a mediados de los 80[6], motivado por las sustantivas modificaciones que había estado experimentando la psicología de las diferencias individuales los años anteriores y por el hecho de que no se contaba en el país con una exposición sistemática del tema. Haremos a continuación una breve síntesis de las tipologías y enfoques más influyentes que allí se examinan, ya que hay una serie de conceptos que han perdurado y que se mantienen vigentes (a veces, con otras denominaciones) en los estudios actuales sobre la materia. Las nuevas tipologías que el lector puede encontrar en la web se nutren de muchas de las ideas que están a la base de las clasificaciones que se examinarán.

El concepto de **estilo**, familiar en psicología de la personalidad donde se acostumbra distinguir en las conductas entre su aspecto *instrumental* (qué persiguen) y el *estilístico* (cómo se ejecutan), refleja el intento de los psicólogos de tender un puente entre los factores de personalidad del sujeto y los hecho relativos al conocer y el aprender[7].

---

la habilidad para utilizar información obtenida por uno de los sentidos para guiar otro. Entre los hallazgos, basándose en varios autores, afirman:

En un estudio, bebés de un mes de edad demostraron que podían transferir la información obtenida de succionar (tacto), a la visión. Cuando los niños veían que un objeto rígido (un cilindro de plástico duro) y otro flexible (una esponja mojada) eran tocados por un par de manos, observaban durante más tiempo el objeto que acababan de chupar...

El uso de la transferencia transmodal para juzgar algunas otras propiedades de los objetos, como la forma, no parecen desarrollarse sino hasta algunos meses después. Entre los cinco y los siete meses, los bebés pueden relacionar la sensación del pataleo de sus piernas con una imagen visual de dicho movimiento.

6   J. Bermeosolo B. Estilos cognitivos y estilos de aprendizaje: diferencias individuales en cognición. *Anales de la Facultad de Educación*, PUC, Vol. 9, 25-40, 1986.

7   La palabra **estilo**, recuerda Allport en *La personalidad, su configuración y su desarrollo* (Herder, 1968), aludía al punzón con que en la antigüedad se escribía en tablillas enceradas. Se asoció posteriormente con los rasgos de la escritura a mano y, más tarde, con la manera particular de expresarse un autor o un artista.

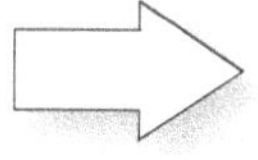 Uno de los méritos importantes en el interés por los estilos cognitivos es que contribuyó a **cambiar el foco de análisis** en la investigación psicológica desde el énfasis en los *resultados* en tests psicométricos a los *procesos* responsables de esos resultados, con una apreciación más flexible y comprehensiva de lo que es la inteligencia.

Nos ocuparemos primero de los **estilos cognitivos** y después de los **estilos de aprendizaje**, concebidos estos últimos para poder contextualizar mejor y "aterrizar" la noción de estilos cognitivos al procesamiento de la información académica. A aquellos se les encontró demasiado alejados y de escasa aplicación práctica para un área tan específica. De hecho, se les describió genéricamente como "las diferentes maneras según las cuales los niños y los adultos perciben y categorizan su ambiente". Fueron definidos también como el "modo habitual de procesar la información", es decir, de utilizar recursos cognitivos tales como la percepción, la memoria, el pensamiento[8]... Los tests que los identifican están más ligados a la psicología de la personalidad que a la evaluación de la inteligencia: es uno de los méritos que destacan sus creadores, ya que revelan dimensiones de la persona que escapan a los test de CI.

• ESTILOS COGNITIVOS.

Entre los **estilos cognitivos** más conocidos y que resultaron ser muy influyentes en psicología se pueden citar:

→ Los descritos por Kagan, Moss y Sigel (1963)[9], basados en el *Test de Estilo Conceptual* de Sigel, quien escribió *Cómo los tests de inteligencia limitan la comprensión de la inteligencia*. En el test se pide al sujeto **asociar dos figuras** de entre **tres** que se le presentan, justificando el **criterio utilizado** como **base de la clasificación**. De acuerdo al tipo predominante de respuestas, los sujetos se ubican en uno de estos grupos:

- **Estilo analítico o descriptivo**: el sujeto clasifica a partir de algún *detalle* –a veces, irrelevante– que se puede observar en dos de las figuras.

- **Estilo relacional o contextual**: el sujeto clasifica juntas dos figuras a partir de eventuales relaciones temporales, espaciales o funcionales.

- **Estilo categórico-inferencial**: el sujeto clasifica las dos figuras elegidas a partir de la inferencia de rasgos esenciales que comparten, aunque no presenten detalles observables en común.

---

8 Sigel, I. & Coop, R. El estilo cognitivo y la práctica en el aula. En Coop & White (eds.): *Aportaciones de la psicología a la educación*. Anaya, 1980.

9 Kagan, J.; Moss, H. & Sigel, I. Psychological significance of styles of conceptualization. En Wright & Kagan (eds.): *Basic cognitive processes in children*. Harper & Row, 1963.

En un ítem en que aparecen **dos mujeres** –una de ellas sirvienta, la otra dueña de casa– y **una casa**, un sujeto *analítico* puede poner juntas a las dos mujeres, ya que observa que "ambas llevan zapatos negros". Un alumno con este estilo puede asociar un gato con un ratón, "porque los dos tienen cola". Un sujeto *contextual*, en cambio, podría asociar la casa con la sirvienta, ya que "esta se encarga del aseo", o la otra mujer con la casa, "porque ella es la dueña de casa". Frente a un plátano, un cuchillo y una manzana, tendería a poner juntos el cuchillo y la manzana. Un alumno con este estilo asociaría el gato con el ratón, porque "el gato se come al ratón". Una persona del tipo *categórico-inferencial*, por último, asociaría en el primer ejemplo a las dos mujeres, ya que "ambas son mujeres" o "son seres humanos". La manzana con el plátano, porque "los dos son frutas". El gato con el ratón, porque "son animales" o "son mamíferos".

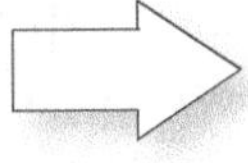

En los tests de inteligencia convencionales, este último tipo de respuestas obtiene una mejor puntuación. El test de Sigel simplemente destaca la manera o estilo peculiar de las personas de percibir y categorizar la realidad. Estilos menos valorados en los tests de CI pueden corresponder a sujetos originales y creativos en aspectos no medidos por esas pruebas.

→ Los estilos identificados por Kagan, a partir de su trabajo con los tres estilos recién nombrados, y que menciona también en su influyente libro de psicología del desarrollo, escrito en colaboración con Mussen y Conger[10]. Observó las diferencias en **velocidad** de los sujetos en sus respuestas en relación a la cantidad de **errores** cometidos. Utilizando el MFF *Matching Familial Figures Test*, en que los sujetos deben elegir de entre seis figuras casi idénticas cuál es la que corresponde exactamente al modelo que aparece sobre ellas, identificó la dimensión "tempo conceptual" con sus extremos: *impulsividad* y *reflexión*. Según se aproximen a uno o el otro extremo, los sujetos tienden a mostrar:

- **Estilo impulsivo**: responden rápidamente, aunque cometiendo muchos errores.

- **Estilo reflexivo**: se demoran en responder, tal vez no alcanzan a completar el test, pero cometen muy pocos errores.

Los autores destacan la notable disminución en el número de errores que presentan los niños, en general, entre los 5 y 12 años. Por otra parte, el tema de la **impulsividad** y problemas a que se asocia tienen reservado un capítulo importante en psicología de la personalidad, en educación especial, así como en psicopatología. En

---

10 Kagan, J. Refection-impulsivity: the generality and dynamics of conceptual tempo. *J. Abn. Psych.*, 71, 17-22, 1966.
   Mussen. P., Conger, J. & Kagan, J. *Desarrollo de la personalidad en el niño*. Trillas, México, 1982.

nuestro libro *Psicopedagogía de la diversidad en el aula* (2015) dedicamos el capítulo 12 a las *Dificultades en el autocontrol y control de la atención*, por la gran importancia que adquirió el tema a impulsos también de las últimas versiones del DSM.

→ Los estilos desarrollados por Witkin y colaboradores[11], que también llegaron a ser muy influyentes en psicología y psicología educativa. Contemplan como el anterior un continuo entre dos extremos, en este caso, **dependencia-independencia de campo** (conocido como continuo *global-analítico* en algunos contextos, términos que reaparecen en los estilos de aprendizaje). Uno de los tests utilizados por Witkin, el *Hidden Figures Test*, exige a los sujetos identificar figuras, cada vez más complejas, escondidas en un fondo –también cada vez más complejo– con diseño muy similar al de las figuras. El sujeto debe ser capaz de vencer los efectos distractores del ambiente o *campo*, centrándose en los elementos relevantes que permiten reconocer la figura buscada o *gestalt*, que se muestra aparte en fondo blanco. En revistas de entretención aparecen con frecuencia ítemes de este tipo y en psicología forman parte de diferentes pruebas, como el ITPA el *Test de Illinois de Habilidades Psicolingüísticas*. De acuerdo a la habilidad del sujeto para reaccionar a la tarea, se le identifica como:

- **Independiente de campo o analítico**: sujeto con "buena capacidad de análisis", lo que le permite identificar con facilidad las figuras.

- **Dependiente de campo o globalizador**: sujeto al que le cuesta lograr la *gestalt*, ya que se pierde en los elementos distractores del campo.

Nótese que *analítico* aquí tiene un sentido totalmente diferente al que se le da al término en el test de Kagan y Sigel. Los tests de dependencia-independencia de campo[12], originados en la psicología de la gestalt, se basan en juicios de tipo perceptual en los que el sujeto debe evitar dejarse influenciar por el contexto o campo. Los investigadores en el área llegaron a afirmar que las personas *dependientes* de campo dependen mucho del apoyo ambiental; están fuertemente influidas por la situación en que se encuentran y son controladas por el ambiente... El *independiente* de campo, en cambio, lo es también en su conducta: se trataría de un sujeto más confiado en sí mismo, con mejor aceptación de sí y menos ansioso. Sin embargo, estudios posteriores criticaron estos alcances demostrando que las correlaciones entre *field dependence* y personalidad eran más bien bajas e inconsistentes.

---

11 Witkin, H. el al. *Psychological differentiation.* Wiley, N.York, 1962.
   Witkin, H.; Goodenough, D. & Kays, S. Stability of cognitive style from childhood to young adulthood. J. *Personality & Social Psych.* I, 291-300, 1967.
   Witkin, H.& Goodenough, D. *Estilos cognitivos: naturaleza y orígenes.* Pirámide, Madrid, 1985.
12 Diferentes tests de **figura-fondo**, entre ellos el *Rod and frame test* de Witkin, en que los sujetos deben estimar la **verticalidad de una varilla** en relación a un marco inclinado; la *Prueba de Stroop*, en que los sujetos deben **nombrar rápidamente el color** en que están escritos nombres de colores: sin embargo, la palabra *verde* aparece escrita en color rojo. El sujeto debe responder *rojo* y no, *verde*, lo que resulta difícil a causa de la automatización de la lectura.

En el país se han llevado a cabo numerosas tesis de grado e investigaciones en que se ha considerado las variables *dependencia* e *independencia* de campo en contextos educativos.

→ Para Broverman los estilos cognitivos eran expresión de la *probabilidad o fuerza de la respuesta* frente a ciertos tipos de situaciones. Un estilo se manifestaría, a su juicio, como una **influencia directiva en la conducta**, teniendo algunas respuestas mayor probabilidad de ocurrencia que otras, en especial en situaciones ambiguas. El estilo supondría al mismo tiempo cierta *habilidad para resistir la desorganización en condiciones de interferencia*, tales como la distracción[13]. La probabilidad de la respuesta dependerá tanto de la naturaleza de la **tarea** o situación, como de la **fuerza de la respuesta**. Resulta diferente enfrentar una tarea nueva, que una ya conocida. Se ha observado que frente a las tareas hay personas que adoptan un enfoque más bien *conceptual*, teórico; otras, en cambio, uno de tipo más concreto *perceptual-motor*. Por otra parte, frente a las tareas que han sido practicadas muchas veces –ya sea con un enfoque conceptual o con uno perceptual-motor– hay sujetos que resultan *ser buenos automatizadores*; otros, en cambio, *automatizadores débiles*. Combinando estas dimensiones se obtienen los estilos:

- Dominancia **conceptual** - automatización **fuerte**
- Dominancia **conceptual** - automatización **débil**
- Dominancia **perceptivo-motora** - automatización **fuerte**
- Dominancia **perceptivo-motora** - automatización **débil**

Los sujetos con **dominancia conceptual** trabajan mejor y tienden a distraerse menos que los perceptivo-motores en tareas de naturaleza conceptual, por ejemplo, en la solución de problemas aritméticos difíciles. Lo contrario sucede con los de **dominancia perceptivo-motriz**, comparados con los conceptuales, por ejemplo, en ejercicios de trazado de *patterns* o diseños complejos. Ahora bien, dentro de cada uno de estos dominios hay personas que ejecutan bien y sin distraerse tareas relativamente simples, repetitivas o monótonas. Otras lo hacen con dificultad y se distraen (por ejemplo, ejecución rápida de sumas aritméticas sencillas, por parte de sujetos conceptuales; trazado automatizado de líneas o detección rápida de estímulos entre otros muy similares, por parte de los perceptivo-motores). Logran mejores resultados, ciertamente, los **automatizadores fuertes** en cada uno de los grupos[14]. Broverman estima que las diferencias en ejecución se dan no solo en tareas que exigen concentración, sino también en aquellas neutras, en condiciones libres de distracción.

---

13   Broverman, D. Dimensions of cognitive style". *J. of Personality*, 28, 167-185, 1960.
     Broverman, D. Cognitive style and intra-individual variation in abilities. *J. of Personality*, 28, 240-256, 1960.
14   El lector puede encontrar una visión actualizada de las **dificultades en automatización** de determinadas tareas en disléxicos y niños con TEL en J. Bermeosolo: Memoria de trabajo y memoria procedimental en las dificultades específicas del aprendizaje y del lenguaje: algunos hallazgos. *Revista Chilena de Fonoaudiología*, Vol. 11 (2012): Noviembre.

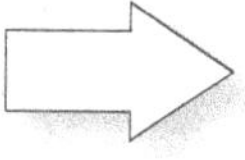 Es interesante hacer ver que varios de los hallazgos y aportes de las tipologías de estilos cognitivos hasta aquí examinados, así como de los que siguen a continuación, influyeron decisivamente en el desarrollo de los "estilos de aprendizaje" que se examinan más adelante.

→ Gardner, Klein y colaboradores[15] enfocaron el tema desde una *perspectiva psicoanalítica* haciendo un aporte muy original en el área. Destacan que las personas utilizan consistentemente y de manera distintiva estrategias cognitivas para **seleccionar, evitar, enfrentar, registrar** y **organizar** información. Desarrollaron la noción de *controles cognitivos* que describen como "estructuras evolutivamente estabilizadas, de cambio lento, relativamente invariables frente a las situaciones, y que operan pese a cambios situacionales o comportamentales en la actividad cognitiva de momento a momento". Se puede entrever en tales controles la acción de los mecanismos de defensa del yo. *Estilo cognitivo* se relaciona estrechamente con personalidad. Los **estilos cognitivos** son para estos autores **estructuras de orden superior del yo** que suponen determinados arreglos de los **controles cognitivos**. Estos son: **negación ↔ magnificación; tolerancia ↔ no tolerancia; amplitud de rango ↔ estrechez; focalización ↔ no focalización; rigidez ↔ flexibilidad.**

Para una determinada persona, por ejemplo, su *estilo* implicaría un uso más o menos consistente de los *controles* **negación, no tolerancia, rigidez,** etc. Por la riqueza que aporta este perfil en la caracterización de las diferencias individuales, los describiremos brevemente:

- El control **negación-magnificación** (*leveling-sharpening*) caracteriza posiciones que oscilan entre dos extremos: los sujetos que tienden, por un lado, a minimizar, alisar, aplanar diferencias y detalles, versus aquellos que tienden a magnificarlos, exagerarlos. Puede manifestarse en imágenes indiferenciadas versus muy nítidas en la memoria. Sujetos, en cuanto a características de personalidad, que tienden a negar o minimizar los problemas o, por el contrario, a agigantarlos.

- El control **tolerancia ↔ no tolerancia** marca extremos que, por un lado, define a sujetos dispuestos a aceptar o tolerar experiencias que no concuerdan con lo que creen verdadero o esperable y, por el otro, sujetos resistentes a experiencias perceptuales o cognitivas en que los datos no concuerdan con lo convencional o esperable.

---

15 Gardner, R. & Klein, G. Cognitive control: a study of individual consistencies in cognitive behavior. *Psych. Issues 1*, Monograph 4, 1959.
Gardner, R.; Jackson, D. & Messick, S. Personality organization in cognitive controls and intellectual abilities. *Psych. Issues 2*, Monograph 8, 1960.
Klein, G. Cognitive control and motivation. En Lindzey, A. (ed.): *Assessment of human motives*. Rinehart, N. York, 1958.

- El control **amplitud de rango** ↔ **estrechez** alude a criterios de clasificación y de equivalencias. Los sujetos de *rango amplio* son poco sensibles a diferencias finas entre estímulos y tienden a clasificarlos en categorías muy amplias o burdas, o hacen equivalentes datos que, en realidad, no lo son. A los de *rango estrecho* no escapan diferencias sutiles, "hilan" demasiado fino y tienden a clasificar en categorías estrechas.

- El control **focalización** ↔ **no focalización** tiene que ver con la dirección y despliegue de la atención. El sujeto *focalizador* despliega mejor su atención, se concentra en lo relevante, pero puede estar consciente, al mismo tiempo, de muchos aspectos de la situación-estímulo. El *no-focalizador* es más pobre en el uso de sus recursos atencionales. Se centra demasiado en detalles secundarios, perdiendo la perspectiva general.

- El control **rigidez** ↔ **flexibilidad** se refiere a cómo se maneja el sujeto en relación al campo total o situación, perceptivo, conceptual. El sujeto *flexible* se ve relativamente confortable, incluso en situaciones que implican claves contradictorias o advenedizas. Es capaz de dar respuestas diferenciales a aspectos específicos del campo perceptual, sin quedar dominado o encandilado por una organización estimular dominante. Discrimina entre información relevante e irrelevante. El sujeto *rígido* o *inflexible*, por su parte, no sabe aprovechar todas las claves disponibles en el campo perceptual; se le ve resistente al cambio y mantiene determinadas respuestas más allá de lo necesario. A diferencia del flexible, evita utilizar reacciones emocionales o sentimientos como fuentes de información, que considera una debilidad.

Como puede apreciarse, hay relaciones y cierto traslapo entre los controles cognitivos y los estilos cognitivos descritos anteriormente. La comprensión cabal de los aportes de Gardner, Klein y asociados exigiría una referencia más a fondo al marco psicoanalítico y a la psicología profunda a que se adscriben, si bien en páginas anteriores se entregó una información elemental. En todo caso, estos autores, aparte de las técnicas específicas psicoanalíticas, han hecho uso también pruebas nombradas anteriormente: el *Embedded Figures Test*, el *Rod and Frame Test*, la prueba de *Stroop*, el MFF.

• ESTILOS DE APRENDIZAJE

La aplicación de los **estilos cognitivos** al contexto **académico** y **escolar**, si bien aportó algunos datos útiles, no siempre pudo llegar a conclusiones muy definitivas. Esto fue estudiado en detalle por Schmeck (1983) y ya había impulsado a autores como Tallmadge y Shearer (1969, 1971) a proponer un concepto más práctico para explicar las diferencias estilísticas en el aprendizaje y rendimiento académico: **estilo de aprendizaje**. Schmeck, cuyo *Inventario de Procesos de Aprendizaje* fue adaptado en Chile [16], distingue entre **estrategias** y **estilos** de aprendizaje:

---

16 **Truffello, Irene:** *Adaptación en Chile del Inventory of Learning Processes de Ronald R. Schmeck.* Tesis para optar

→ Las **estrategias** son ese **conjunto particular de actividades de procesamiento de información** de que se vale el estudiante al preparar un examen o prueba.

→ Un **estilo** de aprendizaje es la **predisposición** del estudiante **para adoptar una estrategia particular** de procesamiento de la información, sin importar las exigencias específicas de la tarea de aprendizaje. Muchos estudiantes mantienen una misma predisposición (la que puede ser muy eficiente o no).

La memoria, según Schmeck –quien sigue de cerca los clásicos estudios de Craik y Lockhart (1972)– es un subproducto de la actividad pensante o las huellas que resultan del modo de procesar la información: **a mejor actividad pensante, mejores claves de registro y mejor evocación.** Santrock (2002) hace una revisión completa del asunto y precisa que los **estilos** de aprendizaje y razonamiento son "preferencias individuales de las personas en relación a cómo usan sus habilidades".

Muchos autores se han ocupado de esta materia –nombraremos solo algunos– y, por lo general, asignan diferente peso ya sea al **estilo de aprendizaje** (la predisposición más o menos estable), como a la **situación inmediata** (la exigencia académica). Son los factores *determinantes* de la estrategia específica adoptada. El mismo Schmeck afirma haber encontrado consistencia en la predisposición a valerse de determinadas estrategias, pese a lo variables que pueden ser las demandas inmediatas de las tareas.

Entre los investigadores que describieron inicialmente estilos de aprendizaje –con la mayoría de sus estudios realizados con estudiantes universitarios– aparte del mismo Schmeck (USA), pueden citarse a G. Pask y N. Entwistle (Inglaterra); J. Biggs (Australia) y F. Marton (Suecia). Revisemos algunas de tales propuestas. Presentamos a continuación sus "tipologías" de estilos. El lector podrá apreciar que todos estos hallazgos y sus conclusiones siguen plenamente vigentes.

→ **Pask** y equipo instruían a los estudiantes expresamente para que trataran de comprender y no solo memorizar[17]. El estudiante podía pedir toda la información que deseaba e incluso debía posteriormente enseñar lo aprendido (*teach-back method*). Encontró las siguientes categorías de estudiantes, que resume la tabla (**fig. 7.3**):

- Los estudiantes **comprensivos** usan estrategias **holísticas** al acometer la tarea y utilizan libremente ilustraciones, analogías y otros recursos, para llegar a una **descripción general**. Tienden a "ver" más adelante que los otros sujetos, con un despliegue muy amplio de la atención, procurando construir primero el *big picture* para tener dónde encajar los detalles. Pueden incurrir en la "patología" del trotamundos (*globetrotting*), llegando a veces demasiado

al grado de Magíster en Educación. Facultad de Filosofía, Humanidades y Educación, Universidad de Chile, Santiago, 1988.

17 Pask, G. Conversational techniques in the study and practice of education. *Br. J. of Educ. Psych.*, 45, 12-25, 1976 (a).
Pask, G. Styles and strategies of learning. *Br. J. of Educ. Psych.* 46, 128-148, 1976 (b).

rápido a las conclusiones a base de poca evidencia y a causa del uso de analogías precipitadas o generalizaciones sin base.

- Los estudiantes **secuenciales** utilizan estrategias de tipo **serial**. Avanzan linealmente de un párrafo al siguiente, sin formarse una visión de conjunto. Se preocupan rutinariamente de pormenores y cuestiones de procedimiento, trabajando paso a paso, concentrándose en el orden de los detalles. La "patología" en que suelen incurrir es la imprevisión (*improvidence*), con un fracaso en el uso de analogías y en la oportuna construcción de mapas conceptuales amplios. Se trata de sujetos que "ven los árboles, pero no el bosque".

- Los estudiantes **versátiles** utilizan estrategias de orden superior **metacognitivas**, basadas en recursos tanto holísticos, como seriales, con clara conciencia de ello. Se valen de analogías adecuadas, generalizan según corresponde, construyen el modelo general y prueban su aplicabilidad a través del examen de los detalles y situaciones particulares. Un estilo de esta naturaleza lleva a un nivel muy alto de comprensión.

ESTILO	ESTRATEGIA	PATOLOGÍA ASOCIADA
COMPREHENSIVO	Holística	*Trotamundismo*
SECUENCIAL	Serial	*Imprevisión*
VERSÁTIL	Holística y serial	

Figura 7.3

Los estilos de aprendizaje según Pask.

→ **Marton** y equipo[18] enfatizaron mucho más la sensibilidad a las demandas situacionales y el peso de las exigencias ambientales que la consistencia estilística. A diferencia de Pask —que instruía específicamente a sus sujetos sobre la comprensión— dejaban las instrucciones vagas para apreciar mejor las variaciones en *approach*. Al terminar de leer los estudiantes los documentos de trabajo que se les entregaban (artículos académicos), se les hacían preguntas relativas a los **resultados** de la lectura (**qué** habían aprendido); las **intenciones** que tenían (**qué** esperaban conseguir de la lectura) y el enfoque usado o **nivel de procesamiento** (**cómo** habían comprendido). La tabla (**fig. 7.4**) sintetiza la información obtenida en las respuestas.

---

18 Marton, F. & Saljo, R. On qualitative differences in learning. I. Outcome and processes. *Br. J. Educ. Psych.*, 46, 4-11, 1976 (a).
   Marton, F. & Saljo, R. On qualitative differences in learning. II. Outcome as a function of the learner's conception of the task. *Br. J. Educ. Psych.*, 46, 115-127, 1976 (b),

INTENCIÓN	NIVEL DE PROCESAMIENTO	RESULTADO
COMPRENDER	Enfoque profundo	Orientado a conclusiones
MEMORIZAR	Enfoque superficial	Orientado a la descripción

Figura 7.4

Los tipos de estudiantes, según Marton y colaboradores.

- Los estudiantes que pretenden **comprender** utilizan un **enfoque profundo** (*deep-level*) y su resultado está **orientado a conclusiones**: tienden a resumir el argumento principal, con la evidencia que le sirve de base. La utilización del enfoque *deep-level* implica una evaluación del argumento con sus fundamentos y, muchas veces, el intento del sujeto de relacionar las ideas con sus experiencias personales.

- Los estudiantes que pretenden **memorizar** usan un **enfoque superficial** (*surface-level*) y su resultado está **orientado a la descripción**: tienden a hacer un listado de los principales puntos tratados en el artículo. El enfoque implica centrarse en hechos específicos, muchas veces trozos desconectados de información, que se aprenden de manera memorística.

Marton ha llegado a una serie de conclusiones que sería largo detallar. Ha confirmado que las preguntas de examen *low-level* estimulan un nivel de estudio del mismo tipo. Además, que los estudiantes tienden a usar este *approach* cuando el contenido de un artículo o de una asignatura no les interesa. También en situaciones que elevan el nivel de ansiedad.

> El uso de pruebas o exámenes que enfatizan la memorización **desincentiva al estudiante a desarrollar un procesamiento profundo de la información.**

→ **Entwistle** y colaboradores[19] incluyeron en sus estudios los aportes de Pask y Marton. A través de técnicas de análisis factorial, a partir del examen de las respues-

---

19 Entwistle, N. *Styles of learning and teaching.* Wiley ,N.Y., 1981.
Entwistle, N.; Hanley, M & Hounsell, D. Identifying distinctive approaches to studying. *Higher Education,* 8, 365-380, 1979.
Entwistle, N.; Wilson, J. D. Personality, study methods and academic performance. *Univ. Quarterly,* 24, 147-156, 1970.

tas de una gran cantidad de estudiantes de varias universidades inglesas, aislaron **tres factores de segundo orden** que correspondían a las **orientaciones** que típicamente guiaban el estudio de los alumnos: *meaning, reproducing* y *achieving*. Tomaron en consideración, además, el tipo de **motivación**, lo que constituye un aporte valioso, y las **estrategias** preferentes. La tabla (**fig. 7.5**) resume la información principal.

FACTORES (ORIENTACIONES)	MOTIVACIÓN	ESTRATEGIA
SIGNIFICADO Tratar de comprender	INTRÍNSECA	Holística-profunda
REPRODUCCIÓN Memorizar	EXTRÍNSECA Temor al fracaso	Serial-superficial
LOGRO Sacar buenas notas	EXTRÍNSECA Tener éxito	Dependiente de la situación

Figura 7.5

Factores de segundo orden aislados por Entwistle y colaboradores, y su relación con la motivación y estrategia utilizada.

- El estudiante que busca **significado** (*meaning*) está motivado **intrínsecamente**. Se siente relativamente libre o independiente del programa de curso y es muy autónomo. Sus estrategias son holísticas y profundas. Podría incurrir a veces en el defecto del *trotamundismo*.

- El estudiante orientado a la **reproducción** más o menos literal (*reproducing*) de la materia suele estar motivado **extrínsecamente**...por temor al fracaso. Es dependiente del programa de curso y tiene una notable inclinación a memorizar "al pie de la letra". Puede caer en el defecto de la *imprevisión*.

- El estudiante orientado al **logro** (*achieving*) también está motivado **extrínsecamente**, pero por el interés de tener éxito. Le interesa sacar buenas notas. Atento a las contingencias de la situación, utiliza un enfoque *deep level* si el profesor exige comprensión; si este premia la memorización, usa un procesamiento superficial. En este sentido, es 'oportunista'.

---

20   Biggs, J. B. Dimensions of study behavior. *Br. J. of Educ. Psychology*, 46, 68-80, 1976.
     Biggs, J. B. Individual differences in study processes and the quality of learning outcomes. *Higher Educ.*, 8, 381-394, 1979.

Biggs es otro de los pioneros que desarrollaron inventarios para evaluar estilos de aprendizaje[20]. En la nota a pie de página el lector encontrar información de algunos de sus aportes. También utilizando técnicas de análisis factorial, obtuvo factores semejantes a los de Entwistle, que denominó *internalizing, utilizing* y *achieving*. Describe con gran detalle los componentes cognitivos y motivacionales para cada uno de los estilos.

→ **Schmeck**, de quien se hizo referencia antes, desarrolló un influyente **Inventario de Procesos de Aprendizaje**[21]**,** con 62 ítemes distribuidos en **4 escalas** que miden **dimensiones** de la conducta de aprendizaje académico, junto a los procesos conceptuales característicos del estudiante de educación superior. Los alumnos se ubican en algún lugar a lo largo de cada escala, según el puntaje que alcancen en ella, a partir del análisis de sus respuestas al test:

- La escala de **Profundidad de Procesamiento** mide el grado en que los estudiantes evalúan críticamente, organizan conceptualmente, comparan y contrastan la información que estudian. Ya adelantamos que para Schmeck la memoria es un subproducto de las actividades de procesamiento de la información. Tales actividades varían a lo largo de un continuo que va desde *shallow* (el estímulo físico es el objeto de atención) hasta *deep* (se procesan el significado y las asociaciones conceptuales).

- La escala de **Procesamiento Elaborador** mide el grado en que el estudiante traduce la información a su propia terminología, genera ejemplos concretos de su propia experiencia, aplica dicha información a su vida y se vale de imágenes para codificar las nuevas ideas. La diferencia entre esta escala y la anterior es que esta supone aplicación creativa de los contenidos de estudio a la propia vida, personalizándolos. Aquella, en cambio, implica un ejercicio más conceptual de clasificación verbal y comparación categorial.

- La escala **Retención de Hechos** mide simplemente la cantidad de información retenida, detalles y aspectos específicos de la nueva información, sin considerar la estrategia de procesamiento usada. Un estudiante "memo-

---

Biggs, J. B. Developmental processes and learning outcomes. En Kirby & Biggs (eds.): Cognition, development and instruction. Academic Press, N. Y. 1980.

Hace algunos años apareció en español su libro **Calidad del aprendizaje universitario.** (Narcea Ediciones. Madrid, 2004). Con un enfoque práctico, entrega una serie de herramientas para perfeccionar la docencia universitaria y mejorar la calidad del aprendizaje de los alumnos. John Biggs es catedrático en educación en Australia, Canadá y Hong Kong. Ha publicado numerosos trabajos sobre enseñanza y aprendizaje, especialmente en el ámbito de la educación y evaluación universitaria.

21 Schmeck, R. R. & Meier, S. T. Self-reference as a learning strategy and a learning style. *Human Learning*, Vol. 3, 9-17, 1984.

Schmeck, R. R. & Phillips, J. Levels of processing as a dimension of difference between individuals. *Human Learning*, Vol. 1, 95-103, 1982.

Schmeck, R. R. & Ribich, F. D. Construct validation of the **Inventory of Learning Processes.** *Applied Psych. Measurement*, 2, 551-562, 1978.

rión" puede sacar un buen puntaje aquí y bajos puntajes en las dos escalas anteriores. Sin embargo, los que obtienen buenos puntajes en las escalas de Profundidad y de Elaboración, también los obtienen acá.

- La escala de **Estudio Metódico** mide los aspectos relativos a métodos de estudio. Los alumnos que obtienen puntajes altos en ella dicen estudiar más a menudo y más cuidadosamente que otros estudiantes. Los métodos que emplean suelen ser las técnicas sistemáticas recomendadas en los viejos manuales sobre "cómo estudiar" ("subraye el texto; estudie todos los días en el mismo lugar; construya ejercicios de práctica"...). Parece ser que estos estudiantes tienen una alta motivación, sin embargo pueden carecer de habilidades para procesar de manera *profunda* y/o *elaboradora*, lo que tratarían de compensar con las técnicas sistemáticas de estudio.

El estudiante debe contestar **V** (Verdadero) o **(F)** Falso a cada afirmación del Inventario. Se le recomienda que trate de responder de acuerdo a como aprende en general y no en referencia a alguna asignatura en particular. No existen respuestas "correctas". Los ítems son del tipo:

- Me va bien en las pruebas de desarrollo.
- Cuando estudio para un examen preparo una lista de las posibles preguntas y sus respuestas.
- Tengo facilidad para contestar preguntas que suponen la comparación de conceptos diferentes.
- Me cuesta notar la diferencia entre preguntas aparentemente similares.
- Rara vez trato de descubrir las razones de los hechos.
- Para los exámenes me aprendo de memoria la materia tal cual aparece en el texto o en los apuntes.
- Me aprendo las palabras o conceptos nuevos, imaginando la situación en que ocurren.
- Me cuesta contestar preguntas que requieren una evaluación crítica.
- Me cuesta organizar la información que guardo en la memoria.
- A veces aprendo de memoria materias que no entiendo.
- Mantengo todos los días un horario de estudio.
- Cuando estoy aprendiendo una unidad de estudio casi siempre la resumo con mis propias palabras.
- Generalmente no me preocupo de hacer ejercicios y resolver los ejemplos.
- Me cuesta resumir, todos los detalles me parecen importantes.
- No me gusta repetir textualmente, prefiero explicar y opinar sobre los temas que he estudiado.

Los **estudiantes exitosos**, según las investigaciones de Schmeck, tienden a obtener puntajes altos en las escalas de Profundidad de Procesamiento, Procesamiento Elaborador y Retención de Hechos. Encontraron que **Profundidad de Procesamiento** correlaciona con pensamiento crítico, comprensión de lectura, habilidad verbal, curiosidad, atención a los rasgos semánticos de las palabras, dígitos del WAIS y habilidad para construir diagramas conceptuales arbóreos. Correlaciona negativamente con ansiedad. **Procesamiento Elaborador** correlaciona con riqueza de imágenes, organización subjetiva de listas de palabras o conceptos que se deben recordar, rendimiento en escritura (producción escrita) y tendencia a organizar palabras a base de rimas. **Retención de Hechos** correlaciona con inclinación a seguir instrucciones, a procesar detalles y con habilidad verbal (negativamente con habilidad espacial). **Estudio Metódico** correlaciona con esfuerzo de tipo conformista y apego excesivo al programa de curso.

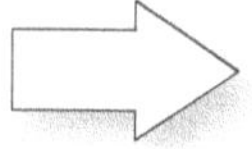

Como puede apreciarse, la obtención de puntajes altos en cada una de estas escalas (o en varias de ellas) caracteriza verdaderos **estilos de aprendizaje**.

Schmeck ha continuado investigando otros aspectos importantes para definir mejor los estilos aportados por las escalas. En Chile, a partir de la adaptación de su Inventario, la misma Irene Truffello junto a Fernando Pérez, profesores de metodología de la investigación de la Escuela de Postgrado, Facultad de Ciencias Sociales, Universidad de Chile, se han ocupado en detalle de la cuestión realizando valiosos trabajos. En el volumen 16, n° 1 de la *Revista Pensamiento Educativo* de la PUC, presentan el modelo del profesor R. Schmeck de la Universidad de Southern Illinois. Explican que la adaptación hecha para Chile del *Inventory of Learning Processes* sirvió para diagnosticar el modo de estudiar de los jóvenes chilenos y las formas en que les enseñan y evalúan sus profesores. En general, los estudiantes chilenos utilizan estilos superficiales y memorísticos. Exponen los investigadores una experiencia de campo en la que, a través de actividades basadas en el modelo, un conjunto de estudiantes logró superar la etapa de la simple retención de hechos y alcanzar el procesamiento elaborador y profundo.

La aceptación de estilos cognitivos y de aprendizaje peculiares en sus alumnos por parte del profesor, favorecerá que atienda mejor a las diferencias individuales y respete la diversidad adecuando su labor pedagógica a las necesidades específicas de cada uno de ellos. Tales diferencias no deben ser atribuidas solo a variaciones de capacidad intelectual. Entran en juego una serie de otros factores que afectan directamente el procesamiento cognitivo: entre ellos, variables de personalidad. Es importante destacar que también los profesores poseen sus propios estilos y preferencias —y también prejuicios— manifestados de algún modo en su acción docente. De ahí lo compleja, rica, distinta y hasta imprevisible que puede resultar la relación profesor-alumno.

MOTIVACIÓN DE LOGRO, ATRIBUCIÓN Y LOCUS DE CONTROL

Uno de los motivos que ha recibido más atención en psicología de la educación es la **motivación de logro**[22] o de realización. Vale la pena hacer una breve referencia al tema por su importancia para una mejor comprensión de las diferencias individuales. El verdadero sentido del concepto es bastante más amplio que el relativamente restringido con que ha aparecido en algunas de las tipologías recién revisadas, donde se ha utilizado el término "logro" asociado a la obtención de buenas notas, por motivaciones de naturaleza extrínseca.

> La **motivación de logro** se pone de manifiesto en las **acciones** y **sentimientos** relacionados con el **cumplimiento de algún estándar internalizado de excelencia**.

Explican Henson y Eller (2000) que los estudiantes con una fuerte motivación de logro **tienden a tener confianza en sí mismos, asumir las responsabilidades de sus acciones, tomar riesgos calculados, planear con prudencia y economizar tiempo.** Ya en las primeras décadas del siglo pasado, se habían llevado a cabo en psicología interesantes estudios acerca del **nivel de aspiración de las personas**, que resultaron influyentes en psicología de la educación. El nivel de aspiración tiene que ver con las metas que el sujeto se propone en relación a una determinada tarea que espera alcanzar y que se esforzará por conseguir. Si logra su objetivo, será interpretado por él como un éxito; en caso contrario, como un fracaso. La **figura 7.6**, adaptada de Hilgard, Atkinson y Atkinson (1971) grafica el grado de dificultad de la tarea y cómo la percibe el sujeto.

Existe un **rango óptimo de dificultad** que plantea desafíos y resulta motivante: las tareas demasiado fáciles son aburridas y poco motivadoras; las extremadamente difíciles, desalientan al estudiante. Explican los autores que los estudios acerca del **nivel de aspiración** ilustran **motivaciones de tipo cognitivas**, porque la persona que se siente involucrada en la tarea debe hacer una estimación de su propio nivel de logros, establecer metas y, finalmente, experimentará éxito o fracaso.

Sprinthall, Sprinthall y Oja (1996) dicen que la motivación de logro es **"quizá el motivo que ha recibido más atención y ha sido más ampliamente discutido den-**

---

22 Motivación de logro y no... del ogro! En inglés, **achievement motivation**, definida por John **Atkinson** y David **McClelland**, autores que se interesaron inicialmente en el tema, como **"the social motive to accomplish something of value or importance, to meet standards of excellence in what one does"**.
Atkinson, J.W. *An introduction to motivation.* Van Nostrand, Princeton, N.J., 1964.
McClelland, D.C.; Atkinson, J.W. et al.: *The achievement motive.* Appleton Century Crofts, N.Y., 1953.

tro de la psicología de la educación". Citando el informe Coleman de 1966[23] destacan que en él se concluye que "el **factor más importante** para predecir el resultado académico son los **sentimientos personales de competencia**". Junto con hacer ver que este factor sobresalió entre un gran número de variables seleccionadas, señalan:

> Los resultados académicos que un alumno obtiene **dependen de la convicción que tenga sobre el control de los mismos**. Los alumnos con una motivación de logro alta **no atribuyen sus resultados a la suerte, sino más bien a sus propias decisiones personales y a su esfuerzo**. Los 'perdedores' tienen una mayor tendencia que los 'ganadores' a atribuir sus fracasos a la mala suerte, a la fatalidad.

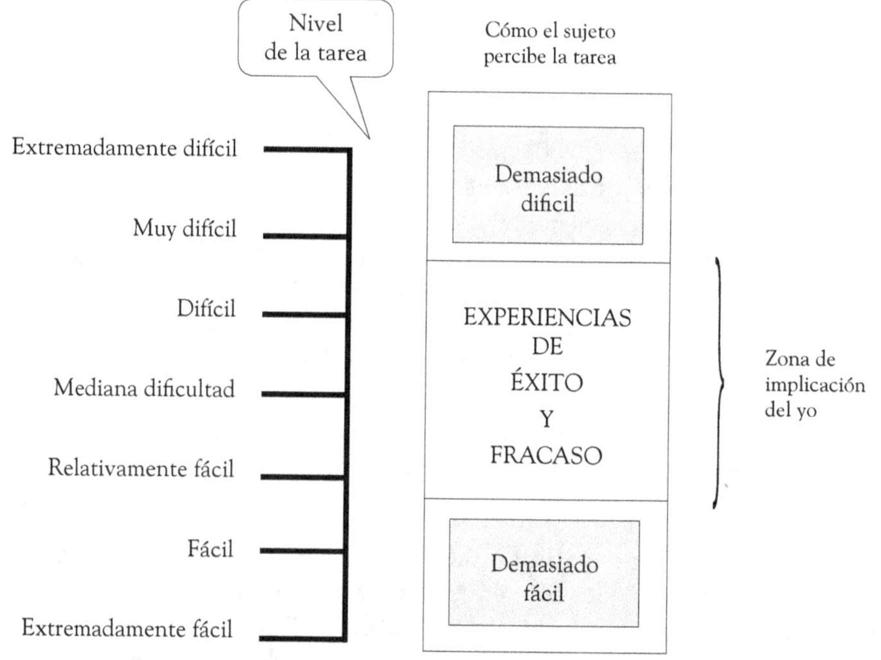

Figura 7.6

(Adaptada de Hilgard, Atkinson & Atkinson, 1971). Nivel de aspiración.
El sujeto tiende a fijarse metas dentro de la zona de implicación del yo.

Según Clifford (1982), que se ha ocupado en detalle de cuestiones relativas a motivación y aprendizaje, una gran cantidad de resultados de investigación demuestran que "las personas con una motivación de logro moderadamente alta tienen

23 Coleman, J.S. et al. *Equality of educational opportunity.* U.S. Department of Health, Education and Welfare, Washington, 1966.

más éxito personal y social que aquellas en las que esta necesidad es muy baja". En consecuencia, como lo hacen ver Henson y Eller (2000), **"la motivación de logro hace una buena predicción del éxito que se tendrá en la escuela y en la vida"**. Las personas con buen nivel de desarrollo en dicha motivación, como ya se afirmó, suelen tener confianza en sí mismas y asumir la responsabilidad de sus acciones.

> El **factor más importante** para predecir el resultado académico lo constituyen los **sentimientos personales de competencia**.

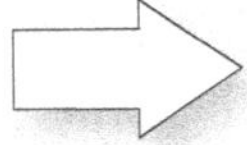

El autor de estas páginas ha evaluado muchas veces niños y adolescentes que, pese a una notable capacidad intelectual, fracasan académicamente. Se trata, por lo general, de niños y jóvenes con una imagen muy negativa de sí y que no han desarrollado sentimientos de autoeficacia, en parte a causa del mismo bajo desempeño académico. Su escasa motivación de logro y sus sentimientos de incompetencia, a su vez, perpetúan el fracaso escolar, ya que se sienten desmotivados. Se les hace, en consecuencia, muy difícil salir de ese círculo vicioso, reforzado por las recriminaciones de sus padres y la opinión negativa que se han formado de ellos sus maestros.

Henson y Eller (2000) han demostrado también que "el fracaso incrementa el nivel de motivación de los individuos con motivación de logro elevada y disminuye el nivel de los que tienen motivación de logro baja". Carecer de motivación es carecer de ese estado de activación o excitación que impele a actuar. Incluso, en algunos de los niños y adolescentes que fracasan se da el fenómeno conocido como **desesperanza aprendida**, esa sensación de que "nada de lo que hago importa"... "nada me resulta"...

Explica Clifford (1982) que la *desesperanza aprendida*[24] es consecuencia del hecho de **no ser capaz de detectar una relación causa-efecto controlable en un suceso dado**. Analizando los resultados de algunas investigaciones en el área, concluye:

---

24 En inglés el término es **learned helplessness**, traducido al español como **desamparo aprendido e indefensión aprendida**. La noción corresponde a experiencias de condicionamiento operante realizadas por **Seligman** y colaboradores en los años 60 y 70 con animales de laboratorio que no tenían modo de evitar o escapar de situaciones de castigo, desarrollando reacciones de tipo depresivo.
Seligman, M.; Maier, S. & Solomon, R. Unpredictable and uncontrollable aversive events. En F. Brush (ed.) *Aversive conditioning and learning*. Academic Press, N. York, 1971.
Seligman, M. Depression and learned helplessness. En R. Friedman y R. Katz (eds.) *The psychology of depression: contemporary theory and research*. Winston-Wiley, Washington D.C.,1974.

> ... los seres humanos **están gobernados por las expectativas causales** que desarrollan. Si se les induce a pensar que pueden hacer muy poco por cambiar una situación no deseable, tienden a ser pasivos. Aprenden que están indefensos y, por lo tanto, actúan en consonancia, aun cuando tengan la oportunidad de actuar de forma diferente. Son muchos los estudios que indican que **las explicaciones causales de los acontecimientos afectan a la conducta humana**.

Margaret Clifford da algunos ejemplos de **prácticas pedagógicas que probablemente crearán indefensión**:

1. Una utilización incoherente o perjudicial de recompensas y castigos por parte de profesores.

2. La administración de recompensas y castigos que nos son equiparables al éxito alcanzado o a la infracción cometida.

3. Cambios acusados en el humor y la conducta del profesor.

4. La asignación continua de tareas que siempre dan como resultado un fracaso del alumno.

5. Una falta de estructuración del programa educativo, de los procedimientos y de las técnicas utilizados.

Deutsch Smith (2003) analiza estas variables desde la perspectiva de las necesidades educativas especiales y sostiene que los estudiantes obtienen más beneficios **cuando se les enseña la relación entre el esfuerzo y el resultado**, y cuando se les enseñan **estrategias de aprendizaje** que **ellos identifican como realmente eficaces**[25]. El punto que sigue ahondará en estas cuestiones.

Se ha relacionado la desesperanza aprendida con la antigua **teoría de la atribución**, original de **Fritz Heider**[26], quien la desarrolló para explicar la forma como interpretamos las cosas que (nos) ocurren y las causas a las que las *atribuimos*. Todos nos tratamos de explicar por qué ocurren los hechos y algunos psicólogos han visto en ese intento y búsqueda de explicación, en esa necesidad de comprender, el análisis de la motivación desde una perspectiva cognoscitivista.

Heider reconocía que para entender la conducta hay que tener en consideración tanto variables del sujeto como variables del medio o situacionales. Sin embargo, de

---

25 Deborah Deutsch Smith avala sus afirmaciones en varios trabajos. Entre ellos:
Hock, M. Student motivation and commitment: a cornerstone of strategy instruction. *Strategram*, 89, 1-2, 1997.
Sexton, M.; Harris, K. & Graham, S. Self-regulated strategy development and the writing process: effects on essay writing and attributions. *Exceptional Children*, 64, 295-311, 1998.

26 Heider, F. *The psychology of interpersonal relations.* John Wiley & Sons, N. York, 1958.

acuerdo a su teoría, la conducta dependerá decisivamente de las **creencias sobre las relaciones causa-efecto** que se hace el mismo sujeto. Más que una teoría, señala Gross (1998) al tratar el tema de la atribución, se trata en realidad de un conjunto de *miniteorías* desarrolladas por diferentes autores. Entre ellas describe (para lo cual remitimos al lector a su obra y a los trabajos originales que se citan a pie de página) [27] las de Jones y Davis; Kelley; y Weiner.

Como las ideas de **Weiner** tuvieron directa aplicación al aula, haremos una breve referencia a ellas [28]. Su teoría pretende dar cuenta de **la forma como los estudiantes explican las causas de sus éxitos o fracasos**. Entre las causas más importantes, normalmente nombran el **esfuerzo**, el **grado de dificultad de la tarea**, la **suerte** y la **capacidad**. También hacen referencia al **estado de ánimo**, la **fatiga**, el **sesgo** del evaluador. Weiner destacó, además, las relaciones entre **atribución, emoción** y **motivación** humanas. Clasificó, en consecuencia, las causas del éxito y fracaso escolar según **tres dimensiones** o criterios:

1. **Locus** (lugar) **de control**: las causas pueden ser *internas* o *externas* (originadas en la persona o en la situación),

2. **Estabilidad**: pueden ser *estables* (fijas, permanentes) o *inestables* (temporales, o que varían en situaciones diferentes),

3. **Controlabilidad**: pueden ser *controlables* o estar *fuera de control* de parte del responsable de la tarea.

La tabla de la **fig. 7.7** clasifica las causas según las tres dimensiones. Explican Henson y Eller (2000) siguiendo a Weiner y otros investigadores que se han ocupado de la materia, que los estudiantes con un **locus de control interno** creen que son responsables de su conducta y de sus éxitos y fracasos. Los atribuyen a su capacidad y esfuerzo. Tienden también a persistir más en las tareas y a no darse por vencidos con facilidad. Aquellos con un **locus de control externo**, en cambio, creen que su desempeño y rendimiento en pruebas y exámenes se deben a la suerte, a la dificultad de la tarea u otras circunstancias que escapan a su control.

Clifford (1982), citando los hallazgos de numerosos estudios en el área de la *atribución* y *locus de control*, hace ver que

---

27 Jones, E. & Davis, K. From acts to dispositions: the attribution process in person perception. En L. Berkowitz (ed.) *Advances in experimental social psychology*. Vol. 2. Academic Press, N. York, 1965.
Kelley, H. Attribution theory in social psychology. En D. Levine (ed.): *Nebraska Symposium on Motivation*. Vol. 15, Nebraska University Press, 1967.
Kelley, H. Causal schemata and the attribution process. En Jones et al. (eds.): *Attribution: perceiving the causes of behavior*. General Learning Press, Morristown, N.J., 1972.
Weiner, B. *An attributional theory of motivation and emotion*. Springer-Verlag, New York, 1986.
28 Weiner, B. A theory of motivation for some classroom experiences. *Journal of Educational Psychology*, 71, 3-25, 1979.

Las personas con una acusada **localización interna del control** buscan activamente información que pueda afectar a sus vidas; les gustan las tareas de dificultad intermedia que supongan un reto y persisten en ellas, aun cuando fracasan; asimismo, tienden a tener unos objetivos educativos y un rendimiento académico muy altos.

LOCUS DE CONTROL INTERNO		
	ESTABILIDAD	
CONTROLABILIDAD	Estable	Inestable
Incontrolable	Capacidad	Estado de ánimo
Controlable	Esfuerzo habitual	Esfuerzo inmediato

LOCUS DE CONTROL EXTERNO		
	ESTABILIDAD	
CONTROLABILIDAD	Estable	Inestable
Incontrolable	Dificultad tarea	Suerte
Controlable	Sesgo del profesor	Ayuda de los demás

Figura 7.7

Clasificación de las causas del éxito y fracaso –según Weiner– de acuerdo a **locus de control**, **controlabilidad** y **estabilidad**. Adaptada de Henson y Eller (2000).

Explica también que la apatía, la indiferencia o falta de interés que se observa en algunos alumnos **"puede ser un reflejo de su creencia de que no pueden hacer nada para cambiar las cosas"**. Se trata de la **desesperanza aprendida** de Seligman y colaboradores a que nos referimos antes, o de una escasa o nula **motivación de logro**, en términos de Atkinson y McClelland. Se da especialmente en estudiantes (y personas, en general) con un **locus de control externo** y que han experimentado **muchos fracasos**. A este respecto, Henson y Heller (2000) sostienen:

> Los estudiantes que experimentan desamparo aprendido pueden sentir que, sin importar lo mucho que se esfuercen, **no pueden evitar el fracaso** y, por ello, a la larga, dejan de intentarlo. Por ejemplo, un estudiante de secundaria muestra un **locus de control externo** alto al decir que no estudió para el examen pues <de cualquier forma iba a reprobar>...<la suerte no está de mi lado>.

No hay que olvidar que, aparte del **tipo** de locus de control, están las dimensiones **estabilidad** y **controlabilidad**. Para un estudiante con locus de **control interno,** tanto las variables controlables como incontrolables –sean estables o inestables– tienen que ver con factores **centrados en él.** No ocurre lo mismo con los alumnos con locus de control externo, para quienes todas esas variables suelen serles externas. Hay, por lo demás, estudiantes que **fracasan** y que poseen... un **locus de control interno:** reconocen con hidalguía que no se han esforzado suficientemente o que **no poseen la capacidad** requerida para la tarea ("Soy tonto". "Soy un fracaso"). En este último caso puede ocurrir que el niño, a causa de su baja autoestima y escasos sentimientos de autoeficacia, no sepa aquilatar realmente su verdadero potencial y capacidad. Sobre el punto, observa Deutsch Smith (2003):

> Los estudiantes pueden desarrollar una actitud negativa y pueden llegar a considerar que **su fracaso se debe a una falta de capacidad, más que a una necesidad de trabajar más duro o de pedir ayuda.** Ellos mismos reducen sus expectativas y consideran que el triunfo es una meta inalcanzable. **No creen en sí mismos y no intentan aprender.**

En general –y lo han hecho notar diferentes estudiosos– se suele penalizar un desempeño pobre cuando obedece a desmotivación y desinterés, a falta de atención y a poco esfuerzo. Heider, sobre el punto distinguió entre atribuciones *disposicionales*, basadas en factores internos (o variables del **sujeto**), y atribuciones *situacionales*, basadas en factores externos (o variables del **medio**). Al respecto se explayan Sprinthall, Sprinthall y Oja (1996), dando como ejemplo que si un profesor en un examen atribuye el bajo rendimiento de un alumno a su falta de esfuerzo o a un bajo nivel intelectual, esa atribución sería *disposicional*. Si, en cambio, lo atribuye a que ese día el alumno se encontraba enfermo o que se vio envuelto en una pelea cuando venía al colegio, se trataría de una atribución de tipo *situacional*.

Lo curioso es que parece darse, en general, una cierta tendencia **a sobreestimar los factores** *disposicionales* **y subestimar los** *situacionales* **cuando explicamos las acciones de los demás,** ocurriendo lo contrario cuando explicamos (o...justificamos) las nuestras!

VARIABLES DECISIVAS EN EL APRENDIZAJE ACADÉMICO

La "educación de calidad", término tan en boga en el país, tiene como contraparte un "aprendizaje de calidad". Este aspecto no suele figurar en las *demandas* o *agendas* estudiantiles, exigentes en lo que concierne a derechos, pero con escasa referencia a deberes. Sin embargo, constituye un asunto de máxima relevancia. Los países con buenos resultados académicos en mediciones internacionales lo ponen en evidencia. Lo mismo ocurre con instituciones escolares con buenos logros en el país. Haremos en este apartado una breve introducción a esta materia.

Las variables más decisivas para determinar las **diferencias individuales en el aprendizaje** –y que pueden fundamentar un **aprendizaje de calidad**– se enlistan a continuación, organizadas de acuerdo a **tres puntos de vista** que resultan familiares a cualquier docente:

1) El **sujeto** o aprendiz (¿quién?).

2) La **tarea**, materia o contenidos de aprendizaje (¿qué?).

3) Las **estrategias** o procedimientos utilizados (¿cómo?).

Se da una evidente interacción entre las variables de los tres grupos. Algunas de ellas podrían enlistarse en más de uno. Sin embargo, las hemos puesto bajo el encabezamiento que ilustra mejor el criterio de la clasificación.

Variables del **sujeto**: ¿QUIÉN APRENDE?

- Nivel intelectual
- Edad y maduración
- Motivación y expectativas
- Prerrequisitos o conocimientos previos
- Estado emocional
- Estilo cognitivo y de aprendizaje
- Locus de control
- Disposición para el aprendizaje significativo y no solo memorístico
- "Calidad de pensamiento", etc.

Variables de la **tarea**: ¿QUÉ SE APRENDE?

- Cantidad de materia
- Grado de dificultad
- Significado (en sentido *ausubeliano*)
- Significado (en sentido *rogeriano*)
- Organización y estructuración interna de la materia o contenido
- Coherencia
- Presentación, etc.

Variables de las **estrategias**: ¿CÓMO SE APRENDE?

- Hábitos de estudio
- Práctica distribuida o masiva
- Retroalimentación
- Estrategias seriales, holísticas o versátiles
- Aprendizaje por descubrimiento, por recepción significativa o repetitivo (Ausubel)

- Reaprendizaje y sobre-aprendizaje
- Uso de claves asociativas y mnemotécnicas
- Simple lectura versus 'autorrecitación'
- Reformulación de conceptos en los propios términos
- Estrategias *metacognitivas*: planificación, predicción, autorregulación, autoevaluación), etc.

Se deben tener presente, en especial al momento de evaluar qué ocurre con aquellos estudiantes que fracasan o que no rinden de acuerdo a lo esperado en alguna(s) asignatura(s), ya que no han logrado "aprender a aprender", es decir, dar muestras de un aprendizaje de calidad, autorregulado. El docente deberá ajustar sus prácticas instruccionales y sistemas de evaluación a las necesidades de tales alumnos, atendiendo a la diversidad, si quiere que realmente progresen. La lista que se muestra no pretende ser exhaustiva. Algunas de las variables o factores que se nombran se harán más explícitos en las páginas que siguen.

Las variables más controlables o que están más al "alcance" del aprendiz son las incluidas en el tercer grupo. Las relativas a la "tarea" dependen, en buena parte, de la acción del profesor, su modelo de enseñanza y las exigencias curriculares: por lo general, escapan al control directo del aprendiz. Las relativas al "sujeto", es importante aclararlo, no son rígidas e inmutables: la gran cantidad de programas destinados a la *modificabilidad cognitiva*[29] testimonian la confianza existente en el mejoramiento de la calidad del pensamiento y, en consecuencia, de la aprehensión intelectual.

Entregamos a continuación un breve comentario sobre algunas de tales variables. Como puede constatar el lector, a lo largo del texto ya nos hemos referido a varias de ellas. Es importante que el docente o estudiante de pedagogía tenga a la vista el listado completo al momento de querer entender más fundamentadamente el rendimiento de sus alumnos:

Variables del **SUJETO** (¿Quién?)

Inteligencia: Igualadas otras condiciones, un niño más inteligente aprenderá más rápido; un niño menos inteligente –que también puede y debe aprender– planteará un mayor desafío al profesor o a otros profesionales. Muchas veces se hará aconsejable una completa evaluación intelectual a cargo de un psicólogo, a fin de conocer

---

29 Es cierto que algunos críticos se han referido también estos últimos años al "mercado de la inteligencia", en atención a la abundante promoción de programas y figuras asociadas, que traen soluciones casi milagrosas (y no necesariamente novedosas) para los problemas educacionales.

mejor el perfil de las fortalezas y aspectos débiles del niño, lo que orientará más acertadamente la toma de decisiones respecto de él.

Edad, maduración: El docente deberá ajustar sus exigencias y nivel de explicaciones a la edad y nivel maduracional del niño; no podrá, por ejemplo, exigirle funcionar a un nivel de abstracción que no ha alcanzado aún. Esto explica la importancia de los conocimientos en psicología evolutiva o del desarrollo en quienes aspiran a educar.

Motivación: El niño puede ser muy inteligente... pero, si no está motivado, su aprendizaje se resentirá; si él no percibe "esto es lo que necesito y quiero", el aprendizaje se hará más difícil y aburrido. Las exigencias académicas, por otra parte, no deberán ser ni demasiado altas ni demasiado bajas para las posibilidades del aprendiz.

Prerrequisitos: Los aprendizajes previos son fundamentales para estar en condiciones de poder asimilar el nuevo material; puede ocurrir que el niño esté muy bien dotado intelectualmente, se sienta realmente motivado... pero que le falte –como acostumbran decir los profesores– "la base". Los niños de un curso varían notablemente en lo relativo a esta variable. El rango de desafío óptimo no es el mismo para todos.

Estado emocional: Un niño que se siente amenazado, o tiene constantes problemas en el hogar, no puede concentrarse ni aprender a causa de la tensión que experimenta. Los sentimientos de indefensión aprendida ("nada de lo que hago resulta o importa") se construyen a través de sucesivos fracasos.

Estilo cognitivo: Hay estilos más favorables que otros para el aprendizaje académico: un niño demasiado impulsivo, un procesador superficial de información o un dependiente de campo deberán esforzarse más para aprender bien las materias académicas convencionales. Necesitan apoyo y orientación de su maestro. Es posible, por otra parte, que destaquen en aspectos que escapan a lo puramente académico y que les sirven para expresar sus talentos.

Locus de control: Las personas con locus interno de control se atribuyen a sí mismas las causas de lo que les ocurre; las personas con locus externo las atribuyen a factores ajenos (incluidos *la suerte, el destino*). No obstante, puede haber factores externos objetivos que están incidiendo en un bajo desempeño: será preciso identificarlos. Hay niños o jóvenes que fracasan y que, sin embargo, presentan... un locus de control interno: están convencidos de que son incapaces.

Disposición al aprendizaje significativo: Un buen aprendiz ha desarrollado *el hábito* de relacionar activamente el material nuevo con sus conocimientos previos; de operar mentalmente con él para darle significado. Quiere comprender: no se contenta con una memorización mecánica: la calidad de pensamiento dedicada al estudio es lo decisivo.

Variables de la **TAREA** (¿Qué?)

Cantidad: El profesor deberá regular la cantidad y longitud de las tareas, trabajos y exigencias, a fin de facilitar la planificación del alumno y su manera de acometerlas. Obligaciones desproporcionadas pueden llevar a una asimilación superficial o "a medias" de lo que realmente se pretende. "Quien mucho abarca…"

Grado de dificultad: Las tareas o exigencias demasiado difíciles –o demasiado fáciles– desmotivan al alumno. Debe buscarse un "rango de desafío" adecuado, pensando en la diversidad del alumnado.

Significado: No basta que el alumno tenga la "disposición al aprendizaje significativo". También el material, el texto, etc. deben ser potencialmente *significativos*, en términos de Ausubel: asimilables, con coherencia interna y adecuada estructuración.

Significado: Significativo en el sentido en que se refiere Rogers al caracterizar el aprendizaje *experiencial*. "El aprendizaje significativo tiene lugar cuando el estudiante advierte que la materia tiene importancia para sus propósitos". La tarea o temáticas responden realmente a las necesidades e intereses del aprendiz resultando motivadoras: "¡Esto es realmente lo que necesito y quiero!"

Presentación del material: Adecuada diagramación, legibilidad, ilustraciones, atractivo, etc., de acuerdo a la edad del aprendiz. Los alumnos en este país con frecuencia deben estudiar sus contenidos en "fotocopias" casi ilegibles, sin saber siquiera a qué libro pertenecen.

Organización de la materia: Incide directamente en que sea "potencialmente significativa", asimilable. Las dificultades de los alumnos pueden obedecer a que no han logrado aprehender la estructura interna de lo que están estudiando. Es tarea del profesor contribuir a ello. La **estructur**a es importante, explicaba Bruner (1968), porque:

- Hace la materia más comprensible,
- Ayuda a la memoria,
- Favorece la transferencia,

- Disminuye la separación que se da entre el conocimiento avanzado y el elemental[30].

Variables de las **ESTRATEGIAS** (¿Cómo?)

Práctica distribuida- Práctica masiva: Mejores resultados en el aprendizaje académico produce una práctica *distribuida* (espaciada en períodos de tiempo), que obedece a una buena calendarización y planificación de sesiones de estudio. Por otra parte, una práctica *masiva*, después de prácticas distribuidas de estudio sistemático a lo largo del tiempo, puede ser útil como "repaso final", para tener una buena visión de conjunto.

Conocimiento de los resultados- No conocimiento: La información inmediata de los resultados de la propia actuación (retro-alimentación, *feed-back cognitivo*) es importante en la regulación de la conducta y obviamente, de la académica. El docente debe informar con prontitud al alumno de sus resultados (por ejemplo, devolviendo a tiempo pruebas y trabajos corregidos) para que pueda operar esta condición.

Estrategias holísticas- Estrategias seriales: Una estrategia holística (griego: *holos*=entero) apunta a una aproximación global, a una visión de conjunto de la materia a estudiar o tarea a acometer. La serial, en cambio, a una aproximación paso a paso, secuenciada, en la que se puede perder la visión de conjunto ("se ven lo árboles, pero no, el bosque"). Ambas deben complementarse ya que, por sí solas resultan insuficientes.

Instrucción "programada"- Instrucción no programada: La enseñanza *programada* (con textos diseñados ad hoc o asistida con computadores) tiene ventajas: cada alumno avanza a su ritmo; recibe confirmación inmediata de los resultados; avanza a pasos pequeños; participa activamente. Se basa en las recomendaciones skinnerianas. Puede presentar algunas desventajas: abarca en una gran extensión unidades relativamente limitadas de contenidos de materia; algunos niños se aburren, ya que se avanza a pasos muy pequeños. Para que los alumnos puedan *digerir* bien ciertas unidades, resulta muy recomendable.

---

30 Para una presentación sencilla de los aspectos educacionales de las teorías cognitivistas de D. Ausubel y J. Bruner, ver Clifford, M. *Enciclopedia práctica de la Pedagogía*, Vol. II, Edit. Océano, 1982.
Sobre la teoría de **Ausubel** se cuenta también con la notable introducción del psicólogo educacional **Jaime Moya** en su libro: *Teorías cognoscitivas del aprendizaje*. UCSH, 1997. También se ha ocupado de estas teorías la educadora **Marta Manterola** en su *Psicología educativa: conexiones con la sala de clases*. UCSH. 2ª ed. 2003.

Aprendizaje activo- Aprendizaje pasivo: Una *estrategia* es ese modo particular de procesar la información que debe retenerse. Se expresa en el patrón de actividades de procesamiento comprometidas por el estudiante para conseguir un determinado objetivo. A mejor actividad mental implicada, la estrategia será más efectiva. Ya se explicó que la retención no es solo función de lo que el mundo exterior presenta: es función "de lo que se hace con los acontecimientos a medida que se los experimenta". En este sentido, la *actividad* tiene que ver con la calidad de la manipulación mental o el nivel de profundidad con que se procesa lo que se quiere aprender[31]. Por ejemplo, *autorrecitarse* o decirse a uno mismo, tratando de comprender lo que se estudia (en vez de su mera repetición); formularse preguntas antes de leer; buscar relaciones lógicas o de significado entre los contenidos, etc.

Hay modalidades de aprendizaje más activas que otras:

- El **aprendizaje por descubrimiento** es esencialmente activo, motivador, y se debe fomentar siempre que sea posible. El *descubrimiento guiado* es más aconsejable. Sin embargo, atendida la enorme cantidad de información que debe llegar a dominar un estudiante —resultante del avance y progreso de la ciencia y tecnología de nuestros días— se debe fomentar también el:

- **Aprendizaje por recepción**, en términos de Ausubel: el alumno no descubre, sino que recibe del profesor o de los libros lo que ya ha sido o está siendo descubierto. Sin embargo, este aprendizaje **por recepción** puede ser de tipo **repetitivo** (memorístico, mecánico-asociativo), o **significativo**. Este último es esencialmente activo, basado en la comprensión y relaciones de significado. El aprendizaje **por recepción significativa** debe ser estimulado en la situación escolar.

Damos término al capítulo enfatizando algunos aspectos que afectan directamente el aprendizaje académico y que conciernen a las *estrategias*, que suponen la acción directa de los *mecanismos cognitivos*. Estos últimos años se ha producido una verdadera explosión de publicaciones en español, muchas de ellas de autores

---

31 Las **estrategias de aprendizaje** se suelen clasificar como de naturaleza **metacognitiva** o **cognitiva**:
  • Las primeras, como se verá más adelante, se refieren al pensamiento acerca de los propios procesos de aprendizaje, su planificación, control y autoevaluación.
  • Las cognitivas (tales como el registro en la memoria, la práctica, el razonamiento aplicado a la temática, etc.) son aquellas directamente relacionadas con la tarea particular, sin implicar necesariamente ese tipo de conciencia reflexiva que caracteriza a las primeras. Por cierto, se ven potenciadas cuando están en interacción con las metacognitivas.

españoles, acerca de las *estrategias de aprendizaje*, las *estrategias de enseñanza*, el *aprendizaje estratégico*, el *estudiante estratégico*, etc. No es de extrañar, entonces, que haya tan variadas, así como numerosas, definiciones y clasificaciones de estrategias. Todo ello, de alguna manera, hacer ver la importancia que ha cobrado el tema y la gran preocupación existente acerca de la cantidad de estudiantes *poco estratégicos*.

Se acostumbra distinguir entre *tácticas y estrategias*. Según los diccionarios de la lengua, **táctica** es el "arte de ordenar las cosas, la habilidad para conseguir algo o maña". **Estrategia** es un "plan general de acción para conseguir un objetivo, que se irá cumpliendo a través de una táctica aplicada a cada situación concreta". Ronald Brandt[32] explicaba:

> Hemos encontrado que los estudiantes exitosos tienen un repertorio de estrategias de aprendizaje y que, bajo las condiciones correctas, otros estudiantes pueden adquirirlas... Es bueno ser estratégico. Si tú posees una estrategia, sabes lo que tienes que hacer y cómo te propones hacerlo. No estás solo a la deriva o respondiendo a crisis: tú dominas la situación. La palabra es usada de muchas maneras, pero generalmente implica examinar alternativas y, con previsión, escoger el curso de acción que con mayor probabilidad te llevará a lograr tus objetivos.

- Aprender a aprender, afirma Nisbet (1987) depende del desarrollo de un "séptimo sentido": **la conciencia de los propios procesos mentales**. (Este texto pretende ser una modesta contribución en este sentido). Más adelante ahondaremos en el concepto de **metacognición**. El estudiante tiene que aprender a planificar y controlar él mismo sus actividades académicas. El aprendizaje autorregulado implica metacognición.

- Cierto **orden** y **disciplina** son importantes para garantizar el éxito. El control ambiental, por parte de los adultos responsables, que se traduce en todo el "andamiaje" externo facilitador de los "hábitos de estudio", juega un papel decisivo –desde temprano–mientras el aprendiz no ha logrado ser autónomo. Sin embargo, el orden y disciplina internos, "**desde dentro**" son los más efectivos.

- El verdadero aprendizaje es **activo** y exige alguna suerte de "manipulación" mental. Obliga a **pensar**. El alumno *procesador profundo* no queda satisfecho si no logra comprender. Sus ensayos o repasos son de **elaboración** y no de mera repetición. Esto supone una **actitud** de búsqueda de relaciones de sentido y de los fundamentos de lo que se le propone. Si ha logrado desarrollar

---

32 Ronald Brandt, Director Ejecutivo de *Educational Leadership*. Artículo editorial de un número entero dedicado a "Strategies for Success" (Vol. 52, n° 3, Nov. 1994).

"esquemas" o "redes" de conocimientos internos, *asimila* con más facilidad lo nuevo o se *acomoda* creando las nuevas estructuras. "La mente aprende lo que la mente hace"...

- El **ciclo perceptual** (**fig. 5.6**) se cumple de manera diferente (en relación a las actividades académicas) para estudiantes eficientes y deficientes: su "exploración perceptual", el muestreo de la información disponible, sus esquemas cognitivos... funcionan a diferentes niveles, por tanto su aprovechamiento no es igual. A algunos estudiantes que rinden bien, no se les ve, sin embargo, dedicados a sus estudios como se esperaría: ocurre que aprovechan muy bien sus clases gracias a sus buenas estructuras de conocimiento y estado de alerta: sus **recursos atencionales** son bien utilizados. Les basta, posteriormente, un breve "repaso".

- El **re-aprendizaje** y el **sobre-aprendizaje** (insistir en aprender nuevamente lo ya sabido) producen buenos efectos a largo plazo. Las destrezas motoras se "sobre-aprenden"...y no se olvidan, lo que dice relación con la eficiencia de las memorias procedimentales. Junto a una bien planificada **práctica distribuida** (es decir, no "dejando todo para el final", en una pura sesión de "práctica masiva"), se evita la típica "curva del olvido" de Ebbinghaus.

- La "**autorrecitación**", el reformularse uno mismo, **en las propias palabras**, lo que se está estudiando es mejor que repetirlo al pie de la letra, aunque "esté muy bien dicho" por el autor. Se utilizan, así, un lenguaje y pensamiento propios. En una etapa posterior, en la medida en que el lenguaje verbal se enriquece con una terminología más precisa, la reformulación del estudiante podrá parecerse más al modelo, es decir, a lo expresado por el autor. Algunos profesores exigen desde un comienzo una reproducción exacta de las materias, lo que fomenta la *memorización*. No obstante, aprender **fórmulas, principios, esquemas, estructuras**, etc. *de memoria* puede resultar muy conveniente como **ayuda-memori**a, siempre que previamente se hayan comprendido. Aprender poesía y buena prosa "de memoria" (lo que parece estar pasado de moda) también tiene ventajas, ya que, entre otras cosas, enriquece el repertorio lingüístico verbal.

- La capacidad para recuperar y para utilizar información, apuntan Sprinthall y otros (1996) es una "**función directa del número de categorías elaboradas previamente por el alumno**" y que son accesibles cuando las requiere. De acuerdo a esto, el aprendiz debe construir una "base de datos" bien organizada (memoria de largo plazo semántica): mientras mejor se ordena y estructura la información, con más facilidad podrá ser evocada. La manera como el profesor organiza la instrucción y facilita las experiencias de aprendizaje, resultan ser decisivas para que los alumnos construyan buenas "bases de datos". Todo aquello que favorezca el aprendizaje de la **estructura**, la **organización** interna de los contenidos es fundamental.

- Hay variadas y muy buenas recomendaciones y métodos acerca de cómo estudiar, cómo tomar apuntes, estrategias de aprendizaje, etc. De todos modos, a los estudiantes con más dificultades, aparte de orientarlos en lo relativo a la planificación y el cumplimiento de sus compromisos académicos semanales, conviene sugerirles (o ejercitar con ellos) estos pasos al enfrentar cada lección:

  1. Revisar **títulos** y **subtítulos:** son importantes tanto desde el punto de vista de la estructura, como de los contenidos. Aquí resulta recomendable, también, formularse algunas preguntas acerca de lo que se espera encontrar en el texto.

  2. Dar una **lectura general rápida** (sin interrupción, en lo posible, aunque haya algunas ideas que no se comprendan muy bien). Los puntos **1** y **2** dan una excelente visión de conjunto inicial.

  3. Lectura con "**autorrecitación**". Aquí está la "médula" del estudio. Se trata de reformular, en las propias palabras, cada párrafo o sección, secuencialmente, procurando establecer relaciones de sentido, pero sin perder la estructura total. En esta etapa también se pueden ir elaborando esquemas, diagramas, "mapas conceptuales", síntesis.

  4. Dar una nueva **visión de conjunto**, ya sea a través de una nueva lectura general o revisando la síntesis o esquemas elaborados.

- El uso de técnicas de **asociación** (con imágenes de variada naturaleza o con relación a eventos personales, etc.) y de otros *recursos mnémicos*, puede resultar muy útil al momento de recuperar la información, ya que, como explica Anderson (2001), "facilitan el recuerdo al ayudar a generar candidatos para el reconocimiento".

- Anderson describe el método de las **palabras gancho** y el método de los **loci** (=lugares) que, en esencia, combinan los mismos principios para lograr niveles elevados de recuerdo: se comienza con una secuencia fija de elementos que el estudiante ya conoce (ej. de "palabras gancho": uno es **vacuno**; dos es **tos**; tres es **pez**, cuatro es **teatro**, cinco, un **brinco**… etc.; para el método de los *loci* se trata de evocar una ruta familiar en la vida: los negocios o tiendas de una calle; las habitaciones de la propia casa…); luego, con imágenes visuales vivas, interactivas, **se asocian los elementos a aprender con esos otros elementos de sobra conocidos**. El alumno recupera posteriormente, en orden, lo que asoció de sus contenidos de estudio con *vacuno*, la *tos*, el *pez*… o lo que fue "colocando" en cada habitación de su casa.

Klingler y Vadillo (1999)[33] –investigadoras mexicanas que se definen como

---

33 Klingler, Cynthia & Vadillo, Guadalupe: *Psicología cognitiva: estrategias en la práctica docente.* McGraw-Hill Interamericana, México, 1999.

"constructivistas"– dan algunas recomendaciones a los docentes para que sus alumnos con *dificultades de aprendizaje* "se conviertan en aprendices estratégicos". Entre ellas:

- Ayúdelos a comprender cuáles son sus fortalezas y áreas de oportunidad.

- Apóyelos para que reconozcan y acepten que cada persona tiene diferentes estilos de aprendizaje.

- Fortalézcalos para que sean abogados de sí mismos y sepan solicitar las facilidades que requieren para aprender en todas sus clases.

- Asegúrese de que todos los estudiantes experimenten éxito.

- En caso de que un estudiante procese con mayor lentitud, aliéntelo para que solicite tiempo adicional a todos sus maestros.

- Invítelos para que discutan sus tareas con usted o con sus compañeros.

- Ayude a los alumnos a reconocer la importancia de las estrategias de auto-corrección y *auto monitoreo*.

- Invítelos a conocer la importancia de cambiar de estrategias, dependiendo de las situaciones y demandas del aprendizaje.

- Ayude a los estudiantes para que se conciban como aprendices activos y adquieran confianza en sí mismos.

Deutsch Smith (2003) dedica un punto especial a las estrategias que deben utilizar los docentes con los *alumnos inactivos*, es decir, estudiantes "que no llegan a involucrarse en las situaciones de aprendizaje, que no abordan las tareas con plena convicción, no formulan preguntas, no piden ayuda, o no inician el aprendizaje". Recomendamos su lectura [34].

En un trabajo aparecido recientemente en la Revista *Estudios Pedagógicos* de la U. Austral de Chile [35], los autores plantean que "las distintas miradas y lecturas que hacemos de los avances en psicología y educación nos llevan a preguntarnos cómo mejorar el aprendizaje en nuestros estudiantes y cuál es la mejor forma de orientarlos a descubrir el conocimiento. Sabemos que la tendencia es dejar de ser nosotros los profesores los protagonistas y dejar que lo sean los estudiantes. En el trabajo pedagógico a nivel universitario, existe una oportunidad muy clara para implementar alternativas metodológicas innovadoras que provoquen mayor éxito en

---

34 Deutsch Smith, Déborah: *Bases psicopedagógicas de la educación especial.* 4ª ed. Pearson. Prentice Hall, Madrid, 2003.

35 Painean, Óscar; Aliaga, Verónica y Torres, Teresa. Aprendizaje basado en problemas: evaluación de una propuesta curricular para la formación inicial docente. *Estudios Pedagógicos* [online]. 2012, vol. 38, n. 1, pp. 161-180.

el aprendizaje de los alumnos". En el artículo publicado describen una experiencia metodológica "basada en el aprendizaje activo y que coloca al alumno en el centro del proceso de enseñanza". Muestran los resultados observados al implementar el enfoque curricular de **aprendizaje basado en problemas** (ABP) en la Facultad de Humanidades y Educación de la Universidad de Atacama.

A MODO DE ENTRETENCIÓN

A. Marque la alternativa **correcta** o **la que mejor** completa la idea del enunciado:

1. El modo **general, habitual de procesar información** o manera peculiar según la cual las personas perciben y categorizan su ambiente, se conoce como:
   a estrategia de aprendizaje
   b estilo de aprendizaje
   c estilo cognitivo
   d estilo de personalidad

2. El **test de estilo conceptual** de Sigel es una prueba en que se pide al sujeto asociar dos figuras de entre tres que se le presentan, **debiendo explicar el criterio utilizado como base de la clasificación.** Quien clasifica las dos figuras elegidas a partir de la captación de rasgos esenciales que comparten, aunque no presenten detalles observables en común, demuestran un estilo:
   a analítico o descriptivo
   b relacional o contextual
   c categórico-inferencial
   d dependiente de campo

3. Un niño, al que se le pregunta: ¿En qué se parecen un gato con un ratón? y responde: "En que los dos tienen cola" , podría pensarse que tiene un estilo:
   a analítico o descriptivo
   b relacional o contextual
   c categórico-inferencial
   d dependiente de campo

4. Otro niño responde la misma pregunta afirmando: "En que los dos son mamíferos". Esta respuesta reflejaría un estilo:
   a analítico o descriptivo
   b relacional o contextual
   c categórico-inferencial
   d dependiente de campo

5. Uno de los tests utilizados por Witkin, el **Hidden Figures Test**, exige a los sujetos identificar figuras, cada vez más complejas, **escondidas** en un fondo también cada vez más complejo, con un diseño muy similar al de las figuras. El sujeto que es capaz de vencer los efectos distractores del entorno o fondo, centrándose en los elementos relevantes que permiten reconocer la figura buscada (o gestalt), tiene un estilo:

   a   dependiente de campo
   b   independiente de campo
   c   relacional contextual
   d   globalizador

6. En la prueba de Stroop, los sujetos deben **nombrar rápidamente el color en que están escritos nombres de colores** (que no coinciden: la palabra "azul" está escrita en color amarillo). Ello resulta difícil a causa de la automatización de la lectura. Quienes presentan muchos fracasos, se dice tienen un estilo:

   a   dependiente de campo
   b   independiente de campo
   c   relacional contextual
   d   globalizador

7. Los estudiantes que utilizan **estrategias holísticas** al acometer la tarea, **procurando formarse una visión general**; que tienden a "ver" más adelante que otros, con un despliegue muy amplio de la atención, pero que pueden incurrir en la patología del "trotamundos o del andarín" (*globetrotting*), **llegando demasiado rápido a las conclusiones**, presentan un estilo de aprendizaje –según Pask:

   a   secuencial
   b   versátil
   c   memorístico
   d   comprehensivo

8. En el modelo de Marton de estilos de aprendizaje, **los estudiantes que buscan comprender** y cuyo resultado está orientado a conclusiones; que tienden a resumir el argumento principal, con la evidencia que le sirve de base, utilizan un enfoque:

   a   profundo (*deep-level*)
   b   superficial (*surface-level*)
   c   secuencial
   d   contextual

9. El estudiante –en el modelo de Entwistle– **orientado a la reproducción** más o menos literal de la materia, por temor al fracaso, y que tiene una notable inclinación a memorizar "al pie de la letra", presenta, por lo general,

   a   una motivación intrínseca
   b   una motivación extrínseca
   c   una desmotivación
   d   adecuada motivación de logro

10. La convicción de algunos estudiantes de que "nada de lo que hago importa"... "nada me resulta"..., que es **consecuencia del hecho de no ser capaz de detectar una relación causa-efecto controlable en un suceso dado**, se conoce como

    a   locus de control interno
    b   desesperanza o indefensión aprendida
    c   locus de control externo
    d   desesperanza o indefensión congénita

11. Los estudiantes que creen que son responsables de su conducta y de sus éxitos y fracasos; que los atribuyen a su capacidad y esfuerzo, y que tienden también a persistir más en las tareas, presentan

    a   locus de control interno
    b   locus de control externo
    c   motivación de logro exagerada
    d   motivación de logro moderada

12. El alumno que utiliza estrategias de aprendizaje **tanto de naturaleza global como serial**, con un buen aprovechamiento de sus **aptitudes metacognitivas**, se dice que tiene un estilo

    a   versátil
    b   comprehensivo
    c   secuencial
    d   reflexivo

13. Hay una **teoría del olvido** que explica que lo que no se utiliza o se ejercita se pierde; que los recuerdos se debilitan como función del paso del tiempo, haciéndose cada vez más difícil recuperarlos. Se trata de la teoría del olvido:

    a   por interferencia o inhibición
    b   por incapacidad de evocar o falta de claves de recuperación
    c   por desuso, "atrofia" o decaimiento
    d   por represión o motivaciones inconscientes

14. Hay personas que son **muy poco sensibles a diferencias finas** entre determinados estímulos u objetos, y tienden a clasificarlos en categorías muy amplias o burdas, o hacen equivalentes datos que, en realidad, no lo son. Otras, en cambio, son **demasiado sensibles a diferencias sutiles**, "hilan" muy fino y tienden a clasificar en categorías demasiado estrechas. El "control cognitivo" que está principalmente en juego aquí es el de:

    a   negación ↔ magnificación
    b   rigidez ↔ flexibilidad
    c   amplitud de rango ↔ estrechez
    d   focalización ↔ no focalización

15. Margaret M. Clifford da algunos ejemplos de **prácticas pedagógicas** que probablemente crearán **indefensión aprendida** en los alumnos. Una de las siguientes alternativas <u>no</u> corresponde a ellos:

   a   una utilización incoherente o perjudicial de recompensas y castigos por parte de profesores

   b   la administración de recompensas y castigos que son equiparables al éxito alcanzado o a la infracción cometida

   c   cambios acusados en el humor y la conducta del profesor

   d   la asignación continua de tareas que siempre dan como resultado un fracaso del alumno, junto a la falta de estructuración del programa educativo, procedimientos y técnicas

16. En la clasificación de las causas del éxito y fracaso escolar, según Weiner, para un sujeto con **locus de control interno**, una causa **inestable**, pero **controlable**, sería:

   a   la capacidad
   b   el estado de ánimo
   c   el esfuerzo habitual
   d   el esfuerzo inmediato

17. Schmeck creó el **Inventario de Procesos de Aprendizaje** (adaptado también en Chile) con 62 ítemes distribuidos en **cuatro escalas** que miden dimensiones de la conducta de aprendizaje académico, junto a los procesos conceptuales característicos del estudiante de educación superior. Los alumnos se ubican en algún lugar a lo largo de cada escala, según el puntaje que alcancen en ella, a partir del análisis de sus respuestas al cuestionario. La escala que mide **el grado en que los estudiantes evalúan críticamente, organizan conceptualmente, y comparan y contrastan la información que estudian**, es

   a   profundidad de procesamiento (o procesamiento profundo)
   b   procesamiento elaborador
   c   retención de hechos
   d   estudio metódico

18. La escala del inventario de Schmeck que mide el **grado en que el estudiante traduce la información a su propia terminología, genera ejemplos concretos de su propia experiencia, aplica dicha información a su vida y se vale de imágenes para codificar las nuevas ideas**, es la de:

   a   profundidad de procesamiento (o procesamiento profundo)
   b   procesamiento elaborador
   c   retención de hechos
   d   estudio metódico

19. El estudiante que responde "NO" el ítem del inventario: "Soy bueno para aprender fórmulas, nombres y fechas", es probable que obtenga bajo puntaje en la escala:

   a   profundidad de procesamiento (o procesamiento profundo)
   b   procesamiento elaborador
   c   retención de hechos
   d   estudio metódico

20. El estudiante que responde "SÍ" el ítem del inventario: "Encuentro difíciles las preguntas que exigen una evaluación crítica", es probable que obtenga bajo puntaje en la escala:

   a   profundidad de procesamiento (o procesamiento profundo)
   b   procesamiento elaborador
   c   retención de hechos
   d   estudio metódico

21. El estudiante que responde "SÍ" el ítem del inventario: "Yo aprendo nuevas palabras o ideas visualizando situaciones en que podrían ocurrir", es probable que obtenga buen puntaje en la escala:

   a   profundidad de procesamiento (o procesamiento profundo)
   b   procesamiento elaborador
   c   retención de hechos
   d   estudio metódico

22. El estudiante que responde "SÍ" el ítem del inventario: "Tengo problemas para hacer inferencias", es probable que obtenga bajo puntaje en la escala:

   a   profundidad de procesamiento (o procesamiento profundo)
   b   procesamiento elaborador
   c   retención de hechos
   d   estudio metódico

23. El estudiante que responde "NO" el ítem del inventario: "Reviso periódicamente las materias de estudio durante el semestre", es probable que obtenga bajo puntaje en la escala:

   a   profundidad de procesamiento (o procesamiento profundo)
   b   procesamiento elaborador
   c   retención de hechos
   d   estudio metódico

24. El estudiante que responde "SÍ" el ítem del inventario: "Encuentro fáciles las preguntas que exigen comparación de diferentes conceptos entre sí", es probable que obtenga alto puntaje en la escala:

   a   profundidad de procesamiento (o procesamiento profundo)
   b   procesamiento elaborador
   c   retención de hechos
   d   estudio metódico

Respuestas correctas: 1c, 2c, 3a, 4c, 5b, 6a, 7d, 8a, 9b, 10b, 11a, 12a, 13c, 14c, 15b, 16d, 17a, 18b, 19c, 20a, 21b, 22a, 23d, 24a.

B.   En las tablas que siguen **complete las celdas vacías:**

FACTORES (ORIENTACIONES)	MOTIVACIÓN	ESTRATEGIA
SIGNIFICADO Tratar de comprender		Holística-profunda
REPRODUCCIÓN Memorizar		Serial-superficial
LOGRO Sacar buenas notas		Dependiente de la situación

LOCUS DE CONTROL INTERNO		
	ESTABILIDAD	
CONTROLABILIDAD	Estable	Inestable
Incontrolable		
Controlable		

LOCUS DE CONTROL EXTERNO		
	ESTABILIDAD	
CONTROLABILIDAD	Estable	Inestable
Incontrolable		
Controlable		

C.   Describa la **estrategia** y **tácticas** que Ud. utiliza cuando prepara sus pruebas globales.

Para fundamentar mejor su respuesta le recomendamos revisar en el *British Journal of Educational Psychology* (**2013**) 83, 185-195, el artículo Editorial: **STYLES, APPROACHES, AND STYLES IN STUDENT LEARNING** donde se hace referencia a algunos de los autores nombrados en este capítulo y se entrega una visión actualizada de la materia.

Capítulo 8

MECANISMOS COGNITIVOS DE APRENDIZAJE

Cuarta Parte

Temas del capítulo

El pensamiento en la escuela • Pensamiento reflexivo, crítico y creativo • Pensamiento intuitivo y analítico • Metacognición: pensamiento sobre el pensamiento • Programas de facilitación del desarrollo cognoscitivo • Estrategias para mejorar las habilidades meta-cognitivas

EL PENSAMIENTO EN LA ESCUELA

Según mi experiencia, **la mayor parte de las escuelas no enseñan en absoluto a pensar.** Algunas escuelas enseñan las pocas destrezas de pensamiento necesarias para la ordenación y el análisis de la información. Últimamente **se ha puesto de moda la enseñanza del pensamiento** en las escuelas. Algunas han empezado a enseñar 'pensamiento crítico'. Esto es útil, pero también insuficiente; e incluso peligroso por sí solo (De Bono, 1994).

A la luz de lo visto en los capítulos anteriores acerca del rol del pensamiento en nuestra actividad cognoscitiva superior, parece desconcertante o tal vez exagerada la afirmación de Edward de Bono[1], en especial, si se tiene en consideración que la

---

1 **Edward de Bono** (nacido en Malta en 1933) es un creativo psicólogo y escritor que se formó en la Universidad de Oxford. Autoridad de fama internacional en el tema del pensamiento, no solo en educación, sino también en el mundo empresarial y del emprendimiento a todo nivel. En este capítulo haremos mención de varios de sus aportes. Acuñó el término «pensamiento lateral» y ha creado varias "herramientas" para mejorar las habilidades del pensamiento, también en niños pequeños, las que pueden ser enseñadas explícitamente. Es autor del programa **CoRT** de desarrollo del pensamiento.

escuela está destinada a cumplir un papel tan decisivo en el desarrollo intelectual de los niños y en su formación integral como personas.

El **pensamiento** –potenciado por el lenguaje– es el **eje** o *viga maestra* de nuestra actividad intelectual. Nos posibilita **representar** la realidad mediante símbolos (en especial, abstractos: los *conceptos*) y **actuar mentalmente** dirigiendo nuestra acción para solucionar los problemas que plantea el medio, ya sea postulando hipótesis o tomando decisiones, planificando los pasos a seguir, sacando conclusiones o evaluando. Desde la antigüedad se sabe que se puede ayudar a las personas a pensar de manera más efectiva, que **el pensamiento es susceptible de mejora**. La *mayéutica* socrática consistía en hacer descubrir al alumno por medio de preguntas (que lo obligaban a *meditar*) nociones que ya tenía en sí, sin saberlo. La palabra griega μαιευτικη tiene que ver con obstetricia, con el "arte de dar a luz o de hacer nacer". Se dice que la madre de Sócrates era matrona. Sócrates modificó el significado médico que tenía el término y lo reorientó al ámbito filosófico: el arte de hacer nacer o arte de dar a luz *pensando*.

Si bien nos parecen inapropiadas expresiones tales como "enseñar el pensamiento" o "enseñar la inteligencia", la idea de quienes las han acuñado apunta a que **el pensamiento se puede mejorar, hacer más eficiente** o **productivo**, y a que las personas pueden **llegar a ser más inteligentes,** demostrando mejores **destrezas intelectuales** al utilizar un **pensamiento de mejor calidad**. No resulta fácil, sin embargo, entender a cabalidad qué es el pensamiento, qué abarca y qué dimensiones o aspectos lo constituyen, a fin de poder "mejorarlo" o hacerlo más eficiente. La gran cantidad de actividades mentales que podemos realizar gracias a su asombrosa versatilidad, y que han sido objeto de las más variadas clasificaciones, hablan de lo sorprendente que es la mente humana, capaz incluso de escudriñarse a sí misma. Los tratados de psicología dedicados a la problemática, en especial los de psicología cognitiva, obligadamente se ocupan de temas tales como la "formación de conceptos", la "resolución de problemas" y de las relaciones "lenguaje-pensamiento".

Como una manera de abarcar lo que supone el pensamiento, algunos psicólogos se han referido a sus *operaciones*, entre las que describen **comparar, resumir, observar, clasificar, interpretar, formular hipótesis, buscar suposiciones, tomar decisiones...** Los filósofos se han ocupado de los *métodos intelectuales*: **análisis, síntesis, definición, clasificación, determinación, abstracción, inducción, deducción, demostración, división...** Conocidos investigadores han diferenciado tanto **tipos,** como **factores** de inteligencia (Gardner, Sternberg, Spearman...) que, en realidad, son formas, componentes o manifestaciones de la actividad intelectual. Guilford, en su propuesta sobre la **estructura del intelecto**, combinando *operaciones, contenidos* y *productos*, ha señalado la posibilidad de describir ¡**120 factores** diferentes! Desde muy antiguo se han identificado también las deficiencias y anormalidades en su funcionamiento, de lo que se ocupa en detalle la psicopatología, y que dan pie a identificar nuevas "facetas" o "aristas".

El pensamiento, además, ha sido analizado mostrando "caras" antagónicas:

- **Asociativo** versus **dirigido.**
- **Productivo** versus **reproductivo.**
- **Creativo** versus **reactivo.**
- **Divergente** versus **convergente.**
- **Lateral** versus **vertical.**
- **Emocional** versus **racional.**
- **Intuitivo** versus **analítico.**

En atención a todo lo anterior, no resulta sorprendente que cada programa de "desarrollo del pensamiento" o de "destrezas intelectuales" pueda tener características tan singulares, poniendo acento en aspectos de los que no necesariamente se ocupan con el mismo énfasis –si es que se ocupan– los demás programas. No resulta sorprendente, tampoco, que los maestros que en sus aulas están decididos a "enseñar a pensar" no estén tan seguros de qué es realmente lo que hay que hacer y por dónde comenzar.

La Gestalt, que en la época en que predominaban las ideas conductistas demostraba que **"el aprendizaje unido a la comprensión es más duradero"** y explicaba la resolución de problemas en términos de *insight* y no por medio de *ensayo y error*, dio gran importancia al desarrollo del *pensamiento reflexivo*, el cual, a base de procedimientos deductivos e inductivos, encuentra su expresión más acabada en el acontecer científico. Sobre el punto, precisa Bonnín (en Arroyo y otros, 1989):

> Las ciencias formales, como la lógica y la matemática, usan el método **deductivo**. Pero la deducción lógico-matemática no sirve para descubrir verdades nuevas, sino que sirve solo para explicitar lo que ya, de algún modo, está contenido en otras verdades.
>
> Para descubrir verdades nuevas los científicos usan **métodos experimentales** basados en la **inducción**. Ahora bien, una vez obtenidos los datos por inducción, la ciencia progresaría poco si no estableciera **hipótesis** explicativas a partir de las cuales, una vez verificadas, dedujera consecuencias. Por eso, decimos que el método científico tiene también un carácter **hipotético-deductivo**.

La **reflexión**, aclaran Bigge y Hunt (1970), tiene que ver con "una **actitud mental** y a una **serie generalizada de operaciones** con las cuales podemos aproximarnos a estudiar todos los problemas, ya sean físicos, sociales o psicológicos". Citan estos autores la clásica definición de Dewey en los años 30 acerca de la **reflexión:**

> Activa, persistente y cuidadosa consideración de cualquier creencia o supuesta forma o conocimiento, a la luz de las bases que lo sostienen y de las posteriores conclusiones a que tiende.

PENSAMIENTO REFLEXIVO, CRÍTICO Y CREATIVO

El pensamiento reflexivo suele ajustarse a una serie de **etapas** (*reconocimiento y definición del problema, formulación de hipótesis, elaboración de las implicancias lógicas de las hipótesis*, etc.) por las que no siempre se pasa en forma ordenada, advierten Bigge y Hunt, mostrándose a veces confusión, duda, retroceso y "dando vueltas en círculo". De todos modos, la explicitación de tales etapas y el atenerse a ellas favorece el curso del pensamiento. Hay, a juicio de los mismos autores, algunos **principios** que deben caracterizar el **pensamiento reflexivo**, los que explican con detalle en su obra y que aquí tan solo mencionamos por la utilidad que prestan para la labor pedagógica en la dirección correcta de "enseñar a pensar":

- Cuando se acepta un concepto o conclusión de preferencia a otro, se supone que existen **razones** para dicha aceptación.

- Los conocimientos son siempre **provisionales**.

- Los conocimientos deben ser **coherentes unos con otros**. Dos conceptos contradictorios nunca pueden ser verdaderos al mismo tiempo, para los mismos propósitos y bajo las mismas circunstancias.

- Es preciso examinar toda **evidencia disponible** y pertinente antes de establecer las conclusiones.

- La última autoridad para cualquier conclusión científica ha de encontrarse en los **hechos**, adquiridos por la observación y el experimento.

- Todas las operaciones en un acto reflexivo deben ser realizadas "al descubierto" y en tal forma que **otras personas competentes puedan también replicarlas**.

Así como se habla de *pensamiento reflexivo*, también se ha utilizado frecuentemente la expresión **pensamiento crítico**. Ambas maneras de referirse al pensamiento discursivo comparten el énfasis en un tipo de **actividad dirigida**, que puede tomar **control sobre sí misma**, en el "recorrido" que va desde la **ignorancia** –pasando por la **duda**, la **sospecha**, la **opinión**– hasta llegar a la **certeza**. *Reflexión* y *crítica*, de acuerdo a como se usan tales términos en estos contextos, tienen mucho en común:

- **Reflexión**, en su acepción original –de acuerdo a los diccionarios de filosofía– es "el acto o procedimiento con el cual **el hombre toma en consideración sus mismas operaciones**".

- **Crítica** es el término introducido por Kant[2] para designar el proceso por el cual **la razón emprende el conocimiento de sí misma**, esto es, "**el tribunal**

---

2 *Diccionario de Filosofía*. Abbagnano, F.C.E., 1966.

que garantice a la razón en sus pretensiones legítimas, pero que condene a las que no tienen fundamento".

De Bono, citado al comenzar el capítulo, ha sido un "crítico" del acento casi exclusivo puesto en el *pensamiento crítico* cuando se ha tratado de enseñar a pensar en contextos escolares. Advierte que se han descuidado aspectos no menos importantes del pensamiento. Tradicionalmente se ha insistido "exclusivamente en el pensamiento crítico, la argumentación, el análisis y la crítica. Estos son muy importantes... pero son solo una parte del pensamiento y es muy peligroso creer que basta con ellos (1994): Además de pensamiento crítico, necesitamos pensar **constructiva y creativamente".**

El problema está a su juicio en que **el pensamiento crítico**, que es necesario para distinguir lo valioso de lo espurio, **es reactivo, no creativo. Es útil, pero insuficiente.** En las escuelas se cree que, como se está enseñando a pensar críticamente, se está enseñando a "pensar", con lo que **"no se dedica tiempo ni esfuerzos a los aspectos creativos y constructivos del pensamiento".** Considera el influyente pensador que las **emociones, los sentimientos y la intuición** "desempeñan un papel central en el pensamiento". Según él, la mente como sistema auto-organizado tiene su comportamiento propio natural para tratar la información. Sin embargo:

> **Podemos intervenir** para utilizar este comportamiento natural más eficazmente para nuestros fines. **Podemos crear herramientas y esquemas de dirección de la atención.** También podemos intentar, mediante el entrenamiento, **establecer patrones habituales más eficaces que los naturales.** Todo esto constituye la base para el aprendizaje de las destrezas del pensamiento.

La gran cantidad de publicaciones y experiencias de este investigador en el área del pensamiento *productivo* (acuñó la original denominación de pensamiento *lateral*) trascienden ampliamente el campo educativo[3]. El método que ha denominado ingeniosamente **"los seis sombreros del pensar"**[4] constituye una muestra de las variadas facetas que puede asumir nuestro pensamiento, ninguna de las cuales puede ignorarse. Básicamente es un procedimiento para que:

> Las personas realicen **un tipo de pensamiento en cada momento, no todos a la vez**: normalmente observamos los datos, intentamos elaborar un

---

3 Entre las numerosas obras de De Bono, originales también por sus títulos, cabe nombrar: *Aprende a pensar por ti mismo; Seis pares de zapatos para la acción: una solución para cada problema y un enfoque para cada solución; El pensamiento lateral: manual de creatividad; The 5-day course in thinking ; El pensamiento práctico: cuatro caminos para estar en lo correcto; cinco caminos para estar equivocado...*

4 Publicó un libro con ese nombre. Junto a otros procedimientos (CTF, APE, C y R, MFO...) los desarrolla nuevamente en su libro del 92 (94 en español, Paidós): *Cómo enseñar a pensar a tu hijo.*

argumento lógico, intervienen nuestras emociones, nos preocupamos por si la idea va a funcionar...

El procedimiento consiste en que, en lugar de intentar hacerlo todo a la vez, **"nos ponemos" los sombreros de uno en uno.** Cada "sombrero" tiene un color que simboliza, a partir de hechos conocidos, una determinada manera de pensar:

- Sombrero **blanco**: corresponde a la información neutra. Cuando se piensa *con este sombrero* no se trata de razonar ni de hacer propuestas. Simplemente, responder preguntas tales como: *¿Qué información tenemos?... ¿Qué nos falta?... ¿Cómo podemos conseguir la información que necesitamos?*

- Sombrero **rojo**: con este tipo de pensamiento damos lugar a nuestras emociones, sentimientos, presentimientos y nuestras intuiciones. *¿Qué siento ahora sobre este asunto?* Aquí no interesan los datos, sino los sentimientos de las personas.

- Sombrero **negro**: es ya una forma de juicio. Está relacionado con la verdad y la conveniencia. Es el *sombrero* de la precaución, de la contrastación con los hechos. *¿Concuerda esto con los hechos?... ¿Va a funcionar?... ¿Es seguro?... ¿Puede hacerse?*

- Sombrero **amarillo**: es otra forma de juicio. También es lógico como el anterior, pero se examinan las ventajas, los beneficios, qué se economiza. *¿Por qué eso puede hacerse?... ¿Por qué va a ser beneficioso?... ¿Por qué es bueno y recomendable hacerlo?....*

- Sombrero **verde**: pensamiento libre y lleno de energía y que explora en cualquier dirección. Admite todo tipo de propuestas, sugerencias, ideas nuevas, alternativas para la acción. *¿Qué podemos hacer con esto?... ¿Hay ideas diferentes?...*

- Sombrero **azul**: consiste en detenerse a pensar sobre el pensamiento. Con este *sombrero* se controla el proceso mismo de pensamiento. Incluye el resumen de la situación actual. Sirve para plantear la siguiente fase del pensamiento, para establecer el "programa de pensamiento".

De Bono ilustra con ejemplos y situaciones el uso de estos tipos de pensamiento. Indudablemente tienen una gran aplicación en el contexto escolar, especialmente en grupos de trabajo. A modo de ejemplo, el procedimiento puede resultar de gran utilidad si el equipo directivo y docente estiman que su colegio se puede transformar en una institución *inclusiva*, inspirándose en los valores de la *filosofía de la inclusión*[5].

---

5 Más adelante en este manual examinaremos con algún detalle la cuestión.

Hay que acudir a las obras del autor para estar en condiciones de sacar partido de su método y de numerosas "herramientas" que propone, así como de las actitudes que hay que desarrollar acerca del pensamiento, las operaciones básicas, esquemas, hábitos, etc. Si pensar es importante y necesario, pero a la vez... entretenido, mucho mejor.

PENSAMIENTO INTUITIVO Y ANALÍTICO

En relación a la preocupación por el desarrollo del pensamiento, se hace necesario recordar la importancia que se debiera dar –a juicio de **Bruner** (1963)– al pensamiento **intuitivo** dentro del ámbito educativo, junto al **analítico**, que es el que se tiende habitualmente a privilegiar.

Este último procede paso a paso..., "los pasos son explícitos y normalmente pueden ser adecuadamente referidos a otra persona por el pensador"..., "puede implicar un cuidadoso razonamiento deductivo, a menudo haciendo uso de la matemática o la lógica, con un 'plan de ataque' explícito. O puede implicar un proceso inductivo y experimental, paso a paso, utilizando principios de diseño de investigación y análisis estadístico".

En contraste, el **pensamiento intuitivo** no progresa por lo general a pasos cuidadosos bien definidos.

> En realidad, tiende a implicar maniobras basadas, aparentemente, en una **percepción implícita del problema total**. El pensador llega a una conclusión, que puede ser correcta o incorrecta, con escasa –si alguna– conciencia del proceso por el cual la alcanzó... Usualmente el pensamiento intuitivo **descansa en la familiaridad que se tiene en el dominio de conocimiento implicado y en su estructura**...

Este tipo de pensamiento permite adelantarse y aventurar conclusiones a las que, tal vez, no se llegaría nunca o se llegaría muy lentamente por procedimientos analíticos. La **intuición**, definida en los diccionarios como "aprehensión o cognición inmediata", implica –según Bruner– la "captación del significado, el sentido o estructura de un problema o situación, sin el apoyo explícito en el aparato analítico de la propia habilidad".

El autor destaca las **ventajas de estimular este tipo de pensamiento en los niños y estudiantes**, advirtiendo, también, los posibles riesgos de error. Las conclusiones a que lleva se pueden confirmar por procedimientos analíticos posteriormente. Es un tipo de pensamiento que está a la base del **aprendizaje por descubrimiento** y de la productividad creativa, de ahí la importancia de estimularlo en los contextos educativos.

Santrock, en su obra sobre psicología de la educación (2003), examina una serie de **estrategias de enseñanza** "para ayudar a los estudiantes a volverse mejores pensadores". Recomendamos su lectura. Aquí nos limitamos a nombrar algunas de tales estrategias:

- Brinde a los estudiantes oportunidades para resolver problemas reales.

- Elabore preguntas basadas en el pensamiento.

- Monitoree la efectividad e inefectividad del pensamiento de los alumnos y sus estrategias para resolver problemas.

- Sea un guía cuando ayude a los estudiantes a construir su propio pensamiento.

- Manténgase al día en los últimos desarrollos del pensamiento y de la resolución de problemas.

METACOGNICIÓN: PENSAMIENTO SOBRE EL PENSAMIENTO

Si bien ya hemos hecho algunas referencias a lo largo del texto al concepto de **metacognición**, ahondaremos en él a continuación, por la importancia que reviste para la **actividad cognoscitiva superior**[6].

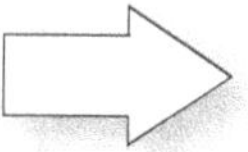 Se trata de uno de esos conceptos que se ponen de moda de tanto en tanto en los contextos pedagógicos: ocurrió con **metacognición** hace algunos años. Ha sucedido lo mismo con otros como **creatividad, autoestima, aprendizaje por descubrimiento, habilidades sociales, inteligencia emocional, inteligencias múltiples, constructivismo,** etc. Sin embargo, como pasa con muchas cosas que están en boga durante algún tiempo y luego se olvidan, resulta difícil valorar hasta qué punto la noción ha tenido real acogida y aplicación en las salas de clase.

En la revisión que realizó Milton Schwebel para la Unesco en 1983 acerca de los estudios sobre el **desarrollo cognoscitivo y programas para su facilitación** que se estaban llevando a cabo en varias partes del mundo, contrastaba **los enfoques sobre la cognición** que caracterizaban a la psicología cuando los esfuerzos estuvieron dirigidos, en especial a partir de Binet, a la medición y estudio de la inteligencia, con los que se habían comenzado a perfilar esos últimos años. Aquellos, destinados a elaborar normas para cada grupo de edad **y no para determinar cómo facilitar**

---

6 Este tema lo desarrolló inicialmente el autor en 1994 bajo el título *Metacognición y estrategias de aprendizaje e instrucción* en un proyecto de investigación Fondecyt realizado con los niños que asistían a grupos diferenciales y sus respectivos profesores en escuelas municipales de comunas de Santiago Poniente.

el desarrollo intelectual, asumían un punto de vista estático en varios sentidos, a juicio del investigador (Schwebel, 1983):

- Tenían interés, en primer lugar, en determinar cómo se comparaban los individuos entre sí, **pero no en identificar zonas débiles con respecto a las cuales los niños necesitasen ayuda.**

- Realizaban comparaciones transversales en el aquí y el ahora, en lugar de basarse en un **estudio longitudinal** del niño.

- Daban por supuesto, en general, que los logros del niño resultaban en gran medida inevitables a causa de factores predeterminados y, **por lo tanto, no eran muy sensibles a las influencias externas.**

- Por último, empleaban esta información para clasificar a los niños y ubicarlos en clases en las que se esperaba que los maestros enseñarían al nivel de su capacidad, **sin tratar de elevarlo.**

Autores tales como Piaget, Vigotsky y respectivos equipos constituyeron, a juicio de Schwebel, una verdadera excepción ya que realizaron investigaciones con una perspectiva longitudinal y con una concepción dinámica sobre el desarrollo cognoscitivo.

Si **cognición** tiene que ver con **conocer**, **metacognición** significa **conocer cómo se conoce**, así como *metalenguaje* es el lenguaje acerca del lenguaje, o un *meta-análisis*, un análisis efectuado sobre diferentes análisis. **Metacognición o procesos ejecutivos** o de **autorregulación**, aluden a **la capacidad de una persona de apartarse de su propia conducta, observarla, vigilarla y controlarla**, aclara el propio Schwebel.

> Metacognición es, a la vez, **conocimiento** de la propia cognición
> y **regulación** o **control** de la misma.

Metacognición, ha explicado Lerner (1993), es la habilidad para facilitar el aprendizaje **tomando control y dirigiendo los propios procesos de pensamiento.** Se refiere a la conciencia o conocimiento del propio pensamiento sobre cómo se aprende. Las personas dan cuenta de comportamientos *metacognitivos* **cuando hacen algo para ayudarse a aprender y recordar** (*metamemoria,* en un uso más restringido). Tales comportamientos incluyen también **conciencia de las propias limitaciones** y la capacidad de **planificar** para aprender mejor.

Los estudiantes eficientes, observa la autora, exhiben habilidades metacognitivas eficientes. En cambio, los niños con problemas de rendimiento **carecen de habilidad para dirigir su propio aprendizaje.** "Sin embargo, **cuando aprenden las estrategias metacognitivas utilizadas por los estudiantes eficientes, pueden apli-**

carlas en muchas situaciones" La literatura dedicada al tema ha hecho notar reiteradamente que a los *lectores deficientes*, entre otras cosas,

> Se les ve menos inclinados a utilizar **estrategias activas de memoria y de planificación** que fomenten un mejor aprovechamiento de la capacidad de almacenamiento. **No parecen utilizar suficientemente estrategias de control ejecutivo cognitivo**; utilizan una aproximación muy pasiva al texto y estrategias poco eficientes en su exploración...; se valen, por ejemplo, de ejercicios de mera repetición en vez de recursos de elaboración en el estudio de una página impresa. (Stanovich,1985).

Hay diferencia "entre tener cierta información en la cabeza, y ser capaz de tener acceso a ella cuando hace falta; entre tener una habilidad, y saber cómo aplicarla; entre mejorar el propio desempeño en una tarea determinada, y darse cuenta de que uno lo ha conseguido", explican Nickerson, Perkins y Smith (1990). Estos mismos autores aclaran:

> El conocimiento metacognitivo **es el conocimiento sobre el conocimiento y el saber, e incluye el conocimiento de las capacidades y limitaciones de los procesos del pensamiento humano**, de lo que se puede esperar que sepan los seres humanos en general y de las características de las personas específicas –en especial, de uno mismo– en cuanto a individuos conocedores y pensantes.

Una parte importante del trabajo realizado en metacognición ha tenido como propósito, precisamente, que los estudiantes tomen conciencia de sus propias **capacidades**, pero también de sus **limitaciones**, para que aprendan a utilizar de manera más efectiva las primeras, evitando o disminuyendo el efecto de las segundas.

> Hay diferencia entre **tener cierta información en la cabeza** y **ser capaz de tener acceso a ella cuando hace falta;** entre **tener una habilidad** y saber cómo aplicarla; entre **mejorar el propio desempeño en una tarea determinada** y **darse cuenta de que uno lo ha conseguido.**

La diferencia entre el **conocimiento de los principiantes o novatos** en algún tema o área, comparado con el de los **expertos**, ha sido examinada también desde la perspectiva de la metacognición (Glaser, 1982; Schwebel, 1983; Nickerson et al., 1990). Aparte de que los expertos "saben más", saben mejor **cómo utilizar lo que saben.** Hay una gran diferencia entre ambos en **la manera como almacenan y organizan en su memoria de largo plazo la información y en cómo la recuperan.** A los expertos les resulta fácil recuperarla para trasladarla de los problemas anteriores a los actuales (Glaser, 1982). Para Nickerson y colaboradores, características *distintivas* del desempeño de los expertos son:

- Un mayor énfasis en la planificación y la aplicación de estrategias.

- Una mejor distribución del tiempo y los recursos.

- Un control y una evaluación cuidadosa del progreso.

Schwebel hace ver cómo en las actividades académicas la habilidad metacognitiva (o *ejecutiva*) se utiliza para **regular estrategias con las que estudiar, aprender y memorizar, clarificar y resolver problemas, evaluar el proceso** y, por último, autoabastecerse del material a partir del cual se hace posible modificar las estrategias. **Sternberg** (1990) en su modelo de la inteligencia triádica considera **meta** componentes o procesos ejecutivos de orden superior que se utilizan en la **planificación** de lo que se hará; en el **monitoreo** de lo que se está llevando a cabo y en la **evaluación** de lo que se ha realizado.

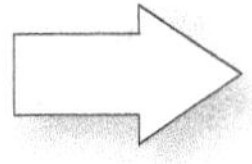

El lector reconocerá las habilidades meta-cognitivas presentes en algunos de los *estilos cognitivos* y *de aprendizaje* descritos en el capítulo anterior, así como en los "sombreros" del pensar de De Bono, específicamente el sombrero "azul".

Santrock (2003) entrega una valiosa información sobre los cambios evolutivos en metacognición y describe **estrategias de enseñanza** "para usar la metacognición en clase". En su monografía dedicada a la adolescencia[7] (Santrock, 2004) incluye también un apartado sobre "el aprendizaje auto-regulado y el meta-conocimiento". Craig y Woolfolk (1998) ofrecen una amplia sección del capítulo de su obra dedicada a la motivación, la enseñanza y el aprendizaje, a las estrategias para fomentar la motivación y el "aprendizaje meditativo". El punto que sigue aborda algunas de estas inquietudes.

PROGRAMAS DE FACILITACIÓN DEL DESARROLLO COGNOSCITIVO

La "facilitación del desarrollo cognoscitivo", que se traduce en procedimientos que tienen por finalidad **incrementar en los niños** (y personas, en general) **las habilidades de pensamiento**, capacitándolos para llevar a cabo **tareas intelectualmente exigentes**, cobró especial relevancia las últimas décadas. A este respecto, puntualizan Alcalay y Simonetti (1990):

> Es indudable que la habilidad para pensar en forma efectiva siempre ha sido importante. Sin embargo, en la actualidad, la necesidad de contar con ha-

---

7 Santrock, J.W. *Adolescencia: psicología del desarrollo.* 9ª ed. McGraw-Hill, Madrid, 2004.

bilidades de pensamiento eficaces resulta más crítica que nunca; el mundo contemporáneo es más complejo y, en consecuencia, más complejos aún los desafíos que presenta.

Se han creado, en consecuencia, numerosos *programas* cuyo objetivo principal es desarrollar habilidades de pensamiento crítico, reflexivo y eficaz, de habilidades de resolución de problemas, de búsqueda de soluciones originales, de "aprender a aprender" y de transformarse en aprendices autónomos y altamente motivados. Muchos de tales programas o iniciativas explicitan entre sus propósitos el desarrollo de aptitudes metacognitivas, tales como "hacer pensar a los niños acerca del pensamiento"; "desarrollar el conocimiento acerca del pensamiento en general y del propio proceso en particular"; "tomar conciencia del pensamiento como una habilidad posible de entrenar"; "desarrollar una percepción de sí como generador activo de conocimiento"...[8]

El propósito común es la **enseñanza explícita** de destrezas intelectuales o de un pensamiento "de buena calidad", ya sea

- A través de programas *autosuficientes* o independientes del currículo, organizados en unidades y contenidos que se desarrollan en varias sesiones, como una actividad separada de las exigencias curriculares habituales, o

- A través de estrategias insertas en los contenidos curriculares mismos o programas de *infusión* de destrezas intelectuales o del pensamiento, con las materias de estudio mejor enseñadas y aprendidas crítica y comprensivamente[9]. Al punto ya nos referimos en el capítulo 7 al hablar de transferencia en el aprendizaje[10].

Nickerson y colaboradores, en la obra citada, hacen una peculiar distinción entre **inteligencia** y **pensamiento**:

> Probablemente la mayoría de nosotros suponemos que, cuanto más inteligente es uno, es de esperar que sea un pensador más eficaz y, viceversa, tendemos a aceptar que una buena capacidad de pensamiento es prueba evidente de una gran inteligencia. Pero, en nuestra opinión, **inteligencia** y **capacidad de pensamiento** no son términos sinónimos.

---

8 Para un análisis de 6 de tales programas (Inteligencia aplicada, Filosofía para niños, Estructura del intelecto, Enriquecimiento instrumental, CoRT y Odisea) ver Alcalay y Simonetti en *Revista Chilena de Psicología*, Vol. 11, nº 1, 1990.

9 En Chile los más conocidos y divulgados son los programas de *Filosofía para niños* de M. Lipman y el de *Enriquecimiento Instrumental* de R. Feuerstein, ambos del tipo "autosuficiente" o independiente: se enseñan como actividad aparte de los contenidos curriculares programáticos.

10 Citamos, a modo de ejemplo, a la *Foundation for Critical Thinking* www.criticalthinking.org con su programa para el 2013 *How to infuse critical thinking into instruction*. El curso entrega "una sólida concepción acerca del pensamiento crítico y sobre cómo *infundirlo* a lo largo de toda la instrucción. Promueve la comprensión de cómo enseñar habilidades críticas de pensamiento a los estudiantes por medio de cualquier materia o disciplina y en cualquier nivel de la enseñanza".

Da la impresión de que *capacidad de pensamiento* es un concepto menos controvertible que *inteligencia*. Más aún, aunque algunos investigadores han accedido a considerar la inteligencia como algo enseñable, parece existir una mayor renuencia entre los psicólogos a aceptar esta idea, o a expresarla en tales términos, que referirse a la capacidad de pensamiento como algo que se pueda adquirir o mejorar, al menos hasta cierto punto.

Nos gustaría considerar la **capacidad de pensamiento** como un asunto, en parte, de **estrategia idónea**. Si lo hacemos así, no hay nada que se contradiga con la idea de **una persona de mucha inteligencia que no ha aprendido estrategias idóneas**, debido acaso a una educación inadecuada...

En suma, vista desde esta perspectiva, la **inteligencia** se relaciona fundamentalmente con la **potencia bruta** del propio equipamiento mental y, de nuevo, como en los demás contextos, la potencia bruta es una cosa y **el hábil empleo de ella, algo muy diferente**.

Para Raths y colaboradores (1971), el pensamiento "**se asocia íntimamente con el hombre total**". Precisan estos autores que el concepto no se limita solo a la esfera del conocimiento: "abarca también la imaginación, incluye el pensar con algún propósito...la expresión de valores, actitudes, sentimientos, creencias y aspiraciones". Sus recomendaciones para *enseñar a pensar*, por tanto, tienen un alcance mayor que el solo entrenamiento cognitivo. Entre los síndromes provocados por el "descuido, olvido o desprecio de los procesos de pensamiento", describen:

- La excesiva dependencia.
- La conducta dogmática.
- La falta de confianza extrema en el propio pensamiento.
- La rigidez y falta de flexibilidad,
- La resistencia a pensar.

En su influyente monografía, titulada precisamente *Cómo enseñar a pensar*, entregan una serie de actividades y sugerencias –todas ilustradas con ejemplos– parte de ellas dedicadas a la enseñanza secundaria y otras a la básica, centradas en el desarrollo de **las operaciones del pensamiento**:

Comparar	*Interpretar*
Resumir	*Buscar supuestos*
Observar	*Reunir y organizar datos*
Clasificar	*Formular hipótesis*
Formular críticas	*Tomar decisiones*

Beas y equipo, investigadoras chilenas, en el libro citado en el capítulo anterior *Enseñar a pensar para aprender mejor*, proponen un conjunto de talleres destinados a profesores para la enseñanza explícita de destrezas del pensamiento a sus alumnos en la línea del *infusing thinking*. Con un original set de materiales de apoyo para el educador y guías para el alumno, se concentran en varias **destrezas de profundización del conocimiento**:

- *La comparación*
- *La confiabilidad de las fuentes de información*
- *La inducción*
- *La abstracción*
- *El análisis de perspectivas*
- *La elaboración de fundamentos*

Grafican las autoras el rol que deban asumir tanto el profesor como el alumno —o lo que se espera de ellos— al enseñarse explícitamente cada destreza intelectual:

ENSEÑANZA EXPLÍCITA

	QUÉ SE ESPERA DEL PROFESOR		QUÉ SE ESPERA DEL ALUMNO
1	Que sea flexible y creativo en la enseñanza y evaluación.	1	Que tome conciencia de la utilidad del pensamiento.
2	Que despierte en los alumnos la necesidad de mejorar el pensamiento.	2	Que use la destreza como metodología de estudio.
3	Que enseñe modelando paso a paso.	3	Que internalice la destreza como un hábito mental
4	Que aplique en diferentes contenidos instruccionales.	4	Que profundice el contenido
5	Que enseñe y evalúe la profundización del contenido		
6	Que enseñe y evalúe destrezas intelectuales		

Figura 8.1

Rol que deben asumir el profesor y el alumno frente a la enseñanza explícita de una destreza intelectual, según Beas y equipo (2005).

El *aprendizaje profundo* se lleva a cabo por medio de "tópicos generativos", que corresponden a contenidos o nociones medulares dentro de una disciplina, que reúnen ciertas características. La *comprensión profunda* es más que mero *conocimiento*:

El **conocimiento** habilita para reproducir la información que se adquirió o para demostrar una habilidad para ejecutar un procedimiento. Sin embargo, la **comprensión profunda** es algo que va más allá del conocimiento. Es dominarlo, transformarlo, utilizarlo para resolver problemas reales. Se demuestra un aprendizaje profundo cuando se tiene la capacidad de realizar una variedad de acciones mentales con el tópico, tales como dar explicaciones, mostrar evidencias y ejemplos, generalizar, aplicar a situaciones nuevas, establecer analogías, representar ese conocimiento de una forma diferente, usarlo para resolver problemas de la vida cotidiana, avanzar en el conocimiento estableciendo relaciones inusuales.

Nickerson y colaboradores (1990) describieron y evaluaron más de 20 programas e iniciativas destinados enseñar a pensar o a facilitar el desarrollo cognoscitivo, que agrupan en cinco grandes categorías. Advierten que no es fácil catalogarlos ya que, si bien comparten rasgos en común, se diferencian en una serie de dimensiones y "cualquier intento de reducirlos a unas cuantas categorías peca de algún grado de arbitrariedad y exige algún ajuste forzado". Además, advierten:

Algunos están muy influidos por las teorías del desarrollo cognitivo; otros no lo están. Algunos hacen hincapié en el entrenamiento de profesores; otros confían en la idoneidad de los materiales y de ejercicios para los estudiantes, prediseñados de tal manera que no requieran ningún entrenamiento de parte de los profesores... Los programas se diferencian considerablemente en cuanto a envergadura, nivel de edad de la población de estudiantes en que se centran, tipo y duración de la enseñanza, orientación teórica y en otros muchos sentidos.

Las cinco grandes categorías corresponden a los siguientes enfoques:

1. **Enfoques de las operaciones cognitivas**: se centran en la enseñanza de determinados procesos o habilidades cognitivas básicas, que se suponen esenciales para la competencia intelectual o que se creen componentes de esta. Por ejemplo, el de *Enriquecimiento instrumental* de Feuerstein.

2. **Enfoques orientados a heurísticos:**[11] dan importancia a determinados métodos explícitos (por ejemplo, los heurísticos solucionadores de problemas) aplicables a una serie de tareas cognitivas. Se enseñan esos métodos fuera de

---

11 Heurístico, del griego, eurisko = hallo, invento, descubro. En inteligencia artificial se distingue entre dos tipos de procedimientos susceptibles de realización como programas de computador:
    • Un **algoritmo** consiste en una prescripción, efectuada paso a paso, para alcanzar un objetivo particular. Por definición, garantiza la consecución de aquello que trata de conseguir.
    • Un **heurístico** constituye solo "una buena apuesta", un procedimiento que ofrece una probabilidad razonable de solución o que acerca a la solución, pero no hay garantía de que funcione. Se utilizan cuando no se conoce una solución algorítmica o esta resulta poco práctica. (Nickerson et al., 1990). Ej.: Pensar en un problema conocido que tiene el mismo tipo de incógnita que el que se trata de resolver, pero que es más sencillo; descomponer el problema en sub-problemas y resolver cada uno de estos...

los cursos de materias de estudio convencionales. Por ejemplo, el programa *CoRT* de De Bono.

3   Enfoques de pensamiento formal: su objetivo es promover el pensamiento operativo formal dentro del contexto de cursos de materias específicas de estudio convencionales. Por ejemplo, el programa *DOORS* (Desarrollo de la habilidad de razonamiento operacional).

4   Enfoques de la manipulación simbólica: recalcan las habilidades de manipulación simbólica, en sistemas de símbolos: se basan en la utilización del lenguaje, la lectura, la escritura como medios para pensar.

5   Enfoques del pensar sobre el pensamiento: se centran en el pensamiento como materia de estudio. Por ejemplo, el Programa de *Filosofía para niños*, de Lipman.

El libro de Nickerson y colaboradores termina con una serie de recomendaciones relativas a la selección de los programas y a su aplicación. Advierten, sin embargo, los autores:

> La mayoría de los programas que hemos reseñado, y quizá todos, son capaces **–en manos de profesores hábiles–** de mejorar algunos aspectos del pensamiento. Con ello no queremos decir que no existan diferencias de calidad o eficacia entre ellos. Pero posiblemente (casi) todos los programas son mejor que ninguno, independientemente de las técnicas específicas utilizadas. De hecho, es posible que entre las cosas que los programas pueden hacer, ninguna sea tan importante como conseguir que **los profesores y los alumnos se centren en los procesos del pensamiento y se interesen en intentar mejorarlos**.

ESTRATEGIAS PARA MEJORAR LAS HABILIDADES METACOGNITIVAS

El objetivo del desarrollo de las habilidades metacognitivas –las que pueden ser enseñadas de una manera explícita– es **convertir al estudiante** (o a cualquier persona) **en un usuario hábil del su propio conocimiento.**

Una lista de tales habilidades (identificadas por diferentes autores) incluye, por lo menos:

- **Planificación**: *Esta es la mejor manera de enfrentar la situación problema... Distribuiré las sesiones de este modo...*

- **Predicción**: *Este plan es más adecuado que este otro... Esta estrategia sí que resultará... Creo poder terminar este trabajo en tres días...*

- **Verificación con la realidad**: *¿Esto, tiene sentido? ... ¿Qué estoy haciendo?... ¿Es esta actividad importante para mí?...*

- **Autorregulación, control**: *Recuerdo la mayor parte de esta lección... Hay algo que no entiendo aquí... ¿Estoy realmente comprendiendo este texto?...*

- **Comprobación de los resultados, evaluación**: *He hecho un buen trabajo... ¿Ha funcionado?...*

Se incluyen, en consecuencia, conductas que implican supervisión, coordinación y control de los intentos de llevar a cabo tareas intelectualmente exigentes. Se trata de habilidades que deben ser fomentadas explícitamente por el profesor, ya que **no todos los niños parecen desarrollarlas de manera espontánea**. La dueña de casa que diseña la mejor manera de efectuar sus compras periódicas en el supermercado, el estudiante que se organiza para enfrentar sus pruebas y exigencias escolares, el comerciante, profesional o trabajador que ejerce algún tipo de autorregulación sobre sus propias actividades con el fin de mejorarlas... todos están dando muestras de aptitudes de tipo metacognitivo. Quienes dan mejores muestras de ellas, suelen obtener mejores logros. Recuérdese lo que ocurre con el conocimiento de los "expertos".

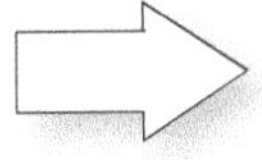 Para garantizar una mejor solución de problemas, diversos investigadores recomiendan el uso de **preguntas y autoinstrucciones metacognitivas**: *¿Sé bien lo que tengo que hacer?... ¿Hay algo más que me falta o que tengo que saber antes de comenzar?... ¡Detente... piensa!... ¿Cuáles son los datos?... ¿Cuál es la pregunta?*

Hay mayor probabilidad de tener éxito si se dedica tiempo al comienzo a identificar y seleccionar cuidadosamente los detalles de importancia –para no pasarlos por alto, ya que pueden estar *escondidos*– antes de centrarse en la respuesta o ponerse a buscar la solución. Ello corresponde a los pasos iniciales de los seis implicados en la solución de problemas, según Hayes (1981), materia de la cual se han ocupado numerosos otros estudiosos: **1.** Detección del problema: reconocerlo y aceptarlo. **2.** Representación clara del problema. **3.** Planificación de la solución. **4.** Realización del plan. **5.** Evaluación de la solución.**6.** Consolidación de los logros.

Los estudios de *metamemoria* (saber qué es lo que uno sabe; saber cómo funciona la propia memoria; ser capaz de evaluar la propia memoria) demuestran que, a través de los cuestionarios de autoevaluación con preguntas del tipo: *¿Con qué frecuencia me olvido de mis compromisos?... ¿de los nombres de las personas?... ¿de algo que tenía que comprar en el supermercado?... ¿del chiste que quería contar.?...* etc., las personas parecen no tener "mala" o "buena" memoria de plano, como muchas veces afirman. En general, se evalúan más bien como buenas para recordar ciertos tipos de cosa y deficientes para otras. Las memorias de las personas tienen puntos **fuertes** y **débiles** (Cohen, 1988).

> Desde el punto de vista metacognitivo, se ha resaltado la importancia reconocer las propias **limitaciones** y **fortalezas**, lo que favorece la autorregulación.

Hayes (1981) señala que todos los sistemas de aprendizaje, nuevos y viejos, como el *SQ3R*[12], dependen de **7 estrategias básicas**, que sintetizan de algún modo lo revisado hasta aquí (fig. **8.2**):

1. **Estructuración**: búsqueda activa de las relaciones; organización del material.

2. **Contexto**: relación del material con lo que ya se sabe; significación.

3. **Control**: examen de uno mismo observando el progreso y aislando las partes difíciles para trabajar más con ellas.

4. **Inferencia**: extracción de inferencias; búsqueda de ejemplos contrarios; búsqueda de material adicional,

5. **Ejemplificación**: generación de ejemplos; generalización.

6. **Codificación múltiple**: representación del material a aprender de diferentes maneras, por ejemplo, parafraseando o utilizando imágenes.

7. **Manejo de la atención**: concentración; encontrar tiempo para estudiar; actitud activa e inquisitiva.

Figura 8.2

Las siete estrategias básicas, según Hayes.

El papel del maestro puede ser decisivo para fomentar que el niño desarrolle buenas estrategias, cognitivas y metacognitivas, lo que se ve avalado actualmente por una increíble cantidad de publicaciones sobre la materia en psicología educativa. Entre las recomendaciones generales, a modo de ejemplo –a partir de las ideas de Ausubel– útiles a los maestros cada vez que introducen una **nueva unidad** y quieren realmente **facilitar la asimilación** de contenidos por parte de los alumnos, están las siguientes:

---

12 **SQ3R:** Iniciales en inglés de los pasos de un método para aumentar la retención durante el estudio de materiales de texto:
El estudiante inspecciona (**S**) el material para derivar preguntas (**Q**) que se formulará a sí mismo al leer (**R**). A continuación se auto-recita (**R**) las respuestas a sus preguntas. Si comete errores, repasa (**R**) el material.

1. Consolidar la unidad o el material anterior.

2. Presentar la relevancia del nuevo material.

3. Presentar en primer lugar las ideas más generales o inclusivas, bajando posteriormente a los detalles.

4. Destacar las semejanzas y diferencias entre el material nuevo y el anterior.

El profesor en su curso puede enseñar explícitamente, *modelando* con ejemplos concretos a partir de la materia que explica, cómo hacerse preguntas, cómo auto-recitarse, repasar y organizar contenidos, cómo activar los conocimientos anteriores para "anclar" los nuevos, cómo valerse de mnemotécnicas, cómo formular hipótesis y predecir, cómo diagramar, hacer *mapas conceptuales*, resumir, etc. Todo lo anterior debiera formar parte de una práctica reflexiva sobre su propio quehacer. Planteando preguntas críticas, entregando datos que fomenten la búsqueda e inquietud por descubrir –y no solo dando soluciones– usando una terminología precisa, etc., en un marco de respeto, valoración y aceptación de sus alumnos, da oportunidades de desarrollar un pensamiento de calidad, y se constituye, a su vez, en un modelo de lo que quiere conseguir.

Una orientación de tipo *conductista* o de "instrucción directa", (muy alejada de la caricatura que se hace del conductismo frecuentemente en educación) se caracteriza, entre otras cosas, por lo siguiente:

1. Se enseñan directamente las habilidades académicas, cognoscitivas, metacognitivas, etc., para lo cual hay que definirlas operacionalmente.

2. El profesor dirige y controla la situación.

3. Utiliza una secuencia cuidadosa y materiales estructurados.

4. Establece objetivos precisos y claros para el estudiante.

5. Fija el tiempo adecuado para la instrucción.

6. Proporciona *feedback* (refuerzo) inmediato al estudiante.

7. Enseña cada habilidad hasta que se logra su dominio

Una orientación instruccional de tipo *cognoscitivista* y *humanista*, como se pondrá de manifiesto en el último capítulo, no es incompatible necesariamente con los puntos recién enumerados, pero el maestro, más que controlar por sí solo la situación, pondrá especial cuidado en proporcionar las oportunidades para que el mismo estudiante asuma un rol activo en la construcción de su conocimiento, participando activamente en la fijación de los objetivos, actuando de manera más autónoma y menos reactiva, dando más peso a la autoevaluación que a la evaluación externa, y desarrollando al máximo la creatividad y la iniciativa personales.

Un aporte importante en los temas que hemos estado revisando en este capítulo lo constituye la validación de un Instrumento diseñado para medir **metacognición** en términos de conocimiento, experiencias metacognitivas y autorregulación cognitiva[13]. Está dirigido a estudiantes de 7° y 8° Año Básico de Escuelas Municipalizadas de alta vulnerabilidad de la Región de La Araucanía, Chile. Consta de 33 ítemes tipo escala Likert, Se evaluó su validez de contenido por juicio de expertos, validez de constructo mediante análisis factorial y confiabilidad por medio del alpha de Cronbach. El juicio de expertos permitió contrastar cada uno de los ítemes con la teoría sobre metacognición; el análisis factorial, agrupar los ítemes en torno a los factores que componen dicho constructo. El valor de Alfa obtenido (0,860) corresponde a muy alto, lo que significa que el instrumento **puede ser utilizado como técnica confiable** de recolección de datos.

A MODO DE ENTRETENCIÓN

A. Revise el apartado METACOGNICIÓN: PENSAMIENTO SOBRE EL PENSAMIENTO y ensaye las 7 estrategias básicas de Hayes (fig. 8.2) para lograr su dominio.

B. Pensando en su elección vocacional actual o su deseo de optar por una carrera diferente a la que está siguiendo, analícelas "poniéndose" los seis sombreros del pensar de De Bono.

C. Señale las ventajas y limitaciones del pensamiento **intuitivo** y del pensamiento **analítico** en educación, según Bruner.

---

13 JARAMILLO, Sandra y OSSES, Sonia. Validación de un Instrumento sobre Metacognición para Estudiantes de Segundo Ciclo de Educación General Básica. *Estudios pedagógicos* [online]. 2012, vol.38, n. 2, pp. 117-131.

Capítulo 9

ALGUNOS ALCANCES SOBRE LA ENSEÑANZA

Temas del capítulo

Enseñanza eficaz y docentes efectivos • Discurso pedagógico y formación • Lenguaje, diálogo e interacciones en el aula • El marco para la "buena enseñanza" • Criterios por dominio en el MBE • Modelos curriculares basados en "competencias"

ENSEÑANZA EFICAZ Y DOCENTES EFECTIVOS

Si bien este manual ha estado centrado en el **aprendizaje** y los **mecanismos** que lo explican, lo recién expuesto nos lleva a hacer algunos alcances acerca de la **enseñanza**, atendidas las críticas de que ha sido objeto la educación en el país estos últimos años y por lo decisiva que resulta para garantizar un *aprendizaje de calidad* por parte de los alumnos. Trátese de la perspectiva conductista, como de la humanista o la cognitivista acerca del aprendizaje, todas necesariamente entregan recomendaciones acerca de la enseñanza, de lo cual se dieron algunos ejemplos. El capítulo final sintetiza con mayor detalle algunos aportes de las diferentes familias de teorías, contrastándolas entre sí.

Aquellos docentes que toman medidas para favorecer el **procesamiento activo y profundo** de la información por parte de sus alumnos —los que logran así transformar dicha *información* en *conocimiento*— son los maestros **efectivos** o **eficientes** que demanda el sistema. Tales maestros parecen poseer un conocimiento sólido —no solo implícito, sino **explícito** y **declarativo**— acerca de **cómo se aprende**, lo que les permite realizar de manera más efectiva su labor.

Los verdaderos *maestros*, sin embargo, no son solo buenos enseñantes o instructores: son también "formadores", ya que fomentan el crecimiento de sus alumnos como **personas**. Es decir, son **educadores**. Se afirma, a este respecto, en los *Estándares de Desempeño para la Formación Inicial de Docentes* del MINEDUC [1]:

> La misión del docente es **educar** y es un buen educador quien realiza una **tarea comprometida y efectiva** de educación.

Parte significativa de la bibliografía relativa a este punto, sin embargo, se centra en la **enseñanza de calidad**, referida a logros **académicos** –los que por cierto son importantes– pero deja de lado o hace escasa mención al rol del educador como formador de personas. Algunos trabajos sobre la materia, en todo caso, parecen englobar dentro del término *enseñanza* también el de *formación*.

En lo que concierne a la **enseñanza eficaz**, se ha reunido las últimas décadas un extenso corpus de hallazgos y abundante bibliografía acerca de las características de **escuelas, clases** y **docentes** que "producen" estudiantes de "altos logros". Relacionando esto con lo tratado en el capítulo anterior, se habla también de *escuelas para promover el pensamiento*. Santrock (2003) se ocupa del tema en el capítulo que dedica a los enfoques *constructivistas*.

A modo de ejemplo en el tema de la enseñanza eficaz, se pueden citar los trabajos ya realizados a fines del siglo pasado por Hunter (1984), Robbins & Wolfe (1987); Bickel & Bickel (1986); Keller (1995); Sammon, Hillman & Mortimore (1995); Baum, Renzulli & Hebert (1994); Pogrow (1994); Berliner (1984)... Anotamos a pie de página las referencias ya que los títulos son sugerentes e inspiradores [2].

---

1 MINEDUC. División de Educación Superior. *Programa de Fortalecimiento de la Formación Inicial Docente.* Santiago de Chile, Junio 2001.

2 Hunter, M. Knowing, teaching, and supervising. En P. Hasford (ed.) *Using what we know about teaching.* Alexandria, VA: Association for Supervision and Curriculum Development.1984.
Robbins, P. & Wolfe P. Reflections on a Hunter-based staff development project. *Educational Leadership*, 44, 50-61, 1987.
Bickel, W. & Bickel, D. Effective schools, classrooms, and instruction: implications for special education. *Exceptional Children*, 20 (6), 489-519, 1986.
Keller, B. Accelerated schools: hands-on learning in a unified community. *Educational Leadership*, 52, 10-13, 1995.
Sammon, P.; Hillman, J. & Mortimore, P. *Key characteristics of effective schools. A review of school effectivenes research.* U. of London Institute of Education.1995.
Baum, S.; Renzulli, J. & Hébert, T. Reversing underachievement:stories of success. *Educational Leadership*, 52, 48-52, 1994.
Pogrow, S. Helping students who 'just don't understand'. *Educational Leadership*, 52, 62-66, 1994.
Berliner, D. The half full glass: A review of research on teaching. En P. Hasford (ed.) *Using what we know about teaching.* Alexandria, VA. Association for Supervision and Curriculum Development. 1984.
Berliner, D. Creating the right environment for learning. *Instructor*, 99, 16-17,1990.

El documento MINEDUC *Atraer, desarrollar y retener docentes efectivos*[3] da cuenta de la relevancia que ha cobrado la materia en el país. Ahí se afirma que "la principal preocupación se relaciona con la educación del profesor"[4]. Una de las iniciativas más importantes en este sentido fue el desarrollo de **estándares** de desempeño. Se estimó que

> Estos podrían ayudar a las instituciones y el Ministerio a monitorear la calidad de los estudiantes que se graduaban. Esta información proporcionaría la retroalimentación necesaria para afinar las innovaciones así como una cierta garantía de calidad para los posibles empleadores[5].

Más adelante, en este mismo capítulo, volveremos sobre el punto al referirnos al *marco para la buena enseñanza*. Entre las características de las **escuelas eficaces**, al tenor de lo revisado en la bibliografía citada anteriormente, se han destacado las siguientes:

- Liderazgo educacional decidido de parte de los directivos, que se sienten comprometidos con los objetivos de la institución.

- Clima disciplinado, ordenado, en el cual los alumnos están conscientes de las exigencias de orden.

- Altas expectativas de que los alumnos pueden rendir.

- Evaluación sistemática del rendimiento.

- Consideración del logro de destrezas básicas como una estimación importante de los resultados.

Henson y Eller[6] en su manual inspirado en estos conceptos, revisaron la bibliografía del momento sobre las **escuelas eficaces**[7], organizando su análisis en varios puntos que recomendamos leer in extenso. En síntesis:

---

3   Informe Nacional. Actividad de la OCDE (Organización para el Desarrollo y la Cooperación Económica). Departamento de Estudios y Estadísticas, División de Planificación y Presupuesto, MINEDUC, Gobierno de Chile, Nov. 2003. El documento consta de 6 capítulos, trae numerosos anexos y tablas, más una abundante **bibliografía relacionada con la formación de profesores**.

4   Según el documento, en Chile había **61** instituciones que ofrecen la formación de docentes como una carrera, a través de **342 programas diferentes**. La gran mayoría es preparada por las universidades en programas regulares: el 57% de esos programas se desarrollan en universidades financiadas por el Estado; 30% en universidades privadas (sin financiamiento del Estado) y 13% en institutos profesionales.

5   Se creó una comisión especial para desarrollar los estándares, contándose con la ayuda de la ETS *Educational Testing Service* de USA. Fueron publicados por el MINEDUC en junio 2001.

6   Henson, K. & Eller, B. **Psicología educativa para la enseñanza eficaz**. International Thomson Editores, México, 2000.

7   **Effective** schools, classrooms, instruction, etc...: Escuelas, clases, instrucción, etc... **eficaces, eficientes, efectivas**. Utilizaremos los tres términos, ya que así ha ocurrido en las traducciones.
En estos contextos, algunos prefieren por lo general utilizar el término español "eficiente" por sobre los de "eficaz" y "efectivo" La persona **eficaz**, logra lo que se propone, a como dé lugar. La persona **eficiente**, lo logra, con habilidad, "gracia", "virtud", sin despilfarro innecesario de energías.

- **Énfasis instruccional**: las escuelas eficaces hacen hincapié en las destrezas básicas de lectura, escritura y matemáticas.

- **Evaluación**: las escuelas eficaces emplean la evaluación en forma continua para medir el progreso del estudiante y promover el aprendizaje.

- **Expectativas académicas**: en las escuelas eficaces, padres y alumnos conocen los requisitos instruccionales, con motivación para que los alumnos cumplan altas expectativas académicas.

- **Clima escolar**: en las escuelas eficaces, directivos y maestros mantienen un clima ordenado y seguro, propicio para la enseñanza y el aprendizaje; muestran empatía y establecen una buena relación con sus alumnos.

- **Disciplina**: los maestros eficaces mantienen la disciplina en su sala de clases, con procedimientos justos, consistentes y bien definidos.

- **Tamaño de la escuela y el grupo**: los estudios sobre los efectos del tamaño del grupo en el aprovechamiento no son concluyentes, si bien grupos de menos de 20 alumnos tienen ventajas para alumnos en cursos remediales, niños con discapacidad, los que sufren desventajas y los que cursan los primeros grados.

Entre las características decisivas que reúnen los **maestros efectivos**, se han señalado, a juicio de algunos autores reseñados anteriormente:

- Alto nivel de compromiso con los estudiantes, en clases centradas académicamente, con buena dirección del docente y con uso de recursos y materiales secuenciados y estructurados.

- Actividades de enseñanza focalizadas en las materias académicas, con objetivos claros para los alumnos.

- Suficiente tiempo destinado a la instrucción.

- Cobertura amplia de contenidos.

- Retroalimentación constante e inmediata a los alumnos, informativa de su progreso académico.

- Preguntas que estimulan la participación de todos los alumnos y que pueden generar muchas respuestas correctas.

Para el diccionario de la RAE:
Eficaz: Que tiene eficacia.
Eficacia: Capacidad de lograr el efecto que se desea o espera.
Eficiente: Que tiene eficiencia.
Eficiencia: Capacidad de disponer de alguien o de algo para conseguir un efecto determinado.
Efectivo: Eficaz (Esta es la segunda de ocho acepciones).

- Tiempo dedicado a conocer a los alumnos.

- Paciencia y fe en los alumnos.

La *calidad de la práctica educativa* está determinada decididamente por el conocimiento científico sobre cómo aprendemos –tema central de este manual– y obedece a una estrecha relación entre las actividades y compromisos de los docentes y la capacidad institucional para gestionarlos y compartirlos. Implica también **analizar la propia práctica** y la **reflexión compartida,** que tienen un beneficio directo en la calidad de la educación. Se ha demostrado que los profesores pares y líderes de los colegios pueden tener "una influencia penetrante y decisiva en los factores que inciden en la confianza, puesta en práctica y posible transferencia que los docentes beneficiarios tienen para satisfacer las necesidades de aprendizaje de sus estudiantes y, por ende, en el mejoramiento de la calidad educativa" (Miranda, Rivera, Salinas y Muñoz, 2010)[8].

DISCURSO PEDAGÓGICO Y FORMACIÓN

El sociolingüista y educador **Díaz Villa**, experto colombiano, al ocuparse de los **medios** y los **contextos** de **formación**, formula **3 preguntas básicas**, que tienen que ver directamente con la enseñanza en su sentido más amplio:

1. ¿Se forman en la escuela actual mentes pensantes, ágiles e inquisidoras?

2. ¿Se forma a los estudiantes para percibir y formular problemas que los afectan en diferentes dimensiones?

3. ¿Acceden los estudiantes a las estructuras profundas que unifican y dan sentido a los sistemas de conocimiento y de prácticas en los cuales son formados?

El autor entiende por **formación** las *prácticas de generación y desarrollo de competencias que producen diferencias de especialización entre los individuos.* **Esta es la tarea del educador,** que lo distingue de otros profesionales, y que lleva a "la inserción del estudiante en formas legítimas de conducta, carácter y maneras, a través de ciertas prácticas, procedimientos y juicios, que intentan producir un orden interno". Se refiere al **discurso pedagógico** como un **medio fundamental** para la generación y el desarrollo de las **competencias**, es decir, para la formación de los alumnos[9].

---

8 *¿Que hace a la formación permanente de profesores eficaz?: Factores que inciden en su impacto.* Universidad Austral de Chile, *Estudios Pedagógicos* XXXVI, Nº 2: 135-151, 2010.
   El artículo examina la incidencia de las características estructurales y de proceso en el impacto de los Programas de Postítulo sobre el conocimiento, práctica, aprendizaje estudiantil y eficacia según el reporte de los docentes beneficiarios. El estudio incluyó 568 docentes que participaron en módulos presenciales (600 horas) y seminarios grupales (275 horas) donde actualizaban conocimientos disciplinario-pedagógicos y diseñaban propuestas de intervención educativas mientras desempeñaban en paralelo labores de aula.

9 **Mario Díaz Villa:** *Medios y contextos de formación.* Curso dictado en el Seminario **Análisis del Discurso Pe-**

Como lingüista se pregunta: ¿Cuál es la *gramática* que subyace al discurso pedagógico y que hace que este sea efectivo? Observa que los maestros no siempre tienen *la voz, la identidad* que caracteriza a quienes cultivan otras disciplinas, aunque… "son expertos en la reproducción de otras voces". "Los maestros son un medio o el 'equipo de sonido' a través del cual circulan otros discursos". Un equipo de sonido, explica, es un dispositivo que reproduce voces, pero no tiene voz propia. ¿Cómo lograr esta **voz propia**? El autor entrega algunas ideas.

El profesor tiene que ser un gran investigador de la **interacción social** (ya que la formación implica "prácticas especializadas de interacción") y del **acceso al conocimiento** (la formación supone "selección y organización de significados, así como producciones textuales", de ahí la importancia del discurso pedagógico). Es decir, el maestro debe ser **productor** de nuevo conocimiento y no solo reproductor: **debe tener voz propia.** Díaz analiza en detalle la **práctica pedagógica** (que incluye tanto el discurso como los contextos de interacción) al servicio de la **formación** (generación y desarrollo) de **competencias.** Distingue entre competencias cognitivas y socio-afectivas. (**Fig. 9.1**). El nexo entre ellas lo establece la **competencia comunicativa.** Esto da un sentido completo a la noción de **formación**, que trasciende la pura instrucción o enseñanza.

Entre las *consecuencias* que extrae de su modelo de formación en relación a las **competencias,** citamos: **1.** Las competencias no pueden ser abstraídas del contexto de su transmisión. **2.** La unidad de análisis no debe ser una competencia aislada (escribir, contar), sino la estructura de relaciones sociales que producen las competencias especializadas. Formación implica mediación: median signos y símbolos, lenguajes, actividades individuales, relaciones sociales, prácticas pedagógicas y contextos de interacción. El autor deriva consecuencias también en relación al **contexto de formación,** entre las cuales, que dicho contexto implica una "estructura de control y unas formas de comunicación", y que "la forma de relación social actúa sobre lo que se dice y sobre cómo se dice". Esto se puede apreciar en los rasgos de las *escuelas eficaces* descritos anteriormente.

El autor hace notar como conclusión general de sus estudios que "el aprendizaje tiene una relación directa con los contextos de interacción, **que lo inhiben o lo desarrollan".** (Piénsese en lo que ocurre en cada sala de clase, o lo que ocurre con diferentes equipos directivos). Además, que "el aprendizaje tiene una relación directa con los medios o herramientas que lo hacen posible: y **el lenguaje es la principal herramienta":** el *discurso pedagógico* basado en la **investigación** y en la **reflexión de la propia acción** es ese instrumento.

dagógico, organizado en abril de 2002 en Santiago por el Programa Interdisciplinario de Investigaciones en Educación **PIIE**, coordinado por el destacado educador e investigador Prof. **Abraham Magendzo**. Mario Díaz es Máster en Lingüística y PhD en Sociología de la Educación de la U. de Londres. Se desempeña actualmente, entre otras actividades, en el *Instituto colombiano para el fomento de la educación superior* – ICFES. Para contactarse con él: mardiaz@calipso.com.co

COMPETENCIAS COGNITIVAS

a) **Simples**: conocimiento fáctico, información, aplicación o ejercitación.

b) **Complejas**: comprensión, análisis, síntesis, generalización, descripción, explicación, lectura, escritura, pensamiento crítico.

COMPETENCIAS SOCIOAFECTIVAS

a) **Simples**: obediencia, sumisión, 'lealtad'.

b) **Complejas**: participación, cooperación, organización, iniciativa, creatividad, responsabilidad, autonomía, solidaridad, tolerancia.

Figura 9.1

Clasificación de competencias que propone Díaz Villa, investigador latinoamericano.

Como una manera de avalar esta conceptualización, presenta tres **modelos** que constituyen, "herramientas intelectuales importantes para lograr nuevos desarrollos del aprendizaje": **1.** El método de lo abstracto a lo concreto de Davydov. **2.** El modelo de participación periférica y comunidades de práctica de Lave & Wenger. **3.** El modelo de aprendizaje por expansión de Engeström. Los considera "aproximaciones contemporáneas al aprendizaje escolar". Anotamos para el lector interesado la bibliografía citada por Díaz Villa[10], ya que le permitirá ahondar en sus aportes. Modelos de este tipo han tratado de dar solución a inquietudes como las siguientes:

- ¿Existe continuidad entre lo que se aprende fuera de la escuela y lo que se aprende en ella?

---

10 Engeström, Y. Toward overcoming the encapsulation of school learning. En Harry Daniels: *An introduction to Vygotsky*. Routledge and Kegan Paul, London, 1996.

Engeström, Y. Multiple levels of nuclear reality in the cognition, fantasy and activity of school age children. En T.Solantaus, E. Chivian & M. Vartayan (eds.): *Impact of the threat of nuclear war on children and adolescents*. IPPNW, Boston, 1985.

Lave, J. & Wenger, E. *Situated learning: legitimate peripheral participation*. Cambridge University Press, Cambridge, 1991.

Davydov, V.V. Problems of development of teaching: the experience of theoretical and experimental psychology research. Part 1,3, *Soviet Education*, 30.

La unidad **VI Contexto y aprendizaje escolar** del libro de Baquero y Limón Luque (2001) trae un excelente compendio sobre estas materias. Incluye los siguientes puntos:

• El aprendizaje y sus contextos.

• La universalidad de contextos.

• La noción de participación guiada y la perspectiva de Bárbara Rogoff.

• La comunidad de aprendices y la comunidad de prácticas.

• La actividad humana y el aprendizaje por expansión.

• La práctica pedagógica como práctica de gobierno.

- ¿Contribuye la escuela en una forma directa a mejorar las actuaciones fuera de ella?

- ¿Contribuye el conocimiento adquirido fuera de la escuela a mejorar el aprendizaje escolar?

Todo lo anterior hace ver la necesidad de generar **redes de aprendizaje** en que participen los investigadores educacionales y de las disciplinas, junto a los maestros, alumnos, padres, y miembros de la comunidad. Por otra parte, es decisivo que los alumnos vean –como parece estimularse en los modelos antes mencionados– la **relevancia, pertinencia, aplicabilidad**, las **oportunidades de formación** y **de desarrollo individual** en las tareas que acometen. Junto a las oportunidades de experimentar, modelar, simbolizar y generalizar... tienen que tener también las posibilidades de **cuestionar, debatir** y **contradecir**. El rol del maestro, su discurso y la "gramática" que le subyace para hacerlo efectivo, cobran la máxima relevancia en todas estas aproximaciones.

LENGUAJE, DIÁLOGO E INTERACCIONES EN EL AULA

Dentro de las iniciativas que se llevan a cabo en el país para responder cuestiones como las arriba mencionadas, el CEPPE, *Centro de estudios de políticas y prácticas en educación* de la PUC, organizó el 2013 el seminario *Interacciones en el aula: promoviendo diálogos para el aprendizaje* con la participación de expertos nacionales e internacionales. Se reflexionó sobre la importancia del *lenguaje*, el *diálogo* y las *interacciones en el aula* "como herramientas para promover aprendizaje y autorregulación". A través de una mirada interdisciinaria que combina perspectivas psicológicas, psicolingüísticas y educativas se hizo ver la necesidad de estrechar lazos entre la **investigación educacional** y las **prácticas de aula**. Temas centrales fueron la manera en que se producen los aprendizajes dentro de la sala de clases, el rol motivacional que cumple el profesor, y el papel que desempeñan los alumnos y el diálogo entre ellos[11]. La directora del CEPPE expresó:

> La investigación reciente en el aula indica que "dar opiniones y entregar razones sin temor a equivocarse; discutir puntos de vista distintos y contrarios, aunque algunos de ellos no sean 'correctos', permite explorar los contenidos y procesos por parte de los estudiantes y apropiarlos de manera más comprensiva. Si se consideran estos aspectos, haremos de las salas de clases espacios con diálogos más productivos[12].

---

11 Entre los expertos extranjeros estuvieron: Christine Howe (University of Cambridge); Selma Leitão (Universidad Federal de Pernambuco Brasil); Neil Mercer (University of Cambridge) y David Whitebread (University of Cambridge).

12 Prof. Lorena Medina, lingüista y pedagoga.

Los temas de las conferencias y mesas redondas ilustran el tenor de las inquietudes y de algunas soluciones que se han ido dando en países más avanzados: "Diálogo para el desarrollo de la autorregulación en la sala de clases". "Discurso en el aula y aprendizaje: el caso de Chile". "¿Cómo enseñamos? Revisión de una década de estudios sobre los procesos instruccionales en las aulas chilenas". "Visibilizando el aprendizaje: el rol del lenguaje en el desarrollo de la autorregulación y la metacognición en los niños". "Argumentación y metacognición". Uno de los expertos explicó que en su experiencia recorriendo distintas aulas en el mundo ha podido verificar que la dinámica dentro de las clases es parecida en todos lados, donde un profesor suele hacer muchas preguntas cerradas "con respuestas ya esperadas por el educador", y que este tipo de interrogantes no estimulan a los estudiantes a hablar o pensar:

> La idea es lograr un diálogo exploratorio entre los estudiantes, desarrollando su visión crítica de las ideas, reforzando un trabajo en equipo para llegar a una respuesta, donde **la clave es lograr que los estudiantes den razones por sus posturas**, para luego trabajar en un **razonamiento colectivo**. Aquellos niños que han aprendido a través del **diálogo grupal** obtienen mejores resultados en su aprendizaje individual.

En una actividad anterior organizada por el mismo CEPPE (2011), se hizo ver que "el conocimiento más poderoso es el que se construye **colaborativamente** entre los estudiantes"[13]. En su reflexión en torno al proceso de construcción del conocimiento, la experta invitada afirmó:

> El profesor no es el centro de la construcción del conocimiento, sino **un eslabón para que la red de captura de información funcione y se oriente hacia ciertos resultados** establecidos en el currículo obligatorio. En **grupos colaborativos** de aprendizaje, a partir de una pregunta o problema planteado por el profesor, los estudiantes buscan información en distintas fuentes y plantean incluso hipótesis personales que respondan el desafío, sin estar necesariamente en la razón. A continuación, cada grupo va leyendo las respuestas y explicaciones del otro grupo, tejiendo así una red de respuestas que son cada vez más correctas y en las que el conocimiento se va construyendo y acumulando de manera gradual. De esa forma, "**cada alumno tiene la oportunidad de colaborar con la respuesta correcta**".

---

13 Marlene Scardamalia, experta mundial en el área de la innovación en la producción del conocimiento y las tecnologías aplicadas al ámbito de la educación y doctora en psicología aplicada de la Universidad de Toronto, fue la invitada a conversar con investigadores del área de las TIC en el aula.

EL MARCO PARA LA "BUENA ENSEÑANZA"

En estrecha relación con los **estándares de desempeño** publicados a comienzos del nuevo siglo por el *Programa de Fortalecimiento de la Formación Inicial Docente* —estableciendo criterios para evaluar el desempeño docente esperado al finalizar el período de formación inicial— el mismo MINEDUC, con la participación del Colegio de Profesores y la Asociación de Municipalidades, "teniendo a la vista la experiencia nacional e internacional sobre criterios acerca del desempeño profesional de docentes de los sistemas escolares", elaboró el instrumento que denominó Marco de la Buena Enseñanza **MBE**, y que caracterizó en estos términos:

> El Marco para la Buena Enseñanza supone que los profesionales que se desempeñan en las aulas, antes que nada, son **educadores comprometidos con la formación de sus estudiantes**. Supone que para lograrlo **se involucran como personas** en la tarea, con todas sus **capacidades** y sus **valores**. De otra manera, no lograrían la **interrelación empática** con sus alumnos, que hace **insustituible** la tarea docente.
>
> Este Marco reconoce la **complejidad de los procesos de enseñanza y aprendizaje** y los variados contextos culturales en que estos ocurren, tomando en cuenta las necesidades de desarrollo de conocimientos y competencias por parte de los docentes, tanto en materias a ser aprendidas como en estrategias para enseñarlas; la generación de ambientes propicios para el aprendizaje de todos sus alumnos; como la *responsabilización* de los docentes sobre el mejoramiento de los logros estudiantiles.
>
> **El Marco busca representar todas las responsabilidades de un profesor en el desarrollo de su trabajo diario**, tanto las que ocurren en el aula como en la escuela y su comunidad, que contribuyen significativamente al éxito de un profesor con sus alumnos... El **hilo conductor o unificador** que recorre todo el Marco consiste en involucrar a **todos los alumnos en el aprendizaje de contenidos importantes**. Todos los criterios del Marco están orientados a servir a este propósito básico[14].

El documento incluye la descripción del MBA en cinco puntos: **1.** Características del Marco para la Buena Enseñanza. **2.** Los cuatro dominios del MBE. **3.** Presentación de criterios según dominios. **4.** Fundamentación de criterios y descriptores. **5.** Niveles de desempeño por descriptores. Trae además el documento anexo *Contexto*

---

14 **Marco para la Buena Enseñanza.** CPEIP, MINEDUC, República de Chile, C&C Impresores, Santiago de Chile, 2003.

    También se puede "bajar" desde la página web www.mineduc.cl, seleccionando "Desarrollo y perfeccionamiento docente".

del MBE con cuatro puntos: **1.** Fundamento social y cultural del MBE. **2.** MBE y profesionalismo docente. **3.** Contexto práctico del MBE. **4.** MBE y sistema nacional de evaluación de desempeño docente.

La organización en **4 dominios** con sus respectivos criterios y descriptores es muy similar a la de los "Estándares de Desempeño para la Formación Inicial de Docentes", aunque tales estándares están planteados desde la perspectiva del "nuevo profesor" en formación. Tres son las preguntas básicas que orientan el marco:

> - ¿Qué es necesario **saber**?
> - ¿Qué es necesario **saber hacer**?
> - ¿**Cuán bien** se debe hacer? o ¿cuán bien se está haciendo?

Respondiendo estas inquietudes, el MBE incluye **20 criterios** acerca del ejercicio profesional, los que se agrupan en **cuatro dominios**. Cada criterio, a su vez, se *operacionaliza* a través de una serie de **descriptores**. El documento trae al comienzo la descripción de cada uno de los cuatro dominios, destacando sus aspectos esenciales y fundamentos, que recomendamos leer en su versión completa.

Anotamos a continuación los **4 dominios** con sus respectivos **criterios**, por la importancia que revisten para este punto sobre la enseñanza y que pueden ser analizados a la luz de la bibliografía citada más atrás.

CRITERIOS POR DOMINIO EN EL MBE

Cada uno de los cuatro dominios se identifica con una letra (**A**, **B**, **C** y **D**), las que sirven también para reconocer los respectivos criterios (A1, A2, B5, C3, D5...). Los 4 dominios se ordenan así:

A. PREPARACIÓN DE LA ENSEÑANZA.

B. CREACIÓN DE UN AMBIENTE PROPICIO PARA EL APRENDIZAJE.

C. ENSEÑANZA PARA EL APRENDIZAJE DE TODOS LOS ESTUDIANTES.

D. RESPONSABILIDADES PROFESIONALES.

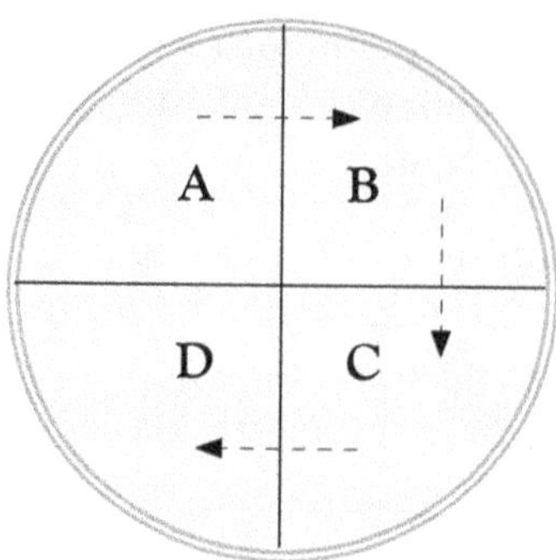

Figura 9.2

Los cuatro dominios en el MBE. La figura muestra que los dominios se integran ordenadamente
y en su conjunto dan sentido a un todo: la "buena enseñanza".

A continuación se presenta el listado completo de los criterios para cada uno de
los dominios.

A. PREPARACIÓN DE LA ENSEÑANZA

A1 Domina los contenidos de las disciplinas que enseña y el marco curricular nacional.

A2 Conoce las características, conocimientos y experiencias de sus estudiantes.

A3 Domina la didáctica de las disciplinas que enseña.

A4 Organiza los objetivos y contenidos de manera coherente con el marco curricular y las particularidades de sus alumnos.

A5 Las estrategias de evaluación son coherentes con los objetivos de aprendizaje, la disciplina que enseña, el marco curricular nacional, y permite a todos los alumnos demostrar lo aprendido.

B. CREACIÓN DE UN AMBIENTE PROPICIO PARA EL APRENDIZAJE

B1 Establece un clima de relaciones de aceptación, equidad, confianza, solidaridad y respeto.

B2 Manifiesta altas expectativas sobre las posibilidades de aprendizaje y desarrollo de todos sus alumnos.

B3 Establece y mantiene normas consistentes de convivencia en el aula.

B4 Establece un ambiente organizado de trabajo y dispone los espacios y recursos en función de los aprendizajes.

C. ENSEÑANZA PARA EL APRENDIZAJE DE TODOS LOS ESTUDIANTES

C1 Comunica en forma clara y precisa los objetivos de aprendizaje.

C2 Las estrategias de enseñanza son desafiantes, coherentes y significativas para los estudiantes.

C3 El contenido de la clase es tratado con rigurosidad conceptual y es comprensible para los estudiantes.

C4 Optimiza el tiempo disponible para la enseñanza.

C5 Promueve el desarrollo del pensamiento.

C6 Evalúa y monitorea el proceso de comprensión y apropiación de los contenidos por parte de los estudiantes.

D. RESPONSABILIDADES PROFESIONALES

D1 El profesor reflexiona sistemáticamente sobre su práctica.

D2 Construye relaciones profesionales y de equipo con sus colegas.

D3 Asume responsabilidades en la orientación de sus alumnos.

D4 Propicia relaciones de colaboración y respeto con los padres y apoderados.

D5 Maneja información actualizada sobre su profesión, el sistema educativo y las políticas vigentes,

Como se explicó, **cada criterio** está acompañado de un listado de **descriptores**. A modo de ejemplo, estos son los descriptores que trae el MBE para el **criterio C5**

C5 promueve el desarrollo del pensamiento

- Incentiva a los estudiantes a establecer relaciones y ubicar en contextos el conocimiento de objetos, eventos y fenómenos, desde la perspectiva de los distintos subsectores.

- Formula preguntas y problemas y concede el tiempo necesario para re-solverlos.

- Aborda los errores no como fracasos, sino como ocasiones para enrique-cer el proceso de aprendizaje.

- Orienta a sus estudiantes hacia temáticas ligadas a los objetivos trans-versales del currículum, con el fin de favorecer su proceso de construc-ción de valores.

- Promueve la utilización de un lenguaje oral y escrito gradualmente más preciso y pertinente.

Aparte de la descripción de cada uno de los cuatro dominios, el MBE entrega la **fundamentación** de **cada uno** de los criterios y una **explicación** de sus respectivos descriptores. Por ejemplo, y siguiendo con el **criterio C5**, su segundo descriptor (*"formula preguntas y problemas y concede el tiempo necesario para resolverlos"*) aparece explicado así:

- El profesor invita a los estudiantes a elaborar sus propias respuestas, de-sarrollando así el pensamiento autónomo y creativo.

– Acepta y promueve que los estudiantes utilicen a veces períodos de tiempo en indagar, buscar respuestas a través del ensayo y error, de consultar diversas fuentes y de interactuar con otros en la búsqueda de respuesta.

Ahora bien, como el MBE constituye un **instrumento** destinado a evaluar el **nivel de desempeño** de los maestros, "según la pericia demostrada en la puesta en práctica de cada dominio, su comprensión de los supuestos subyacentes, y el impacto en el aprendizaje de los estudiantes", su ejercicio podrá ser calificado como

- Destacado,
- Competente,
- Básico o
- Insatisfactorio.

La ley 19.961 sobre *Evaluación Docente*, promulgada en agosto de 2004, estipula los lineamientos generales de la implementación de la evaluación. El reglamento que la acompaña, decreto 192 de Educación, publicado en el Diario Oficial en junio de 2005, describe el modo en que debe llevarse a cabo el proceso, quiénes participan, qué instrumentos se utilizan, los niveles de desempeño y sus consecuencias. Los dominios, criterios y descriptores de la evaluación son los contenidos en el documento *Marco para la Buena Enseñanza*, elaborado y aprobado por el Ministerio de Educación. Finalmente, la ley 20.501 *Calidad y Equidad de la Educación*, promulgada en febrero de 2011, incluye modificaciones sobre las consecuencias de acuerdo al nivel de desempeño obtenido en la evaluación y establece las implicancias para los docentes que se nieguen a ser evaluados.

Resulta difícil imaginar un profesor tan excepcional que logre destacarse en todos los aspectos mencionados. El MBE constituye una referencia, un "marco"[15] que entrega criterios a la luz de los cuales cada profesor puede autoevaluarse y verificar si se siente "competente" dentro de cada dominio o si hay aspectos importantes que deba mejorar. Los evaluadores, por su parte, al llevar a cabo una tarea tan delicada, deberán extremar sus cuidados para no incurrir en apreciaciones erróneas o juicios apresurados, al no contar con todos los antecedentes que el caso exija.

---

15 La palabra MARCO acusa numerosas acepciones en el Diccionario RAE. Entre ellas, aparte de la más conocida (*Pieza que rodea, ciñe o guarnece algunas cosas, y aquella en donde se encaja una puerta, ventana, pintura, etc.*), las que más sirven justificar su elección en el MBE (y algunas de las cuales no debieran tomar los evaluadores en sentido muy literal) son:
   – *Ambiente o paisaje que rodea algo.*
   – *Límites en que se encuadra un problema, cuestión, etapa histórica, etc.*
   – *Medida determinada del largo, ancho y grueso que, según sus clases, deben tener los maderos.*
   – *Cartabón: plantilla que se emplea en delineación.*
   – *Patrón o tipo por el cual debían regularse o contrastarse las pesas y medidas.*

MODELOS CURRICULARES BASADOS EN "COMPETENCIAS"

Como ya lo adelantamos en la introducción, los últimos años se han puesto de moda en el país, en especial a nivel de educación superior, los diseños curriculares basados en "competencias". Con tal enfoque se pretende que los egresados estén en condiciones de movilizar un conjunto de recursos (*saber, saber hacer* y *saber ser*) para resolver los problemas y desafíos que encontrarán en su vida profesional. El diseño y redacción de los programas de estudio se ven fuertemente inspirados actualmente por estas orientaciones [16]. El MBE recién descrito, efectivamente enumera y describe las *competencias* del profesor, con sus respectivos descriptores, expresadas en términos de *¿Qué es necesario saber? ¿Qué es necesario saber hacer? ¿Cuán bien se debe hacer?*

El término *competencia* pretende implicar más que lo que se ha entendido por *conocimientos, habilidades, destrezas*. Quien es *competente* está en condiciones de comprender el problema o desafío que enfrenta y de actuar racionalmente –pero también ética y responsablemente– para resolverlo. Se ha criticado el hecho de que muchos estudiantes egresan con conocimientos que no saben aplicar o que no responden a lo que realmente se necesita para actuar apropiadamente frente situaciones complejas. También se censura el desempeño de profesionales que se destacan en conocimientos y destrezas, pero se demuestran incompetentes éticamente o son deficientes en el trato con los demás, es decir, en habilidades sociales. Quienes avalan este enfoque lo justifican diciendo que las competencias dan real sentido a los aprendizajes, hacen a los estudiantes más eficientes y fundamentan de manera sólida las estrategias para gestionar nuevos aprendizajes. En Chile, la comisión encargada de los procesos de *Acreditación* (CNAP), dependiente del MINEDUC, tiene como objetivo certificar la calidad de los diferentes programas de estudio conducentes a un título profesional en las instituciones de educación. La comisión ha formulado la documentación en términos de competencias y las carreras que entran en el proceso han debido formular sus perfiles en este nuevo esquema. Los planes de estudio deben reflejar el desarrollo de las competencias.

El trabajo *Diseñando Módulos para un Currículo Basado en Competencia*, de Bozo y Roncagliolo (2010), P. Universidad Católica de Valparaíso, puede entregar al lector elementos orientadores sobre la materia. Los autores explican:

> Cuando se habla de (re)diseño curricular por competencia o basado en competencias, una de las partes centrales del diseño tiene que ver con el estable-

---

16   Contreras, M.: Elaboración del currículo de la enseñanza media técnico profesional con enfoque en competencias laborales. *Pensamiento educativo*. Facultad de Educación, PUC. Vol. 36, p. 294-310, 2005.
Cabrera K. y González, L.: *Currículo universitario basado en competencias*. Barranquilla: Uninorte, 2006
Troncoso K.: *Formación profesional universitaria en el marco de un currículo basado en competencias: análisis crítico de un discurso que devela hegemonía: problemas, tensiones y posibilidades*. Tesis. Facultad de Educación, PUC, 2009.
Gutiérrez, J.J.: *Diseño curricular basado en competencias*. Viña del Mar, Chile: Ediciones Altazor, 2007.

cimiento del Plan de Estudios. En esta parte, **la definición de los *módulos* y su secuencia en el tiempo, como una malla curricular, es una cuestión fundamental**. Para definir los **módulos**, hay una serie de elementos que son necesarios considerar. Uno de los objetivos de este artículo, es detallar una experiencia práctica de (re)diseño, que muestra una metodología de trabajo, posible de replicar cuando se quiera rediseñar o diseñar una carrera profesional.

Las **asignaturas, ramos** o **cursos** en un Plan de Estudios tradicional, tienen una visión, en algunos aspectos, diferentes a un **módulo** en un Plan de Estudios de una carrera diseñada por competencias. En el primer caso, las asignaturas buscan dar cumplimiento al logro de determinados objetivos que generalmente se relacionan solo con la asignatura misma. En el segundo caso, **los módulos tienen como eje el desarrollo de alguna(s) competencia(s) definida(s) en el perfil**. Sobre este tema, este artículo también dará respuestas.

El lector puede ahondar sobre la materia en la bibliografía anotada en este apartado. Es preciso hacer presente que hay muchos trabajos que están apareciendo frecuentemente, en especial en la comunidad europea, donde se inició esta inquietud en los años 70 del siglo pasado. Resulta de interés reconocer que las actuales "competencias" se nutren de la preocupación por la redacción de objetivos y respectivas conductas o descriptores en términos *operacionales*, como se acostumbraba en la época en que imperaban las ideas conductistas en educación.

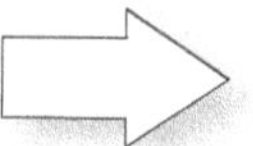 Catálogos de libros, como los que edita periódicamente la *Librería Especializada Olejnik* www.libreriaolejnik.com en Santiago de Chile traen información abundante sobre las últimas novedades editoriales para profesionales en este y muchos otros temas. En lo que concierne a *competencias en educación* (desde preescolar a nivel universitario) aparecen numerosos libros publicados desde el 2007 hasta la fecha.

El año 2012 el MINEDUC-CPEIP publicó los **Estándares orientadores para egresados de carreras de pedagogía en educación básica**: estándares pedagógicos y disciplinarios.

A MODO DE ENTRETENCIÓN

A. Analice la escuela o liceo en que se desempeña actualmente (o donde cursó sus estudios) a la luz de los rasgos que reúnen las *escuelas eficaces*.

B. Examine *críticamente* con su grupo de trabajo las **características decisivas** que reúnen, según algunos expertos, los *maestros efectivos*, decidiendo si están de acuerdo con las enumeradas y cuáles, a juicio del grupo, habría que agregar:

- Alto nivel de compromiso con los estudiantes, en clases centradas académicamente, con buena dirección del docente y con uso de recursos y materiales secuenciados y estructurados.
- Actividades de enseñanza focalizadas en las materias académicas, con objetivos claros para los alumnos.
- Suficiente tiempo destinado a la instrucción.
- Cobertura amplia de contenidos.
- Retroalimentación constante e inmediata a los alumnos, informativa de su progreso académico.
- Preguntas que estimulan la participación de todos los alumnos y que pueden generar muchas respuestas correctas.
- Tiempo dedicado a conocer a los alumnos.
- Paciencia y fe en los alumnos.

C. Juzgue si los *criterios* que enumera el MBE para el *dominio* **B** son los adecuados:

B. CREACIÓN DE UN AMBIENTE PROPICIO PARA EL APRENDIZAJE

B1 Establece un clima de relaciones de aceptación, equidad, confianza, solidaridad y respeto.

B2 Manifiesta altas expectativas sobre las posibilidades de aprendizaje y desarrollo de todos sus alumnos.

B3 Establece y mantiene normas consistentes de convivencia en el aula.

B4 Establece un ambiente organizado de trabajo y dispone los espacios y recursos en función de los aprendizajes.

Capítulo 10

APRENDIZAJE Y PARTICIPACIÓN DE TODOS LOS ALUMNOS

Temas del capítulo

Integración e inclusión de las personas con discapacidad: leyes de 1994 y 2010 • Convención de las Naciones Unidas del año 2006: educación • Decreto 170 de 2009-2010 • La diversidad en el aula • Dificultades de aprendizaje y necesidades educativas especiales • Política Nacional de la Educación Especial: "nuestro compromiso con la diversidad" • Tipos de necesidades educativas especiales • Enfoque inclusivo para el desarrollo de las escuelas

INTEGRACIÓN E INCLUSIÓN DE LAS PERSONAS CON DISCAPACIDAD: LEYES DE 1994 Y 2010

Los alcances del capítulo anterior acerca de la **enseñanza** se justifican ampliamente si se espera que los docentes tengan "altas expectativas sobre las posibilidades de aprendizaje y desarrollo de **todos** sus alumnos"[1]. El tercer dominio del MBE (dominio C) es explícito al respecto al reunir los criterios y descriptores relativos a "la enseñanza para el aprendizaje de **todos** los alumnos".

¿Qué ocurre con los niños que presentan alguna discapacidad, por ejemplo de tipo intelectual, alumnos que desde las últimas décadas del siglo pasado se han ido *integrando* al sistema regular, o con cualquier estudiante identificado como alumno con *necesidades educativas especiales*? Es el caso de hacer ver que muchos de los alumnos con necesidades educativas especiales no presentan discapacidad, sin embargo enfrentan serios obstáculos en el aprendizaje, constituyendo un desafío para el

---

1 MINEDUC, CPEIP: *Marco para la buena enseñanza*, criterio 2 del Dominio B.

educador de aula. Por otra parte, no todos los alumnos con discapacidad presentan necesidades educativas especiales.

En este capítulo nos ocuparemos del punto, haciendo mención de las políticas y reglamentación vigentes, de las *necesidades educativas especiales* NEE, de las *dificultades en el aprendizaje*, de las *barreras en el aprendizaje y la participación*, etc. Además, de la nueva perspectiva y visión de la educación especial y del *enfoque inclusivo* para el desarrollo de las escuelas, que supone una nueva "filosofía" o forma de entender y conceptuar los conocimientos y prácticas en el área[2]. En todos estos temas tiene que estar al día el educador de habla regular, por lo cual los incluimos en este manual dedicado al aprendizaje.

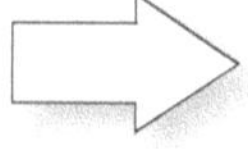

Lo que ha ocurrido en países más avanzados en lo que concierne a la **plena integración de las personas con discapacidad** en todas las oportunidades que ofrece el entorno social, con especial mención por el educacional, ha dado origen a las iniciativas que actualmente se inscriben bajo el rótulo de "atención a la diversidad".

El año 1994 se promulgó en Chile la ley 19.284 de **Integración Social de las Personas con Discapacidad,** que marcó un hito y una puesta al día en iniciativas que ya se habían estado tomando en países desarrollados, destinadas a fomentar la integración y la participación de dichas personas en todo ámbito social, incluido el educacional. Los dos primeros artículos rezan así:

1. Las disposiciones de la presente ley tienen por objeto establecer la forma y condiciones que permitan obtener la **plena integración** de las personas con discapacidad en la sociedad, y velar por el pleno ejercicio de los derechos que la Constitución y las leyes reconocen a todas las personas.

2. La prevención de las discapacidades y la rehabilitación constituyen **una obligación del Estado** y, asimismo, **un derecho y un deber** de las personas con discapacidad, de su familia y de la sociedad en su conjunto.

A partir de ese año, si bien ya se habían estado llevando a cabo en años anteriores iniciativas en pro de la integración en el contexto educacional, en el país "se asume la preocupación por la discapacidad **como política de estado**, se dictan reglamentos que norman distintos aspectos claves y diversos organismos públicos y privados comienzan a tener mayor conciencia respecto a sus responsabilidades"[3].

---

2 **Filosofía** es definida en los diccionarios de la lengua —entre otras maneras— como *cuerpo sistemático de los principios y conceptos generales de una determinada ciencia.* Para el diccionario de la RAE: *Conjunto de saberes que busca establecer, de manera racional, los principios más generales que organizan y orientan el conocimiento de la realidad, así como el sentido del obrar humano.* **Manera de pensar o de ver las cosas.**

3 FONADIS: Agenda de la Diversidad. Memoria Institucional 1997-1998.

Se creó el **FONADIS** *Fondo Nacional de la Discapacidad*, ahora **SENADIS** o *Servicio Nacional de la Discapacidad*. Este organismo, que reemplaza al anterior, fue creado por mandato de una nueva ley: la 20.422 de **2010**, que actualiza la de 1994, y que también establece **Normas sobre Igualdad de Oportunidades e Inclusión Social de Personas con Discapacidad.** El SENADIS es un servicio público que tiene por finalidad promover la igualdad de oportunidades, inclusión social, participación y accesibilidad de las personas con discapacidad (www.senadis.cl). En adelante, el término **inclusión** reemplazará al de **integración.**

El mismo año en que en Chile se promulgaba la primera ley de integración, 1994, las Naciones Unidas publicaban las **Normas uniformes sobre la igualdad de oportunidades para las personas con discapacidad**, culminación de una serie de medidas internacionales tomadas en los años anteriores y fruto de la experiencia adquirida durante el *Decenio de las Naciones Unidas para los Impedidos* (1983-1992). En relación al logro de la **igualdad de oportunidades,** noción que se irá haciendo extensiva a la escuela, en las Normas se precisa:

> Por logro de la igualdad de oportunidades se entiende el proceso mediante el cual los diversos sistemas de la sociedad, el entorno físico, los servicios, las actividades, la información y la documentación **se ponen a disposición de todos, especialmente de las personas con discapacidad**.

> El principio de la **igualdad de los derechos** significa que **las necesidades de cada persona tienen igual importancia**, que esas necesidades deben constituir la **base de la planificación** de las sociedades y que todos los recursos han de emplearse de manera de garantizar que **todas** las personas tengan las mismas oportunidades de participación[4].

La ley de integración del año 94 dedicó **siete artículos** al tema de la **integración educacional**: del 26 al 32, en el capítulo II *Del acceso a la educación*, dentro del título IV *De la equiparación de oportunidades*. El **artículo 26** es clave para entender lo que se esperaba de la *educación especial* al tenor de la nueva legislación.

> Educación especial es la modalidad diferenciada **de la educación general**, caracterizada por constituir un sistema flexible y dinámico **que desarrolla su acción preferentemente en el sistema regular de educación**, proveyendo servicios y recursos especializados a las personas **con** y **sin** discapacidad, según lo califica esta ley, **que presenten necesidades educativas especiales**.

---

4 El fundamento político y moral de las **Normas Uniformes** se encuentra en la Carta Internacional de los Derechos Humanos, que comprende la Declaración Universal de los Derechos Humanos, la Convención de los Derechos del Niño, la Convención sobre la eliminación de todas formas de discriminación contra la mujer, el Programa de Acción Mundial para los Impedidos, y una serie de pactos internacionales.

La nueva ley (20.422 del año 2010), obsérvese que se comienza a utilizar en su denominación el término *inclusión*, se refiere a lo mismo en su artículo 35, con algunos matices diferentes:

> La Educación especial es una modalidad **del sistema escolar**, que provee recursos y servicios especializados, **tanto a los establecimientos de ense-ñanza regular como a las escuelas especiales**, con el propósito de ase-gurar, de acuerdo a la normativa vigente, aprendizajes de calidad a niños, niñas y jóvenes **con necesidades educativas especiales asociadas o no a una discapacidad**, asegurando el cumplimiento del principio de igualdad de oportunidades, para todos los educandos.

La educación *especial* fue muy criticada las últimas décadas del siglo pasado por constituir un sistema "paralelo" y ajeno al sistema regular, y se le acusó, incluso, de representar "una monstruosidad conceptual, un vestigio de segregación, un apéndi-ce inútil de la educación general, un sistema que, al rotular a los niños, destruye su autoimagen", etc[5].

Sin embargo, hay que destacar que este tipo de educación ha cumplido un rol insustituible en beneficio de muchos niños a los que el sistema regular no estaba en condiciones de atender. Ese rol actualmente lo sigue cumpliendo, privilegiándose el aula regular como el escenario preferente, aunque no exclusivo. Romo, filósofo y teólogo de la PUC, (1997) en un brillante trabajo sobre la ética y el ejercicio de la psicopedagogía, expresa[6]:

> Una **peculiaridad de la educación especial** es el **respeto a los ritmos di-ferentes de aprendizaje** que se dan en la misma sala de clases, orientando en esta realidad a los propios padres. Respetar esos ritmos es reconocer el **derecho que tiene un niño con necesidades especiales a ser tratado con la dignidad irrenunciable de toda persona**, cada una de las cuales es única e irrepetible. No somos hechos en serie. Su situación especial es un factor de privilegio y no de discriminación. **No es lo mismo discriminar que distinguir**. En el primer caso hay marginación y lesión a los derechos que tiene todo ser humano por ser persona. **Distinguir es reconocer que frente situaciones especiales surgen obligaciones especiales para evitar la discriminación**... Por eso es necesario pensar el sistema escolar como favorecedor de la distinción y no de la masificación.

---

5 Kauffman, J. *Journal of Learning Disabilities*, Vol. 27, 10, 610-618, 1994.
El profesor **James Kauffman**, figura sobresaliente en el área de las *dificultades del aprendizaje*, hizo un incisivo análisis de la educación especial en USA, respondiendo las críticas de que fue objeto (algunas, justificadas y otras, no) de parte de "los reformadores educacionales y detractores del sistema de la educación especial". En Chile llegó la misma oleada años más tarde.

6 Romo, Waldo: Ética y ejercicio de la psicopedagogía. En J. Scagliotti y A. Pinto (eds.): *Dificultades del Apren-dizaje. Avances en Psicopedagogía.* Monografías en Educación. Facultad de Educación. PUC, 1997.

La ley de integración del año 94 estipulaba en el artículo 27: los establecimientos **públicos** y **privados** del sistema de educación regular "**deberán incorporar** innovaciones y adecuaciones curriculares necesarias para permitir y facilitar –a las personas que tengan necesidades educacionales especiales– **el acceso a los cursos o niveles existentes, brindándoles la enseñanza complementaria que requieran, para asegurar su permanencia y progreso en dicho sistema**":

- Cuando la naturaleza y / o grado de la discapacidad no haga posible la señalada integración a los cursos ordinarios, la enseñanza especial se impartirá **en clases especiales dentro del mismo establecimiento educacional.**

- **Solo excepcionalmente,** en los casos en que los equipos del MINEDUC lo declaren indispensable, la incorporación se hará en **escuelas especiales**, por el tiempo que sea necesario.

La ley de inclusión del año 2010 se refiere a lo mismo, también con algunos matices diferentes, estipulando en su artículo 36 que "los **establecimientos de enseñanza regular deberán incorporar** las innovaciones y adecuaciones curriculares, de infraestructura y los materiales de apoyo necesarios para permitir y facilitar a las personas con discapacidad el acceso a los cursos o niveles existentes, **brindándoles los recursos adicionales que requieren para asegurar su permanencia y progreso en el sistema educacional**":

- Cuando la integración en los cursos de enseñanza regular no sea posible, atendida la naturaleza y tipo de la discapacidad del alumno, la enseñanza deberá impartirse **en clases especiales dentro del mismo establecimiento educacional o en escuelas especiales.**

Queda de manifiesto el ánimo que inspira a la legislación de promover la **integración al sistema regular** de la mayor parte de los niños y jóvenes con discapacidad y/o que presenten necesidades educativas especiales, dejando las **escuelas especiales** solo para casos muy calificados en la ley del 98, aunque no restringiendo tanto su alcance en la ley del 2010. Al mismo tiempo, se ha tendido a redefinir el rol que deben cumplir los especialistas que se desempeñan escuelas especiales. Aparte de atender a quienes no están en condiciones de integrarse al sistema regular, "proveerán de recursos especializados y prestarán servicios y asesorías a los **jardines infantiles**, a las **escuelas de educación básica y media**, a las **instituciones de educación superior** o de **capacitación** en las que se aplique o se pretenda aplicar la integración de personas que requieran educación especial".

Los 7 artículos de la ley dedicados al "acceso a la educación" de las personas con discapacidad del año 94 correspondían a una normativa todos carácter muy amplio que fue reglamentada en detalle más tarde por el MINEDUC[7]. En el **reglamento**

---

7 MINEDUC, División de Educación General: **Reglamento de Educación: ley de integración social de las**

que acompaña a la ley se establece que "**el sistema escolar nacional**, en su conjunto, deberá brindar **alternativas educacionales** a aquellos educandos que presenten *necesidades educativas especiales* pudiendo hacerlo a través de "los establecimientos comunes de enseñanza, establecimientos comunes de enseñanza con proyectos de integración y / o escuelas especiales".

El proceso de *integración escolar*, según se explica, consiste en educar a niños y niñas, jóvenes y adultos con y sin discapacidad, durante una parte o la totalidad del tiempo en establecimientos de educación común. Deberá comenzar preferentemente en el período preescolar, pudiendo continuar hasta la educación superior. Un aspecto central en este reglamento dice relación con la posibilidad que se ofrece a los establecimientos comunes que integren alumnos con discapacidad, de presentar en la Secretaría Regional Ministerial de Educación Proyectos de Integración Escolar *PIE*. De esta manera "podrán impetrar el beneficio de la subvención de educación especial, que posibilita la contratación de recursos humanos y materiales adicionales" y el perfeccionamiento de los docentes. Los establecimientos educacionales de una misma comuna o región podrán trabajar coordinadamente en la elaboración y aplicación de un proyecto común. Un alumno con NEE derivadas de una discapacidad, que forme parte de un PIE, podrá ser atendido –según lo exija su situación particular– entre otras, **a través de alguna(s) de las siguientes opciones** (art. 12):

1. Asiste a todas las actividades del curso común y recibe atención de profesionales especialistas docentes o no docentes en el *aula de recursos*[8] en forma complementaria.

2. Asiste a todas las actividades del curso común, excepto a aquellas áreas o subsectores en que requiera de mayor apoyo, las que deberán ser realizadas en el aula de recursos.

3. Asiste en la misma proporción de tiempo al aula de recursos y al aula común. Puede haber objetivos educacionales comunes para alumnos con y sin discapacidad.

4. Asiste a todas las actividades en el aula de recursos y comparte con los alumnos del establecimiento común en recreos, actos o ceremonias oficiales del

---

personas con discapacidad. Integración escolar de alumnos y alumnas con necesidades educativas especiales. Santiago, 13 de enero, 1998.
El reglamento consta de 4 partes:
• Disposiciones generales (artículos 1 a 3).
• Establecimientos comunes con proyectos de integración (art. 4 a 17).
• Establecimientos de educación especial (art. 18 a 19).
• Disposiciones relativas a la inserción laboral de los discapacitados (art. 20 a 26).

8 El **aula de recursos** es una sala "con espacio suficiente y funcional, que contiene la implementación, accesorios y otros recursos necesarios" para que el establecimiento satisfaga los requerimientos de los alumnos integrados con necesidades educativas especiales.

establecimiento o de la localidad y actividades extraescolares en general. Esto representa una opción de integración física o funcional.

El reglamento se refiere también al problema relativo a la **promoción de curso** de los niños con discapacidad e integrados, aclarando cómo debe operarse según las opciones recién mencionadas. Dedica también una sección, como ya se adelantó, a las escuelas especiales.

El funcionamiento de los *grupos diferenciales*, destinados a los niños con dificultades específicas de aprendizaje en las escuelas comunes (alumnos con NEE "no asociadas a discapacidad") se ha regido por el decreto **291** de 1999 y el ordinario 5/766 del mismo año. El decreto señala que el profesor especialista otorgará apoyo pedagógico a los alumnos tanto en el **aula común** como en el **aula de recursos**. Deberá, además, contribuir a la optimización de la calidad de los aprendizajes "de **todos** los alumnos del establecimiento", **especialmente** los que presentan NEE, y "promover la incorporación activa de la familia de los alumnos y alumnas a la labor que desarrolla el establecimiento educacional en beneficio de sus hijos". Es de interés destacar que, a diferencia de lo que ocurrió con los decretos anteriores (**143** de 1980 y **88** de 1990), que fijaban planes y programas *especiales* para los niños con "trastornos del aprendizaje", en adelante "el programa de apoyo pedagógico se regirá por la planificación del curso común, sobre la base de los programas de estudio vigentes".

Se comenzó a hacer ver, además, la necesidad de un **trabajo colaborativo** entre el profesor de curso y profesor especialista y la cooperación entre ambos profesionales "**quienes asumen y comparten responsabilidades** que benefician a la **diversidad de los alumnos**". El **trabajo colaborativo** ha sido definido como

> Un proceso de construcción conjunta de planificación, aplicación, seguimiento y revisión de las actividades de enseñanza-aprendizaje que permiten al alumno con necesidades educativas especiales una mayor integración en la dinámica del aula y una mayor participación del currículo general.

Como se puede apreciar, este proceso de construcción conjunta es fundamental para garantizar el aprendizaje y la participación de **todos** los alumnos. El **trabajo colaborativo**, aclara el decreto que acompaña al reglamento, se realiza en dos momentos:

1° **Planificación conjunta a desarrollar en el aula común**, donde

- Se jerarquizan los objetivos y contenidos.
- Se determinan las actividades, las estrategias metodológicas y el material didáctico diversificado a utilizar.
- Se organiza el aula común y se distribuye el tiempo de trabajo.
- Se selecciona el tipo y la forma de apoyo pedagógico del profesor de educación diferencial.

- Se analizan y seleccionan los criterios, procedimientos e instrumentos evaluativos.

2° Ejecución de las actividades planificadas entre ambos profesionales, donde

- Se ponen en marcha las decisiones adoptadas.

- Se hace seguimiento y evaluación del progreso de los alumnos con necesidades educativas especiales con el fin de ir ajustando las decisiones tomadas.

- Se revisan periódicamente las acciones que se están realizando para asegurar continuidad y coherencia en el trabajo conjunto.

Para que este trabajo colaborativo se lleve a la práctica y cumpla con su propósito –se aclara– es necesario **modificar aspectos organizativos del establecimiento** que permitan contar con los espacios de participación, reflexión y análisis de los distintos profesionales involucrados en la respuesta educativa ofrecida a los alumnos **con necesidades educativas especiales, con** y **sin** discapacidad. En un marco de "currículo flexible", se dedica un apartado a las *adaptaciones curriculares* que es preciso realizar en los **diversos elementos del programa oficial** para adecuarlos a la realidad concreta del alumnado con NEE. Las adaptaciones curriculares tienen que ver con el "**cómo** enseñar-aprender y evaluar" y el "**qué** enseñar-aprender y evaluar". Las *adaptaciones*, que no tienen un carácter fijo o definitivo, varían de acuerdo a las posibilidades del alumno y a las que ofrece el entorno educativo, junto a las modificaciones organizativas necesarias, pretenden garantizar *la escolarización, el progreso, la promoción y el egreso de los alumnos con necesidades educativas especiales*.

La normativa expresada en los documentos antes mencionados precisa, además, las **formas de intervención** en el aula de recursos y en la sala de clases; la **distribución del tiempo** del educador diferencial y la **cantidad de alumnos** que se espera pueda atender; los **objetivos del apoyo pedagógico** que debe prestar, tanto en el curso común, como en el aula de recursos y, finalmente, una serie de actividades curriculares no lectivas que se espera el docente de **educación especial** o **diferencial** pueda realizar[9]. Hay que procurar –y se insiste en ello– que el alumno con NEE "esté la mayor parte del tiempo en su curso, participando del currículum general y de la dinámica habitual de la sala de clases".

---

9 Entre ellas, promover la incorporación de la **familia** de los alumnos con NEE; participar en el **equipo técnico-pedagógico** del establecimiento; contribuir al diseño, desarrollo y evaluación del **Proyecto de Integración Escolar** de alumnos con NEE derivadas de una discapacidad; elaborar y/o adaptar **materiales** educativos; participar en acciones de **prevención y atención precoz** de las NEE al interior de la comunidad educativa; planificar los **horarios de apoyo** específico; participar sistemática y permanentemente en acciones de **actualización** y/o **perfeccionamiento**; participar en **reuniones** comunales, provinciales o regionales relativas a su especialidad, etc.

CONVENCIÓN DE LAS NACIONES UNIDAS DEL AÑO 2006: EDUCACIÓN

En lo relativo a la discapacidad, no se puede dejar de hacer mención a la declaración más reciente de las Naciones Unidas sobre la materia: la *Convención sobre los Derechos de las Personas con Discapacidad* (13 de diciembre de 2006), ratificada por el Estado Chileno el año 2007. Por su importancia para los temas incluidos en este capítulo, citamos a continuación el Artículo 24 completo, dedicado al tema de la **educación**. En un manual dedicado al aprendizaje es decisivo tenerlo como referencia ya que los educadores están llamados a hacer una contribución vital en los ideales de la inclusión.

1. Los Estados Partes reconocen el derecho de las personas con discapacidad a la educación. Con miras a hacer efectivo este derecho sin discriminación y sobre la base de la igualdad de oportunidades, los Estados Partes asegurarán un **sistema de educación inclusivo a todos los niveles** así como la **enseñanza a lo largo de la vida**, con miras a:

    - Desarrollar plenamente el potencial humano y el sentido de la dignidad y la autoestima y reforzar el respeto por los derechos humanos, las libertades fundamentales y la diversidad humana;

    - Desarrollar al máximo la personalidad, los talentos y la creatividad de las personas con discapacidad, así como sus aptitudes mentales y físicas;

    - Hacer posible que las personas con discapacidad participen de manera efectiva en una sociedad libre.

2. Al hacer efectivo este derecho, los Estados Partes asegurarán que:

    - **Las personas con discapacidad no queden excluidas del sistema general de educación por motivos de discapacidad**, y que los niños y las niñas con discapacidad no queden excluidos de la enseñanza primaria gratuita y obligatoria ni de la enseñanza secundaria por motivos de discapacidad;

    - Las personas con discapacidad puedan acceder a **una educación primaria y secundaria inclusiva, de calidad y gratuita,** en igualdad de condiciones con las demás, en la comunidad en que vivan;

    - Se hagan ajustes razonables en función de las necesidades individuales;

    - Se preste el **apoyo necesario** a las personas con discapacidad, en el marco del sistema general de educación, para facilitar su formación efectiva;

    - Se faciliten **medidas de apoyo personalizadas y efectivas en entornos que fomenten al máximo el desarrollo académico y social,** de conformidad con el objetivo de la plena inclusión.

3. Los Estados Partes brindarán a las personas con discapacidad la posibilidad de aprender habilidades para la vida y desarrollo social, a fin de propiciar su **participación plena y en igualdad de condiciones en la educación y como miembros de la comunidad**. A este fin, los Estados Partes adoptarán las medidas pertinentes, entre ellas:

- Facilitar el aprendizaje del Braille, la escritura alternativa, otros modos, medios y formatos de comunicación aumentativos o alternativos y habilidades de orientación y de movilidad, así como la tutoría y el apoyo entre pares;

- Facilitar el aprendizaje de la lengua de señas y la promoción de la identidad lingüística de las personas sordas;

- Asegurar que la educación de las personas, y en particular los niños y las niñas ciegos, sordos o sordo-ciegos se imparta en los lenguajes y los modos y medios de comunicación más apropiados para cada persona y en entornos que permitan alcanzar su máximo desarrollo académico y social.

4. A fin de contribuir a hacer efectivo este derecho, los Estados Partes adoptarán las medidas pertinentes para emplear a maestros, incluidos maestros con discapacidad, que estén cualificados en lengua de señas o Braille y para formar a profesionales y personal que trabajen en todos los niveles educativos. Esa formación incluirá la toma de conciencia sobre la discapacidad y el uso de modos, medios y formatos de comunicación aumentativos y alternativos apropiados, y de técnicas y materiales educativos para apoyar a las personas con discapacidad.

5. Los Estados Partes asegurarán que **las personas con discapacidad tengan acceso general a la educación superior, la formación profesional, la educación para adultos** y el aprendizaje durante toda la vida sin discriminación y en igualdad de condiciones con las demás. A tal fin, los Estados Partes asegurarán que se realicen ajustes razonables para las personas con discapacidad.

DECRETO 170 DE 2009-2010

En el marco de la ley 20.201, que modificó decretos anteriores y normas relacionadas con la subvención de educación especial, el MINEDUC elaboró una *nueva reglamentación*, el **Decreto 170** de mayo de **2009**, que fija criterios, procedimientos e instrumentos de evaluación diagnóstica para la identificación de **los estudiantes que requieren impetrar la subvención de educación especial diferencial y la de necesidades educativas especiales transitorias**. Se definen las necesidades educativas especiales *permanentes* y las *transitorias*. Las *transitorias* contempladas son las dificultades específicas del aprendizaje (en Chile, conocidas tradicionalmente como TEA o trastornos específicos del aprendizaje), los Trastornos específicos del lenguaje (TEL), los trastornos severos de la actividad y la atención (como el TDAH), y dificultades de aprendizaje asociadas a déficit intelectual sin RM (CI límite). En realidad, se trata de necesidades educativas especiales con apoyo educativo especial transitorio. Más adelante nos referiremos a todos estos conceptos.

El MINEDUC en octubre de 2010 publica el documento *Orientaciones para la implementación del* **decreto 170** *en programas de integración escolar.* Su propósito es garantizar la calidad de los procesos educativos en los establecimientos que cuentan con Proyecto o Programa de Integración Escolar (PIE). El documento dedica las páginas introductorias a la definición y sentido de los PIE, las estrategias para su elaboración, implementación y evaluación. Se precisa que el PIE debe contar con una planificación rigurosa de la utilización de los recursos que aporta la subvención de Educación Especial, que debe utilizarse en la contratación de recursos profesionales, capacitación y perfeccionamiento, adquisición de materiales educativos, coordinación, trabajo colaborativo y planificación, considerándose también la evaluación diagnóstica y la evaluación misma del PIE.

Se define también el tipo de profesionales que deben participar y la calificación con que deben contar para realizar determinadas tareas, los "equipos de coordinación", el trabajo colaborativo y la asignación de horas cronológicas para cada tarea, considerando la cantidad de cursos con alumnos *integrados* con *NEE transitorias.* Las principales metas proyectadas para el período siguiente fueron: Fortalecer el proceso de implementación del Decreto Supremo N° 170/2009; Elaborar y tramitar los reglamentos asociados a las nuevas normativas (Ley general de Educación N° 20.370/09 y Ley que establece normas sobre la igualdad de oportunidades e inclusión social de personas con discapacidad N° 20.422/10).

LA DIVERSIDAD EN EL AULA

La diversidad en el aula admite múltiples facetas y plantea importantes desafíos a los educadores: con razón se ha hecho ver que la pedagogía es, al mismo tiempo, ciencia y arte. Una escuela efectiva, desde esta perspectiva, debe reunir condiciones que permitan a **todos** sus estudiantes no solo conseguir logros académicos, sino también crecer como personas. Algunas de las características que deben reunir las escuelas que asumen el compromiso de atender debidamente a la diversidad son: valorar la diversidad como un elemento que enriquece –y no que entorpece– el aprendizaje; contar con un proyecto educativo que atienda debidamente a las diferencias, entre otras cosas, a través de un currículo flexible; uso de metodologías y estrategias que den respuestas efectivas a los ritmos de aprendizaje, motivaciones e intereses en cada aula, etc. En la Conferencia Mundial sobre NEE de Salamanca (UNESCO, 2004) ya se había planteado que

> Cada niño tiene características, intereses, capacidades y necesidades que le son propias: **si el derecho a la educación significa algo,** se deben diseñar los sistemas educativos y desarrollar los programas de modo que tengan en cuenta toda la gama de esas características y necesidades.

Por cierto, la diversidad no se manifiesta solo en los niños o estudiantes: también se da en el profesorado y todo el personal del centro educativo, en padres y apoderados, en el vecindario, la comunidad en general, entre las mismas escuelas, etc. Sin embargo, hemos aprendido desde niños a identificarnos o sentirnos cómodos con quienes comparten de algún modo nuestras propias características, con quienes se nos asemejan o piensan parecido, con aquellos que consideramos "normales", mirando con desconfianza todo lo que escapa a tales cánones. **Atender a la diversidad supone asumir otros puntos de vista, ponerse en el lugar de los demás.**

En lo que concierne a los alumnos de una sala de clases, la diversidad no solo hay que verla como **diferencia o desemejanza.** Siguiendo otras de la acepciones que admiten los diccionarios de la lengua, también como **abundancia o riqueza.** Se pone de manifiesto en las potencialidades y deficiencias de los alumnos, en sus estilos de aprender, experiencias, conocimientos previos, habilidades sociales, intereses, motivaciones, rasgos de personalidad, salud mental, capacidad de autocontrol, ritmo de desarrollo, motivo de logro, atribuciones y locus de control, etc. En algunas de estas características, dimensiones o atributos se pueden hacer evidentes también **barreras en el aprendizaje y participación**, temática de la que nos ocupamos en detalle en el libro "Psicopedagogía de la diversidad en el aula: desafío a las barreras en el aprendizaje y la participación". Constituyen objeto de preocupación en los contextos escolares, exigiendo mayor atención de parte de los educadores, las vivencias de rechazo y marginación que experimentan numerosos alumnos a causa de factores tan variados como género, etnia, nivel sociocultural, orientación sexual, variedad lingüística, apariencia física, rendimiento académico, desempeño en deportes, etc., que bloquean u obstaculizan una participación genuina y constituyen otras facetas de la diversidad en el aula.

Como consecuencia de las orientaciones actuales en países más desarrollados en materias de inclusión, a los educadores de aula regular se les está pidiendo diseñar materiales y actividades que puedan satisfacer las necesidades de **todos** los estudiantes. Se ha puesto énfasis en la **instrucción diferenciada**, que se considera el modelo que ayudará a los educadores a cambiar la manera en que enseñan. La *clase frontal* tradicional, como única modalidad, cede espacio a grupos de discusión, a pequeños grupos de trabajo colaborativo, contratos individuales, círculos literarios, proyectos de equipos tecnológicos, de arte y ciencia, etc., modalidades que suponen desafíos para todos los alumnos y entregan incentivos para trabajar motivadamente, dándoles la oportunidad de comprometerse en las actividades de la clase, procurando hacerlos más solidarios y menos competitivos. Las nuevas tecnologías prestan un excelente servicio en este sentido. Además, este tipo de instrucción ayuda a prevenir el bajo rendimiento ya que ofrece más alternativas en la manera de procesar la información y en los tipos de actividades y materiales que se pueden utilizar[10]. A los estudiantes hay que darles la oportunidad de elegir cómo involucrarse en las actividades de la clase para que puedan tener éxito. Como preconizaban los propulsores de la *psicología humanista* hace décadas, el aprendizaje se facilita cuando el alumno participa responsablemente en el proceso. Demostraban que el aprendizaje auto-iniciado –muy diferente al impuesto desde fuera– y en el que está implicada la persona total, sentimientos y aptitudes, es más penetrante y duradero.

DIFICULTADES DE APRENDIZAJE Y NECESIDADES EDUCATIVAS ESPECIALES

Las **dificultades de aprendizaje** –así como el tema de las **necesidades educativas especiales**– concentran un conjunto de condiciones que, sin asociarse **necesariamente** a problemas psicológicos o conductuales, suelen escapar a lo "normal" en el contexto pedagógico y también familiar. Los procedimientos metodológicos habituales de un aula convencional, con un enfoque *homogeneizador* pueden resultar insuficientes para atender en forma adecuada a niños y jóvenes que presentan dificultades de aprendizaje y, particularmente, alguna de las condiciones que se suelen englobar bajo la denominación de *necesidad educativa especial*[11]. No todos los niños que presentan dificultades de aprendizaje llegarán a formar parte del conjunto de aquellos diagnosticados con "necesidades educativas especiales", aunque es necesario hacer presente que estos conceptos o denominaciones no se utilizan en todas partes de la misma manera ni con la misma extensión.

---

10 Lewis S. & Bates K. How to implement differentiated instruction? *Journal of Staff Development*, 26 (4), 26-31, 2005.
Smutny J. Differentiated instruction. *Phi Delta Kappa Fastbacks* 506, 7-47, 2003.
Van Garderen D. & Whittaker C. Planning differentiated, multicultural instruction for secondary inclusive classrooms. *Teaching Exceptional Children*, 38 (3), 12-20, 2006 En la red se puede encontrar una gran cantidad de información sobre instrucción diferenciada y se entregan también una serie de razones de por qué es crítica en el día de hoy.

11 La denominación "necesidades educativas especiales" se comenzó a utilizar en Gran Bretaña a partir del **Informe Warnock**, que inspiraría más tarde la ley de educación en ese país del año 1981. Dicho informe fue redactado por un comité de expertos por encargo del Parlamento. El informe ha entregado pautas decisivas para las nuevas orientaciones en la educación especial en muchas partes del mundo.
Warnock H.M.: *Special education needs. Report of the Committee of Enquiry into the Education of Handicapped Children and Young People.* Her Majesty's Stationery Office, London, 1978.
"El concepto de educación especial utilizado por el Comité, así como el del alumno que la necesite, resulta, por tanto, considerablemente ampliado con respecto al tradicional. **El Comité rechazó la idea de la existencia de dos grupos diferentes de niños, los deficientes y los no deficientes,** de los cuales los primeros reciben educación especial y los segundos simplemente educación. Por el contrario, **al considerarse que las necesidades forman un continuo, también la educación especial se debe entender como un continuo de prestación que va de la ayuda temporal hasta la adaptación permanente o a largo plazo del currículo ordinario"...** "Actualmente los niños son clasificados de acuerdo con sus deficiencias, y no según sus necesidades educativas".

Todo niño presenta necesidades especiales y peculiaridades que definen su individualidad. El maestro debe estar preparado para atender a tales diferencias y contribuir al logro de los fines generales de la educación en **todos** los educandos. El fin último es el desarrollo integral de cada uno de ellos como persona, en relación con otros, cualquiera sea su condición. Sin embargo, hay niños y jóvenes que precisan algún tipo de **ayudas menos usuales**. Aquellos, por ejemplo, con un trastorno generalizado del desarrollo –como el autismo– o con deficiencia visual o auditiva, los que presentan dislexia, déficit atencional, los que adolecen de un severo déficit cognitivo-intelectual, o los niños y jóvenes con talentos excepcionales, etc. Esto ha llevado a distinguir entre necesidades educativas *comunes* a todos los niños y necesidades educativas *especiales*. Para definirlas, el foco se pone actualmente en el tipo de medidas curriculares o *ayudas* que apuntan a satisfacerlas: hay niños y jóvenes a quienes les son suficientes las medidas y recursos habituales (los que no tienen que ser necesariamente idénticos para todos). Otros, en cambio, requieren, como se apunta más arriba, "ayudas menos usuales".

"El concepto de necesidades educativas especiales –se explica en la página web del MINEDUC– se centra en identificar las condiciones que afectan el desarrollo personal del estudiante y que justifican la provisión de determinadas ayudas o servicios especiales. Lo importante, desde esta mirada, es generar las condiciones en el contexto escolar y familiar que disminuyan las barreras que los niños, niñas y jóvenes experimentan al momento de participar y alcanzar aprendizajes de calidad". Para Sola y López (1999),

> El concepto de *necesidad educativa especial* está íntimamente relacionado **con las ayudas pedagógicas que determinados alumnos requieren para su desarrollo y crecimiento personal**.
>
> En este sentido, consideramos **alumnos con necesidades educativas especiales** no solo a aquellos que presentan determinadas limitaciones para el aprendizaje, con carácter más o menos estable, sino también a todos aquellos que, de una manera puntual y por diferentes causas, **pueden necesitar ayuda** para regular o encauzar de una manera normal su proceso de aprendizaje".

La referencia anterior plantea la distinción entre necesidades educativas especiales "permanentes" y "transitorias" (a las que hace referencia el **decreto 170**), que revisaremos más adelante y cuya diferenciación no siempre es nítida. Sin embargo, como las *ayudas* en buena parte se traducen en subvenciones y costos, administrativamente las autoridades educacionales responsables deben definir montos y períodos de asignaciones de recursos. En este sentido, el MINEDUC considera necesidades educativas *permanentes* las asociadas a discapacidades (déficit intelectual, ceguera, autismo, etc.) e incluye dentro de las *transitorias* los TEL, "TEA" (*"trastornos específicos del aprendizaje"*), TDAH y CI límite.

Alumnos con necesidades educativas especiales (NEE) deben considerarse, entonces, los que presentan requerimientos extraordinarios y especializados de apoyo para acceder al currículo escolar y progresar en el aprendizaje y que, de no proporcionárseles, verían limitadas sus oportunidades de aprendizaje y desarrollo. Si bien en las escuelas puede haber muchos niños que presentan dificultades de aprendizaje, no todos requieren apoyos especializados. Por lo general, hay que tener presente en la identificación de un alumno con NEE: **1.** Dificultades de aprendizaje mayores que las del resto de sus compañeros. **2.** Dichas dificultades exigen adaptaciones y recursos específicos. Sin embargo, es preciso reconocer que tales dificultades no dependen solo del alumno: también del contexto

A través de la *educación especial* se han canalizado tradicionalmente las acciones destinadas a atender a los niños y jóvenes con necesidades educativas especiales. Escuelas especiales, escuelas hospitalarias y centros de capacitación laboral se han hecho cargo de niños y jóvenes con alguna discapacidad u otras necesidades especiales. Aquellos diagnosticados con *dificultades específicas del aprendizaje* (por ejemplo, *dislexia*) que asisten a escuelas y colegios regulares, han sido atendidos en "grupos diferenciales" dentro de las mismas instituciones, o en forma particular por profesionales especializados.

Existe cierta arbitrariedad y hasta confusión en el uso de denominaciones tales *como problemas o dificultades de aprendizaje, dificultades específicas* ("trastornos") *de aprendizaje, discapacidades del aprendizaje*, etc. Tales etiquetas diagnósticas no se utilizan de manera consistente, por ejemplo, sobre-extendiendo la aplicación del rótulo *dificultades específicas* ("trastornos") *de aprendizaje* a niños que presentan efectivamente *problemas en el aprendizaje* en una o más áreas del currículo, muchas veces severas, pero no reúnen los rasgos que permiten diagnosticar una *dificultad específica*. Algunos profesores han llegado a afirmar: ¡*La mitad de mi curso son disléxicos!*

La figura **10.1**, referida a un 4° Básico (puede tratarse, de hecho, de cualquier curso), pretende ilustrar la relación entre los conceptos señalados.

En consecuencia, es preciso distinguir entre la amplia y heterogénea categoría de **dificultades** (problemas) **de aprendizaje**, las que pueden obedecer a causas muy variadas y que afectan a numerosos alumnos (cualquier alumno puede presentarlas en algún momento), y la categoría más delimitada –y que se puede subsumir en la anterior– de **dificultades específicas del aprendizaje**, que suponen una base biológica, son de etiología *intrínseca*, y afectan a pocos alumnos.

Para aclarar qué debe entenderse por **dificultad de aprendizaje**, adoptaremos, en atención a su sencillez y claridad, la definición que se utiliza en la legislación inglesa actual. Se afirma lo siguiente[12]:

---

12 Special Educational Needs: Code & Practice. Department for Education and Skills, nov. 2001.

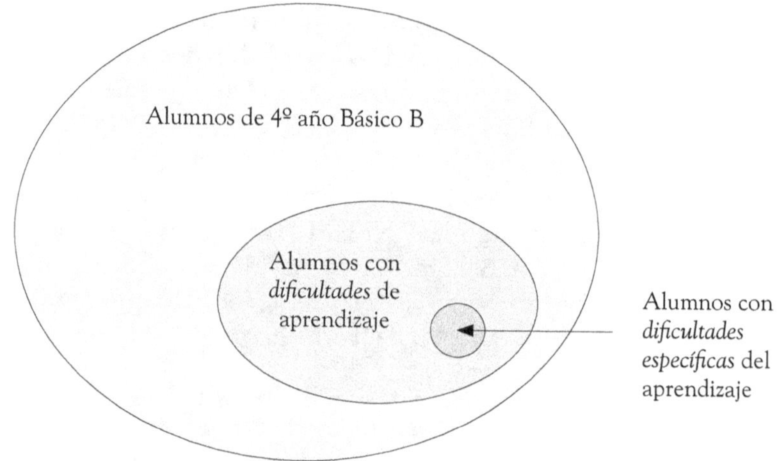

Figura 10.1

Gráfico que ilustra la situación hipotética de un determinado curso, en que un grupo importante de alumnos presenta **dificultades** (problemas) **de aprendizaje**, y muy pocos presentan **dificultades específicas del aprendizaje**. Estas últimas constituyen NEE.

Un alumno tiene una **dificultad de aprendizaje** si presenta:

a) Una **dificultad sustancialmente mayor para aprender** que la mayoría de los alumnos de la misma edad; o

b) Una **discapacidad que le impide o dificulta** el uso de los medios educativos del tipo que usualmente se proporcionan a los alumnos de la misma edad en escuelas del área.

Los profesores con relativa facilidad identifican en sus cursos, o en las materias que dictan, aquellos alumnos que presentan una dificultad **sustancialmente mayor** para aprender. No todos los alumnos rinden de la misma manera: algunos se destacan, otros obtienen buenos resultados sin sobresalir, a algunos les resulta algo más difícil cumplir con las demandas del curso, pero no presentan una dificultad *sustancialmente mayor*. El límite estadístico corresponde a un rendimiento sostenido que se aproxima a dos desviaciones estándar por debajo del promedio. Si bien algunos alumnos presentan tales dificultades de manera persistente, otros las pueden experimentar transitoriamente. Obsérvese que, de acuerdo a la definición, el hecho de presentar alguna *discapacidad* no necesariamente se asocia a dificultades de aprendizaje: solo en los casos en que la discapacidad impide o dificulta el uso de los medios educativos habituales. Si el joven con discapacidad cuenta con los recursos, medios o instrumentos para acceder al currículo y compartir con sus compañeros, no presentará necesariamente dificultades de aprendizaje.

En lo que concierne al concepto de *NEE* y su relación con el de *dificultades de aprendizaje*, la normativa inglesa precisa:

> Un alumno tiene **NEE** si presenta **dificultades de aprendizaje**[13] que requieren **la entrega de educación especial**.
>
> - La **entrega de educación especial** es aquella que es **adicional** o de alguna manera **distinta** a la educación generalmente ofrecida a alumnos de la misma edad en las escuelas del área.

De acuerdo a la definición, resulta claro que no todos los alumnos con *dificultades de aprendizaje* "requieren la entrega de educación especial", lo que en el sistema inglés, y también en otros países desarrollados, está sometido a un procedimiento riguroso, con disposiciones de carácter legal. No se puede enviar a los servicios de la *educación especial*, sin más ni más a cualquier alumno, sin contar, por ejemplo, con el consentimiento de la familia. De los niños con *dificultades del aprendizaje* que no requieren la entrega de educación especial se ocupa esencialmente el educador de aula regular, pero en un marco que admite gran variabilidad, en el que se puede utilizar *educación diferenciada*, con participación también de otros especialistas si es el caso. De los niños con NEE se harán cargo más directamente los educadores especiales, psicopedagogos, fonoaudiólogos u otros profesionales, aunque en "trabajo colaborativo" con el educador de aula regular.

Se distinguen niveles, de menor a mayor severidad, dentro de las **dificultades del aprendizaje**: *moderadas, severas, y profundas y múltiples*. Las más desafiantes están normalmente asociadas a ciertas discapacidades (autismo, sordo-ceguera…). Como se debe intervenir lo más temprano posible, en algunos casos la "entrega de educación especial" deberá comenzar cuando el niño es muy pequeño. Es posible que niños sin discapacidad puedan presentar dificultades de aprendizaje más o menos severas a causa de una escolaridad demasiada insuficiente, deprivación extrema, o variables tales como trastorno disocial, drogadicción, etc.

La figura **10.2** ilustra la situación hipotética de un curso en que parte importante de sus alumnos presentan *dificultades de aprendizaje*, y algunos de ellos reciben el diagnóstico de niños con *NEE*, ya que *requieren la entrega de educación especial*. Los alumnos con "dificultades específicas" se incluyen dentro de este último subconjunto.

---

13 Se distinguen niveles:
- Moderate Learning Difficulty (MLD)
- Severe Learning Difficulty (SLD)
- Profound and Multiple Learning Difficulty (PMLD)

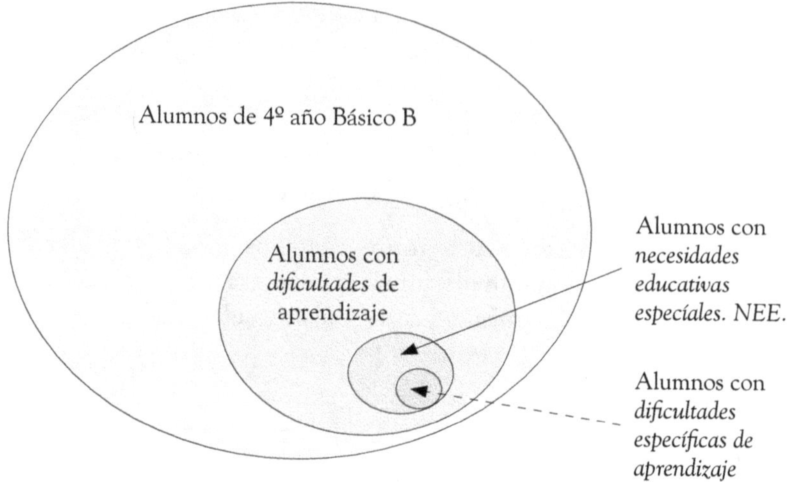

Figura 10.2

Gráfico que ilustra la situación hipotética de un determinado curso en que parte importante de sus alumnos presentan **dificultades de aprendizaje**, y algunos de ellos reciben el diagnóstico de niños con **NEE**, ya que requieren la entrega de educación especial. Los alumnos con "dificultades específicas" (dislexia, discalculia…) se incluyen dentro de este último subconjunto.

La figura **10.3** entrega un marco general de la atención a la diversidad, en el que se incluyen los conceptos hasta aquí analizados.

En la manera de abordar las *dificultades* se contraponen **2 enfoques** diferentes: el punto de vista **individual** o **clínico** (el tradicional en *educación especial*, que se inscribe en el *modelo médico*) y el punto de vista **curricular, pedagógico** (el enfoque que se propone actualmente), como lo ha hecho ver Ainscow, profesor del Instituto de Educación de la Universidad de Cambridge, U.K.[14] Dice que estas **dos formas** de enfocar las dificultades para aprender se basan en supuestos marcadamente diferentes y hasta antagónicos:

---

14   **Ainscow, Mel:** *Necesidades especiales en el aula. Guía para la formación del profesorado.* Ediciones Unesco. Narcea, Madrid, 1995.

La obra se originó en proyectos y talleres patrocinados por la UNESCO para la formación de profesores. *Se basa en el reconocimiento de que los sistemas convencionales de categorización* **no sirven para representar la diversidad de necesidades especiales y de que las escuelas tendrán que adaptarse** *para atender a las necesidades de todos los alumnos.*

El autor, que desarrolló la guía con la colaboración de un equipo docente internacional (de Chile, participó la profesora Cynthia Duk) cita la Consulta de la Unesco de 1988 que *presenta* **un sombrío panorama internacional en lo que respecta a la preparación de los maestros:** *solo unos pocos de los 58 países consultados indicaron la presencia de temas relativos a la discapacidad en los programas de formación de estudiantes del magisterio.*

El libro incluye un marco teórico cuyo tema central es una reconsideración de las necesidades especiales, contrastando el punto de vista individual con el punto de vista curricular. La parte práctica se organiza en módulos y unidades. Es un manual altamente recomendable tanto para educadores especialistas, como maestros de aula regular.

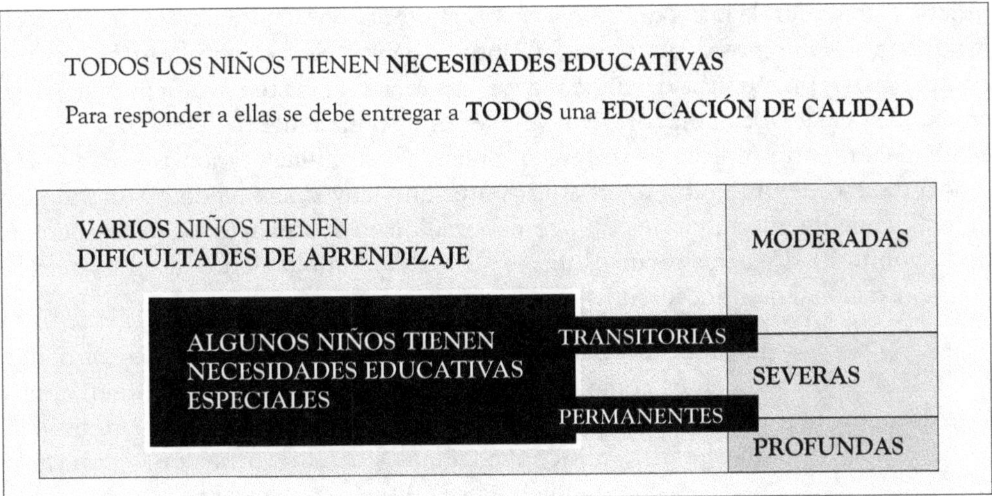

Figura 10.3

Marco general de atención a la diversidad en el aula.

1. De acuerdo al punto de vista del **alumno individual**, las dificultades se definen según las características de los alumnos. Se basa en los siguientes supuestos:

   - Es posible distinguir un grupo de niños con características especiales
   - Estos niños precisan una enseñanza especial que responda a sus problemas
   - Es mejor que los niños con problemas similares reciban la enseñanza juntos
   - Los otros niños son normales y disfrutan de la enseñanza regular

2. De acuerdo al punto de vista **curricular**, las dificultades se definen según las tareas, las actividades y condiciones reinantes en el aula. Se basa en las nociones siguientes:

   - Cualquier niño puede experimentar dificultades en la escuela
   - Estas dificultades pueden descubrir caminos para perfeccionar la enseñanza
   - Estas mejoras marcan las condiciones del aprendizaje para todos los niños
   - El apoyo puede ayudar a los profesores a desarrollar su tarea

Más que tratar de *curar al niño* (punto de vista individual) se trata de *mejorar la escuela* (punto de vista curricular). Para ello se hace indispensable el perfeccionamiento del personal y el desarrollo de "escuelas eficaces para todos". Las escuelas son "organizaciones de solución de problemas" y los que se plantean en ellas son oportunidades de aprendizaje. Además, "los maestros deben **reflexionar sobre su propia**

práctica, aprender de la experiencia y experimentar con nuevos métodos de trabajo, **junto con** sus alumnos y sus colegas" (Ainscow, 1995). Se fomenta la **tutoría entre compañeros,** con técnicas destinadas a que los niños se presten ayuda mutuamente en clase; la **enseñanza colaborativa,** ya que "está sobradamente demostrado que la colaboración entre profesores mejora su práctica"; las **aulas compartidas:** "la presencia de más de un adulto en el aula aporta una mayor flexibilidad para atender individualmente a los alumnos" [15]; la **colaboración de los padres;** la **participación de la comunidad** y otros recursos. Estas ideas están ampliamente aceptadas en la Política Nacional de Educación Especial que citaremos más adelante.

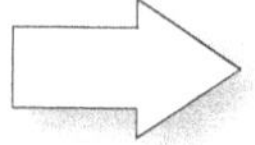

El punto de vista *curricular* hace gran hincapié en el rol de los docentes como actores centrales en los procesos de diseñar, implementar y evaluar las actividades y quienes lo avalan afirman que los sistemas convencionales de categorización y *etiquetado* (es decir, el enfoque clínico) disminuyen las expectativas que se tienen de los alumnos.

Sin embargo, dentro de denominaciones tan amplias o "no categoriales", como "necesidades educativas especiales" o "dificultades de aprendizaje", es preciso delimitar subcategorías –**con el uso reservado, prudente y confidencial que aconsejan el diagnóstico y la utilización de rótulos**– ya que se hacen indispensables al momento de la toma de decisiones que afectan a los niños y jóvenes, pues orientarán el tipo de ayudas más efectivas para cada caso en particular. A este respecto, citamos lo que se afirma en la influyente obra editada por Darling-Hammond y Bransford con la colaboración de varios especialistas y patrocinada por *The National Academy of Education,* USA, y que recoge los elementos esenciales del estado del arte actual sobre las competencias para la profesión [16]:

> Para enseñar efectivamente a estudiantes con necesidades especiales, **los maestros deben comprender la naturaleza de las diferentes deficiencias,** que fluctúan desde dificultades en el aprendizaje leves a moderadas –por ejemplo, dislexia, discalculia, afasia evolutiva, o problemas perceptuales– hasta otras cuestiones tales como retrasos madurativos, retardo mental, deterioros de la audición, deterioros de la visión, autismo, alteraciones emocionales y de comportamiento, trastornos del habla y del lenguaje, alteraciones

---

15 En relación a este punto –que provocó bastante inquietud en muchos educadores diferenciales en Chile– Ainscow aclara que la presencia de más de un adulto en el aula... "también puede entrañar nuevas dificultades, sobre todo **cuando no se planifica adecuadamente la colaboración".**

16 Darling-Hammond, Linda & Bransford, John: *Preparing teachers for a changing world: what teachers should learn and be able to do.* John Wiley & Sons, The Jossey-Bass Education Series, San Francisco USA, 2005. La obra (un volumen de más de quinientas páginas) se centra en el conocimiento, clave fundacional para la enseñanza, discutiendo, al mismo tiempo, cómo implementar ese conocimiento en la sala de clase. A juicio de David G. Imig, presidente de la *American Association of Colleges for Teacher Education* (AACTE), sus capítulos representan lo mejor del pensamiento actual y de lo que se ha escrito sobre la enseñanza, basándose en un marco conceptual de enorme importancia para todo educador.

físicas (movilidad), trastornos emocionales, trastorno por déficit atencional-hiperactividad (ADHD). Los profesores deben estar conscientes de que ciertas condiciones, tales como parálisis cerebral y autismo se presentan en un espectro y pueden ir desde muy sutiles (difícilmente reconocibles) a muy severas. **Para las alteraciones comunes (por ejemplo, para problemas de procesamiento auditivo o visual), los maestros deberían contar, al menos, con un repertorio básico de estrategias y de adaptaciones que permitan a los estudiantes tener acceso de una manera apropiada a la materia que están enseñando.**

Por otra parte, **el profesor debiera tener algún conocimiento acerca de la elegibilidad**[17] **y los procesos de derivación, y de cómo trabajar con otros profesionales y con los padres en tales procesos.** Si bien no es necesario para los profesores novatos conocer en detalle los variados y altamente especializados tests utilizados con propósitos de evaluación en los diferentes tipos de discapacidades, deberían estar en condiciones de hablar con los padres sobre cómo su niño será evaluado, atendida la dificultad en el aprendizaje que el profesor ha reportado. **Debieran ser capaces de compartir con los colegas profesionales los hallazgos de la evaluación y los servicios que deberán ofrecerse.** Tienen que saber dónde encontrar información adicional –en la investigación, o con los colegas profesionales– sobre diagnósticos específicos, alteraciones, y los servicios disponibles cuando se haga necesario trabajar con un determinado niño y su familia. **Debieran estar preparados para trabajar con padres que tienen reacciones variadas sobre las novedades relativas a sus hijos.** Por ejemplo, una mamá podría quedar desconcertada y sostener que su niño no presenta ningún problema en el aprendizaje, mientras que otro padre utilizará procedimientos legales para obtener recursos para su niño, de los que no se dispone fácilmente.

POLÍTICA NACIONAL DE LA EDUC. ESPECIAL: "NUESTRO COMPROMISO CON LA DIVERSIDAD"

En agosto de 2005 se promulgó la nueva **Política Nacional de Educación Especial,** que lleva por epígrafe *Nuestro Compromiso con la Diversidad* y es considerada una nueva etapa en las reformas educacionales que se han estado llevando a cabo en el país. En su introducción se explica que su elaboración ha sido resultado de un proceso abierto y participativo. Entre los hitos importantes en su gestación estuvo el

---

17 Saber determinar si el niño es elegible para los servicios de educación especial o declaración de alumno con NEE.

trabajo de una comisión de expertos que culminó su tarea con la elaboración de un completo informe, titulado "Nueva perspectiva y visión de la Educación Especial".

La Política Nacional de Educación Especial (PNEE) se expone en un documento que consta de 8 capítulos En el capítulo dedicado al marco de referencia conceptual se entiende la **Educación Especial** como:

> Una modalidad del sistema educativo **que desarrolla su acción de manera transversal en los distintos niveles, tanto de los establecimientos de educación regular como especial**, proveyendo un conjunto de **servicios, recursos humanos, técnicas, conocimientos especializados** y **ayudas** para atender las necesidades educativas especiales que puedan presentar algunos alumnos de manera temporal o permanente a lo largo de su escolaridad.

Se privilegia un **enfoque eminentemente educativo**, no clínico, ya que "lo que preocupa son las condiciones que afectan al desarrollo personal de los alumnos y que justifican la provisión de determinadas **ayudas** y **servicios especiales**". Se hace ver la obligación de "atender las **necesidades específicas** que presentan los alumnos como consecuencia de su discapacidad o de cualquier otra barrera de tipo personal que experimenten frente al aprendizaje". Las necesidades educativas especiales, según el documento de la PNEE, demandan los siguientes tipos de **ayudas**:

- **Recursos humanos adicionales con una formación especializada** que contribuyan a dar respuesta a las necesidades educativas especiales que presentan determinados alumnos: profesores de educación especial y otros profesionales no docentes, intérpretes del lenguaje de señas, etc. Estos recursos humanos han de **complementar la labor de los docentes.**

- **Medios y recursos materiales que faciliten la autonomía en el proceso de aprendizaje y progreso en el currículo:** equipamiento o materiales específicos, eliminación de barreras arquitectónicas, materiales de enseñanza adaptados o especializados, sistemas de comunicación alternativo, aumentativo o complementario al lenguaje oral o escrito, sistema Braille, entre otros.

- **Adaptación del currículo:** en muchos casos se requiere adaptar el currículo mismo para facilitar el progreso del alumno en función de sus posibilidades y dar respuesta a sus necesidades educativas propias y específicas.

La PNEE plantea que es una responsabilidad colectiva de la sociedad hacer las modificaciones ambientales necesarias para lograr la participación plena de las personas con discapacidad en todas las áreas de la vida social. El capítulo 4 expone los **principios** que inspiran la PNEE:

1. La educación es un derecho para todos

2. La diversidad es una fuente de riqueza para el desarrollo y aprendizaje de las comunidades educativas

3. La educación debe apuntar a la construcción de una sociedad más justa, democrática y solidaria

4. El mejoramiento de la calidad, equidad y pertinencia de la oferta educativa exige atender a las personas que presentan necesidades educativas especiales

5. Se debe fomentar la participación activa e informada de la familia, los docentes, los alumnos y la comunidad en las distintas instancias del proceso educativo.

TIPOS DE NECESIDADES EDUCATIVAS ESPECIALES

A esta materia nos referimos con mucho detalle en nuestro libro "Psicopedagogía de la diversidad en el aula", por lo cual aquí entregamos una breve síntesis solo de los conceptos básicos que hemos estado examinando.

1. **Asociadas a discapacidad**, como las contempladas en el reglamento MINE-DUC relativo a la ley de integración, atendidas tradicionalmente en *escuelas especiales*. Es posible que se trate de necesidades educativas especiales *permanentes*. Ejemplos: *Déficit intelectual, déficit visual y ceguera, déficit auditivo y sordomudez, trastorno o déficit motor, graves alteraciones en la capacidad de relación y comunicación...*

2. **No asociadas a** (necesariamente) **discapacidad**, como las *dificultades específicas del aprendizaje* (*dislexias, discalculia, disortografía...*), las *dificultades específicas del lenguaje* o TEL, y las otras necesidades que el decreto 170 considera *transitorias*. A la base de estas *dificultades específicas* hay algún compromiso de tipo biológico. Así es como se suele hablar de "disfunción neurológica", "desarrollo atípico del cerebro", etc. Estas condiciones pueden co-ocurrir con alguna discapacidad.

Es el caso de hacer mención nuevamente de la advertencia que se hace en el Informe Warnock:

> El Comité rechazó la idea de la existencia de dos grupos diferentes de niños, los deficientes y los no deficientes, de los cuales los primeros reciben educación especial y los segundos simplemente educación. Por el contrario, **al considerarse que las necesidades forman un continuo, también la educación especial se debe entender como un continuo de prestación que va de la ayuda temporal hasta la adaptación permanente o a largo plazo del currículo ordinario**... Actualmente los niños son clasificados de acuerdo con sus deficiencias, y no según sus necesidades educativas.

La **fig. 10.4**, basada en las anteriores, se concentra solo en el subconjunto de niños que presenta *dificultades de aprendizaje*, haciendo notar que las **dificultades**

específicas de aprendizaje (TEA [18]), junto con manifestarse como NEE, son por definición de **etiología intrínseca** al sujeto, lo que no ocurre necesariamente con otros problemas o dificultades de aprendizaje. Las definiciones vigentes aluden a causas biológicas que afectan el procesamiento de determinadas tareas, lo que se ha visto ampliamente avalado en la investigación. La definición del ICLD [19] de USA puede resultar esclarecedora del punto:

> ***Dificultad específica del aprendizaje*** es un término genérico referido a un heterogéneo grupo de alteraciones, que se manifiestan por medio de significativas dificultades en la adquisición y el uso de la comprensión y expresión del lenguaje, la lectura, la escritura, el razonamiento, las habilidades matemáticas o las habilidades sociales.
>
> Tales alteraciones son **intrínsecas al individuo y se deben presumiblemente a disfunción del sistema nervioso central.**
>
> Si bien una *dificultad específica del aprendizaje* puede co-ocurrir con otras condiciones limitantes (alteraciones sensoriales, retardo mental, perturbaciones sociales y emocionales), con influencias socio-ambientales (ejm. diferencias culturales, instrucción insuficiente o inapropiada, factores psicógenos) y especialmente con trastorno deficitario de la atención, –todos los cuales pueden causar *dificultades de aprendizaje*– una *dificultad específica del aprendizaje* no es el resultado directo de dichas condiciones o influencias.

ENFOQUE INCLUSIVO PARA EL DESARROLLO DE LAS ESCUELAS

La palabra **inclusión** (del latín, *inclusio*) quiere decir, según el diccionario de la RAE:

- Acción y efecto de incluir.

- Conexión o amistad de alguien con otra persona.

Las dos acepciones vienen al caso en este punto. El antónimo de *inclusión* (incluir) es *exclusión* (excluir). Hay una relación estrecha –y cierta confusión– entre los conceptos de **integración** e **inclusión**. No son sinónimos. La integración constituye un paso hacia la inclusión. Ambas nociones, es cierto, han creado disputas, incertidumbres y contradicciones en educación. Para el MINEDUC, como se explicó anteriormente, el proceso de **integración** escolar consiste en educar a niños y niñas,

---

18 En Chile, se les ha identificado tradicionalmente como *Trastornos específicos del aprendizaje* o TEA. Sin embargo, la sigla **TEA** se usa actualmente para referirse a los ***Trastornos del espectro autista***. Por otra parte, el término *trastorno* tiene una connotación eminentemente clínica y médica, no, educacional.

19 ICLD: *Interagency Committee on Learning Disabilities.*

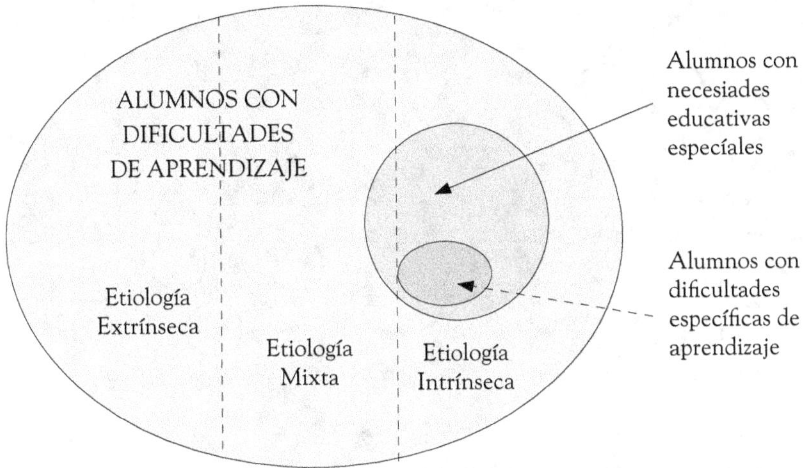

Figura 10.4

Gráfico que ilustra que las **dificultades específicas de aprendizaje** son, por definición, de etiología intrínseca. Se les caracteriza como un 'trastorno propio del niño', que obedece a algún tipo de disfunción neurológica. Las NEE obedecen predominantemente (no siempre) a una etiología intrínseca.

jóvenes y adultos con y sin discapacidad, durante una parte o la totalidad del tiempo en establecimientos de educación común.

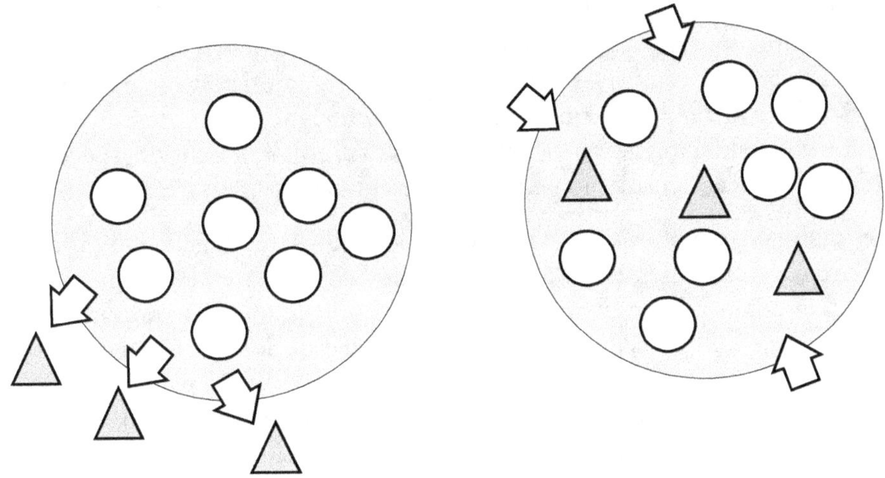

Figura 10.5

Exclusión e inclusión.

La inclusión supone mucho más que esto, ya que la integración (que admite varios niveles) podría reducirse a una participación en lo social y académico, pero sin que se logre un **cambio en las concepciones, actitudes y prácticas** de los docen-

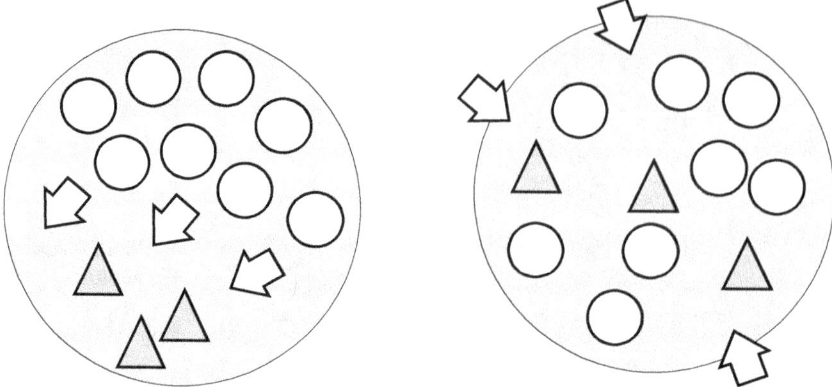

Figura 10.6

"Integración" (alumnos "integrados") e inclusión (alumnos integrantes).

tes y de la comunidad para avanzar hacia una educación que dé una respuesta cabal a la diversidad. La integración es un paso importante en el camino a la inclusión, pero no suficiente. La **fig. 10.6** pretende ilustrar lo que muchas veces ha ocurrido con la "integración" al interior de las escuelas, contrastándolo con lo que se espera en el ideal de la inclusión, Por otra parte, la inclusión no es un fenómeno del tipo "todo o nada". Se trata, en realidad, de un **proceso**, de algo que se puede ir construyendo y perfeccionando. Es un ideal de desarrollo al cual hay que apuntar.

Booth y Ainscow crearon en Gran Bretaña en el 2000 el Index for Inclusion o *Índice de Inclusión*[20], conjunto de materiales diseñados para apoyar a las escuelas en el **"proceso de avanzar hacia una educación inclusiva"**. El Índice constituye un proceso de autoevaluación de las escuelas en relación con 3 dimensiones: la **cultura**, las **políticas** y las **prácticas** de una educación inclusiva.

En el manual se explica en detalle cómo debe llevarse a cabo este proceso, el que comienza con la constitución de un grupo de coordinación. Participa posteriormente toda la comunidad escolar, incluidas las familias, identificando las *barreras para el aprendizaje y la participación*, y se van estudiando los pasos necesarios para avanzar hacia una mayor inclusión. En la versión en español para A. Latina, se explica cómo esta región "se caracteriza por altos niveles de inequidad, exclusión y fragmentación social" y que pese a los esfuerzos realizados "persisten desigualdades

---

20 **Booth, Tony y Ainscow, Mel:** ÍNDICE DE INCLUSIÓN. *Desarrollando el aprendizaje y la participación en las escuelas.* CSIE (Centre for Studies on Inclusive Education). Bristol, UK, 2000. Versión en español patrocinada por la UNESCO, de 118 páginas. El CSIE "anima a fotocopiar esta publicación con el objetivo de facilitar el proceso de utilización del Índice en las escuelas".
Los dos investigadores participaron en el Seminario-Taller *Desarrollo de Escuelas Inclusivas* organizado por la Fundación Hineni, el British Council, la UNESCO y la U. Central en Santiago de Chile en diciembre de 2004.

educativas en función de los distintos estratos socioeconómicos, culturas y características individuales del alumnado, como consecuencia del modelo homogeneizador de los sistemas educativos".

> Una mayor equidad es un factor fundamental para conseguir un mayor desarrollo, una **integración social** y una **cultura de la paz** basada en el **respeto y valoración de las diferencias**. Por ello, es preciso avanzar hacia **el desarrollo de escuelas más inclusivas que eduquen en la diversidad** y que entiendan esta como una fuente de enriquecimiento para el aprendizaje y los procesos de enseñanza".

Se explica, asimismo, que el principio rector de las iniciativas se encuentra en el Marco de Acción de la Conferencia Mundial sobre Necesidades Especiales (Salamanca, 1994): "todas las escuelas deben acoger a todos los niños independientemente de sus condiciones personales, culturales o sociales; niños discapacitados y bien dotados, niños de la calle, de minorías étnicas, lingüísticas y culturales, de zonas desfavorecidas o marginales"[21].

En el análisis que hizo Ainscow el 2004, diez años después de la Declaración de Salamanca, concluye que "avanzar hacia la implementación de la educación inclusiva **no es fácil**, y la evidencia de su progreso es limitada en la mayoría de los países. A su vez, no se debe asumir que hay una completa aceptación de la filosofía inclusiva". No solo hay muchos educadores regulares que se resisten a esta idea, sino que además algunas organizaciones centradas en alguna discapacidad plantean servicios segregados 'especializados'.

> Sin embargo, se puede decir que se están realizando intentos por todo el mundo para proporcionar respuestas más eficaces a todas las niñas y niños independientemente de sus características, y que, motivados por la Declaración de Salamanca, la tendencia general es que estas respuestas se den **dentro del contexto de la educación general**. Como consecuencia, **esto plantea una reconsideración de los futuros roles y objetivos de los educadores y educadoras dentro del sistema educativo**, incluyendo aquellos(as) que trabajan en servicios especiales[22].

Es importante destacar que en el Índice de Inclusión se prefiere utilizar el término **"barreras para el aprendizaje y la participación"**, en vez de "necesidades educativas especiales", para hacer referencia a **las dificultades que experimenta cualquier alumno o alumna**. Entre otras razones, porque NEE en muchos países se

---

21 *Declaración de Salamanca de Principios, Política y Práctica para las Necesidades Educativas Especiales.* UNESCO y Gobierno de España, 1994.

22 Ainscow, M.: *Salamanca 10 años después: ¿qué impacto ha tenido en el ámbito internacional?* The University of Manchester, 2004.

usa como sinónimo de discapacidad y por el hecho de que centrarse en el colectivo de "alumnos con necesidades educativas especiales" puede desviar la atención de las dificultades experimentadas por otros alumnos. La denominación "alumnos con necesidades educativas especiales" alude, por lo general, a aquellos que han sido identificados como tales en función de los criterios y normativas establecidas en cada país. A diferencia de tipo de énfasis que se ha puesto en otras denominaciones,

se considera que las **barreras al aprendizaje y la participación** surgen de la **interacción** entre los estudiantes y sus contextos: las personas, las políticas, las instituciones, las culturas y las circunstancias sociales y económicas que afectan sus vidas.

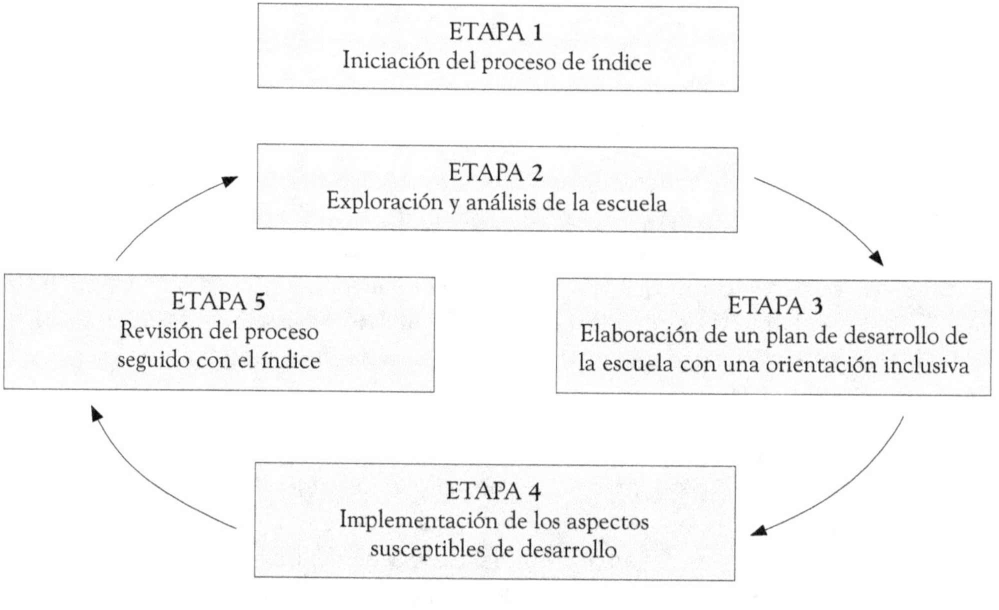

Figura 10.7
El proceso del Índice y el ciclo de planificación para el desarrollo de la escuela.
En el índice se describe en detalle cada etapa.

El **proceso de desarrollo** que se lleva a cabo con el Índice, que en el manual aparece descrito en detalle y con ejemplos, supone varias **etapas** que se ilustran en el **ciclo**, reproducido del original, y que se exhibe en la **fig. 10.7**. La **inclusión** (y la **exclusión**) se exploran y evalúan a través de **3 dimensiones** interrelacionadas en la vida de las escuelas:

- Las culturas.
- Las políticas.
- Las prácticas.

Dimensión **A**   **Crear CULTURAS inclusivas**

Esta dimensión se relaciona con la creación de una comunidad escolar segura, acogedora, colaboradora y estimulante, en la que cada uno es valorado, lo cual es la base fundamental para que todo el alumnado tenga los mayores niveles de logro. Se refiere, asimismo, al desarrollo de valores inclusivos compartidos por todos.

Consta de dos secciones:

A1 Construir una comunidad

A2 Establecer valores inclusivos

Dimensión **B**   **Elaborar POLÍTICAS inclusivas**

Esta dimensión tiene que ver con asegurar que la inclusión sea el centro del desarrollo de la escuela, permeando todas las políticas, para que mejore el aprendizaje y la participación de todo el alumnado. Se consideran 'apoyo' todas las actividades que aumentan la capacidad de una escuela para dar respuesta a la diversidad del alumnado.

Consta de dos secciones:

B1 Desarrollar una escuela para todos

B2 Organizar el apoyo para atender a la diversidad

Dimensión **C**   **Desarrollar PRÁCTICAS inclusivas**

Esta dimensión se refiere a que las prácticas educativas reflejen la cultura y las políticas inclusivas de la escuela. Tiene que ver con asegurar que las actividades en el aula y las actividades extraescolares promuevan la participación de todo el alumnado y tengan en cuenta el conocimiento y la experiencia adquiridos por los estudiantes fuera de la escuela. La enseñanza y los apoyos se integran para 'orquestar' el aprendizaje y superar las barreras al aprendizaje y la participación.

Consta de dos secciones:

C1 Orquestar el proceso de aprendizaje

C2 Movilizar recursos

Anotaremos a continuación textualmente los **indicadores** para cada dimensión, ya que muestran **cuál es el ideal de desarrollo a que debe apuntar una escuela.** *Inclusión* implica reestructurar la cultura, las políticas y las prácticas de los centros educativos para que puedan atender la diversidad. Todo lo examinado en las páginas anteriores en este manual, dedicado a los mecanismos de aprendizaje, cobra un sentido más profundo a la luz de este ideal de desarrollo, rico en valores que dignifican la condición humana:

Dimensión **A**   **Crear CULTURAS inclusivas.**

A1 Construir una comunidad:

1. Todo el mundo se siente acogido.
2. Los estudiantes se ayudan unos a otros.
3. Los miembros del personal de la escuela colaboran entre ellos.
4. El personal de la escuela y el alumnado se tratan con respeto.
5. Existe relación entre el personal y las familias.
6. El personal de la escuela y los miembros del Consejo Escolar trabajan bien conjuntamente.
7. Todas las instituciones de la localidad están involucradas en la escuela.

A2 Establecer valores inclusivos:

1. Se tienen altas expectativas respecto de todo el alumnado.
2. El personal, los miembros del Consejo Escolar, el alumnado y las familias comparten una filosofía de la inclusión.
3. Se valora de igual manera a todos los alumnos y alumnas.
4. El personal de la escuela y el alumnado son tratados como personas y como poseedores de un 'rol'.
5. El personal de la escuela intenta eliminar todas las barreras existentes para el aprendizaje y la participación.
6. La escuela se esfuerza en disminuir las prácticas discriminatorias.

Dimensión **B**   **Elaborar POLÍTICAS inclusivas.**

B1 Desarrollar una escuela para todos:

1. Los nombramientos y las promociones del personal son justas.
2. Se ayuda a todo miembro nuevo del personal a adaptarse a la escuela.
3. La escuela intenta admitir a todo el alumnado de su localidad.
4. La escuela hace que sus instalaciones sean físicamente accesibles para todos.
5. Cuando el alumnado accede a la escuela por primera vez se le ayuda a adaptarse.
6. La escuela organiza los grupos de aprendizaje de forma que todo el alumnado se sienta valorado.

B2 Organizar el apoyo para atender a la diversidad:

1. Se coordinan todas las formas de apoyo.
2. Las actividades de desarrollo profesional del personal de la escuela les ayuda a dar respuesta a la diversidad del alumnado.
3. Las políticas relacionadas con las 'necesidades especiales' son políticas de inclusión.

4. La evaluación de las necesidades educativas especiales y los apoyos se utilizan para reducir las barreras al aprendizaje y la participación de todo el alumnado.

5. El apoyo a los alumnos que aprenden la lengua del país como segunda lengua se coordina con otros tipos de apoyo pedagógico.

6. Las políticas de apoyo psicológico se vinculan con las medidas de desarrollo del currículo y de apoyo pedagógico.

7. Se han reducido las prácticas de expulsión por motivos de disciplina.

8. Se ha reducido el ausentismo escolar.

9. Se han reducido las conductas de intimidación o abuso de poder.

Dimensión C   **Desarrollar PRÁCTICAS inclusivas.**

C1 Orquestar el proceso de aprendizaje:

1. La planificación y el desarrollo de las clases responde a la diversidad del alumnado.

2. Las clases se hacen accesibles a todos los estudiantes.

3. Las clases contribuyen a una mejor comprensión de la diferencia.

4. Se implica activamente a los estudiantes en su propio aprendizaje.

5. Los estudiantes aprenden de forma cooperativa.

6. La evaluación estimula el logro de todos los estudiantes.

7. La disciplina en el aula se basa en el respeto mutuo.

8. Los docentes planifican, revisan y enseñan en colaboración.

9. Los docentes se preocupan de apoyar el aprendizaje y la participación de todo el alumnado.

10. Los profesionales de apoyo se preocupan de facilitar el aprendizaje y la participación de todo el alumnado.

11. Las 'tareas para la casa' contribuyen al aprendizaje de todos.

12. Todo el alumnado participa en las actividades complementarias y extraescolares.

C2 Movilizar recursos:

1. Los recursos de la escuela se distribuyen de forma justa para apoyar la inclusión.

2. Se conocen y se aprovechan los recursos de la comunidad.

3. Se aprovecha plenamente la experiencia del personal de la escuela.

4. La diversidad del alumnado se utiliza como un recurso para la enseñanza y el aprendizaje.

5. El personal genera recursos para apoyar el aprendizaje y la participación de todos.

Para **cada uno** de los indicadores, el *Índice* entrega una página completa de **preguntas** que sirven para examinar cómo se cumple ese aspecto puntual de la dimensión en la escuela, y se deja espacio para formular preguntas similares. Se trata, en consecuencia, de varias páginas de preguntas. A modo de ejemplo, algunas de las preguntas que trae el Índice para examinar el **primer indicador** de la dimensión **A2**: *Se tienen altas expectativas respecto de todo el alumnado*, son estas:

- ¿Todo el alumnado siente que asiste a un centro donde es posible que consiga sus mayores logros?

- ¿Se motiva a todo el alumnado a que tenga aspiraciones altas sobre su aprendizaje?

- ¿Se trata a todo el alumnado como si sus logros no tuvieran ningún tope?

- ¿Se hace consciente al alumnado de que su éxito depende de su esfuerzo?

- ¿Se valora el logro del alumnado en relación con sus propias posibilidades, en vez de en comparación con el logro de los demás?

- ¿El personal de la escuela evita tener una visión de que los estudiantes tienen una capacidad fija, basándose en sus logros del momento?

- ¿Se motiva a todo el alumnado a que esté orgulloso de sus propios logros?

- ¿Se motiva a todo el alumnado a que aprecie los logros de los demás?

- ¿Se ayuda al alumnado que tiene rechazo al aprendizaje por miedo al fracaso?, etc.

El *Índice* incluye varios **cuestionarios** al final, algunos de ellos para examinar los *indicadores*, en que cada miembro de la comunidad escolar, incluida la familia, debe pronunciarse señalando si está "completamente de acuerdo", "de acuerdo", "en desacuerdo" o necesita más información respecto de cada ítem.

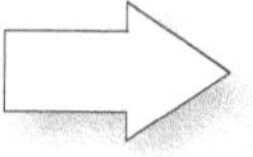

La información que hemos entregado sobre el *Índice de Inclusión* pretende motivar a los educadores y estudiantes de pedagogía a estudiar el manual completo, el que resulta indispensable para familiarizarse con la "filosofía de la inclusión" y para favorecer **el aprendizaje y la participación de todos** en sus comunidades educativas.

A la luz del ideal de desarrollo de las escuelas que propone el *Índice de inclusión*, resulta de interés retomar algunas de las derivaciones conceptuales del *Informe Warnock*:

- No existen dos tipos de niños: los "deficientes", que reciben educación especial, y los "no deficientes", que reciben simplemente educación.

- Las necesidades educativas no pueden clasificarse en grupos: forman un continuo.

- La educación especial también debe entenderse como un continuo de prestaciones, desde la más simple y temporal a la más permanente.

La **educación especial** ya no puede ser vista como un sistema paralelo destinado solo a los niños con *necesidades educativas especiales*. Debe ofrecer un *continuo* de prestaciones que tiene que hacerse evidente también en el aula regular. Asimismo, el educador de aula regular no puede desentenderse de los alumnos que reciben con mayor intensidad prestaciones especiales. El *trabajo colaborativo* entre el **docente de aula regular** (que es el especialista en las cuestiones curriculares relativas a su curso) y **otros profesionales**, especialistas en el trabajo con niños con necesidades especiales (educadores especiales, psicopedagogos, fonoaudiólogos, etc.) aclara la necesidad de este continuo que se pretende graficar con la flecha que se destaca en la **fig.10.8.** Solo así encontrarán respuesta muchas de las preguntas que plantea en Índice de Inclusión[23].

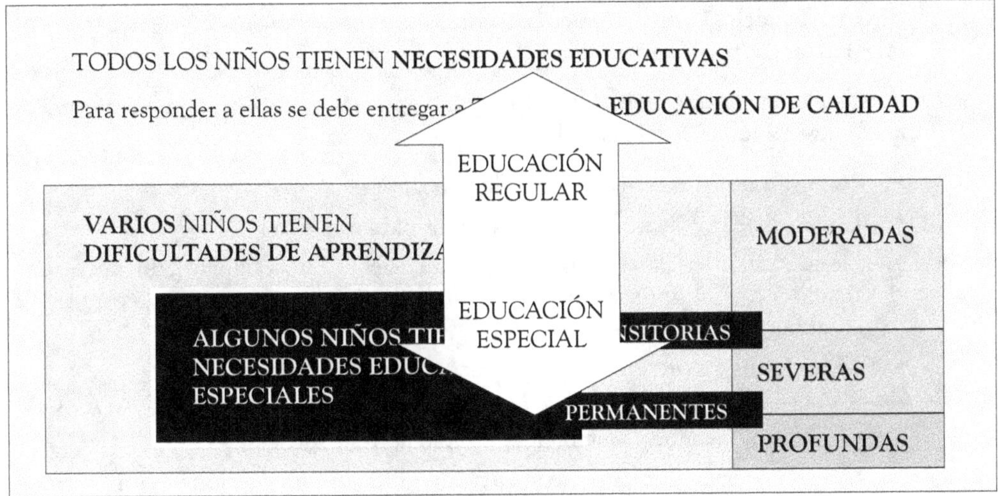

Figura 10.8

Educación **regular** y educación **especial** en interacción y no como sistemas independientes y paralelos. Los profesionales asociados a la educación especial asumen un rol más protagónico con niños con necesidades educativas especiales, pero en interacción permanente con el educador de aula regular y la sala de clases.

---

23 En Chile, la Facultad de Educación de la Universidad Central de Chile ha inaugurado un *Centro de Desarrollo e Innovación en Educación Inclusiva*. Cynthia Duk, su directora explica que los servicios de evaluación y asesoramiento del Centro pueden ser solicitados por establecimientos educacionales para recabar información respecto a la calidad de sus repuestas a la diversidad, con el fin de planificar mejoras. En el marco del seminario de su lanzamiento, la conferencia magistral estuvo a cargo de Javier Murillo, académico e investigador de la Universidad Autónoma de Madrid, quien se refirió a *escuelas inclusivas*, como **motor de la transformación social que el mundo necesita**, "Sin inclusión no hay calidad, por lo tanto, es momento que todos los sistemas educativos se pongan a trabajar por una escuela pensada y gestionada para todos".
Por otra parte, la P. Universidad Católica de Chile cuenta con un sistema de admisión especial para todas sus carreras destinado a postulantes con discapacidad auditiva, motora o visual que les impidan o dificulten su admisión por la vía ordinaria (PSU). Estos alumnos pueden participar del *Programa de Inclusión de Alumnos con Necesidades Especiales* (PIANE) que entrega los apoyos necesarios para que puedan desarrollar sus actividades académicas en condiciones de equidad.

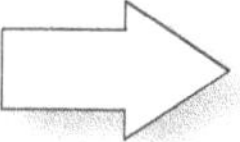 En lo que dice relación con la **implementación del decreto 170**, en la página web del MINEDUC se puede encontrar el desarrollo de los siguientes puntos: Preguntas frecuentes. Incremento de la Subvención Especial Diferencial. Normativa. Orientaciones. Registro de Planificación PIE. Formulario Único. Otros Formularios. Registro de Profesionales. Recursos audiovisuales de apoyo.

A MODO DE ENTRETENCIÓN

1. Aguilera y colaboradores (2004)[24] comentan una serie de **sugerencias conceptuales** derivadas del Informe Warnock, que están a la base de la nueva visión de la educación especial y de la educación común (las que forman un continuo y no dos sistemas paralelos) y que pueden ser vistas, en consecuencia, como las bases para una **pedagogía para la diversidad**.

   Estas sugerencias que, como el lector puede apreciar, constituyen la plataforma de lo expuesto a lo largo del capítulo, son las siguientes:

   - Todos los niños tienen derecho a la educación.

   - Los fines de la educación son los mismos para todos.

   - La educación especial consistirá en satisfacer las necesidades educativas particulares que un niño pueda demandar a fin de alcanzar los objetivos que son comunes a todos.

   - Todos los niños presentan necesidades educativas.

   - No existen dos tipos de niños: los "deficientes", que reciben educación especial, y los "no deficientes", que reciben simplemente educación.

   - Las necesidades educativas no pueden clasificarse en grupos: forman un continuo.

   - La educación especial también debe entenderse como un continuo de prestaciones, desde la más simple y temporal a la más permanente.

   - Las prestaciones especiales serán adicionales, complementarias a las prestaciones ordinarias: pero no serán una alternativa ni se realizarán en paralelo.

   - Los niños deben ser atendidos en función de la prestación educativa que necesiten y no en función de la categoría de deficiencia a la que hayan sido adscritos.

   Examine **críticamente** las aseveraciones y analícelas a la luz de lo que observa en su unidad educativa, o de lo que le tocó experimentar durante su etapa escolar.

2. Revise el trabajo de Jensen, E. en *Educational Leadership*, online, Vol. 70, 8, 24-30. (2013): **How Poverty Affects Classroom Engagement.** Analice las 9 desventajas que trae aparejada la pobreza para implicarse de lleno en las actividades de clase y lo que el maestro debe hacer frente a cada una de ellas: *What You Can Do!*

---

24 Antonio Aguilera (coord.): *Introducción a las dificultades del aprendizaje*. U. De Sevilla. McGraw-Hill, Madrid, 2004.

<h1>Capítulo 11</h1>

EL APORTE DE LAS TEORÍAS A LA EDUCACIÓN

Temas del capítulo

Teorías y modelos • Funciones que cumplen las teorías • Cognitivismo y conductismo • El enfoque humanista • Cuatro grandes enfoques teóricos • Tendencias e inquietudes actuales en el aprendizaje

TEORÍAS Y MODELOS

Completamos estas páginas dedicadas fundamentalmente a la descripción de los **mecanismos** que utiliza el ser humano para aprender, con una síntesis acerca de las *teorías* o, mejor, de las más influyentes *familias de teorías* del aprendizaje. Ello, por tres razones fundamentales:

1. A lo largo del texto se ha hecho referencia a ellas en numerosas ocasiones, por lo cual se hace necesario dar, por lo menos, una visión de conjunto que contribuya a proporcionar más coherencia a lo tratado.

2. Los *mecanismos* cobran sentido y se pueden entender mejor a la luz de los enfoques teóricos que los han descrito y que los privilegian.

3. La *enseñanza*, de la cual nos hemos ocupado brevemente al final del manual, también está fuertemente inspirada en las teorías del aprendizaje.

La presentación no pretende ser exhaustiva. El lector puede acudir a los manuales dedicados por completo a las **teorías del aprendizaje**, de los cuales aparecen citados varios en la bibliografía al final de este libro, si quiere formarse una visión más acabada de la materia. En este capítulo destacaremos solo algunos rasgos distintivos, importantes para el aprendizaje y la enseñanza. Según Hill (1980),

> Una **teoría** es una **interpretación sistemática de un área del conocimiento.**

El área del conocimiento a que hemos hecho referencia en estas páginas es el **aprendizaje**, con especial énfasis en el **aprendizaje humano**, y en la perspectiva de la psicología educativa o psicopedagogía. Como se ha podido apreciar, en psicología coexisten varias interpretaciones, perspectivas o puntos de vista en relación al aprendizaje (y otros fenómenos). Es así como se habla de psicología *cognitiva*, de *conductismo*, de *enfoque socio-comportamental*, etc.

Littlejohn (1983) observa que la gente suele usar el término **teoría** para referirse a cualquier **conjetura no comprobada** acerca de algo, contrastando la teoría con *los hechos*. No es el sentido, ciertamente, en que entendemos aquí el término. Una teoría **no** es un conjunto de conjeturas o "corazonadas" sobre determinados fenómenos, que se contraponen o que están muy alejadas de los hechos concretos. Ello no descarta que buenas conjeturas y presunciones puedan dar pie a hipótesis plausibles y eventuales teorías. Una buena teoría debe estar sólidamente fundada en los hechos, los que obligan en ocasiones a revisar seriamente la teoría o la condenan a desaparecer.

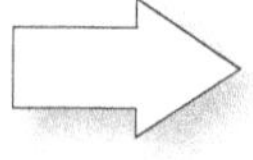 Los hechos psicológicos son complejos, inasibles y escapan en buena parte al examen directo. Resulta, en consecuencia, muy difícil pensar –al menos hasta el momento– en alguna teoría que pueda dar cuenta cabal de todos ellos.

Cada enfoque existente parece aportar una perspectiva válida para comprender al menos **una parte** (a veces, bastante acotada) de los fenómenos y sus interrelaciones. En este sentido, las teorías cumplen **funciones** importantes. Herriot (1977) señala tres de ellas al definir las teorías como

> Sistemas que (1) **describen** y (2) **explican** ciertos descubrimientos empíricos y que (3) dan lugar a una **investigación** fructífera.

Para Swenson (1980), se trata de instrumentos o medios que permiten **comprender** sucesos complejos. Las páginas anteriores de este manual dan cuenta de algunos de tales sucesos. El lector puede haber advertido cómo fueron analizados a la luz de alguna teoría influyente. Es posible que el propio lector haya desarrollado "teorías" (al menos implícitas) sobre los fenómenos psicológicos. Algunos estudiosos, explica Littlejohn, distinguen entre *teorías* y *modelos*:

- **Modelo** es cualquier **representación** simbólica de algo: de una cosa, proceso o idea. Tal representación puede ser concreta, gráfica, verbal, numérica...

- Una **teoría**, en cambio, pretende algo más: es una **explicación**, es decir, trata de dar cuenta de las causas de los fenómenos (y de los diferentes tipos de causas) [1].

Es el caso de advertir, que no existe consenso en el uso de estos términos. De todos modos, según el mismo autor, es importante tener presente que las teorías son *abstracciones*: no son ellas mismas, en consecuencia, el proceso o fenómeno conceptuado. Toda teoría es, además, parcial; deja algo "fuera", ya que se focaliza en algunos aspectos a expensas de otros. Además, las teorías con *construcciones*: son creadas por personas y representan las maneras en que sus creadores ven o interpretan la realidad; las teorías no son la realidad.

FUNCIONES QUE CUMPLEN LAS TEORÍAS

Hill ya había adelantado, en su influyente *Teorías contemporáneas del aprendizaje* (1980), que las teorías en el área cumplen tres funciones fundamentales:

1. Aportan un **enfoque**, una perspectiva, una manera peculiar de analizar, discutir e investigar acerca del aprendizaje.

2. Constituyen una **síntesis**, un intento de resumir una gran cantidad de conocimientos acumulados en el área.

3. Son una **explicación**: un intento creativo de explicar qué es el aprendizaje y por qué ocurre de determinadas maneras.

Para Littlejohn, que se ocupa preferentemente del lenguaje y de la comunicación, las teorías cumplen varias funciones, todas ellas decisivas para el progreso de la ciencia:

1. **Organizan** y **resumen** el conocimiento acumulado en el área. Una teoría no es un corpus o listado interminable de datos particulares. Es preciso organizar y dar sentido a los datos y hallazgos, descubriendo conexiones, identificando regularidades y sintetizando.

2. **Focalizan la atención** sobre las variables relevantes y su interrelación. Cognitivismo, conductismo, psicoanálisis, etc., y sus respectivas variantes, atienden a variables y datos que calzan con su perspectiva particular, ignorando otros.

3. **Clarifican y ahondan** en aquello que se observa, a fin de poder interpretar los hechos específicos, facilitando, así, la explicación y comprensión de los fenómenos.

---

1 **Explicación**, en general, es todo procedimiento dirigido a determinar el porqué de un objeto, a hacer claro y accesible al entendimiento un discurso o una situación, o a eliminar en una situación dificultades y conflictos. (*Diccionario de Filosofía* de Abbagnano).

4. **Aportan un apoyo para la observación.** Relacionada con la función *focalizadora*, aunque aquí se destaca no el **qué** observar, sino el **cómo** hacerlo.

5. **Predicen**: permiten al investigador hacer predicciones acerca de resultados y efectos en los datos.

6. **Generan nueva investigación**: corresponde a la función *heurística* de las teorías, ya que ayuda al crecimiento del conocimiento.

7. **Contribuyen a la comunicación**: la teoría aporta el marco de referencia para comunicar los resultados de la investigación, fomentar el debate, la discusión y la crítica.

8. **Proponen normas** de comportamiento: la función de control o *normativa* ayuda al teórico a juzgar lo apropiado o lo efectivo de determinadas conductas o fenómenos, a partir de los hallazgos y regularidades encontradas[2].

Teniendo presente para qué sirven las teorías, describiremos las **corrientes más influyentes** en psicopedagogía del aprendizaje. El lector podrá apreciar como todas estas teorías, o familia de teorías, cumplen –en una perspectiva muy peculiar cada una– con funciones como las recién mencionadas.

COGNITIVISMO VERSUS CONDUCTISMO

Las últimas décadas del siglo pasado cobraron importancia en psicología los enfoques teóricos cognitivistas. Se habló, en su momento, de un *cambio de paradigma*[3]. Las explicaciones y detalles del fenómeno pueden encontrarse en los libros dedicados a las teorías en psicología y, entre ellas, las del aprendizaje. Ocurrió un cambio decisivo en la "manera de ver las cosas" y en cómo explicarlas. La psicología educativa se vio enriquecida además con los aportes de teóricos que proponían una aproximación más comprehensiva al estudio del ser humano, de corte humanista.

Para el **conductismo,** la conducta se establece a base de *fuerzas ambientales* (refuerzo) y el aprendizaje consiste en respuestas aprendidas ante estímulos externos,

---

2 Uno de los criterios de **normalidad-anormalidad** en psicología es conocido como el criterio "normativo" o "del ideal", ya que se basa en normas y estándares ideales acerca de cómo debieran ser las cosas. **Para evaluar la conducta son necesarias normas evolutivas**, aclaran Wicks-Nelson e Israel en su *Psicopatología del niño y del adolescente* (1997): los índices y secuencias típicas del desarrollo de habilidades, conocimientos, y de conducta social y emocional, sirven para evaluar la posibilidad de que "algo vaya mal". La conocida jerarquía o *pirámide* de necesidades humanas básicas de Maslow, por ejemplo, así como otros estándares de desarrollo psicológico esperable (Erikson, Piaget), constituyen aplicaciones de este criterio. Aportan puntos de referencia global muy valiosos en cuanto al grado de madurez de las personas.

3 La bibliografía recomendada sobre esta noción es:
Kuhn, Thomas: *La estructura de las revoluciones científicas.* México. Fondo de Cultura Económica, 1971. *¿Qué son las revoluciones científicas? y otros ensayos.* Barcelona. Paidós, 1989. *La tensión esencial: estudios selectos sobre la tradición y el cambio en el ámbito de la ciencia.* México. Fondo de Cultura Económica, 1982.

básicamente a través de condicionamiento clásico y operante. Para el **cognitivismo** (modelo de procesamiento de la información) el sujeto es un *procesador activo*: selecciona información, la codifica, almacena y recupera, y cobran enorme importancia dentro de la teoría la percepción, el pensamiento y el lenguaje. Para el **humanismo,** el sujeto es único, libre, racional y auto-determinante: su libre albedrío y vocación a la autorrealización lo hacen, en consecuencia, absolutamente diferente a los animales o a los ordenadores. (Gross, 1998).

No podemos desconocer los sustantivos aportes del conductismo y del neo-conductismo[4] a la psicología, evidentes también en educación. En este manual hemos destacado algunos, los que forman parte del cuerpo de conocimientos científicos acumulados por la psicología, pese a la visión distorsionada (y muchas veces mal fundamentada) que muchos maestros tienen de la postura. Es verdad que, como toda teoría, adolece de deficiencias y puntos débiles, en especial si pretende dar cuenta de datos que escapan ampliamente a su alcance explicativo, como lo hizo notar Chomsky[5] en relación a aspectos esenciales del lenguaje.

En general, los cognitivistas suelen criticar el conductismo en términos semejantes a Ausubel y equipo (1983) quienes, al presentar su "teoría de la asimilación" del aprendizaje verbal, que ha resultado ser muy influyente en psicología educativa, afirman:

> La *teoría de la asimilación* pertenece a la familia de las teorías cognoscitivas del aprendizaje, que **rechazan el dogma conductista** de que no se debe especular sobre los mecanismos internos de la mente. La psicología conductista es de naturaleza **periférica**, y determina que solo los estímulos aplicados y la conducta observable resultante constituyen los componentes legítimos que merecen estudiarse. **En contraste, las psicologías cognoscitivas** se ocupan de procesos como la formación de conceptos y de la naturaleza de la comprensión humana de la estructura y sintaxis del lenguaje...

Por su parte, los teóricos E-R criticaron al cognitivismo por su fundamentación en conceptos cualitativos e inherentemente vagos y por caer en un *mentalismo* poco científico basado en la introspección y no en la ciencia experimental. La nueva era que se inició con el computador, los modelos de procesamiento de la información y la analogía "mente-computador", como ya se señaló, estrena un cognitivismo diferente al de los gestálticos (teóricos que representaban la tradición cognitivista antes

---

4 El **neoconductismo** admite una consideración de los procesos mediadores centrales, es decir, no se limita solo a los E-R observables y sus relaciones, como el conductismo ortodoxo. Se trata de una psicología E-O-R. Lo hace, sin embargo 'a la manera conductista' y en la terminología correspondiente: describe dichos procesos *mediacionales* como conexiones y cadenas e^m y r^m = estímulos mediadores y respuestas mediadoras.

5 Véase, sin embargo, a este respecto: Bayés, R. (ed.) **¿Chomsky o Skinner? La génesis del lenguaje.** Fontanella, Barcelona, 1977. En nuestra *Psicología del lenguaje* ahondamos en estas cuestiones.

de la segunda guerra mundial), con un lenguaje más objetivo y mejores herramientas al servicio de la investigación. La llegada de los ordenadores significó, entre otras cosas, que la conducta podía ser *simulada* simbólicamente, las estrategias cognitivas traducidas a programas, y todo ello con un riguroso control de variables. Fenómenos que antes eran accesibles solo subjetivamente, ahora pudieron ser puestos al alcance del observador externo.

Si a lo anterior se agregan los progresos más recientes en el campo de la *neuropsicología cognitiva*, con los asombrosos avances en la capacidad de explorar la actividad cerebral "a tiempo real", se tiende actualmente a reemplazar la analogía "mente-computador" por la analogía "mente-cerebro". Estamos ante un escenario muy diferente al de Pavlov, Watson, o el de Skinner e, incluso, Piaget. Pese a todos estos desarrollos y nuevos escenarios, aún se encuentran vigentes aportes que la teoría conductista supo legar en psicoterapia, en modificación de conductas, en el campo de la enseñanza y que siguen siendo válidos.

A fin de destacar los rasgos que mejor caracterizan a estos dos puntos de vista, se contrastan, a continuación, en aspectos que consideramos sobresalientes, por sus implicancias para la psicología educativa o psicopedagogía. La comparación pretende ser relativamente "neutra", evitando los extremos en que se cae cuando se analiza (o critica) una perspectiva exclusivamente desde la otra. Conviene advertir que no da cuenta de la riqueza de puntos de vistas diferentes que –dentro de cada uno de los dos enfoques– manifiestan sus numerosos representantes. Además, lo que se afirma del cognitivismo no representa solo el enfoque de procesamiento de la información (el que mejor cuadra con la analogía "mente-computador"): algunas ideas corresponden más bien al cognitivismo clásico (especialmente piagetiano) expresado en especial en el *constructivismo*, a los conceptos de Vigotsky, al "aprendizaje por descubrimiento" (Bruner), o se ven "teñidas" por algunos aportes humanistas, de los que nos ocuparemos después. En algún sentido, cognitivismo y humanismo han representado un frente común de cara al conductismo. El lector puede examinar las tablas que siguen con detención y constatará que todos los puntos de contraste se relacionan con materias tratadas en diferentes capítulos de este manual. Los puntos en que comparan los dos enfoques son:

- En qué consiste el aprendizaje.
- Definición de aprendizaje.
- Visión del psiquismo.
- Explicación de la conducta compleja.
- Papel del sujeto que aprende.
- Mecanismos básicos de aprendizaje.
- Efectos de las intervenciones.

CONDUCTISMO	COGNITIVISMO
EN QUÉ CONSISTE EL APRENDIZAJE	
El aprendizaje consiste en la adquisición de HÁBITOS, es decir, conexiones E- R (estímulo-respuesta) que no se tenían. Papel importante lo juegan las conductas, la ejercitación.	Consiste en la adquisición de ESTRUCTURAS COGNITIVAS en las que juegan un papel fundamental la percepción, el pensamiento, las redes conceptuales
DEFINICIÓN DE APRENDIZAJE:	
– Cambio de conducta, – relativamente permanente, – resultado de la práctica. (Definición operacional)	– Reestructuración cognoscitiva, – determinada por una necesidad. (Definición teórica)
VISIÓN DEL PSIQUISMO	
Enfoque periférico-asociacionista. Visión molecular, especifista de los fenómenos psíquicos.	Enfoque organísmico. Visión holística, molar de los procesos mentales.

Figura 11.1

Conductismo y cognitivismo.

Kimble (1991) distinguió entre definiciones **fácticas** (u operacionales) y definiciones **teóricas** de aprendizaje. Ver **fig. 11.1**

- Las **definiciones fácticas** relacionan los elementos que las constituyen con hechos observables del mundo físico. Reducen el concepto de aprendizaje a observaciones que se pueden hacer en el mundo físico:

  cambio de conducta = observable.

  relativamente permanente = observable, mensurable.

  resultado de la práctica o experiencia = observable, mensurable.

- Las **definiciones teóricas**, sin esta preocupación, tratan de describir los mecanismos subyacentes o lo que constituye la *verdadera naturaleza* del aprendizaje (a lo que no tenemos acceso directo).

Los teóricos conductistas, en la tradición científica de la psicología experimental, como ya lo adelantamos al examinar el condicionamiento, utilizan definiciones operacionales, fácticas.

CONDUCTISMO	COGNITIVISMO
EXPLICACIÓN DE LA CONDUCTA COMPLEJA	
La conducta compleja es el resultado de la combinación de elementos simples: se aprende algo nuevo ejercitando y combinando hábitos ya adquiridos. Solución de problemas por *ensayo y error*, y selección de conductas previamente exitosas.	La conducta compleja es inexplicable por la pura combinación de elementos simples: se aprende algo nuevo sacando conclusiones nuevas y no solo ejercitando hábitos viejos. Solución de problemas por *insight* (discernimiento o comprensión súbita).
PAPEL DEL SUJETO QUE APRENDE	
Relativamente reactivo a la situación-estímulo, al arreglo de la situación, a los refuerzos. Pero debe actuar activamente en el medio, ejecutando conductas: *aprender haciendo*. El niño (el sujeto) reacciona a la experiencia. La experiencia se impone por sí misma.	Énfasis en el aspecto creativo y original de la mente, en la iniciativa del sujeto. La actividad principal se lleva a cabo en la mente. La organización de conocimientos es importante. El niño (el sujeto) estructura y organiza la experiencia, le da sentido.

Figura 11.2

Conductismo y cognitivismo.

La experiencia de aprender por un súbito *insight* (**fig. 11.2**) se cumple si se dan ciertas condiciones, como lo acreditan diferentes expertos en el tema:

1. Hay suficiente base y preparación en el área.

2. Se presta atención a las diferentes relaciones que operan en la situación total: el *insight* depende del arreglo de la situación problemática.

3. La manipulación mental se da a veces inconscientemente: cuando aparece repentinamente la solución, la persona se da cuenta de que había estado pensando en el problema.

4. La tarea es significativa y está dentro del rango de habilidades del sujeto. (No cualquier persona puede tener un *insight* en cualquier área).

5. No bien se encuentra la solución, se puede aplicar con facilidad a situaciones parecidas. Las soluciones graduales caracterizan al aprendizaje por *ensayo y error*. Las repentinas, al aprendizaje por *insight*[6].

---

6 Para ahondar en el tema del *insight*, relacionado con enseñanza eficaz:
Dillon, Deborah: *Kids InSight, reconsidering how to meet the literacy needs of all students*. International Reading Association, Newark, Del., 2000.

El análisis de Piaget (**fig. 11.2**), como ya se explicó, sobre la manera de concebir el nacimiento y el funcionamiento de la inteligencia puede resultar esclarecedor para entender la comparación en lo que concierne al papel de la experiencia. En *El nacimiento de la inteligencia en el niño* (Aguilar, Madrid, 1969), reconociendo que la experiencia es necesaria para el desarrollo de la inteligencia, afirma:

> Este es un hecho fundamental en que se basan las hipótesis empiristas y sobre el cual han tenido el mérito de llamar la atención. Nuestros análisis sobre el nacimiento de la inteligencia del niño confirman este punto de vista. Pero en el empirismo hay más que una afirmación de la función de la experiencia: el empirismo es, ante todo, cierta concepción de la experiencia y su acción.

CONDUCTISMO	COGNITIVISMO
MECANISMOS BÁSICOS DE APRENDIZAJE	
Condicionamiento clásico (*pavloviano*) e instrumental (*skinneriano*). Imitación. La repetición frecuente, la práctica en contextos variados, que facilitan la generalización y la necesaria discriminación, son fundamentales.	*Mecanismos cognitivos:* comprensión de relaciones significativas e *insigth*. El aprendizaje unido a la comprensión es más duradero y transferible. El refuerzo se entiende como *feedback cognitivo*.
EFECTOS DE LAS INTERVENCIONES	
Los efectos del entrenamiento, modificación conductual, terapia, instrucción... están determinados por el adulto que programa los refuerzos y organiza la situación-estímulo. El "programa de refuerzo", de instrucción, modifica la conducta del niño.	Los efectos del entrenamiento, modificación conductual, terapia, instrucción... están determinados por las categorías cognitivas del niño, quien selecciona la experiencia. El "programa de refuerzo" pasa a ser asimilado por las estructuras cognitivas del niño, quien modifica su conducta.
El educador (el terapeuta, los padres...) asume la responsabilidad de cambiar la conducta del niño. Fijan y precisan los objetivos. El niño aprenderá a ser autónomo y a auto-reforzarse.	El educador (el terapeuta, etc.) asume la responsabilidad de proporcionar oportunidades para que el niño cambie su conducta. El aprendiz fija objetivos y es libre de elegir.
En síntesis, se tiende a la instrucción directa de estrategias que se sabe son efectivas. El adulto planifica y enseña.	Se fomenta que el aprendiz descubra estrategias. Descubrimiento *guiado*. El adulto es mediador o facilitador.

Figura 11.3

Conductismo y cognitivismo.

> Por una parte, tiende a considerar que la experiencia se impone por sí misma, sin que el sujeto haya de organizarla, es decir, como si se imprimiese directamente sobre el organismo, sin precisar para su constitución de ninguna actividad de parte del sujeto. Por otra parte, el empirismo considera la experiencia como existente en sí misma...

El examen cuidadoso de las tablas puede dar cuenta de aspectos muy importantes en el quehacer de los docentes en que se ven reflejadas las teorías. Se han traducido en una serie de iniciativas y características observables en la planificación curricular, en la organización de los programas, la determinación de objetivos, recomendaciones instruccionales, y hasta el tipo de educando que dicen quieren formar. Es frecuente, sin embargo, encontrar posiciones más bien *eclécticas*, que procuran integrar los mejores aportes de cada postura.

Muchos educadores hoy día se declaran *constructivistas*, postura esencialmente cognitivista[7]. La aproximación trata de cambiar el énfasis de la enseñanza centrada en el maestro al aprendizaje centrado en el estudiante. Diferentes programas de intervención con niños y adolescentes (en psicopedagogía, educación especial, psicoterapia...) se basan en los postulados teóricos del conductismo, cognitivismo, o de ambos. Numerosos psicólogos clínicos se identifican con las terapias "cognitivo-conductuales". Otros se fundamentan o incluyen aportes explícitos del enfoque humanista que pasamos a revisar a continuación, sin cuya presentación el panorama aparecería incompleto.

EL ENFOQUE HUMANISTA

La breve panorámica anterior debe complementarse con la postura de autores que, ampliamente influyentes en el campo de la **psicología de la personalidad** y de **la psicoterapia**, han llegado a serlo también en psicopedagogía del aprendizaje. Entre otros, cabe mencionar a Carl Rogers y Abraham Maslow. Esto obedeció a que muchos educadores se sentían insatisfechos con las interpretaciones de los hechos relativos al aprendizaje y la instrucción, a su juicio incompletas, aportadas por los enfoques anteriormente descritos.

Hilgard y Bower (1977), en su ya clásico tratado de *teorías del aprendizaje*, llamaron a esta nueva orientación, que llegaba a sumarse a las dos familias de teorías tradicionales antagónicas, *teorías de la motivación y personalidad*. Ambos conceptos, **motivación** y **personalidad**, son medulares en la aproximación al tema del aprendi-

---

7 Dentro de la muy abundante bibliografía psicopedagógica con un enfoque constructivista, ver, a modo de ejemplo:
Klingler, Cynthia & Vadillo Guadalupe: **Psicología cognitiva: estrategias en la práctica docente.** McGraw-Hill Interamericana, México, 1999.

zaje que caracteriza a estos teóricos. Ellos se suelen autodenominar **humanistas**, por su consideración del ser humano o de la persona en su totalidad. Centrarse en un análisis sesgado, ya sea de las conductas, de las cogniciones o los instintos (psicoanálisis), no da una visión completa de la **persona**. Child (1975) afirmó:

> La psicología humanística se caracteriza por **su modelo del hombre** y por la convicción de que el corpus del conocimiento científico sobre este se desenvolverá con más eficacia **si está guiado por una concepción del hombre como se conoce a sí mismo, que si se atiende a alguna analogía no humana.**

Esto último ha ocurrido en la tradición científica de la psicología experimental, en buena parte representada por el conductismo y neoconductismo. Al contrastar la psicología humanística con la tradición experimental, con sus virtudes y defectos, Child (1975) advertía:

> Muchos psicólogos humanistas están tan absortos, batallando en pro del modelo humano de hombre, que hacen caso omiso del aspecto de la observación sistemática de la ciencia... Muchos psicólogos investigadores (psicólogos experimentales), por otra parte, se abstraen tanto en el perfeccionamiento de sus métodos de investigación, que su manera de pensar queda dominada por el método y no por el objeto de investigación.

Nótese que dentro de las analogías no humanas, aparte de las generalizaciones derivadas de la conducta animal, están los modelos mente-ordenador. A juicio de Sahakian (1980), la plataforma de los psicólogos humanistas, más allá de su reacción frente a las psicologías *reduccionistas* como el psicoanálisis y el conductismo[8], se define por una **adhesión a una posición** que comprende, entre otras cosas:

> Una orientación basada en un modelo que considera a **la persona total o como un todo**; una toma de conciencia del aspecto **creativo e intencional** del individuo; el objetivo de la vida como **aquello en lo cual el individuo cree y posee una significación** para él; la convicción de que **lo esencial de la persona reside en el** *self* **o sí mismo**; la consideración de la persona como **un ser que experimenta**; el aprecio de la persona por su **valor y dignidad**.

Maslow (1968) declaró:

> Los libros o cursos que tratan sobre psicología del aprendizaje lo hacen, en mi opinión, **sin tener en cuenta el punto de vista humanístico**. En su mayoría, presentan el aprendizaje como una adquisición de habilidades y

---

8 Maslow eligió la denominación de **Tercera fuerza de la psicología** para referirse a la orientación humanística: las otras dos fuerzas eran en USA (y Europa) el psicoanálisis y el conductismo, conocidos por las personas cultas, incluso ajenas a la psicología.

capacidades que son **extrínsecas y no intrínsecas** al carácter humano, a la personalidad y a la misma persona...

Casi podríamos afirmar que **los numerosos libros de psicología del aprendizaje no aportan nada al alma humana, a la esencia del hombre.**

Existe una **nueva concepción del aprendizaje**, elaborada a partir de esta nueva *filosofía humanística*. En términos sencillos, puede decirse que esta concepción sostiene que la función de la educación son objetivos: el objetivo humano, el objetivo humanístico.

El objetivo que interesa a los seres humanos es, en último extremo, la **autorrealización** de la persona, **su transformación en un ser humano pleno, el desarrollo máximo a que la especie humana puede hacer frente o el desarrollo que puede alcanzar un individuo como tal.** Empleando una terminología menos técnica diríamos que **se trata de ayudar a la persona a convertirse en lo mejor de sí misma.**

Rogers contrastó el aprendizaje que denominó **experiencial** con el tradicional de las escuelas, que tildó de *cognoscitivo* (1973, 1980). El término lo utilizó para criticar la práctica pedagógica centrada en la *entrega de conocimientos* por procedimientos asociativos y memorísticos, **sin atender a los intereses del niño o adolescente.** Tal aprendizaje "consiste, en sentido primario, en la fijación de ciertas asociaciones: el niño debe aprender de esta manera letras, números, las tablas de multiplicar, verbos irregulares, etc. Solo muy imperceptiblemente cualquiera de estos aprendizajes **lo cambia**". El aprendizaje *experiencial*, en cambio, es **significativo** o con sentido[9]. Es de tal naturaleza, que el estudiante puede decir: **"Estoy descubriendo, introduciendo algo del exterior y convirtiéndolo en una parte real de mí".**

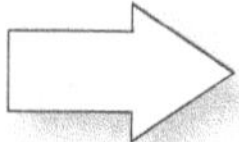

El sentimiento relacionado con este tipo de aprendizaje es: "¡ahora estoy aprendiendo lo que **necesito** y **quiero**!".

El aprendizaje experiencial reúne, según el autor, una serie de características:

- Posee una calidad de implicación personal: la persona total (conocimientos y sentimientos) está implicada.

- Se inicia a partir de uno mismo: aunque el estímulo venga de afuera, la sensación de descubrimiento, de logro, dominio y comprensión, arrancan desde dentro.

- Es penetrante.

- Es evaluado por el propio aprendiz.

---

9 Como puede apreciarse, "significativo" en sentido rogeriano, es diferente al "significativo" ausubeliano. Para este último tiene un sentido más cognoscitivo, de coherencia lógica y comprensión intelectual. Para Rogers tiene una connotación que abarca a la persona total: "esto es lo que necesito y quiero".

- Su esencia reside en el significado.

Si para la educación tradicional o convencional el fin primordial es **trasmitir conocimientos almacenados**, para la educación basada en este otro aprendizaje lo es el **fomentar el proceso de descubrimiento**. Para el primer tipo de educación, la tradicional, los **supuestos** que parecen guiarla son del tipo:

– No se puede confiar en que el alumno pueda *aprender* si lo hace por su cuenta...

– ¡Basta que el profesor presente la materia... para que los alumnos aprendan!

– El propósito de la educación es... acumular "ladrillo sobre ladrillo de conocimientos".

– La verdad... ya es algo conocido: "estos son los hechos".

– El sistema desarrolla ciudadanos... creativos y constructivos (¡pese basarse en procedimientos que favorecen una actitud pasiva!).

– La evaluación... es educación y... vice-versa: quien evalúa es el profesor y la forma de vida del estudiante es ¡vivir preparando exámenes!

Los **supuestos** que orientan la educación basada en el aprendizaje **experiencial**, significativo, son muy diferentes, y los destacamos en el recuadro de la **fig. 11.4**

- Los seres humanos tienen una capacidad natural para aprender.

- El aprendizaje significativo tiene lugar cuando el estudiante advierte que la materia tiene importancia para sus propósitos.

- Gran cantidad de aprendizaje se adquiere actuando, haciendo.

- El aprendizaje se facilita cuando el alumno participa en el proceso responsablemente.

- El aprendizaje auto-iniciado, en el que está implicada la persona total –sentimientos y aptitudes– es el más penetrante y duradero.

- La creatividad, la independencia y autoconfianza se dan más fácilmente cuando priman la autocrítica y la autoevaluación por sobre la evaluación de los demás.

- El aprendizaje más práctico socialmente en el mundo moderno consiste en aprender a aprender, en una apertura constante a la experiencia y la incorporación dentro de uno del proceso de cambio.

- En un entorno amenazador y que crea inseguridad, los contenidos y destrezas difíciles de aprender, se hacen aún más difíciles.

Figura 11.4

Los supuestos a la base del *aprendizaje experiencial*.

Cada una de las tres grandes familias de teorías o enfoques acerca del aprendizaje (estímulo-respuesta, cognitivista y humanista) ha ejercido influencia en las prácticas educativas. Hilgard y Bower ya se habían adelantado a identificar en su obra sobre *teorías del aprendizaje*, **principios** o más bien **indicaciones prácticas** que podrían atribuirse a cada una de ellas. A modo de ejemplo, en **fig. 11.5** citamos algunos de estos "principios que en la práctica pueden ser útiles"[10]. Al lector, después de todo lo leído, le resultarán fácilmente comprensibles en el contexto de cada teoría particular.

Es posible que la mayoría de los educadores esté de acuerdo, en general, con recomendaciones o principios como estos y que corresponden a las tres familias de teorías. Es cierto, por otra parte, que algunos maestros se sienten mejor identificados con un determinado enfoque (lo que no siempre se traduce en una práctica consistente con él). Una posición **ecléctica**, que recoge lo mejor de cada una de las tres grandes familias de teorías, parece ser una elección acertada.

Ecléctico, según los diccionarios de la lengua, es quien adopta una *postura ecléctica*, o que pertenece o es partidario del *eclecticismo*, o **que elige entre varios estilos lo que le gusta sin atenerse a ninguno**. *Eclecticismo*, para el diccionario RAE es: 1. Modo de juzgar u obrar que adopta una postura intermedia, en vez de seguir soluciones extremas o bien definidas. 2. Escuela filosófica que **procura conciliar las doctrinas que parecen mejores o más verosímiles**, aunque procedan de diversos sistemas.

CUATRO GRANDES ENFOQUES TEÓRICOS

Para completar este apartado, queremos mostrar cómo las teorías interpretan o matizan de manera diferente qué se entiende por *comportamiento anormal*, cuáles son sus causas y en qué consiste la *normalidad*. Ello se ve influido claramente por las distintas concepciones que tienen acerca de la *naturaleza de los seres humanos*. De una extensa tabla comparativa elaborada por el psicólogo inglés R. Gross (1998), extractamos y resumimos algunos aspectos que ilustran el punto, centrándonos en los **cuatro enfoques** que han tenido presencia en este libro: psicoanálisis, conductismo, la teoría humanista, y el cognitivismo expresado en los modelos de procesamiento de la información. La tabla la confeccionamos para el manual *Psicopedagogía de la diversidad en el aula*, por la importancia que tienen en él los temas relativos a *normalidad* y *anormalidad*.

La tabla **fig. 11.6** sintetizan la postura de cada uno de estos enfoques teóricos en relación a cómo conciben la **naturaleza de los seres humanos**; qué entienden por

---

10   El listado completo de estos "principios que en la práctica pueden ser útiles", derivados de las tres familias de teorías, se puede encontrar también en Sahakian (1980). Advertimos al lector que incluye errores de traducción.

CONDUCTISTAS	COGNITIVISTAS	HUMANISTAS
PRINCIPIOS QUE EN LA PRÁCTICA PUEDEN SER ÚTILES		
La **frecuencia de la repetición** es importante para la adquisición de destrezas, y para producir un grado de aprendizaje tal, que garantice la retención. No se aprende a escribir a máquina, a tocar el piano o a hablar un idioma extranjero sin algo de práctica repetitiva.	Las características **perceptuales** del problema presentado son condiciones importantes del aprendizaje (relaciones figura-fondo, signos direccionales, 'qué conduce a qué', interrelaciones...)	La **organización de las motivaciones y valores** dentro de un individuo es importante. Algunas metas de largo alcance influyen sobre actividades de corto alcance... Una misma situación objetiva puede desencadenar motivaciones adecuadas en un aprendiz y no en otro.
El **refuerzo** es importante. Es decir, la repetición debe ocurrir en forma tal que las respuestas deseables o correctas sean recompensadas... Los refuerzos **positivos** (premios, éxitos) deben prevalecer sobre los negativos (basados en castigos, fracasos).	El aprendizaje unido a la **comprensión** es más duradero y más transferible que el aprendizaje memorístico o mediante fórmulas aprendidas mecánicamente.	Las **capacidades del que aprende** son importantes y deben tomarse medidas para los aprendices más lentos y los más rápidos, así como para los que están dotados de especiales cualidades.

Figura 11.5

Algunos de los "principios que en la práctica pueden ser útiles" citados por Sahakian (1980).

normalidad psicológica; y a qué atribuyen o cuáles son las **causas de la conducta anormal**. Como puede apreciarse del análisis de la tabla, los criterios propuestos por cada teoría (o familia de teorías) sobre lo que debe entenderse por normalidad psicológica, así como sus explicaciones acerca de las causas de la conducta anormal, son diferentes en los énfasis propuestos y se relacionan estrechamente con la concepción que defienden acerca de la naturaleza de los seres humanos. Ninguno de los enfoques puede ser visto como la única explicación para entender la conducta humana y sus desajustes. Todos hacen contribuciones de importancia. El psicoanálisis freudiano, que no es una teoría del aprendizaje por lo cual no fue mencionado anteriormente en este capítulo, ha hecho un enorme aporte a la psicología con sus intuiciones ricas en metáforas acerca de la naturaleza humana y la dinámica de sus desajustes. La tabla entrega una valiosa **síntesis final** acerca de las teorías: si el lector la examina en profundidad (aplicando un *deep-level approach*), comprenderá más a fondo el sentido de cada uno de estos puntos de vista para lograr una compresión más cabal de **cómo aprenden los seres humanos**.

PSICOANÁLISIS FREUDIANO	CONDUCTISMO SKINNERIANO	HUMANISMO-EXISTENCIAL ROGERIANO	COGNITISMO DEL PROCESAMIENTO DE LA INFORMACIÓN
NATURALEZA DE LOS SERES HUMANOS			
El sujeto está en conflicto a causa de las demandas opuestas del Ello, Yo y Superyó. Son decisivas las fuerzas inconscientes en la determinación de la conducta.	La conducta se establece a base de fuerzas ambientales (refuerzo). Consiste en respuestas aprendidas ante estímulos externos, por condicionamiento clásico y operante.	El sujeto es único, libre, racional y auto-determinante. El libre albedrío y autorrealización lo hacen muy diferente a los animales. La experiencia presente es tan importante como la pasada.	Se utiliza la analogía mente-computador. El sujeto es procesador activo de información: la selecciona, codifica, almacena y recupera. Memoria, percepción, y lenguaje son centrales.
NORMALIDAD PSICOLÓGICA			
Equilibrio adecuado entre Ello, Yo y Superyó. El conflicto, sin embargo, siempre está presente en cierto grado.	Posesión de un repertorio adecuadamente amplio de respuestas adaptativas.	Capacidad para aceptarse a sí mismo, para darse cuenta del potencial propio, para lograr la intimidad con otros y encontrarle significado a la vida.	Funcionamiento adecuado de los procesos cognoscitivos. Capacidad de utilizarlos para vigilar y controlar la conducta.
CAUSAS DE LA CONDUCTA ANORMAL			
Perturbación emocional o neurosis causada por conflictos no resueltos derivados de la infancia. La conducta anormal es sintomática de estos conflictos. El rasgo principal es la ansiedad.	El aprendizaje de respuestas desadaptadas o el fracaso en aprender aquellas adaptadas. No hay distinción entre los síntomas y el trastorno de conducta.	Incapacidad para aceptar y expresar la verdadera naturaleza propia, para asumir responsabilidad de las propias acciones y para realizar elecciones auténticas. La ansiedad deriva de negar parte de sí mismo.	Ideas y creencias irreales o irracionales acerca de sí mismo y otros. Incapacidad para vigilar y controlar la conducta a través de los procesos cognoscitivos adecuados.

Figura 11.6

Cuatro grandes posturas teóricas sobre las cuales se hizo mención en este manual.
Adaptada de Gross (1998).

TENDENCIAS E INQUIETUDES ACTUALES EN EL APRENDIZAJE

Las preocupaciones en el país por *modernizar la educación* se han centrado los últimos años en los conceptos de **calidad** y **equidad** para los diferentes niveles del sistema, poniéndose, además, especial hincapié en la **atención a la diversidad** con un clima favorable a la integración de niños con discapacidad y ofreciendo una gama de posibilidades en la atención a todos los niños con necesidades educativas especiales, sean estas transitorias o permanentes.

Se ha hablado con frecuencia de privilegiar una pedagogía *de cara al futuro*, cambiando las metodologías tradicionales "de transmisión de contenidos" o pedagogía de "la lección", de tipo **frontal**, por metodologías que fomenten **la actividad, la participación, la investigación, el descubrimiento** y **la creatividad**, es decir, que entreguen al alumno un mayor *protagonismo* en su tarea de aprender. Como podrá apreciarse, después de haber revisado este manual, la **psicopedagogía del aprendizaje** tiene mucho que ofrecer para comprender "desde dentro" una parte importante de lo que significa **el verdadero protagonismo** del estudiante en su tarea de aprender, así como de lo que debe entenderse por **educación de calidad** (*lema* que se enarbola en reclamos estudiantiles como bandera de lucha).

Por cierto, hay metodologías que parecen ser más favorables para fomentar un aprendizaje eficiente, de calidad. Aquellas "centradas en el alumno", el "aprendizaje por descubrimiento", las metodologías a base de "proyectos", etc., han tratado de ser una respuesta a las falencias y debilidades detectadas en el sistema –durante muchos años– ya que se han identificado con el aprendizaje autogenerado y activo, no inducido (o impuesto) por el profesor. Lamentablemente, esto ha llevado a veces al error de identificar la lección, la exposición del profesor –muchas veces necesaria– y la enseñanza dirigida a toda la clase... con lo tradicional y lo aburrido. Una buena enseñanza debe procurar un adecuado balance entre lo uno y lo otro. Los proyectos, la discusión y el debate, la investigación grupal, las puestas en común, las visitas a terreno, la exploración, el descubrimiento, etc., que promueven el protagonismo del alumno, no son incompatibles con la clase "tradicional", con lo proxémicamente *frontal* por razones de índole práctica, pero no frontal en lo que dice relación con la dinámica de la comunicación profesor-alumno.

El escenario de la sala de clase convencional, en todo caso, parece estar destinado a cambiar radicalmente, quizá a perderse, con la arrolladora tecnología de las comunicaciones. No obstante el aprendizaje "por recepción" seguirá vigente. Será tarea del maestro promover que se trate de un aprendizaje por recepción "significativo" y no de tipo pasivo o memorístico. La igualdad de oportunidades, en un país con enormes diferencias, el atender a las características individuales y a las NEE involucran a toda la comunidad y al estado –que debe garantizar el "derecho a la educación" a **todos** (lo que no significa gratuidad para todos)–, pero son tareas que trascienden ampliamente el alcance de la psicología educativa. Sin embargo, muchos esfuerzos resultan inútiles o quedan truncos si no se traducen, en su dimensión educacional, en una buena dinámica aprendizaje-enseñanza.

Las tendencias y orientaciones teóricas más recientes (pensamiento de calidad, aprendizaje inteligente, inteligencias múltiples, inteligencia emocional, constructivismo...), deben concretarse en reales aportes a la práctica educativa y no solo ser simples modas que acaparan el interés de educadores y directivos. Suelen estar como declaraciones de principios en numerosos proyectos educativos..., pero no necesariamente llegan a la sala. El *constructivismo* ha sido una de las tendencias más fuertes en el país en el ámbito educacional. "Quizá uno de los hechos más relevantes y llamativos de los últimos años, en lo que a teorías del conocimiento y el aprendizaje se refiere —expresan sus propulsores— sea la emergencia de un creciente consenso alrededor de la concepción constructivista"[11].

Que el sujeto *construye* sus propios conocimientos o sus saberes, sus perceptos, sus memorias, que debe ser activo y no solo reproductor (o una especie de máquina fotocopiadora), etc., no es una idea nueva en psicología, tiene antecedentes en el pensamiento de algunos filósofos y se contrapone tanto a las concepciones innatistas, como a las ambientalistas. Las investigaciones del psicólogo inglés F. Bartlett de los años 30 a 50 del siglo XX sobre memoria y pensamiento, tan influyentes en la tradición cognitivista, las ideas de Neisser, que nutren aspectos medulares de los capítulos sobre mecanismos cognitivos en este manual, corresponden a una concepción de la cognición humana esencialmente *constructivista*. El mayor peso en el constructivismo pedagógico, sin embargo, lo ha ejercido la teoría epistemológica piagetiana, que trata sobre los problemas del conocimiento y se plantea como una alternativa entre el innatismo racionalista y el empirismo.

En su artículo *Hoy todos son constructivistas*, J. Delval[12] afirma que el constructivismo "no es una teoría pedagógica, el uso que se está haciendo de él constituye una trivialización, lleva a confusiones respecto a la posición epistemológica que defiende y no es la panacea que va a resolver los problemas de la educación". De hecho, en los libros que aparecen constantemente sobre el constructivismo en educación, este ha demostrado ser un compuesto heterogéneo, que recoge ideas de la pedagogía activa, del aprendizaje por descubrimiento y se nutre de las teorías de Piaget, Vigostsky, Ausubel y de los modelos de procesamiento de la información. Como aclara el mismo Delval, "esas teorías contienen elementos que son incompatibles entre sí, pues parten de presupuestos muy distintos e, incluso, buscan explicar cosas distintas".

---

11 Gómez-Granell, C. y Coll, C.: De qué hablamos cuando hablamos de constructivismo. *Cuadernos de Pedagogía*, Nº 221, Madrid, 1994.

12 *Cuadernos de Pedagogía*, Nº 257, Madrid, 1997. El artículo resulta de gran interés, ya que, aparte de destacar los rasgos esenciales del constructivismo piagetiano, presenta una fundamentada crítica a la "educación constructivista".

La perspectiva constructivista propuesta por Piaget, a juicio de este experto piagetiano, "constituye una teoría de enorme originalidad y representa un progreso sustancial en la explicación de cómo se genera el conocimiento"... pero "no prescribe nada acerca de cómo o qué debe enseñarse". El constructivismo, en sentido epistemológico, sostiene, "es una teoría precisa que tiene poco que ver con los usos que de él se están haciendo en educación". Su conocimiento puede, indudablemente resultar muy útil al profesor:

> Al profesor le conviene saber qué es lo que pasa en la mente del alumno, qué dificultades puede encontrar en función de su desarrollo cognitivo, cómo es previsible que incorpore nuevos conocimientos a partir de las representaciones de la realidad que ha formado.

Sin embargo, si aquellos educadores que se identifican con la postura toman medidas realmente efectivas para favorecer el procesamiento activo de la información por parte de los alumnos, para que estos sepan integrar la nueva información con la que ya poseen, si ponen énfasis en procesos y no solo en productos, si promueven el aprendizaje significativo, las estrategias cognitivas y metacognitivas, la autorregulación del conocimiento, el aprender a aprender, etc., la educación constructivista habrá cumplido una función importante.

No deberán descuidarse, ciertamente, aportes de relevancia que se atribuyen normalmente a los teóricos "humanistas", muchos de los cuales calzan muy bien con la "filosofía" que sustenta el enfoque inclusivo para el desarrollo de las escuelas. Sin embargo, hay otras inquietudes no menos importantes, que van más allá, ciertamente, de lo que hemos tratado en este libro. Las dejamos como una reflexión final y en las palabras autorizadas del mismo Delval:

> Los problemas actuales de la educación tienen que ver, sobre todo, con la **redefinición de los objetivos de la educación** (para qué queremos educar). Durante mucho tiempo, se ha buscado –principalmente– promover la sumisión en el alumno. ¿Sigue siendo todavía ese uno de los objetivos que busca la enseñanza institucionalizada, aunque solo sea de forma implícita, **o buscamos otra cosa?**

> Los resultados de la educación escolar dependen, sobre todo, del funcionamiento de la escuela como institución, de las relaciones sociales que se establecen en ella, de la actividad del profesor y de las relaciones de la escuela y la sociedad. **Esas relaciones han cambiado de forma drástica y cada vez la escuela está más alejada del resto de la vida social"**...[13]

---

13 Delval, J., Ibídem, 1997.

Damos término a este capítulo, basados en la firme convicción de que **la psicología puede hacer sustantivos aportes a la educación**, aunque no es menos cierto que el educador debe echar mano también de otras disciplinas, a fin de tener una visión comprensiva y crítica, que ayude a resolver problemas como los recién mencionados.

En el manual nos hemos centrado, básicamente, en uno de los muchos aspectos que cubre la psicopedagogía o psicología educativa: **la manera como las personas aprenden**. Ello se ha hecho integrando contribuciones de las más importantes familias de teorías del aprendizaje y de la ciencia psicológica en general. El autor espera sea de utilidad para quienes se interesan en el aprendizaje humano, en especial maestros y estudiantes de pedagogía: será así si contribuye ayudándolos a enfrentar de mejor manera los desafíos que les plantea la noble tarea que los distingue.

A MODO DE ENTRETENCIÓN

Examine con detalle la **TABLA** que aparece en la fig. **11.6** y vea qué **FUNCIONES QUE CUMPLEN LAS TEORÍAS**, enumeradas al comienzo del capítulo, puede identificar claramente en la información que en ella se expone.

Capítulo 12

VISIÓN DE CONJUNTO DEL DESARROLLO PSICOLÓGICO

Temas del capítulo

Psicología evolutiva y mecanismos de aprendizaje • Los grandes períodos del desarrollo • Etapa prenatal • Lactancia y etapa primeros pasos • Niñez temprana o etapa preescolar • Niñez intermedia o etapa escolar • Adolescencia (edad juvenil): prepubertad, pubertad, adolescencia propiamente tal.

PSICOLOGÍA EVOLUTIVA Y MECANISMOS DEL APRENDIZAJE

En la nueva edición del presente manual, hemos estimado necesario incluir un apartado dedicado al **desarrollo psicológico**, materia de la cual se ocupan normalmente los tratados de "psicología evolutiva". Ello, por varias razones:

1. Es cierto que existe una gran cantidad de bibliografía sobre el tema y parte significativa de ella ha sido generada por autores que publican en español. Sin embargo, puede resultar esclarecedor para el estudiante (y el lector) que ha utilizado este texto contar con una visión de la psicología evolutiva que explicite la participación de los "mecanismos de aprendizaje" analizados a lo largo de sus páginas.

2. Es frecuente encontrar que en el plan curricular de carreras universitarias de pedagogía los temas de **aprendizaje** y **desarrollo** se abordan de manera simultánea, en cursos de uno o más semestres, con denominaciones que aluden a ambos conceptos. Quienes justifican esta integración consideran inadecuado separar entidades necesariamente relacionadas entre sí.

3. El hecho de que algunos fenómenos ocurran estrechamente relacionados entre sí no impide, sin embargo, que con propósitos didácticos se ponga

mayor énfasis en alguno de ellos dejando "en suspenso" la acción de otros –como hicimos con el tema del aprendizaje en los capítulos anteriores– con el propósito de aquilatar o analizar con detalle y de manera focalizada su contribución en el conjunto total. Es importante, por cierto, no dejar de explicitar la necesaria participación de los demás componentes o variables que dan sentido a la totalidad.

Entregaremos en este capítulo una visión general del **desarrollo psicológico,** definido en las primeras páginas como una **serie de transformaciones del ser humano en el tiempo,** que la psicología evolutiva ha caracterizado como **universales, esenciales, cualitativas** e **irreversibles** (ver capítulo 1). La figura **12.1** muestra las grandes etapas a las que se hizo referencia en las páginas iniciales, incluyendo algunos conceptos básicos ya definidos.

Papalia y colaboradoras (2005), en sus textos ampliamente difundidos en Latinoamérica, distinguen 8 períodos en la vida humana, advirtiendo que tales divisiones "son aproximadas y de algún modo arbitrarias, en especial en la edad adulta cuando no hay criterios sociales y físicos tan definidos como los de la niñez (la entrada a la escuela y el comienzo de la pubertad), que señalen el cambio de un período a otro". Los ocho períodos, según estas autoras, son:

1. **etapa prenatal:** desde la concepción hasta el parto
2. **etapa de los primeros pasos:** desde el nacimiento hasta los 3 años
3. **niñez temprana** (o primera infancia): desde los 3 a los 6 años
4. **niñez** (o infancia) **intermedia:** de los 6 a los 12 años
5. **adolescencia:** desde los 12 hasta los 18-20 años
6. **edad adulta temprana:** desde los 18-20 hasta los 40 años
7. **edad adulta intermedia:** desde los 40 a los 65 años
8. **edad adulta tardía:** desde los 65 años en adelante

Resultará evidente para el lector que los límites señalados entre cada etapa, como ya lo advierten las autoras, son necesariamente arbitrarios, aunque entregan una estimación realista sobre la cual apoyarse.

Es el caso de destacar, por ejemplo, que la **edad adulta** –de la cual no nos ocuparemos en el presente capítulo– ha experimentado notables cambios, en buena parte como consecuencia de los progresos de la medicina y, en el plano social, de nuevas oportunidades, ocupaciones y posibilidades de distracción. A los 60-65 años se ha estimado comienza la "tercera edad" (evitándose el término "vejez", sinónimo generalmente de deterioro). Muchos de quienes llegan a esta etapa siguen produciendo y hasta disfrutan de una mejor calidad de vida: no son dependientes, sino plenamente autónomos. Otros, por el contrario, se "estancan" al enfrentar una etapa difícil en que se acaban las oportunidades laborales y vida social asociada, lo que los hace

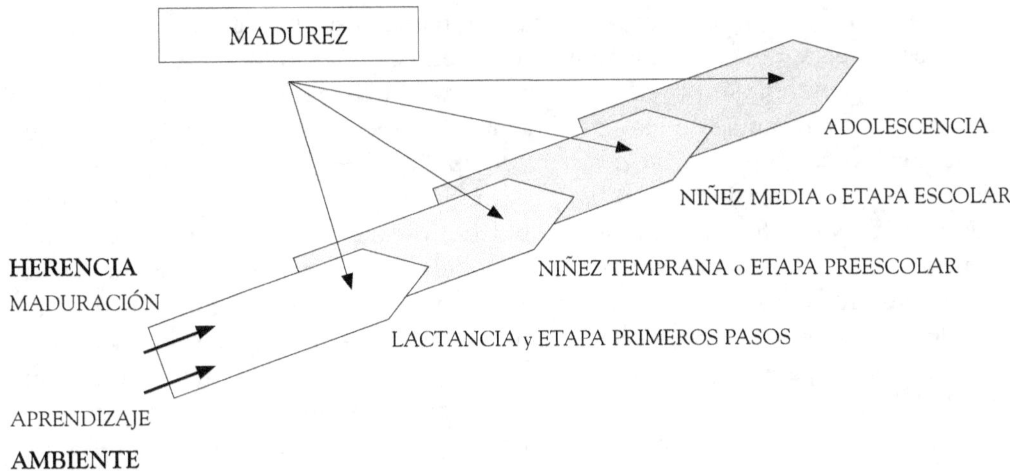

Figura 12.1

Las grandes etapas iniciales del desarrollo psicológico que preparan el desempeño adulto.
En el texto se aclaró la diferencia entre "maduración" y "madurez".

sentirse "inútiles" y víctimas de la soledad y el abandono. En muchas sociedades, como la nuestra, a fin de evitar esta condición se desarrollan programas especiales centrados en el "adulto mayor", varios de ellos gestionados por municipios en comunas del país.

En el país, esta preocupación por el bienestar de los adultos se ha extendido también a grupos que forman parte de una "diversidad" tradicionalmente dejada de lado o abiertamente descuidada. Como botón de muestra, el "Programa de envejecimiento activo y apoyo en la calidad de vida para personas en situación de discapacidad intelectual"[1] que lleva a cabo un equipo conformado por un fonoaudiólogo, una psicóloga y una educadora diferencial, constituye una iniciativa que pretende cambiar –en una población también con un significativo incremento en la esperanza de vida– las condiciones de incertidumbre y deterioro en redes de apoyo y de recursos, por experiencias que son fruto de la convicción de que "la calidad de vida en esta etapa del ciclo vital está estrechamente asociada al desarrollo de una identidad adulta, al reconocimiento de sus expectativas personales y el perfeccionamiento de sus herramientas de autocuidado, autoconcepto y autodeterminación que les permite tomar decisiones propias". Gaete, fonoaudiólogo, coordinador del programa, publicó recientemente un bien documentado trabajo relacionado con la misma inquietud en la *Revista Chilena de Fonoaudiología*[2].

---

1 Maximiliano Gaete E.; Patricia González S. & Carolina Carrasco T.: **"Programa de envejecimiento activo y apoyo en la calidad de vida para personas en situación de discapacidad intelectual: adultez consciente"**. Santiago de Chile. VII Congreso Latinoamericano de Psicogerontología. PUC, noviembre de 2017.

2 Gaete E., M. **"Síndrome de Down, envejecimiento y lenguaje: consideraciones para el abordaje fonoaudiológico"**. Revista Chilena de Fonoaudiología, Vol. 16, noviembre 2017. Maximiliano Gaete Espina trabaja

La **fig. 12.2**, que reproduce la anterior, pretende ilustrar el "peso" relativo de los mecanismos de aprendizaje examinados con detalle en capítulos anteriores, haciendo ver –en la parte inferior– cómo durante la vida y desde temprano van cobrando cada vez más relevancia en los seres humanos los **mecanismos cognitivos**, sin que desaparezcan como instancias decisivas de aprendizaje el **condicionamiento** (clásico y operante) y la **imitación**. Estos últimos pueden verse influenciados por el pensamiento y la reflexión consciente, es decir, los "mecanismos cognitivos", lo que pone en evidencia su interacción a lo largo del ciclo vital. Las personas, a medida que se desarrollan, pueden tomar conciencia en un plano metacognitivo –y controlar– los procedimientos que los llevan a adquirir nuevos patrones de conducta, sean estas sanas y esperables, como desajustadas y neuróticas. Las proporciones en **fig. 12.2**, deben ignorarse: solo sugieren el aumento o disminución del peso relativo de los diferentes mecanismos en el desarrollo. Es preciso reconocer que ocurren significativas diferencias individuales.

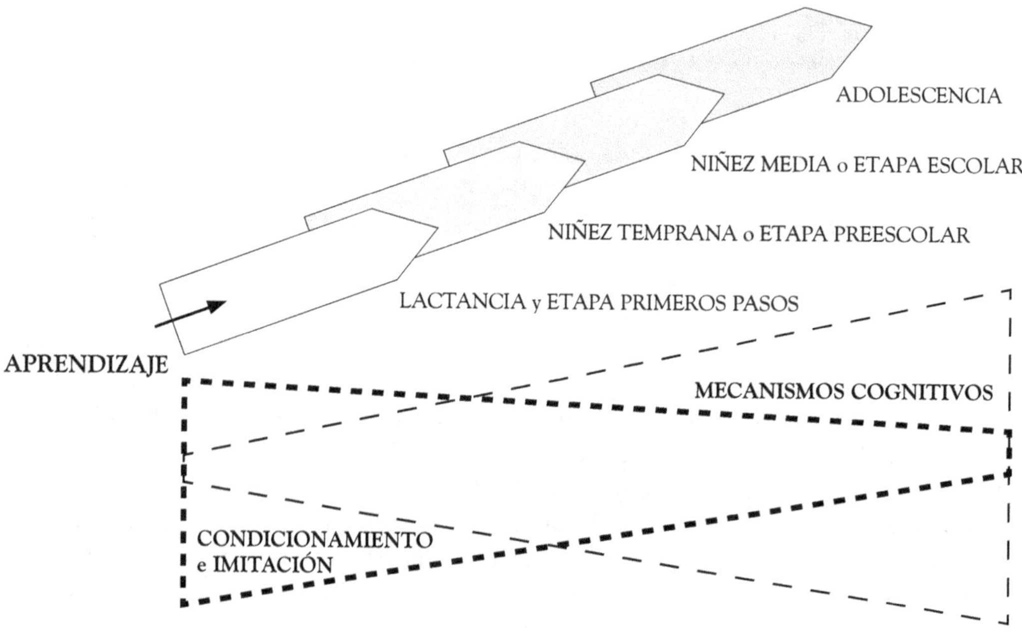

Figura 12.2

Metáfora gráfica que ilustra el peso relativo de los mecanismos de aprendizaje a lo largo del desarrollo. Los cuatro mecanismos examinados están en acción durante todo ciclo vital y se traslapan. A medida que el niño madura como persona, van cobrando más relevancia los mecanismos cognitivos.

---

en COOCENDE, Las Condes, corporación que entrega apoyos educativos, cognitivos y sociolaborales a jóvenes y adultos en situación de discapacidad intelectual.

Por otra parte, en octubre 2018 se dio a conocer en la UC la creación del Centro Iberoamericano de Autonomía Personal y Ayudas Técnicas (CIAPAT) que buscará favorecer la autonomía de las personas con discapacidad, adultos mayores y personas con necesidades especiales, a través de la tecnología de apoyo, La iniciativa es fruto de un convenio entre la UC y la Organización Iberoamericana de Seguridad Social (OISS) a través del Centro UC de Estudios de Vejez y Envejecimiento (CEVE UC) y el Centro de Desarrollo de Tecnologías de Inclusión UC (CEDETI).

LOS GRANDES PERÍODOS DEL DESARROLLO

La tabla que se muestra en la fig. **12.3** aparece en los otros manuales del autor (*Psicología del lenguaje* y *Psicopedagogía de la diversidad en el aula*). Sintetiza e integra el aporte de varios teóricos a la luz de las etapas del desarrollo propuestas por Papalia y co-equipo en lo concerniente a la infancia, niñez y adolescencia. Hemos querido integrar también en este apartado final de "Cómo aprenden los seres humanos" la periodización de edades sugeridas por la psicóloga rusa Valeria Serguéyevna Mújina en su libro Psicología evolutiva[3], obra inspirada en los aportes de destacados autores rusos y de la ex URSS, como Vigotsky, Leóntiev, Elkonin, Ananiev y otros, así como en figuras de la psicología internacional –que la autora demuestra conocer muy bien– tales como Piaget, Stern, Bühler, Freud, Erikson, Zazzo y Bruner. Afirma Valeria Mújina:

> En el libro se expone el punto de vista de vista de la autora acerca de la fenomenología y el desarrollo de la autoconciencia de la personalidad, y también la descripción de la época extraordinaria de la infancia y la adolescencia –una verdadera precursora del nacimiento de la personalidad– cuando el hombre se desarrolla en los aspectos corporal, mental, emocional, volitivo y espiritual, pasando por la escuela de la socialización en el juego, en el aprendizaje, en la comunicación con otras personas.

Mújina dice que el libro representa "su visión sobre el desarrollo del hombre como fenómeno único en todas etapas evolutivas de la ontogenia". Incluye en su descripción no solo los resultados de investigaciones propias, "sino también de aquellas ideas clásicas, que se convirtieron en patrimonio de la psicología contemporánea", y aceptadas por la investigadora "como las que explican adecuadamente el desarrollo".

Consideramos enriquecedor el aporte de estudiosos de la psicología infantil menos conocidos en nuestro medio. Afirma Mújina que como criterio de periodización evolutiva Vigotsky consideraba **las nuevas formaciones psíquicas** características para cada etapa concreta del desarrollo. Distinguía entre períodos **estables** y **no estables** (críticos), precisión que establecen también otros autores (como se verá más adelante). Confería "un **significado determinante** al período de la crisis", momento en que se produce la "restructuración cualitativa de las funciones y relaciones del niño" y se registran "cambios significativos en el desarrollo de la personalidad". Según Vigotsky, afirma la investigadora, "el paso de una edad a otra se produce **mediante una revolución**". Citando a varios estudiosos con relación al mismo punto, destaca que para Leóntiev y para Elkonin, el criterio utilizado para la determinación de los períodos está basado "en las **actividades rectoras** que determinan la aparición

---

3 Mújina, Valeria S. "Psicología evolutiva". Colección Machado Nuevo Aprendizaje de Machado Grupo de Distribución, Madrid, 2015. (Original en ruso 1997). Obra recomendada por el Ministerio de la Federación Rusa para los estudiantes de las especialidades pedagógicas.

de las nuevas formaciones psíquicas en una etapa concreta del desarrollo, analizando las relaciones entre la actividad productiva y la comunicación"[4].

Puntualiza Valeria Mújina:

> En realidad, la periodización evolutiva de cada persona depende de las condiciones de su desarrollo, de las particularidades de maduración de las estructuras morfológicas, encargada de su desarrollo, y de la actitud de la propia persona que determina el desarrollo en las etapas más tardías de la ontogenia. Para cada edad existe su propia "situación social" específica, sus "funciones psíquicas rectoras" (L. S. Vigotsky) y su actividad rectora (A. N. Leóntiev, D. B. Elkonin). La relación entre las condiciones sociales externas y las condiciones internas de maduración de las funciones psíquicas superiores determina la tendencia general del desarrollo. En cada etapa evolutiva se manifiesta una receptividad selectiva, susceptibilidad a los estímulos exteriores, es decir, la sensibilidad. **Vigotsky confería a los períodos sensitivos un significado determinante, al considerar que la enseñanza anticipada o postergada a ese período resulta ser poco eficiente.**

Nuestro análisis también incluirá los aportes de Heinz Remplein (fig. 12.4), influyente psicólogo y educador alemán[5] –decisivo en la formación como psicólogo de quien escribe estas páginas– y quien estimaba que el "desarrollo psíquico no es un proceso que transcurriendo de una manera puramente natural como, por ejemplo el crecimiento del cuerpo, se logre sin nuestra intervención, sino **un proceso sometido a la influencia consciente, tanto de los demás como del individuo mismo, y cuya meta –la personalidad plenamente desarrollada– no se nos da gratuitamente, sino que hemos de conquistarla. El carácter se acuña únicamente gracias a una ardua tarea educativa, bien ejercida por el individuo mismo o por los demás"**. Indudablemen-

---

4 Para la referencia específica y bibliografía de los autores rusos y de la ex Unión Soviética citados, remitimos al lector a la obra de Valeria S. Mújina. Es de interés destacar que la colección "Machado Nuevo Aprendizaje", a la que pertenece su tratado de psicología evolutiva, contiene seis tomos con las obras escogidas de Vigotsky en español. (Incluye, entre otros, *Pensamiento y lenguaje*; *Significado histórico de la crisis de la psicología*; *Problemas de desarrollo de la psique*; *Conferencias sobre psicología*; *Psicología infantil*; *Fundamentos de defectología*).
Lev Semionovic Vigotsky (1896-1934) es considerado el principal psicólogo ruso de todos los tiempos y una de las grandes figuras de la psicología mundial. Estudió ciencias sociales en la Universidad de Moscú, iniciando en 1924 en el Instituto de Psicología de dicha Universidad estudios experimentales en psicología del desarrollo, psicología pedagógica y psicopatología, según informan Gross (1998) y Bonin (1993). Su obra fue rechazada por el marxismo ortodoxo por sus "desviaciones idealistas", reconociéndose décadas después sus innovadores aportes. Si bien sus trabajos se publicaron entre 1920 y 1930, solo fueron traducidos al inglés en los años sesenta.
Hemos adoptado esta manera de escribir el apellido del ilustre investigador ruso, pese a que en las traducciones en español hemos encontrado también Vygotski, Vygotsky, Wigotsky, entre otras. La RAE recomienda actualmente sobre este tipo de palabras la representación del fonema /i/ en interior de ellas o en posición final precedida de consonante, con la letra i: Trotski, Husaín, Vigotski... Sin embargo, hemos insistido en la transcripción Vigotsky, por ser la más frecuente en la literatura psicológica.

5 Remplein, Heinz: **"Tratado de psicología evolutiva: el niño, el joven y el adolescente"**. Editorial Labor, S.A., Barcelona, 1966.

te, esto calza plenamente con las preocupaciones en este país por una "educación de calidad" (que no ha logrado aún hacerse realidad en buena parte de nuestras aulas), y con el sentido de este manual que se adscribe a una "aproximación psicopedagógica".

Edad (años)	Etapas de la vida (Papalia)	Periodización de edades (Mújina)	Períodos desarrollo cognitivo (Piaget)	Tareas y logros del desarrollo (Erikson)	Desarrollo psicolingüístico
0	Etapa prenatal				
1	Lactancia y etapa primeros pasos (0 a 3)	1er año	Sensoriomotor	CONFIANZA	Nivel prelingüístico
2		Infancia o edad temprana (1 a 3)		AUTONOMÍA	Primer nivel lingüístico
3			Preoperacional temprano		
4	Niñez temprana o etapa preescolar (3 a 6)	Edad preescolar (3 a 6-7 años)		INICIATIVA	Segundo nivel lingüístico (preescolar)
5			Preoperacional maduro		
6					
7	Niñez intermedia o etapa escolar (6 a 12)	Primera edad escolar (6-7 a 10-11 años)	Operacional concreto temprano	COMPETENCIA o CAPACIDAD	Tercer nivel lingüístico (escolar)
8					
9			Operacional concreto maduro		
10					
11			Preparación operaciones formales		
12	Adolescencia (12 a 18-20)	Adolescencia (11-12 a 15-16)		IDENTIDAD	Niveles lingüísticos de la adolescencia y adultez
13			Operacional formal temprano		
14					
15					
16					
17		Juventud (15-16 a 21-25)	Operacional formal maduro		
18					
19					
20					

Figura 12.3

Tabla comparativa de las grandes etapas del desarrollo.
Teniendo como referencia las fases propuestas por Papalia y equipo, se integran aportes de Piaget, Erikson y Mújina. Para los niveles del desarrollo psicolingüístico, ver Bermeosolo J. "Psicología del Lenguaje". Ediciones U. C. 2012-2016.

<table>
<thead>
<tr>
<th>Edad (años)</th>
<th>Etapas de la vida (Papalia)</th>
<th>Periodización de edades (Mújina)</th>
<th>Períodos desarrollo cognitivo (Piaget)</th>
<th>Etapas ("grados") y subdivisiones (Remplein)</th>
</tr>
</thead>
<tbody>
<tr>
<td>0</td>
<td>Etapa prenatal</td>
<td></td>
<td></td>
<td></td>
</tr>
<tr>
<td>1</td>
<td rowspan="3">Lactancia y etapa primeros pasos (0 a 3)</td>
<td>1er año o 1ra edad</td>
<td rowspan="2">Sensoriomotor</td>
<td>LACTANCIA: edad sueño y versión al mundo</td>
</tr>
<tr>
<td>2</td>
<td rowspan="2">Infancia o edad temprana (1 a 3)</td>
<td rowspan="2">PRIMERA INFANCIA
Edad adquisición lenguaje (1 a 2 ½)
Primera edad de obstinación (2 ½ a 3 ½)</td>
</tr>
<tr>
<td>3</td>
<td rowspan="2">Preoperacional temprano</td>
</tr>
<tr>
<td>4</td>
<td rowspan="3">Niñez temprana o etapa preescolar (3 a 6)</td>
<td rowspan="3">Edad preescolar (3 a 6-7 años)</td>
<td rowspan="3">Edad del juego en serio (3 ½ a 5 ½)
SEGUNDA INFANCIA
1er cambio de configuración (5 ½ a 6 ½)
Niñez media (6 ½ a 9)</td>
</tr>
<tr>
<td>5</td>
<td rowspan="2">Preoperacional maduro</td>
</tr>
<tr>
<td>6</td>
</tr>
<tr>
<td>7</td>
<td rowspan="5">Niñez intermedia o etapa escolar (6 a 12)</td>
<td rowspan="4">Primera edad escolar (6-7 a 10-11 años)</td>
<td rowspan="2">Operacional concreto temprano</td>
<td rowspan="14">Niñez tardía (9-10 ½ a 12)

JUVENTUD (Edad juvenil)
Pre-pubertad (10 ½ a 13) niñas
(12 a 14) varones
[2° cambio de configuración]
Pubertad (13 a 15 ½) niñas
(14 a 16) varones

Crisis juvenil (15 ½ a 16 ½) niñas
(16 a 17) varones
Adolescencia (16 ½ a 20) niñas
(17 a 21) varones</td>
</tr>
<tr>
<td>8</td>
</tr>
<tr>
<td>9</td>
<td rowspan="2">Operacional concreto maduro</td>
</tr>
<tr>
<td>10</td>
</tr>
<tr>
<td>11</td>
<td rowspan="6">Adolescencia (11-12 a 15-16)</td>
<td rowspan="2">Preparación operaciones formales</td>
</tr>
<tr>
<td>12</td>
<td rowspan="9">Adolescencia (12 a 18-20)</td>
</tr>
<tr>
<td>13</td>
<td rowspan="2">Operacional formal temprano</td>
</tr>
<tr>
<td>14</td>
</tr>
<tr>
<td>15</td>
<td rowspan="6">Operacional formal maduro</td>
</tr>
<tr>
<td>16</td>
</tr>
<tr>
<td>17</td>
<td rowspan="4">Juventud (15-16 a 21-25)</td>
</tr>
<tr>
<td>18</td>
</tr>
<tr>
<td>19</td>
</tr>
<tr>
<td>20</td>
</tr>
</tbody>
</table>

Figura 12.4

Tabla comparativa de los grandes momentos del desarrollo incluyendo las etapas
(o "grados", motivados fisiológicamente) y respectivas subdivisiones propuestas por Heinz Remplein.
En el grado LACTANCIA, la "edad del sueño" abarca los dos primeros meses y la
"edad de la versión al mundo", desde los dos meses hasta completar el primer año.
Obsérvese el uso no necesariamente coincidente entre los autores de términos tales como
"infancia", "juventud", "adolescencia".

Como se precisa en la nota editorial de su tratado de psicología evolutiva, "Remplein no pierde nunca de vista que el hombre en cualquier fase de su desarrollo **es un todo armónico y completo, si bien en trance de variar para acceder a un ulterior nivel vital** y conseguir una nueva estabilidad transitoria. Sigue las clásicas directrices de Spranger para comprender al hombre desde su mundo personal de valores. Aprovecha la penetración descriptiva de Lersch para hacernos ver el sentido de la vida afectiva e impulsiva (motivacional) del joven y del adolescente, así como la visión sintética de K. y Ch. Bühler en sus estudios sobre la expresión y la complicada articulación de las fases del curso de la vida". (En nuestros otros manuales, por las materias a que están dedicados, hemos recogido con interés valiosos aportes de Spranger, Lersch y los Bühler).

En el desarrollo de los temas del capítulo y con el fin de facilitar la organización de los contenidos, seguiremos la propuesta de etapas y edades de Papalia, Olds y Feldman (2005), familiares en nuestro medio, explicitadas anteriormente. Aparecen en la tabla de las figs. **12.3** y **12.4**. Citaremos, por cierto, varios de los puntos por ellas expuestos, aunque integraremos los hallazgos de los otros investigadores de la psicología evolutiva a los que hemos hecho referencia. Las etapas por describir son:

> - Etapa prenatal.
> - Lactancia y etapa de los primeros pasos.
> - Niñez temprana o etapa preescolar.
> - Niñez intermedia o etapa escolar.
> - Adolescencia (edad juvenil).

Como síntesis inicial u "organizador de avance", los principales hechos —o "acontecimientos" según Papalia et al.— que ocurren en los cinco primeros períodos de la vida del hombre son:

Etapa prenatal

Formación de los órganos y estructura corporal básica.

Crecimiento físico acelerado.

Vulnerabilidad a influencias ambientales.

Etapa de los primeros pasos
(nacimiento a 3 años)

El recién nacido es dependiente, pero competente.

Los sentidos funcionan desde el nacimiento.

Crecimiento físico y desarrollo de habilidades motoras muy rápido.

Presencia de la habilidad para aprender, incluso desde las primeras semanas de vida.

Al final del primer año se forman los lazos con los padres y los demás.

Durante el segundo año se desarrolla la autoconciencia.

Desarrollo rápido del habla y la comprensión.

Se incrementa el interés en otros niños.

Niñez temprana
(3 a 6 años)

Aún la familia es el centro de la vida, aunque otros niños empiezan a ser importantes.

Aumentan la fuerza y las habilidades motoras fina y gruesa.

Se incrementan el autocontrol, el cuidado propio y la independencia.

Existe mayor inventiva en los juegos, mayor creatividad e imaginación.

La inmadurez cognoscitiva lleva a ideas 'ilógicas' acerca del mundo.

El comportamiento es bastante egocéntrico, aunque crece la comprensión de la perspectiva de otras personas.

Niñez intermedia
(6 a 12 años)

Los compañeros cobran gran importancia.

El niño empieza a pensar lógicamente, aunque la mayoría de las veces su pensamiento es concreto.

Disminuye el egocentrismo.

Se incrementan la memoria y el lenguaje.

Mejora la habilidad cognoscitiva para beneficiarse de la educación formal.

Se desarrolla el autoconcepto y se afecta la autoestima.

Disminuye la rapidez del crecimiento físico.

Mejoran la fuerza y la capacidad atlética.

Adolescencia
(12 a 20 años)

Los cambios físicos son rápidos y profundos.

Comienza la madurez reproductora.

La búsqueda de la identidad se torna imperiosa.

Los compañeros ayudan a desarrollar y probar el autocontrol.

Se desarrolla el pensamiento abstracto y el empleo del razonamiento científico

El egocentrismo adolescente persiste en algunos comportamientos.

Las relaciones con los padres son buenas, en general.

A continuación, examinaremos cada uno de estos cinco períodos del desarrollo:

ETAPA PRENATAL

Varios tratados de psicología evolutiva abundan en detalles sobre este período tan importante en el desarrollo humano. Papalia y colaboradoras entregan una información completa de los aspectos anatómico-fisiológicos, con ilustraciones e imágenes de las tres subetapas que la conforman: 1 **germinal** (de la fertilización a las dos semanas); 2 **embrionaria** (de las dos a las ocho semanas); 3 **fetal** (de las ocho semanas al nacimiento). En estas fases de gestación, el cigoto u óvulo fertilizado se convierte en un embrión y posteriormente en un feto. El desarrollo sigue (también después del nacimiento) dos principios fundamentales: **cefalocaudal**: de la cabeza a la "cola" o parte inferior del cuerpo, y **próximo-distal**: desde el centro del cuerpo a los extremos. La cabeza y el tronco, antes que las extremidades; los brazos y piernas, antes que los dedos. A los dos meses de gestación, la cabeza abarca la mitad de la longitud del cuerpo. En el nacimiento, corresponde a la cuarta parte del cuerpo. Esta proporción variará notablemente en el desarrollo posterior. (A los 6 años la cabeza corresponde a 1/6 de la longitud del cuerpo; a los 12 años, a 1/7; a los 25, a 1/8).

Desde el punto de vista psicológico y social, las influencias ambientales constituyen un tema de enorme interés: nutrición materna, actividad física, consumo de fármacos y drogas, edad de la madre, enfermedades, factores paternos, etc. A diferencia de lo que ocurría antes, actualmente se cuenta con equipos e instrumentos para evaluar el progreso y bienestar del bebé antes de nacer y se da gran importancia a los cuidados prenatales tempranos, de lo cual las autoras entregan una rica información. Dedican varias páginas al proceso de nacimiento: las etapas del parto, los criterios a tener presente sobre el método a seguir (el natural o parto vaginal versus cesárea), la utilización o no de medicamentos, el ambiente y los participantes en el parto.

LACTANCIA Y ETAPA PRIMEROS PASOS

Las primeras 4 semanas de vida o **período neonatal** implica una transición desde el útero, donde el feto depende por completo de la madre, hasta la existencia independiente. Las autoras (fig. **12.5**) contrastan la vida prenatal con lo que implica para el bebé su nueva manera de existir. Con gran detalle analizan lo concerniente a la salud física y evaluación médica temprana, las consecuencias de eventuales complicaciones del nacimiento, prematurez y bajo peso al nacer, y las posibilidades de superar las desventajas que traen las complicaciones del nacimiento.

Advierten Piaget e Inhelder[6] que "**las influencias del ambiente** adquieren una importancia **cada vez mayor** a partir del nacimiento, **tanto desde el punto de vista orgánico como mental**. La psicología del niño no puede, pues, limitarse a recurrir a factores de maduración biológica, ya que los factores que han de considerarse **de-**

---

6 Piaget, J. & Inhelder, B. "**Psicología del niño**". Ediciones Morata S.S., Madrid, 1969.

penden tanto del ejercicio o de la experiencia adquirida como de la vida social en general".

	Vida prenatal	Vida posnatal
Ambiente	Líquido amniótico	Aire
Temperatura	Relativamente constante	Fluctúa con la atmósfera
Estimulación	Mínima	Todos los sentidos estimulados por diversos factores
Nutrición	Dependiente de la sangre materna	Dependiente de los alimentos externos y del funcionamiento del sistema digestivo.
Aporte de oxígeno	Pasa del flujo sanguíneo materno por la placenta	Pasa de los pulmones del neonato a los vasos sanguíneos pulmonares
Eliminación metabólica	Paso al flujo sanguíneo materno por la placenta	Eliminación por la piel, riñones, pulmones y tracto gastrointestinal

Figura 12.5

Comparación entre la vida prenatal y posnatal. (Adaptado de Papalia et al., 2005).

Psicológicamente, especial relevancia comienza a tener desde temprano la calidad del **vínculo madre-bebé** (o cuidador-bebe), tema del cual nos ocupamos en nuestro manual dedicado a la psicopedagogía de la diversidad en el aula. Ahí puntualizamos que el vínculo o **apego** es una **conexión emocional con otro** (normalmente, la madre) **y la necesidad de dicha conexión es vista como una parte fundamental de la experiencia humana.** Para Erikson, el primer año de vida, en el que el niño está totalmente desvalido y depende de los demás para que se satisfagan sus necesidades, es crucial para el desarrollo de un sentido básico de **confianza** (ver **fig. 12.3**). Es una etapa en que el bebé, encontrando apoyo en otro(s), echa las bases para confiar en sí mismo.

Papalia y Olds (1997) citan a Mary Ainsworth, figura muy influyente en el área, quien estimaba que "una parte primordial del plan básico de la especie humana es que los infantes desarrollen vínculos afectivos con una figura materna", la cual –apuntan las autoras– no necesariamente debe ser la madre biológica: puede tratarse de cualquier persona que brinde los cuidados básicos. Afirma a este respecto Gross (1998) que "los varones pueden proporcionar un cuidado paterno adecuado y volverse figuras de vinculación", ya que:

- No existe fundamento para la creencia de que la madre biológica es la única capaz de cuidar a su hijo (el mito del "lazo de sangre").

- La "madre" ni siquiera tiene que ser una mujer.

- Los vínculos múltiples, en lugar de la preferencia específica por la figura materna, son la regla más que la excepción, aun para los niños pequeños.

- La vinculación no está relacionada con la cantidad de cuidado físico que el niño recibe de la figura de vinculación.

Carver y Scheier (1997), en su prestigioso tratado dedicado a las teorías de la personalidad, incluyen a Ainsworth dentro de la "teorías del apego y personalidad". Cuestión central en ellas es que "la madre –y otras personas que responden al infante– crean una base de seguridad".

> El infante necesita saber que puede confiar en que la persona más importante de su vida estará ahí siempre que la necesite. **Este sentimiento de seguridad le proporciona la base desde la cual puede explorar el mundo y un puerto seguro al que puede regresar cuando se sienta amenazado.**

La figura **12.6** adaptada de los autores, ilustra los rasgos que definen el apego y sus funciones. Hay que destacar que, a diferencia de las primeras interpretaciones sobre el apego, muy rígidas e influenciadas por los hallazgos de Konrad Lorenz sobre el *imprinting*[7], numerosos estudiosos han hecho ver en los seres humanos no existe un período crítico temprano limitado para la vinculación, **pudiendo compensarse con éxito ausencias o carencias.**

Como detallamos en nuestro manual dedicado a la diversidad, el psicoanalista Spitz describió la **depresión anaclítica** (del griego, *carencia de donde apoyarse*), producto de una privación afectiva en el niño que deja de contar con su figura de apoyo. Si esta privación sobrepasa las dieciocho semanas, experimentaría el estado de **hospitalismo**: la separación madre-hijo dura un tiempo muy largo o llega a ser definitiva. Puede producir daños irreversibles, incluyendo la muerte. A causa de las investigaciones de Spitz, realizadas en orfanatos paupérrimos, la atención hospitalaria de niños pequeños en países desarrollados cambió radicalmente apuntando a un trato más personalizado y rico en afecto, más allá de favorables condiciones físicas.

Por otra parte, los investigadores en el área han identificado, según las experiencias vividas por el niño en su interacción con la madre –o quienes ejercen su función– diferentes **patrones de apego** o de vinculación temprana: un patrón **se-**

---

7 **Imprinting,** traducido normalmente como **impresión** o **impronta.** Reacción aprendida, con un fuerte componente instintivo, que ocurre en un **período crítico del desarrollo temprano.** Los patitos recién nacidos, en las investigaciones del etólogo (estudioso de la conducta animal) Konrad Lorenz, "aprendían" a seguirlo a él, o se vinculaban a él apenas salidos del cascarón, ya que ocupaba el lugar de la pata como primera figura en movimiento frente a ellos.

guro es el que caracteriza a los niños normales. Patrones **inseguros** crean bebés ambivalentes, evasivos o desorganizados. Los especialistas destacan que el apego desarrollado entre las madres –o cuidadores– y sus niños repercutiría en la manera en que se establecen vínculos con las demás personas en la adultez.

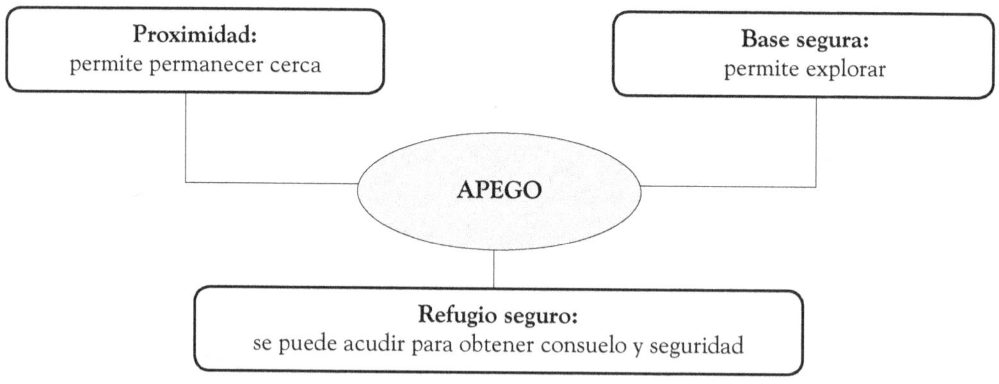

Figura 12.6

Rasgos y funciones del apego o vinculación.

Encontraron que los adultos con un patrón de apego **seguro** (clasificados así por medio de tests de personalidad) demuestran tener un mayor nivel de confianza en su pareja. Su relación amorosa es, además, más feliz y duradera. Los adultos con patrón **ambivalente** evidencian preocupaciones de tipo obsesivo y celos. Los con patrón **evasivo** son los que tienen los menores niveles de aceptación de las imperfecciones de su pareja. Estos autores han sintetizado los tres patrones, según Carver y Scheier, como tres maneras posibles de responder a la pregunta *¿Puedo contar con que mi figura de apego esté disponible y me responda cuando la necesite?*: –SÍ (patrón seguro), –NO (patrón evasivo), –QUIZÁ (ambivalente) [8].

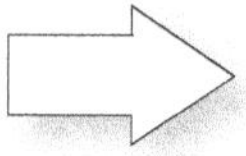 Queda de manifiesto en los párrafos anteriores –centrados en el apego– la evidente participación de mecanismos de aprendizaje (**condicionamiento** clásico y operante, así como **imitación e identificación**) en las reacciones tempranas aprendidas, dando cuenta de significativas diferencias entre las personas. Estas, a su vez, tomarán conciencia (**mecanismos cognitivos**) a lo largo de la vida de eventos que han sido determinantes en sus rasgos de personalidad, quizá valorándolos, aceptándolos, o tal vez, en el marco de los mecanismos de defensa –recursos generados desde la dimensión inconsciente del yo– reprimiéndolos, negándolos o racionalizando.

8 Hazan, Cindy y Shaver, Phillip **"Romantic love conceptualized as an attachment process"** (*J. of Personality and Social Psychology*, 59, 270-280, 1987).

El niño pequeño se comunica intensamente en su primer año de vida, esencialmente con recursos de naturaleza no verbal y vocalizaciones prelingüísticas. Los autores que se han ocupado del tema han descrito varias etapas o momentos en el desarrollo ontogenético de los sonidos del habla, de la rica comunicación no verbal y de los inicios de la interacción verbal. En nuestro libro de psicología del lenguaje citamos a Rondal[9] quien describe cinco **hechos importantes que ocurren en el primer año de vida del niño** y que preparan el desarrollo psicolingüístico posterior:

1. El niño aprende en su interacción con el adulto los **mecanismos básicos de la comunicación y de la conversación**, a un nivel fundamentalmente no verbal, ya que **viene equipado** desde el nacimiento para entrar en el circuito de la comunicación.

2. Pasa de una forma de **comunicación global** (gritos, llanto, movimientos de todo el cuerpo...) a la **palabra**, forma altamente diferenciada, habiéndose interesado previamente en la entonación y el paralenguaje:

3. El "conocimiento" del mundo que lo rodea pasa desde una sucesión continua de imágenes, ruidos, olores, sensaciones de agrado, desagrado, a un **mundo dotado de cierta estabilidad**, apreciable en las personas de su entorno, los objetos y las rutinas.

4. Hacia fines del primer año ya es capaz de comprender cierto número de **palabras familiares**, antes de poder producirlas. En un mundo en que ya reconoce entidades permanentes, está preparado mentalmente para interesarse en los nombres con que el adulto se refiere a las personas, a los objetos y acontecimientos.

5. El **balbuceo** del niño se transforma gradualmente en una **actividad articulatoria controlada**: está así preparado para imitar o reproducir desde el segundo año palabras escuchadas que le resultan familiares.

Explican Piaget e Inhelder en su ya citada *Psicología del niño* que "sean cuales fueren los criterios de la inteligencia que se adopten...todo el mundo está de acuerdo en admitir que **existe una inteligencia antes del lenguaje**. En esencia, **práctica**, es decir **tendiente a consecuciones** y no a enunciar verdades". Este tipo de inteligencia permite resolver un conjunto de problemas de acción, como alcanzar objetos alejados o escondidos, "construyendo un complejo sistema de esquemas de asimilación" y permite organizar lo real "según un conjunto de estructuras espacio-temporales y causales..."

Ahora bien, **a falta de lenguaje y de función simbólica**, esas construcciones se efectúan apoyándose exclusivamente en percepciones y movimientos,

---

9 Rondal, J. **"El desarrollo del lenguaje"**. Barcelona, Edit. Médica y Técnica. 1982.

esto es, mediante una **coordinación sensomotora** de las acciones, sin que intervengan la representación o el pensamiento.

La tabla que exhibe la **fig.12.7** describe brevemente los conocidos estadios piagetianos del **período sensoriomotor**[10] –los primeros dos años de vida– a partir de varias fuentes, en especial textos del mismo Piaget.

En su "Psicología del niño" explica que la inteligencia sensomotora **"conduce a un resultado muy importante en lo que concierne a la estructuración del universo**, por restringido que sea a ese nivel práctico":

	ESTADIO	EDAD: meses	CARACTERÍSTICAS
1	Ejercicio de reflejos	1	Entre los reflejos del recién nacido que presentan especial importancia para el futuro, Piaget menciona el de **succión** y el **palmar** (el que será integrado en la prehensión intencional posterior). Tiene lugar un **ejercicio reflejo**, es decir, "una consolidación por ejercicio funcional". El bebé chupa instintivamente el pecho materno, pero comenzará a chupar el pulgar, lo que supone una adquisición ya que se trata de una **extensión de la asimilación sensomotora.**
2	Reacciones circulares primarias	1-4	Se establecen los primeros **hábitos,** que dependen de una actividad del bebé que, inicialmente por azar, ha resultado placentera, o de reflejos condicionados en el modelo pavloviano. Son actividades **repetidas** (reacciones circulares) **centradas en su propio cuerpo** (primarias). Estos hábitos no son aún "inteligencia": no hay diferenciación entre medios y fines. Se dan las primeras adaptaciones adquiridas (chupar diferentes tipos de objetos) y comienza a coordinar información sensorial tomando objetos.
3	Reacciones circulares secundarias	4-8	Se afianza la coordinación entre visión y prehensión: "el niño atrapa y manipula todo lo que ve en su espacio próximo". Sacude los sonajeros suspendidos sobre la cuna. Repite y prolonga conductas y experiencias (reacciones **circulares**) con resultados atractivos, ahora **centradas en el ambiente** (secundarias): objetos u otras personas. El niño pone en evidencia su "inteligencia práctica".

---

10 Sensoriomotor, sensomotor, sensorio motriz...

4	Coordinación de esquemas secundarios	8-12	Ocurren actos más complejos de inteligencia práctica, con **intencionalidad** en la búsqueda de objetos lejanos o escondidos, observando, alcanzando, gateando… Aunque "la coordinación de los medios y de los fines es nueva y se renueva en cada situación imprevista (sin lo cual no habría inteligencia en ello), los medios empleados solo se toman de los esquemas de asimilación conocidos". Es decir, el bebé **coordina de manera novedosa esquemas aprendidos anteriormente** y está en condiciones de **anticipar** acontecimientos.
5	Reacciones circulares terciarias	12-18	Este estadio comienza hacia los 11 o 12 meses: "Se añada a las conductas precedentes una reacción esencial: la **búsqueda de medios nuevos** por diferenciación de los esquemas conocidos" (como la conducta "de soporte" para atraer un objeto lejano). Constituye la etapa de los primeros pasos y las primeras palabras. El bebé muestra gran curiosidad, explora los objetos, experimenta y observa los resultados. Resuelve problemas por **ensayo y error**. El resultado placentero de una acción lo lleva a realizar acciones similares para obtener resultados similares (reacciones circulares **terciarias**).
6	Combinaciones mentales	18-24	Este estadio "señala el término del período sensomotor y la transición con el período siguiente: el niño se hace capaz de encontrar medios nuevos (ya no solo por tanteos exteriores o materiales) que desembocan en una **comprensión repentina** o *insight*". Si no resultan los tanteos, presenta una reacción muy nueva: **detiene la acción y examina atentamente la situación**, tras lo cual rápidamente resuelve el problema. **Ahora puede representar mentalmente los acontecimientos**, no limitándose al ensayo y error.

Figura 12.7

Los seis estadios piagetianos del período sensoriomotor. Explica Piaget: "Cabe concebir la **inteligencia** como una **actividad asimiladora** cuyas leyes funcionales existen a partir de la vida orgánica y cuyas estructuras sucesivas, que le sirven de órganos, se elaboran por interacción entre ella y el medio exterior". (En *El nacimiento de la inteligencia* en el niño).

Organiza lo real, construyendo, por su funcionamiento mismo, las **grandes categorías de acción** que son los esquemas del **objeto permanente**, del **espacio**, del **tiempo** y de la **causalidad**, subestructuras de las futuras nociones correspondientes. Ninguna de esas categorías se da al comienzo, y el universo del niño está enteramente centrado en el cuerpo y su accionar, en un egocentrismo tan total como inconsciente de sí mismo (falta de una conciencia del yo).

En el transcurso de los dieciocho primeros meses **se efectúa, por el contrario, una especie de revolución copernicana** o, más simplemente dicho, de "descentralización" general, de modo que el niño acaba por situarse como un objeto entre otros, en un universo formado por objetos permanentes, estructurado de manera espaciotemporal y sede de una causalidad a la vez espacializada y objetivada en las cosas.

Describe Piaget cada una de estas grandes categorías de acción: el **objeto permanente**, el **espacio y el tiempo** y la **causalidad**, para lo cual remitimos al lector directamente a su obra. Se centra después en el aspecto **cognoscitivo** de las reacciones sensomotoras y posteriormente, en el **afectivo**, los que son "irreductibles y complementarios", ya que "**el aspecto cognoscitivo de las conductas consiste en su estructuración y el afectivo, en su energética**". Véase lo que se afirmó en el capítulo 5 de este manual sobre "los afectos y las funciones intelectuales" en Piaget.

Mújina observa que una particularidad de la conducta del niño pequeño es el hecho de que "actúa sin pensar, bajo la influencia de los sentimientos y los deseos que surgen en el momento dado". Tales sentimientos y deseos surgen, ante todo, por lo que rodea al niño, por lo que está ante sus ojos: su conducta depende de las circunstancias externas. Resulta muy fácil atraer al pequeño hacia algo, como distraerlo.

Sin embargo, ya al comienzo de la edad temprana, debido a la formación de las representaciones estables acerca de los objetos, empiezan a surgir los sentimientos y los deseos relacionados con los objetos que el niño recuerda, aunque no los ve ante sí en el momento dado.

Papalia y colaboradoras comparan la perspectiva de Piaget con hallazgos más recientes en lo que concierne a permanencia del objeto, conocimiento espacial, causalidad, número, categorización e imitación ("invisible" y "diferida"), destacando que, si bien algunas observaciones actuales confirman los datos piagetianos, en otros casos se ha constatado que las adquisiciones infantiles parecen ser más tempranas que las reportadas por el investigador.

El **desarrollo del lenguaje** en la etapa de la "lactancia y primeros pasos" –los tres primeros años de vida– es sorprendente, como lo hemos detallado en nuestro manual de **psicología del lenguaje**, específicamente en los capítulos dedicados a psicolingüística evolutiva.

El lector podrá encontrar una detallada descripción, con numerosos ejemplos del comportamiento comunicativo, el balbuceo y el habla infantil (también, del lenguaje del niño y del adolescente) en los grandes momentos que se enlistan a continuación:

INICIOS DE LA COMUNICACIÓN (primer año de vida).

- Nivel prelingüístico (primer año). Comunicación no verbal y paralingüística.
    - Etapa de llantos, gritos, "gorgoreo" (predominio en los seis primeros meses).
    - Etapa del balbuceo, unido a llantos, gritos (desde aproximadamente el sexto mes).
- Transición al primer nivel lingüístico (hacia los 12 meses): primera(s) palabra(s).

COMUNICACIÓN VERBAL Y NO VERBAL (desde el 2° año).

- Primer nivel lingüístico (12 a 30 meses).
    - Etapa de primeras palabras más balbuceo (12 a 18 meses).
    - Etapa de enunciados de dos elementos (18 a 24 meses).
    - Etapa de enunciados de más de dos elementos (24 a 30 meses).
- Segundo nivel lingüístico: preescolar (30 a 60/72 meses).
- Tercer nivel lingüístico (escolar).
- Niveles de la adolescencia y adultez.

El niño dice la "primera palabra" de su comunidad lingüística, con un balbuceo más controlado, hacia **fines del primer año**. Al año y medio (**18 meses**), juntando dos palabras ("enunciados de dos elementos") da comienzos a la "gramática", con una sintaxis elemental, aunque creativa. A los **tres años** (36 meses) ya tiene estructurada su "gramática básica", contando con un vocabulario de aproximadamente novecientas palabras (el vocabulario comprensivo es mayor que el expresivo), y se comunica plenamente: ya "habla de todo".

Remplein –en su perspectiva psicopedagógica– estima que la **meta** hacia la cual tiende el desarrollo en la edad de la adquisición del lenguaje es "la **formación de lo específicamente humano**, o sea, del **pensamiento ligado a la función simbólica**". Ello se manifiesta tanto en el uso mismo del lenguaje, como en los juegos de representar un papel o juego simbólico. Hace ver cómo durante el segundo y tercer año de vida, el lenguaje le proporciona al niño por primera vez la **posibilidad de recibir enseñanza**, aunque todas las órdenes y prohibiciones a tan temprana edad tienen efecto en el corto plazo, mientras el adulto está junto al niño. Precisa que el niño pequeño es "un ser de costumbres":

> Necesita una atmósfera uniforme de tranquilidad, seguridad y cariño. **En ello estriba la influencia que, incluso en la edad adulta, puede ejercer un ambiente adecuado y amable**. Toda educación intencional resulta infructuosa cuando en la casa paterna domina el desorden la falta de puntualidad y de cariño.

Mújina, siguiendo a Stern, caracteriza como "período sensitivo del lenguaje" a la etapa que ve desde el año y medio a los tres años, "cuando los niños dominan el idioma natal". Observa, además, que solo las acciones, las palabras, los modos de comunicarse realizados en el ambiente social circundante del niño, **que se repiten,** forman y apoyan la memorización que subyace a la memoria a largo plazo del niño". **La memoria "se convierte en la función rectora, participando en el desarrollo de todas las formas de conocimiento".** La investigadora se refiere en detalle también a la aparición de la **función semántica,** inicialmente en relación con la actividad práctica, trasladándose después a la utilización de las palabras, "proporcionando al niño la posibilidad de pensar con palabras":

> En el tercer año, en el desarrollo mental del niño sucede un viraje importante que tiene gran significación para el dominio posterior de las formas más complejas del pensamiento y de los nuevos tipos de la actividad: comienza a formarse la **función semántica** (o simbólica) de la conciencia. La función semántica consiste en la posibilidad de utilizar un objeto en calidad de sustituto del otro. Con esto, en lugar de las acciones de los objetos se realizan las acciones con sus sustitutos, aunque el resultado se refiera a los propios objetos. El sistema de los signos más importante y más completo es la lengua.

Skinner interpretó con ingenio en términos de **condicionamiento** e **imitación**[11] el desarrollo del lenguaje o "conducta verbal", explicación considerada insuficiente por racionalistas y teóricos cognitivistas liderados por Noam Chomsky, polémica de la cual lector puede informarse en nuestro libro dedicado al tema. Remplein se refiere al "impulso de comunicación": "con la adquisición del lenguaje aparece también un manifiesto **impulso de comunicación, una necesidad de hablar".** Por tanto, "el adulto tiene la obligación de dedicarse al niño de tal modo que pueda satisfacer por completo esa necesidad".

Valeria Mújina apunta que "múltiples investigaciones" demuestran que el niño de tres años:

> Entra psicológicamente en el mundo de las cosas permanentes, sabe emplear muchos objetos de uso habitual y experimenta la relación de valor con el mundo objetal. Es capaz de servirse a sí mismo, puede establecer relaciones mutuas con las personas que le rodean. Se comunica con los adultos y los demás niños mediante el lenguaje y cumple las reglas elementales del comportamiento.

De especial interés para nuestra perspectiva de los "mecanismos de aprendizaje", destaca que en las relaciones con los adultos "el niño manifiesta una capacidad de **imitar** expresa que constituye la forma más simple de **identificación".** En este contexto, en su estrecha relación con los adultos en la edad temprana "el niño vive una transformación cualitativa como un sujeto que por fin toma conciencia de sí

---

11 Recuérdese que Skinner entiende la imitación dentro del paradigma del condicionamiento.

mismo en la unidad e identidad de su **Yo**". La comunicación con el adulto proporciona al niño la posibilidad de empezar a tomar **conciencia de sí mismo** como una persona independiente. "Esto sucede en el período desde los dos años y medio hasta los tres años" y va ocurriendo de manera paulatina. Aparece la **aspiración hacia la independencia**, "contraponiendo sus deseos a los deseos de los adultos", lo que se traduce en la "**crisis de los 3 años**":

> El niño empieza a compararse con los adultos y quiere tener los mismos derechos que los adultos: realizar las mismas acciones, ser igual de independiente y autónomo" [...] El deseo de ser independiente no se expresa solamente en las formas que los adultos proponen al niño ("Haz esto tú mismo. Ya eres grande y puedes hacerlo"), sino también en la **aspiración tenaz de actuar de un modo y no de otro**, lo que le proporciona el sentimiento excitante de la ansiedad al ejecutar su voluntad propia. **Este sentimiento es tan fascinante que el niño abiertamente opone sus deseos a los deseos de los adultos**...
>
> Las formaciones nuevas (la **voluntad propia** en desarrollo de la que el niño toma conciencia; la **capacidad para separarse**; las **capacidades de reflexión**, etc.) que surgen en el proceso del desarrollo y **se viven de un modo especial en las condiciones de la crisis**, preparan al niño para convertirse en personalidad[12].

Remplein denomina al período de 2 ½ a los 3 ½ como **primera edad de la obstinación**, la que suele desconcertar a los padres. El niño se vuelve "desobediente, insumiso y muy difícil de dirigir; también quiere imponer su voluntad". "Distingue entre **mío** y **tuyo**".

Explica que la oposición que muestra el niño a su ambiente **tiene como causa el desarrollo de la conciencia del yo** o el "despertar de la conciencia del yo". Este descubrimiento no lo hace el niño en un plano teórico, sino eminentemente práctico. Ahora utilizará la palabra **yo**. Anteriormente hablaba de sí en tercera persona. Es también una edad en que "las **exigencias morales** tienen sentido por primera vez". Se trata de un "grado moral ingenuo": ser bueno y malo no significa en su conciencia

---

12 Remplein ubica la **primera edad de la obstinación** entre los 2 ½ y los 3 ½ años. Se trata de una etapa especialmente significativa para la formación del carácter. Hay una primera diferenciación de la voluntad, Se evidencia mayor fragilidad, predisposición a conflictos, temores, pesadillas, tartamudez, trastornos de tipo psico-reactivos. El manejo ambiental es importante: no se trata de "quebrar" la obstinación. Se puede influir indirectamente, comprendiendo que se trata de una etapa crítica decisiva en el desarrollo de la personalidad. El desarrollo de la conciencia del YO es fruto de una gran diversidad de experiencias del niño, en especial del YO-NOSOTROS, el contacto con los demás, y del YO ACTUANTE, el contacto o choque con los objetos. Inicialmente se trata de un YO primario, irreflexivo, motor, sin conciencia de identidad clara. Hacia los 30 meses (2 ½ años), más de la mitad de los niños chilenos, según el test de Denver, usa plurales y, algo menos de la mitad, da su nombre y apellido. A esta edad, hace ver Rondal, el niño combina **yo** con **mío** y también van apareciendo **tú** y **tuyo**.

	Etapas de la vida	Desarrollo cognitivo (Piaget)	Tareas y logros del desarrollo (Erikson)	**JARDÍN INFANTIL** EDUCACIÓN PARVULARIA	
1	LACTANCIA, ETAPA PRIMEROS PASOS y ADQUISICIÓN DEL LENGUAJE	Período Sensoriomotor	CONFIANZA	SALA CUNA lactante menor	**PRIMER CICLO** ÁMBITOS: Formación personal y social Comunicación Relación con el medio natural y cultural
2			AUTONOMÍA	SALA CUNA lactante mayor	
3		Período preoperacional temprano		Nivel MEDIO MENOR	
4	NIÑEZ TEMPRANA O ETAPA PREESCOLAR		INICIATIVA	Nivel MEDIO MAYOR	**SEGUNDO CICLO** ÁMBITOS: Formación personal y social Comunicación Relación con el medio natural y cultural
5		Período preoperacional maduro		1er Nivel TRANSICIÓN	
6				2° Nivel TRANSICIÓN KÍNDER	

Figura 12.8 A

Niveles y ciclos de funcionamiento de la educación parvularia incluyendo los "ámbitos de experiencias de aprendizaje" en la enseñanza que se lleva a cabo en los jardines, según las Bases Curriculares vigentes desde el año 2001 al año 2018. Como referencia importante, se incluyen aportes de Piaget y Erikson.

otra cosa sino estar de acuerdo con los mandatos y prohibiciones de los adultos, en especial, los padres:

> **Pero la auténtica ética supone la libertad personal de decisión**; por eso, desde este momento el niño no deber ser forzado por la coacción de la autoridad educadora, ni por el temor al castigo, sino que debe desenvolverse en un ambiente de libertad y darse cuenta de que puede obrar y elegir por sí mismo en muchos casos. Por tanto, **los padres tienen que mantener el justo medio entre libertad e imposición**: por un lado, dejar libertad en aquello que parezca que siempre ha de podérsele permitir y, por otro, imponer limitaciones donde sea absolutamente necesario... Todo niño normal, por ley natural, tiene que pasar por la edad de la obstinación: **este choque de la**

voluntad propia con la ajena es un factor propulsor del desarrollo moral y social.

El niño a esta edad normalmente está asistiendo al jardín infantil en el nivel "medio menor". Algunos niños han asistido desde el nivel "sala cuna", el que abarca desde los 0 a los 2 años. En él se distingue entre "lactante menor" (0-1) y "lactante mayor" (1-2). La fig. **12.8 A** detalla los niveles y ciclos de funcionamiento de la educación parvularia en el país.

En los jardines infantiles, tradicionalmente se ha distinguido en Chile, después de "sala cuna", entre niños de **nivel medio** (2 a 4 años) y **nivel transición** (4 a 6 años). Dentro de cada uno de estos niveles, se considera un subnivel **menor** y uno **mayor:**

- Medio menor: 2 a 3 años (24 a 36 m.)
- Medio mayor: 3 a 4 años (36 a 48 m.)
- Transición menor (o 1er nivel transición):   4 a 5 años (48 a 60 m.)
- Transición mayor (o 2° nivel transición) kínder: 5 a 6 años (60 a 72 m.)

En las "Bases curriculares de la educación parvularia" vigentes desde el año 2001 al 2018, se organizaron las actividades en **dos** grandes ciclos: **Primer ciclo:** hasta los 3 años. **Segundo ciclo:** de 3 a 6 años. En cada ciclo se contemplaron tres "ámbitos" de experiencias para el aprendizaje: **formación personal y social; comunicación;** y **relación con el medio natural y cultural.** Es posible que en otros países de Latinoamérica existan niveles y estructuraciones semejantes[13].

La **fig. 12.11** contrasta los niveles de la educación parvularia tradicionales en el país con las subetapas propuestas por Remplein que hemos estado describiendo. La tabla permite visualizar con facilidad los decisivos momentos del desarrollo psicológico que viven los niños en cada uno de esos niveles. Los niveles **medio mayor** y de **transición** (2° ciclo de la educación parvularia) se ubican en la "niñez temprana", que describiremos más adelante. Con fecha febrero 2018 se pone en acción una **nueva versión** de las "Bases curriculares de la educación parvularia". En ella se precisa:

> La formulación de esta nueva versión conserva parte de las definiciones, conceptos curriculares y principios estructurales que orientaron el primer currículum nacional para el nivel de Educación Parvularia, y destaca elementos que responden a nuevos requerimientos y énfasis de formación para la primera infancia, tales como la **inclusión social**, la **diversidad**, la **interculturalidad**,

---

13 Cada ÁMBITO de experiencias para el aprendizaje considera NÚCLEOS de aprendizaje: el ámbito **formación personal y social,** los núcleos **autonomía, identidad** y **convivencia;** el ámbito **comunicación** contempla los núcleos **lenguaje verbal** y **lenguajes artísticos;** y el ámbito **relación con el medio natural y cultural,** los núcleos **seres vivos** y su entorno, **grupos humanos,** sus formas de vida y acontecimientos relevantes, y **relaciones lógico-matemáticas** y cuantificación.

el **enfoque de género**, la **formación ciudadana**, el **desarrollo sostenible**, entre otros[14].

Se vuelve nuevamente a los 3 niveles curriculares, tradicionales en la educación parvularia del país, que abarcan tramos de 2 años cada uno: 1° Nivel **Sala Cuna**, 2° Nivel **Medio** y 3° Nivel **Transición**. Ver fig. **12.8 B.** En el documento se explica que se pasa de ciclos de 3 años a tramos de 2 años "respondiendo con mayor precisión a las necesidades y características del aprendizaje y desarrollo de los párvulos".

Las definiciones curriculares de la nueva versión "se nutren de los nuevos conocimientos derivados de la investigación y de prácticas pedagógicas pertinentes y colaborativas, que valoran el juego como eje fundamental para el aprendizaje. Desde esta mirada, se actualizan los fundamentos, objetivos y orientaciones para el trabajo pedagógico, resguardando la formación integral y el protagonismo de los niños y niñas en las experiencias educativas".

Se puede acceder al documento completo en la página web del MINEDUC www.mineduc.cl De todos modos, a fin de comprender mejor la **fig. 12.8 B**, se anotan a continuación las definiciones de los "componentes estructurales" de las nuevas Bases Curriculares:

- **Ámbitos de experiencias**: Constituyen campos curriculares donde se organizan y distribuyen los objetivos de aprendizaje, con el propósito de orientar los procesos de enseñanza y aprendizaje.

- **Núcleos de aprendizajes**: Corresponden a focos de experiencias para el aprendizaje, en torno a los cuales se integra y articula un conjunto determinado de objetivos de aprendizaje. Los que pertenecen al Ámbito de Desarrollo Personal y Social adquieren un carácter transversal en el currículo.

- **Objetivos de aprendizaje**: Establecen los aprendizajes que se esperan de los párvulos en cada nivel educativo, precisando las habilidades, actitudes y conocimientos que se busca lograr mediante la práctica pedagógica de la Educación Parvularia. Al interior de ellos, se distinguen objetivos de aprendizaje transversales (OAT).

- **Niveles o tramos curriculares**: Constituyen una forma de organización temporal de los objetivos de aprendizaje en tres niveles curriculares, respon-

---

14 Entre los nuevos marcos normativos relevantes para la educación parvularia se mencionan: La Ley Nº 20.370 General de educación; la Ley Nº 20.379, que crea el Sistema intersectorial de protección social e institucionaliza el subsistema de protección integral a la infancia "Chile crece contigo"; la Ley Nº 20.529, que crea el Sistema nacional de aseguramiento de la calidad de la educación; la Ley Nº 20.835, que crea la Subsecretaría de Educación Parvularia; la Ley Nº 20.845 llamada de Inclusión escolar; la Ley Nº 20.911, que crea el Plan de formación ciudadana para los establecimientos educacionales reconocidos por el Estado; los "Mapas de progreso del aprendizaje" para el tramo de 0 a 6 años, publicados por el Ministerio de Educación el año 2008; "Programas pedagógicos para los niveles de transición", publicados por el Ministerio de Educación el año 2009.

	Etapas de la vida	Desarrollo cognitivo (Piaget)	Tareas y logros del desarrollo (Erikson)	JARDÍN INFANTIL EDUCACIÓN PARVULARIA	
1	LACTANCIA, ETAPA PRIMEROS PASOS y ADQUISICIÓN DEL LENGUAJE	Período Sensoriomotor	CONFIANZA	1er nivel SALA CUNA	ÁMBITOS Desarrollo personal y social Comunicación integral Interacc. y comprensión del entorno
2			AUTONOMÍA		
3		Período preoperacional temprano		2° nivel MEDIO	ÁMBITOS Desarrollo personal y social Comunicación integral Interacc. y comprensión. del entorno
4	NIÑEZ TEMPRANA O ETAPA PREESCOLAR		INICIATIVA		
5		Período preoperacional maduro		3er nivel TRANSICIÓN	ÁMBITOS Desarrollo personal y social Comunicación integral Interacc. y comprensión del entorno
6					

Figura 12.8 B

Niveles y ciclos de funcionamiento de la educación parvularia incluyendo los "ámbitos de experiencias de aprendizaje" en la enseñanza que se lleva a cabo en los jardines. **Nuevas Bases Curriculares febrero 2018.** Como referencia para el lector, se incluyen aportes de Piaget y Erikson.

diendo con mayor precisión a las necesidades y características del aprendizaje y desarrollo de los párvulos.

Los tres ámbitos de experiencias y sus respectivos núcleos son:

1. **Desarrollo Personal y Social.** Núcleos: Identidad y Autonomía; Convivencia y Ciudadanía; Corporalidad y Movimiento.

2. **Comunicación Integral.** Núcleos: Lenguaje Verbal; Lenguajes Artísticos.

3. **Interacción y Comprensión del Entorno.** Núcleos: Exploración del Entorno Natural; Comprensión del Entorno Sociocultural; Pensamiento Matemático.

Como ya se adelantó, y queda de manifiesto en las figuras **12.8 A** y **12.8 B**, el subnivel **medio mayor** y los dos de **transición** se ubican en la "niñez temprana", de la que nos ocupamos a continuación.

NIÑEZ TEMPRANA O ETAPA PREESCOLAR

De los **tres** a los **seis** años, como adelantamos en la síntesis inicial, la familia sigue siendo para el niño el centro de la vida, aunque los otros niños comienzan a ser muy importantes. Se incrementan el autocontrol, el cuidado propio y la independencia, al tiempo que aumentan notablemente la fuerza física y las habilidades motoras fina y gruesa. Los niños saltan, les atraen los deportes, trepan en los árboles y disfrutan en las plazas de juegos infantiles, parques y prados. Papalia y colegas entregan esta aguda observación:

> En la niñez temprana (3 a 6 años), los niños adelgazan y crecen mucho. Necesitan dormir menos que antes y muestran una mayor tendencia a desarrollar problemas de sueño. Son mejores para correr, saltar brincar y lanzar una pelota; pueden atar mejor sus agujetas (con moños en lugar de nudos), dibujar con crayolas (sobre el papel y no en las paredes) y servir el cereal (dentro del plato y no en el suelo); además, empiezan a manifestar una preferencia por la mano derecha o la izquierda.

Una excelente información comparativa por edad, desde el nacimiento hasta los cinco años, que proporciona estándares del desarrollo, se puede encontrar en las tablas de Mary D. Sheridan en *Children's developmental progress*. Las tablas contemplan 4 aspectos: **1.** Postura y movimientos amplios o desplazamientos. **2.** Visión y movimientos finos. **3.** La escucha y el habla. **4.** Conducta social y juego. En el primer año de vida aparecen las tablas detalladas para cada mes[15].

A modo de ejemplo, comparando los niños de **dos** (etapa primeros pasos) y **cuatro** años (niñez temprana), anotamos en las tablas **12.9** y **12.10** las descripciones del comportamiento esperado en **postura y movimientos amplios**, así como en **conducta social y juego**. La autora fundamenta su obra –que recomendamos al lector– afirmando:

> Existe un consenso generalizado de que cuanto más temprana es la edad en que los niños con alteraciones físicas, mentales o emocionales son identifi-

---

15 Sheridan, M.D. **"Children's developmental progress: from birth to five years, the stycar sequences"**. NFER Publishing Company Ltd. U.K., 1973.

cados y evaluados en profundidad, más esperanzador resulta el pronóstico para la mejoría o la rehabilitación completa. El reconocimiento acertado de tales casos depende del reconocimiento de los primeros signos de desviación del desarrollo normal.

Postura y desplazamientos a los **2 años**	Postura y desplazamientos a los **4 años**
Sube y baja escaleras, afirmándose de la baranda o la pared, poniendo los dos pies en cada peldaño. Corre con seguridad, deteniéndose y partiendo de nuevo con facilidad, evitando los obstáculos. Se pone en cuclillas con aplomo para descansar o jugar con objetos en el suelo, y se pone de pie nuevamente sin usar las manos. Se sube a los muebles para mirar por la ventana, o para abrir puertas, etc., y puede bajar nuevamente. Se sienta en su pequeño triciclo, pero no puede usar pedales: lo impulsa con los pies en el suelo. Tira pequeños juguetes con ruedas con una cuerda, con buena estimación de la dirección. Empuja y arrastra juguetes grandes con ruedas hacia delante y (por lo general) puede caminar hacia atrás tirando de la cuerda. Demuestra una creciente estimación de su propio tamaño en relación con el tamaño y la posición de los objetos en su entorno, en espacios cerrados, armarios, muebles, etc. Arroja una pelota pequeña de frente hacia adelante sin caerse.	Camina o corre sin ayuda escaleras arriba y abajo, alternando un pie en cada escalón. Demuestra gran habilidad en su auto-locomoción, girando esquinas cerradas, corriendo, empujando y arrastrando objetos pesados. Sube escaleras y trepa árboles. Puede andar, caminar y correr en puntillas. Es experto manejando su triciclo, pedaleando, ejecutando con gran facilidad giros en U muy cerrados. Se para en un pie (preferido) de tres o cinco segundos y salta sobre el pie preferido. Arregla y recoge objetos del suelo doblándose desde la cintura con las rodillas extendidas. Se sienta con las rodillas cruzadas. Muestra una habilidad creciente en juegos con la pelota, lanzando, atrapando, dando botes, chuteando, etc. incluyendo el uso del bate.

Figura 12.9

Comparación en lo relativo a postura y movimientos amplios, entre niños de 2 y 4 años.
Basado en las tablas de Mary D. Sheridan.

Remplein ubica en esta etapa la edad del "juego serio", una vez que se va superando la crisis de la "primera terquedad u obstinación". (Ver **fig. 12.11**). Se observa mayor inventiva en los juegos, creatividad e imaginación. La inmadurez cognoscitiva, propia del período "preoperacional" lleva a ideas 'ilógicas' acerca del mundo, pese a los asombrosos logros intelectuales y lingüísticos. La conducta infantil es notablemente "egocéntrica", aunque crece la comprensión de la perspectiva de otras personas: Piaget, en sus primeros estudios en la década de los veinte, el siglo pasado (*"El* *lenguaje y el pensamiento en el niño*"), se ocupó con acierto de estas cuestiones. Basado en sus hallazgos, clasificó las expresiones espontáneas infantiles en dos grandes categorías: **lenguaje egocéntrico**: repetición o ecolalia; monólogo y monólogo colectivo; y **lenguaje socializado**: información adaptada; crítica; ruegos y amenazas; preguntas y respuestas; órdenes. Desarrolló un **cociente de egocentrismo**, que es la relación entre el lenguaje egocéntrico y el lenguaje espontáneo total. Demostró que dicho cociente disminuye sensiblemente con la edad: desde .**51** a los 3 años, a .**28** a los 7, en un estudio que contempló un corpus muy abundante de expresiones infantiles.

Es interesante observar –como lo hicimos notar en nuestro libro dedicado al lenguaje al tratar este punto– que, hacia los 3 años, **casi la mitad de las expresiones corresponden a lenguaje socializado.** Se trata, en términos de Halliday, del comienzo de la FASE 3 cuando el niño ya domina "los principios de la gramática y el diálogo" y está en condiciones de construir el potencial del significado del lenguaje adulto. Dicho potencial se relaciona con todo lo que el ser humano puede significar y está condicionado por las funciones que desempeña el lenguaje que ya, a esta edad, constituyen un **sistema plenamente desarrollado.**

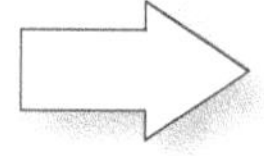 Tratándose solo de una **visión de conjunto** del desarrollo psicológico, la información que estamos entregando en este capítulo en ningún caso puede reemplazar los **tratados de psicología evolutiva**, que se hacen absolutamente necesarios para educadores y futuros educadores. Después de leer estas páginas estarán, por cierto, en mejores condiciones para abordar tales tratados.

Papalia y colaboradoras organizan la información que detallan para cada etapa del desarrollo bajo tres encabezados: **1.** Desarrollo físico y salud. **2.** Desarrollo cognoscitivo. **3.** Desarrollo psicosocial.

Para la **niñez temprana**, etapa que estamos describiendo, analizan en detalle dentro del **desarrollo físico** cuestiones relativas al crecimiento y los cambios corporales, nutrición, patrones y problemas del sueño, habilidades motoras gruesas y finas, el dominio de la mano, enfermedades, lesiones, maltrato (abuso y negligencia). En uno de los recuadros del apartado dan una serie de consejos prácticos sobre "cómo ayudar a que los niños coman y duerman bien".

En lo que concierne al **desarrollo cognoscitivo**, describen el pensamiento preoperacional dentro del modelo piagetiano; el desarrollo de la memoria, a partir del modelo de procesamiento de la información; el desarrollo del lenguaje, en la perspectiva psicolingüística moderna; la inteligencia, con los aportes de los modelos psicométrico y de Vigotsky. Un recuadro muy recomendable analiza **qué tan confiable es el testimonio del preescolar**, en especial en lo que dice relación con el abuso infantil: "*si el testimonio del menor es impreciso, es posible que se castigue injustamente a un adulto inocente. Por otra parte, si no se cree en el testimonio de un niño, un adulto peligroso podría quedar en libertad*".

Conducta social y juego a los **2 años**	Conducta social y juego a los **4 años**
Se alimenta con la cuchara sin derramar. Mastica bien. Levanta la taza, bebe y la pone en la mesa sin dificultad. Pide comida y bebida. Se puede poner el sombrero y los zapatos. Avisa las necesidades de ir al baño en un tiempo razonable. Por lo general, está seco durante el día	Come con habilidad con cuchara y tenedor. Lava y seca sus manos. Se cepilla los dientes.
Intensamente curioso con respecto al medio ambiente. Gira las manijas de las puertas y a menudo corre afuera. Poca comprensión de los peligros comunes. Sigue a la mamá por la casa e imita las actividades domésticas en juego simultáneo. Se involucra de manera espontánea en roles simples o actividades imaginarias en contexto.	Puede vestirse y desvestirse, aunque tiene problemas con los cordones, la corbata y los botones traseros.
Constantemente exigiendo la atención de la mamá. Se le aferra fuertemente con cariño si está cansado o con temor. Díscolo y rebelde cuando se le frustra. Berrinches cuando se siente frustrado al tratar de hacerse entender, aunque (por lo general) se le logra distraer con facilidad.	Comportamiento general más independiente y fuertemente obstinado. Inclinado a la impertinencia verbal con los adultos y a pelearse con los otros niños cuando sus deseos se frustran
Defiende sus posesiones con determinación. Aún no sabe compartir juguetes o la atención de un adulto. Juega muy contento cerca de otros niños, pero no con ellos. Demuestra resentimiento por la atención demostrada a otros niños, particularmente por sus propios familiares. No comprende la necesidad de postergar o modificar la satisfacción de deseos inmediatos.	Muestra sentido del humor en conversaciones y actividades. Ingeniosos juegos de fantasía y entusiasmo por los disfraces.
	Realiza juegos en el suelo altamente complejos, aunque con escasos hábitos de orden, y hace construcciones en el exterior con cualquier material disponible.
	Necesita la compañía de otros niños con quienes puede ser alternativamente colaborador o agresivo, como con los adultos, pero entiende la necesidad de razonar en vez de golpear, así como de respetar turnos y compartir.
	Muestra preocupación por los hermanos menores y simpatía por los compañeros en apuros. Comprende la noción de tiempo pasado, presente y futuro.

Figura 12.10

Comparación en lo relativo a conducta social y juegos, entre niños de 2 y 4 años.
Basado en las tablas de Mary D. Sheridan.

En cuanto a **desarrollo psicosocial**, las autoras examinan el desarrollo del yo, del autoconcepto y la comprensión de las emociones; las diferencias de género; el juego, al que se refieren como "el asunto de la niñez temprana"; la crianza de los hijos, comparando tipos de disciplina y estilos de crianza; las relaciones con otros niños, contrastando hijos únicos con los que tienen hermanos. Estimando que se trata de tres aspectos de interés especial para los padres, las investigadoras aconsejan sobre cómo fomentar el altruismo, y tratar la agresividad y el miedo.

Valeria S. Mújina, por su parte, (ver **fig. 12.3**) dice que la edad preescolar (desde los tres a los siete años) "es el período en cuyo transcurso el niño **domina el espacio social de las relaciones humanas** a través de la comunicación con los adultos cercanos y también a través de las relaciones lúdicas y reales con los coetáneos".

En base de las peripecias de las relaciones con los adultos y los coetáneos, el niño paulatinamente aprende a **reflexionar hacia otra persona** con mayor sutileza. En este período, a través de la relación con los adultos se desarrolla intensivamente la capacidad de **identificación con las personas** y también con los personajes imaginarios o de los cuentos de hadas, con los objetos de la naturaleza, los juguetes, las representaciones, etc. Al mismo tiempo, el niño descubre para sí las fuerzas positiva y negativa de la **separación** que tendrá que dominar en la edad más tardía... **La aspiración de dominar el cuerpo, las funciones psíquicas y los procedimientos sociales de la interacción con otras personas**, que surge insosteniblemente y es natural para ese período de la ontogenia, aporta al niño el sentimiento de **plenitud y de alegría vital**. Al mismo tiempo, el niño experimenta la **necesidad para retener las acciones dominadas a través de su incansable reproducción**. Durante estos períodos, el niño rechaza rotundamente asimilar algo nuevo (escuchar los cuentos nuevos, dominar nuevos modos de actuar, etc.) **reproduciendo ensimismado lo ya conocido**.

La investigadora rusa organiza la información bajo tres encabezados principales: **1.** Peculiaridades de la comunicación. **2.** Desarrollo intelectual. **3.** Personalidad infantil.

En lo relativo a las **particularidades de la comunicación**, analiza el lugar del niño en el sistema de las relaciones familiares: "a partir de los tres años vive una gran conmoción causada por su propio descubrimiento de que él no constituye el centro del universo". Entrega reflexiones sobre el caso de las familias en que falta uno de los padres y llega en momento en que el niño toma conciencia de ello. Analiza la **comunicación lingüística y emocional**, con un especial énfasis en la función expresiva y elementos decisivos de comunicación no verbal (postura y gestos). Ahonda la autora en **los estilos de comunicación que ofrecen los adultos** (autoritario, liberal permisivo...). Asegura que "con una relación bondadosa y llena de amor hacia el niño, los padres le enseñan el **ejemplo para imitar, utilizando la persuasión y el convencimiento**". Casos importantes que describe son el nacimiento de un hermano (con lo que deja el niño de ser único en la familia), así como el ingreso al jardín infantil para aquellos niños que no asistieron previamente a sala cuna. Otros temas que la autora enriquece con sus propias observaciones son: la **necesidad de amor y aprobación**; los **sentimientos que experimenta el niño al escuchar cuentos**; la **comunicación entre chicos y chicas**; y el **desarrollo de los mecanismos de identificación y de separación:**

	Etapas de la vida	Desarrollo cognitivo (Piaget)	Tareas y logros del desarrollo (Erikson)	JARDÍN INFANTIL EDUCACIÓN PARVULARIA	REMPLEIN
1	LACTANCIA, ETAPA PRIMEROS PASOS y ADQUISICIÓN DEL LENGUAJE	Período Sensoriomotor	CONFIANZA	SALA CUNA lactante menor	Edad sueño (0 a 2 m.) y Versión al mundo (2m. al año)
2			AUTONOMÍA	SALA CUNA lactante mayor	Edad adquisición lenguaje (1 a 2 ½)
3		Período preoperacional temprano		Nivel MEDIO MENOR	Primera edad de obstinación (2 ½ a 3 ½)
4	NIÑEZ TEMPRANA O ETAPA PREESCOLAR		INICIATIVA	Nivel MEDIO MAYOR	Edad del juego en serio (3 ½ a 5 ½)
5		Período preoperacional maduro		1er Nivel TRANSICIÓN	
6				2° Nivel TRANSICIÓN KÍNDER	Primer cambio de configuración (5 ½ a 6 1/2)

Figura 12.11

Niveles de funcionamiento de la educación de párvulos y su relación con subetapas del desarrollo propuestas por Remplein.

En la edad preescolar, el niño **aspirando realizar su Yo en la comunicación con otras personas** amplía y naturalmente utiliza la **identificación** y la **separación**. Intentando obtener la aprobación, asimila procedimientos de acción atractivos para él, escuchando una historia interesante sobre una persona conocida o un cuento favorito, el niño con el ardor infantil se sumerge en la comunicación, en las vivencias del otro, proyectándose en el lugar de ese otro. Aspirando a confirmar su autonomía, su valor, el niño se separa con una determinación tajante, demostrando su intención de insistir en su propósito: ¡*Ya lo dije*!, ¡*Lo haré*!, etc.

Respecto del **desarrollo intelectual,** la autora se centra inicialmente en el **dominio práctico de la lengua y el sentido del lenguaje**; posteriormente en las **funciones**

del lenguaje (comunicativa, planificadora, explicativa, semántica…), con algunos párrafos dedicados al **lenguaje egocéntrico**, que "constituye un nivel intermedio entre el lenguaje externo e interno del niño" ya que "**se interioriza convirtiéndose en el lenguaje interno, conservando en esa forma su función planificadora**", todo ello inscrito en la tradición de Vigotsky. Ahonda con ingeniosas observaciones en el **desarrollo sensorial,** que en esta etapa es "vertiginoso" ("al percibir los objetos y al actuar con ellos, el niño empieza a apreciar cada vez con mayor exactitud su color, la forma, el tamaño, el peso, la temperatura, las propiedades de la superficie; en la percepción de la música aprende a seguir la melodía, a separar las relaciones entre los sonidos según su agudeza, a captar el ritmo…). Comenta también el **desarrollo de las acciones, de la percepción**; de la **orientación en el espacio y el tiempo**; la **percepción del dibujo.** Las páginas finales de la sección (se trata de un trabajo extenso) las dedica al desarrollo del **pensamiento**, de la **atención**, la **imaginación** y la **memoria**, fenómenos que analizamos en este libro en los capítulos dedicados a los "mecanismos cognitivos" del aprendizaje, pero que Mújina expone a la luz de la psicología evolutiva.

En el tema dedicado a la **personalidad infantil**, la investigadora a lo largo de numerosas páginas examina "aquellos **eslabones de la estructura de la autoconciencia** que por primera vez se desarrollan intensivamente o por primera vez se manifiestan en la edad preescolar": entre ellos, **el nombre y su significado** (con todas las variantes familiares de su nombre infantil); la **imagen corporal**; el **derecho de aprobación** por el adulto y por los otros niños; la **envidia infantil**; la **identificación sexual**; el **papel de los modelos éticos en la formación de la personalidad**; desarrollo de la **autoestima**; el desarrollo de **la voluntad como una capacidad de dirigir la conducta**; el **juego, los juguetes, relaciones lúdicas con otros niños**, así como otros tipos de actividad (entre ellos, el dibujo infantil y la actividad plástica).

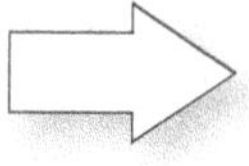

Una temática importante en psicología evolutiva que ahonda en estas cuestiones, abordada los últimos años para conceptualizar de mejor manera algunos de los rasgos atípicos del espectro autista, es la relativa a la **teoría de la mente.**

En la presentación al trabajo de Wellman, publicado por Ediciones UC el año 2018[16] se explica que los científicos cognitivos acuñaron el término "teoría de la mente" a fin de describir "nuestra comprensión cotidiana de los estados mentales: nuestras esperanzas, sueños, intenciones, pensamientos y deseos".

Durante los últimos veinticinco años los investigadores han proporcionado datos enriquecedores y provocativos que muestran que, **desde una temprana edad**, los niños **desarrollan una teoría de la mente sofisticada y**

---

16 Henry Wellman M.: "**La construcción de la mente: cómo se desarrolla la teoría de la mente**". Santiago de Chile, Ediciones UC 2018.

coherente al atribuir deseos, creencias y emociones a sí mismos y a otros. Notablemente, los bebés de apenas unos meses de edad pueden prestar atención a otros seres humanos y sus acciones intencionales; los niños de dos años pueden articular sus propios deseos y sentimientos y los de los demás; y los niños de tres y cuatro años pueden hablar de pensamientos de forma abstracta y participar en mentiras y engaños".

El libro trata en profundidad cómo se "construye" la mente. El autor sintetiza lo descubierto sobre la materia las últimas décadas, con capítulos dedicados a los bebés y niños pequeños, al sustrato biológico del constructo, "incluyendo cómo los niños conciben mentes extraordinarias como las que pertenecen a superhéroes o seres sobrenaturales". En el preescolar hay un desarrollo sorprendente en tales aspectos.

Heinz Remplein sistematiza el tratamiento de cada etapa del desarrollo bajo tres perspectivas: 1. **Funciones de orientación**: percepción, pensamiento (nuestros "mecanismos cognitivos"). 2. **Impulsos y su dirección**: tendencias, necesidades, motivaciones. 3. **Sentimientos**: afectos, emociones, estados de ánimo, la vida afectiva.

En esta etapa en particular, observa que "en los niños de 4 años se establece, de un modo normal, **cierto acuerdo entre las pretensiones de su yo y las de los que le rodean**".

> **Ello se manifiesta en un cambio de conducta. Los fenómenos de obstinación van siendo menos frecuentes**; el niño, ante las exigencias del mundo ambiente, no responde ya meramente con protestas e insubordinación, sino que "se pone en su lugar" y se subordina de un modo voluntario, responde a las alabanzas y al castigo y, en suma, **se muestra más razonable**.

La denomina **edad del juego en serio** (3 ½ a 5 ½) ya que el niño juega "casi con el mismo fervor y seriedad con que el adulto se entrega al trabajo".

En lo que concierne a las **funciones de orientación**, se produce una **objetivación de la imagen del mundo**, tendiendo a desaparecer las interpretaciones **ilusorias** que el niño hace de la realidad. Las cosas van perdiendo el carácter "expresivo" (peculiaridad de la "percepción fisiognómica" que tenía de ellas a causa de la **fusión de percepción y sentimiento**, que ahora se diferencian) y se desarrolla la **conciencia del objeto** ya que "el niño se va separando y diferenciando del mundo de las cosas en que estaba inmerso". Esto permite que en esta edad se formen 3 clases de "principios organizadores" del contacto con la realidad (que se ponen a prueba y evidencian en las actividades del jardín infantil):

1. Principio de **ordenación por semejanza**: el niño va perdiendo la impresión solo global y afectiva de las cosas, de los objetos, **prestando atención** ahora a **contenidos parciales** lo que le posibilita compararlos a partir de detalles en que se parecen.

2. Desarrollo del **concepto de número**, el que tiene una estrecha relación con el desarrollo del pensamiento en general. Junto al **tamaño**, la **forma** y el **color**, el **número** de las cosas desempeña "un gran papel en la imagen del mundo". A los tres años puede efectuar puede efectuar agrupaciones de cuatro elementos. El grupo de cinco elementos lo construye hacia los 4 ½ años. El contar propiamente tal, utilizando los numerales correspondientes, comienza después de la ordenación figurativa. Sin embargo, constatamos que el niño memoriza con facilidad series que van más allá de su captación figurativa.

3. Principio de **ordenación de relación causa-efecto**. Se despierta "la dependencia de un acontecimiento respecto de otro" que se expresa en las frecuentes preguntas **por qué**. La edad de los "*por qué*" alcanza su punto culminante en el 5° año de vida.

Remplein hace ver también que el niño a esta edad no es capaz de desarrollar un pensamiento lógico-conceptual, sino un **razonamiento analógico**, "con el que traslada sin más ni más a otros casos la experiencia vivida intuitivamente en un caso anterior". Este razonamiento se manifiesta también en los **juegos**: traslada a un juguete (un "cocodrilo malo") sentimientos vividos en determinadas circunstancias o con determinadas personas. Esto ha dado pie a la "ludoterapia" o terapia basada en el juego infantil. Recuérdese que Melanie Klein, conocida por su adaptación del modelo psicoanalítico al trabajo con niños, amplió y desarrolló la interpretación de Freud acerca de la mente inconsciente. A través del análisis de **juegos infantiles** –así como Freud había analizado los sueños– Klein exploró la mente del niño pequeño, La interpretación de los temores más profundos del niño y sus defensas contra ellos le permitió realizar originales y creativos aportes al psicoanálisis.

En el niño de esta edad se pone en evidencia también una "mentalidad mágica" y una dosis importante de **subjetivismo** en su pensamiento:

> No son las propiedades objetivas de las cosas ni las leyes objetivas de la realidad las que determinan la consecuencia del razonamiento, sino que esta consecuencia viene **determinada primariamente por los intereses e inclinaciones momentáneos**. Si, por ejemplo, a causa del mal tiempo hay que renunciar a un paseo que se le ha prometido, entonces el niño pequeño no puede ni quiere comprender que está fuera del alcance de su padre el conseguir que el tiempo mejore.

La **mentalidad mágica** que caracteriza esta etapa constituye "una transición entre la vivencia fisiognómica y el pensamiento causal". Tal mentalidad ocurre también en culturas primitivas, en las que se da en algunos aspectos un escaso desarrollo del pensamiento lógico-causal. **La magia es una manera de superar el temor** (para el niño, por ejemplo, en los contextos escolares, frente a situaciones desafiantes o a fin de evitar que descubran un error o infracción) valiéndose de una forma de proceder que no está en ninguna relación demostrable con el resultado que se intenta[17].

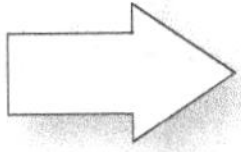

Resulta interesante la relación **juego, magia** y **fantasía**, que educadores y papás deben reconocer para entender el sentido profundo de esta etapa del desarrollo y así evitar sancionar comportamientos desajustados al evaluarlos **solo desde la objetividad de los hechos.**

Dicha relación explica también la fascinación con que niños tan pequeños se conectan con las historias fantásticas o juegos que siguen en celulares o tablets a los que se "adhieren" (¡a veces, por horas, para tranquilidad de sus padres!).

El niño escucha cuentos con placer, y añade sus propias versiones, creyendo en su contenido: en la existencia de gigantes, hadas y brujas, cerditos o corderos que hablan y se defienden del lobo. Remplein caracteriza la etapa como la "edad de la fabulación":

> **En el cuento, el niño encuentra una estructura espiritual homóloga a la suya.** La exposición es infantil, los personajes están trazados con simplicidad: son grandes o pequeños, fuertes o débiles, ricos o pobres, hermosos o feos, son buenos o malos; la acción tiene un interés palpitante y abunda en momentos de emoción; la moral es una moral infantil, basada en la autoridad.
>
> El niño muestra un evidente deseo que se le cuenten cuentos, lo cual se basa en la necesidad que siente de excitaciones emotivas, así como de intensificación del sentimiento de la vida que llevan consigo. Es indudable que el niño experimenta un enriquecimiento de su vida afectiva al descubrir el mundo de los cuentos. Pero **el verdadero sentido de la edad de la fabulación debe buscarse en el ejercicio de la fantasía.**

Explica el autor que "el cuento fomenta la configuración de dos mundos distintos": por una parte, el mundo **objetivo,** percibido y, por otra, el mudo **subjetivo,** representado. **En esta edad no están aun claramente separados,** lo que ocurrirá a los 7 u 8 años: el niño comenzará definitivamente a dudar y dejará de creer, como se dice en Chile, en el "Viejito Pascuero" (Santa Claus o Papá Noel).

En lo relativo a los **impulsos y su dirección,** Heinz Remplein analiza el cambio que se produce en su estructura y describe con detalle el impulso de **sociabilidad** (en el que se dan, sin embargo, notables diferencias caracterológicas); el de **imitación**

---

17 Incluso en adultos de culturas avanzadas ocurren prácticas como, por ejemplo, tocar un objeto de madera para evitar un mal; pasar la sal a otro comensal sin entregar el salero directamente en su mano, etc. Futbolistas se "persignan" antes de realizar un cometido difícil. Hay ritos, creencias y convenciones curiosas entre actores, cantantes o personas (cultas) del mundo del espectáculo.

(evidente en los juegos de roles); el de **comunicación** o de sociabilidad y la necesidad de actuar en grupo; las tendencias **altruistas**, "que provienen de la vivencia de ciertas obligaciones que impone a la propia existencia la existencia de los demás, así como su bienestar"; el afán de **saber** y la curiosidad (en el plano sexual y en muchos otros contenidos); el despertar del **impulso de creación**, evidente tanto en el juego como en el dibujo infantil (de carácter esquemático, ya que "el niño no dibuja lo que ve, sino lo que sabe"); y el desarrollo de cierto **sentido del orden y de la norma** (también con importantes diferencias caracterológicas), que impone **deberes** al educador:

> Por un lado, tiene **que confiar al niño pequeños cometidos para robustecer su actitud de trabajo** que ahora despierta; por otra parte, ha de tener en cuenta la labilidad de esa actitud de trabajo del niño. **No debe exigirle tareas demasiado largas, y tiene que permitirle oportunamente que retorne a sus juegos, pues estos siguen siendo aún la actividad propia del niño.** El educador no debe dejar de expresarle su agradecimiento cuando logre realizar un trabajo, para robustecer de ese modo la confianza del niño en sí mismo y para fomentar su gusto por el trabajo. También ha de **cuidar el sentido del orden**, velando por él, aunque sin exageraciones, para que no llegue a ser una actitud forzada.

Además, la **atención voluntaria** del niño va experimentando un aumento progresivo, aunque "de acuerdo con la labilidad de su voluntad **predomina aún la involuntaria**, dirigida por los estímulos". Esto les resulta evidente a los adultos que tienen contacto con niños de la edad.

Por último, con relación a los **sentimientos**, se configuran ahora con más nitidez los sentimientos **transitivos** (en la nomenclatura de Lersch[18]), que implican **sintonizar con los de las demás personas**, como la simpatía, que supone la participación en las alegrías y las penas de otros:

> Los sentimientos **altruistas**, diametralmente opuestos a los sentimientos de egoísmo, afán de poder, afán de prestigio y afán de desquite, se habían ya despertado en le edad de la obstinación; todos ellos, tanto unos como otros, siguen obrando aún y ahora crean en el alma del niño la **tendencia polar entre egoísmo y altruismo** tan conocida en la psicología de los adultos.

---

18 Lersch clasifica las **vivencias pulsionales** (o motivaciones), ubicadas en el estrato "endotímico", en tres niveles: de la **vitalidad**: impulso a la actividad, tendencia al placer, la libido...; del **yo individual**: conservación, egoísmo, deseo de poder, necesidades de estimación y autoestima...; **transitivas**: las dirigidas hacia el prójimo, como la de convivencia y asociación; tendencias del ser-para-otro, como la benevolencia, disposición a ayudar y el amor al prójimo; las tendencias creadoras; el deseo de saber; el amor; las tendencias normativas; y las **trascendentes**, tales como el impulso artístico, la aspiración metafísica y la búsqueda religiosa.
Los **sentimientos**, por otra parte, forman parte de las **vivencias afectivas**, que son **la respuesta o reacción del ser humano a lo encontrado en el mundo a través de las vivencias pulsionales**: en ese sentido, se clasifican del mismo modo.

El autor ahonda con interesantes observaciones psicopedagógicas en el cariño hacia los padres; los **celos**, en que el niño exige la posesión exclusiva ("es **mi** mamá"); la llegada de un recién nacido, circunstancia en que los padres "tienen la obligación de tratar con especial cariño al niño que ya tenían, y no darle motivo para que se sienta perjudicado en modo alguno"; y la **importancia de la educación** en el adecuado desarrollo de los sentimientos altruistas.

Con la **edad del juego en serio** culmina según Remplein la **primera infancia**. A modo de "repaso" recordamos las subetapas que ha planteado el autor:

- Edad adquisición lenguaje (1 a 2 ½)
- Primera edad de obstinación (2 ½ a 3 ½)
- Edad del juego en serio (3 ½ a 5 ½)

Es importante que el lector atienda a la **secuencia** de eventos que van caracterizando los diferentes momentos del desarrollo, sin complicarse mayormente con las denominaciones de cada etapa, ya que no hay necesariamente coincidencia entre los autores (lo que también obedece a cuestiones de traducción). Por otra parte, si bien en este texto utilizamos con relativa soltura términos tales como **período, etapa, grado, edad, fase**, algunos autores distinguen con mayor precisión y utilizan con consistencia algunos de ellos.

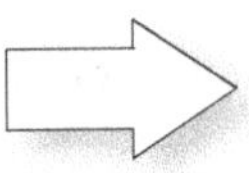

En el esquema que propone Remplein, con la edad del **1er cambio de configuración** (5 ½ a 6 ½) el niño transita a la **segunda infancia**, que incluye la **niñez media** (6 ½ a 9) y la **niñez tardía** (9-10 ½ a 12). (Ver **fig. 12.4**). Calza esta importante etapa del desarrollo humano con el ingreso a la escolaridad formal, una vez que el niño culmina la etapa preescolar.

La **edad del primer cambio de configuración** (5 ½ a 6 ½)[19], según Remplein, se presenta como una **fase de reconstrucción corporal y psíquica**. En un lapso relativamente breve de tiempo ocurre un cambio de proporciones que modifica notablemente el aspecto del niño, junto a una transformación de sus vivencias y conductas. ¡Basta observar y comparar a los niños de pre-kínder en un colegio, con los de 1° o 2° básico! Las extremidades se alargan y robustecen, variando la proporción del tamaño de la cabeza con relación a la estatura. **Con diferencias individuales** en el ritmo y velocidad de los cambios, el vientre del preescolar se reduce y aplana, destacándose más los músculos, con una impresión general de esbeltez. En las niñas, por lo general, la fase del primer cambio de configuración comienza y termina antes que en los niños.

---

19 Siguiendo a Busemann, investigador alemán en psicología evolutiva, Remplein distingue entre **FASES A**, que se caracterizan por una elevada excitabilidad de la vida psíquica (fases de activación o emocionales) y **FASES B**, que se identifican por una relativa tranquilidad de la vida sentimental y por el "predominio de la razón" (fases de sosiego o intencionales). Las **fases A son críticas y de transición**: la edad de la 1ª obstinación, del primer cambio de configuración, la prepubertad (o 2ª edad de la obstinación).

Es decir, una gran falta de armonía deshace la bella y la perfecta forma de la primera infancia, hasta que se realiza la paulatina rearmonización que da origen a la acabada figura de la segunda infancia. Por tanto, entre la configuración originaria y la final hay una serie de formas de transición, notables por su falta de consonancia, que caracterizan la época del **cambio de configuración.**

Los fenómenos que se producen durante esta se hallan profundamente enraizados en el conjunto corpóreo, como puede deducirse del hecho de **que en esta época comienza la segunda dentición**; los dientes de leche se desprenden y son reemplazados por los de la dentadura definitiva. Durante los 5 y 6 años aparece la primera muela de la dentadura definitiva, a la que siguen los cuatro incisivos.

Al describir con detalle los **cambios psicológicos** en esta edad, el autor afirma que la conducta muestra "evidentes reminiscencias" de la edad de la primera obstinación, con una "propensión a las descargas afectivas" con arrebatos de explosión, aspereza y labilidad… En las funciones de orientación destaca el paso "definitivo" **desde la compresión global a la compresión de contenidos parciales** o **comprensión analítica** (fundamental para el desarrollo del pensamiento). Si el niño en la edad del juego serio atendía de manera especial al color, ahora atiende a la forma, no solo de manera global "fisiognómica", sino también prestando atención a detalles y contenidos parciales.

Sin la comprensión de contenidos parciales, sería imposible el desarrollo del pensamiento abstracto, que constituye la meta del desarrollo en los años siguientes.

Se observa también en esta edad un aumento de los impulsos motores, ("gritan con loca alegría, se pelean entre sí y son difíciles de refrenar"), afán de experiencias, de independencia, aunque con propensión al cansancio, una afectividad acrecentada, posibles fobias nocturnas, notable labilidad del sentimiento y propensión al descontento. El autor concluye su análisis de esta breve edad con consideraciones acerca de la **madurez escolar**, materia sobre la cual hay abundantes trabajos en el país y en Latinoamérica.

NIÑEZ INTERMEDIA O ETAPA ESCOLAR

El niño deja el jardín infantil y comienza la **enseñanza básica obligatoria**. La educación en Chile se divide en 4 etapas: parvularia, **básica** (primaria), media (secundaria) y superior. La educación en el país está regida por la Ley General de Educación (LGE) de año 2009, sucesora de la Ley Orgánica Constitucional de Enseñanza (LOCE).

El escolar está en condiciones de pensar **lógicamente**, si bien su pensamiento será "concreto", como aclara Piaget. (Ver **fig. 12.3**). Disminuirá, en términos del mismo autor, el "egocentrismo". Se enriquecerán la memoria y el lenguaje, perfeccionándose las habilidades cognoscitivas a impulsos de la educación formal. Se desarrollará el "autoconcepto" y comenzará a verse seriamente afectada la "autoestima". Al tiempo que disminuye la celeridad del crecimiento físico, mejorarán el vigor y la capacidad atlética.

Como una manera de ilustrar el contraste entre el pensamiento "preoperacional" del preescolar y el pensamiento "operacional" del escolar[20], la figura **12.12** grafica de manera muy sencilla una típica prueba piagetiana. Primero hay que cerciorarse de que el niño constata que los vasos **A** y **B** de la izquierda son exactamente iguales y contienen la **misma** cantidad de líquido. Se le solicita entonces vaciar el contenido de cada vaso en el correspondiente del lado derecho. El niño observará lo que se muestra en **fig. 12.13.** Si se le pregunta: ¿Cuál vaso tiene más líquido? El **preescolar**, cuya conclusión depende del dato perceptual más evidente, la altura del nivel alcanzado (se "centra" en una dimensión), dirá con toda seguridad: "el vaso **A**". El **escolar**, con pensamiento **operacional**, dirá que los dos vasos tienen la misma cantidad. Las "operaciones" son acciones que **cumplen con determinadas reglas lógicas**. Su conclusión no depende solo de un dato perceptual inmediato: puede "descentrarse" y atiende a dos o más dimensiones, relacionando la altura del vaso con su ancho. (No se "centra" solo en una dimensión **perceptualmente** sobresaliente). Además, gracias a las posibilidades de "reversibilidad" de la operación mental, puede razonar "hacia atrás" viendo qué ocurría con los dos primeros vasos y qué acciones realizó.

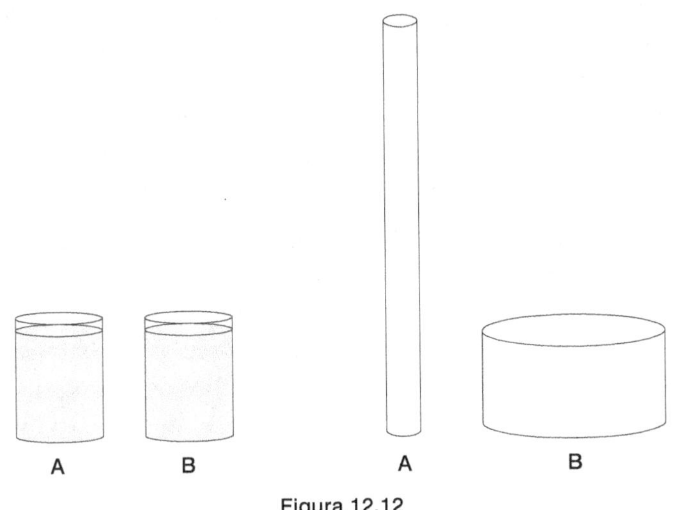

Figura 12.12

Una típica prueba piagetiana. Ver texto.

---

20 En términos religiosos, desde muy antiguo se consideraba que el niño estaba apto para la Primera Comunión a los 7 años, porque ya tenía "uso de razón".
Para **Piaget** las **operaciones** son representaciones mentales de acciones (o acciones **interiorizadas**) que cumplen con ciertas reglas lógicas: reversibilidad, descentración, conservación, transitividad, clasificación, conservación.

Figura 12.13

Una típica prueba piagetiana. Ver texto.

Se trata de una prueba con "cantidad continua" (líquido). También puede hacerse con bolitas (canicas) que se encuentran en una caja: con cada mano, **al mismo tiempo**, el niño tiene que dejar caer una bolita en cada recipiente: **A** (mano izquierda) y **B** (mano derecha). Se producirá el mismo efecto.

El período **escolar**, en su totalidad, abarca en Chile ocho años de **enseñanza general básica** y cuatro años de **enseñanza media**. Comprende, por tanto, en términos de psicología evolutiva, la "segunda infancia" –o **niñez intermedia**– y la **adolescencia**. En este apartado nos ocuparemos de la niñez intermedia. La **fig. 12.14** aclara estas relaciones, con los nombres que asignan a las etapas los autores que hemos estado comentando. Sin esta tabla aclaratoria, el lector fácilmente se puede confundir.

Como una referencia importante para los logros del niño en esta etapa, los investigadores en **salud mental** afirman que el niño "mentalmente sano" en el ambiente escolar demuestra **capacidad para un buen manejo de los sistemas de símbolos** (lingüístico oral y escrito, numérico, no verbal, artístico...); **respeta reglas y normas** aceptando las consecuencias de su violación; **sabe relacionarse** con adultos y pares, y es capaz de **controlar y manejar sus emociones**[21]. A esto deberán contribuir la educación, así como las medidas psicopedagógicas o procedimientos psicológicos que cada caso en particular aconseje.

Berwart y Zegers, psicólogos e investigadores chilenos, en su influyente texto dedicado a la edad escolar[22] esquematizan en estos términos las **tareas** del niño a esta edad:

21 Bower, E. M. "**Mental health**". En R. Ebel (Ed.): *Encyclopedia of educational research* (4th ed.) Macmillan, New York, 1970.

22 Berwart, Hernán y Zegers, Beatriz: "**Psicología del escolar**". Escuela de Psicología PUC, Editorial Universitaria, 1980.

	ENSEÑANZA BÁSICA								ENSEÑANZA MEDIA			
Curso	1°	2°	3°	4°	5°	6°	7°	8°	I	II	III	IV
Edad	6-7	7-8	8-9	9-10	10-11	11-12	12-13	13-14	14-15	15-16	16-17	17-18
Papalia	NIÑEZ INTERMEDIA					ADOLESCENCIA						
Remplein	Niñez media				Niñez tardía Prepub.				Juventud (Edad juvenil) Pubertad Crisis juvenil y Adolescencia			
Mújina	Edad escolar temprana							Adolescencia				Juventud ->

Figura 12.14

Relación edad-curso en Chile, con las grandes etapas del desarrollo psicológico
según los autores que hemos estado revisando. Como se advirtió, es importante la secuencia
de eventos que van caracterizando los diferentes momentos del desarrollo,
sin complicarse mayormente con las denominaciones de cada etapa,
ya que no hay coincidencia en el uso que hacen de ellas los autores.

- Desarrollar las fuerzas, habilidades y capacidades para dirigir y controlar la conducta.

- Conocer la realidad en que se desenvuelve y comprender lo que en ella sucede.

- Desarrollar las motivaciones, intereses y actitudes que llevan a relaciones y compromisos con los demás.

- Comprender las normas que regulan las relaciones entre los hombres y lograr la capacidad de ajustar su conducta a ellas.

Precisan, con todo, que "al escolar le falta mucho aún por desarrollar" ya que, entre otros aspectos, "es todavía dependiente y requiere mucha ayuda, especialmente en las sociedades complejas que plantean altas exigencias de preparación a los individuos que debe incorporarse a ellas".

Los autores organizan su presentación de la etapa (**6** hasta los **11** o **12** años, en que comienza la "edad juvenil" con la pre-pubertad) bajo cinco encabezados:

1. **Estructuración de la personalidad y dimensiones fundamentales de la socialización**, donde abordan los procesos psicológicos de la regulación normativa de la conducta y los aspectos motivacionales de la personalidad del escolar.

2. **Roles y significación de los agentes de socialización**, centrándose en cada uno de ellos: la familia, el grupo de amigos y el colegio (la escuela).

3. **Desarrollo cognitivo y actividad escolar.** En este capítulo se ocupan de las características específicas de la memoria y procesos perceptuales; de la representación objetiva de la realidad por medio de imágenes y conceptos; así como de la formación del pensamiento lógico.

4. **Desarrollo moral: integración de aspectos afectivos y cognitivos.** Aquí describen los comienzos del desarrollo moral; los procesos psicológicos y los factores ambientales de la moralidad del niño; el desarrollo moral en la edad escolar: y los problemas conductuales que se relacionan con alteraciones de la formación moral.

5. **Problemas de conducta en la edad escolar desde el punto de vista de la psicología del desarrollo:** las alteraciones del rendimiento escolar; el niño agresivo; inseguridad, timidez retraimiento.

El niño en esta etapa adquiere, en términos de Piaget, el principio de "conservación". Al tiempo que distingue entre las cosas por sus características y puede compararlas y clasificarlas, aprende que **sufren modificaciones que no alteran su naturaleza:** "perceptualmente el objeto ha variado, pero sigue siendo el mismo". Comienza el pensamiento lógico propiamente tal. Explican Berwart y Zegers que "pensar lógicamente supone la capacidad de separar pensamiento de acción, sentimientos, deseos y motivaciones":

> Pensar lógicamente permite actuar racionalmente. **La conducta se organiza en función de una actividad mental que considera la realidad tal cual es.** Se opone, por tanto, a la acción emocional que se orienta a partir de un deseo o sentimiento. El escolar ha adquirido esta capacidad y la organización de su conducta lo demuestra. Cuenta ahora con un MODELO MENTAL que le permite **considerar los distintos aspectos de la realidad y coordinarlos, ligarlos lógicamente, según principios generales, atributos esenciales.** Esto, que se aplica al campo físico, abarca también el mundo social e individual.
>
> **Esta modalidad de pensamiento se aplica solo a situaciones concretas o que tiene referente concreto.** El escolar no actúa lógicamente frente a situaciones abstractas que no tienen un referente concreto... Si le pedimos su opinión con relación a la justicia, no podrá encontrar la esencia del concepto y se referirá a su experiencia concreta diciendo que su mamá ha sido justa con él, porque le dio un trozo de torta del mismo tamaño que a su hermano mayor. No puede trascender la realidad concreta. Esto solo es posible cuando el pensamiento se transforma en hipotético deductivo.

Hacen ver los investigadores que en el escolar comienzan intereses de tipo técnico-científico "que ponen de manifiesto su motivación de conocimiento". Con estrecha relación a materias que tocamos anteriormente en este capítulo, dicen que el niño "pierde interés por las actividades de la fantasía y comienza a interesarse en **aventuras realistas**", aunque en un marco de "realismo ingenuo":

> El escolar ya no mira el mundo subjetivamente a través de cuentos, fantasías e ilusiones. **Lo observa a través de la razón.** Cuando describe cualquier fenómeno, se aprecia el carácter realista que adquiere su narración. Ya no proyecta sus temores, deseos y sentimientos. **El mundo de la fantasía, del simbolismo, se sustituye por el mundo real, objetivo.**
>
> En este contexto, resulta importante señalar que el niño no tiene conciencia de este cambio en la orientación hacia el mundo. **Lo que define su naturaleza ingenua es su creencia ciega en la realidad que percibe.**

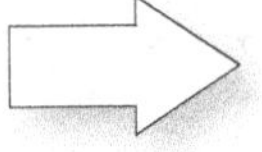

Si el lector tiene relación con niños (hijos, sobrinos, hermanos menores), puede constatar el cambio drástico que se produce en la elección de programas (o canales) de TV, juegos en tablets, computadores o celulares en los que ingresan a la etapa escolar: ya no les interesan aquellos que tanto les atraían cuando pequeños. Ahora son "grandes" y se interesan en series con adolescentes reales o sucesos peligrosos y llenos de riesgos.

Papalia y asociadas abordan el tema de la niñez intermedia con el mismo esquema utilizado en las otras etapas: desarrollo **físico** y salud; desarrollo **cognoscitivo**; y desarrollo **psicosocial.**

En lo concerniente al desarrollo **físico**, las autoras se ocupan de la estatura y el peso, comparando niños y niñas; de la nutrición y salud oral; dentadura (los dientes de leche comienzan a caerse hacia los 6 años y los reemplazan dientes permanentes a un ritmo de cuatro piezas por año); de la imagen corporal, obesidad y trastornos alimentarios; del desarrollo motor y juego físico. Incluyen una tabla del **desarrollo motor en la niñez intermedia.** Describen los problemas médicos más frecuentes (afecciones agudas y crónicas, problemas visuales y auditivos, tartamudez, asma, VIH (virus de inmunodeficiencia humana) y SIDA (niños que contrajeron el virus de sus madres); y las lesiones accidentales. Preguntan la opinión del lector sobre la siguiente cuestión:

> Las evidencias médicas prácticamente no muestran pruebas de que los niños infectados con el VIH, asintomáticos, lleguen a transmitir el virus a los demás, salvo por los flujos corporales. Sin embargo, muchos padres temen que sus hijos vayan a una escuela en la que hay un niño VIH positivo. ¿Puede usted sugerir formas para resolver este problema?

El desarrollo **cognoscitivo** en la niñez intermedia lo abordan a la luz de tres enfoques: el modelo **piagetiano** (periodo de las "operaciones concretas". Ver fig. **12.3**); el de **procesamiento de la información** (atención, memoria, meta-memoria); y el modelo **psicométrico** (evaluación de la inteligencia, "las inteligencias", polémicas sobre el CI, y enfoques alternativos, como los basados en la noción de "zona de desarrollo proximal" de Vigotsky). Dedican un apartado especial al **lenguaje**, incluyendo los aspectos pragmáticos de la comunicación, y la **lecto-escritura**: los desafíos que implica el ingreso a primer grado de enseñanza primaria (básica); el rendimiento escolar y el **segundo idioma**. También se refieren a los "problemas de aprendizaje" y a los niños "superdotados".

Figura 12.15

¿Qué hay más: pinos o árboles? Compare las respuestas de niños con pensamiento preoperacional y de niños con pensamiento operacional concreto.

Las autoras describen tareas que el escolar realiza con una lógica superior a la del preescolar: manejo de las **relaciones espaciales** (entre otras cosas, se ubican mejor, no se pierden con tanta facilidad); **causa y efecto**; **clasificación** (comprenden la relación entre un conjunto y sus partes (fig. **12.15**); **razonamiento inductivo y deductivo**; **conservación** (tareas piagetianas con las dos bolas de plasticina (plastilina) idénticas: a una de ellas se le da forma de "salchicha". El preescolar, por las razones ya expuestas, dirá que una (por lo general, la salchicha) es "más grande". El escolar, en cambio, que puede "descentrarse" y su pensamiento es "reversible", no deja engañarse por las apariencias.

Sin embargo, observan las investigadoras:

> Por lo común, los niños, alrededor de los 7 u 8 años pueden resolver problemas que suponen la conservación de una **sustancia**. Con todo, en las tareas que suponen la conservación de **peso** –en las que se pregunta, por ejemplo, si la bola y la salchicha pesan lo mismo–, los niños por lo general no dan respuestas correctas hasta los 9 o 10 años. En las tareas que suponen la conservación de **volumen** –en las cuales los niños deben juzgar si la salchicha y la bola desplazan la misma cantidad de líquido cuando se sumergen en un vaso de agua– es frecuente que las respuestas sean incorrectas antes de los 12 años.

> Para referirse a esta incongruencia en el desarrollo de **diferentes modalidades de conservación**, Piaget empleó la expresión **desfasamiento horizontal**. El pensamiento de los niños en esta etapa es tan concreto, está tan ligado a una determinada situación, que no les es posible transferir fácilmente lo que han aprendido sobre una modalidad de conservación a otra, aun cuando los principios subyacentes sean los mismos.

En lo que concierne al desarrollo **psicosocial** en la niñez intermedia, Papalia y equipo se centran en el tema de la **autoestima**[23] y el **crecimiento emocional**. Apartados importantes están dedicados al **niño en la familia** (atmósfera familiar, estructura familiar, relaciones entre hermanos) y al **niño en el grupo de pares** (popularidad, amistad, agresividad e intimidación). El capítulo lo completan con un apartado dedicado a **salud mental**, citando los trastornos más frecuentes, así como técnicas de tratamiento.

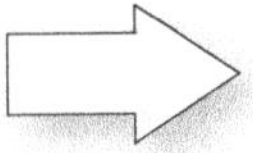

A causa de la preocupación en el desarrollo de los niños, muestran hallazgos de investigaciones sobre lo que ocurre con los diferentes **tipos de familias**: tradicionales, adoptivas, monoparentales, reconstituidas (con "los tuyos, los míos y los nuestros"), así como la vida con padres homosexuales o madres lesbianas.

En esta última situación –que en el país ha generado polémicas y suele estar llena de prejuicios– muestran evidencias de que no hay diferencias entre padres homosexuales y heterosexuales en términos de salud emocional, actitudes o habilidades de crianza.

"Los padres o madres homosexuales o lesbianas suelen tener relaciones positivas con sus hijos y no hay más probabilidades de que estos tengan mayores problemas sociales o psicológicos que los niños educados por padres heterosexuales".

Para Erik Erikson (ver **fig. 12.3**), cada etapa en la vida del hombre supone una determinada **tarea** que se da en la forma de la **resolución de un conflicto**. En la etapa escolar o niñez intermedia, la disyuntiva que debe resolverse es la de la **laboriosidad vs. inferioridad** (también traducida como "industriosidad" vs. inferioridad). El **logro que resulta de la resolución exitosa del conflicto** es el sentido de **competencia, el darse cuenta de que se es capaz**. Se trata de una etapa en que el niño en su instrucción escolar debe hacer las cosas junto con otros, competir con otros y compartir tareas. Puede sentirse insatisfecho o descontento con la sensación de no ser capaz de hacer cosas o de no hacerlas bien, e incluso sentirse física y psicológicamente inferior. La fig. **12.16** entrega la visión las ocho etapas del ciclo de la vida del hombre, según Erikson, que el lector puede consultar para cada una de las etapas que estamos revisando.

---

23 Según las autoras: **Autoestima:** juicio que hace una persona de su propia valía. **Autoconcepto:** sentido del yo; imagen mental descriptiva y evaluativa de las capacidades y características propias. **Autodefinición:** conjunto de características utilizadas para describirse a uno mismo. **Autoeficacia:** sentido de la capacidad de manejar retos y lograr metas.
Philipp Lersch distingue entre ESTIMA y AUTOESTIMA: En la necesidad de **ESTIMA busca el hombre su imagen de valor en el espejo del juicio de sus semejantes.**
En la necesidad de **AUTOESTIMA, la busca en el espejo del propio juicio acerca del valor del yo personal,** bajo la forma de la tendencia a la **autonomía, independencia y libertad de elección y decisión,** con una **emancipación de la opinión ajena y de su tutela.**

Etapa	Conflicto	Tarea y logro
Infancia: lactancia	Confianza vs. desconfianza: ¿Puedo confiar en los otros?	Sentido básico de **CONFIANZA**
Etapa primeros pasos y adquisición del lenguaje	Autonomía vs. vergüenza, duda: ¿Puedo hacer las cosas por mí mismo, o me siento avergonzado?	Sentido de **AUTONOMÍA**
Edad del juego: etapa preescolar o niñez temprana	Iniciativa vs. sentimientos de culpa: ¿Puedo empezar a actuar yo, o debo hacer solo lo que otros quieren que haga?	Sentido de **INICIATIVA**
Edad escolar: niñez intermedia	Laboriosidad vs. sentimientos de inferioridad: ¿Puedo hacer las cosas bien, o soy un fracaso?	Sentido de **COMPETENCIA** o de capacidad
Pubertad y adolescencia	Identidad vs. confusión de roles: ¿Soy "alguien", o estoy confundido acerca de quién debo ser?	Sentido de **IDENTIDAD PERSONAL**
Adultez temprana	Intimidad vs. aislamiento: ¿Me siento bien con otros en la intimidad, o debo aislarme?	Sentido de **INTIMIDAD**
Adultez media	Productividad vs. estancamiento: ¿Produzco y oriento creativamente, o estoy al margen, estancado?	Sentido de **GENERATIVIDAD**
Adultez tardía y vejez	Integridad del yo vs. desesperanza: ¿Me siento bien con la vida, o me siento defraudado, frustrado?	Sentido de **INTEGRIDAD** y de **ACEPTACIÓN**

Figura 12.16

Las ocho etapas del ciclo de la vida del hombre, según Erikson.

Para Mújina, la investigadora rusa, la **edad escolar temprana** (de los 6-7 hasta los 9-10 años) está determinada por una **importante circunstancia** exterior en la vida del niño: **el ingreso a la escuela.** "La familia toma la decisión de qué escuela primaria elegir para el niño: pública o privada, de tres o cuatro años".

El niño, al entrar al colegio, automáticamente ocupa un lugar completamente nuevo en el sistema de las relaciones entre la gente: ahora **tiene unas obligaciones permanentes, relacionadas con la actividad del aprendizaje.** Los adultos cercanos, el profesor, inclusive las personas ajenas, se comunican con el niño no solamente como una persona única, sino **como una persona que asumió la obligación** (no tiene importancia si de manera voluntaria o forzada) **de estudiar**, al igual como todos los niños de su edad...

Él ya entiende que la evaluación de sus actos y motivos no se determina tanto por su propia relación consigo mismo ("yo soy bueno"), como, ante todo, **por cómo sus actos se presentan a los ojos de las personas que le rodean.** Ya tiene bastante desarrolladas las capacidades reflexivas. **En esta edad un logro importante** en el desarrollo de la persona del niño lo constituye el predominio del motivo "**yo debo**" por sobre el motivo "yo quiero".

Hace ver la autora que las actividades relacionadas con el aprendizaje exigen al niño "una reflexión especial relacionada con las **operaciones mentales**", entre las cuales enumera el análisis de las tareas del aprendizaje, el control y la organización de las acciones ejecutivas, el control de la atención, las acciones mnemónicas, la planificación mental y la resolución de las tareas. (Materia de la que nos ocupamos en los capítulos dedicados a los mecanismos cognitivos del aprendizaje). A diferencia de lo que ocurría en el jardín infantil, "la situación social endurece las condiciones de vida del niño y se presenta para él como estresante". "En el colegio se produce la **estandarización de las condiciones de vida** del niño y, como resultado, se manifiestan las diversas **desviaciones** del camino predeterminado del desarrollo: hiper-irritabilidad, hiper-dinámica, inhibición expresa, etc." Precisa Mújina que tales desviaciones yacen a la base de los temores infantiles, disminuyen el dinamismo volitivo y provocan estados de angustia. "El niño tendrá que superar las pruebas que le abruman".

En las relaciones nuevas con los adultos y los coetáneos, el niño sigue desarrollando la reflexión hacia sí mismo y hacia las otras personas. En la actividad del aprendizaje, al aspirar a la aprobación, el niño ejercita su voluntad para lograr los objetivos del aprendizaje. **Alcanzando el éxito o viviendo el fracaso, él cae en la trampa de las formaciones negativas colaterales** (del sentido de superioridad sobre los otros o de la envidia). La capacidad de **identificarse con los otros** le ayuda a superar la presión de las formaciones negativas y a desarrollar las formas positivas aceptadas de comunicación.

Valeria S. Mújina aborda el estudio de la edad escolar temprana bajo 4 aspectos: **1.** particularidades de la comunicación; **2.** desarrollo mental; **3.** personalidad del niño; **4.** actividad del aprendizaje.

En **particularidades de la comunicación** entrega una serie de reflexiones sobre el lugar que ahora ocupa el niño en el sistema de relaciones sociales, ya que "la libertad de la infancia preescolar es sustituida por las relaciones de dependencia y de subordinación a las nuevas reglas de la vida". La autora considera que se trata de un **período difícil**: no basta el asistir al colegio, comportarse correctamente y atender en clase…ahora surge la **necesidad de organizar su día en la casa.**

> Lo más importante que puede dar la familia al escolar de la primaria es enseñarle a **abstenerse de las diversiones durante el tiempo de estudio**, a sentir qué significa la expresión "al estudio, un tiempo, y a la diversión, una hora", a **asumir la responsabilidad** y con ello a aprender a **dominar su voluntad**.

Ahonda en las relaciones sociales **niño-adulto** y **niño-niño**. Ateniéndose a los planteamientos de Vigotsky afirma que "solamente en la profundidad de la vida colectiva surge la conducta individual". El desarrollo cultural se explica en la "sociogénesis de las formas superiores del comportamiento". En este contexto, se ocupa de un tema de interés para nuestra perspectiva psicopedagógica: en las familias ocurren distintos **estilos de comunicación,** los que analiza en detalle (y más adelante también, en las relaciones aula-profesor): el **autoritario**, el **liberal-permisivo**, el **hiper-protector,** el **enajenado,** el **agresivo.** Concluye demostrando que "la relación de valor hacia el niño, con un alto nivel de reflexión y de responsabilidad por él constituye el estilo más eficaz de la educación". Aplica su análisis a **situaciones especiales** –rescatando fortalezas y debilidades– tales como ausencia de uno de los padres, familia adoptiva, instituciones tipo internado…

En lo que concierne al **desarrollo mental**, la investigadora ahonda en la importancia del **lenguaje oral y escrito**, los tipos de lenguaje, el aumento del léxico, etc., comentando que "en los **manuales metodológicos actuales para profesores** se proponen los procedimientos y los métodos del trabajo con los escolares de edad temprana, **que constituyen la condición para organizar el dominio por parte del niño del lenguaje oral y escrito,** condición que colabora a la introducción en la lengua real". Se ocupa posteriormente del desarrollo **sensorial** y desarrollo del **pensamiento** (exponiendo las ideas piagetianas): "el desarrollo insuficiente de los **conceptos** lleva a que en el pensamiento del niño pequeño gobierne la **lógica de la percepción**", que "radica en el centrismo y la falta de formación acerca de la permanencia de las cualidades principales de las cosas". Pero en los niños de seis-siete años se va produciendo un cambio importante, aunque con el desfasamiento horizontal que mencionamos anteriormente. Mújina cita trabajos realizados en Rusia por Galperin, Elconin y otros con el propósito de facilitar a escolares la comprensión del principio de conservación, la "descentración", etc. Al hablar sobre la importancia del desarrollo de la **atención**, la **memoria** y la **imaginación** (¡muy condicionadas por las motivaciones e intereses del escolar!), sostiene:

> **La actividad científica exige el desarrollo de las funciones psíquicas superiores**: la voluntariedad de la atención, de la memoria, de la imaginación. **La atención, la memoria, la imaginación del escolar temprano adquieren ya autonomía**, el niño **aprende a dominar las acciones especiales** que le proporcionan la posibilidad de concentrarse sobre la actividad del aprendizaje, de retener en la memoria lo visto y escuchado, de imaginarse algo que supera los límites de lo percibido anteriormente... (Aquí contrasta con lo que ocurría en la edad preescolar).

> Sin embargo, la **voluntariedad de los procesos cognitivos** en los niños de seis-siete, diez-once años, surge solamente durante el auge del esfuerzo volitivo, **cuando el niño se organiza especialmente bajo la presión de las circunstancias o por su propia iniciativa**. En las circunstancias habituales, le resulta todavía muy difícil organizar sus funciones psíquicas en el nivel de los logros superiores de la psique humana.

Específicamente, al tratar el **desarrollo de la imaginación**, Mújina plantea:

> El profesor, durante la lección, propone a los niños imaginarse la situación en la que se producen algunas transformaciones de los objetos, imágenes, signos. Estas exigencias del aprendizaje estimulan el desarrollo de la imaginación, pero **necesitan el respaldo de herramientas especiales**, en caso contrario el niño tiene dificultades de avanzar en las acciones voluntarias de la imaginación. Estas pueden ser **los objetos reales, los esquemas, las maquetas, los signos, las imágenes gráficas**, etc.

> En los experimentos de J. Piaget, se utilizaron tareas donde al sujeto se le exigía imaginar los niveles sucesivos de alguna transformación física.

> Los niños de seis-siete años hacían pronósticos acertados acerca de la altura del cuerpo del líquido y la conservación de su cantidad. Sin embargo, resulta más interesante el estadio transitorio, cuando el niño pronostica correctamente el cambio de nivel, pero después niega la conservación de la cantidad del líquido.

> A partir de investigaciones semejantes, J. Piaget llegó a la conclusión de que **la imaginación experimenta una génesis**, parecida a la que pasan las operaciones intelectuales: inicialmente, la imaginación es **estática**, delimitada por la reproducción interna de los estados que están al alcance de la percepción; **a medida que avanza el desarrollo** del niño, la imaginación se hace más **flexible y dinámica, capaz de anticipar** los momentos sucesivos de la transformación posible de un estado a otro.

Respecto de la **personalidad** en la edad escolar temprana, la psicóloga rusa hace ver que en la edad de siete-once años el niño "empieza a entender que representa una cierta individualidad que, sin duda, es objeto de las influencias sociales".

Él sabe que tiene el deber de estudiar y en el proceso del aprendizaje **cambiarse a sí mismo, asimilando los signos colectivos** (el lenguaje, las cifras, las notas, etc.), **los conceptos, los conocimientos** y las **ideas colectivas** que existen en la sociedad, **el sistema de las esperanzas sociales** en relación con la conducta y **las orientaciones de valor**. Al mismo tiempo, él sabe que **se diferencia de los otros** y vive **su singularidad, su autonomía** intentando afirmarse entre los adultos y los coetáneos. La **autoconciencia** del niño se desarrolla intensivamente y su estructura se refuerza, llenándose con las nuevas orientaciones de valor.

Lleva a cabo posteriormente un cuidadoso análisis de los cambios que van ocurriendo, a partir de **eslabones de la autoconciencia:** el nombre propio y el apellido, la imagen externa –en especial, la imagen corporal–, la pretensión de aprobación de parte de los adultos, la identificación sexual, el "tiempo psicológico" de la personalidad, y el desarrollo de los sentimientos.

No daremos cuenta de cada uno de estos "eslabones", para lo cual remitimos al lector al trabajo original, aunque resulta de interés mencionar varias de las reflexiones que generan algunos de ellos. Por ejemplo, con relación al **nombre** (y sus variantes familiares), ya como preescolar el niño había tomado conciencia de él y por lo general le agradaba, ya que escuchaba constantemente cómo lo llamaban cariñosamente. "Al entrar al colegio, **el niño reflexiona sutilmente sobre la reacción de los compañeros de clase a su nombre infantil utilizado en casa.** Si nota ironía, burla, intenta enseguida modificar las situaciones de disconformidad con la reacción a su nombre. Él **pide a las personas de su familia llamarlo de otro modo, lo que, sin duda, hay que tomar en cuenta**". Respecto de los **apellidos**, Mújina dice que los apellidos rusos reflejan la historia de las relaciones sociales entre las personas: "algunos son armoniosos y otros provocan una reacción de burla, de desprecio". Junto a curiosos antecedentes sobre la historia y el significado de los apellidos, hace ver que en muchas regiones de Rusia conviven los representantes de ¡más de 200 etnias! En la misma clase, el niño encuentra, junto a nombres auténticamente rusos, nombres cristianos, islámicos, etc. En Chile, las fuertes inmigraciones de estos últimos años, hacen cobrar sentido a las afirmaciones de Mújina:

Precisamente en la primaria, cuando se produce la adaptación del niño en condiciones de una amplia comunicación con los coetáneos, no solamente hay que presentar a los niños por sus nombres, sino **transmitirles la importancia del patrimonio de las denominaciones de nombres en la cultura humana universal.**

Este trabajo adquiere un significado especial actualmente, cuando muchos niños y sus familias, al encontrarse en situaciones extremas de problemas socioeconómicos, de catástrofes tecnológicas, de conflictos étnicos y armados, está **obligados a emigrar**. A la par con la multitud de problemas que surgen ante la familia a causa del traslado a regiones nuevas, **en el niño puede aparecer un problema personal relacionado con su nombre, que es poco común para sus compañeros de clase.**

Solamente el nombre que suena con todo su valor y el apellido aceptado por las personas como dado, proporcionan al niño el sentido de la dignidad propia, la seguridad de sí mismo, dando la posibilidad de apoyarlo en sus pretensiones de aprobación.

Con relación a la **imagen externa**, la autora sostiene que las particularidades expresivas de la **cara** y la **expresión corporal** adquieren un gran significado en la autoconciencia del niño. Como el "estilo motor" –que muestra el equilibrio entre velocidad y precisión– y las posturas reflejan no solo peculiaridades individuales, sino también culturales, el niño domina los movimientos dinámicos y las posturas estáticas a través de la **identificación directa con adultos significativos.**

Un apartado especial dedica a la "diferenciación de las acciones": entre los 6 y los 10-11 años se establece el dominio unilateral expreso de la mano y de todas partes simétricas del cuerpo, provistas de la función motriz autónoma. En este período se puede determinar la pierna dominante (sobre la que salta el niño o con la que golpea el balón), el ojo dominante (con el que mira por la ranura), el oído dominante (el que orienta hacia la fuente del sonido). Como cuando el niño ingresa a 1° básico no se ha definido necesariamente la mano dominante, analiza los conocidos problemas relativos al aprendizaje de la escritura. El niño debe escribir con la mano dominante, si bien hay situaciones en que la definición no resulta fácil y hay que "atenerse al sentido común", lo que explica en detalle, con consideraciones muy fundadas sobre lo "psicológicamente difícil que es ser zurdo en el mundo de los diestros".

Mújina dice que hay que prestar "atención especial" al desarrollo de la "cultura física del niño": "el dominio de su cuerpo, la sensación del tono, la disposición para los juegos activos y la competición, todo esto **debe cultivarse en la conciencia del niño como la alegría pura de la existencia**". Discurre sobre la importancia de las clases de educación física, los juegos de competición, la pretensión de aprobación por los adultos (con sus "logros positivos" y las "formaciones negativas"), la "aspiración de autoafirmación", y las pretensiones de aprobación entre los coetáneos, todo bien documentado con observaciones de casos reales. Cita una investigación sobre las "pretensiones de aprobación" que demostró "cómo las malas notas de un niño provocan sentimientos de alegría maliciosa en otros niños" y cómo "el éxito provoca en otros sentimientos de envidia".

Muy interesante resulta el análisis crítico de Mújina sobre la **identificación sexual** en esta etapa, ya que "el escolar temprano sabe a qué género pertenece, ya entiende que esto es irreversible e intenta afirmarse como un chico o una chica".

> Un chico sabe que él debe ser valiente, no llorar, dejar pasar a todos los adultos y a las chicas. El chico observa las profesiones masculinas. Él sabe qué es el trabajo masculino. Él mismo intenta aserrar algo, clavar un clavo. Está muy orgullosos cuando sus esfuerzos llaman la atención y merecen la aprobación. La chica sabe que debe ser amable, bondadosa, femenina, no escupir o subirse a las vallas. Ella participa en las tareas del hogar…

Entrega también evidencias sobre cómo "el espacio lingüístico del idioma materno" ejerce una **influencia inconsciente especial sobre la identificación sexual del niño en la edad escolar temprana**, y analiza las relaciones entre hombres y mujeres definidas desde antaño por el trabajo, así como los "dichos y refranes" que recoge el saber popular sobre las virtudes del hombre y las de la mujer.

> La mitología popular, los cuentos están repletos de evaluaciones muy específicas de los hombres y las mujeres, **donde el varón está representado en un grado superior de cualquier instancia**, y la mujer, ante todo, como su esposa buena o mala.

Analiza críticamente lo que ocurre con el cine actualmente, la TV, los "culebrones", las películas en vídeo, que contribuyen a ver hombres y mujeres desde nuevas posiciones. Afirma Mújina que en la lengua moderna "hombre" y "mujer" se convirtieron en los antónimos más unificados, "pero **aún guardan la huella de la conciencia genérica y feudal de los antepasados, lo que dificulta en realidad la igualdad pronunciada por las leyes**. Con una igualdad civil, la igualdad psicológica de los géneros no está confirmada en el espacio de la cultura lingüística".

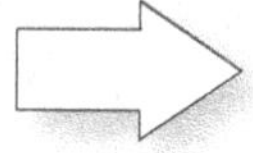 En Chile, como en varios países del mundo occidental, las manifestaciones "feministas" en contra del "machismo", tan arraigado culturalmente y que ha llevado a todo tipo de abusos, constituyen un reclamo legítimo. Machismo deriva de la palabra "macho", y se define como aquella actitud o manera de pensar que el varón es el jefe de familia, es quien toma las decisiones en casa y sostenedor del hogar. Los reclamos han caído, es cierto en algunos lugares en lo pintoresco, como querer modificar la lengua para evitar el "sexismo", ya que las formas semióticamente "no marcadas" coinciden con el género gramatical masculino. El "todos" evolucionó a "todos y todas" y posteriormente a…"todes"!

El autor de estas páginas se adelantó hace muchos años a esta cuestión y siempre ha puesto una nota aclaratoria al comienzo de sus manuales, que reza:

> "**Contra lo que se acostumbra hoy**, se utilizarán a lo largo del texto las formas 'no marcadas' **alumno, niño, hombre, profesor**, etc. para hacer referencia a **alumnos y alumnas, niños y niñas, hombres y mujeres, profesoras y profesores**, etc. Si es el caso, se especificará que se hace referencia a "niñas", "niños varones", etc.
>
> **En sus rasgos esenciales, en su calidad de seres humanos, hombres y mujeres son idénticos**".

Un tema de relevancia que trata la autora dentro de un acápite dedicado al **espacio social de la personalidad** tiene que ver con la **responsabilidad** en el contexto de los derechos y los deberes en la edad escolar temprana.

> La responsabilidad representa la capacidad de entender la correspondencia de los resultados de las acciones propias a los objetivos, las normativas necesarias. **La responsabilidad despierta el sentimiento de implicación en un asunto común, el sentido del deber. La responsabilidad debe ocupar el lugar más alto en la jerarquía de todos los motivos del escolar.** A medida del desarrollo de la responsabilidad, en el niño aparece la posibilidad de evaluar sus actos aislados y la conducta en general, como buena o mala, si los motivos sociales se convierten en los motivos primordiales del comportamiento.
>
> **El niño es capaz de comprender el sentido moral de la responsabilidad.** En el juego y en la vida cotidiana, en las relaciones con los adultos significativos y los coetáneos, él recibe una experiencia suficiente de la conducta responsable.

La autora concluye las páginas dedicadas a la edad escolar temprana con agudas observaciones acerca del **desarrollo de los sentimientos** y la **responsabilidad frente al aprendizaje**, con todo lo que implica desde la perspectiva psicopedagógica "la preparación del niño para el colegio". Ahonda en recomendaciones prácticas de Elkonin y en experiencias concretas llevadas a cabo por Vigotsky y otros investigadores rusos sobre **la influencia de la enseñanza en el desarrollo mental**.

Remplein, como ya se adelantó, distingue dentro de la "segunda infancia" entre **niñez media** (6 ½ a 9 años) y **niñez tardía** (9 a 12 años). Como puede ser de interés para educadores que trabajan con niños de uno u otro grupo (o con ambos), resumimos en tres tablas (figs. **12.17, 12.18 y 12.19**) algunos de sus rasgos más relevantes. Elaboramos dichas tablas siguiendo el esquema del autor: **funciones de orientación, impulsos y su dirección, y sentimientos**. En ningún caso harán justicia al tratamiento acabado que lleva a cabo en cada uno de los temas. Servirán, sin embargo, para que el lector se forme una **visión de conjunto** (lo que constituye propósito de todo el capítulo) y esté en mejores condiciones de sacar un buen partido de la fuente original. Las tablas entregan una caracterización de los niños de esas edades, útil para padres y educadores.

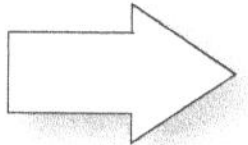 Durante la **niñez media** y **niñez tardía,** los niños viven una parte muy significativa de sus vidas en el colegio (escuela). (Ver **fig. 12.14**). La calidad de las experiencias escolares, mediadas por sus educadores, así como de la acción familiar (compromiso, respaldo, interés, colaboración, indiferencia, dejación...), serán fundamentales para su desarrollo personal y social.

Como en otros países de Latinoamérica, en Chile los maestros cuentan con abundante apoyo pedagógico para garantizar la calidad de las actividades de aprendizaje en la sala de clase. Los materiales para el apoyo curricular en el aula de uso docente que entrega el MINEDUC en su página web (www.mineduc.cl) corresponden a **ciencias naturales; artes; historia, geografía y ciencias sociales; lenguaje y comunicación; y matemática.** Están destinados "a apoyar la labor de la escuela en las prácticas de planificación y evaluación escolar, modelando la implementación efectiva del currículum, fomentando un clima escolar favorable y monitoreando permanentemente el proceso de aprendizaje de los estudiantes". Están organizados para **1° a 4°** básico (esencialmente, niñez media), y para **5° y 6°** básico (niñez tardía).

Junto a la normativa que existe en el país favorable a la **atención a la diversidad y la inclusión,** que el autor de estas páginas ha dado a conocer en sus manuales (ver, por ejemplo, el **capítulo 10** de este mismo libro), el 2015 se oficializó el **decreto 83** que

> promueve la **diversificación de la enseñanza** en Educación Parvularia y Básica, y aprueba **criterios y orientaciones de adecuación curricular** para estudiantes que lo requieran, favoreciendo con ello el aprendizaje y participación de todo el estudiantado, en su diversidad, permitiendo a aquellos con discapacidad, acceder y progresar en los aprendizajes del currículo nacional, en igualdad de oportunidades.

Constituye esta reglamentación un aporte orientador para atender debidamente a la diversidad en el aula. Sin embargo, los educadores deben considerar en cada caso particular las **características esenciales del desarrollo del niño,** como las que se indican para la "edad escolar temprana", en términos de Mújina (**1° a 4°** básico) y "niñez tardía" (**4° a 6** básico), en términos de Remplein. Solo así podrán definir y calibrar adecuadamente las actividades curriculares. El **4°** básico (9-10 años) marca gruesamente la transición entre los dos subgrupos etarios.

Algunos comentarios aclaratorios, basados en las ideas de Remplein, servirán para caracterizar mejor los dos subgrupos que muestran las tablas (figs. **12.17, 12.18 y 12.19**). Aun teniendo presente los cambios actuales en un mundo globalizado, los progresos (insospechados el siglo pasado) en las formas que asumirían la comunicación y el acceso al conocimiento, unido ello al impacto de los movimientos feministas, **hay rasgos esenciales en el desarrollo que se mantienen a lo largo del tiempo.**

Después del primer cambio de configuración, en la **niñez media** se detiene el crecimiento en estatura. La excitación anterior "es sustituida por un nuevo sosiego" y el pensamiento adquiere un papel predominante, como se puede apreciar en las tablas. En la **niñez tardía**, por otra parte, el cuerpo alcanza la más alta expresión de su forma infantil. Psicológicamente, el niño alcanza "el apogeo de sus funciones y de su orientación fundamental".

> Mientras que las chicas son más parlanchinas que los chicos, estos se muestran, en conjunto, más excitados desde el punto de vista motor, o sea, nos sorprenden más por su fuerte impulso de movimientos…

> El comportamiento adquiere rasgos de conciencia, el juego muestra formas nuevas, el trato social se organiza, en la escuela y fuera de ella, de un modo distinto a como hasta ahora.

NIÑEZ MEDIA (6 ½ A 9 años)	**NIÑEZ TARDÍA** (9 a 12 años)
FUNCIONES DE ORIENTACIÓN	
El niño tiene ahora una visión **objetiva,** aunque **ingenua**, del mundo: la realidad comienza a atraer vivamente su interés por sobre lo no real.	Pérdida de la inmediata ligazón con el medio, el que se convierte definitivamente **en el mundo objetivo**, "el cual no domina ya al sujeto, sino que, por el contrario, es **dominado por él**".
Aparición del **realismo**: deja de creer paulatinamente en los cuentos. Sus dibujos son más ricos en detalles y con proporciones más exactas.	Se genera un verdadero "**fanatismo por lo real**": aceptación de lo accesible a los sentidos y la razón, y rechazo a lo irreal, incomprensible y fantástico.
Evolución del pensamiento: mayor disposición para la **observación**, con una distancia crítica frente al mundo exterior.	Gracias a la actitud teorética, a los 9 años el niño ya puede comprender relaciones generales, lo que se relaciona con el desarrollo de la **facultad de abstracción**: poder prescindir de contenidos parciales, secundarios, a favor de los esenciales a la realidad percibida.
Pensamiento "**concreto-objetivo**" que aún no puede liberarse de las impresiones sensoriales. (Hacia los 7 años se logra la inclusión de las partes en un todo).	"El niño ya no se comporta ingenua y despreocupadamente, sino que **reflexiona** sobre las personas que lo rodean y sobre él mismo". La **actitud crítica** la refiere a sí mismo (su trabajo, conducta, aspecto físico), a otras personas y al medio. Controla su mímica y expresión: su rostro no refleja ya todas sus emociones.
Pensamiento "intuitivo" que **necesita de las impresiones sensoriales**. Los educadores "deben tener en cuenta los sentidos tanto como sea posible".	
Enriquecimiento del **vocabulario**: se duplica desde 2° a 4° año. Los conceptos de espacio ya los posee el niño al comenzar la escuela. Los de tiempo son más tardíos ya que no son concebibles intuitivamente. A los 9 años el niño ya está bien orientado en relaciones temporales del ámbito de sus experiencias inmediatas. Progresiva "gra-	Lenguaje oral más prudente y discreto: Ya no exterioriza, como el niño pequeño, de modo irreflexivo, pensamientos, sentimientos y deseos: ahora **piensa en la reper-**

maticalización" con enriquecimiento de los tiempos verbales. Aumenta la complejidad de las oraciones declarativas y cierta riqueza de cláusulas subordinadas.

"Movilidad del pensamiento", importante característica de la niñez media. Mejora la facultad para dirigirse con relativa facilidad de un objeto a otro.

Desarrollo de la **memoria.** Aumenta notoriamente la capacidad de retención. En niño graban con facilidad contenidos y secuencias de manera "mecánico-asociativa". El profesor deberá promover que el niño "penetre en las materias y las comprenda".

"Eidetismo": los niños, en especial los "eidéticos", pueden tener imágenes o representaciones muy vívidas con carácter de percepción, que reproducen o vivencian con extraordinaria nitidez. Esto ocurre en cada uno de los sentidos, aunque el eidetismo visual es el más conocido.

Función de las "imágenes intuitivas subjetivas" o eidéticas: como el desarrollo del pensamiento no le permite elaborar a nivel complejo lo que ve o siente, **el niño retiene y conserva percepciones mecánicamente** para utilizarlas al nivel de sus posibilidades. En etapas posteriores, el pensamiento se independiza de la percepción y la representación inmediata, con lo que el eidetismo tiende a desaparecer.

cusión que sus palabras tienen en los demás. Controla también su gesticulación y ademanes.

La reflexión dirigida hacia su propia persona **prepara la introversión de la pubertad.**

La actitud crítica frente a los demás se dirige, en primer lugar, a los educadores: si estos, por ejemplo, son justos.

En lugar del realismo ingenuo, comienza a desarrollar un **realismo crítico**: reflexiona, adoptando una actitud crítica sobre el fundamento que tiene un fenómeno particular en un conjunto de leyes generales.

La necesidad de explicación de los fenómenos lo hace desarrollar una **actitud crítica en el terreno religioso**: ya no acepta los relatos bíblicos con la misma ingenuidad de antes. El pensar causal y la actitud teorética no lo inclinan como antes a la admisión de cualquier hecho milagroso. Decrece la inclinación hacia lo religioso.

El niño de 9 a 10 años alcanza el estadio de **reproducción fiel de la realidad.** Por ejemplo, aplica a sus dibujos la escala de la realidad y se afana por representarla fielmente.

Lo anterior exige **fina observación, atención concentrada, entendimiento analítico, pensar estructurador y captación de lo esencial.**

Figura 12.17

Las funciones de orientación en la niñez media y la niñez tardía. Basado en Remplein.

En la **niñez media**, se acentúa la extraversión que se había iniciado en la edad del primer cambio de configuración: "el niño se encuentra plenamente vertido hacia fuera, dispuesto a la conquista espiritual del mundo sensible". En la **niñez tardía**, en cambio, ocurre una "pérdida inmediata de conexión con el medio ambiente", que obedece a dos factores estrechamente relacionados: "el despertar de la actitud teorética y el de la actitud crítica".

La orientación teorética se pone de manifiesto "cuando la reflexión no se detiene en las realidades particulares e "**intenta llegar al conocimiento de las leyes generales**", lo que va de la mano con **mejores conceptos, definiciones y formulación de juicios**". Además, "la avidez de saber y aprender hace de los niños alumnos atentos, dispuestos a asimilar". De tales condiciones pueden sacar buen partido los maestros en cada una de materias que imparten en la escuela.

NIÑEZ MEDIA (6 ½ A 9 años)	**NIÑEZ TARDÍA** (9 a 12 años)
IMPULSOS Y SU DIRECCIÓN	

"Infatigable **afán de actividad**". En la 2ª infancia, el niño está en mejores condiciones que en la 1ª para perseguir un fin **con cierta constancia**. Si no tiene que cumplir una tarea determinada, sin embargo, su actividad estará sujeta a un incesante cambio. El profesor no puede pretender que esté sentado durante horas.	Si el niño es sano, goza de una gran **fortaleza y resistencia físicas**. La niñez tardía es una clara fase de actividad, intrepidez, carácter pendenciero, travesuras, y vitalidad desbordante.
Convivencia y compañerismo: **necesidad de camaradería, aunque lábil aún**, con preferencia por juegos en común. También aquellos en que se construye o crea algo.	Es frecuente el interés por coleccionar, basado en el **afán de poseer**, con intercambios entre los coleccionistas.
Realismo en el juego: entre otras cosas, los juguetes ahora deben responder mejor a la realidad. Juegos reales que reproducen con fidelidad lo observado en el mundo adulto.	La conducta en el juego y otras actividades están marcadas por un **afán de hacerse valer**. Este afán lo lleva también a la autocrítica: no quiere quedar en ridículo, tanto ante los adultos, como frente a sus compañeros. La enseñanza debe **promover la colaboración** y no la competitividad, el desprecio por otros o la envidia.
Deseo de saber o una verdadera "**avidez de saber**": el niño pregunta sobre las más diversas cosas, tiene ganas de leer, y de manejarlo todo.	Con diferencias y peculiaridades en cada sexo, el afán de hacerse valer lleva a un **aumento del compañerismo** con quienes comparten intereses y preferencias. Lo grupos de niños y niñas acusan **marcadas diferencias**. Las niñas se inclinan más a la formación de pequeños grupos, muy cerrados, basados en la inclinación a estimar y ser estimadas. Se dan también diferencias de sexo manifestadas en el juego.
"**Primera diferenciación de intereses**": se desarrollan intereses particulares, culturalmente diferenciados para niños y niñas. Intereses que para más de algún niño pueden señalar futuras inclinaciones vocacionales. Comienza la preocupación por cuestiones sexuales y religiosas.	Se va adquiriendo una mayor **conciencia de las relaciones humanas**, se crean jerarquías, aparecen "cabecillas" y una compleja dinámica grupal, con niños en el extremo de la dominancia y otros de la sumisión, y diferentes tipos de liderazgo.
Se produce una "**definitiva separación de la actividad lúdica frente a la actitud de trabajo**".	El realismo crítico propio de esta edad se traduce en un anhelo de conocer: **com-**
Importancia de la escuela primaria en **adquisición de hábitos de trabajo**: "el	

profesor de primaria debe procurar que la forma lúdica de aprendizaje se convierta pronto en forma de trabajo".

Atención dirigida, sostenida: gracias al **"fortalecimiento de la actitud voluntaria interna"** aumenta también en la niñez media la tenacidad (persistencia, aplicación), es decir, la facultad que posee la atención de concentrarse durante mucho tiempo.

prender los hechos, sujetos a leyes, con intereses que se dirigen a las relaciones de las cosas entre sí.

Aumenta a esta edad la fuerza de voluntad, la perseverancia. Se ha hablado de **"una firmeza ordenada a un fin"**, como un rasgo característico de esta edad.

Figura 12.18

Los impulsos y su dirección en la niñez media y la niñez tardía. Basado en Remplein.

En estas etapas **"la tendencia a unirse a personas de la misma edad aumenta en la misma medida que la autonomía interior frente a la familia"**. Crece considerablemente el número de camaradas a que puede asociarse un niño, lo que obedece en parte al desarrollo de la atención y a una "mayor facultad de adaptación". **Juego** y **trabajo** se diferencian claramente en la conciencia del niño: "sabe ahora que el trabajo tiene un carácter de exigencia y de obligación, y que, por tanto, es necesario realizarlo con la seriedad debida". El juego es para él, lo mismo que para el adulto, "un descanso agradable y una recompensa que se puede esperar tras el trabajo realizado".

Se interpretaría de un modo erróneo la psicología del niño si se creyera que la enseñanza tiene que ser juego a lo largo de todos los años de la escuela primaria. En el niño mayor, ya formado, existe la disposición para la actitud de trabajo, **aunque hay que fomentarla.** Quien piense que los impulsos para el progreso de la enseñanza puedan partir solo de los niños cae también en una interpretación falsa de la psicología infantil. Frente a tal interpretación, es necesario subrayar que **el profesor debe mostrarse exigente a tiempo con la juventud.**

En la primera de las tres tablas (**fig. 12.17**) dedicada a las **funciones de orientación**, en la **niñez media** Remplein destaca en el niño la visión objetiva del mundo, la aparición del realismo, el pensar intuitivo, los progresos en el lenguaje, la "movilidad" del pensamiento, el desarrollo de la memoria y trata con algún detalle tema del "eidetismo". En la **niñez tardía,** por otra parte, hace ver "la pérdida de la inmediata conexión con el medio ambiente" y destaca en el niño el "fanatismo por la realidad", el predominio del pensamiento abstracto, y la actitud crítica frente a los demás, al medio y la religión, pero también hacia sí mismo, lo que genera un mayor control en aspectos tanto verbales, como no verbales en su comunicación.

NIÑEZ MEDIA (6 ½ A 9 años)	NIÑEZ TARDÍA (9 a 12 años)
SENTIMIENTOS	

Una **actitud optimista**, un sentimiento de fuerza y vigor físicos, con un estado de ánimo alegre, caracterizan al niño en esta etapa de estabilidad (después de la labilidad y excitabilidad del 1er. cambio de configuración).

Alto sentimiento de sí, con un "intenso sentimiento del propio poder". Careciendo de reflexión y crítica de sí mismo, "el niño llega fácilmente a la sobreestimación de sus propias fuerzas": puede incluso lastimarse o sufrir accidentes con facilidad.

Gracias al contacto con los otros niños y los profesores, va desapareciendo paulatinamente "la exclusiva sujeción a la familia". Se forman los **primeros grupos de amigos**, que no tardan en disolverse, ya que la clase, como un todo, es una formación organizada artificialmente. Aparecen los primeros cabecillas de la clase, aunque la unión en grupos sigue siendo relativamente inconstante.

Para el niño, los **profesores**, unos más que otros, adquieren importancia, a veces similar (y hasta superior) a la de los padres.

Debilitación de los lazos afectivos: los niños ya no sienten por sus padres tanto cariño o apego como cuando eran pequeños. Se avergüenzan de las muestras de ternura o cariño delante de sus compañeros.

Se incrementan los "**sentimientos noéticos**": asombro, admiración, duda (frente a cosas incongruentes), convencimiento (frente a la exactitud de una opinión).

Facultad de diferenciar el bien del mal, posibilitada por el pensar analítico, lo que contribuye a una "mayor valoración moral, tanto de la propia conducta, como de la ajena".

El conjunto de niños de 9 a 12 años que han crecido en condiciones normales posee un **sentimiento optimista y alegría de vivir**. En las niñas tiende a disminuir antes que en los niños.

Surge un **mayor sentimiento de sí mismo**, más confianza en sí y un afán de hacerse valer, con diferencias según el sexo (fuerza o belleza). Pero se adquiere una **actitud crítica al compararse con los demás**.

Con el despertar de la actitud crítica, ocurre una **pérdida de espontaneidad en las relaciones sociales**. El niño ahora reflexiona sobre sus relaciones sociales y la crítica se extiende a padres y educadores.

Se desarrolla una **supervaloración del aspecto externo** de las personas y no de sus rasgos psíquicos o su "ser interior".

Se da también una **escasa profundidad de la vida afectiva**: en especial, algunos varones impresionan como que "no tienen corazón ni sentimientos compasivos".

Los niños en esta edad desarrollan una actitud crítica y no ingenua ante los **mandatos y prohibiciones**. De 9 a 11 años no se posee todavía una "ética personal": se trata de una "moral colectiva" en la que sirve de pauta lo que "se" piensa y "se" hace. "Todos están sujetos a la misma ley": las normas colectivas son obligatorias para todos.

La actitud crítica y el pensar causal favorecen en esta etapa el **desarrollo del propio criterio**. Los educadores deben promover el "conocimiento consciente de las normas que impone la vida en común, fortalecer el ánimo para la veracidad, recurrir al espíritu de camaradería y aguzar el juicio moral". Los niños son sensibles a las ideas de camaradería, altruismo y *fair play*.

Figura 12.19

Los sentimientos en la niñez media y la niñez tardía. Basado en Remplein.

En la segunda de las tres tablas (**fig. 12.18**), dedicada a **los impulsos y su dirección**, en la **niñez media** se hace referencia al "aumento de la vitalidad", la importancia que adquieren la convivencia y el compañerismo, el "deseo de saber" en el niño y la primera diferenciación de los intereses. El autor también hace ver la **importancia de la escuela primaria en la adquisición de hábitos de trabajo**, aclarando la diferencia entre la actitud lúdica y la actitud de trabajo, ambas legítimas y necesarias. En la **niñez tardía**, entre los rasgos importantes a considerar, Remplein destaca el afán de hacerse valer, el aumento en el compañerismo y una conciencia más acabada de las relaciones humanas. Asimismo, se ocupa de los "tipos de alumnos", entre ellos, los "cabecillas" de la clase, del anhelo de conocer, y de la actitud crítica en la perspectiva de los impulsos. Lleva a cabo un minucioso análisis sobre las diferencias de sexo manifestadas en el juego (lo que actualmente ha cambiado de manera notable) y la polarización de intereses según el sexo (que también ha sido objeto de cambios en la actualidad).

Finalmente, en la tercera de las tres tablas que contrastan la niñez media con la niñez tardía (**fig. 12.19**), centrada en los **sentimientos** y los aspectos afectivos, en la **niñez media** Remplein destaca la actitud predominantemente optimista del niño y el "alto sentimiento de sí mismo", los sentimientos sociales propios de la edad, la debilitación de los lazos afectivos con la familia, los sentimientos noéticos y "la facultad de diferenciar el bien del mal". En la **niñez tardía**, hace alusión también al sentimiento optimista y el sentimiento de sí mismo, en el marco de una pérdida de espontaneidad en las relaciones sociales –rasgos de una nueva etapa que está comenzando– la supervaloración del aspecto externo de las personas, la actitud crítica ante los mandatos y prohibiciones, y el desarrollo del propio criterio. El fin de la niñez media coincide claramente con la **pre-pubertad**, que se describe más adelante. (Ver fig. **12.20**).

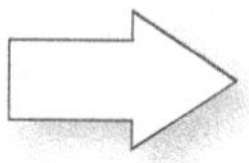

En lo que concierne a los **problemas conductuales y conductas perturbadoras** en las edades examinadas, en nuestro manual dedicado a la diversidad en el aula se aborda en profundidad el tema, en especial en el capítulo dedicado a "las dificultades en el autocontrol y el control de la atención".

Un trabajo publicado por Kaminski y Claussen (2107)[24] –analizado en detalle el 2018 en el boletín CDC[25] bajo el sugerente título "Hallazgos clave: ¿qué funciona en el tratamiento de problemas de conducta perturbadoras?"– da cuenta de diferentes modalidades de tratamiento de este tipo de problemas **en niños hasta los 12 años**, actualizando la evidencia a la fecha. Se examinaron los diferentes enfoques utilizados en trabajos publicados desde 1998 hasta el 2016, con toda la investigación

---

24 Kaminski, J.W. & Claussen, A.H.: "Evidence base update for psychosocial treatment of disruptive behaviours in children". *Journal of Clinical Child and Adolescent Psychology*, 2017, 46,4, 477-499.

25 **Centers for Disease Control and Prevention**: "Division of Human Development and Disabilities". "National Center on Birth Defect and Developmental Disabilities" USA.

disponible, agrupados según se tratara de terapia conductual, terapia centrada en el cliente, terapia de juego, etc.). Los estudios fueron también clasificados según si las terapias eran individuales o grupales, destinadas a padres o a niños.

La **mejor evidencia** de éxito como tratamiento efectivo para problemas en niños de conductas disruptivas se encontró en las **terapias de tipo conductual con padres**[26], otorgadas, ya sea de manera **grupal** o **individual con participación del niño**. Los padres en estas situaciones trabajaban con un terapeuta con quien aprendían a crear una estructura estratégica que implicaba, entre otras cosas, reforzar sistemáticamente las conductas adecuadas, utilizar una disciplina consistente y robustecer la relación con el niño a través de una comunicación positiva. Todo ello confirma la **importancia del compromiso y participación de la familia**. Los investigadores puntualizan:

> Los problemas por conductas perturbadoras, tales como el trastorno oposicionista desafiante y trastorno disocial, ponen al niño en riesgo de desarrollar problemas de larga data incluyendo trastornos mentales, violencia y delincuencia. **Contar con el tratamiento adecuado temprano es clave**, de modo que la nueva evidencia es decisiva para los profesionales de la salud que se ocupan de niños con problemas de conductas perturbadoras.

Los expertos recomiendan que los niños de 6 y más años con TDAH reciban tratamiento conductual junto a la medicación. Los menores de 6 años, que tengan primero tratamiento conductual antes de utilizar medicación. Tal tratamiento resulta más efectivo cuando es **proporcionado por los padres**. El capítulo de este libro dedicado al condicionamiento operante resulta esclarecedor sobre el punto.

Esto nos lleva también a hacer mención acerca de las **relaciones de calidad** entre educadores y educandos, en las que se logra una comunicación positiva.

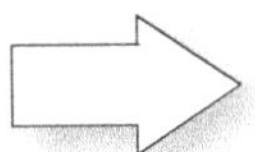 El "rapport" –la relación que establecen los educadores con sus alumnos– constituye una materia de relevancia para un manual de psicopedagogía del aprendizaje. **La calidad de dicha relación ha mostrado ser decisiva a lo largo de la etapa preescolar y de toda la escolaridad**. Los adultos recuerdan y valoran a aquellos maestros que jugaron un rol importante en su formación, tanto por su competencia profesional, como por su calidad humana.

El rapport es visto como la "viga maestra" en el manejo efectivo de la sala de clase. Sin una relación de calidad, en especial en contextos multiculturales, "los malentendidos entre profesores y alumnos pueden derivar en un verdadero caos", afirma Gabriel "Asheru" Benn, experto en cuestiones de diversidad e inclusión. En

---

26 **Parent Behavior Therapy**, conocida también como Parent Training in Behavior Therapy; Behavior Management for Parents; Behavioral Parent Training.

un trabajo, rico en ejemplos de inadvertidos errores o desprolijidades en que a veces incurren los profesores y que pueden afectar u ofender seriamente a más de algún estudiante, publicado el 2018 en *Educational Leadership*[27], sostiene:

> **La calidad de la enseñanza y del aprendizaje depende de la calidad de la relación profesor-alumno**. Tradicionalmente, el profesor era visto como un experto confiable en su materia, una persona de autoridad en la escuela con la facultad de aprobar o reprobar estudiantes, suspenderlos o impartir otras medidas punitivas. **Sin embargo, a lo largo del tiempo la dinámica profesor-alumno ha cambiado**. Hoy en día, en nuestra edad digital, menos jerárquica, los estudiantes tienen mucho mayor acceso al conocimiento y han sacado una voz más poderosa en la relación profesor-alumno, como nunca. La autoridad absoluta, incuestionable, esencialmente asumida que los profesores tuvieron en otro tiempo está disminuyendo y está siendo re-emplazada por **una autoridad que hay que saber ganarse. Construir un rapport saludable y una relación positiva con los estudiantes exige el cultivo cuidadoso del respeto mutuo, honestidad y confianza**.

Para este experimentado educador, la piedra angular de un buen rapport es el **respeto**: respeto por sí mismo, respeto o consideración por el servicio que se presta a través del rol de profesor, y respeto hacia aquellos a quienes se atiende.

> Para los maestros, esto supone desarrollar respeto por la multitud de personalidades, necesidades, antecedentes, fortalezas y obstáculos que traen consigo los estudiantes a los que servimos. Si vamos realmente a establecer respeto y construir rapport con nuestros estudiantes, tenemos que adoptar la postura de **liderazgo de servicio**, en el que ponemos las necesidades de los otros por delante de las nuestras, en un esfuerzo por compartir el poder y facilitar las oportunidades para que los estudiantes (y colegas) se desempeñen a su más alto potencial.

El trabajo, que recomendamos leer *inextenso* por su sabio contenido, entrega un **listado de prácticas** que han probado ser exitosas y que ayudan a saber ganarse el respeto de los estudiantes, a solucionar o anticiparse a eventuales conflictos, y que posibilitan construir un rapport o relación de calidad, en un enfoque más justo, inclusivo y culturalmente sensible.

---

27 Benn, G. "Asheru": Relationships and rapport: "You don´t know me like that". *Educational Leadership*, Classroom management reimagined, 76,1, 20-25, September 2018.
Gabriel "Asheru" Benn es un experimentado educador, empresario educacional, artista hip-hop, y ganador del Peabody Award de Washington, D.C. Actualmente es miembro de la ASCD, organización dedicada a promover la excelencia en el aprendizaje y la enseñanza. Se ha especializado en diversidad, equidad e inclusión en la sala de clases; instrucción diferenciada e integración de artes y medios en la enseñanza. Se le puede seguir en Twitter @Asheru y @GuerillaArts.

Completamos el apartado dedicada a la **niñez intermedia o etapa escolar** destacando cómo a fines de la **niñez tardía** se hacen evidentes rasgos y aspectos que anuncian claramente –en la prepubertad o pubescencia– la decisiva etapa en la vida de todo ser humano que describimos a continuación: la **adolescencia.**

ADOLESCENCIA (EDAD JUVENIL):
prepubertad, pubertad, adolescencia

Es el caso de advertir que **adolescencia** se puede entender **en sentido lato** como toda la **edad juvenil** (así lo hacen Papalia et al.) y, en **sentido estricto**, como la **fase final o culminación de dicha edad** (como lo entiende Remplein). La edad juvenil (o etapa de la juventud) en esta propuesta incluye la **pre-pubertad**, la **pubertad** y la **adolescencia** propiamente tal, siendo esta última su fase final o de culminación. La fig. **12.20** aclara estas relaciones. En las traducciones del ruso de la obra de Mújina, el término "juventud" marca el período inmediatamente posterior a la adolescencia y corresponde a lo que otros denominan adolescencia propiamente tal, como etapa de culminación.

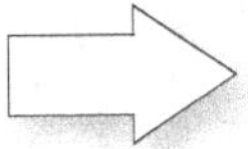

Papalia y equipo sintetizan en estos términos los **hechos más relevantes de la adolescencia:**

Los cambios físicos son rápidos y profundos; comienza la madurez reproductora; la búsqueda de la identidad se torna imperiosa; los compañeros ayudan a desarrollar y probar el autocontrol; se desarrolla el pensamiento abstracto y el empleo del razonamiento científico; el egocentrismo adolescente persiste en algunos comportamientos; las relaciones con los padres son buenas, en general.

La adolescencia es vista por Papalia et al. como la **transición o transformación entre la niñez y la edad adulta,** durante el desarrollo, **que entraña importantes cambios físicos, cognoscitivos y psicosociales.** Como en otros períodos del desarrollo, las autoras ven también en la concepción de la adolescencia un **constructo social:**

No existe un momento único, definible de manera objetiva, en que el niño se convierte en adolescente o en que el adolescente se convierte en adulto[28].

Siguiendo su esquema típico, organizan el tratamiento de esta etapa evolutiva abordando en primer lugar el desarrollo **físico** –con temas relativos a la salud– y posteriormente, el desarrollo **cognoscitivo** y **psicosocial**. En lo que concierne al

---

28 **Constructo social:** conceptos acerca de la naturaleza de la realidad, basados en percepciones o supuestos sociales compartidos.

desarrollo físico y salud, ven la **pubertad** como **el fin de la niñez**[29] y describen la secuencia e indicios de la maduración, así como los efectos psicológicos de una maduración temprana o tardía. Sobre la salud física y mental, hablan de la importancia de la actividad física, la necesidad de sueño y adecuada nutrición, los trastornos alimentarios (anorexia, bulimia, obesidad), el abuso de sustancias, las enfermedades de transmisión sexual, la depresión y muerte en la adolescencia. Entregan, además, un par de recuadros prácticos e informativos sobre la protección contra enfermedades de transmisión sexual y la prevención del suicidio entre los adolescentes.

En lo relativo al **desarrollo cognoscitivo** en la adolescencia, describen la "etapa de las operaciones formales" en el modelo piagetiano, los progresos en el área del lenguaje, y señalan algunas "características inmaduras del pensamiento de los adolescentes". Centrándose posteriormente en el razonamiento moral, describen y evalúan la teoría de Kohlberg (materia de la cual nos ocupamos con detalle en nuestro libro dedicado a la diversidad en el aula). Cierran el capítulo con consideraciones sobre el rendimiento, la deserción escolar, y decisiones de tipo vocacional.

	ENSEÑANZA BÁSICA								ENSEÑANZA MEDIA			
Curso	1°	2°	3°	4°	5°	6°	7°	8°	I	II	III	IV
Edad	6-7	7-8	8-9	9-10	10-11	11-12	12-13	13-14	14-15	15-16	16-17	17-18
Papalia	NIÑEZ INTERMEDIA					ADOLESCENCIA						
Remplein	Niñez media			Niñez tardía PREPUB.			EDAD JUVENIL (Etapa de la juventud) PUBERTAD. (Crisis juvenil). ADOLESCENCIA					
Mújina	Edad escolar temprana					Adolescencia					Juventud ->	

Figura 12.20

Relación edad-curso, destacándose la **edad juvenil, adolescencia** y **juventud**, la que continúa en los años de estudios universitarios, en centros de formación técnica o el ingreso al mundo laboral. Se grafican las subetapas según la propuesta de los autores que estamos comentando. Hay variaciones en edades según el sexo, siendo, por lo general, las niñas más precoces.

En lo relativo al **desarrollo psicosocial**, siguiendo a Erikson, se ocupan de la búsqueda de identidad, crisis y compromiso, las diferencias de género y factores

---

[29] En general, explican las autoras, se considera que la adolescencia empieza con la **pubertad**, proceso que conduce a la madurez sexual, o fertilidad, capacidad para reproducirse. Algunos emplean el término **pubertad** para referirse a la **etapa final** de la maduración sexual, y aluden al **proceso** con el término **pubescencia**. En este texto haremos referencia explícita, por separado, a la **prepubertad** o pubescencia.

étnicos en la formación de la identidad. También tocan con algún detalle cuestiones relativas al comportamiento sexual, los riesgos, el embarazo y crianza de los hijos en la adolescencia, la orientación sexual y, finalmente, las relaciones con la familia, los pares y la sociedad adulta. Uno de los recuadros prácticos que trae el capítulo está centrado en la prevención del embarazo en la adolescencia. El lector que necesite profundizar en uno o más de los temas señalados, encontrará en el manual de las autoras un tratamiento acabado.

A fin de ilustrar, como lo hemos hecho en párrafos anteriores, algunos aportes de la teoría de Piaget, estas mismas investigadoras explican que los adolescentes pueden acceder al nivel superior del desarrollo cognoscitivo, la etapa de las **operaciones formales** (ver figs. **12.3** y **12.4**), en otras palabras, **desarrollan la capacidad para pensar de manera abstracta.**

Este desarrollo, que por lo común se da alrededor de los 11 años, **les permite manejar la información de modo nuevo y flexible**. Libres ya de las limitaciones del aquí y el ahora, entienden el tiempo histórico y el espacio extraterrestre. Utilizan símbolos para representar símbolos (por ejemplo, un número desconocido, con la letra X) y, por lo tanto, están en posibilidades de aprender álgebra y cálculo. Aprecian mejor las metáforas y las alegorías y, en consecuencia, pueden encontrar significados más ricos en la literatura. Piensan en términos de lo que *podría* ser y no solamente de lo que *es*. **Imaginan posibilidades y forman y comprueban hipótesis**.

El pensamiento **hipotético-deductivo** que se alcanza en la adolescencia permite idear hipótesis y diseñar experimentos para comprobarlas. Una hipótesis es la posible explicación de algún fenómeno o la respuesta tentativa a un problema y se utiliza para predecir el resultado de una investigación. En otras palabras, es la **capacidad de pensar científicamente** por medio de la generación de predicciones –o hipótesis– para responder preguntas. **El adolescente puede abordar los problemas de una manera sistemática y organizada,** más que a través del ensayo y error.

Una de las tareas piagetianas citadas es la del **péndulo.** (Ver fig. **12.21**). Al sujeto se le muestra un péndulo, un objeto que pende de una cuerda. Luego se le hace considerar varios factores: la longitud de la cuerda, el peso del objeto, la fuerza con que se le impulsa... Se le pide verificar qué factor o combinación de ellos determinan la velocidad con que oscila el péndulo. Un niño pequeño, en la etapa **preoperacional**, es incapaz de idear un plan para abordar el problema, juega y prueba al azar una cosa tras otra, sin entender realmente lo que se plantea. Un niño de 10 años, en la etapa de las **operaciones concretas**, descubre que la longitud de la cuerda y el peso influyen en la velocidad de la oscilación, pero como trabaja con los dos factores al mismo tiempo, no puede definir cuál es el factor crucial o si lo son los dos. Un joven a los 15 años puede abordar el problema **de manera sistemática:**

Diseña un experimento para poner a prueba todas las posibles hipótesis, variando un factor y luego otro: primero la longitud de la cuerda, luego el peso del objeto; después, la altura desde donde lo suelta; y, por último, la cantidad de fuerza empleada, manteniendo constantes cada vez los otros factores. Así está en posibilidades de determinar que solo un factor, la longitud de la cuerda, determina la rapidez con que oscila el péndulo.

Es capaz, ahora, de hacer un razonamiento hipotético-deductivo. Puede idear una hipótesis y diseñar un experimento para comprobarla. Considera todas las relaciones que puede imaginar y las aborda en forma sistemática, una tras otra, para eliminar lo falso y llegar a lo verdadero. **El razonamiento hipotético-deductivo le da una herramienta para resolver problemas, desde arreglar el auto de la familia hasta elaborar una teoría política.**

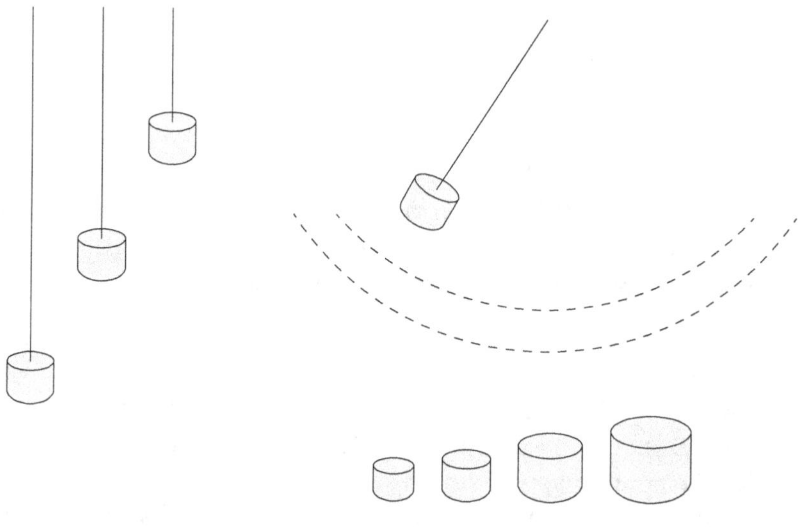

Figura 12.21

Una prueba piagetiana. Ver texto.

El joven puede realizar cálculos matemáticos, pensar creativamente, usar el razonamiento abstracto e imaginar el resultado de acciones particulares. Otro ejemplo acerca de la distinción entre la etapa operativa concreta y la formal es la respuesta a preguntas del tipo: "Si Magdalena es más alta que Alejandra, y Loreto es más baja que Alejandra, ¿cuál es la más alta de las tres?" Este es un ejemplo sobre razonamiento inferencial. El preescolar es incapaz de solucionar el problema. Un niño que necesite realizar un dibujo o emplear palitos de diferente tamaño referentes a las niñas de la pregunta, y logra resolverlo, se encuentra en la etapa operativa concreta. Los jóvenes que ya son capaces de inferir la respuesta en su mente están utilizando el pensamiento operacional formal.

Los psicólogos chilenos Berwart y Zegers, en su libro dedicado a la adolescencia[30], con un esquema similar a Remplein, utilizan el concepto para referirse a la subetapa final o culminación de la **edad juvenil**, la que contempla **prepubertad, pubertad** y **adolescencia** propiamente tal. La edad juvenil es para ellos un período del desarrollo que se inicia a los 11 o 12 años aproximadamente y durante el cual se completa un proceso de transformaciones que se manifiesta en la adquisición de **"conductas y capacidades que caracterizan y definen al ser humano"**. El joven experimenta importantes cambios **"en todos los aspectos de su personalidad"** que lo capacitan **"para organizar y conducir autónomamente la vida"**. Si en el **plano biológico** "llega a ser un adulto" (es capaz de formar una familia y participar en la conservación de la especie), en el **psicológico**, adquiere todas funciones, capacidades y conductas del adulto". Los autores entregan la siguiente reflexión:

> La imagen de la edad juvenil es confusa, porque con frecuencia se ha establecido que es una edad crítica, pero en la acepción de difícil, inmanejable, conflictiva. El joven es particularmente sensible, irritable, especialmente como reacción a lo que pueda afectar su imagen personal. Pero también es razonable, capaz de captar la significación de los momentos que está viviendo. Siente la necesidad de ayuda y apoyo, aunque tiende a aparentar gran seguridad y a rechazar toda ayuda. Cuando las personas significativas que lo rodean son comprensivas, flexibles y han adoptado una actitud orientadora y de apoyo, las tensiones y problemas de la edad se hacen imperceptibles y así podemos comprender que haya muchos jóvenes preparándose para la vida futura, buscando la solución a los problemas que enfrentan.

Berwart y Zegers analizan en detalle cada una de las subetapas, con valiosas consideraciones de naturaleza psicopedagógica, por lo que se trata de un texto de utilidad también para padres y educadores. Ven también en la edad juvenil el "modelo periódico" a que hemos hecho referencia en este capítulo anteriormente: una fase **crítica** o de **desintegración** (fase A) y una fase **intencional** o de **integración** (fase B). Se recomienda al lector examinar detalladamente la descripción de cada subetapa: le resultará muy esclarecedor para el resto del capítulo.

- La **prepubertad** (los 2 o 3 años anteriores a la pubertad) es claramente una **fase crítica** o de "desintegración" de la personalidad: el joven es lábil, cambiante, impulsivo, su conducta algo superficial y azarosa. Desarrolla una nueva estructura cognitiva, pero aún frágil e impredecible. Se observa un quiebre en las relaciones interpersonales (desintegración de los grandes grupos o "pandillas" de la edad escolar) y eventuales conflictos a nivel familiar y escolar.

---

30 Berwart T., Hernán & Zegers P., Beatriz: **Psicología del adolescente.** Dirección de Educación Universitaria a Distancia, TELEDUC, PUC, 1980.

- La **pubertad**, en cambio, es una etapa de **integración de la personalidad**: la dinámica central es la preocupación personal. El joven **se vuelca hacia sí mismo**. Intenta activamente "encontrarse", con una nueva apariencia física, una nueva forma de sentir, actuar y pensar. "El conocimiento de sí solo es posible a partir de una **reflexión e introversión activa**". Se aísla, a menudo busca la soledad. La **meta** de este proceso es lograr la definición de una **identidad personal**.

- La **adolescencia** es una fase de **integración personal-social**: el joven ya ha logrado un conjunto de conocimientos, creencias y actitudes sobre sí mismo, sobre lo que él es, sobre su propia identidad. Ahora "se vuelca hacia afuera, hacia el mundo". La dinámica central de la adolescencia es la **extraversión**. Ve la necesidad de integrarse a la sociedad: deberá asumir responsablemente el **rol adulto que la sociedad le exige**.

Por la relevancia de los temas tratados en detalle por Berwart y Zegers, entregamos un listado de ellos:

En la **prepubertad** analizan en detalle los cambios biológicos que ocurren, en una perspectiva psicológica. Se ocupan también de la "desestructuración de la personalidad" y porqué se trata de una "fase crítica". Dedican apartados especiales a comentar las relaciones familiares, las relaciones con los profesores y qué ocurre con el grupo de que forman parte y sus amistades.

En la **pubertad** también examinan los cambios biológicos y el "proceso de individuación" que supone la pubertad psicológica. Describen las características del pensamiento hipotético-deductivo y su sentido en la edad juvenil. En lo que concierne a los aspectos afectivos, describen los procesos básicos, las motivaciones del púber y "el afán de autoconfiguración".

Al tratar la **adolescencia**, como fase de completación de la edad juvenil, profundizan en cuestiones como el desarrollo social, la "orientación altruista" y la identidad personal. Dedican un capítulo especial a analizar las tareas de la adolescencia y otro, al desarrollo social en dicha etapa: la familia, el grupo de iguales y las organizaciones e instituciones sociales.

Berwart y Zegers destinan también un capítulo completo al desarrollo sexual en la edad juvenil: la motivación sexual, en su dimensión biológica y social, las relaciones inter-sexos y los problemas más frecuentes. Un capítulo de interés está centrado en la **crisis juvenil** y otro, en los trastornos de conducta: aquí tocan, en una perspectiva psicopedagógica, la deserción (de la actividad formativa o laboral), el consumo de drogas y la delincuencia juvenil.

Como puede apreciarse, durante la edad juvenil la **búsqueda de la propia identidad** se torna imperiosa. Para el psicoanalista Erik Erikson (también psicólogo, etnólogo, antropólogo, filósofo y artista), cada etapa en la vida del hombre supone una determinada **tarea que se da en la forma de la resolución de un conflicto** (fig.**12.16**). En la teoría del desarrollo psicosocial de Erikson el tema central es, a juicio de Carver y Scheier (1997), la **identidad del yo y su desarrollo**. La identidad del yo "es la noción experimentada conscientemente que el individuo tiene de sí mismo, la que se deriva de las interacciones con la realidad social. La identidad del yo se modifica constantemente en respuesta a los cambios en el medio social"[31]. Explican estos autores que para Erikson **resulta crucial formar y mantener un fuerte sentido de identidad del yo**. La ausencia de esa identidad es una de las causas más importantes de los desajustes. En la edad juvenil, **el sentido de identidad personal** constituye, a juicio de Erikson, **la gran tarea y el logro fundamental**. Por cierto, lo que ha ocurrido en cada una de las etapas anteriores, ya que cada una contribuye al desarrollo del yo, resulta decisivo para la manera en que se acometen los desafíos de este período.

Valeria Mújina, en su libro recomendado por el Ministerio de la Federación Rusa para los estudiantes de especialidades pedagógicas (aunque la traducción al español, como ya ha advertido el lector, no siempre resulta "amigable"), describe la **adolescencia** como ese período de la vida del hombre entre la infancia y la juventud, desde los 11-12 hasta los 15-16 años (Corresponde a la prepubertad y pubertad de los otros autores examinados: Ver figs. **12.14** y **12.20**).

> En este período… el adolescente recorre un gran camino en su desarrollo: **a través de los conflictos internos consigo mismo y con los otros**, a través de las caídas y los remontes externos a él, puede encontrar el sentido de la personalidad. Sin embargo, **la sociedad que descubre su conciencia le inicia de una manera cruel**.
>
> En la sociedad informatizada moderna, **la aspiración del niño para ocupar una un lugar en el mundo adulto es un sueño difícil de realizar**. Por eso en la adolescencia, el adolescente no adquiere el sentido de madurez, sino el **sentido de ineptitud**, relacionada con la edad. El adolescente **cae psicológicamente en dependencia del mundo de los objetos** como el valor de la existencia humana…

---

31 El **sentido de identidad** tuvo especial significado en la vida de Erik Erikson. Nació en Alemania en 1902 de padres daneses, quienes se separaron antes de su nacimiento. Su madre se casó tres años más tarde con Theodor Homburger, pediatra judío. Se le ocultó varios años, hasta la adolescencia, que Homburger no era su verdadero padre. Por su aspecto de escandinavo, Erik no era bien acogido entre los judíos: "Los judíos lo veían como gentil y los gentiles como judío", explican Carver y Scheier (1997), con lo que se formó la imagen de ser un extraño, no identificándose con ningún grupo.

Después de sus estudios y de una sólida formación en arte y otras disciplinas, tomó clases de psicoanálisis relacionándose con notables clínicos, entre otros, Anna Freud. En 1933 emigró a USA donde se estableció como analista infantil. En 1939 adquirió la ciudadanía y adoptó el nombre de Erikson. "**Este fue un acontecimiento, ya que simbolizó la plena obtención de un sentido de identidad propio.**" Más tarde se interesó en los métodos de crianza infantil y estudió también las experiencias y sentimientos de desarraigo de algunas tribus en USA que habían sido separadas de sus tradiciones culturales. Su obra más importante es "Infancia y sociedad".

> En el día de hoy, cuando en Rusia, detrás de los así llamados países desarrollados aparece la tendencia hacia **la sociedad de consumo**, las apetencias de los adolescentes aumentan de un modo descomunal… En el mundo actual, **las cosas pueden convertirse en la causa de la corrupción de los adolescentes** por muchas razones: 1) al convertirse en el valor principal que estimula la motivación y la idea de plenitud de vida; 2) al convertirse en el fetiche que hace de una persona un esclavo de las cosas; 3) al establecer la dependencia del obsequiador, estimulando con ello la envidia y la agresión.

En la introducción al tema, la autora reflexiona sobre varios de los puntos que tocan los autores que hemos estado citando (cada uno de ellos lo hace con matices y énfasis particulares). Hace ver que se trata de un período en que el adolescente empieza a evaluar de una manera nueva sus **relaciones con la familia: "la aspiración de encontrarse consigo mismo como una personalidad** crea la necesidad de enajenarse de todos aquellos quienes ejercieron año tras año una influencia sobre él". El adolescente empieza a **valorar** sus **relaciones con los coetáneos**, ya que "la comunicación con los que tienen la experiencia de la vida igual que la suya le brinda la oportunidad de mirarse a sí mismo de una manera nueva. Por otra parte, "la tendencia para identificarse con los semejantes origina la **necesidad del amigo**, tan apreciada en la cultura universal humana". Hace ver Mújina cómo en esta etapa las reflexiones sobre uno mismo y sobre los otros hace patentes "las profundidades de su imperfección y el adolescente se sumerge en un **estado de crisis psicológica**".

> La **situación social**, como condición del desarrollo y de la existencia, en la adolescencia se diferencia en principio de la situación social en la infancia, no tanto por sus circunstancias externas como por **causas internas**. El adolescente sigue viviendo en la familia (o en una institución de tipo internado), estudiando en el colegio (o haciendo cursos de formación profesional), y está rodeado la mayor parte del tiempo por los mismos coetáneos. Sin embargo, **la propia situación social se transforma en su conciencia, con orientaciones de valor completamente nuevas**. El adolescente **empieza a reflexionar intensamente** sobre sí mismo, sobre los otros, sobre la sociedad. Ahora los acentos se ponen de otro modo: **la familia, el colegio, los coetáneos adquieren significados y sentidos nuevos**. El adolescente vive **cambios en su escala de valores**. Todo se ilumina por la proyección de la reflexión, ante todo sobre los más cercanos: la casa, la familia.

La psicóloga rusa dedica cuatro capítulos completos a la "adolescencia", y un epílogo a la "juventud" (que en el esquema de otros autores, corresponde a la adolescencia como etapa de culminación de la edad juvenil: ver figs. **12.14** y **12.20**). En el capítulo "**Condiciones y modo de vida**" revisa las relaciones con la familia y lo que suponen los diferentes estilos de familia (las "con alta reflexión y responsabilidad", las "enajenadas", las "autoritarias", las "condescendientes", las "hiper-protectoras"). Analiza también el factor colegio, el aprendizaje y la orientación hacia el trabajo; la participación en actividades sociales (mencionando, entre las actividades socialmente útiles, la participación de los adolescentes en la campaña electoral del año 1996). En el capítulo dedicado a las "**Particularidades de la comunicación**" estudia la comunicación verbal y no verbal con los adultos, los "estilos" que se dan en dicha dinámica (por ejemplo, el efecto de la tutela y control exagerados), lo que ilustra con estudios de caso y comparación con otras culturas; analiza la comunicación con los coetáneos," entre los cuales el éxito se valora al máximo"; los "códigos de honor" ("se evalúa altamente la fidelidad, la honradez, y se castigan la traición, la deslealtad, el incumplimiento del compromiso"...); los códigos no verbales de los adolescentes (posturas y gestos, que describe con detalle); la variedad de agrupaciones, entre ellas, la cultura "punk". Analiza también las formas que asume la comunicación con los "coetáneos del sexo opuesto"; las "preocupaciones por la apariencia"; las relaciones románticas; la sexualidad en la adolescencia; los relatos sobre las propias "conquistas amorosas", junto a datos estadísticos sobre embarazos tempranos a diferentes edades en la adolescencia, En el capítulo "**El desarrollo mental**", se ocupa del lenguaje, ya que "**precisamente en la adolescencia**, el hombre empieza a comprender que **el desarrollo del lenguaje determina el desarrollo cognoscitivo**":

> El adolescente se percata de las formas y modismos del lenguaje no correctas o no estandarizadas en el habla de sus profesores, padres, y encuentra alteraciones lingüísticas indudables en libros, periódico, en el lenguaje de los locutores de la radio y la televisión. En este caso, puede experimentar el sentido del humor que anula su tensión de la atención permanente hacia las realidades de la lengua. La misma circunstancia favorece la comprensión de que el lenguaje en la vida cotidiana de las personas a menudo peca de alterar las reglas.

> Por supuesto, el adolescente que intenta desarrollar su lengua recurrirá con tenacidad a los diccionarios y los libros de consulta para precisar el significado de una palabra, su correcta pronunciación, y para aclarar aquellas cuestiones de la estilística en cuya relación existen indicaciones claras, reglas estables.

Mújina cita a Bruner, quien subraya el papel de la escuela "en la formación de los procedimientos del pensamiento independiente, separados de la situación inmediata, determinados por la separación de la palabra del objeto denominado y de la realidad diaria". Destaca que Bruner confiere, además, un gran significado al lenguaje escrito, "que introduce al alumno en una realidad especial". Gracias al lenguaje "**se abre el camino para la aparición de los estadios de las operaciones formales**":

> Al hablar acerca del nivel superior del desarrollo lingüístico en los adolescentes, no hay que olvidar **qué gran distancia recorren estos adolescentes en**

comparación con sus coetáneos que se quedaron atrás. Estos abismos pueden conservarse para siempre.

Dedica un apartado especial a la "subcultura lingüística de los adolescentes", constituyendo la jerga con sus amigos "un juego lingüístico, una separación de la norma lingüística, una máscara, un carnaval, "la segunda vida":

> Para los adolescentes adquiere una atracción especial escapar del control social en su grupo de edad, hacer que no le confundan con los otros, separarse no solamente de manera territorial, sino también por los sistemas semánticos, confiriendo un sentido especial a su agrupación. Surge un tipo especial de comunicación, inadmisible en la vida cotidiana. Aquí se elaboran las formas especiales del lenguaje en jerga, que no solamente borran las distancias entre los que se comunican, sino que también en una forma abreviada expresan su filosofía de la vida.

La autora completa el capítulo dedicado al desarrollo mental con evidencias sobre la evolución de las funciones psíquicas superiores: desarrollo sensorial (con un agudo análisis de la percepción y vivencia de la música), pensamiento, atención, memoria e imaginación. Finalmente, en el cuarto capítulo, **"La personalidad del adolescente"**, Mújina detalla una serie de particularidades de la identificación con el Yo propio en el adolescente, junto a una minuciosa descripción de la crisis de la personalidad en la adolescencia, ilustrada con una rica observación de casos.

La investigadora rusa dedica el epílogo de su Psicología Evolutiva a una apretada síntesis sobre la **juventud**, período de la vida posterior a la adolescencia hasta el estado adulto (los límites son convencionales, desde los 15-16 hasta los 21-25 años). **"Es el período en que el hombre recorre el camino desde el adolescente inseguro, inconsecuente, que pretende ser adulto, hasta el estado realmente adulto"**. Calza con el sentido de "adolescencia" como culminación o período final de la edad juvenil (Ver fig. **12.20**).

Heinz Remplein, por su parte, sitúa la **prepubertad** en los comienzos de la **juventud** (edad juvenil), si bien sus rasgos ya se hicieron evidentes al final de la niñez tardía (fig. **12.20**). La describe como el "segundo cambio de configuración" o "segunda edad de la obstinación" (**fig. 12.22**). El autor hace penetrantes observaciones que muestran diferencias en lo que ocurre según el sexo o género. Pese a tratarse de registros muy antiguos, el lector puede constatar que muchos de estos datos aún tienen vigencia:

> La prepubertad presenta en los **chicos** un curso de **desarrollo bastante unitario** que coincide sensiblemente con la llamada **segunda edad de la obstinación**. En cambio, en las **muchachas**, la prepubertad obliga a distinguir **dos subperíodos**: el primero lleva todavía los rasgos positivos de la versión y contacto con la vida, que marcaban la última infancia; el segundo,

en cambio, denota claramente las características negativas de desviación con respecto a la vida, que anuncian la proximidad de la pubertad. La transformación de la niña mayor en muchacha pubescente se anuncia primero en una cierta inestabilidad en el comportamiento; en las risas mal disimuladas y en los cuchicheos constantes, así como en una mayor excitabilidad e inseguridad: Por entonces aparece de pronto un cambio profundo: la niña, antes de carácter abierto, y que afirmaba la vida, se convierte de repente en una muchacha sumisa, inquieta, melindrosa, llorona y triste.

Esta segunda subetapa en las niñas es más corta que la fase obstinada y caprichosa que caracteriza toda la pre-pubertad en los jóvenes. El autor ahonda en las **transformaciones corporales** de la pre-pubertad. Obsérvese que el "segundo cambio de configuración", que comienza ahora, se prolongará hasta los 17 ó 18 años. Este segundo cambio de configuración se introduce gracias a la brusca etapa puberal de crecimiento en altura (varios centímetros por año), que no ocurre por igual en todo el cuerpo: las extremidades se alargan notablemente y el tronco conserva al comienzo su proporción infantil. Junto a estos eventos físicos y fisiológicos, Remplein detalla una serie de datos relativos a la "disarmonía pubescente": labilidad del comportamiento, disminución del rendimiento, "desintegración" y transformaciones psicológicas[32].

En el **prepúber**, destaca la posible inclinación a formas negativas y extremas en la conducta: apatía, mal genio, insubordinación, oposición, negación, afán de crítica, agresividad, hostilidad, falta de cariño, indiferencia y aislamiento… En el rendimiento escolar se puede dar un serio declive. Junto al cambio de configuración física ocurre un cambio en la estructura psicológica. "Ambos comienzan con la prepubertad y dan su fruto al llegar a la adolescencia: la configuración corporal y la estructura psíquica del futuro adulto". La **pubertad**, explica el autor, comienza en las niñas con la primera menstruación, con diferencias en el tiempo de aparición a causa de variables ambientales y culturales, y en los jóvenes con la primera polución, también con diferencias significativas a causa de las mismas variables. La plena madurez sexual, la facultad de reproducción, se logra más tarde y Remplein entrega edades promedio para cada uno de tales fenómenos (**fig. 12.22**), aunque recordamos al lector que tales edades se han ido modificando las últimas décadas, ocurriendo por lo general más temprano. Hace una acabada descripción de los cambios fisiológicos que acontecen tanto en la prepubertad, como en la pubertad.

---

32 En las muchachas, observa Remplein, los primeros signos de maduración sexual se hacen ya visibles a los 10 ½ años en el incipiente crecimiento de los pezones y en el redondeamiento de las caderas. Más tarde aparece el primer vello púbico en forma de pelos lampiños, aislados, en torno a los labios mayores, haciéndose cada vez más numerosos. Por último, empieza a aparecer el vello terminal de las axilas. En los chicos, la maduración sexual empieza alrededor de los 11 años cumplidos (con frecuencia, ya antes) con el agrandamiento de los testículos y el alargamiento del escroto. Entonces empieza a crecer el miembro viril, y más tarde brota el vello en torno a la raíz del pene y el vello de las axilas. La nuez se agranda y sobresale más. Por fin, aparece el primer bozo en las piernas y en el labio superior, a la vez que se presenta el cambio de voz.

LACTANCIA

Edad sueño (0 a 2 m.)

Edad de versión al mundo (3 a 12 m.)

PRIMERA INFANCIA

Edad adquisición lenguaje (1 a 2 ½)

Primera edad de obstinación (2 ½ a 3 ½)

Edad del juego en serio (3 ½ a 5 ½)

SEGUNDA INFANCIA

1er cambio de configuración (5 ½ a 6 ½)

Niñez media (6 ½ a 9)

Niñez tardía (9-10 ½ a 12)

JUVENTUD (Edad juvenil)

Prepubertad (10 ½ a 13) niñas; (12 a 14) varones
(o edad de 2° cambio de configuración o 2ª edad de obstinación)

Pubertad (13 a 15 ½) niñas; (14 a 16) varones

Crisis juvenil (15 ½ a 16 ½) niñas; (16 a 17) varones y
Adolescencia (16 ½ a 20) niñas; (17 a 21) varones

Figura 12.22

Las etapas del desarrollo psicológico propuestas por Heinz Remplein.
Indudablemente, algunas de las edades observadas por el autor, en especial en la Niñez tardía
y la Edad juvenil, han experimentado cambios las últimas décadas, con una evidente aceleración.

Siguiendo el esquema aplicado anteriormente, Remplein analiza cada subetapa de la edad juvenil en la perspectiva de lo que ocurre con las **funciones de orientación**, los **impulsos y su dirección**, y los **sentimientos**. Las tablas que hemos elaborado, que se muestran en figs. **12.23, 12.24 y 12.25**, ofrecen una síntesis de la información aportada, haciendo presente al lector que **en ningún caso tales tablas reemplazan o hacen justicia** a la riqueza del extenso tratamiento llevado a cabo por el autor alemán. Permiten, sin embargo, formarse una visión de conjunto de lo que ocurre en la edad juvenil, **apreciando comparativamente** la secuencia de los acontecimientos en cada subetapa: prepubertad, pubertad y adolescencia.

A la luz de los **mecanismos de aprendizaje** analizados en las páginas anteriores de este manual, el lector cuenta con valiosos antecedentes para comprender e interpretar de manera más acabada los datos y hallazgos evolutivos sintetizados en cada tabla. Fácilmente se pueden explicar algunos de los logros por medio de las dos formas examinadas de condicionamiento; otros, por la acción decidida de mecanismos identificatorios o simple imitación. Finalmente, es obvia la intervención de fenómenos como la percepción, pensamiento y lenguaje, que dan un sentido más específicamente humano a las diferentes adquisiciones.

La tabla **fig. 12.23**, centrada en las **funciones de orientación** (nuestros "mecanismos cognitivos"), muestra que en la **prepubertad** se da un cambio desde un pensar **intuitivo concreto** –ligado a imágenes concretas– a un pensamiento **abstracto**.

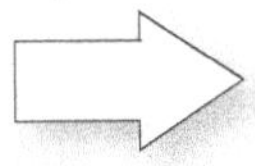

Será tarea del educador **fomentar el pensar conceptual**, aún incipiente, que posibilitará a lo largo de la edad juvenil, entre otras cosas, conceptos y juicios de mayor calidad, así como mejores definiciones y conclusiones lógicas.

Para el psicólogo alemán, el fin del desarrollo en la **prepubertad** consiste en el "derrumbamiento de la estructura psíquica infantil" y en la preparación para que se pueda formar una estructura psíquica madura. En atención al carácter de crisis que tiene la edad (con posibles desarrollos asociales, hasta criminalidad) advierte que requiere especial cuidado y protección. La **pubertad,** por otra parte, desde el punto de vista psicológico es una etapa cardinal en el **descubrimiento del yo**: el "yo psíquico", la consecuencia más importante de la introversión que marca esta edad[33].

En la pubertad, el joven **mira hacia adentro** y encuentra en sí mismo el mundo de los pensamientos, de los sentimientos, de los estados de ánimo, de las emociones, de los impulsos, de las aspiraciones y de los deseos: en una palabra, **descubre su yo psíquico.**

Como se aprecia en la tabla de la **fig. 12.23**, los **púberes** desarrollan también una **postura personal** ante los acontecimientos y personajes de la historia. Algunos, "por el afán de adoptar una posición crítica e independiente frente a la cultura tradicional, **desconfían de todo** con una continua necesidad de someterla a prueba". Remplein ahonda en el "racionalismo, intransigencia, realismo y radicalismo" propios de la edad, con alcances sobre cómo el educador puede orientar al joven constructivamente en su actitud crítica.

La cultura que la juventud encuentra en el seno de la familia, en la escuela, en la iglesia y en centros de formación, está fundida en moldes rígidos. Pero todo lo inmóvil deja insatisfecha a la juventud, puesto que ella, aún en estado de desarrollo, se interesa por lo que vive y se mueve. Así, **con demasiada facilidad, los jóvenes encuentran árida y trasnochada la cultura que reciben.**

---

33 Remplein hace ver cómo el niño tuvo ya una "**conciencia del yo**" en la edad de la 1ª obstinación: ahí **descubrió su yo práctico**, ese "yo activo, que vencía o sufría resistencias exteriores". En la **niñez tardía**, se da otro paso más: despierta la **actitud crítica frente a sí mismo**, pero es algo que apunta **esencialmente a lo exterior**, "que se manifiesta en las propiedades corporales, así como en el comportamiento y en las consecuencias exteriores de sus actos". En la **pubertad**, en cambio, el joven **mira hacia adentro, descubre su "yo psíquico"**: se vuelca hacia sí mismo

PREPUBERTAD	PUBERTAD	ADOLESCENCIA
FUNCIONES DE ORIENTACIÓN		
En la prepubertad ocurre una **transformación del pensar intuitivo concreto** –ligado a imágenes concretas– en **pensamiento abstracto**, que permite mejores definiciones y conclusiones lógicas. Pedagógicamente hay que **fomentar el pensar conceptual**, todavía incipiente. Se da un importante desarrollo de la **memoria lógico-discursiva**, que comienza a reemplazar a la memoria mecánica de la segunda infancia. En algunos jóvenes, notable riqueza de imágenes intuitivo-subjetivas o **fenómenos eidéticos**. (Desaparecen más tarde, cuando la memoria lógica está completamente desarrollada). Cobra gran importancia la **fantasía**: el joven evoca imágenes que le ofrecen la realización de todos los deseos frustrados por la realidad. (Fantasear parece ser más frecuente en las niñas). El **fantasear** se presenta con frecuencia "como una historia ininterrumpida, tratada con cariño, porque se considera algo íntimo, y es completada continuamente con pormenores y adornada con numerosos detalles".	El descubrimiento del **yo psíquico es** la consecuencia más importante de la introversión. El púber vive la experiencia de la **individuación**: sufre una gran soledad, ya que piensa, siente y desea distinto y separado de cualquier otro... Gran **egocentrismo** y **subjetivismo**: logra "comprenderse a sí mismo": todos sus pensamientos giran en torno a sí, incluso al enjuiciar a los demás. Su gran tragedia es que los adultos no reconocen lo excepcional de su persona... En las niñas parece ser más fuerte aún la preocupación por ¿cómo soy?, ¿qué impresión causo a los demás? Algunas llevan un "diario". **Actitud distinta hacia sí mismo**, con mayor conciencia de la propia responsabilidad y de lo efímero de la vida, el significado de la muerte, fenómeno común a todos. Desarrollo de una **postura personal** ante los acontecimientos y personajes de la historia. Crítica de la cultura tradicional y de lo religioso-moral. **Reflexión filosófica** o meditación sobre el sentido de la propia vida y sobre la vida, en general.	El desarrollo de la inteligencia se ha completado en lo esencial en la pubertad: ahora ocurrirán posibles **diferencias interindividuales**, dependientes del contexto (estudios superiores, mundo laboral...): progreso del **pensar conceptual y teorético,** versus un pensar **práctico-concreto**. En la adolescencia se logra una **relación más equilibrada** entre **pensar** y **sentir**, disminuyendo la "gran acentuación afectiva". La **extraversión** típica de la adolescencia trae consigo una **objetivación del pensar**, con una imagen más realista del mundo, examinándolo críticamente (**realismo crítico**). Intento de sintetizar el saber en una **imagen unitaria del mundo**, con interés de algunos adolescentes por ocuparse de la concepción del mundo de grandes pensadores. La lucha por formarse una concepción aceptable del mundo lleva a un **enfrentamiento con los dogmas y creencias religiosas**. En algunos se da posteriormente una completa indiferencia religiosa, en otros, la experiencia religiosa del adulto.

Figura 12.23

Las funciones de orientación en la edad juvenil. Basado en Remplein.

El **púber** desarrolla también una actitud **reflexiva** y **crítica** respecto a la vida psíquica de padres, profesores, compañeros, **no solo referida como antes a lo exterior**: "pretende entender ahora sus vivencias". También puede penetrar, más allá de las explicaciones de tipo natural-causal, en "el mundo de la libertad y del espíritu" con un pensar racional. Se dará en él una concepción **idealista** o **realista** del mundo, por lo general según si se ingresa al mundo del trabajo o se continúa estudiando. La tabla muestra también que el púber se muestra inclinado a reflexionar o "filosofar" sobre el sentido de la propia vida y sobre la vida, en general. En la **adolescencia,** finalmente, culminación de la edad juvenil, se logra una relación mucho más equilibrada entre **pensar y sentir**, disminuyendo la "gran acentuación afectiva". La **extraversión** que caracteriza esta edad trae consigo una **objetivación del pensar**, con una **imagen más realista del mundo**, aunque examinándolo **críticamente** (realismo crítico). Es una fase de **integración personal-social.** Como ya lo habíamos destacada siguiendo a Berwart y Zegers, "el joven ya ha logrado un conjunto de conocimientos, creencias y actitudes sobre sí mismo, sobre lo que él es, sobre su propia identidad. Ahora deberá asumir responsablemente el **rol adulto** que la sociedad le exige". Heinz Remplein destaca el intento que lleva a cabo el joven por sintetizar su saber "en una imagen unitaria del mundo", con especial interés de algunos adolescentes por ocuparse de la concepción del mundo de grandes pensadores. Por otra parte, la lucha por formarse una concepción aceptable del mundo lo lleva a un enfrentamiento con los dogmas y creencias religiosas. En algunos de ellos se da posteriormente una completa indiferencia religiosa, en otros, la experiencia religiosa, madura, del adulto.

La tabla **fig. 12.24** sintetiza algunas de las observaciones de Remplein en torno a **los impulsos y su dirección** a lo largo de la edad juvenil. En lo que concierne a la **pre-pubertad**, precisa el autor que "en ninguna parte se manifiesta más claramente la escisión y desunión interiores del joven que se encuentra en la segunda fase de la obstinación, que en el sector de los impulsos y de su dirección". La **vida impulsiva** experimenta una considerable intensificación en la pre-pubertad, "saltando por encima del pensar y el querer, en una reacción motora". Observa que allí donde al joven la realidad le niega lo que desea, "huye al reino de la **fantasía** y busca en ella la satisfacción compensadora," y en su soñar despierto "crea un segundo mundo que está de acuerdo con sus deseos". (Tema que también analizó en las "funciones de orientación"). Se refiere en profundidad al **impulso sexual** que "estalla ahora con violencia volcánica" alcanzando la mayor importancia e independencia en la estructura psicosomática. En los varones se manifiesta más cruda y abiertamente, vinculado en mayor medida a los órganos sexuales. En muchas niñas "se manifiesta más sublime y encubierto en un deseo de ternura y caricia". Analiza las reacciones del pre-púber ante primera iniciación sexual, junto a la necesidad de una iniciación adecuada y qué condiciones debe cumplir esta[34]. El autor alude también a riesgos

---

34 Se refiere también a la **homosexualidad** y la "forma de combatirla", en la concepción antigua –y ya afortunadamente superada– que la consideraba una desviación y no una orientación sexual natural, diferente a la heterosexual. El mismo modo de enfocar el tema se encuentra en el tratado de la psicóloga rusa Mújina.

como el suicidio en la **pre-pubertad** estimando que los peligros que encierra esta edad encuentran su explicación en "el carácter contradictorio y lábil de la psique"… "en lo impulsivo cuando le falta la dirección de la voluntad, en la predisposición a la formación de conflictos y en la inclinación a depresiones". En lo concerniente al papel del educador, Remplein aclara:

> Puesto que los peligros principales no amenazan a lo corporal, sino a lo psíquico, el educador debe **evitar por todos los medios disminuir en el joven el sentimiento de su propio poder y de su propio valor**, y evitará cuanto pudiera aumentar más aún sus amargos autorreproches, su miedo y su sentimiento de culpabilidad. Por el contrario, **debe fortalecer su fe en sí mismo y en su fuerza, en su valor y en su dignidad**.

En lo relativo a los impulsos y su dirección en la **pubertad**, el **impulso sexual** sigue aumentando en intensidad "y alcanza la máxima vehemencia". A la vez, se dirige ahora claramente al otro sexo[35]. El autor habla de la "pubertad cultural" ya que entre la madurez sexual y "el uso del aparato genital" en la vida de pareja se da para muchos jóvenes un "tiempo de latencia" en el que deben aprender "a subordinar la dinámica del impulso sexual a las normas éticas, y así a subordinar fuerzas elementales en provecho de una actividad espiritual"[36]. Esta pubertad cultural, explica Remplein, "depende en gran manera de las influencias que ejerce la educación"[37]. Los impulsos a la **independencia** y de **hacerse valer** son también muy importantes en la **pubertad**: los jóvenes se resisten a que se los trate como niños, y "protestan violentamente contra cualquier intromisión en sus asuntos personales". El autor observaba en la época en que publicó su tratado:

> El chico de 16 años fuma y bebe… a la vista de todos y en una actitud arrogante, para mostrar que es mayor, que a él nadie tiene que decirle nada; el de 13 años lo hace en secreto, dándose cuenta de que obra incorrectamente y contra lo prohibido, incluso sintiendo que se comporta de una forma no adecuada a su edad.

Recuérdese que era la manera como la comunidad científica hace un par de décadas entendía dicha condición. Basta ver las versiones del DSM anteriores al DSM IV y V.

35 En la época en que Remplein escribió su tratado, ya lo hicimos ver, la homosexualidad era considerada una desviación que "había que corregir". Los progresos de la ciencia psicológica y la psiquiatría posteriores reconocen que el logro de la **identidad sexual** depende del percibirse como un ser sexual, **reconocer la propia orientación sexual,** y desarrollar lazos románticos o sexuales con otro, con un "tú". Así, los heterosexuales se sienten atraídos por personas del otro sexo; los homosexuales, por personas del mismo sexo, etc. Esta temática la tratamos con mayor profundidad en nuestro manual "**Psicopedagogía de la diversidad en el aula**" publicado por Alfaomega en México.

36 Dedica más adelante un apartado a la **sublimación del impulso sexual** en el contexto de la teoría freudiana.

37 Los **valores** que inspiran a la institución en este y otros aspectos del desarrollo psicosocial son decisivos a la hora de definir "el hombre que se quiere construir".
   La serie de TV catalana "Merlí" –en la que un original y polémico profesor de filosofía juega el rol principal– da pie para grupos de discusión sobre diversos aspectos, aportados por las ideas inspiradoras de varios filósofos, junto al protagonismo que adquiere en ella la sexualidad. La serie se desarrolla en un instituto público de bachillerato con adolescentes de 18 años edad promedio.

Junto al deseo de ser considerados mayores se da en los púberes una **actitud crítica** y "el afán de poseer una actitud independiente con respecto a los valores tradicionales", fenómeno que se había iniciado en la pre-pubertad. La **introversión activa** propia de la edad lleva a una "sobreestimación del yo", que explica el **aislamiento** en que se sume el joven.

> Los jóvenes se consideran a sí mismos muy importantes, se encierran en sus sentimientos, sobreestiman su vivencia y dictan sus juicios, creyéndolos el colmo de la sabiduría: En todo aquel que no los toma por tan importantes, ven un enemigo personal. Debido a que se ocupan demasiado de sí mismos, no pueden tampoco compenetrarse con otras personas, ni siquiera ponerse en el lugar de ellas.

Esto lleva a que la pubertad sea "la fase de la mayor pobreza de contacto". Sin embargo, el afán de manifestarse a sí mismo y de valorarse, puede encauzarse en la **expresión y creación artística**: plástica, música, teatro, diarios de vida... Por otra parte, en esta edad el joven está capacitado para comprender, por primera vez, los conceptos morales **en toda su validez universal**, aunque el sistema ético que se construye se caracteriza por la **abstracción y falta de realismo. Puede encontrar alguna persona que personifica lo que él considera un ideal de desarrollo,** un modelo a seguir (un "garante ético") no necesariamente "bueno" o aceptado socialmente, lo que hace concluir a Remplein que **"en la pubertad ya no se puede poner en práctica la pedagogía de la autoridad, sino la pedagogía del modelo":** los maestros deben tener claro que "las palabras actúan con facilidad de un modo moralizador, patético y falso, y por eso malogran su fin: lo que en el colegio actúa con mayor eficacia es el **buen ejemplo**". El púber, estima el autor, es un claro exponente de la educación recibida en la niñez, tarea en la cual muchas veces se fracasa... Los púberes quisieran ver en sus maestros "una personalidad ejemplar".

PREPUBERTAD	PUBERTAD	ADOLESCENCIA
IMPULSOS Y SU DIRECCIÓN		
Inquietud instintiva: **intranquilidad interior** reflejada en el comportamiento. Los pre-púberes buscan la emoción intensa, la exaltación, y algunos, el peligro y el riesgo. **Sed de experiencias.** Su reverso es el **aburrimiento**, con vivencia de vacuidad, que no se conocía antes.	El **impulso sexual** alcanza la máxima vehemencia. Importancia de la educación en el devenir de la "pubertad cultural". Los impulsos de **independencia** y de **hacerse valer** cobran gran importancia. **Actitud crítica** y afán de poseer una **actitud independiente** con respecto a los valores tradicionales,	Superada la posible "crisis juvenil", se va dando un **comportamiento social armonioso** y una **mejora en el rendimiento**. Carácter abierto al trato social con pleno desarrollo de los sentimientos sociales. Afán de solidaridad basada en **afinidad de ideas**. Ahora se hace posible la auténtica relación con un

El **impulso sexual** estalla ahora con "violencia volcánica" y adquiere la mayor importancia e independencia en la estructura psicosomática.

Lo sexual pasa a ser **el punto central de las vivencias y el deseo**, rompiendo con su vehemencia el orden y armonía psíquicos que existían por lo general hasta entonces. Hay diferencias entre los sexos.

La **fantasía** juega un rol fundamental, muchas veces como mecanismo de escape. La "edad del pavo" es resultado de la gran discrepancia entre el mundo personal propio del pre-púber y el mundo exterior" representado por la cultura actual.

Las bandas (patotas) de jóvenes, como necesidad de asociarse con los de la misma edad son el resultado de una **actitud de protesta contra los adultos**, y el desear estar lejos de su vigilancia y de sus disposiciones.

La **vida impulsiva** experimenta una considerable intensificación en la pre-pubertad, "saltando por encima del pensar y el querer".

con una **sobreestimación del yo**, lo que lleva a una pobreza de contacto. Afán de manifestarse y valorarse, anhelo de autoafirmación.

En lo relativo al **desarrollo moral**, el púber capacitado para comprender, por primera vez, los conceptos morales en toda su validez universal, aunque el sistema ético que se construye es abstracto y carece de realismo.

El púber necesita un **modelo reconocido interiormente por sus méritos**. Los educadores deben ser modelos: no funciona la "pedagogía de la autoridad".

Amor, erotismo y sexualidad: el descubrimiento de sí mismo y la experiencia de soledad, despiertan la necesidad de complementarse, "el deseo de liberarse de la soledad, valiéndose de un **tú**, de una persona que le comprenda y a la cual pueda amarse por los valores que encierra su personalidad".

En la **autoeducación**, en la **autoformación**, que deben fomentarse, "se fortifica la orientación interior de la voluntad" preparando el camino para la etapa que sigue".

tú: "si en la pubertad se produce el descubrimiento del **yo**, en la adolescencia, el descubrimiento del **tú**".

Plena madurez psicosexual: enamoramiento y **primer amor**, el de la juventud, caracterizado por una notoria "actitud estética", y un rasgo abiertamente idealizador: "en el tú amado se ven personificados todos los valores en su forma más pura". Crisis y desengaños. Sublimación del impulso sexual.

El adolescente se aparta de la noción de "ideal" encarnado en personas admiradas hasta ese momento y adopta una actitud de admiración hacia un **ideal universal de la humanidad** a partir posiblemente de rasgos destacados de diferentes personalidades: **carácter abstracto del ideal.**

Consolidación de intereses: **afán de producción**, con la necesidad de colaborar activamente en la ciencia, el arte, etc. En algunos, dotados fuera de lo común, el impulso de producción se expresa en un impulso de **creación**. Se dan importantes diferencias individuales en lo relativo a madurez moral y social.

Figura 12.24

Los impulsos y su dirección en la edad juvenil. Basado en Remplein.

Remplein trata a fondo también temas como el erotismo, la sexualidad, la admiración romántica, las amistades de distinta edad y el amor. A partir del descubrimiento de sí mismo del púber y de su experiencia de una gran soledad, despierta la necesidad psíquica de complementarse: "el deseo de liberarse de la soledad, valiéndose de un **tú** –con el que se quisiera estar de acuerdo– de una persona que le comprenda y a la cual pueda quererse con todo el corazón, precisamente por los valores que encierra su personalidad". Completa el tema de los impulsos explicando que en la **autoeducación** y en la **autoformación,** que deben fomentarse decididamente, "se fortifica la orientación interior de la voluntad, es decir la facultad de dominar y disciplinar las propias emociones". Constituirá un logro para ingresar de mejor manera a la etapa que sigue.

Entre la **pubertad** y la **adolescencia** propiamente tal, como etapa de culminación de la edad juvenil, siguiendo a Busemann (el investigador que describe las fases **A** y fases **B**) Remplein sitúa la "crisis juvenil", que afecta a algunos jóvenes, y que muestra rasgos parecidos a las **fases emocionales** anteriores (la 1ª edad de obstinación, el 1er cambio de configuración, la 2ª edad de obstinación), aunque más atenuados: inquietud motora, intensidad en la afectividad, labilidad, disminución de la atención, tendencia a la disociación, y también, aumento en la tasa de suicidios... La crisis afecta más temprano a las niñas y más tarde a los varones. **La adolescencia** como tal, mostrará, a medida que se supera la crisis, físicamente una armonización de la figura, junto a una mejor adaptación conductual y social, una mejora en el rendimiento, extraversión y consolidación de la estructura psíquica.

> El resultado es que el joven se ha encontrado a sí mismo, y que del caos interior se ha formado un cosmos en **un duro proceso de autoformación**. Ahora que ha adquirido una claridad provisional sobre sí mismo y sobre su posición con respecto al mundo, **la energía psíquica tiene que volverse de nuevo hacia fuera**, para así hacer fructífera, **al servicio de la sociedad humana**, la fuerza reprimida y acumulada en el alma. Por tanto, **se inicia en la adolescencia,** como fase de transición de la edad juvenil a la edad adulta, **una nueva extraversión**.

En lo relativo a los **impulsos y su dirección**, como muestra la tabla de la **fig. 12.24,** el adolescente comienza a mostrar un comportamiento social armonioso, un carácter más abierto al trato social. La **extraversión** que va caracterizando la edad acrecienta el afán de estar en compañía, la necesidad y predisposición al contacto.

> El púber era del todo individualista: llevaba aisladamente su propia vida, buscaba solo a aquellas personas que pensaban como él, veía una coacción en toda autoridad no elegida por él mismo, y consideraba todo orden organizado como privación de la libertad individual. Ahora, **en la adolescencia, se dilata el alma, el joven se abre a influencias heterogéneas**, y reconoce que la autoridad, el orden, la ley y la obediencia son necesarias[38].

---

38 Recordamos al lector que cuando Remplein habla de "adolescencia", se refiere al período que en Mújina se denomina "juventud". A su vez, cuando Mújina habla de "adolescencia", hay que entenderlo en el esquema de

El "afán de solidaridad", que en la pubertad buscaba una **compenetración de sentimientos**, ahora se basará en la **afinidad de ideas**, lo que se manifiesta en los grupos y movimientos juveniles. El púber dentro de un grupo busca compañerismo, **los mayores aspiran a una solidaridad de ideas**: el ideal de profesor es aquel al que se exige ayuda "para resolver cuestiones en torno a la comprensión del mundo y de la vida".

Ahora se hace posible la **auténtica relación con un tú**: "si en la **pubertad** se produce el descubrimiento del **yo**, en la adolescencia, el descubrimiento del **tú**".

> Durante la adolescencia **tiene que despertar la facultad de prescindir del propio ser y de dirigirse a otra persona** debido a su valor personal, así como de ayudarle y socorrerle desinteresadamente, si es que existe la ocasión o esa persona lo requiere.

Ahora pueden desarrollarse plenamente los sentimientos sociales y una auténtica "compenetración", condición previa para una **comprensión objetiva del tú**. Esto va de la mano con la completación de la maduración psicosexual, otra decisiva tarea de la edad de cara a la adultez, lo que posibilita el verdadero amor humano. El autor ahonda con lucidez y acierto en el "primer amor", el de la juventud, caracterizado por una notoria "actitud estética", y un rasgo abiertamente idealizador: "en el tú amado se ven personificados todos los valores en su forma más pura". Analiza también los desengaños, la "crisis del primer amor", y advierte:

> Puesto que el **verdadero amor** penetra, más allá del fenómeno exterior, en el fondo valorativo de la otra persona, puede también sobrevivir a la belleza y encanto juvenil de la persona amada cuando estos hace ya tiempo que se marchitaron.

La extraversión también contribuye a la **consolidación de intereses y motivaciones**, con un "afán de producción", con la necesidad de colaborar activamente en la ciencia o el arte, la economía, el derecho, la educación, política, etc. En algunos adolescentes dotados fuera de lo común (poetas, compositores, escultores, pintores…), el impulso de producción se expresa en un impulso de **creación**, el deseo de hacer algo nuevo "que signifique un incremento del valor de la realidad".

El adolescente, por otra parte, se aparta de la noción de "ideal" encarnado en personas admiradas hasta ese momento y adopta una actitud de admiración hacia un "ideal universal de la humanidad" a partir posiblemente de rasgos destacados de diferentes personalidades. (Se separa de los "garantes éticos"). Sus aspiraciones se dirigen a "ideales superiores, vividos y reconocidos como universales". Está en condiciones de reconocer la obligatoriedad universal de las leyes morales.

Remplein como "prepubertad" y "pubertad". Papalia et al. entienden por "adolescencia" toda la edad juvenil (o etapa de la juventud) de Remplein. Ver el cuadro aclaratorio de la **fig. 12.20**.

El **niño** no conocía aún las ideas universales de verdad, justician y deber; conocía tan solo ciertos mandatos y prohibiciones, que determinaban prácticamente su conducta y su comportamiento. El carácter obligatorio de tales mandato y prohibiciones residía, para el niño, solo en la autoridad de los que lo habían impuesto…

Solo desde la **pubertad** se desarrolló la conciencia de que los mandatos y prohibiciones no se basaba en el capricho de cada hombre o en el convenio social, sino en normas obligatorias universales. Pero los impulsos de acción procedían entonces menos de esta consideración que del trato con personalidades destacadas que, con su ejemplo, mostraban al joven, de un modo intuitivo, las exigencias morales.

Solo desde la **adolescencia**, las ideas morales de verdad, justicia y deber, se convierten en tan viva experiencia, que de ella parten impulsos para la acción moral.

Remplein aclara que ocurren importantes diferencias individuales en lo relativo al grado de madurez moral y social de los adolescentes (lo que fue confirmado más tarde por las investigaciones de Kohlberg). Tal madurez posibilita al joven "hacerse moralmente responsable de sí mismo y de los demás", y así está capacitado para desafíos como formar una familia, adoptar en la vida laboral o profesional una posición independiente, cargos de responsabilidad, etc.

En lo relativo a los **sentimientos** en las tres edades que estamos examinando (tabla **fig. 12.25)**, el sicólogo germano afirma que la vida afectiva de la **pre-pubertad** –lo que se acentúa en la pubertad– está sujeta a "fuertes conmociones": una **excitabilidad intensa** y una **gran labilidad** o fragilidad. Junto a ello, el **predominio de un tono de displacer**, que se manifiesta en la conducta, lo que hace que a esta etapa se le considere "negativa" (en términos de Busemann, una fase **A**, de activación o "emocional"). El estado de ánimo suele oscilar entre extremos de satisfacción e insatisfacción: "la alegría más exaltada alterna con la tristeza y el mal humor".

Los jóvenes pueden, especialmente en el círculo de sus camaradas, alborotar como niños traviesos y despreocupados, y poco después parece pesar sobre ellos la seriedad de la vida con toda su trascendencia.

Puede darse una "gran disposición al miedo", originado en la intranquilidad y excitabilidad interiores (en buena parte, a causa de las transformaciones orgánicas), que trata de disimularse muchas veces tras una **máscara de osadía y arrogancia**. La excitabilidad se manifiesta en intensas emociones: arrebatos de ira y cólera, indignación, impaciencia y hostilidad, la que ha llevado a caracterizar la etapa, ya lo hemos reiterado, como una "2ª edad de la obstinación". La maduración y las necesidades sexuales llevan al joven a un primer intento de **centrarse en sí mismo**, con un "sentimiento narcisista del propio valor", que contrasta, sin embargo, con la inquietud interior, la baja en el rendimiento y los conflictos con los adultos. Esto deriva en una **conmoción en la propia seguridad** y un sentimiento de inferioridad. Es decir, el sentimiento de sí mismo es lábil o precario en alto grado.

Ocurren **formas de comportamiento diferentes** entre los jóvenes, con cierta mayor predisposición a una u otra forma según el sexo: algunos se encierran en sí mismo y se refugian en el apocamiento, el aislamiento, la desconfianza o timidez. Otros, se "auto defienden" a través de la obstinación, el afán de oposición, la insubordinación, el placer de burlarse y la agresividad. Remplein en su perspectiva psicopedagógica ahonda en el papel del educador, quien **debe hacer ver al joven, con los hechos, que confía en él**, esforzándose en "descubrir a través de la grosera apariencia las cualidades positivas".

> La alabanza y la aprobación en el **momento oportuno** hacen con frecuencia un bien mucho mayor que la desaprobación y el castigo. pero, sobre todo, **hay que tratar de comprender el comportamiento partiendo de las dificultades interiores**. Cuando los jóvenes se dan cuenta de que hay alguien que los comprende, se sienten maravillados. Un profesor que se los gana de esta forma puede conseguir mucho.

El autor toca varias otras cuestiones de interés al tratar los sentimientos en la **prepubertad,** como **"la desintegración del mundo valorativo infantil"** en el contexto de la desorientación en la conducta, echándose así las bases para la formación del mundo valorativo del hombre maduro. Además, "esta es la hora en que nace la **conciencia personal** en contraposición con la conciencia del niño, vinculada a lo colectivo". Precisa que tal conciencia se desarrolla "no en virtud de meros procesos de maduración, sino en las oportunas influencias medio ambientales, **especialmente, de la educación"**.

En **pubertad**, por otra parte, se experimenta según Remplein una **profundización del sentimiento con estados de ánimo de auténtica pasión y exaltación**, ya que las fuertes vivencias anteriores del niño y el pre-púber eran más bien superficiales. El **yo se vuelca sobre sí mismo** con mayor profundidad ocurriendo "manifestaciones arrolladoras y enardecidas de amor, afecto, entusiasmo". El púber puede jurar "amor eterno", fidelidad y amistad "incondicionales hasta la muerte". Esto muchas veces coexiste con una frecuente "tendencia a la melancolía y al pesimismo, a la depresión y a la tristeza, incluso al tedio de la vida". Hace ver el autor que el **sentimiento de sí mismo** experimenta una opresión si el estado de ánimo está triste y melancólico.

Es típico del carácter reflexivo y retraído de los púberes **el saborear su estado de ánimo triste y melancólico con un goce mortificante**, de forma parecida a los adultos de temperamento melancólico que se encierran en su dolor.

PREPUBERTAD	PUBERTAD	ADOLESCENCIA
SENTIMIENTOS		
Los sentimientos del pre-púber se caracterizan por **excitabilidad** y fragilidad o **labilidad** intensas. El estado de ánimo suele oscilar entre extremos de **satisfacción e insatisfacción**. Predominio de un tono de displacer. Miedo e inseguridad interior que se disimulan con una máscara de **osadía y arrogancia.** Predisposición a **emociones intensas**: arrebatos de ira y cólera, indignación, impaciencia y hostilidad. Gran **inquietud interior** e inclinación por "meterse" dentro de sí, con un sentimiento narcisista (aunque azaroso) del propio valor. Formas de comportamiento diferentes, con predisposición en algunos por **aislamiento y timidez** y, en otros, por **insubordinación y agresividad.** La **actitud del educador** debe inspirar confianza y seguridad al joven, entendiendo sus dificultades interiores. Ahora se produce la **desintegración del mundo valorativo infantil** y nace la **conciencia personal**, en contraposición con la conciencia del niño.	En la pubertad se da una **profundización del sentimiento** con estados de ánimo de auténtica pasión y exaltación. Gran excitabilidad. **El yo se vuelca sobre sí mismo** con mayor profundidad. Tendencia a la **melancolía y pesimismo**: el sentimiento de sí experimenta una opresión si el estado de ánimo está triste. Con la creciente madurez **se enriquece el sentimiento de sí mismo,** que se expresa como **sentimiento del propio valor**. Si triunfa en sus cometidos, tal sentimiento se fortifica. Su viva **fantasía** le ayudará a allanar las dificultades que se oponen a su afán de hacerse valer. Un cambio especial ocurre en los **sentimientos sociales**: entusiasmo y simpatía por muy pocas o una persona. La amistad adquiere el carácter de una unión íntima basada en un afán por valores comunes. Los **sentimientos y juicios estéticos** se enriquecen. Ahora el púber **vive** la naturaleza. Se consuma el desarrollo de la auténtica conciencia, **la conciencia autónoma,** de la responsabilidad ante sí mismo.	Consumación de la **madurez psíquica** que hace posible el tránsito a la edad adulta. Mayor **estabilidad de los estados de ánimo**, predominando (con diferencias constitucionales) un tono de alegría. Se consolida el **sentimiento de sí mismo,** con una mayor seguridad interior y mayor confianza en el propio valor: desde los extremos de una infundada sobreestimación de sí a una desesperada depreciación, ahora se llega a un **equilibrio.** Apreciación más objetiva de los demás con un cambio en los **sentimientos sociales**: van desapareciendo las tensiones. Fase de **integración personal-social** en que cobra gran importancia un **sentimiento de esperanza.** Consolidación de un mundo de **valores propios,** con diversidad de valores, y una "lucha por una actitud valorativa personal". Constitución de una **forma de vida** y afianzamiento del desarrollo de la **conciencia y la formación del carácter**, aspectos que hacen ver la importancia (y fracasos) de la educación.

Figura 12.25

Los sentimientos en la edad juvenil. Basado en Remplein.

Para las niñas, en esta etapa, la menarquia constituye una experiencia trascendental, la que es vivida y valorada de diferentes maneras, tema sobre el cual aporta valiosos detalles y datos estadísticos. En el púber, con la creciente madurez se **enriquece el sentimiento de sí mismo**, que se expresa como **sentimiento del propio valor**. Si triunfa en sus cometidos, tal sentimiento se fortifica. Muchas veces lo invaden dudas sobre sus capacidades y aptitudes al compararse con los demás, y frente al fracaso "se desahoga desvalorizándose irónicamente a sí mismo y vive momentos de desesperación", aunque tales valoraciones negativas duran relativamente poco ya que posiblemente encontrará que hay algo en lo cual se puede destacar.

> Por lo que se refiere al futuro, su viva **fantasía** le ayudará a allanar las dificultades que se oponen a su afán de hacerse valer y a compensar las imperfecciones que le muestra la conciencia de su propio valor. Por tanto, **el sentimiento de sí mismo se mueve también en la pubertad entre extremos de enorme sobreestimación y de desesperada negación de sí mismo**; así pues, es muy lábil.

Un cambio especial ocurre en la pubertad en los **sentimientos sociales**: el joven no siente el mismo entusiasmo y simpatía por varias personas a la vez, sino por muy pocas o una, "pero con una vehemencia especial". La amistad deja de ser algo externo y formal, y "adquiere el carácter de una unión íntima basada en un afán por valores comunes, propia de una amistad entre jóvenes".

> La **admiración** como entrega apasionada a una personalidad estimada, la mayoría de las veces, por cualidades principalmente exteriores; la **veneración** como **admiración hacia una persona, y como un voluntario subordinarse a ella**, a causa de los valores que representa. Como condición endopsíquica, el motivo reside en la separación de los valores de las cosas con respecto a los valores personales, separación determinada por el paso de la niñez a la pubertad. **Amistad, admiración y veneración buscan su expresión en formas exaltadas**[39].

En la pubertad, además, los **sentimientos y juicios estéticos** se enriquecen haciendo que el joven **sienta** y **comprenda**, como no había ocurrido antes, la poesía, música y otras artes. Así es como se siente atraído por determinados poetas, novelistas o músicos. Cambia también su **vivencia de la naturaleza**: "Un niño puede **vivir**

---

39 La persona estimada y admirada suele destacarse por cualidades morales superiores, prestigio y otras condiciones notables. El púber, en una etapa tan sensible y emotiva, todavía inmaduro en muchos aspectos, se siente privilegiado y se entrega con facilidad a sus criterios y propuestas, identificándose plenamente con sus valores. (En páginas anteriores examinamos diferentes formas de identificación).
En el país, las denuncias por parte de actuales adultos sobre abuso de poder y de conciencia, incluido abuso sexual, contra quienes en su pubertad y adolescencia temprana jugaron un rol significativo como figuras de autoridad (educadores, directivos, guías espirituales, etc.), muestran la importancia de extremar los cuidados para que quienes profesionalmente se desempeñan con jóvenes y niños, ejerciendo roles de tanta importancia, sean figuras intachables y modelos de vida.

en y con la naturaleza, pero **no siente** la naturaleza", a través de la cual el púber experimenta un aumento del sentimiento de su propia vida[40]. Disfruta intensamente del viento, la lluvia, el sol en la playa.

La formación de la auténtica conciencia, la **conciencia autónoma**, que se había iniciado en la prepubertad, ahora llega a consumarse. La infantil, determinada por la autoridad, se basaba en el miedo al castigo y la esperanza de la recompensa. Ahora se desarrolla la conciencia de la **responsabilidad ante sí mismo**, "la voz propia, que habla en cada hombre, y no depende de castigos o recompensas de tipo exterior". Entrega Remplein una serie de reflexiones sobre el punto que hacen ver la importancia de la educación:

> Desde que el nihilismo ha llevado a la desvalorización de todos los valores y el desarrollo político-económico a una disolución de las leyes que pasaban antes por divinas, surge una inquietante amenaza para la sociedad, debido al **número de jóvenes cada vez mayor que no llega a conseguir la ética personal de una conciencia autónoma**. Todos estos hombres caen fácilmente en el extravío y en la masificación, porque **no han llegado a ser personalidades individualmente acuñadas, que piensan independientemente y que obran con responsabilidad**.

El joven tiene que darse cuenta de que la independencia y responsabilidad de la conducta **se aprende solo obrando por sí mismo, aunque dentro de un cierto margen de libertad**. "La severidad e indulgencia excesivas son extremos que tiene que evitarse en la formación de la conciencia"[41]. Finalmente, la **adolescencia**, como culminación de la edad juvenil, supone la **consumación de la madurez psíquica** lo que hace posible el tránsito a la edad adulta. Esto va aparejado de una **mayor estabilidad de los estados de ánimo**, predominando (con diferencias constitucionales) un tono de alegría. La sana alegría de vivir reemplaza a la melancolía y al descontento tan evidente de los años anteriores, "que llegaba en ocasiones al tedio de la vida".

> El **primer amor** es el que especialmente aumenta la alegría de vivir. Es verdad que también aporta consigo tensiones y desengaños, pero en conjunto, **en ninguna época de la vida posee el hombre un estado de ánimo tan optimista, tan sensible a lo bello y lo bueno**, nunca se muestra tan lleno de alegría por la existencia y tan activo como cuando ama.

En la vida afectiva de esta etapa se produce un **progresivo apaciguamiento**, dejándose atrás "la tumultuosa excitación de la pubertad". Se consolida, además el

---

40 Estas observaciones de Remplein parecen demasiado alejadas de la vida de muchos niños y jóvenes actuales, inmersos en sus "tablets" o celulares, y absolutamente desconectados de su alrededor inmediato.

41 Un acabado análisis sobre el punto lo puede encontrar el lector en "**Adolescence: identity, values and alienation**", capítulo final del libro de Paul H. Mussen, John J. Conger & Jerome Kagan: *Child development and personality*. N.Y., Harper International Edition 1974.

sentimiento de sí mismo, con una **mayor seguridad interior y mayor confianza en el propio valor**. Desde los extremos de una infundada sobreestimación de sí a una desesperada depreciación, ahora se llega a un cierto **equilibrio**, con una estimación más objetiva también de los demás. Se hace posible así un **cambio en los sentimientos sociales**, ya que van desapareciendo las tensiones con los que rodean al joven, propias de la primera y segunda edad de la obstinación. En esta fase de integración personal-social cobra gran importancia un sentimiento de **esperanza**:

> El joven **espera** conseguir con aplicación y eficiencia **ser alguien**, espera asegurar su existencia y, con ello, crear la base sobre la que más tarde fundar una familia...

> Gracias al sentido optimista específico de la edad juvenil superior, todo desengaño no conduce, por fortuna, a la resignación, el resentimiento o incluso a la falta de esperanza.

El paso más importante del desarrollo en esta etapa de la vida, a juicio de Remplein se realiza en el terreno de la vivencia de los valores: "**la consolidación de un mundo de valores propios**". La vivencia de los valores del niño era indiferenciada y subordinada. En la niñez tardía se madura en algunos aspectos, En la pubertad, se produce ya una auténtica independencia, pero incompleta "porque el púber depende aún mucho de las personas que intuitivamente ha tomado como modelos".

> **Solo ahora, en la adolescencia**, al liberarse el joven de estas encarnaciones personales, y al adherirse a ideales comunes a toda la humanidad, se perfecciona y consolida la **independencia del mundo de los valores**. Con esto comienza provisionalmente, en la fase final de la adolescencia, **la lucha por una actitud valorativa personal**.

Junto a sus reflexiones sobre el afianzamiento del mundo valorativo personal en el adolescente, Remplein —en la visión psicopedagógica que lo anima— profundiza en las "direcciones valorativas diversas" que marcan la etapa, así como en la **importancia y alcance de la educación en el desarrollo de la conciencia y la formación del carácter**[42].

Damos así término a esta revisión de la edad juvenil siguiendo algunas de las influyentes ideas del destacado psicólogo alemán, organizadas bajo 3 aspectos: las funciones de orientación; los impulsos y su dirección; los sentimientos. A fin de faci-

---

42 La **importancia de la educación** en el **desarrollo de la conciencia y educación del carácter** (en la familia y en la escuela) son temas que nos hacen ver que estamos "al debe" en el país, en muchos espacios, atendidas las características analizadas de la **edad juvenil**. Un ejemplo, entre muchos, lo constituyen las "tomas" de establecimientos por parte de alumnos, frecuentes e interminables en algunos liceos y universidades y que constituyen medidas de presión violentas, sin consideración de los derechos de los demás. Pueden originarse en alguna demanda legítima, que se podría encauzar de otro modo con algo de imaginación ("capacidad para concebir ideas innovadoras", en lo cual la edad juvenil está especialmente dotada). En algunos liceos y facultades universitarias han culminado en destrozos y un vandalismo vergonzoso.

litar la secuencia evolutiva **pre-pubertad, pubertad** y **adolescencia,** resumimos en 3 tablas **(12.23; 12.24; 12.25)** algunos de los rasgos más importantes. El autor de estas páginas tiene muy en claro que la selección ha sido obviamente arbitraria y no hace justicia a muchas de las ideas y reflexiones expuestas en el extenso tratado revisado.

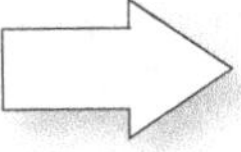

Ciertamente, y con razón, más de algún lector puede aducir que "la juventud ha cambiado mucho", que "la tecnología actual supera con creces la de hace cinco décadas", "estamos en el siglo XXI", o argumentos por el estilo.

Sin embargo, en un análisis más a fondo podrá constatar que hay **cuestiones esenciales en el desarrollo del ser humano** que a juicio de un observador intuitivo y penetrante **se mantienen constantes**, al margen de diferencias periféricas explicadas por el escenario cambiante del mundo actual. Es posible que la secuencia de eventos no sea tan nítida en algunos jóvenes —como se señala en las tablas— para la prepubertad, pubertad y adolescencia.

PREPUBERTAD	PUBERTAD	ADOLESCENCIA
La **prepubertad** es claramente una **fase crítica** o de "desintegración" de la personalidad: el joven es lábil, cambiante, impulsivo, su conducta algo superficial y azarosa. Desarrolla una **nueva estructura cognitiva**, pero aún frágil e impredecible. Se observa un **quiebre** en las relaciones interpersonales (desintegración de los grandes grupos o "pandillas" de la edad escolar) y eventuales conflictos a nivel familiar y escolar.	La **pubertad** es una etapa de **integración de la personalidad**: la dinámica central es la preocupación **personal**. El joven **se vuelca hacia sí mismo**. Intenta activamente "encontrarse", con una nueva apariencia física, una nueva forma de sentir, actuar y pensar. "El conocimiento de sí solo es posible a partir de una **reflexión e introversión activa**". Se aísla, a menudo busca la soledad. La **meta** de este proceso es lograr la definición de una **identidad personal**.	La **adolescencia** es una fase de **integración personal-social**: el joven ya ha logrado un conjunto de conocimientos, creencias y actitudes sobre sí mismo, sobre lo que él es, sobre su propia identidad. Ahora **"se vuelca hacia afuera**, hacia el mundo". La dinámica central de la adolescencia es la **extraversión**. Ve la necesidad de **integrarse a la sociedad**: deberá asumir responsablemente el **rol adulto que la sociedad le exige**.

Figura 12.26

Prepubertad, pubertad y adolescencia: síntesis de Berwart y Zegers.

La tabla **fig. 12.26** puede servir de **síntesis final**. Incluye la caracterización esencial que hacen los psicólogos chilenos Berwart y Zegers de los tres grandes momentos de la edad juvenil, y de quienes hicimos mención en páginas anteriores. **A la luz de**

dicha tabla se pueden interpretar mejor las tres tablas (12.23 **funciones de orientación**; 12.24 **impulsos y su dirección**; 12.25 **sentimientos**) basadas en Remplein.

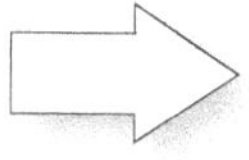 A manera de "repaso" o de "ensayo de elaboración", se sugiere al lector revisar cada subetapa de la secuencia evolutiva **prepubertad, pubertad** y **adolescencia**, bajo los **tres aspectos**, contrastando con la descripción orientadora de Berwart y Zegers.

Decisivo en un manual de esta naturaleza centrado en "cómo aprenden los seres humanos" –en una perspectiva psicopedagógica– ha sido destacar **el rol que juegan el aprendizaje y la educación**, la noble y desafiante tarea que se lleva a cabo en el hogar, así como la que por vocación han elegido educadores. Si algo falla en tan compleja empresa, afortunadamente es mucho lo que se puede enmendar: la psicología del aprendizaje, como se ha demostrado, entrega importantes herramientas.

La confianza en el éxito en tales tareas también se fundamenta en la enorme plasticidad cerebral que constantemente hacen ver los expertos en neurociencias, como el trabajo reciente publicado en *Child Development* (2018) por Amanda Guyer, Koraly Pérez-Edgar y Eveline Crone[43] quienes puntualizan que es sabido que en la infancia temprana ocurren múltiples y rápidos cambios en el desarrollo del cerebro, esenciales para echar las bases de la conducta en sus dominios centrales. Sin embargo, se ha reconocido que **el período de la adolescencia** también conlleva un segundo "empujón" de crecimiento y cambios en el cerebro que subyacen a las extraordinarias tareas de desarrollo en dicha etapa. El trabajo de las investigadoras documenta dos conclusiones principales basadas en múltiples estudios: la evidencia de que el cambio en las métricas basadas en el cerebro que subyacen a funciones cognitivas y conductuales no se limita a las ventanas estrechas en el desarrollo antes mencionadas, sino que son evidentes desde la infancia **hasta la adultez temprana**. En segundo lugar, hay cambios evidentes y muy específicos que son exclusivos para los desafíos y las metas peculiares que marcan cada período de desarrollo. Por otra parte, **tales cambios en el cerebro se interconectan con los insumos ambientales**, ya sea de la ecología más amplia del niño o a nivel individual.

Dentro de los "insumos ambientales" no está demás hacer mención de una temática frecuentemente citada por su relevancia: **el papel de los padres y la familia.** Un trabajo publicado en el *British J. of Educational Psychology* (2018), junto con destacar la importancia de la **metacognición** en la adolescencia temprana, hace ver el efecto positivo del **compromiso de los padres**, "variable que debe ser tenida muy en cuenta en el futuro desarrollo de modelos educacionales"[44]. La muestra estuvo con-

---

43 **Opportunities for neurodevelopmental plasticity from infancy through early adulthood.** Guyer, A. E; Pérez-Edgar, K.; Crone, E. A. *Child Development.* Vol. 89, Issue 3. Special Section. April 2018. https://doi.org/10.1111/cdev.13073.

44 Veas, A.; Castejón, J.L.; Miñano, P. & Gilar-Corbi, R.: Relationship between parent involvement and academic achievement through metacognitive strategies: a multiple multilevel mediation analysis. *British Journal of Educational Psychology*, sept.10, 2018. https://doi.org/10.1111/bjep.12245.

formada por 1.398 estudiantes de enseñanza media, 47% f y 53% m, edad promedio 12,5 años. Los autores dicen que dada la complejidad del aprendizaje y siguiendo el modelo cognitivo y afectivo del **aprendizaje autorregulado**, se hacen indispensables diferentes tipos de procesos metacognitivos para garantizar el desarrollo óptimo de los estudiantes en los contextos académicos, al tiempo que se requieren estímulos del ambiente basados en la observación del comportamiento propio y de los demás a través de la comunicación e interacción con ellos. Estudiaron los efectos de una serie de variables tanto intra, como inter-sujetos en la clase. El compromiso de los padres se operacionalizó a través de la percepción de apoyo, sus relaciones con la escuela, el interés en el proceso educativo, sus expectativas y el tiempo dedicado a apoyar en las tareas, para todo lo cual se utilizaron cuestionarios. Se midió el efecto de la intervención analizando las notas obtenidas en nueve materias a fin del semestre. Entre los hallazgos importantes, se evidenció un **efecto significativo directo de los constructos relacionados con el compromiso de los padres** en las variables mediacionales y dependientes, tanto a nivel inter como intra sujetos. Las **expectativas** lograron el poder predictivo más alto en el rendimiento escolar. Por otra parte, **las estrategias metacognitivas constituyeron un mediador decisivo** en todos los constructos relacionados con el compromiso de los padres. Concluyen los investigadores enfatizando la importancia de la metacognición en la adolescencia temprana e insistiendo en que **el compromiso de los padres es crucial** para el desarrollo de los futuros modelos educativos En este manual, dimos cuenta con detalle en los capítulos pertinentes del tema de la metacognición y las estrategias metacognitivas.

Esta misma revista especializada en psicología educativa dedicó una **edición completa** al tema del "andamiaje" que supone para el niño y el adolescente en el aprendizaje en el hogar el **compromiso** de los padres[45] Entre los trabajos publicados, mencionamos algunos por su atractivo especial en el contexto de estas páginas:

> Andamiaje bajo el microscopio: aplicando las perspectivas de autorregulación y la regulación de otros a una tarea con andamiaje.

> Calidad en la guía cognitiva de ambos padres y cantidad de educación en la niñez temprana: efectos en el desarrollo prematemático.

> Efectos de las estrategias de aprendizaje mediadas madre-hijo en la resiliencia psicológica y en la modificabilidad cognitiva de niños varones con discapacidad de aprendizaje.

> Apoyo familiar y ganancias en madurez escolar: estudio longitudinal.

> ¿Pensamiento o sentimiento? Estudio exploratorio del andamiaje materno, la conversación sobre el estado mental y la comprensión de las emociones

---

45 *British Journal of Educational Psychology*. Special Issue. Vol. 88, Issue 2, june 2018: **Scaffolding: Integrating social and cognitive perspectives on children´s learning at home.**

en niños en edad escolar con trastorno del lenguaje y niños con desarrollo típico.

En otro de los trabajos, el de Claire Hughes et al.[46], se critican las mediciones tradicionales de idoneidad para el aprendizaje, "que exigen mucho trabajo, pero no evalúan el apoyo familiar". Las investigadoras trataron en consecuencia de sopesar las ganancias en preparación y disposición para el trabajo escolar resultantes del apoyo familiar, en un estudio longitudinal con casi 600 niños y niñas preescolares de 3 a 6 años aproximadamente. Los educadores de párvulos completaron para cada participante un exhaustivo cuestionario en dos ocasiones, separadas por seis meses, considerando el ajuste conductual, lenguaje y cognición, habilidades de la vida diaria y apoyo familiar. Los análisis mostraron que el apoyo familiar, pero también el ingreso familiar, en el momento 1 predijeron decisivamente los resultados del niño en el momento 2. Estos hallazgos resaltan la importancia del contexto familiar en la aptitud y disposición para el aprendizaje a nivel preescolar.

En el país, **entre las iniciativas recientes** en este sentido, cabe mencionar Hippy Chile[47], versión local de un programa de primera infancia que con ayuda de la comunidad busca responder a las necesidades educativas de preescolares (alfabetización, lenguaje, desarrollo cognitivo, matemáticas, ciencias, motricidad) especialmente de los hogares vulnerables. Se trata de un innovador programa educativo internacional que Fundación CMPC trajo al país. Una vez por semana –y por un total de 30– un tutor visita la casa de familias con niños entre dos y cinco años con el propósito de enseñar a los papás a ser "buenos maestros" de sus hijos. Con la idea de hacer más cercana la experiencia, "los tutores no son educadores, sino vecinos de los barrios donde se imparte el programa, a quienes se capacita previamente". La directora de Hippy a nivel internacional, Miriam Westheimer, precisa: "Eso sí, nos preocupamos de que todo se haga a través del juego, que sea algo entretenido para todos".

No está demás para futuros investigadores que leen estas páginas –y que quieran responder con su aporte a necesidades insatisfechas en nuestro medio– hacer referencia a otra publicación altamente especializada, con trabajos sobre autismo, dislexia, enuresis, tartamudeo, trastorno de la Tourette, TDAH, etc. Se trata del *Journal of Childhood & Developmental Disorders*. Citamos, a modo de ejemplo, a Kathleen Knight Barret (septiembre 2018) quien analiza cómo se desarrolla la **función ejecutiva (FE) en personas con TDAH** en comparación con individuos nor-

---

46 Hughes, Claire; White, Naomi; Foley, Sarah & Devine, Rory T. (2018) Family support and gains in school readiness: A longitudinal study. *British Journal of Educational Psychology*, vol. 88, 2, 284-299.

47 "Con visitas a domicilio enseñan a los papás a ser **buenos maestros** de sus hijos". Diario "El Mercurio", suplemento Educación, 29 de octubre 2018. HIPPY –siglas en inglés para "Programa de instrucción en el hogar para padres de niños en edad preescolar"– tiene como objetivo empoderar a los padres para que ellos mismos apoyen desde sus hogares los aprendizajes de sus hijos, a través de actividades y juegos educativos, que fortalecen el desarrollo del lenguaje, pensamiento lógico, resolución de problemas y discriminación perceptual y sensorial.

males (neurotípicos)[48]. **FE** alude a un conjunto de **habilidades cognitivas** (estudiadas en este manual) que permiten la anticipación y el logro de metas, la formación de planes y programas, la autorregulación en las tareas y la habilidad de llevarlas a cabo eficientemente. Está relacionada estrechamente con el concepto psicológico de metacognición y, en la perspectiva de las neurociencias define la actividad de un conjunto de procesos cognitivos vinculados al funcionamiento de los lóbulos frontales. Es una noción propia de la neuropsicología, a partir, en especial, de las investigaciones de Luria. Se ha descrito la función ejecutiva como "el director del cerebro", noción recogida por Baddeley en su "ejecutivo central" examinado en páginas anteriores[49].

Edad	Curso	Rasgos
8-11 años	3° - 5°	Capacidad para completar tareas más complejas, para mantener la atención, ampliar los recursos de la memoria de trabajo, leer capítulos de libros. Capacidad para llevar a cabo proyectos que requieren persistencia en el logro de metas (con plazo de término o fecha tope). Mayor flexibilidad.
11-14 años	6° - 8°	Memoria de trabajo para tareas complejas: problemas matemáticos y verbales que implican varios pasos, hacia el final del 8° grado. Pensamiento crítico, y control de impulsos en entornos con reglas establecidas.
14-18 años	9° - 12° (I - IV M.)	Regulación emocional, inhibición de respuestas, persistencia hacia el objetivo, atención sostenida, metacognición, planificación, organización; inicio, persistencia y completación de tareas; aumenta la capacidad para planificar y completar tareas que suponen varios pasos, disminución de las conductas de riesgo. (La investigadora no está de acuerdo con esto último para esta edad).

48 Knight Barrett, Kathleen: ADHD and the case for support through collegiate age: Understanding the lifecycle of developmental delays in executive function for ADHD and its impact on goal setting. *Journal of Child Developmental Disorders.* 4:11, 2018. http://childhood-developmental-disorders.imedpub.com/
En **"Desarrollo Histórico de las Funciones Ejecutivas"** (*Neuropsicología, Neuropsiquiatría y Neurociencias*, Vol. 8, Nº 1, 2008, págs. 1-21), Alfredo Ardila A. y Feggy Ostrosky S. precisan:
Se propone que los lóbulos frontales participan en 2 funciones ejecutivas estrechamente relacionadas, pero diferentes: (1) solución de problemas, planeación, formación de conceptos, desarrollo e implementación de estrategias, memoria de trabajo, etc. (funciones ejecutivas metacognitivas); es decir, **las funciones ejecutivas tal y como se conciben en las neurociencias contemporáneas;** y (2) coordinación de la cognición y emoción/motivación (funciones ejecutivas emocionales): es decir, satisfacer las necesidades biológicas de acuerdo a las condiciones existentes. Las primeras funciones dependen de áreas prefrontales dorsolaterales, mientras que las segundas están asociadas con el área orbitofrontal y medial frontal. Las pruebas que evalúan funciones ejecutivas se enfocan, básicamente, en el primer tipo de funciones.

49 Gazzaniga, como lo hicimos ver en el capítulo "Neuropsicología y lingüística *cognitivas*" de nuestro libro Psicología del Lenguaje, en su concepción modular de la mente humana, estima que lo que permite que las personas tengan un sentido consciente y unificado del mundo depende de un **módulo privativo de la especie humana,** un "intérprete" localizado en el cerebro. Gazzaniga, M.S. "Organization in the human brain". Science, 245, 947-952, 1989.

18-20 años		Habilidad para iniciar tareas; metacognición altamente refinada, adecuada planificación, organización, regulación emocional, persistencia hacia los objetivos: capacidad para mantener múltiples programas y cumplir con las expectativas de rendimiento para amigos, trabajo, escuela, familia.

Figura 12.27

Hitos típicos del desarrollo de la **Función Ejecutiva**. Parte de la tabla de Kathleen Knight Barret. *Journal of Childhood & Developmental Disorders*. Septiembre 2018. Ver texto.

Según Knight Barret "el coaching constituye una intervención suplementaria prometedora para personas con TDAH". Basada en estudios de caso, hace ver cómo los entrenadores, rol que asumen los padres, **capacitados en el área de función ejecutiva** pueden ser particularmente útiles para quienes necesitan fortalecer sus habilidades de **organización** y **toma de decisiones,** con apoyos muy precisos para quienes presentan TDAH.

Los padres pueden desempeñar un papel crucial en la ayuda a los niños por medio del *modeling*, de la externalización de la regulación emocional y el trabajo con las habilidades de la función ejecutiva, promoviendo la creación de una estructura y de una rutina que refuerza habilidades y estrategias para toda la vida, con apoyos que fortalecerán el desarrollo de mecanismos de afrontamiento saludables, la autoconciencia, resiliencia, y logros en tareas orientadas a metas.

Aparte de una minuciosa descripción de los procedimientos utilizados y los principales hallazgos, el trabajo incluye una tabla en que se describen los rasgos más salientes de la función ejecutiva por edad y nivel escolar, **desde los 12-24 meses hasta la adultez temprana.** Se trata de los **hitos del desarrollo de la función ejecutiva** en el ciclo vital. La tabla fig. **12.27** presenta 4 de tales niveles. Los niños y jóvenes con TDAH tienen dificultades o retraso significativo en el desarrollo de la FE. El concepto ha tenido un crecimiento exponencial los últimos años por su importancia en conductas complejas como el aprendizaje, la atención, la memoria de trabajo, el control inhibitorio, etc., tanto en niños con desarrollo típico, como atípico, lo que hace posible avanzar en la inclusión y entender mejor la diversidad existente en la sala de clases.

Al describir las etapas del desarrollo en este capítulo hemos señalado –basándonos en investigadores de primer nivel– muchas de las transformaciones que caracterizan cada período. Constantemente están apareciendo en la literatura especializada trabajos en los cuales el lector puede relacionar materias que se examinaron en páginas anteriores centradas en los mecanismos de aprendizaje, con la psicología evolutiva. A modo de ejemplo, El *Journal of Applied Developmental Psychology* publicó en el volumen 57 (julio-agosto 2018) un artículo que relaciona temas sobre la memoria

–revisados en este texto– en su trayectoria evolutiva[50]. Los autores observaron el desarrollo de la memoria tanto **perceptual,** como **conceptual** (entendidas como "modalidades de procesamiento") con relación a los sistemas de memoria **implícita** y **explícita.** Aplicaron a una muestra de 96 sujetos correspondientes a tres niveles de desarrollo (niñez media; adolescencia media; adultez joven: edades promedio 7,7; 13,7 y 21,8, respectivamente) cuatro tareas destinadas a evaluar las posibles combinaciones entre sistemas de memoria y modalidades de procesamiento. Entre los hallazgos principales, se puso en evidencia un poderoso efecto madurativo en el sistema de memoria explícita (adultos> adolescentes> niños). Además, un rendimiento comparable entre adultos y adolescentes (adultos= adolescentes > niños) en tareas de tipo perceptual, sin importar el sistema de memoria implicado.

Queremos completar el capítulo mencionando la original contribución de Howard Gardner en el libro en que analiza **cómo piensan los niños y cómo deberían enseñar las escuelas**[51]. Es una sólida y documentada información que hace ver la **estrecha relación entre psicología evolutiva y psicología del aprendizaje.**

En síntesis, afirma que no sabemos sacar buen partido del "aprendiz natural": "los estudiantes de todas las edades suelen ignorar los temas que se les enseñan en las aulas (en las diferentes disciplinas) por la sencilla razón de que ellos ya disponen de **teorías plenamente acabadas** que les ayudan a dar sentido al mundo, pero que a la vez **nadie se ocupa de fomentar o alimentar**".

Con agudas reflexiones sobre las teorías **intuitivas del niño** y, en el contexto educativo, sobre las "comprensiones erróneas en biología", los "malentendidos en física", "estereotipos y simplificaciones en disciplinas humanísticas", orienta con acierto en la búsqueda de soluciones distinguiendo entre "callejones sin salida" y "medios prometedores". Se ocupa, por tanto, de **la educación para la comprensión los primeros años** y **la educación para la comprensión durante los años de la adolescencia.**

Las ideas que tiene el niño pequeño –el teórico juvenil– son poderosas y probablemente permanecerán vivas durante toda su vida. **Solo si estas ideas se toman en serio**, se acoplan y finalmente se perfilan o transforman de modo que puedan pasar al primer plano concepciones más desarrolladas y comprensivas, **solo entonces será, efectivamente posible una educación para la comprensión.**

Suponiendo que tomen en consideración la mente joven y la traten con el respeto que se merece, los educadores cuentan con conceptos, materia-

---

50 Vakil, E.; Wasserman, A. & Tibon, R.: Development of perceptual and conceptual memory in explicit and implicit memory systems. *J. of Applied Developmental Psychology*, 57, July-august, 16-23, 2018.

51 Gardner, H. "**La mente no escolarizada: cómo piensan los niños y cómo deberían enseñar las escuelas**". Temas de educación. Paidós, Buenos Aires, 1997.

les y técnicas que pueden generar niveles de comprensión mucho mayores a través de la amplia gama de estudiantes y el espectro completo de los temas disciplinares. ¡**No es fácil efectuar una revolución educativa como esta**!

Bibliografía

Abbagnano, N. (1966). *Diccionario de Filosofía*. México: Fondo de Cultura Económica.

Ackerman, J. (1979). *Aplicación de las técnicas de condicionamiento operante en la escuela*. Madrid: Aula XXI. Santillana.

Aguilera, A. (coord.) (2004). *Introducción a las dificultades del aprendizaje*. U. De Sevilla. Madrid: McGraw-Hill.

Ainscow, M. (1995). *Necesidades especiales en el aula. Guía para la formación del profesorado*. Madrid: Ediciones Unesco. Narcea.

Alcalay, L. & Simonetti, F. (1990). Objetivos, fundamentos teóricos y características de algunos programas para enseñar a pensar: un estudio comparativo. *Revista Chilena de Psicología*, Vol. 11, Nº 1, 27-35.

Alper, J. (1986). Our dual memory. *Science*, 86, 44-49.

Alloway, T., Rajendran,G. & Archibald, L. M. (2009). Working memory in children with developmental disorders. *Journal of Learning Disabilities*, 42, 4, 372-382.

Allport, G. W. (1968). *La personalidad, su configuración y su desarrollo*. Herder, 1968.

Allport, G. W. (1968). Teorías de la personalidad en Europa y Estado Unidos. En H. David & H. von Bracken (eds.), *Teorías de la personalidad*. Buenos Aires: Eudeba.

Anderson, J.R. (1995). *Cognitive psychology and its implications*. 4th. Ed. New York: W.H. Freeman and Company.

Anderson, J.R. (2001). *Aprendizaje y memoria: un enfoque integral*. México: 2ª ed. McGraw-Hill.

Ardila A., A. & Ostrosky S., F. (2008) Desarrollo histórico de las funciones ejecutivas. *Neuropsicología, Neuropsiquiatría y Neurociencias*, Vol. 8, Nº 1,1-21.

Arón, A.M. & Sarquis, C. (1978). *Manejo de problemas conductuales en la sala de clases*. Santiago: Teleduc. PUC.

Arroyo, J., Bonnín, F., Carretero, M. & Cifuentes, L. (1989). *Filosofía*. Madrid: Santillana.

Atkinson, J.W. (1964). *An introduction to motivation*. Princeton, N.J.: Van Nostrand.

Ausubel, D., Novak, J. & Hanesian, H. (1983). Psicología educativa. Un punto de vista cognoscitivo. 2ª ed. México: Trillas.

Baddeley, A. (1981). The concept of working memory: a view of its current state and probable future development. *Cognition*, 10, 17-23.

Baddeley, A. (1986). *Working memory*. Oxford: Clarendon Press.

Baddeley, A. (1999). *Memoria humana. Teoría y práctica*. Madrid: McGraw-Hill.

Baldwin, A. (1971). A cognitive theory of socialization. En D. Goslin (ed.), *Handbook of socialization, theory and research*. Chicago: Rand McNally & Co.

Bandura, A. (1977). Imitación. En *Enciclopedia Internacional de las Ciencias Sociales*, Vol. 5. Madrid: Aguilar.

Bandura, A. (1969). *Principles of behavior modification*. Holt, Rinehart & Winston. Traducción al español (1983) en Salamanca: Ediciones Sígueme.

Bandura, A. (1977). Self-efficacy: toward a unifying theory of behavioral change. *Psych. Review*, 84, 191-215.

Bandura, A. (1980). Teoría de modelado: tradiciones, tendencias y discusiones. En W. Sahakian: *Aprendizaje: sistemas, modelos y teorías*. Madrid: Anaya.

Bandura, A. (1984).*Teoría del aprendizaje social*. Madrid: Espasa Calpe.

Bandura, A. & Walters, R. (1979). *Aprendizaje social y desarrollo de la personalidad*. Madrid: Alianza.

Bandura, A. & Walters, R. (1971). Social-learning theory of identificatory processes. En D. Goslin (ed.), *Handbook of socialization, theory and research*. Chicago: Rand McNally & Co.

Baquero, R. & Limón Luque, M. (2001). *Introducción a la psicología del aprendizaje escolar*. Buenos Aires: U. Nacional de Quilmes Ediciones.

Baum, S., Renzulli, J. & Hébert, T. (1994). Reversing underachievement: stories of success. *Educational Leadership*, 52, 48-52.

Bayés, R. (ed.) (1977). *¿Chomsky o Skinner? La génesis del lenguaje*. Barcelona: Fontanella.

Beas, J. (1994). ¿Qué es el pensamiento de buena calidad? Estado de avance de la discusión. *Revista Pensamiento Educativo*. Facultad de Educación, PUC, Vol. 15.

Beas, J., Santa Cruz, J., Thomsen, P. & Utreras, S. (2000-2005). *Enseñar a pensar para aprender mejor*. Santiago: Ediciones Universidad Católica de Chile.

Benn, G. "Asheru". (2018) Relationships and rapport: "You don´t know me like that". *Educational Leadership*, Classroom management reimagined, 76,1, 20-25.

Beloff, J. (1973). *Psychological sciences. A review of modern psychology*. Londres: Crosby Lockwood Staples.

Bergan, J. & Dunn, J. (1980). *Psicología educativa*. México: Limusa.

Berliner, D. (1984). The half full glass: A review of research on teaching. En P. Hasford (ed.), *Using what we know about teaching*. Alexandria, VA: Association for Supervision and Curriculum Development.

Berliner, D. (1990). Creating the right environment for learning. *Instructor*, 99, 16-17.

Bermeosolo, J. (1980). Desarrollo semántico y mecanismos de aprendizaje. *Anales Facultad de Educación*, PUC, Vol. 4, 25-36.

Bermeosolo, J. (1994). Conciencia metalingüística y descodificación lectora: análisis desde el plano de las claves de nivel inferior. *Pensamiento Educativo*. Facultad de Educación, PUC, Vol. 15.

Bermeosolo, J. (2007). *Psicología del lenguaje: fundamentos para educadores y estudiantes de pedagogía*. 3ª ed. Santiago: Ediciones Universidad Católica de Chile. Colección Textos Universitarios.

Bermeosolo, J. (2010-2015). *Psicopedagogía de la diversidad en el aula: desafío a las barreras en el aprendizaje y la participación*. México: Alfaomega.

Bermeosolo, J. (2012). *Psicología del lenguaje: una aproximación psicopedagógica*. Santiago: Ediciones Universidad Católica de Chile. Reimpresión de la 1ª edición 2013.

Bermeosolo, J. (2006). El proceso lector normal y alteraciones en su desarrollo, según el modelo propuesto por M. Coltheart. *Revista Chilena de Fonoaudiología*. Universidad de Chile. Facultad de Medicina.Vol. 7, Nº 2, 29-56.

Bermeosolo, J. (2007). Dificultades específicas del aprendizaje: una revisión conceptual. *Revista Latinoamericana de Educación Inclusiva*. Facultad de Educación. Universidad Central de Chile, Vol. 1, Nº 1, 67-85.

Bermeosolo, J. (2012). Memoria de trabajo y memoria procedimental en las dificultades específicas del aprendizaje y del lenguaje: algunos hallazgos. *Revista Chilena de Fonoaudiología. Universidad de Chile*. Facultad de Medicina. Vol. 11, 57-75.

Berwart T., H. & Zegers P., B. (1980) *Psicología del escolar*. Escuela de Psicología PUC, Editorial Universitaria, 1980.

Berwart T., H. & Zegers P., B. (1980) *Psicología del adolescente*. Dirección de Educación Universitaria a Distancia, TELEDUC, PUC.

Bickel, W. & Bickel, D. (1986). Effective schools, classrooms, and instruction: implications for special education. *Exceptional Children*, 20 (6), 489-519.

Bigge, M. & Hunt, M. (1970). *Bases psicológicas de la educación*. México: Trillas.

Biggs, J. (1976). Dimensions of study behavior. *British J. of Educ. Psychology*, 46, 68-80.

Biggs, J. (1976). Individual differences in study processes and the quality of learning outcomes. *Higher Educ.*, 8, 381-394.

Biggs, J. (1980). Developmental processes and learning outcomes. En Kirby & Biggs (eds.), *Cognition, development and instruction*. Nueva York: Academic Press.

Biggs, J. (2004). *Calidad del aprendizaje universitario*. Madrid: Narcea Ediciones.

Blackham, G. & Silberman, A. (1973). *Cómo modificar la conducta infantil*. Buenos Aires: Kapelusz.

Bonin, W. (1993). *Diccionario de los grandes psicólogos: de las ciencias del espíritu a las ciencias de la conducta*. México: Fondo de Cultura Económica.

Booth, T. & Ainscow, (2000). *Índice de Inclusión. Desarrollando el aprendizaje y la participación en las escuelas*. Bristol, UK: Centre for Studies on Inclusive Education. (Versión en español patrocinada por la OREAL/UNESCO).

Bower, E. M. (1970) Mental health. En R. Ebel (Ed.): *Encyclopedia of educational research* (4th ed.) New York, Macmillan.

Bravo, L. (1990). *Psicología de las dificultades del aprendizaje escolar*. Santiago: Edit. Universitaria.

Broverman, D. (1960). Dimensions of cognitive style. *Journal of Personality*, 28, 167-185.

Broverman, D. (1960). Cognitive style and intra-individual variation in abilities *Journal of Personality*, 28, 240-256.

Bruner, J. (1968). *El proceso de la educación*. Uteha.

Carver, Ch. & Scheier, M. (1997). *Teorías de la personalidad*. México: Prentice-Hall Hispanoamericana, S.A.

Clifford, M. (1982). *Enciclopedia práctica de la pedagogía*. Vol. II. Océano, 1982.

Cohen, G. (1983). *Psicología cognitiva*. Madrid: Alhambra. (Original en inglés, 1977).

Cohen, G. (1988). Everyday memory. En: Cohen, G., Eysenk, M. & Le Voi, M. (eds.), *Memory: a cognitive approach*. Oxford: Open University Press.

Craig, G. & Woolfolk, A. (1998) *Manual de psicología y desarrollo educativo*. México: Prentice Hall.

Craik, F. & Lockhart, R. (1972). Levels o processing: a framework for memory research. *J. of Verbal Learning and Verbal Behavior*, 11,671-684.

Child, D. (1975). *Psicología para docentes*. Buenos Aires: Kapelusz.

Child, D. (1986). Cognitive styles: some recent ideas of relevance to teachers. En C. Bagley & C. Vernon (eds.), *Personality, cognition and values*. Mac Millan.

Coolican, H. (1997). *Métodos de investigación y estadística en psicología*. 2ª ed. México: Manual Moderno.

Deaño, A. y Delval, J. (1972). Piaget y la psicología del pensamiento. En *Estudios sobre lógica y psicología*. Madrid: Alianza Editorial.

De Bono, E. (1994). *Cómo enseñar a pensar a tu hijo*. Buenos Aires: Paidós.

De Bono, E. (2000). *El pensamiento lateral: manual de creatividad*. Buenos Aires: Paidós Plural. (Original en ingles: 1970).

Deese, J. & Hulse, S. (1967). *The psychology of learning*. Tokyo: McGraw-Hill Kogakusha Ltd. International Student Edition.

Delval, J. (1997). *Hoy todos son constructivistas*. Madrid: Cuadernos de Pedagogía, Nº 257.

Deutsch Smith, D. (2003). *Bases psicopedagógicas de la educación especial*. Madrid: Pearson Educación, Prentice Hall.

Ellis, A.W. (1979). Speech production and short term memory. En J. Morton & J. Marshall (eds.), *Psycholinguistics 2: structures and processes*. The MIT Press.

Engeström, Y. (1996). Toward overcoming the encapsulation of school learning. En Harry Daniels: *An introduction to Vigotsky*. London: Routledge and Kegan Paul.

Engeström, Y. (1985). Multiple levels of nuclear reality in the cognition, fantasy and activity of school age children. En T. Solantaus, E. Chivian & M. Vartayan (eds.), *Impact of the threat of nuclear war on children and adolescents*. Boston: IPPNW.

Entwistle, N. (1981). *Styles of learning and teaching*. Nueva York: Wiley.

Entwistle, N., Hanley, M. & Hounsell, D. (1979). Identifying distinctive approaches to studying. *Higher Education*, 8, 365-380.

Entwistle, N. & Wilson, J. (1970). Personality, study methods and academic performance. *Univ. Quarterly*, 24, 147-156.

Eysenk, M. (1988). Working memory. En: Cohen, G., Eysenk, M. & Le Voi, M.: *Memory: a cognitive approach*. Oxford: Open Univ. Press.

Eysenk, H., Arnold, W. & Meili, R. (1982). *Encyclopedia of Psychology*. Nueva York: The Continuum Publishing Co.

Farnham-Diggory, S. (1980). *Dificultades de aprendizaje*. Madrid: Morata.

Feldman, R.S. (1998). *Psicología. Con aplicaciones a los países de habla hispana*. 3ª ed. México: McGraw-Hill.

Forgus, R. (1976). *Percepción, proceso básico en el desarrollo cognoscitivo*. Trillas.

Foulquié, P. (1976). *Diccionario de Pedagogía*. Barcelona: Oikos-tau S.A. Ediciones.

Gaete E., M. (2017) Síndrome de Down, envejecimiento y lenguaje: consideraciones para el abordaje fonoaudiológico. *Revista Chilena de Fonoaudiología*, Vol. 16.

Gaete E., M.; González S., P. & Carrasco T, C. (2017) *Programa de envejecimiento activo y apoyo en la calidad de vida para personas en situación de discapacidad intelectual: adultez consciente*. Santiago de Chile. VII Congreso Latinoamericano de Psicogerontología. PUC.

Gagne, R. (1977). *Principios básicos del aprendizaje para la instrucción*. México: Diana.

Gardner, H. (1985). *Frames of mind: the theory of multiple intelligences*. Nueva York: Basic Books.

Gardner, H. (1997) *La mente no escolarizada. Cómo piensan los niños y cómo deberían enseñar las escuelas*. Temas de educación Paidós. Buenos Aires, Editorial Paidós.

Gardner, R. & Klein, G. (1959). Cognitive control: a study of individual consistencies in cognitive behavior. *Psych. Issues* 1, Monograph 4.

Gardner, R., Jackson, D. & Messick, S. (1960). Personality organization in cognitive controls and intellectual abilities. *Psych. Issues* 2, Monograph 8.

Gazzaniga, M.S. (1989): "Organization in the human brain". *Science*, 245, 947-952.

Genovard, C., Gotzens, C. & Montane, J. (1983). *Psicología de la educación. Una nueva perspectiva interdisciplinaria*. 2ª ed. Barcelona: CEAC.

Glaser, R. (1982). Instructional psychology: past, present, future. *American Psychologist*, 37, 292-305.

Godoy, M.P., Meza, M.L.; Salazar, A. (2004). *Antecedentes históricos, presente y futuro de la educación especial en Chile*. MINEDUC, Programa de Educación Especial (Documento).

Gómez-Granell, C. & Coll, C. (1994). De qué hablamos cuando hablamos de constructivismo. *Cuadernos de Pedagogía*, Nº 221. Madrid.

Good, T. & Brophy, J. (1986). *Psicología educacional*. 2ª ed. México: Interamericana.

Good, T. & Brophy, J. (1991). *Looking in classrooms*. Nueva York: Harper Collins.

Good, T. & Brophy, J. (1996). *Psicología educativa contemporánea*. México: Mc Graw Hill.

Gross, R.D. (1998). *Psicología: la ciencia de la mente y la conducta*. 2ª ed. México: Manual Moderno.

Gutiérrez , J. J. (2007). *Diseño curricular basado en competencias*. Viña del Mar, Chile: Ediciones Altazor.

Guyer A.E.; Pérez-Edgar, K. & Crone, E. A. (2018) Opportunities for neurodevelopmental plasticity from infancy through early adulthood. *Child Development*, Vol. 89, Issue 3, april. Wiley Online Library.

Hall, C. (1992). *Compendio de la psicología freudiana*. Buenos Aires: Paidós.

Hayes, J. (1981). *The complete problem solver*. Filadelfia: The Franklin Institute Press.

Hazan, C. & Shaver, Ph. (1987) Romantic love conceptualized as an attachment process. *J. of Personality and Social Psychology*, 59, 270-280.

Heider, F. (1958). *The psychology of interpersonal relations*. Nueva York: John Wiley & Sons.

Henson, K.T. & Eller, B.F. (2000). *Psicología educativa para la enseñanza eficaz*. México: International Thomson.

Hernández, R., Fernández, C. & Baptista, P. (1993). *Metodología de la investigación*. México: McGraw-Hill.

Herriot, P. (1977). *Introducción a la psicología del lenguaje*. Barcelona: Labor.

Hilgard, E. & Bower, G. (1977). *Teorías del aprendizaje*. México: Trillas.

Hilgard, E., Atkinson, R.C. & Atkinson, R.L. (1971). *Introduction to psychology*. 5th. Nueva York: Harcourt Brace Jovanovich.

Hill, W. (1980). *Teorías contemporáneas del aprendizaje*. Buenos Aires: Paidós.

Hock, M. (1997). Student motivation and commitment: a cornerstone of strategy instruction. *Strategram*, 89, 1-2.

Hughes, C.; White, N.; Foley, S. & Devine, R. T. (2018) Family support and gains in school readiness: A longitudinal study. *British Journal of Educational Psychology*, vol. 88, 2, 284-299.

Hulse, S., Egeth, H. & Deese, J. (1982). *Psychology of learning*. 5a. ed. Nueva York: Mc Graw-Hill.

Hunter, M. (1984). Knowing, teaching, and supervising . En P. Hasford (ed.): *Using what we know about teaching*. Alexandria, VA: Association for Supervision and Curriculum Development.

Huttenlocher, J. (1978). Lenguaje y pensamiento. En G. MIller: *Nuevas dimensiones en la psicología y la comunicación*. Buenos Aires: Edisar.

Iturrate, M. (1962). *Psicoanálisis y personalidad. Un ensayo de síntesis humana*. Buenos Aires: Cía. General Fabril Editora.

Jaramillo, S. & Osses, S. (2012) Validación de un Instrumento sobre Metacognición para Estudiantes de Segundo Ciclo de Educación General Básica. *Estudios pedagógicos* [online]. Vol. 38, Nº 2, pp. 117-131.

Jenkins, J. (1978). Lenguaje y memoria. En G. MIller: *Nuevas dimensiones en la psicología y la comunicación*. Buenos Aires: Edisar.

Jensen, E. (2013). How Poverty Affects Classroom Engagement. *Educational Leadership*, Vol. 70, 8, 24-30.

Jones, E. & Davis, K. (1965). From acts to dispositions: the attribution process in person perception. En L. Berkowitz (ed.), *Advances in experimental social psychology*. Vol. 2. Nueva York: Academic Press.

Kagan, J., Moss, H. & Sigel, I. (1963). Psychological significance of styles of conceptualization. En Wright & Kagan (eds.), *Basic cognitive processes in children*.

Kagan, J. (1963). Refection-impulsivity: the generality and dynamics of conceptual tempo. *J. Abn. Psych.*, 71, 17-22.

Kaminski, J.W. & Claussen, A.H. (2017): Evidence base update for psychosocial treatment of disruptive behaviours in children. *Journal of Clinical Child and Adolescent Psychology*, 46, 4, 477-499.

Keller, B. (1995). Accelerated schools: hands-on learning in a unified community. *Educational Leadership*, 52, 10-13.

Kelley, H. (1972). Causal schemata and the attribution process. En Jones et al. (eds.), *Attribution: perceiving the causes of behavior*. N.J.: General Learning Press, Morristown.

Kimble, G.A. (1971). *Condicionamiento y aprendizaje. Actualización y revisión del libro de Hilgard y Marquis*. México: Trillas.

Klingler, C. & Vadillo, G. (1999). *Psicología cognitiva: estrategias en la práctica docente*. México: McGraw-Hill Interamericana.

Klein, G. (1958). Cognitive control and motivation. En Lindzey, A. (ed), *Assessment of human motives*. Nueva York: Rinehart.

Klein,S.B. (1994). *Aprendizaje. Principios y aplicaciones*. 2ª ed. México: McGraw-Hill /Interamericana.

Knight Barrett, K. (2018): ADHD and the Case for Support Through Collegiate Age: Understanding the Lifecycle of Developmental Delays in Executive Function for ADHD and its Impact on Goal Setting .*J Childhood & Developmental Disorders*. 4:11, DOI: 10.4172/2472-1786.100074.

Krumboltz, J. D. & Krumboltz, H. B. (1974). *Cómo cambiar la conducta del niño*. México: Guadalupe.

Lave, J. & Wenger, E. (1991). *Situated learning: legitimate peripheral participation*. Cambridge: Cambridge University Press.

Lazarus, R. (1971). *Personality*. Nueva York: Prentice-Hall, 1971.

Lerner, J. (1993). *Learning disabilities. Theories, diagnosis and teaching strategies*. 6th ed., Nueva York: Houghton Mifflin Co.

Lersch, Ph. (1966). *La estructura de la personalidad*. (Versión de la 8ª edición alemana). Barcelona: Scientia.

Littlejohn, S. (1983). *Theories of human communication*. Nueva York: Wadsworth Publ. Co.

Marton, F. & Saljo, R. (1976). On qualitative differences in learning. I. Outcome and processes. *Br. Journal of Educ. Psych.*, 46, 4-11.

Marton, F. & Saljo, R. (1976). On qualitative differences in learning. II. Outcome as a function of the learner's conception of the task. *Br. Journal of Educ. Psych.*, 46, 115-127.

Marx, M. H. (1976). *Procesos del aprendizaje*. México: Trillas.

Maslow, A. (1968). Toward a psychology of being. 2nd ed. Nueva York: Van Nostrand.

Maslow, A. (1980). Humanistic learning theory. En Sahakian: *Aprendizaje: sistemas, modelos y teorías*. Madrid: Anaya.

Mújina, V. S. (2015) *Psicología evolutiva*. Colección Machado Nuevo Aprendizaje, de Machado Grupo de Distribución, Madrid. (Original en ruso 1997).

Mussen. P., Conger, J. & Kagan, J. (1982). *Desarrollo de la personalidad en el niño*. México: Trillas.

Mc. Keachie, W. & Doyle, Ch. (1978). *Psicología*. México: Fondo Educativo Interamericano.

Mednick, S. (1965). *Aprendizaje*. México: Uteha.

Mineduc (2003). *Atraer, Desarrollar y Retener Docentes Efectivos*. Informe Nacional. Actividad de la OCDE (Organización para el Desarrollo y la Cooperación Económica). Dpto. de Estudios y Estadísticas, División de Planificación y Presupuesto, Mineduc, Gobierno de Chile.

Mineduc, CPEIP (2003). *Marco para la buena enseñanza*. Santiago de Chile: C&C impresores.

Miranda, Ch., Rivera, P., Salinas, S. & Muñoz, E. (2010). *¿Que hace a la formación permanente de profesores eficaz?: Factores que inciden en su impacto*. Estudios Pedagógicos XXXVI, Nº 2: 135-151, Universidad Austral de Chile.

Moya, J. (1997). *Teorías cognoscitivas del aprendizaje*. Santiago: U. Católica Blas Cañas.

Mowrer, O.H. (1960). *Learning theory and the symbolic processes*. Nueva York: Wiley.

Naciones Unidas (1997). *Normas uniformes sobre la igualdad de oportunidades para las personas con discapacidad*. 1984. Santiago de Chile: Edic. PNUD-Fonadis.

Naciones Unidas (2006). *Convención sobre los derechos de las personas con discapacidad*. 13 de diciembre.

Neisser, U. (1976). *Psicología cognoscitiva*. México: Trillas.

Neisser, U. (1976). *Cognition and reality. Principles and implications of cognitive psychology*. Nueva York: W.H Freeeman and Co.

Nickerson, R., Perkins, D. & Smith, E. (1990). *Enseñar a pensar. Aspectos de la aptitud intelectual*. Barcelona: Temas de educación. Paidós.

Nisbet, J. & Shucksmith, J. (1987). *Estrategias de aprendizaje*. Madrid: Aula XXI, Santillana.

Painean, O.; Aliaga, V. & Torres, T. (2012) Aprendizaje basado en problemas: evaluación de una propuesta curricular para la formación inicial docente. *Estudios Pedagógicos* [online]. Vol. 38, Nº 1, pp. 161-180.

Papalia, D.E., Olds, S.W. & Feldman, R.D. (2001). *Psicología del desarrollo*. 8ª ed., Bogotá: McGraw-Hill.

Papalia, D.E.., Olds, S.W. & Feldman, R.D. (2005). *Psicología del desarrollo: de la infancia a la adolescencia*. 9ª ed., México: McGraw-Hill.

Pask, G. (1976). Conversational techniques in the study and practice of education. *Br. Journal of Educ. Psych.*, 45,12-25.

Pask, G. (1976). Styles and strategies of learning. *Br. Journal of Educ. Psych.* 46, 128-148.

Paula P., I. (2003). *Educación especial: técnicas de intervención*. Madrid: McGraw-Hill.

Piaget, J. (1969). *El nacimiento de la inteligencia en el niño*. Madrid: Aguilar.

Piaget, J. (1991). *Seis estudios de psicología*. Barcelona: Labor, S.A.

Piaget, J. & Inhelder, B. (1969) *Psicología del niño*. Ediciones Morata S.S., Madrid.

Pinillos, J. L. (1979). *Principios de psicología*. Madrid: Alianza Universidad. Alianza Editorial.

Pogrow, S. (1994). Helping students who "just don' t understand". *Educational Leadership*, 52, 62-66.

Rachlin, H. (1970). *Introduction to modern behaviorism*. Nueva York: Open University Set Book. W. H. Freeman & Co.

Raths,L., Wasermann,S., Jonas, A. & Rothstein, A. (1971). *Cómo enseñar a pensar. Teoría y aplicación*. Buenos Aires: Paidós.

Remplein, H. (1966) *Tratado de psicología evolutiva: el niño, el joven y el adolescente*. Barcelona. Editorial Labor, S.A.

Robbins, P. & Wolfe P. (1987). Reflections on a Hunter-based staff development project. *Educational Leadership*, 44, 50-61.

Rogers, C. (1973). Facilitación del aprendizaje significativo. En Sprinthall, R. y Sprinthall, N. (eds.), *Psicología de la educación*. Madrid: Morata.

Rogers, C. (1980). *Libertad y creatividad en educación. Un sistema no directivo*. Buenos Aires: Paidós.

Romo, W. (1997). Ética y ejercicio de la psicopedagogía. En J. Scagliotti y A. Pinto (eds.), *Dificultades del Aprendizaje. Avances en Psicopedagogía*. Santiago: Monografías en Educación. Facultad de Educación PUC.

Rondal, J. (1982) *El desarrollo del lenguaje*. Barcelona, Edit. Médica y Técnica.

Rosas, R., Boetto, C. & Jordán, V. (1999). *Introducción a la psicología de la inteligencia*. Santiago: Ediciones Universidad Católica de Chile.

Sahakian, W. (1980). *Aprendizaje: sistemas, modelos y teorías*. Madrid: Anaya.

Sammon, P.; Hillman, J. & Mortimore, P. (1995). *Key characteristics of effective schools. A review of school effectiveness research*. Londres: U. of London Institute of Education.

Santrock, J. (2002). *Psicología de la educación*. México: McGraw-Hill.

Santrock, J.W. (2003) *Psicología del desarrollo en la adolescencia*. 9ª ed. Madrid, Mc Graw Hill.

Santrock, J. (2004). *Adolescencia. Psicología del desarrollo*. 9ª ed. Madrid: Mc Graw-Hill.

Sarason Y. & Sarason, B. (1996). *Psicología anormal: el problema de la conducta inadaptada.* 7ª ed. México: Prentice-Hall Hispanoamericana S.A.

Schmeck, R. (1983). Learning styles of college students. En Dillon & Schmeck (eds.), *Individual differences in cognition.* Nueva York: Academic Press.

Schmeck, R. & Meier, S. (1984). Self-reference as a learning strategy and a learning style. *Human Learning,* Vol. 3, 9-17.

Schmeck, R. & Phillips, J. (1982). Levels of processing as a dimension of difference between individuals. *Human Learning,* Vol. 1, 95-103.

Schmeck, R. & Ribich, F. (1978). Construct validation of the Inventory of Learning Processes. *Applied Psych. Measurement,* 2, 551-562.

Schwebel, M. (1983). Investigación acerca del desarrollo cognoscitivo y su facilitación. Documento preparado para la Unesco. NJ: Rutgers University.

Schweizer, S. & Dalgleish, T. (2011). Emotional working memory capacity in posttraumatic stress disorder (PTSD). *Behavior Research and Therapy,* Vol. 49, Issue 8, 498-504 (August).

Scribner, S. & Cole, M. (1981). *The psychology of literacy.* Cambridge: Harvard University Press.

Schunk, D.H. (1997). Teorías del aprendizaje. 2ª ed. México: Prentice- Hall Hispanoamericana, S.A.

Sebeok, T.A. (1996). *Signos: una introducción a la semiótica.* Buenos Aires: Paidós.

Seligman, M., Maier, S. & Solomon, R. (1971). Unpredictable and uncontrollable aversive events. En F. Brush (ed.), *Aversive conditioning and learning.* Nueva York: Academic Press.

Seligman, M. (1974). Depression and learned helplessness. En R. Friedman y R. Katz (eds.), *The psychology of depression: contemporary theory and research.* Washington D.C.: Winston-Wiley.

Sexton, M., Harris, K. & Graham, S. (1998). Self-regulated strategy development and the writing process: effects on essay writing and attributions. *Exceptional Children,* 64, 295-311.

Shea, T. M. & Bauer, A. M. (2000). *Educación especial: un enfoque ecológico.* 2ª ed., México: McGraw-Hill.

Sheridan, M.D. (1973) *Children's developmental progress: from birth to five years, the stycar sequences.* U. K. NFER Publishing Company Ltd.

Sigel, I. & Coop, R. (1980). El estilo cognitivo y la práctica en el aula. En Coop & White (eds.), *Aportaciones de la psicología a la educación.* Madrid: Anaya.

Skinner, B.F. (1969). *Ciencia y conducta humana. Una psicología científica.* Barcelona: Fontanella.

Snorre A., Ostad (2013). Private speech use in arithmetical calculation. Contributory role of phonological awareness in children with and without mathematical difficulties. *J. of Learning Disabilities,* July/August 46: 291-303.

Sola, T. & López, N. (1999). La educación especial y los sujetos con necesidades educativas especiales. En M. A. Lou y N. López: *Bases psicopedagógicas de la educación especial.* Madrid: Pirámide.

Spitz, R. (1969). *El primer año de vida del niño.* México: Fondo de Cultura Económica.

Sprinthall, N., Sprinthall, R. & Oja, S. (1996). *Psicología de la educación.* 6ª ed. México: Mc Graw-Hill.

Squire, L. (1987). *Memory and brain.* Nueva York: Oxford University Press.

Stanovich, K. (1985). Explaining the variance in reading ability in terms of psychological processes: What have we learned? *Annals of Dyslexia, 35,* 67-96.

Sternberg, R. & Smith, E. (1988). *The psychology of human thought.* Cambridge: Cambridge Univ. Press.

Sternberg, R. (1990). *Metaphors of mind: conceptions of the nature of intelligence.* Cambridge: Cambridge University Press.

Swenson, L. C. (1980). *Teorías del aprendizaje. Perspectivas tradicionales y desarrollos contemporáneos.* Madrid: Anaya.

Tallmadge, G. & Shearer, J. (1969). Relationships among learning styles, instructional methods and the nature of learning experiences. *J. of Educ. Psych., 60,* 222-230.

Tallmadge, G. & Shearer, J. (1971). Interactive relationships among learner characteristics, types of learning, instructional methods and subject matter variables. *J. of Educ. Psychology, 62,* 31-38.

Tarpy, R. M. (1980). *Principios básicos del aprendizaje.* Madrid: Colección Universitaria, Edit. Debate.

Tugendhat, E. & Wolf, U. (1997). *Propedéutica lógico-semántica.* Barcelona: Anthropos Edit.

Vakil, E.; Wasserman, A. & Tibon, R. (2018) Development of perceptual and conceptual memory in explicit and implicit memory systems. *J. of Applied Developmental Psychology, 57,* July-august, 16-23.

Van Steenlandt, D. (1991). *La integración de niños discapacitados a la educación común.* Santiago de Chile: UNESCO - OREALC.

Veas, A.; Castejón, J.L.; Miñano, P. & Gilar-Corbi, R. (2018) Relationship between parent involvement and academic achievement through metacognitive strategies: a multiple multilevel mediation analysis. *British J. of Educational Psychology,* sept. 10.

Vega de, M. (1984). *Introducción a la psicología cognitiva.* Madrid: Alianza Editorial.

Vernon, G. (1986).*Introduction to human memory.* Londres: Rouledge & Kegan Paul.

Vigotsky. L. (1962). *Thought and language.* Cambridge: MIT Press. Traducción al español: 1973. Buenos Aires: Pléyade.

Wagner Cook, S. & Goldin-Meadow, S. (2006). The role of gesture in learning: Do children use their hands to change their minds? University of Chicago. *Journal of Cognition and Development,* 7 (2), 211-232. Lawrence Erlbaum Associates, Inc.

Walker, S. (1987). *Introducción a la teoría del aprendizaje y modificación conductual.* México: Cecsa.

Weiner, B. (1979). A theory of motivation for some classroom experiences. *Journal of Educational Psychology, 71*, 3-25.

Weiner, B. (1986). *An attributional theory of motivation and emotion.* Nueva York: Springer-Verlag.

Wellman M., H. (2018) *La construcción de la mente: cómo se desarrolla la teoría de la mente.* Santiago de Chile, Ediciones UC.

Whittaker, J. & Whittaker, S. (1985). *Psicología.* 4ᵗᵃ Ed. México: Interamericana.

Witkin, H., Goodenough, D. &.

Kays, S. (1967). Stability of cognitive style from childhood to young adulthood. *J. Personality & Social Psych.* I, 291-300.

Witkin, H. & Goodenough, D. (1985). *Estilos cognitivos: naturaleza y orígenes.* Madrid: Pirámide.

Wolpe, J. (1958). *Psychotherapy by reciprocal inhibition.* Stanford, CA: Stanford Univ. Press.

Woolfolk, A. & Mc Cune, L. (1984). *Psicología de la educación para profesores.* 2ª Ed. Madrid: Narcea.

Woolfolk, A. & Mc Cune, L. (2010). *Psicología educativa.* 10ª Ed. Pearson.

Índice temático

www.ingramcontent.com/pod-product-compliance
Lightning Source LLC
Chambersburg PA
CBHW080935120726
48003CB00011B/3165